市县域研究系列丛书

HENANSHENG XIANYU JINGJI YUNXING FENXI BAOGAO

河南省县域经济运行分析报告

（上册）

主　编　耿明斋　周　立
副主编　张国骁　赵　岩

企业管理出版社
ENTERPRISE MANAGEMENT PUBLISHING HOUSE

图书在版编目（CIP）数据

河南省县域经济运行分析报告.上/耿明斋等主编.—北京：企业管理出版社，2024.1

ISBN 978-7-5164-3024-8

Ⅰ.①河… Ⅱ.①耿… Ⅲ.①县级经济－区域经济发展－研究报告－河南 Ⅳ.①F127.614

中国国家版本馆 CIP 数据核字（2024）第 015998 号

书　　名：	河南省县域经济运行分析报告（上册）
书　　号：	ISBN 978-7-5164-3024-8
作　　者：	耿明斋　周　立　张国骁　赵　岩　等
责任编辑：	赵喜勤
出版发行：	企业管理出版社
经　　销：	新华书店
地　　址：	北京市海淀区紫竹院南路 17 号　　邮编：100048
网　　址：	http://www.emph.cn　　电子信箱：zhaoxq13@163.com
电　　话：	编辑部（010）68420309　　发行部（010）68701816
印　　刷：	北京厚诚则铭印刷科技有限公司
版　　次：	2024 年 2 月第 1 版
印　　次：	2024 年 2 月第 1 版印刷
开　　本：	710mm×1000mm　　1/16
印　　张：	25.25 印张
字　　数：	370 千字
定　　价：	238.00 元（上下册）

版权所有　翻印必究·印装有误　负责调换

本书是河南省中原发展研究基金会2023年度资助项目"河南省域经济发展战略研究"的最终成果。

感谢河南省中原发展研究基金会对该项研究及本书出版的支持。

"市县域研究系列丛书"编辑委员会

丛书主编：耿明斋

编委会成员（以姓氏笔画排序）：

王永苏　王建国　刘　琼　李燕燕　李少楠

李　甜　张国骁　张兆源　周　立　屈桂林

赵　岩　柴　森　徐　涛

总 序

从20世纪90年代中期开始，我们就有意识地关注"中原"这块古老大地的发展问题。这里是中华文明的源头，历史悠久，传统文化积淀很深，农耕特色最突出，与近500年来开启的以分工交易为制度背景，以工业化、城市化为核心内容的现代化之间，摩擦系数比较大。研究面越宽、研究越深入，越觉得中原地区对中国的现代化转型具有全局意义，对我们的吸引力也越大，一旦开启，就无法放下。

近30年来，我们这个团队以"中原崛起，河南振兴"为指向，以"工业化、城镇化和农业现代化"为题材，做了包括国家社会科学重大课题在内的各类项目上百项，发表各类文章不下百篇，出版著作几十种，撰写了很多报告。依托的研究平台也越来越大，越来越开放，先是河南大学改革发展研究院（1994—2009年），继而是河南大学中原发展研究院（2009—2019年），现在是河南中原经济发展研究院（2019年至今）。

随着学术积累的增多，我们开始有意识地将相同或相近类型的研究成果进行集成，以"丛书"形式呈现，如今已有4套丛书问世。一是从2009年开始组织编撰的"传统农区工业化与社会转型"丛书，主要是学术专著，由社会科学文献出版社出版，至2021年年底共出版26种；二是2010年前后启动编撰出版的"中原经济区发展报告"系列，由以《中原经济区竞争力报告》为代表的各领域发展报告组成，也由社会科学文献出版社出版，持续10年，共编撰出版7个系列27种；三是"中原发展研究报告集"系列，主要由每个年度完成的各种研究报告汇集而成，从2016年开始，至2023年年初已经出版6种（因新冠疫情影响，2021—2023年合集）由河南大学出版社出版；四是"整村调查报告"系列，由从2017年开始的一年一度连续进行的整村调查项目成果构成，主要由中国经济出版社（2017年度是河南大学出版社）出版，至2023年年初已出版5种。4套丛书总计已达64种，俨然是个庞大的体系！

从 2022 年开始，我们聚焦市县域经济发展和经济运行状况的研究与分析，以此为契机，我们拟编撰出版第五套丛书，取名"市县域研究系列"丛书。目前已经完成《河南省市域经济运行分析报告》和《河南省县域经济运行分析报告》两种，作为该系列丛书的第一批书目，由企业管理出版社出版。与前 4 套丛书一样，随着时间的推移，书的数量也会不断增加。让我们共同期待新书陆续与读者见面。

耿明斋

2023 年 10 月

在县域内统筹推进中国式农业农村现代化[①]

（代前言）

习近平总书记在党的二十大报告中强调："以中国式现代化全面推进中华民族伟大复兴。"作为农业农村大省，着力推进农业农村现代化，无疑是河南省贯彻党的二十大精神及践行中国式现代化道路必须完成的一项重要任务，也是按照中央第二个百年发展目标要求和省委省政府"两个确保"战略部署，实现县域"起高原"和省域现代化的关键环节。中国式农业农村现代化道路该如何走？我们认为应该在县域空间尺度内统筹解决。

一、乡村振兴与农业农村现代化，是整个中国现代化必须啃下的最后一个硬核

"三农"问题一直是党和国家政策的重要议题，在经历了土地联产承包并解决了温饱问题之后，收入、就业和人居环境改善等问题突出显现，这些现在被纳入乡村振兴议题中，与此密切相关的是农业农村现代化。我们已经确定了未来30年分两阶段实现现代化的目标，农业农村现代化无疑是整个国家现代化的薄弱环节，也是重点和关键。没有农业农村的现代化，整个国家的现代化不可能圆满完成。

农业农村基本上被县域覆盖，农业农村现代化就是县域现代化。所以，乡村振兴和县域现代化是当前和未来较长时期内解决"三农"问题的两大核心任务，也是整个国家现代化进程的有机组成部分。由于涉及复杂的经济社会关系和利益结构调整，以县为地域单元的乡村振兴和农业农村现代化，可以说是整个中国现代化必须走完的"最后一公里"，也是必须穿透的最后一道屏障、啃下的最后一个硬核。因此，这两大任务必须放在

[①] 该文精简版发表在中共河南省委主办《党的生活》杂志2022年6月刊上。

一个平台上统筹研究并解决。

二、说农业农村现代化是"硬核",是因为它面临且亟须解决的问题都与整个社会现代化密切相关

第一,现代化是个由技术进步驱动的财富总量持续增长与结构持续演化过程。现代化的起点是由技术进步驱动的产业革命,终点是工业主导的生产生活方式对整个社会包括农业农村的全覆盖。技术进步驱动工业行业链条不断拓宽、产品链条不断拉长、规模不断增大,衍生的服务业同时伴随成长。效率诉求则驱动工业、服务业持续聚集,城市数量随之增多,规模越来越大,基础设施和服务体系日益完善,功能越来越强大,对产业和人口的吸引力越来越大,以至于形成由工业化、城镇化驱动的整个社会螺旋上升的发展循环。在这一过程中,越来越多的农产品、劳动力、土地等元素被吸纳,直至农业农村生产、生活方式全部被改造,纳入工业和城市引领的经济社会活动轨道,城乡差别基本消失,以工业和城市引领的现代化进入终点。

第二,被纳入现代化循环的先后次序与程度差异造成落差与分化。理论上浓缩的现代化过程,现实中并非一蹴而就、一气呵成,而是一个跨越一定时间长度的过程。在这一过程中,总是一部分人先行被工业和城市吸纳或覆盖,进入现代化生产生活循环;另一部分人被留在传统的农业农村生产生活状态中,从而形成落差与分化,带来一系列经济社会问题。例如,改革开放以来,随着现代化的快速推进,越来越多的农业元素被吸纳到工业和城市循环过程中,如下现象越来越凸现:农产品加工度越来越高;农地越来越多地被征用为工业和城市建设用地;农业剩余劳动力非农就业比例越来越大;乡村人口进入城市的数量越来越多;等等。[①]于是,农业农村人口中,与农产品深加工相关和不相关的、土地被征和未被征的、非农就业和仍留在农业就业的、进城的和未进城的等,就分化为

[①] 根据官方最新公布的数据,2021年全国城镇化率为64.72%,在城市生活的人口已接近总人口的2/3。河南省城镇化率为56.45%,这意味着,即使人口和农业大省,城市生活也成为主流。三次产业产值结构中,第一产业占比已降至8%左右,就业结构中,农业就业占比也已经普遍下降到25%左右。

两个不同的群体，收入水平及生产生活方式也产生了落差。一般来说，总是"相关""被征""非农就业""进城"等率先被现代化覆盖的人群状况会更好一些，"不相关""未被征""农业就业""未进城"等未被现代化覆盖或覆盖程度低的人群状况会更差一些。这就是当前农业农村问题的源头与本质。

第三，分化也集中从经济和社会结构层面暴露出来。①由于务工与务农收入落差巨大，耕地撂荒现象时有发生，农村年轻人普遍缺乏农业训练，谁来种地及如何种地成了问题；②青壮年劳动力外出务工，却无力举家随迁，留守老人、留守妇女和儿童越来越多，成为社会问题；③城镇化迁徙数量越来越大，乡村常住人口越来越少，空置院落越来越多，空心村现象越来越严重，未来农村居住空间如何演化调整成为必须研究和解决的问题；④农村居民对子女享受优质教育的愿望越来越强烈，乡村学校生源流失、校舍空置、资源闲置和城市学校短缺、大班额现象突出，基础教育空间布局调整和资源优化布局已迫在眉睫；⑤人口流失和乡民对优质医疗资源需求也使传统的村医制度难以为继，从而提出了农村公共医疗服务体系重构问题；⑥城市生活方式普及提升了农村居民对人居环境标准的需求，农村道路、街区卫生和生态环境、体育娱乐设施等公共基础设施和公共服务体系短板问题凸显出来，建设和改善需求日趋强烈，等等。

第四，问题实际上最终聚焦于较迟被现代化覆盖的农村剩余人口。所有这一切，虽然表现为整个农业农村现代化进程中凸显出来的问题，但从人本角度来看，实际上最终是针对农村剩余人口所需要解决的问题。因为接近总人口2/3的实现非农就业和城镇化迁徙的人口，已经被现代化覆盖。按照目前的节奏，未来15~30年内，现有的剩余农村人口中，还会有相当大的部分继续以农非就业和城镇化迁徙的方式被现代化覆盖。所以，我们需要集中解决的只是等待被非农就业和城市吸纳，暂时剩余和最终剩余在农村的（大约占总人口的20%左右）人口。这部分农村剩余人口如何被现代化覆盖，这是未来乡村振兴与县域现代化所要聚焦的真问题。但解决这些问题却与整个现代化经济社会结构构筑和再造密不可分。

三、产业振兴关系技术和效率，也触及组织与制度

解决上述问题，实现经济社会结构再造，最终完成现代化的捷径自然是鼓励和推动更多的剩余农村人口继续向工业和城市转移，因为这意味着需要解决问题的农村剩余人口同比例减少。但是，向工业和城市转移人口的比例再大，也总会有一定数量的人口留在农业和农村，农业和农村也总是经济活动的必要空间。农村剩余人口最终还是要通过自己经济活动效率的提高来提升收入水平，直至效率和收入与工业和城市大体相当为止。这也是乡村产业振兴的意义和努力的目标。

乡村振兴的关键是产业振兴。乡村产业振兴的方向有两个：一个是农业；另一个是非农产业。但这两个方向的产业振兴都存在着需要研究及解决的技术、效率、组织和制度问题。

农业的未来在于职业化、经营化、市场化、规模化，也就是培育和造就新一代知识型农民，构造以农业为经营项目，进行严格的成本与收益核算，以满足市场需求和利润最大化为目标，以规模化种植、养殖为特点的现代农业形态。实现这样的农业产业振兴目标，除了农业经营性人才培养之外，还需要在体制、机制上解决两个方面的问题：一是国家种粮补贴错位问题；二是租佃经营者成本问题。家庭联产承包责任制下拥有土地承包权的农户，越来越多地通过土地使用权转让不再从事农业种植，国家种粮补贴仍落入拥有土地承包权的农户手中，而通过土地流转真正从事粮食种植的专业农户则拿不到种粮补贴，这就使国家种粮补贴放错了激励方向。在承包户已经将种粮补贴当成福利的情况下，直接从其手中拿出来转移到种植户手中，会导致利益冲突。如何解决，需要研究，找到平衡各方利益的方案。应该说，在目前的土地权属格局下，经营者都是通过土地流转获得规模化土地使用权的，因此，他们都是租佃者，要支付数量可观的租金，负担直接成本之外的额外成本，这不但降低农业经营者的市场竞争力，也与实现"耕者有其田"的基本目标相悖。如何解决这一问题，也需要研究，并从根本上对现有土地权属关系做出调整。

非农产业振兴也有两个值得研究和实践的问题：

第一，典型农区是否还有非农产业发展的机会？中国是一个拥有统一

市场的大国，工业化在区域间也是不平衡的。作为工业化先行区的长三角和珠三角，不仅各种非农产业门类齐全，链条够长，而且已经形成分工充分、功能强大、生态良好的各种集群，其产品市场早已覆盖全国，走向世界。作为后发农区，其工业化的影响主要表现为劳动力异地非农就业转移，或者说表现为本地劳动人口的异地工业化，本地工业并未同步发展。在产品市场和要素大部被先发地区吸纳和覆盖的情况下，后发农区还有在本地空间推动工业发展的机会吗？

从理论分析和实践观察来看，后发农区仍有发展非农产业的机会，机会主要源于四个因素：①农牧产品在本地深加工更便捷；②本地留守妇女老人等闲散劳动力容易挖潜，适合劳动密集型产业发展；③建设用地空间相对宽裕，便于占地空间比较大的末端产业落地；④终端市场和区位吸引运输成本敏感产业和产品落地。

但对特定区域来说，为什么会有发展非农产业的机会？区位和资源条件是什么？机会在哪里？需要具体研究和实践尝试。

第二，后发农区非农产业发展还可能呈现遍地开花的分散格局吗？在发展机会存在的条件下，非农产业发展的空间模式值得研究。像先发地区那样从村村点火、家家冒烟的分散布局渐进式地走向集中布局的发展模式肯定已不可取。但一刀切强制性的集中也会抬高发展门槛，不利于非农产业起步，损害初期阶段的市场竞争力。合理的发展模式可能是，推动非农产业在县城聚集发展的同时，也布局一些适宜非农产业发展的小空间，甚至在有条件的村落允许非农产业分散自由发展。到底采取何种发展模式和发展政策，需要研究与实践检验。

四、人居环境改善应致力于共享和缩小乡村剩余人口规模上

把乡村人居环境提高至与城市相当的水平，是乡村振兴和农业农村现代化的重要目标。广义的人居环境包括硬、软两类环境。硬环境包括交通、通信、水电气暖、生态绿化等基础设施；软环境包括教育、医疗、养老等公共服务体系。这两类环境都有共享和效率的特点与要求，也就是只有在多人集中使用和充分共享的条件下，才能达到效率的要求。在乡村人

口持续大规模城镇化迁徙情况下,按照既有村庄结构和存量空间布局进行现代化人居环境建设,既不符合效率要求,也是政府和社会财力无法达成的。于是就有了通过人为规划强制性拆迁集中,即所谓"就地"城镇化,以加快公共基础设施改善和公共服务体系提升的尝试。但由于此种尝试还是建立在"存量"和"就地"思维定式上,不仅十多年前河南省"新型农村社区"建设失败了,即使几年前富裕省份山东的"撤村并点"行动也失败了。其中既有超越阶段、脱离实际、急躁冒进、财力不支等技术方面的因素,也有制度层面的利益纠葛未能按照现代社会治理体系要求合理解决造成的障碍,当然也与现代化演化趋势认识不清、把握不准、空间错位,也就是与"存量""就地"逆规律行为有关。除了这些大规模的行动之外,陆续以"美丽乡村"和"乡村振兴"项目名义进行的林林总总乡村建设工程,大多只能形成星星点点的景观,无力惠及普通大众,更无法实现规模共享和基本的效率要求。长期来看,也难免造成重复建设和浪费。

因此,农村人居环境改善的正确路径是控制存量、标准适当、量力而行。具体说,就是出台法律法规或政策,控制现有村庄宅基地无序蔓延,房屋建筑盲目向空中延展,以垃圾废弃物有序处理、环境整洁为目标。同时,把主要精力放在农业农村现代化规律和空间格局演化趋势研究,以及建立在共享基础上的中长期谋划规划上;放在推动加快乡村人口城镇化迁徙和尽可能缩小农村剩余人口规模上。

五、农村剩余人口现代化问题需要在县域空间尺度内解决

第一,在县域空间尺度内解决农村剩余人口现代化问题比较适宜。前面阐述的逻辑能够支撑这一判断:农业农村现代化源于以工业化、城镇化为核心的现代化,也是整个社会现代化的有机组成部分:以工业为代表的非农产业代替农业成为经济活动的主要领域,并把后者纳入其活动轨道;非农就业替代农业成为就业的主要领域,并深刻地影响后者的就业方式;城市成为主要的居住和生活空间,并深刻地影响乡村生活方式。现代化作为过程,注定了非农产业和城市生产生活方式对农业农村元素的吸纳与覆盖有先后之别,从而造成分化,暂时未被或等待被吸纳覆盖的乡村剩余人

口就成了问题,这是现阶段我国"三农"问题的本质,也是乡村振兴所要解决问题的本质。几乎所有主要问题都无法在乡村地域尺度范围内得到有效解决:规模化市场化土地流转和农业经营活动会突破村落边界限制;以集中化为特点的现代非农产业早已越过了以村落为地域单元分散发展的阶段;公共基础设施和公共服务体系相对完善的县城成为乡村居民吸引力中心和集聚中心,成为他们分享现代化成果,获得各类优质服务的捷径。局限在村内乃至乡域内来解决这些问题既不经济,也无此财力,只能在县域尺度内统筹。

第二,乡村剩余人口现代化问题的解决涉及政策和制度调整,需要县级政府统筹试验示范。一是在耕地使用权由农户碎片化分割占有的条件下,推进规模化现代农业经营方式,不但需要突破繁杂的土地流转屏障,还会遇到种粮补贴政策受益对象错位和支付高额租金,无谓抬高经营成本问题。尤其是后者,事实上造成佃农化,这与共产党革命的初衷相悖,也与"耕者有其田"的现代土地制度相悖。种粮政策和土地制度如何调整?需要研究突破和试验示范。二是在越来越大比例的农村人口进城定居,农户老宅空置越来越多,空心村越来越严重,从而对宅基地退出机制需求强度越来越大的条件下,宅基地权益制度如何改革?退出机制如何设计?都是土地制度的深层次问题,需要研究突破和试验示范。三是与上述趋势相适应,在农村居住空间结构客观上需要大幅度收缩的条件下,怎样顺应趋势,统筹规划,合理布局居民点,实现资源优化配置?不但涉及对规律的认识,也涉及利益调整和乡村组织及治理体系变革,还需要研究突破和试验示范。四是居民对优质教育和医疗资源需求日益强烈的条件下,学校和医院及医疗点如何布局?如何建立便捷有效的分享机制,同样需要研究突破和试验示范。

所有这些研究和试验示范,不但县域空间尺度是适当的,而且需要县级政府这样有权威的机构统筹和组织协调。

六、建议设立县域现代化示范区

基于上述理由,我们建议省委省政府设立县域现代化示范区,以前瞻30年的眼光,以2035年为主要时间节点,以乡村振兴和全域现代化为指向，以建设、农耕、生态等国土利用"三条线"为遵循，把工业化、城镇化、农业现代化，以及农业政策、土地制度、公共基础设施与公共服务供给等都纳入视野，系统研究，统筹规划，统一制订试验方案，分时间节点、分步实施。逐步取得经验，为面上县域现代化推进提供示范。

示范区选择原则上以经济社会发展水平为参照，工业化、城镇化水平高，现代化元素对农业农村覆盖广、影响深，结构变革需求强度大的县域优先（如长葛、长垣等）。也可以考虑按照不同类型选择代表性县域，如典型农区、典型工业化区域、典型旅游区域等。数量不宜过多，可分批设置，每批3~5个，总数以10个为限。

省政府可以指定省发展改革委对县域现代化示范区统筹管理。

耿明斋

2023年11月

目 录

导论：河南省县域经济运行与高质量发展研究 /1

一、县域经济发展的一般特征分析……………………………… 1

二、河南、江苏两省县域经济发展的比较分析………………… 15

三、河南省县域经济发展面临的问题与原因分析……………… 21

四、促进河南省县域经济高质量发展的对策措施……………… 27

河南省县域经济运行分析：巩义篇 /33

一、巩义市概况…………………………………………………… 33

二、总体经济运行分析…………………………………………… 33

三、分产业经济运行分析………………………………………… 35

四、财政收支分析………………………………………………… 43

五、金融业发展分析……………………………………………… 46

六、居民收入分析………………………………………………… 46

七、固定资产投资分析…………………………………………… 50

八、社会消费分析………………………………………………… 50

九、人口规模分析………………………………………………… 50

十、公共服务分析………………………………………………… 55

十一、县域发展战略分析………………………………………… 56

十二、综述………………………………………………………… 57

河南省县域经济运行分析：新密篇 /58

一、新密市概况…………………………………………………… 58

二、总体经济运行分析…………………………………………… 59

三、分产业经济运行分析………………………………………… 59

四、财政收支分析………………………………………………… 68

五、金融业发展分析……………………………………………… 68

六、居民收入分析………………………………………………… 72

— Ⅰ —

  七、固定资产投资分析……………………………………………… 72
  八、社会消费分析…………………………………………………… 77
  九、人口规模分析…………………………………………………… 77
  十、公共服务分析…………………………………………………… 77
  十一、县域发展战略分析…………………………………………… 81
  十二、综述…………………………………………………………… 82

河南省县域经济运行分析：襄城篇 /85

  一、襄城县概况……………………………………………………… 85
  二、总体经济运行分析……………………………………………… 85
  三、分产业经济运行分析…………………………………………… 86
  四、财政收支分析…………………………………………………… 90
  五、金融业发展分析………………………………………………… 92
  六、居民收入分析…………………………………………………… 97
  七、固定资产投资分析……………………………………………… 97
  八、社会消费分析…………………………………………………… 101
  九、人口规模分析…………………………………………………… 101
  十、公共服务分析…………………………………………………… 101
  十一、县域发展战略分析…………………………………………… 105
  十二、综述…………………………………………………………… 105

河南省县域经济运行分析：临颍篇 /107

  一、临颍县概况……………………………………………………… 107
  二、总体经济运行分析……………………………………………… 108
  三、分产业经济运行分析…………………………………………… 108
  四、财政收支分析…………………………………………………… 115
  五、金融业发展分析………………………………………………… 117
  六、居民收入分析…………………………………………………… 117
  七、固定资产投资分析……………………………………………… 123
  八、社会消费分析…………………………………………………… 124
  九、人口规模分析…………………………………………………… 124

目录

  十、公共服务分析……………………………………………127
  十一、县域发展战略分析……………………………………128
  十二、综述……………………………………………………129

河南省县域经济运行分析：舞阳篇 /130

  一、舞阳县概况………………………………………………130
  二、总体经济运行分析………………………………………130
  三、分产业经济运行分析……………………………………132
  四、财政收支分析……………………………………………137
  五、金融业发展分析…………………………………………139
  六、居民收入分析……………………………………………139
  七、固定资产投资分析………………………………………143
  八、社会消费分析……………………………………………145
  九、人口规模分析……………………………………………147
  十、公共服务分析……………………………………………147
  十一、县域发展战略分析……………………………………147
  十二、综述……………………………………………………150

河南省县域经济运行分析：永城篇 /151

  一、永城市概况………………………………………………151
  二、总体经济运行分析………………………………………151
  三、分产业经济运行分析……………………………………152
  四、财政收支分析……………………………………………158
  五、金融业发展分析…………………………………………159
  六、居民收入分析……………………………………………164
  七、固定资产投资分析………………………………………166
  八、社会消费分析……………………………………………167
  九、人口规模分析……………………………………………167
  十、公共服务分析……………………………………………170
  十一、县域发展战略分析……………………………………171
  十二、综述……………………………………………………171

河南省县域经济运行分析：民权篇 /173

  一、民权县概况·· 173
  二、总体经济运行分析··· 174
  三、分产业经济运行分析······································ 174
  四、财政收支分析·· 183
  五、金融业发展分析··· 185
  六、居民收入分析·· 189
  七、固定资产投资分析·· 191
  八、社会消费分析·· 192
  九、人口规模分析·· 192
  十、公共服务分析·· 192
  十一、县域发展战略分析······································ 196
  十二、综述·· 197

河南省县域经济运行分析：睢县篇 /199

  一、睢县概况·· 199
  二、总体经济运行分析··· 199
  三、分产业经济运行分析······································ 202
  四、财政收支分析·· 208
  五、金融业发展分析··· 209
  六、居民收入分析·· 212
  七、固定资产投资分析·· 213
  八、社会消费分析·· 215
  九、人口规模分析·· 215
  十、公共服务分析·· 220
  十一、县域发展战略分析······································ 220
  十二、综述·· 222

河南省县域经济运行分析：灵宝篇 /223

  一、灵宝市概述··· 223

二、总体经济运行分析…………………………………… 223
三、分产业经济运行分析………………………………… 225
四、财政收支分析………………………………………… 230
五、金融业发展分析……………………………………… 233
六、居民收入分析………………………………………… 233
七、固定资产投资分析…………………………………… 238
八、社会消费分析………………………………………… 239
九、人口规模分析………………………………………… 239
十、公共服务分析………………………………………… 241
十一、县域发展战略分析………………………………… 242
十二、综述………………………………………………… 243

河南省县域经济运行分析：栾川篇 /244

一、栾川县概况…………………………………………… 244
二、总体经济运行分析…………………………………… 244
三、分产业经济运行分析………………………………… 247
四、财政收支分析………………………………………… 251
五、金融业发展分析……………………………………… 254
六、居民收入分析………………………………………… 256
七、固定资产投资分析…………………………………… 258
八、社会消费分析………………………………………… 259
九、人口规模分析………………………………………… 260
十、公共服务分析………………………………………… 263
十一、县域发展战略分析………………………………… 263
十二、综述………………………………………………… 264

河南省县域经济运行分析：汝阳篇 /265

一、概况…………………………………………………… 265
二、总体经济运行分析…………………………………… 265
三、分产业经济运行分析………………………………… 267
四、财政收支分析………………………………………… 272

五、金融业发展分析……………………………………………… 275
六、居民收入分析………………………………………………… 277
七、固定资产投资分析…………………………………………… 279
八、社会消费分析………………………………………………… 280
九、人口规模分析………………………………………………… 281
十、公共服务分析………………………………………………… 284
十一、县域发展战略分析………………………………………… 286
十二、综述………………………………………………………… 287

河南省县域经济运行分析：嵩县篇 /289

一、嵩县概况……………………………………………………… 289
二、总体经济运行分析…………………………………………… 289
三、分产业经济运行分析………………………………………… 291
四、财政收支分析………………………………………………… 295
五、金融业发展分析……………………………………………… 298
六、居民收入分析………………………………………………… 300
七、固定资产投资分析…………………………………………… 302
八、社会消费分析………………………………………………… 303
九、人口规模分析………………………………………………… 304
十、公共服务分析………………………………………………… 307
十一、县域发展战略分析………………………………………… 307
十二、综述………………………………………………………… 308

河南省县域经济运行分析：新安篇 /309

一、新安县概况…………………………………………………… 309
二、总体经济运行分析…………………………………………… 309
三、分产业经济运行分析………………………………………… 311
四、财政收支分析………………………………………………… 316
五、金融业发展分析……………………………………………… 319

六、居民生活分析……………………………………………………321
　　七、固定资产投资分析………………………………………………322
　　八、社会消费分析……………………………………………………325
　　九、人口规模分析……………………………………………………326
　　十、公共服务分析……………………………………………………329
　　十一、县域发展战略分析……………………………………………329
　　十二、综述……………………………………………………………331

河南省县域经济运行分析：伊川篇 /332

　　一、伊川县概况………………………………………………………332
　　二、总体经济运行分析………………………………………………332
　　三、分产业经济运行分析……………………………………………335
　　四、财政收支分析……………………………………………………340
　　五、金融业发展分析…………………………………………………342
　　六、居民收入分析……………………………………………………345
　　七、固定资产投资分析………………………………………………346
　　八、社会消费分析……………………………………………………348
　　九、人口规模分析……………………………………………………349
　　十、公共服务分析……………………………………………………351
　　十一、县域发展战略分析……………………………………………352
　　十二、综述……………………………………………………………353

河南省县域经济运行分析：上蔡篇 /355

　　一、上蔡县概况………………………………………………………355
　　二、总体经济运行分析………………………………………………355
　　三、分产业经济运行分析……………………………………………358
　　四、财政收支分析……………………………………………………364
　　五、金融业发展分析…………………………………………………366
　　六、居民收入分析……………………………………………………369

七、固定资产投资分析…………………………………… 371
八、社会消费分析………………………………………… 372
九、人口规模分析………………………………………… 373
十、公共服务分析………………………………………… 374
十一、县域发展战略分析………………………………… 375
十二、综述………………………………………………… 376

导论：河南省县域经济运行与高质量发展研究[①]

县域经济是以县城为中心、乡镇为纽带、农村为腹地，城乡连接、功能完备的区域经济，在国民经济发展中有着特殊重要的地位和作用。河南省县域的数量大、地域广、人口多，截至2022年，全省拥有县（市）102个，[②] 县域共有国土面积14.09万平方千米，占全省面积的84.37%；第七次人口普查年县域常住总人口为6754.57万人，占全省常住总人口的68%。县域经济的发展状况，不仅直接决定着全省经济发展的规模和水平，而且关系着现代化河南建设的实现程度。近些年来，河南省委、省政府对县域经济发展高度重视，把县域经济作为统筹城乡、区域协调发展的重要基石与载体，作为提高全省综合经济实力的重大举措加以推进，使县域经济发展呈现出前所未有的强势劲头，为全省经济社会高质量发展和现代化建设做出了重大贡献。进入新发展阶段，面对新的发展形势，河南省县域经济如何在融入新发展格局中找准定位，并以更加坚实的步伐"起高原"、展新姿，在省域现代化建设与高质量发展中形成更加有力的支撑力量，是当前需要深入研究的一个重大问题。

一、县域经济发展的一般特征分析

（一）经济总量持续增长，财政实力弱小

近年来，随着经济社会的快速发展，河南省县域地区生产总值增长迅速，从GDP总量来看，2021年河南省县域GDP总量约为35156亿元，比2008年的12136亿元增长约190%。从GDP增速来看，2008—2021年全省县域GDP总量一直保持正增长，其增速围绕河南省GDP增速上下波动，

[①] 本篇完成于2023年1月，撰稿人：周立、赵岩；耿明斋、王永苏、李燕燕、屈桂林、张国骁、徐涛、李甜等参与讨论。

[②] 2021年洛阳市孟津县和偃师市撤县（县级市）划区后，根据河南省最新行政区划，本书以全省现有102个县（县级市）为研究对象，后文简写为102县（市）。

整体呈下降趋势。2021 年县域 GDP 增速①为 6.7%，高于河南省 GDP 增速 0.4 个百分点（见表 1）。

表 1　2008—2021 年河南省县域地区生产总值及增速

年份	县域GDP总量	河南省GDP总量	县域GDP占全省GDP的比重	县域GDP平均值	县域GDP增速	河南省GDP增速	县域GDP增速与全省GDP增速对比
2008	12136	18068	67.2	119	24.0	12.1	11.9
2009	12946	19548	66.2	127	6.7	10.9	-4.2
2010	15111	23158	65.3	148	16.7	12.5	4.2
2011	17767	27007	65.8	174	17.6	11.9	5.7
2012	19274	29682	64.9	189	8.5	10.1	-1.6
2013	21145	32278	65.5	207	9.7	9.0	0.7
2014	22968	35027	65.6	225	8.6	8.9	-0.3
2015	24338	37084	65.6	239	6.0	8.3	-2.3
2016	26204	40249	65.1	259	7.7	8.1	-0.4
2017	28858	44825	64.4	283	10.1	7.8	2.3
2018	30816	49936	61.7	302	6.8	7.6	-0.8
2019	32728	54259	60.3	321	6.2	6.8	-0.6
2020	32960	54997	59.9	323	0.7	1.3	-0.6
2021	35156	58887	59.7	345	6.7	6.3	0.4

数据来源：历年河南省统计年鉴。下同

从人均 GDP 来看，2021 年全省县域人均 GDP②为 51642 元，比 2008 年的 17177 元增长约 201%。从人均 GDP 增速来看，2008—2021 年，县域人均 GDP 增速不断波动，但大体趋势与河南省人均 GDP 增速保持一致，

---

① 县域 GDP 增速是按照每年县域 GDP 总量计算得出的名义增长速度（不排除价格因素）。

② 县域人均 GDP 采用总量法计算，由县域 GDP 总量/县域常住总人口两年平均数得出。

增速整体呈现放缓趋势。2021 年县域人均 GDP 增速[①]为 7.2%，与河南省人均 GDP 增速持平（见表 2）。

表 2 2008—2021 年河南省县域人均地区生产总值及增速

年份	县域人均 GDP	河南省人均 GDP	县域人均 GDP 占河南省人均 GDP 的比重	县域人均 GDP 增速	河南省人均 GDP 增速	县域人均 GDP 增速－河南省人均 GDP 增速
2008	17177	18879	91.0	23.5	12.2	10.9
2009	18266	20280	90.1	6.3	8.1	−1.3
2010	21635	23984	90.2	18.4	18.5	1.5
2011	25909	28009	92.5	19.8	24.1	−5.6
2012	28275	30820	91.7	9.1	9.9	−1.0
2013	31123	33618	92.6	10.1	8.6	1.4
2014	33874	36686	92.3	8.8	8.4	0.4
2015	35888	39209	91.5	5.9	5.5	0.3
2016	38543	42341	91.0	7.4	8.8	−1.5
2017	42372	46959	90.2	9.9	9.6	0.5
2018	45234	52114	86.8	6.8	7.5	−0.7
2019	47989	56388	85.1	6.1	12.4	−6.4
2020	48195	55435	86.9	0.4	−1.7	2.0
2021	51642	59410	87.0	7.2	7.2	0.0

县域财政收支不断提升，但占河南省财政的比重仍然过低，财政实力弱小，自给率低，且人均财力较河南省水平也有明显差距。从财政收支来看，2021 年河南省县域一般公共预算收入达 1786 亿元，比 2008 年的 370 亿元增长约 383%，占河南省一般公共预算收入的 41.1%；2021 年，河南省县域一般公共预算支出达到 4560 亿元，比 2008 年的 1043 增长约

---

① 根据县域人均 GDP 计算得出县域人均 GDP 的增速。

337%，占河南省一般公共预算支出的43.8%。

从财政自给率来看，2021年县域财政自给率为39.2%，2008—2020年，县域财政自给率演变趋势大体与河南省财政自给率一致，但始终低于全省8~9个百分点；2021年县域一般公共预算支出降低，财政自给率提升至39.2%，较河南省财政自给率低2.5个百分点（见表3）。

表3　2008—2021年河南省县域财政收支情况

年份	一般公共预算收入（亿元，%）			一般公共预算支出（亿元，%）			财政自给率（%）	
	县域一般公共预算收入	河南省一般公共预算收入	县域一般公共预算收入占河南省的比重	县域一般公共预算支出	河南省一般公共预算支出	县域一般公共预算支出占河南省的比重	县域财政自给率	河南省财政自给率
2008	370	1009	36.6	1043	2282	45.7	35.5	44.2
2009	411	1126	36.5	1344	2906	46.3	30.5	38.8
2010	489	1381	35.4	1534	3416	44.9	31.9	40.4
2011	615	1722	35.7	1925	4249	45.3	31.9	40.5
2012	737	2040	36.1	2412	5006	48.2	30.5	40.8
2013	884	2415	36.6	2685	5582	48.1	32.9	43.3
2014	1012	2739	37.0	2921	6029	48.5	34.7	45.4
2015	1111	3016	36.8	3312	6799	48.7	33.5	44.4
2016	1171	3153	37.1	3619	7454	48.6	32.4	42.3
2017	1283	3407	37.7	4010	8216	48.8	32.0	41.5
2018	1448	3766	38.4	4589	9218	49.8	31.6	40.9
2019	1597	4042	39.5	5058	10164	49.8	31.6	39.8
2020	1672	4169	40.1	5187	10373	50.0	32.2	40.2
2021	1786	4347	41.1	4560	10420	43.8	39.2	41.7

从人均财力看，2021年县域人均预算收入[①]达到2640元，比2008年的521元增长约407%，占河南省人均预算收入的60.0%；县域人均预算支

---

① 采用总量法计算，由县域一般公共预算收入总量/县域常住总人口得出县域人均预算收入。

出达到6745元，比2008年的1470元增长约359%，占河南省人均预算支出的64.0%（见表4）。

表4 2008—2021年河南省县域人均财力

年份	县域一般公共预算收入/常住人口	河南省一般公共预算收入/常住人口	县域占河南省的比重	县域一般公共预算支出/常住人口	河南省一般公共预算支出/常住人口	县域占河南省的比重
2008	521	1070	48.7	1470	2420	60.8
2009	580	1187	48.8	1898	3063	62.0
2010	710	1469	48.4	2227	3632	61.3
2011	900	1820	49.5	2819	4491	62.8
2012	1083	2141	50.6	3544	5252	67.5
2013	1303	2523	51.7	3958	5831	67.9
2014	1494	2840	52.6	4310	6251	69.0
2015	1637	3109	52.7	4880	7009	69.6
2016	1720	3225	53.3	5314	7623	69.7
2017	1884	3466	54.4	5888	8358	70.4
2018	2125	3818	55.7	6734	9345	72.1
2019	2340	4082	57.3	7411	10266	72.2
2020	2440	4194	58.2	7570	10434	72.5
2021	2640	4399	60.0	6745	10543	64.0

（二）产业结构趋向合理，粮食地位突出

从三次产业占比来看，县域产业结构趋向合理，2021年河南省县域第一产业占比13.6%，第二产业占比42.8%，第三产业占比43.6%。从三产结构演变趋势来看，2008年以来，河南省县域第一产业占比不断下降。2013年以前，第二、第三产业占比基本保持平稳；2013年以后，第三产业比重开始不断提升，第二产业比重不断下降，至2020年县域第二、第三产占比基本持平，2021年起第三产业占比首次超过第二产业，呈现"三、二、一"结构。与河南省三次产业结构对比而言，县域第一产业占比始终高于河南省第一产业占比大约4个百分点，第二产业占比也略高于河南省水平，而第三产业占比则明显低于河南省水平5~9个百分点（见表5和图1）。

表5 2008—2021年河南省县域三产结构变化情况

年份	县域产业结构（%）			河南省产业结构（%）		
	县域第一产业占比	县域第二产业占比	县域第三产业占比	河南省第一产业占比	河南省第二产业占比	河南省第三产业占比
2008	18.5	57.5	24.0	14.5	54.8	30.7
2009	18.2	58.4	23.4	13.9	53.8	32.3
2010	18.0	59.1	23.0	13.8	53.7	32.5
2011	17.0	59.6	23.3	12.7	53.3	34.0
2012	16.7	58.9	24.5	12.4	51.9	35.7
2013	16.3	58.5	25.1	12.1	50.6	37.3
2014	15.5	54.0	30.5	11.5	49.6	38.9
2015	14.8	52.1	33.1	10.8	48.4	40.8
2016	14.1	51.6	35.4	10.1	47.2	42.7
2017	12.3	50.6	37.1	9.2	46.7	44.0
2018	11.7	49.2	39.1	8.6	44.1	47.2
2019	12.1	45.4	42.4	8.6	42.9	48.5
2020	13.7	43.2	43.0	9.7	41.6	48.7
2021	13.6	42.8	43.6	9.5	41.3	49.1

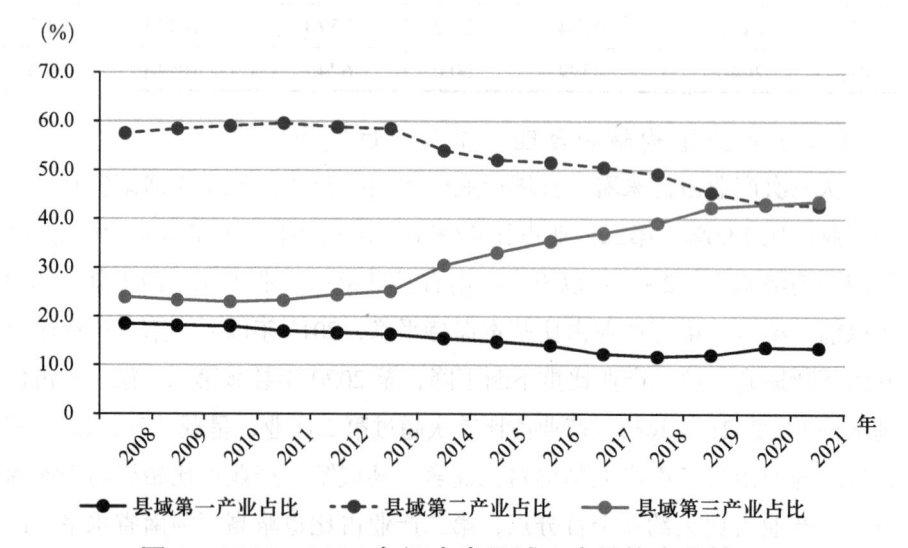

图1 2008—2021年河南省县域三产结构变化情况

从粮食种植情况来看，2021年县域粮食种植面积13990万亩，较2008年增长约10.1%；县域粮食总产量5685万吨，较2008年增长约12.9%，占河南省粮食总产量的87%，占全国粮食总产量的8.33%；县域人均粮食产量1683斤，较2008年增长约18.5%，较河南省人均粮食产量高359斤；县域亩均粮食产量406公斤（见表6），较2008年增长约2.5%，高出全国亩均粮食产量4.9%；全年粮食产量超100万吨的产粮大县有滑县、太康县、永城市、唐河县、邓州市、郸城县、固始县、商水县、上蔡县、息县、夏邑县、濮阳县共12个县（市），其中滑县、太康县、永城市、唐河县粮食产量超过130万吨，滑县超过150万吨。

表6 2008—2021年河南省县域粮食种植情况

年份	县域粮食种植面积（万亩）	县域粮食产量（万吨）	县域人均粮食产量（斤）	单位面积产量（公斤/亩）
2008	12707	5035	1420	396
2009	12872	5122	1446	398
2010	10236	5150	1496	503
2011	13017	5204	1524	400
2012	13208	5341	1570	404
2013	13295	5355	1579	403
2014	13454	5384	1589	400
2015	13516	5633	1660	417
2016	14010	5649	1659	403
2017	13974	5694	1672	407
2018	14287	5821	1708	407
2019	14085	5870	1720	417
2020	14070	5975	1744	425
2021	13990	5685	1683	406

（三）居民收入提升，社会消费需求不足

近年来，河南省县域居民人均可支配收入不断增加，与河南省平均水平的差距不断缩小。社会消费需求相对河南省较为薄弱，社会消费品零售（以下简称社消零）总额占河南省的比重较低，人均社消零总额与河南省水平差距较大。

从居民收入看，2021年河南省县域居民人均可支配收入①为23917元，比2017年的17533元增长约36.4%，占河南省居民人均可支配收入的比重由2017年的86.9%逐步增加到2021年的89.2%。从居民收入增速看，2021年，河南省县域居民人均可支配收入增速为8.6%，高于河南省居民人均可支配收入增速0.5个百分点（见表7）。

表7 2017—2021年河南省县域居民人均可支配收入情况

年份	县域居民人均可支配收入（元）	河南省居民人均可支配收入（元）	县域居民人均可支配收入占河南省的比重（%）	县域居民人均可支配收入增速（%）	河南省居民人均可支配收入增速（%）	县域增速–河南省增速（%）
2017	17533	20170	86.9	—	9.4	—
2018	19183	21964	87.3	9.4	8.9	0.5
2019	21040	23903	88.0	9.7	8.8	0.9
2020	22027	24810	88.8	4.7	3.8	0.9
2021	23917	26811	89.2	8.6	8.1	0.5

从社消零总额来看，2021年河南省县域社消零总额②为12708亿元，比2008年的3132亿元增长约305.7%，占河南省社消零总额的比重仅为52.1%。2021年县域人均社消零总额③达到18792元，仅占河南省人均社消零总额的76.2%（见表8）。

表8 2008—2021年河南省县域社会消费情况

年份	社消零总额（亿元，%）			人均社消零（元，%）		
	县域社消零总额	河南省社消零总额	县域社消零总额占河南省的比重	县域人均社消零总额	河南省人均社消零总额	县域人均社消零总额占河南省的比重
2008	3132	5773	54.2	4416	6123	72.1
2009	3723	6689	55.7	5256	7051	74.5
2010	4353	7923	54.9	6322	8424	75.0

---

① 采用各县公布的当年居民人均可支配收入×当年常住人口的总和，再除以当年河南省县域常住总人口得出。

② 各县（市）社消零总额之和。

③ 由县域社消零总额/县域常住总人口得出。

续表

年份	社消零总额（亿元，%）			人均社消零（元，%）		
	县域社消零总额	河南省社消零总额	县域社消零总额占河南省的比重	县域人均社消零总额	河南省人均社消零总额	县域人均社消零总额占河南省的比重
2011	5101	9337	54.6	7469	9869	75.7
2012	5903	10768	54.8	8676	11296	76.8
2013	6717	12244	54.9	9902	12790	77.4
2014	7533	13777	54.7	11116	14285	77.8
2015	8546	15476	55.2	12592	15953	78.9
2016	9570	17275	55.4	14052	17667	79.5
2017	10865	19289	56.3	15954	19625	81.3
2018	11376	21268	53.5	16694	21561	77.4
2019	12112	23476	51.6	17746	23711	74.8
2020	11650	22503	51.8	17001	22636	75.1
2021	12708	24382	52.1	18792	24670	76.2

（四）要素投入持续加大，经济活跃度有所减弱

近年来，河南省县域固定资产投资、房地产投资总额持续加大，拉动经济增长贡献突出。从固定资产投资来看，河南省县域固定资产投资总额2020年达到35241.3亿元，占河南省的比重为65.9%；从增速[①]来看，2020年县域固定资产投资增长4.8%，高于河南省0.5个百分点（见表9）。

表9 2008—2020年河南省县域固定资产投资情况

年份	固定资产投资（亿元，%）			固定资产投资增速（%）		
	县域固定资产投资	河南省固定资产投资	县域固定资产投资占河南省的比重	县域固定资产投资增速	河南省固定资产投资增速	县域固定资产投资增速－河南省增速
2008	7077.1	10469.6	67.6	32.4	32.4	0.0
2009	7510.6	13704.7	54.8	6.1	31.6	−25.5

---

① 县域固定资产投资增速根据县域固定资产投资总额计算得出。

续表

年份	固定资产投资（亿元，%）			固定资产投资增速（%）		
	县域固定资产投资	河南省固定资产投资	县域固定资产投资占河南省的比重	县域固定资产投资增速	河南省固定资产投资增速	县域固定资产投资增速－河南省增速
2010	8707.7	16585.9	52.5	15.9	22.2	−6.3
2011	10996.2	17766.8	61.9	26.3	27.0	−0.7
2012	13249.5	21761.5	60.9	20.5	21.4	−0.9
2013	15919.6	26220.9	60.7	20.2	22.5	−2.4
2014	18811.1	30782.2	61.1	18.2	19.2	−1.0
2015	22005.4	35660.3	61.7	17.0	16.5	0.5
2016	26383.7	39753.9	66.4	19.9	13.7	6.2
2017	29332.1	43890.4	66.8	11.2	10.4	0.8
2018	31291.8	47445.5	66.0	6.7	8.1	−1.4
2019	33620.9	51241.1	65.6	7.4	8.0	−0.6
2020	35241.3	53444.5	65.9	4.8	4.3	0.5

从房地产开发投资来看，2010—2020年，河南省县域房地产开发投资总额不断提升，2020年达到3386.5亿元，是2010年的654.3亿元的近5.2倍，占县域固定资产投资总额的9.6%，占河南省房地产开发投资总额的43.5%。从房地产开发投资增速来看，县域房地产开发投资的增速波动幅度大于河南省，2020年县域增速为10.8%，高出河南省6.5个百分点（见表10）。

表10 2010—2020年河南省县域房地产开发投资情况

年份	房地产开发投资（亿元，%）				
	县域房地产开发投资	河南省房地产开发投资	县域房地产开发投资增速	河南省房地产开发投资增速	县域房地产开发投资增速－全省增速
2010	654.3	2114.1	—	36.1	—
2011	843.9	2620.0	29.0	23.9	5.1

续表

年份	房地产开发投资（亿元，%）				
	县域房地产开发投资	河南省房地产开发投资	县域房地产开发投资增速	河南省房地产开发投资增速	县域房地产开发投资增速－全省增速
2012	943.1	3035.3	11.8	15.6	-3.8
2013	1098.6	3843.8	16.5	26.6	-10.1
2014	1207.8	4375.7	9.9	13.8	-3.9
2015	1400.8	4818.9	16.0	10.1	5.9
2016	2183.6	6179.1	55.9	28.2	27.7
2017	2903.6	7090.3	33.0	14.7	18.3
2018	2987.4	7015.5	2.9	-1.1	4.0
2019	3057.1	7464.6	2.3	6.4	-4.1
2020	3386.5	7782.3	10.8	4.3	6.5

存贷比是指商业银行贷款总额除以存款总额的比值，是一个地区经济发展的风向标，反映金融在地区的经济活跃度及在发展中的贡献。从金融业发展看，河南省县域金融机构存款余额占全省的比重不断上升，但整体存贷款余额总量、人均存贷款与河南省水平差距较大，存贷比过低，经济活跃度较弱。2021年，河南省县域金融机构存款年末余额34324.6亿元，占河南省的41.6%，占比较2008年提升4.3个百分点；2021年，河南省县域金融机构贷款年末余额19544.5亿元，占河南省的28.1%。从存贷比来看，2021年，河南省县域存贷比为56.9%，低于河南省27.3个百分点（见表11）。2008—2021年，河南省县域存贷比始终低于河南省存贷比，且近年来差距不断拉大。

从人均存贷款余额来看，2021年，河南省县域人均存款余额为54721元，占河南省人均存款余额的65.6%，是2008年8025元的6.8倍；2021年，河南省县域人均贷款余额为31158元，占河南省人均贷款余额的44.3%（见表12），是2008年3815元的8.2倍。2008—2021年，县域人均存款与全省平均水平的差距不断缩小，但人均贷款占全省平均水平的比重

表11 2008—2021年河南省县域金融机构年末存贷款余额情况

年份	存款（亿元，%）			贷款（亿元，%）			存贷比（%）		
	县域金融机构存款年末余额	河南省金融机构年末存款余额	县域金融机构存款年末余额占全省的比重	县域金融机构贷款年末余额	河南省金融机构年末贷款余额	县域金融机构年末贷款余额占全省的比重	县域存贷比	河南省存贷比	县域存贷比－河南省存贷比
2008	5690.9	15255.4	37.3	2705.2	10368.1	26.1	47.5	68.0	−20.4
2009	6893.7	19175.1	36.0	3483.6	13437.4	25.9	50.5	70.1	−19.5
2010	8303.3	23148.8	35.9	4247.9	15871.3	26.8	51.2	68.6	−17.4
2011	9789.9	26646.1	36.7	4729.1	17506.2	27.0	48.3	65.7	−17.4
2012	11819.4	31970.4	37.0	5493.9	20301.7	27.1	46.5	63.5	−17.0
2013	13799.5	37591.7	36.7	6734.6	23511.4	28.6	48.8	62.5	−13.7
2014	15607.0	41374.9	37.7	7891.1	27228.3	29.0	50.6	65.8	−15.2
2015	17725.6	47629.9	37.2	8883.4	31432.6	28.3	50.1	66.0	−15.9
2016	20656.4	53977.6	38.3	9998.4	36501.2	27.4	48.4	67.6	−19.2
2017	23296.3	59068.7	39.4	11288.2	41743.3	27.0	48.5	70.7	−22.2
2018	25308.0	63867.6	39.6	12948.5	47834.8	27.1	51.2	74.9	−23.7
2019	27577.2	69508.7	39.7	14973.6	55659.0	26.9	54.3	80.1	−25.8
2020	31122.8	76446.2	40.7	17218.4	62866.7	27.4	55.3	82.2	−26.9
2021	34324.6	82430.2	41.6	19544.5	69444.6	28.1	56.9	84.2	−27.3

提升较慢，人均存贷款的差距也逐步拉大。

表 12　2008—2021 年河南省县域人均存贷款情况

年份	人均存款（元，%）			人均贷款（元，%）		
	县域人均存款余额	河南省人均存款余额	县域人均存款余额占河南省的比重	县域人均贷款余额	河南省人均贷款余额	县域人均贷款余额占河南省的比重
2008	8025	16179	49.6	3815	10996	34.7
2009	9733	20212	48.2	4918	14164	34.7
2010	12058	24613	49.0	6169	16875	36.6
2011	14335	28164	50.9	6925	18504	37.4
2012	17371	33540	51.8	8074	21298	37.9
2013	20342	39268	51.8	9927	24560	40.4
2014	23030	42898	53.7	11644	28230	41.2
2015	26119	49098	53.2	13090	32401	40.4
2016	30329	55203	54.9	14680	37330	39.3
2017	34206	60096	56.9	16575	42470	39.0
2018	37138	64748	57.4	19001	48494	39.2
2019	40405	70204	57.6	21939	56216	39.0
2020	45419	76900	59.1	25127	63240	39.7
2021	54721	83406	65.6	31158	70267	44.3

（五）人口外流明显，城镇化水平较低

近些年来，河南省县域常住人口占全省常住人口的比重不断下降，县域人口流失率不断上升，且明显高于河南省人口流失率。2020 年县域户籍总人口占全省户籍总人口的 76.2%；县域常住总人口占河南省常住总人口的 68.9%，县域人口流失率 22.0%，高出河南省人口流失率 8.2 个百分点（见表 13）。

根据 2010 年全国第六次人口普查、2020 年全国第七次人口普查数据

表 13　2008—2020 年河南省县域人口情况

年份	户籍人口（万人，%）县域户籍人口	河南省户籍人口	县域户籍人口占河南省的比重	常住人口（万人，%）县域常住人口	河南省常住人口	县域常住人口占河南省的比重	外流人口（万人，%）县域外流人口	县域人口流失率	河南省外流人口	河南省人口流失率
2008	7671	9918	77.3	7092	9429	75.2	579	7.6	489	4.9
2009	7702	9967	77.3	7083	9487	74.7	619	8.0	480	4.8
2010	8071	10800	74.7	6886	9405	73.2	1185	14.7	1395	12.9
2011	8096	10922	74.1	6829	9461	72.2	1267	15.6	1461	13.4
2012	8131	10932	74.4	6804	9532	71.4	1326	16.3	1400	12.8
2013	8174	11039	74.0	6784	9573	70.9	1390	17.0	1466	13.3
2014	8220	11102	74.0	6777	9645	70.3	1443	17.6	1457	13.1
2015	8263	11217	73.7	6787	9701	70.0	1476	17.9	1516	13.5
2016	8321	11370	73.2	6811	9778	69.7	1510	18.1	1592	14.0
2017	8366	11377	73.5	6811	9829	69.3	1556	18.6	1548	13.6
2018	8408	11444	73.5	6814	9864	69.1	1594	19.0	1580	13.8
2019	8445	11486	73.5	6825	9901	68.9	1620	19.2	1585	13.8
2020	8784	11526	76.2	6852	9941	68.9	1931	22.0	1585	13.8

计算，河南省县域城镇化率由 2010 年的 29.38% 增长到 2020 年的 45.56%（见表 14），实现了较大幅度的提升，但相对仍然较低，低于 2020 年河南省城镇化率 10.9 个百分点。

表 14　河南省县域城镇化率变化情况

年份	县域常住总人口（万人）	县域城镇总人口（万人）	县域城镇化率（%）
2010	6857.62	2015.11	29.38
2020	6754.57	3077.06	45.56

数据来源：全国第六次、第七次人口普查数据。

二、河南、江苏两省县域经济发展的比较分析

河南、江苏两省同属我国的经济大省，经济总量分别位居全国第五名、第二名，对两省县域主要经济指标的梳理与比较，更有利于以宽广的视野透视河南省县域经济的发展态势与现状，为河南省县域经济的发展提供有益借鉴与启示。

就江苏省而言，江苏省共有 40 个县（市），[1]其县域国土面积共 6.43 万平方千米，占全省面积的 60.00%，其中耕地面积 4271.0[2] 万亩，占全省耕地面积的 69.00%；第七次人口普查年县域常住总人口为 3779.66 万人，占全省常住总人口的 44.6%（见表 15），其中乡村人口为 1388.42 万人，占全省常住总人口的 16.38%，占县域常住总人口的 36.73%。江苏省的县（市）个数、国土面积、耕地面积、常住人口占全省的比重均比河南省数量少，分别仅占河南省的 39.22%、45.56%、54.55% 和 56.18%，相对于河南省的县域，其人口与土地等资源都不处在优势地位。但江苏省的县域经济发展却十分迅猛，县域的综合实力和经济竞争力也特别强劲，与其相比，河南省县域的整体实力偏弱，并在一些重要经济指标上存在较大的差距。

---

[1] 截至 2021 年 12 月 31 日，江苏省共设有 19 个县、21 个县级市，故本书以江苏省现有 40 个县（市）为统计范围。

[2] 数据来源：各县第三次全国国土调查主要数据公报。

表 15　河南省、江苏省县域基本情况对比

省份	县（市）个数	国土面积（万平方千米，%）			耕地面积（万亩，%）			常住人口（万人，%）		
		县域	全省	县域占全省的比重	县域	全省	县域占全省的比重	县域	全省	县域占全省的比重
江苏省	40	6.43	10.72	60.00	4271.0	6148.39	69.00	3779.66	8474.8	44.6
河南省	102	14.09	16.70	84.37	9882.5	11271.15	87.68	6754.57	9936.6	68.0

数据来源：历年河南省、江苏省统计年鉴。

（一）县域经济总量差距

从两省的经济总量看，2021年，河南省102县（市）GDP总量为35156亿元，县（市）平均GDP为345亿元；江苏省40县（市）GDP总量为47464亿元，县（市）平均GDP为1187亿元（见表16），河南每个县域GDP的平均值仅为江苏的29.06%。

从两省2008—2021年县域GDP的演变趋势看，两省县域GDP总量差距在逐年拉大。2008年江苏省县域GDP总量为12929亿元，仅比河南省多出793亿元，以后的年份，这一差额逐年扩大，到2021年，江苏省县域GDP总量为47464亿元，比河南省多出12308亿元。从县域GDP总量占全省GDP的比重来看，2008—2021年，江苏省一直在40%以上波动，而河南省这一比值却由67.2%下降到59.7%（见表16），说明河南省县域经济发展速度略慢于全省的整体速度。

表 16　2008—2021年河南省、江苏省县域地区生产总值

年份	河南省（亿元，%）				江苏省（亿元，%）			
	县域GDP总量	全省GDP总量	县域GDP占全省GDP的比重	县域GDP平均值	县域GDP总量	全省GDP总量	县域GDP占全省GDP的比重	县域GDP平均值
2008	12136	18068	67.2	119	12929	30945	41.8	323
2009	12946	19548	66.2	127	15096	34472	43.8	377

续表

年份	河南省（亿元，%）				江苏省（亿元，%）			
	县域GDP总量	全省GDP总量	县域GDP占全省GDP的比重	县域GDP平均值	县域GDP总量	全省GDP总量	县域GDP占全省GDP的比重	县域GDP平均值
2010	15111	23158	65.3	148	18053	41384	43.6	451
2011	17767	27007	65.8	174	21556	48839	44.1	539
2012	19274	29682	64.9	189	24154	53702	45.0	604
2013	21145	32278	65.5	207	26563	59349	44.8	664
2014	22968	35027	65.6	225	28533	64831	44.0	713
2015	24338	37084	65.6	239	30201	71256	42.4	755
2016	26204	40249	65.1	259	32446	77351	41.9	811
2017	28858	44825	64.4	283	36322	85870	42.3	908
2018	30816	49936	61.7	302	39040	93208	41.9	976
2019	32728	54259	60.3	321	40478	98657	41.1	1012
2020	32960	54997	59.9	323	42304	102808	41.1	1058
2021	35156	58887	59.7	345	47464	116364	40.8	1187

数据来源：历年河南省、江苏省统计年鉴。

从人均GDP来看，2012—2021年，江苏省县域人均GDP由64096元增加到125587元，河南省县域人均GDP由28275元增加到51642元，2021年比2012年，江苏与河南分别多出61491元、23367元；同时在2021年江苏县域人均GDP是河南的2.43倍（见表17）。

表17　2008—2021年河南省、江苏省县域人均生产总值

年份	河南省（元，%）			江苏省（元，%）		
	县域人均GDP	河南省人均GDP	县域人均GDP占河南省人均GDP的比重	县域人均GDP	江苏省人均GDP	县域人均GDP占江苏省人均GDP的比重
2008	17177	18879	91.0	—	39967	—
2009	18266	20280	90.1	—	44272	—

续表

年份	河南省（元，%）			江苏省（元，%）		
	县域人均GDP	河南省人均GDP	县域人均GDP占河南省人均GDP的比重	县域人均GDP	江苏省人均GDP	县域人均GDP占江苏省人均GDP的比重
2010	21635	23984	90.2	—	53525	—
2011	25909	28009	92.5	—	61464	—
2012	28275	30820	91.7	64096	66533	96.3
2013	31123	33618	92.6	70581	72768	97.0
2014	33874	36686	92.3	75775	78711	96.3
2015	35888	39209	91.5	80158	85871	93.3
2016	38543	42341	91.0	86081	92658	92.9
2017	42372	46959	90.2	96218	102202	94.1
2018	45234	52114	86.8	103359	110508	93.5
2019	47989	56388	85.1	107212	116650	91.9
2020	48195	55435	86.9	111966	121333	92.3
2021	51642	59410	87.0	125587	137039	91.6

数据来源：历年河南省、江苏省统计年鉴。

从两省县域经济大县的分布看，2021年江苏省40个县（市）中，GDP总量在千亿元以上的有17个，占县（市）总数的42.50%；500亿~1000亿元之间的有19个，占县（市）总数的47.50%；500亿元以下仅有4个县（市），占县（市）总数10.00%，并且在2019—2021年，县域GDP规模层次跃升的趋势明显。而在河南省102个县（市）中，千亿县（市）仅有新郑、中牟2个，占比不足2%；500亿~1000亿元之间的为9个，占县（市）总量的8.82%；500亿元以下的为91个，占比89.21%（见表18）。江苏省90%县（市）的GDP集中分布在500亿元以上，其中昆山、江阴GDP超过4000亿元，张家港超过3000亿元；河南省90%的县（市）GDP集中分布在500亿元以下，且近六成的县域GDP不足300亿元。

表 18 2019—2021 年江苏省、河南省县域生产总值占比分布情况

GDP 总量区间	江苏省（%）			河南省（%）		
	2019 年	2020 年	2021 年	2019 年	2020 年	2021 年
1000 亿元以上	32.50	40.00	42.50	1.96	1.96	1.96
500 亿~1000 亿元	45.00	42.50	47.50	7.84	7.84	8.82
300 亿~500 亿元	22.50	17.50	10.00	30.39	28.43	30.39
300 亿元以下	0.00	0.00	0.00	59.80	61.76	58.82

数据来源：历年河南省、江苏省统计年鉴。

（二）县域财政实力差距

从财政实力来看，2008—2021 年，江苏省县域一般公共预算收入由 852.8 亿元增加到 3144.1 亿元，增加的额度多达 2291.3 亿元，这比河南省县域同类数值的 1415.9 多出 875.4 元。2021 年，县域一般公共预算收入江苏省每县（市）平均为 78.6 亿元，河南省每县（市）平均为 22.73 亿元，江苏是河南的 3.46 倍。在人均财力上，2021 年，江苏省县域的人均一般公共预算收入为 8318 元，多出河南省县域 2640 元的 5678 元。2021 年，县域一般公共预算支出江苏省达到 14585.3 亿元（见表 19），是河南省 4933.8 亿元的 2.96 倍。

在 2008—2021 年的多个年份，县域一般公共预算收入占全省的比重，河南都保持在 38% 上下，比江苏多出约 5 个百分点；县域一般公共预算支出占全省的比重，河南约占 48%，高于江苏约 14 个百分点，这样的比例关系，相对于江苏省强财政、少县域的省情实际，也可反观出河南省县域的财政供给仍然不足，其实力还比较弱小。

表 19 2008—2021 年江苏省县域财政收支情况

年份	一般公共预算收入（亿元，%）			一般公共预算支出（亿元，%）			财政自给率（%）	
	县域一般公共预算收入	江苏省一般公共预算收入	县域一般公共预算收入占江苏省的比重	县域一般公共预算支出	江苏省一般公共预算支出	县域一般公共预算支出占江苏省的比重	县域财政自给率	江苏省财政自给率
2008	825.8	2731.4	30.2	1016.0	3247.5	31.3	81.3	84.1

续表

年份	一般公共预算收入（亿元，%）			一般公共预算支出（亿元，%）			财政自给率（%）	
	县域一般公共预算收入	江苏省一般公共预算收入	县域一般公共预算收入占江苏省的比重	县域一般公共预算支出	江苏省一般公共预算支出	县域一般公共预算支出占江苏省的比重	县域财政自给率	江苏省财政自给率
2009	990.0	3228.8	30.7	1254.4	4017.4	31.2	78.9	80.4
2010	1289.4	4079.9	31.6	1629.9	4914.1	33.2	79.1	83.0
2011	1673.8	5148.9	32.5	2100.5	6221.7	33.8	79.7	82.8
2012	1881.9	5860.7	32.1	2422.2	7027.7	34.5	77.7	83.4
2013	2149.1	6568.5	32.7	2727.9	7798.5	35.0	78.8	84.2
2014	2384.4	7233.1	33.0	2987.3	8472.5	35.3	79.8	85.4
2015	2644.2	8028.6	32.9	3444.3	9687.6	35.6	76.8	82.9
2016	2599.2	8121.2	32.0	3513.8	9982.0	35.2	74.0	81.4
2017	2584.5	8171.5	31.6	3653.9	10621.0	34.4	70.7	76.9
2018	2786.9	8630.2	32.3	3961.7	11657.4	34.0	70.3	74.0
2019	2779.9	8802.4	31.6	4291.0	12573.6	34.1	64.8	70.0
2020	2877.1	9059.0	31.8	4614.1	13681.6	33.7	62.4	66.2
2021	3144.1	10015.2	31.4	4933.8	14585.7	33.8	63.7	68.7

数据来源：历年河南省、江苏省统计年鉴。

（三）县域经济竞争力差距

从两省县域经济的竞争力层次看，据赛迪顾问发布的县域经济百强榜单，2022年全国百强县中，江苏省上榜县（市）个数为25个，占全省县（市）的62.5%，且在百强县排名的第1~25位和第26~50位中，江苏省分别入围8个和9个，其中昆山、江阴、张家港、常熟连续三年占据前5名。2022年，河南省共有6个（含济源）县（市）入围全国百强县，位列百强县前50名的仅有巩义市1个（见表20），排名在第45位。与江苏省相比，河南省县域的竞争力还处在薄弱状态。

表20 2020—2022年江苏省、河南省县域百强县分布情况

百强县位次	江苏省 2020	江苏省 2021	江苏省 2022	河南省 2020	河南省 2021	河南省 2022
第1~25位	8	7	8	0	0	0
第26~50位	9	10	9	1	2	1
第51~75位	4	5	4	5	4	4
第76~100位	4	3	4	1	1	1
合计	25	25	25	7	7	6

数据来源：历年河南省、江苏省统计年鉴。

三、河南省县域经济发展面临的问题与原因分析

从对相关经济数据的梳理与分析可看到，河南省县域经济尽管在近些年取得了十分显著的发展成就，但也存在一些短板和差距，在当前，影响河南省县域高质量发展的问题主要有以下五个方面。

（一）非农产业的支撑力不足

产业结构是影响一个区域经济发展的主要因素之一。一般而言，非农产业发达，在产业构成中占比大，其区域的经济发展水平就高。河南省的多数县（市）长期以来都属传统农区，农业所占比重大，非农产业发展滞后，特别是工业化进程比较迟缓，对区域的经济社会发展都产生了严重制约。我国实行改革开放政策后，尽管在发展农业的同时，非农产业也得到了较快发展，但发展程度还比较低。2008年，河南省县域的非农产业增加值占经济总量比重为81.5%，这一比值在以后逐年增加，到2021年为86.4%，使产业结构有所优化；2008—2021年，县域非农产业增加值也由9895亿元增加30376亿元，县均非农产业增加值由92亿元增加到297亿元。但与江苏省相比，河南省在这些指标上存有很大差距。2008年，江苏省县域的非农产业增加值占经济总量比重为91.8%，多出河南省10.3个百分点，以后的年份都保持在90%以上，到2021年达到93.6%（见表21），多出河南省7.2个百分点。特别在县域人均第二产业增加值方面，河南省与江苏省的差距更大，2021年，河南省为22232元、江苏省为60013元，河南省仅占江苏省的37%，导致非农产业对县域经济没有发挥出应有的支

撑作用。再从非农产业，特别是工业的内部结构看，河南省多数县域的产业层次比较低，食品加工、轻纺等劳动密集型产业占的比重大，装备制造业、新材料、新能源等新型产业发育不足，且企业数量不多，规模偏小，具有带动力强的大型及特大型的集团型龙头企业较少，且产业集聚不够，使县域工业化水平长期处在较低水平。

表21 2008—2021年江苏县域三次产业增加值

年份	江苏县域第一产业增加值	江苏县域第二产业增加值	江苏县域第三产业增加值	县域第一产业占比	县域第二产业占比	县域第三产业占比
2008	1058	7333	4539	8.2	56.7	35.1
2009	1308	8342	5446	8.7	55.3	36.1
2010	1480	9888	6686	8.2	54.8	37
2011	1690	11585	8281	7.8	53.7	38.4
2012	1874	12689	9591	7.8	52.5	39.7
2013	2044	13642	10877	7.7	51.4	40.9
2014	2076	14336	12120	7.3	50.2	42.5
2015	2202	14803	13197	7.3	49	43.7
2016	2313	15634	14498	7.1	48.2	44.7
2017	2438	17583	16300	6.7	48.4	44.9
2018	2533	18738	17770	6.5	48	45.5
2019	2727	19318	18433	6.7	47.7	45.5
2020	2884	19735	19685	6.8	46.6	46.5
2021	3026	22675	21764	6.4	47.8	45.9

数据来源：江苏省统计年鉴。

（二）县域间发展不平衡

由于资源禀赋、发展程度、地理区位等的差异，使河南省的县际间的经济发展呈现出了不平衡现象，这就对县域经济的整体提升产生了一定制约。

一是经济体量差异。河南省县域之间在经济总量上存在很大差别，有些县域生产总值超千亿元，但也有些县（市）刚刚过百亿元。从2021年河南省 102 县（市）生产总值排序来看，排在前五名的有新郑市、中牟县、禹州市、巩义市、长葛市，排在后五名的有修武县、义马市、卢氏县、台前县、安阳县（见表 22）。前五名县（市）生产总值为 5445.1 亿元，后五名县（市）生产总值为 663.6 亿元，占前五名总量的 12.2%。

表 22　2021 年河南省部分县域基本情况

地区	2021 年 GDP 排名	2021 年 GDP 总量（亿元）	国土面积（平方千米）	耕地面积（万亩）	常住人口（万人）
新郑市	1	1451.3	873	44.6	117.2
中牟县	2	1363.3	917	102.1	70.3
禹州市	3	903.8	1469	103.6	111.0
巩义市	4	901.9	1043	36.8	78.5
长葛市	5	824.8	650	52.3	71.0
修武县	98	154.1	611	26.3	24.9
义马市	99	146.8	112	3.2	13.6
卢氏县	100	129.6	4004	35.2	31.7
台前县	101	125.6	454	30.4	32.3
安阳县	102	107.5	509	88.2	82.2

数据来源：历年河南省统计年鉴。

二是发展水平差异。河南省众多县域中，排除人口数量和地理面积等造成经济体量差异的因素，人均创造财富的差别也反映出县域发展水平的差别。从 2021 年河南省县域人均生产总值排序来看，排在前五名的有长葛市、巩义市、义马市、淇县、新郑市，排在后五名的有濮阳县、上蔡县、内黄县、鲁山县、安阳县。其中排名前五的县（市）中，2021 年人均 GDP 均在 90000 元以上，排名第 1 名的长葛市人均 GDP 为 116167 元，是排名末位的安阳县 14829 元的 7.83 倍。

三是区位空间差异。靠近省会城市或中心城市的县域，其经济体量有较大发展空间；相反，远离省会城市或中心城市，则发展水平会受到一定制约。从河南省各县（市）所处的区位空间来看，经济总量排前五位的新郑市、中牟县、巩义市隶属于省会城市、国家级中心城市郑州市，受中心城市的辐射带动作用较强，尤其是新郑市、中牟县近年来稳居县域 GDP 榜首,也是河南省仅有的两个"千亿县";禹州市、长葛市隶属于许昌市,紧邻新郑市。后五位则较为分散,几乎均处在河南省西部和北部边缘地区,远离中心城市,且地形较为复杂,故而前五位县(市)国土面积小于后五位,但耕地面积、常住人口分别是后五位的1.9倍、2.4倍(见表23)。

表23 河南省发达与落后县域基本情况

地区		国土面积		耕地面积		常住人口	
		五县(市)国土面积(平方千米)	占全省县域面积的比重(%)	五县(市)耕地面积(万亩)	占全省县域耕地面积的比重(%)	五县(市)常住人口(万人)	占河南省县域常住人口的比重(%)
新郑市 禹州市 长葛市	中牟县 巩义市	4592	3.3	339.5	3.4	448.0	6.7
修武县 卢氏县 安阳县	义马市 台前县	5690	4.0	183.3	1.9	184.6	2.7

数据来源:历年河南省统计年鉴。

(三)经济发展的要素保障不足

资金、人口资源等是产业发展的重要条件,其保障能力可直接影响县域的发展能力与水平。与江苏省相比,河南省县域的产业发展还存在要素供给不足与弱化等问题。资金层面,从县域存贷比看,2008—2021年江苏省县域的存贷比每年都远高于河南省,到2021年,河南省县域存贷比低于江苏省31个百分点。从企业融资上市看,江苏省县域上市公司的数量更远超河南省。2021年年底,河南省县域境内上市公司为29个,且分布较为分散,除巩义市拥有3家,长葛市、西峡县、内乡县各拥有2家外,其余涉及县(市)均仅有1家上市公司(见表24)。江苏省县域上市公司数量多,且分布集中。江阴市上市公司数量最多,2021年年底拥有境内上市公司36家、境外上市公司20家;其次为昆山市,境内上市公司累计26家,境外14家;张家港市境内上市公司26家,境外2家。河南省县域上市公司个数甚至敌不过江苏省单个县域,上市企业数量不足,也就很大程度上反映出社会融资能力的不足和资本市场支持的乏力。

表 24 截至 2021 年年底河南省县域上市企业分布

企业市值排行	证券名称	归属地	企业市值排行	证券名称	归属地
1	牧原	内乡县	16	仲景食品	西峡县
2	洛阳钼业	栾川县	17	濮耐股份	濮阳县
3	新强联	新安县	18	飞龙股份	西峡县
4	明泰铝业	巩义市	19	中原内配	孟州市
5	神火股份	永城市	20	好想你	新郑市
6	ST 中孚	巩义市	21	凯旺科技	沈丘县
7	黄河旋风	长葛市	22	森霸传感	社旗县
8	瑞丰新材	新乡县	23	ST 森源	长葛市
9	ST 大有	义马市	24	新野纺织	新野县
10	翔宇医疗	内黄县	25	ST 科迪	虞城县
11	羚锐制药	新县	26	辅仁药业	鹿邑县
12	恒星科技	巩义市	27	金冠电气	内乡县
13	金丹科技	郸城县	28	华英	潢川县
14	新开源	博爱县	29	安阳林重	林州市
15	蓝天燃气	确山县			

在人口层面，从人口流失情况看，2020 年河南省县域流失人口比江苏省县域多出 1665 万人，流失率高出 15.4 个百分点。就县域经济发展来说，人口的流失，就意味着劳动力资源，尤其是青壮年劳动力队伍的弱化，进而也会对县域经济发展的要素保障形成更大的挑战。

（四）缺乏大城市的强力带动

城市是一个地区经济的主要承载体，是人才、资金等产业要素的主要聚集地，经济资源及科学、教育、卫生等社会资源是带动经济社会区域发展的主要支撑力量。从国内外区域发展实际来看，区域经济的发展与城市，特别是大城市的辐射、带动有着紧密的关联。在市场力量作用下，推动县域经济高质量发展，推动产业向中高端迈进，只有通过城市，特别是大城市的强力带动才有可能很好地实现。河南省处在中原腹地，所在区域的大城市、特大城市数量少，对县域可产生较强带动作用的大城市仅有 1 个特大城市、1 个大型城市，分别是郑州市、洛阳市。江苏省的县域地处长江三角洲地区，所在区域的大城市数量多、等级高，对县域可产生较强带动作用的有超大城市1个，为上海市；2个特大城市，为杭州市、南京市；5个大型城市为苏州市、无锡市、常州市、徐州市、昆山市。从而可看出，河南省与江苏省县域间的发展差距，在一定意义上与所在区域大城市的布局有着直接的正向关系。特别是河南省的县域多数远离大城市，接收城市带动力的程度较低，且自身拥有的经济与社会资源又不多，这就形成了发展上滞后状态。

（五）创新发展能力较弱

近年来，尽管河南省县域科技对经济发展的支撑能力有很大提升，但制约县域科技进步的一些因素依然存在，与县域经济高质量发展要求比，仍存有较大差距，科技力量与创新能力的不足，现已成为影响河南县域经济高质量发展的主要原因之一。一是科技资源薄弱。河南省的绝大部分县域没有布局高等院校，科研机构数量少，特别是缺乏具有较强创新能力的工业类科研院所；与科技研发相关的新型科技平台，也存在创建步伐不大，且数量偏少、层次不高、等级较低等问题，这都使地方的经济增长失去强力的引领和支撑作用。二是科技创新能力不强。科技型企业和高新技术企业数量少，科技资源配置分散重复，各方面科技力量自成体系，整体运行效率不高；县域科技基础设施建设滞后，河南省绝大部分县（市）没有科技中心和科普场馆。多数县域企业的自主创新能力不强，尚未真正成为技术创新主体，鼓励自主创新的机制也不完善，绝大部分企业没有企业技术中心。县域专利等知识产权拥有量少，大部分工业企业至今还是零专利。三是农业技术推广体系仍不完善。多数地方农业技术推广机构不健全，个别乡镇农技站推广手段落后，基础设施、基本条件较差。一些县（市）的农业科研机构多数由于科研人员少、经费不足等原因而不能很好地发挥作用。四是科技人才不足、素质不高。县域科技人员数量少，科技人才明显不足，特别是从事科研、工程技术的人员严重短缺，目前，河南省县域工程技术人员占职工总数的比例不足10%，企业从事研究开发活动的人员占职工总人数的比重不足1%，远不能满足二、三产业发展对人才的需求。从人员的素质看，多数县域科技人员的学历层次低，本科以上学历的人员数量少，整体素质不高，缺乏应有的科研和技术开发能力，且再教育和培训的机会少，致使一些技术人员的知识水平跟不上形势发展的需要。

四、促进河南省县域经济高质量发展的对策措施

做大做强县域经济，推进县域经济高质量发展，是新时期加快河南省现代化建设的内在要求，是贯彻落实河南省委做出的锚定两个"确保"、实施十大战略决策部署的具体实践。面对新任务、新征程，要使县域经济在高质量发展进程中"补短板""成高原"，需进一步发挥优势、抢占先机，以强劲的发展势头为现代化河南建设添重彩、做贡献。对此，应采取以下对策措施。

（一）实施分类推进，打造"千亿"强县

按照习近平总书记做出的县域治理"三起来"发展要求，坚持把强县和富民统一起来，以打造生产总值"千亿县"为抓手，推进县域经济发展跨台阶、跃水平。对此，要依据河南省102个县（市）的区位特点、资源禀赋、产业优势，对县域经济发展合理定位、分类推进，促进其因地制宜地错位发展，彰显出县域特色。一是突出特色，系统推进。按照不同类型选择代表性县域，如典型农区、典型工业区、典型旅游区等区域，以前瞻30年的眼光，以2035年为主要时间节点，以县域现代化为指向，以建设、农耕、生态国土利用"三条线"为遵循，把工业化、城镇化、农业现代化及农业政策、土地制度、公共基础设施与公共服务供给等纳入其中，系统研究，统筹规划，制订方案，分步实施，取得经验，为其他县域现代化提供示范。二是依据县域的不同特点明确发展重点。中心城市周边的县（市）要按照城市主环的功能定位，积极承接产业转移和功能配套，实现分工协作、错位发展。省直管县（市）要按照中等城市规模规划配置各项基础设施和公共服务设施，增强区域辐射带动能力；在小城镇发展上，对于具有产业基础和特色资源的乡镇，可以重点打造一些具有特色功能的产业小镇。三是着力开展"千亿县"打造工作。经济大县、强县对整个县域的高质量发展具有很强的示范与引领作用，借鉴江苏及其他一些经济发达省份的成功做法，下大力气培育并做强一批生产总值超千亿元的经济强县。要以经济社会发展水平为参照，优先选择在工业化、城镇化水平高，

创新驱动对产业作用强、影响深，结构变革需求强度大的县域，如巩义、新郑、长葛、长垣等县（市）开展"千亿县"的打造工作。在此过程中，要在环境容量、土地指标、项目数据等产业要素方面给予倾斜和加大支持力度，以提升河南省县域经济的整体发展能力与水平。

（二）优化产业结构，加速工业化、城镇化进程

强化产业支撑是县域经济发展的根本，也是扩大就业、增加收入、拉动消费、畅通经济循环的必由之路，而产业结构的优化，又是做强产业的题中之意。对于县域经济来说，在当前乃至今后一个相当长的时期内，必须把调整优化产业结构和加快工业化、城镇化步伐作为紧迫而又重大的任务抓紧抓好。一是做大做强现代农业。发展现代农业是实施乡村振兴的重大举措，是河南省多数县域的优势所在、潜力所在。推进现代农业发展，要依据县域经济农业发展的基础与优势，大力调整农业结构，高度重视粮食生产，促进现代畜牧业、水产业和特色种植业发展。持续推动农业产业化经营，培育壮大龙头企业和产业基地、园区，延伸产业链条，提高农业的经营效益。二是着力推进工业强县建设。坚持实施工业强县战略，把产业结构优化的着力点真正放在加速工业化进程上，促进县域工业快速增长。各县要把培育主导产业作为提升县域经济竞争力的重要途径，立足于自身特色优势，统筹好与周边中心城市的配套，谋划好未来一个时期特色主导产业发展，重点培育特色鲜明、具有较强竞争力和一定技术含量的主导产业。特别要大力发展数字经济与生物经济，重视引进与壮大高新技术产业，用新业态抢占区域工业发展的制高点。同时，要加速推进农产品精深加工业和食品产业发展，催生与做强一批劳动密集型产业，坚持用智能化、智慧化等先进技术改造、提升传统产业。三是培育壮大产业集群。要围绕主导产业培育，打造关联度大、带动力强的龙头企业，吸引上下游配套企业的集聚，完善产业链条，推进产业化协作。充分发挥各地开发区和各类产业园区的载体作用，推进产业集聚发展，并做好补链、延链工作，形成集群效应。在有条件的乡镇街区建立产业园区，为发展中小微企业提供空间。四是实施以人为核心的新型城镇化战略，加快城镇化进程。要突出县城在县域城镇化进程中的核心作用，推进县城建设，完善城市功能，使之成为县域经济发展的增长极，推进城乡一体、城乡融合发展，形成城

乡发展新体系。坚持城镇化与工业化、农业现代化同步推进，合理促进人口和经济要素向县域聚集，培育出一批新的县域经济发展的增长极和辐射源，统筹推进新城开发和旧城更新，让全体居民共享城市宜居宜业的发展成果。同时，坚持城镇规模和质量双提升，加快转变城镇化发展方式，扩大规模，增强实力，提升容纳产业要素的能力，形成产业发展高地。

（三）坚持创新驱动战略，强化科技支撑能力

创新是经济发展的主要动力源泉。随着国家创新驱动战略的实施，科技进步对区域经济增长的影响已越来越大，逐渐居于主导性的地位。先进的科学技术不仅会提升装备的质量，也会提高劳动者的素质，从而使生产要素的产出能力发生质的飞跃。同时，通过先进科技方法，还可大幅度提高经营管理水平，优化资源配置，从而推动区域经济增长。要解决好县域经济发展的技术含量不高和生产方式粗放等问题，必须把创新摆在发展的逻辑起点、现代化建设的核心位置，走创新驱动、内生增长的发展道路。一是树立创新发展的决心和信心，着力实施创新驱动、科教兴省、人才强省战略，开展以科技创新为核心，包括制度创新、管理创新、文化创新、商业模式创新等在内的全面创新，制定和完善县域经济各县的创新规划、构建区域创新体系、深化科技创新体制机制改革，打造出一流的创新生态与环境。二是为有效解决创新资源不足、创新空间有限、创新生态较差的难题，切实整合重组科技资源，做到以工业为主阵地，以高新区及各类开发区、产业园区为载体，推进区域内外的创新要素高效配置，提升高校和科研院所等创新源头的供给能力，实现国家、省、市、县创新政策的协同整合，为创新驱动支撑区域创新高地建设提供有力保障。特别要把企业作为技术创新的主体，提升企业技术创新能力，推进规上工业企业创新活动全覆盖，使企业真正能在科技创新中唱主角，发挥主体作用。三是围绕区域内重大重点产业的链式拓展和资源综合利用部署创新链，对其关键的技术难题，要组织高校、科研院所及跨区域的科研单位进行科技攻关，并形成具有自主产权的科创优势。同时，要大力引进省内高校和科研机构来区域内设立科研开发基地及科研示范区，在重大产业领域，可建立不同层次和类别的研发平台，为产业的做大做强提供坚实的支撑。四是构建"激励创新、宽容失败"的体制机制，优化科技创新奖励政策，用真金白银激励

企业、科研团队与科技人员开展科技创新活动。

（四）深化改革开放，增强发展活力

改革开放是经济发展的动力和活力源泉。推进县域经济高质量发展，根本出路在于改革开放，最大动力也在于改革开放，因此，必须继续做好深化改革开放这篇大文章。一是继续深化各类改革。要坚持"两个毫不动摇"，发挥国有经济战略支撑作用，营造支持非公有制经济高质量发展的制度环境，培育更有活力、创造力和竞争力的市场主体，这是推进发展的基本制度基础，必须长期坚持。特别要完善支持民营企业的政策体系、放宽民间投资准入门槛，在行业准入、资质标准、招标投标、政府采购等领域对各类性质的企业一视同仁。深化农村改革，继续巩固和完善农村基本经营制度，落实第二轮土地承包到期后再延长30年的政策，完善农村承包地"三权"分置改革，加大土地流转力度，加快培育新型农业经营主体，发展多种形式的适度规模经营。实现小农户和现代农业有机衔接。推进行政体制改革，切实转变政府职能。要继续加强服务型政府建设，提升县域经济各级政府部门的服务能力和水平。深化富民强县改革，把省市项目建设、资金使用的部分使用权限直接下放到县一级，选择符合条件的县（市），赋予其与省辖市相同的经济社会管理权限，让县（市）有更大的自主权。二是大力推进开放发展。作为一个相对独立的经济区域，县域经济并不是孤立存在的，需要以高水平开放促改革、促发展。重点要用全球化的视野观察和分析当今世界发展大势，把握和掌控开放发展的规律和趋势，不断加快对外开放步伐，大力引进外资外企等多种形式的外向型经济，促进县域发展扩视野、上水平。要加大开放招商的力度，瞄准国内外知名企业、产业链核心企业，主动沟通对接，精准定向招商。要与时俱进地创新招商方式、拓宽招商渠道，完善奖励办法，打造专业招商队伍，以扩大招商效果，在产品进出口及开展商贸活动等方面取得大的突破。完善开放平台载体，支持有条件的县（市）创建综合保税区，保税物流中心和功能性口岸，设立保税窗和出口监管窗，提升县域开放性经济承载能力。三是建立健全城乡融合发展体制机制。顺应城镇化大趋势，树立城乡一盘棋的理念，以完善产权制度和要素市场配置为重点，在城乡规划布局、要素资源配置等领域，积极探索融合发展的体制机制。四是打造良好的营商环境。针对县域重关系、重人情的熟人社会的特点，把法治社会建设作为优化营商环境的重点，在市场准入、审批许可、招投标方面为企业打造公平公正的竞争环境。持续深化"放管服"改革，利用大数据等信息化技术，加快推进政务流程改造，提高行政效率和透明度，改变过去"凭关系、拼人情"的不良风气，构建"亲""清"政商关系。开展县域营商环境评价，以评促改。进一步创新行政管理和服务方式，推进行政服务标准化、规范化、便利化，深化政务公开，提升县域经济发展软实力。

（五）强化要素供给，加大政策保障

资金、人才等产业要素供给及强有力的政策支持，是推进县域经济高质量发展的重要条件，必须高度重视，不断加大推进力度。一是加大资金支持。要完善省以下转移支付制度，增加一般性转移支付，提高县级财政保障能力。加强金融支持，放大金融功能，加快企业融资步伐，培育壮大上市企业。引导各类金融机构在县域增设分支机构，加大对县域工业化、城镇化及重大项目的支持；降低融资门槛，鼓励开发支持"三农"、小微企业的金融产品，从多方面为县域经济发展提供金融活水。二是全面加强县域人才建设。坚持人才引进和自己培养相结合，要通过请进来、送出去等方式，不断壮大各类人才队伍，尤其是紧密重大产业和重大创新领域，要通过柔性引进等多种途径引进海内外高层次科研骨干、技术骨干，并形成团队优势。建立有效的薪酬体系，切实提高科技人员的工资与福利待遇，千方百计营造人才发展的制度环境，解决好就业创业和工作、生活上的各种难题，使人才在经济发展上有地位、有奔头、有劲头，能发挥出应有的能动作用。特别要注重青年科技人才引进与培养，敢于让他们在经济主战场担负重任，施展才华。依据县域企业绝大多数是民营企业的实际，要高度重视企业家队伍建设，要有计划地开展高层次系统性培训，提升企业家综合素质。加强农村劳动力的职业培训和技能训练，把县域经济建成高水平的农村劳动力转移就业与输出基地。按照河南省委提出的"人人持证、技能河南"的发展要求，切实加强对新型职业农民和技能型能工巧匠的教育培训。做好劳务输入地转移就业的服务工作，强化劳务品牌建设，培育与提升县域经济劳务的美誉度与影响力。抓好就业创业的回归工程。疏通农村本土人才回乡干事创业渠道，大力引导农村本土人才主动回报家乡，实现"人才回归，资金回流，创业回乡"的发展要求。特别是要鼓励外出务工经商人员、大中专毕业生、复转退伍军人、退休干部等人员回乡创业兴业。三是加大政策支持力度。对农业的政策扶持，要有清晰完整的政策体系，重点将新增的强农惠农富农政策向有利于乡村振兴和现代农业发展方面倾斜，向农村推进工业化、城镇化、信息化倾斜；对科创型企业，要在相关的补贴、税收优惠等方面加以扶持。对县域的各类各层级开发区、产业园区及示范区加大政策支持，重点在基础设施建设和项目用地等方面给予倾斜。鼓励、支持省内外大型企业在县域投资设立子公司、分公司，重组或并购现有企业；鼓励支持省内高校和科研院所到县域设立分支机构或教学科研基地，并在用地和财力政策上加以保障。

河南省县域经济运行分析：巩义篇[①]

一、巩义市概况

巩义市由1991年撤销巩县，建立河南省直管县级市，由郑州市代管，位于河南省郑州、洛阳两市之间。总面积1043平方千米，下辖5个街道、15个镇，巩义市政府驻紫荆路街道。截至2021年年底，巩义市常住人口80.24万人，巩义市生产总值901.9亿元，比上年增长7.0%。巩义市发现矿产21种，有18种矿产曾经进行过开发利用，主要矿产有煤、铝土矿、耐火黏土、硫铁矿、石灰岩、石英岩、白云岩、铁矿等。依托特有资源，巩义市的铝及铝精深加工和耐火材料发展迅速，是其重要的工业门类。

二、总体经济运行分析

从GDP总量来看，巩义市在河南省排名比较靠前，在郑州市GDP总量中的占比近年来有所下降。2021年巩义市实现国内生产总值901.9亿元，比2008年的349.7亿元增加了1.6倍，占郑州市GDP总量的7.1%，在郑州市6个县（市）中排第3位，在河南省102个县（市）中排第4位（见表1）。

从GDP增速来看，2008—2020年，巩义市GDP增速整体呈现缓慢下降趋势，2021年回升到7.0%，高于郑州市GDP增速2.3个百分点、河南省GDP增速0.7个百分点，在郑州市6个县（市）中排第3位、河南省102个县（市）中排第54位。

从人均GDP来看，巩义市人均生产总值不断增加，且2018年来领先河南省、郑州市人均GDP的优势在逐渐扩大。2021年巩义市人均GDP为112440元，占郑州市人均GDP的112.9%，占河南省人均GDP的189.3%，在

[①] 本篇完成于2022年8月，撰稿人：赵岩；耿明斋、周立、王永苏、李燕燕、屈桂林、张国骁、徐涛、李甜、张兆源等参与讨论。

— 33 —

表1 2008—2021年巩义市地区生产总值及增速

年份	GDP总量（亿元，%）			GDP增速（%）				
	巩义市GDP	巩义市GDP占郑州市GDP的比重	巩义市GDP在郑州市的排名	巩义市GDP在河南省的排名	巩义市GDP增速	巩义市GDP增速在郑州市的排名	巩义市GDP增速在河南省的排名	巩义市GDP增速－郑州市GDP增速	巩义市GDP增速－河南省GDP增速
2008	349.7	11.6	1	1	14.1	2	35	1.9	2.1
2009	352.8	11.7	1	1	10.2	5	85	-1.2	-0.8
2010	419.3	10.4	1	1	14.2	1	21	1.2	1.8
2011	468.0	9.4	3	3	13.8	4	36	0.0	1.8
2012	527.8	9.5	2	2	10.9	6	66	-1.3	0.8
2013	581.2	9.4	2	2	10.1	2	40	0.1	1.1
2014	607.6	9.0	3	3	9.2	6	47	-0.2	0.3
2015	625.5	8.6	4	4	8.0	6	88	-2.0	-0.4
2016	680.0	8.4	4	4	8.7	2	48	0.2	0.5
2017	755.8	8.2	3	3	8.5	2	37	0.3	0.7
2018	815.6	8.0	3	3	8.1	2	45	0.0	0.5
2019	801.2	6.9	3	4	5.8	3	89	-0.7	-1.0
2020	826.6	6.9	3	4	4.3	3	15	1.3	3.3
2021	901.9	7.1	3	4	7.0	3	54	2.3	0.7

数据来源：历年河南省统计年鉴。

郑州市6个县（市）中排名首位，在河南省102个县（市）中排名第2位；从人均GDP增速来看，2008—2021年巩义市人均GDP增速除2009年、2015年外，其余年份均增速均快于郑州市水平。2021年巩义市人均GDP增速为6.5%，较郑州市水平高3.4个百分点，高于河南省水平0.1个百分点，在郑州市6个县（市）中排第1位，在河南省102个县（市）中排第70位（见表2）。

三、分产业经济运行分析

（一）产业格局与发展方向

巩义市的三大主导产业为铝及铝精深加工、耐火材料、装备制造，三大新兴产业为新材料（特钢行业、新型合金行业和铜铝复合材料）、电子信息（手机零部件、服务器和笔记本电脑零部件生产和组装环节）、生物医药（杜仲、金银花精深加工产品研发）。截至2021年年底，巩义市共有470家规上工业企业。

（二）产业结构分析

从三次产业占比来看，巩义市第一产业占比较低，始终低于2%；第二产业占比始终大于55%，是巩义市的主导产业，第三产业占比在不断增加。2021年，巩义市三产结构为1.5∶59.4∶39.1，呈现出"二、三、一"梯次（见图1）。

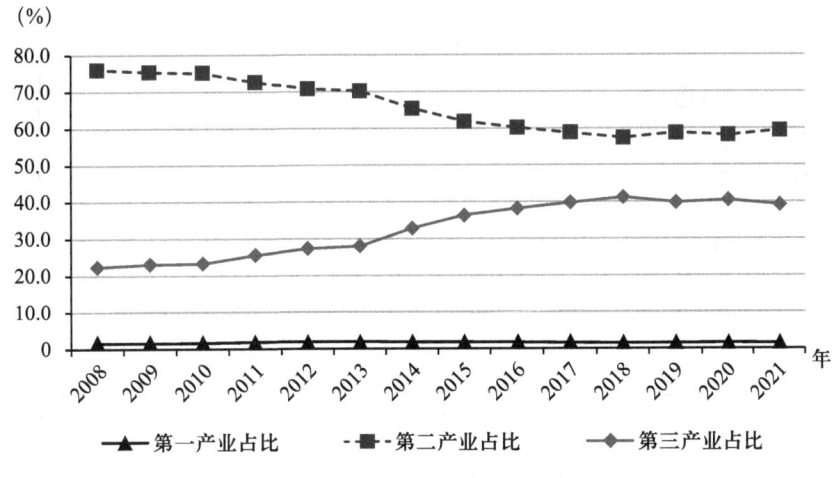

图1　2008—2021年巩义市三产结构变化情况

表 2 2008—2021 年巩义市人均地区生产总值及增速

年份	人均GDP总量（元，%）					人均GDP增速（%）			
	巩义市人均GDP	巩义市人均GDP占郑州市人均GDP的比重	巩义市人均GDP占河南省人均GDP的比重	巩义市人均GDP在郑州市的排名	巩义市人均GDP在河南省的排名	巩义市人均GDP增速	巩义市人均GDP增速在郑州市的排名	巩义市人均GDP增速在河南省的排名	巩义市人均GDP增速-郑州市人均GDP增速	巩义市人均GDP增速-河南省人均GDP增速
2008	43326	106.4	229.5	3	4	13.5	3	48	2.8	1.7
2009	43463	98.3	214.3	4	6	9.6	5	85	-1.2	-0.6
2010	51682	103.8	215.5	3	6	14.3	1	44	0.6	1.7
2011	57838	102.3	206.5	5	9	14.1	2	58	4.4	1.9
2012	65024	105.4	211.0	3	6	10.6	5	78	1.0	1.2
2013	71338	104.9	212.2	3	6	9.7	1	56	1.8	1.3
2014	74261	101.7	202.4	5	7	8.8	5	70	1.3	0.6
2015	76095	98.6	194.1	4	7	7.5	5	86	-0.4	-0.2
2016	82329	97.9	194.4	4	7	8.2	1	63	1.5	0.7
2017	91027	97.1	193.8	3	6	8.0	2	49	1.5	0.9
2018	97615	91.6	187.3	4	5	7.4	2	56	1.5	0.1
2019	95260	84.2	168.9	3	8	5.1	2	87	1.0	-1.3
2020	103574	107.7	186.8	1	3	4.1	1	26	3.7	3.4
2021	112440	112.9	189.3	1	2	6.5	1	70	3.4	0.1

数据来源：历年河南省统计年鉴。

（三）工业发展情况分析

从工业发展情况来看，巩义市规上工业增加值增速变化幅度较大，2021年巩义市规上工业增加值增速为15.5%，在郑州市6个县（市）中排第2位，在河南省102县（市）中排第10位。规上工业企业数在2017年达到最高值553个，此后逐渐减少至2020年的424个，但仍在郑州市6个县（市）中排第1位，2021年巩义市规上工业企业数增加至470个（见表3）。

表3 2008—2021年巩义市工业发展情况

年份	巩义市规上工业增加值（亿元）	巩义市规上工业增加值增速（%）	郑州市规上工业增加值增速（%）	巩义市规上工业增加值增速在郑州市的排名	巩义市规上工业增加值增速在河南省的排名	巩义市规上工业企业数（个）	巩义市规上工业企业数在郑州市的排名
2008	208.94	18.2	18.1	4	97	386	2
2009	210.1	9.6	11.2	6	97	397	2
2010	258.9	17.8	18	5	90	396	2
2011	299.8	17.9	22	6	92	351	2
2012	320.1	13.4	17.2	5	93	426	2
2013	344.6	12.1	11.3	3	84	434	2
2014	355.8	10.2	11.2	5	88	451	2
2015	375.2	8	10.2	6	89	477	2
2016	385.3	8.5	6	2	83	505	1
2017	409.4	9.1	7.8	2	49	553	1
2018	—	7.9	6.8	3	66	541	1
2019	—	6.5	6.1	2	91	487	1
2020	—	7.2	6.1	5	14	424	1
2021	—	15.5	10.4	2	10	470	—

数据来源：历年河南省统计年鉴、郑州市统计年鉴。

主要工业门类中，有色金属冶炼和压延工业增长最快，占全部规模工业增加值的比重在不断提升，2021年占比达到76.3%；非金属矿物制品业2018—2021年出现负增长，2021年占比为7.1%，比2016年降低33.2个百分点；金属制品业与电力机械与器材制造业占比都在下降，电力、热力生产和供应业占比在小幅上涨（见表4）。

表 4　2016—2021 年巩义市主要工业门类发展总体情况

年份	有色金属冶炼和压延工业增速（%）	占全部规模工业增加值的比重（%）	非金属矿物制品业增速（%）	占全部规模工业增加值的比重（%）	金属制品业增速（%）	占全部规模工业增加值的比重（%）	电力、热力生产和供应业增速（%）	占全部规模工业增加值的比重（%）	电力机械和器材制造业增速（%）	占全部规模工业增加值的比重（%）
2016	17.0	26.0	5.5	40.3	0.8	4.1	-2.8	2.2	11.9	4.3
2017	-0.3	26.4	6.5	34.0	41.4	6.5	21.2	2.6	27.9	5.2
2018	11.2	53.6	-7.0	17.1	16.7	6.2	-3.0	4.3	7.2	3.0
2019	9.9	48.3	-6.3	19.2	6.3	5.5	14.5	3.5	34.0	3.2
2020	14.4	71.6	-1.6	10.8	-14.4	3.4	6.5	3.1	16.3	3.1
2021	20.8	76.3	-3.6	7.1	4.9	3.5	4.1	3.0	67.7	2.9

数据来源：巩义市统计公报。

巩义市三大主导产业增加值增长迅速，2021年增速达到17.7%；高新技术产业增加值增速较快（见表5），增长速度超过同期工业增加值增速。

表5　2016—2021年巩义市三大主导产业和高新技术增长情况

年份	三大主导产业增加值增速（%）			高新技术产业增加值增速（%）
	耐火材料	铝加工业	装备制造业	
2016	4.3	17.5	10.2	10.5
2017	8.1	3.1	26.3	7.5
2018	1.0	9.8	13.7	12.6
2019	4.7	3.9	10.8	10.0
2020		5.2		10.7
2021		17.7		19.5

数据来源：巩义市统计公报。

（四）服务业发展情况分析

从服务业发展情况来看，巩义市2008年以来服务业增加值不断增加，2021年服务业增加值为352.8亿元，比2008年的78.3亿元增加了3.5倍，占郑州市服务业增加值的4.7%，在郑州市6个县（市）中排第3位，在河南省102县（市）中排第4位；从服务业增加值增速来看，2021年巩义市服务业增加值增速为5.0%，在郑州市6个县（市）中排第3位，在河南省102县（市）中排第91位（见表6）。

服务业分行业看，2010年交通运输、仓储和邮政业与批发和零售业增加值排前两位，到2020年批发和零售业与房地产业增加值排前两位。交通运输、仓储和邮政业及住宿和餐饮业受新冠疫情影响，在2020年出现了负增长（见表7）。

从服务业分行业增加值占服务业增加值总额的比重来看，金融业占服务业的比重波动上升，从2010年的5.3%上升到2020年的6.2%，增长了0.9个百分点；批发和零售业占服务业的比重也呈现上升趋势，从2010年的13.6%上升到2020年的19.4%，增长了5.8个百分点；房地产业占服务业的比重也呈现波动上升趋势，从2010年的11.9%上升到2020年的16.4%，增长了4.5个百分点；交通运输、仓储和邮政业占服务业的比重呈现逐年下降趋势，从2010年的39.4%下降到2020年的12.9%，下降了26.5个百分点，下降明显。

表6 2008—2021年巩义市服务业发展情况

年份	巩义市服务业增加值（亿元）	巩义市服务业增加值占郑州市服务业增加值的比重（%）	巩义市服务业增加值在郑州市的排名	巩义市服务业增加值在河南省的排名	巩义市服务业增加值增速（%）	巩义市服务业增加值增速在郑州市的排名	巩义市服务业增加值增速在河南省的排名
2008	78.3	6.2	4	4	10.4	4	78
2009	81.4	5.6	1	1	14.4	1	39
2010	97.7	5.7	2	2	11.2	3	49
2011	119.6	5.7	2	2	9.9	6	60
2012	144.0	5.9	3	3	8.3	3	81
2013	162.3	5.7	3	3	7.4	6	75
2014	199.1	6.3	3	3	9.6	4	52
2015	227.2	6.4	3	3	9.6	5	86
2016	259.2	6.2	3	4	10.3	6	71
2017	300.1	6.1	4	4	10.5	4	56
2018	335.4	6.0	4	4	8.1	4	73
2019	318.3	4.6	3	4	4.1	6	98
2020	333.9	4.7	3	4	1.0	4	78
2021	352.8	4.7	3	4	5.0	3	91

数据来源：历年河南省统计年鉴。

表7 2010—2020年巩义市第三产业分行业发展总体情况

年份	批发和零售业（亿元）	交通运输、仓储和邮政业（万元）	住宿和餐饮业（亿元）	金融业（亿元）	房地产业（亿元）	批发和零售业增速（%）	交通运输、仓储和邮政业增速（%）	住宿和餐饮业增速（%）	金融业增速（%）	房地产业增速（%）
2010	13.2	38.5	10.8	5.2	11.6	13.9	11.7	8.2	19.3	8.2
2011	16.5	45.1	13.4	6.7	15.1	5.8	8.9	5.1	21.1	10.8
2012	20.7	54.8	16.0	9.5	17.8	11.3	5.2	9.5	12.2	5.5
2013	22.8	62.7	18.1	10.3	20.6	7.9	6.2	6.5	7.6	11.4
2014	26.2	51.1	26.7	12.2	26.9	11.8	6.1	13.9	12.3	6.2
2015	31.2	41.9	30.2	17.5	23.5	18.9	-17.2	9.6	31.2	-10.5
2016	34.6	39.6	32.9	21.5	23.9	10.5	-7.0	6.7	22.2	-0.8
2017	38.5	44.8	36.5	24.8	24.8	10.0	9.3	8.8	10.2	-6.6
2018	41.7	48.2	39.6	25.6	27.3	5.1	6.4	6.2	-0.4	4.4
2019	63.6	44.6	23.3	19.5	39.5	5.4	4.5	8.3	5.4	-9.7
2020	64.8	43.1	21.5	20.6	54.6	2.4	-2.1	-8.5	6.8	16.2

数据来源：历年郑州市统计年鉴。

表8 2010—2020年巩义市不同类型服务业增加值占服务业增加值总额的比重

年份	批发和零售业占服务业的比重（%）	交通运输、仓储和邮政占服务业的比重（%）	住宿餐饮业占服务业的比重（%）	金融业占服务业的比重（%）	房地产业占服务业的比重（%）
2010	13.6	39.4	11.1	5.3	11.9
2011	13.8	37.7	11.2	5.6	12.6
2012	14.4	38.1	11.1	6.6	12.3
2013	14.0	38.6	11.1	6.4	12.7
2014	13.2	25.7	13.4	6.1	13.5
2015	13.7	18.4	13.3	7.7	10.4
2016	13.3	15.3	12.7	8.3	9.2
2017	12.8	14.9	12.2	8.2	8.3
2018	12.4	14.4	11.8	7.6	8.1
2019	20.0	14.0	7.3	6.1	12.4
2020	19.4	12.9	6.4	6.2	16.4

数据来源：历年郑州市统计年鉴。

（五）重点企业

巩义市重点龙头企业的情况见表9。

表9 巩义市部分龙头企业情况

序号	单位简称	主营业务	上市情况
1	明泰铝业	铝板带及铝型材相关产品的研发、生产	沪指主板 2011年上市
2	豫联集团	发电、电解铝及铝加工行业，集科、工、贸、商为一体的多产业综合企业集团	伦敦 2007年上市
3	竹林众生（太龙药业）	中药产品为主，双黄连口服液、银翘解毒合剂、小儿清热止咳口服液、泻热合剂等几十种中西药品种	沪指主板 1999年上市
4	中孚实业	发电、电解铝及铝深加工	沪指主板 2002年上市
5	恒星科技	镀锌钢丝、钢绞线、子午轮胎用钢帘线	沪指主板 2007年上市

续表

序号	单位简称	主营业务	上市情况
6	耕生矿物	耐火材料、陶粒、高温材料、粉体材料	美国 2007年上市
7	永通特钢	以自有矿山资源为基础，重点发展矿产资源开发和矿石加工；特钢业务则围绕含镍、铬的不锈钢、齿轮钢、轴承钢等特殊钢产品	港交所主板 2005年上市
8	河南新昌铜业集团	铜板带箔、铁路高导铜轨、铜杆、高分子环保绝缘材料、架空绞线、电缆、铜丝纺织线、电磁四方铜线	—
9	河南万达铝业	铝板、铝带、铝箔产品及机械加工	—
10	鑫泰铝业	预辊涂铝板（卷）、仿石材（木纹）铝单板、氟碳喷涂铝单板、粉末喷涂铝单板、铝蜂窝板、保温一体板、变色龙幻彩铝单板等幕墙装饰材料	—
11	恒通新材料	高精铝幕墙板、汽水箱、精度铝板、铝带、铝箔	—

四、财政收支分析

从财政收支总体情况来看，巩义市一般公共预算收入、一般公共预算支出在河南省排名靠前，财政自给率也较高。2021年巩义市一般公共预算收入达51.6亿元，占郑州市一般公共预算收入的4.2%，在郑州市6个县（市）中排第3位，在河南省102县（市）中排第3位。其中，税收收入2021年达到29.7亿元，占巩义市一般公共预算收入的57.5%，占郑州市税收收入的3.6%。2021年巩义市一般公共预算支出达到69.9亿元，占郑州市一般公共预算支出的4.3%，在郑州市6个县（市）中排第3位，在河南省102个县（市）中排第10位（见表10）。

从人均财力看，巩义市人均一般公共预算收入与郑州市平均水平差距较大，但远高于河南省水平。2021年巩义市人均一般预算公共收入为6433元，占郑州市人均一般预算公共收入的67.0%，占河南省人均一般预算公共收入的146.2%，在河南省102个县（市）中排第5位；人均一般公共预算支出达到8709元，占郑州市人均一般公共预算支出的68.3%，占河

表 10 2008—2021 年巩义市财政收支情况

年份	巩义市一般公共预算收入	巩义市一般公共预算收入占郑州市的比重	巩义市一般公共预算收入在郑州市的排名	巩义市一般公共预算收入在河南省的排名	巩义市税收收入	巩义市税收占一般公共预算收入的比重	巩义市税收收入占郑州市税收收入的比重	巩义市一般公共预算支出	巩义市一般公共预算支出占郑州市的比重	巩义市一般公共预算支出在郑州市的排名	巩义市一般公共预算支出在河南省的排名
2008	14.0	5.4	1	2	10.5	75.0	5.0	18.3	6.3	1	3
2009	15.9	5.3	1	1	11.2	70.6	4.7	24.4	6.9	1	1
2010	18.1	4.7	1	1	13.9	76.8	4.4	27.5	6.4	1	1
2011	22.3	4.4	1	1	17.2	77.1	4.4	33.6	5.9	1	1
2012	26.1	4.3	3	3	18.0	69.1	4.0	39.1	5.6	2	6
2013	30.0	4.1	2	2	19.7	65.6	3.6	43.2	5.3	3	7
2014	31.8	3.8	2	2	14.9	46.8	2.4	45.9	5.0	3	8
2015	34.7	3.7	3	3	17.4	50.1	2.5	50.4	4.6	3	8
2016	38.4	3.8	3	3	20.4	53.2	2.8	58.3	4.4	3	6
2017	42.4	4.0	4	4	24.3	57.4	3.1	65.1	4.3	3	6
2018	45.4	3.9	4	4	31.9	70.3	3.7	75.6	4.3	3	5
2019	48.2	3.9	4	4	33.9	70.3	3.8	91.3	4.8	3	3
2020	51.6	4.1	4	4	35.7	69.2	4.1	91.4	5.3	2	2
2021	51.6	4.2	3	3	29.7	57.5	3.6	69.9	4.3	3	10

数据来源：历年河南省统计年鉴。

表 11　2008—2021 年巩义市人均财力及财政自给率

年份	人均一般公共预算收入	人均一般公共预算收入占郑州市的比重	人均一般公共预算收入占河南省的比重	在河南省的排名	人均一般公共预算支出	人均一般公共预算支出占郑州市的比重	人均一般公共预算支出占河南省的比重	在河南省的排名	巩义市财政自给率	巩义市财政自给率在郑州市的排名	巩义市财政自给率在河南省的排名
2008	1730	49.4	161.7	7	2258	58.0	93.3	14	76.6	2	3
2009	1947	48.5	164.0	8	2990	63.7	97.6	10	65.1	1	4
2010	2239	50.1	152.4	6	3403	69.0	93.7	8	65.8	3	7
2011	2755	48.6	151.4	7	4150	64.9	92.4	6	66.4	4	6
2012	3204	47.7	149.7	6	4803	61.9	91.4	11	66.7	3	6
2013	3676	46.7	145.7	6	5288	59.6	90.7	9	69.5	2	5
2014	3882	43.7	136.7	6	5597	57.1	89.5	10	69.4	4	6
2015	4215	42.8	135.6	6	6120	52.9	87.3	11	68.9	3	5
2016	4635	44.6	143.7	6	7038	51.8	92.3	8	65.8	3	5
2017	5087	47.6	146.7	6	7820	51.0	93.6	10	65.0	3	6
2018	5415	47.6	141.8	7	9023	51.9	96.6	10	60.0	3	9
2019	5713	48.4	139.9	7	10814	58.6	105.3	9	52.8	4	13
2020	6436	64.5	153.5	5	11400	83.6	109.3	5	56.5	4	10
2021	6433	67.0	146.2	5	8709	68.3	82.6	17	73.9	2	9

数据来源：历年河南省统计年鉴。

南省人均一般公共预算支出的82.6%。2021年巩义市财政自给率为73.9%，在郑州市6个县（市）中排第2位，在河南省102个县（市）中排第9位（见表11）。

五、金融业发展分析

2021年，巩义市金融机构存款年末余额582.7亿元，占郑州市金融机构存款年末余额的2.2%，在郑州市6个县（市）中排第3位，在河南省102个县（市）中排第7位；2021年，巩义市金融机构贷款年末余额332.3亿元，占郑州市金融机构贷款年末余额的1.1%，在郑州市6个县（市）中排第4位，在河南省102个县（市）中排第8位；2021年，巩义市存贷比为57.0%，在郑州市6个县（市）中排名末位，在河南省102个县（市）中排第42位（见表12），低于郑州市62.3个百分点，低于河南省27.4个百分点。

2021年，巩义市人均存款余额为72620元，占郑州市人均存款余额的35.2%，占河南省人均存款余额的87.1%，在郑州市6个县（市）中排第1位，在河南省102个县（市）中排第10位；2021年，巩义市人均贷款余额为41419元，占郑州市人均贷款余额的16.8%，占河南省人均贷款余额的58.9%，在郑州市6个县（市）中排第3位，在河南省102个县（市）中排第14位（见表13）。

六、居民收入分析

从居民收入看，2017年以来巩义市居民人均可支配收入在郑州市、河南省县域排名领先，增速略快于郑州市居民人均可支配收入增速。2021年巩义市居民人均可支配收入为33656元，比2017年的25684元增长了31%，占郑州市居民人均可支配收入的85.2%，占河南省居民人均可支配收入的125.5%，在郑州市6个县（市）中排第1位，在河南省102个县（市）中排第2位。2021年巩义市居民人均可支配收入增速为6.4%，高于郑州市0.4个百分点（见表14）。

分城镇、农村居民人均可支配收入看，巩义市城、乡居民收入在郑州市、河南省排名均处领先水平。2021年，巩义市城镇居民人均可支配收入

表12 2008—2021年巩义市金融机构年末存贷款余额情况

年份	巩义市金融机构存款年末余额	存款（亿元，%）巩义市金融机构存款年末余额占郑州市的比重	巩义市金融机构存款年末余额在河南省的排名	巩义市金融机构贷款年末余额	贷款（亿元，%）巩义市金融机构贷款年末余额占郑州市的比重	巩义市金融机构贷款年末余额在郑州市的排名	巩义市金融机构贷款年末余额在河南省的排名	巩义市存贷比	存贷比（%）郑州市存贷比	河南省存贷比	巩义市存贷比在郑州市的排名	巩义市存贷比在河南省的排名
2008	140.9	2.9	3	67.9	1.9	1	2	48.2	73.5	68.0	3	41
2009	175.7	2.7	2	90.9	1.8	1	3	51.7	75.3	70.1	3	37
2010	204.6	2.6	2	121.6	2.1	1	2	59.4	71.6	68.6	3	24
2011	228.9	2.6	1	135.1	2.2	1	1	59.0	68.2	65.7	3	22
2012	268.9	2.6	1	147.7	2.2	1	2	54.9	65.0	63.3	3	25
2013	288.4	2.3	2	156.6	1.7	2	3	54.3	75.0	62.4	3	32
2014	311.2	2.2	3	169.4	1.6	3	4	54.4	77.9	65.8	5	38
2015	320.9	1.9	5	182.4	1.4	3	4	56.8	74.7	66.0	2	32
2016	369.0	1.9	7	207.6	1.3	3	5	56.3	81.2	67.6	2	27
2017	422.0	2.1	8	229.4	1.3	4	7	54.4	88.4	70.7	4	40
2018	430.6	2.0	8	267.2	1.3	4	6	62.1	97.4	74.9	4	25
2019	489.5	2.1	7	278.9	1.1	4	6	57.0	108.6	80.1	5	35
2020	531.9	2.1	7	321.1	1.1	4	6	60.4	113.8	82.2	5	29
2021	582.7	2.2	7	332.3	1.1	4	8	57.0	119.3	84.4	6	42

数据来源：历年河南省统计年鉴。

表13 2008—2021年巩义市人均存贷款情况

年份	人均存款（元，%）						人均贷款（元，%）					
	巩义市人均存款余额	巩义市人均存款余额在郑州市的排名	巩义市人均存款余额在河南省的排名	巩义市人均存款余额占郑州市的比重	巩义市人均存款余额占河南省的比重	巩义市人均贷款余额	巩义市人均贷款余额在郑州市的排名	巩义市人均贷款余额在河南省的排名	巩义市人均贷款余额占郑州市的比重	巩义市人均贷款余额占河南省的比重
2008	17418	3	9	26.3	107.7	8393	1	6	17.3	76.3
2009	21579	3	6	24.8	106.8	11155	1	6	17.0	78.8
2010	25319	2	5	27.4	102.9	15041	1	6	22.8	89.1
2011	28252	1	4	27.9	100.3	16677	1	5	24.2	90.1
2012	33073	1	3	28.6	98.6	18167	1	6	24.1	85.3
2013	35333	2	6	26.1	90.0	19185	2	8	18.9	78.1
2014	37953	3	6	25.5	88.5	20654	4	11	17.8	73.2
2015	38944	5	10	22.0	79.3	22136	3	11	16.7	68.3
2016	44572	5	10	22.8	80.7	25069	3	11	15.8	67.2
2017	50681	5	9	24.6	84.3	27550	4	11	15.1	64.9
2018	51371	4	11	23.9	79.3	31874	4	10	15.2	65.7
2019	58007	4	8	25.7	82.6	33054	4	11	13.5	58.8

续表

年份	人均存款（元，%）					人均贷款（元，%）				
	巩义市人均存款余额	巩义市人均存款余额在郑州市的排名	巩义市人均存款余额在河南省的排名	巩义市人均存款余额占郑州市的比重	巩义市人均存款余额占河南省的比重	巩义市人均贷款余额	巩义市人均贷款余额在郑州市的排名	巩义市人均贷款余额在河南省的排名	巩义市人均贷款余额占郑州市的比重	巩义市人均贷款余额占河南省的比重
2020	66344	1	7	33.5	86.3	40046	3	9	17.8	63.3
2021	72620	1	10	35.2	87.1	41419	3	14	16.8	58.9

数据来源：历年河南省统计年鉴。

表14 2017—2021年巩义市居民人均可支配收入情况

年份	巩义市居民人均可支配收入（元）	在郑州市的排名	在河南省的排名	占郑州市的比重（%）	占河南省的比重（%）	巩义市居民人均可支配收入增速（%）	郑州市居民人均可支配收入增速（%）	河南省居民人均可支配收入增速（%）
2017	25684	1	2	84.1	127.3	9.3	9	9.4
2018	28030	1	2	84.7	127.6	9.1	8.3	8.9
2019	30467	1	2	84.8	127.5	8.7	8.6	8.8
2020	31630	1	2	84.9	127.5	3.8	3.7	3.8
2021	33656	1	2	85.2	125.5	6.4	6.0	8.1

数据来源：历年河南省统计年鉴。

为 38497 元，占郑州市城镇居民人均可支配收入的 85.1%，占河南省城镇居民人均可支配收入的 103.8%，在郑州市 6 个县（市）中排第 3 位，在河南省 102 个县（市）中排第 4 位；2021 年巩义市农村居民人均可支配收入为 28760 元，占郑州市农村居民人均可支配收入的 107.4%，占河南省城镇居民人均可支配收入的 164.0%，在郑州市 6 个县（市）中排第 1 位，在河南省 102 个县（市）中排第 1 位。2021 年巩义市城乡居民人均可支配收入比约为 1.3∶1，在河南省 102 个县（市）中排第 2 位，城乡差距较小（见表 15）。

七、固定资产投资分析

从固定资产投资来看，2008—2017 年，巩义市固定资产投资总额不断增加，2017 年达到 618.2 亿元；其中房地产开发投资总额达到 54.1 亿元，占全社会固定资产投资总额的 8.8%。从固定资产投资增速来看，2021 年，巩义市固定资产投资增速为 2.5%，高于郑州市固定资产投资增速 8.7 个百分点，低于河南省固定资产投资增速 2 个百分点（见表 16）。

八、社会消费分析

从社会消费情况来看，巩义市社消零总额、人均社消零在郑州市、河南省排名县域比较靠前。2021 年，巩义市社消零总额为 302.2 亿元，在郑州市 6 个县（市）中排第 3 位，在河南省 102 个县（市）中排第 4 位；人均社消零 2021 年达到 37658 元，在郑州市 6 个县（市）中排第 1 位，在河南省 102 个县（市）中排第 2 位。批发和零售业占社消零的比重逐年下降，2021 年下降到 69.9%，住宿和餐饮业占社消零的比重逐年上升，2021 年上升到 30.1%（见表 17）。

九、人口规模分析

从人口情况看，2021 年，巩义市常住人口为 80.2 万人，占郑州市常住人口的 6.3%，在郑州市 6 个县（市）中排第 4 位，在河南省 102 个县（市）中排第 29 位。2020 年人口外流 4.9 万人，人口流失率为 5.8%。2021 年，巩义市城镇化率为 66.3%，在河南省 102 个县（市）中排第 3 位（见表 18），较郑州市城镇化率低 12.8 个百分点，较河南省城镇化率高 9.85 个百分点。

表 15　2008—2021 年巩义市分城乡居民人均可支配收入及城乡收入比

年份	巩义市城镇居民人均可支配收入	巩义市城镇居民人均可支配收入在郑州市的排名	巩义市城镇居民人均可支配收入在河南省的排名	巩义市城镇居民人均可支配收入占郑州市的比重	巩义市城镇居民人均可支配收入占河南省的比重	巩义市农村居民人均可支配收入	巩义市农村居民人均可支配收入在郑州市的排名	巩义市农村居民人均可支配收入在河南省的排名	巩义市农村居民人均可支配收入占郑州市的比重	巩义市农村居民人均可支配收入占河南省的比重	巩义市城乡居民收入比	巩义市城乡收入比在河南省的排名
2008	13236	1	1	84.1	100	7960	1	1	105.5	178.7	1.7	2
2009	14409	1	1	84.2	100.3	8481	1	1	104.4	176.4	1.7	2
2010	15893	1	1	84.1	99.8	9514	1	1	103.1	172.2	1.7	2
2011	18186	4	4	84.1	100	11392	1	1	103.1	172.5	1.6	1
2012	20441	3	3	84.3	100.5	12953	1	1	103.4	172.1	1.6	1
2013	22516	4	5	84.6	104.4	13951	1	1	99.6	164.6	1.6	4
2014	24722	4	4	85	102.1	15427	1	1	99.7	154.8	1.6	4
2015	26105	4	5	83.9	102.3	17985	1	1	105	165.7	1.5	2
2016	27854	4	5	83.9	102.5	19459	1	1	105.6	166.4	1.4	2
2017	30305	4	5	84.1	103.3	21164	1	1	106	166.4	1.4	2
2018	32911	4	5	84.3	104	23069	1	1	106.5	166.8	1.4	2
2019	35577	4	5	84.5	104.1	25076	1	1	106.5	165.4	1.4	2
2020	36182	4	4	84.4	103.8	26605	1	1	107.4	165.2	1.4	2
2021	38497	3	4	85.1	103.8	28760	1	1	107.4	164.0	1.3	2

数据来源：历年河南省统计年鉴。

表16 2008—2021年巩义市固定资产投资情况

年份	巩义市固定资产投资（亿元）	巩义市固定资产投资占郑州市的比重（%）	巩义市固定资产投资在郑州市的排名	巩义市固定资产投资在河南省的排名	巩义市房地产开发投资（亿元）	房地产开发投资占全社会固定资产投资的比重（%）	巩义市固定资产投资增速（%）	郑州市固定资产投资增速（%）	河南省固定资产投资增速（%）
2008	167.8	9.5	5	5	—	—	27.5	34.1	32.4
2009	216.0	9.4	4	4	—	—	28.8	31.6	31.6
2010	254.3	9.2	2	2	—	—	17.8	21.9	22.2
2011	257.4	8.6	3	3	39.8	15.5	22.5	25.1	27.0
2012	316.2	8.6	3	3	37.2	11.8	22.8	22.7	21.4
2013	384.1	8.5	1	4	47.8	12.4	21.5	23.6	22.5
2014	414.3	7.7	2	5	55.1	13.3	13.8	20.1	19.2
2015	475.5	7.5	2	5	39.7	8.4	17.6	19.6	16.5
2016	543.5	7.7	4	6	47.3	8.7	14.3	11.3	13.7
2017	618.2	8.1	3	5	54.1	8.8	13.7	8.2	10.4
2018	—	—	—	—	—	—	10.6	10.9	8.1
2019	—	—	—	—	—	—	9.1	2.8	8.0
2020	—	—	—	—	—	—	6.3	3.6	4.3
2021	—	—	—	—	—	—	2.5	-6.2	4.5

数据来源：历年河南省统计年鉴。

表17 2008—2021年巩义市社消零总额情况

年份	社消零总额（亿元） 巩义市社消零总额	在郑州市的排名	在河南省的排名	人均社消零（元）巩义市人均社消零	在郑州市的排名	在河南省的排名	分行业及占比（亿元，%）批发和零售业	占社消零的比重	住宿和餐饮业	占社消零的比重
2008	90.7	1	1	11208	3	3	74.4	82	14.7	16.2
2009	107.8	1	1	13242	3	3	86.8	80.5	19	17.6
2010	125.7	1	1	15551	2	2	100.3	79.8	23.4	18.7
2011	147.9	1	1	18251	2	2	117.4	79.4	28.1	19
2012	171.2	1	1	21048	2	2	134.2	78.4	34.2	20
2013	194.3	1	1	23803	2	2	150.5	77.5	40.7	20.9
2014	219.8	1	1	26807	2	2	172.6	78.5	47.2	21.5
2015	248.3	1	1	30132	3	3	194.4	78.3	53.9	21.7
2016	276.7	2	2	33426	3	3	214.1	77.4	62.7	22.6
2017	309.2	3	3	37135	3	3	237.5	76.8	71.8	23.2
2018	340.3	2	2	40595	2	2	257.9	75.8	82.5	24.2
2019	287.4	3	4	34053	2	2	214.2	74.5	73.2	25.5
2020	279.1	3	4	34803	1	1	198.4	71.1	80.6	28.9
2021	302.2	3	4	37658	1	2	211.1	69.9	91.1	30.1

数据来源：历年河南省统计年鉴、郑州市统计年鉴。

表 18 2008—2021 年巩义市人口情况

年份	户籍人口（万人）	户籍人口在河南省的排名	常住人口（万人）	常住人口在郑州市的排名	常住人口在河南省的排名	外流人口（万人）	人口流失率（%）	常住人口占郑州市的比重（%）	巩义市城镇化率（%）	城镇化率在河南省的排名
2008	80.7	37	80.9	1	30	-0.2	-0.2	10.9	42.1	—
2009	81.2	36	81.4	1	30	-0.2	-0.3	10.8	43.6	—
2010	80.9	43	80.8	1	25	0.1	0.1	9.3	45.0	—
2011	81	45	81.0	2	25	0.0	0.0	9.1	46.3	—
2012	81.6	46	81.3	2	26	0.3	0.3	9.0	48.0	—
2013	81.8	44	81.6	3	26	0.2	0.2	8.9	49.1	5
2014	82.2	44	82.0	3	27	0.2	0.2	8.7	50.5	5
2015	82.8	44	82.4	3	26	0.4	0.5	8.6	53.4	6
2016	82.6	44	82.8	3	25	-0.2	-0.2	8.5	54.3	6
2017	83	44	83.3	3	25	-0.3	-0.3	8.4	56.1	6
2018	83.8	44	83.8	3	25	0.0	0.0	8.3	57.9	6
2019	84.4	44	84.4	4	25	0.0	0.0	8.2	59.8	6
2020	85.1	50	80.2	4	30	4.9	5.8	6.4	65.1	3
2021	—	—	80.2	4	29	—	—	6.3	66.3	3

数据来源：历年河南省统计年鉴。

巩义市从业人员数在2012和2017年出现较大下降。2019年，巩义市从业人员数为51.8万人，同比上升4.0%。从三次产业从业人员占比情况来看，2019年，第一产业从业人员数占比为23.4%，第二、第三产业从业人员数占比为76.6%（见表19）。

表19　2008—2019年巩义市就业情况

年份	从业人员数（万人）	从业人员数增速（%）	第一产业从业人员数占比（%）	第二产业从业人员数占比（%）	第三产业从业人员数占比（%）
2008	42.3	3.1	18.7	54.4	26.9
2009	43.5	2.8	18.1	54.4	27.5
2010	45.8	5.4	16.6	54.4	29.0
2011	46.4	1.4	18.3	81.7	
2012	43.6	−6.2	19.9	80.1	
2013	48.3	10.9	17.6	82.4	
2014	48.2	−0.2	21.8	78.2	
2015	49.3	2.4	21.7	78.3	
2016	50.1	1.5	23.3	76.7	
2017	46.6	−6.9	25.3	74.7	
2018	49.8	6.8	24.1	75.9	
2019	51.8	4.0	23.4	76.6	

数据来源：历年河南省统计年鉴。

十、公共服务分析

从义务教育情况来看，2021年巩义市共有中小学104所，在校学生数合计83133人，专任教师6259人，平均每千名在校中小学生配备专任教师数为75人。从医疗卫生情况来看，平均每千名常住人口配备卫生机构床位数逐年上升，医疗资源配备逐步增强，2021年每千人床位数为5.4张，每千人卫生技术人员数为6.3人（见表20）。

表20 2019—2021年巩义市教育和医疗情况

年份		2019	2020	2021
学校数	合计（所）	98	99	104
	小学学校数	70	72	77
	初中学校数	28	27	27
在校学生数	合计（人）	79562	80716	83133
	小学在校生数	55385	55467	56837
	初中在校生数	24177	25249	26296
专任教师数	合计（人）	5813	6171	6259
	小学	3091	3286	3332
	初中	2722	2885	2927
医疗卫生	卫生机构床位数/千人（张）	4.7	5.3	5.4
	卫生技术人员数/千人（人）	6.4	7.0	6.3

数据来源：历年河南省统计年鉴。

十一、县域发展战略分析

2023年巩义市政府工作报告中提出，要全力以赴推进产业转型，增强高质量发展动能。做强主导产业、做大新兴产业、做实特色产业，强化创新驱动，加快构建现代化产业体系。实施先进制造业能级跃升行动。持续壮大优势产业集群，力争全年铝产业集群产值突破1300亿元，进入全国工业百强县40强。聚焦新兴产业和未来产业，紧盯轻量化、再生铝、航天航空高铁用铝等领域，加快中力明年产1万吨高速铁路装备新材料、泛锐熠辉年产600万平方米气凝胶隔热材料等重点项目建设进度。加快平台载体建设，优化调整园区布局，梯次推进已谋划的35个小微企业园建设，全年建成投运8个以上。持续巩固"大企业顶天立地、小企业铺天盖地"的发展格局，集聚要素资源持续壮大龙头企业，加快培育中小企业，全年新培育规上工业企业60家，总数达到570家以上。实施创新主体培育壮大行动。鼓励龙头企业加大研发投入力度，确保规上工业研发活动覆盖率达到75%以上，新增上云企业300家。推动创新研发平台建设，全年新增郑州市级以上企业创新平台20家，郑州市科技型企业45家，高新技术企业35家，入库国家科技型中小企业200家，培育"专精特新"企业50家以上。积极引进培育创新人才，争取吸引2万名高校毕业生来巩义市创新创业，引进创新创业团队项目6个，中原英才计划项目2个。实施现代服务业扩容提质行动。围绕制造业发展布局生产性服务业，整合城区闲置低效资源，推动都市工业、数字工业和智能工业发展。推动中科颐高巩义智慧岛创新中心签约落地，加快河洛科创园建设进度，为企业创业孵化、合作交流搭建平台。支持国家粮食和物资储备局四三一处、三三九处设立保税监管仓和铜期货交割中心，加快实现进出口货物在巩义清关，铝铜期货在巩义交割。实施农业培优做强行动。扛稳粮食安全政治责任，确保粮食产量稳定在15万吨以上。积极培育家庭农场、创建现代农业示范园，确保创成县级以上农民专业合作社78家、家庭农场35家、现代农业示范园2个。

十二、综述

巩义市经济总量较大，历年地区生产总值在河南省排名靠前，但近几年来位次有所下降；人均GDP较高，在河南省处在前十位。2008年以来，产业结构始终以第二产业为主导，第三产业占比不断提升，三产结构呈现"二、三、一"梯次。财政总体实力比较雄厚，财政自给率虽低于郑州市，但较河南省平均水平有较大优势。金融存贷款体量也在河南省居领先位次，但存贷比低于河南省、郑州市水平。居民收入在河南省名列前茅，优于河南省居民人均可支配收入，城乡收入差距较小。固定资产投资增长情况波动较大，社会消费在河南省排名靠前，但近年来明显下滑。人口规模适中，户籍人口、常住人口在河南省均处在中上游，人口流失率较低。公共服务水平，尤其是人均医疗资源占有量有待提升。

河南省县域经济运行分析：新密篇[①]

一、新密市概况

新密市位于河南省中部，是由郑州市代管的县级市，东邻新郑、北靠荥阳与郑州市区，西接登封，南通禹州，县域总面积1001平方千米，耕地面积32.2万亩，下辖4个街道、12个镇、1个乡。2020年户籍人口90.4万人，常住人口82.6万人。新密市位于中原腹地、郑州西南，北望黄河，西依嵩山，贯通郑汴洛，连接许平南。

新密市文化底蕴深厚，是华夏文明的重要发祥地之一，被命名为"中国羲皇文化之乡""岐黄文化发祥圣地"，中国最早的诗歌总集《诗经》中的《郑风》《桧风》诞生于此。境内有国家级文物保护单位9处，拥有莪沟北岗裴岗文化遗址、古城寨遗址、新密古县衙等。区位优越，位于丝绸之路经济带和海上丝绸之路的交汇区，地处中国中部城市群、郑州国家中心城市功能区和郑州航空港经济综合实验区经济圈的复合区，距郑州国际机场40千米、郑州高铁站30千米。境内京广铁路支线、宋大铁路、郑尧高速、郑少洛高速、商登高速等纵横成网；城铁和快线站点设置8个，高速站点将达到14个，路网密度超过2.5千米/平方千米。山川秀美、物阜品优，地处秦岭余脉与华北平原交汇浅山丘陵带，气候温和、河湖棋布，森林覆盖率达44%；已探明矿藏25种，煤炭、硅石、页岩、铝矾土、石英石等分布广、储量大、品位高，其中煤炭储量50亿吨，铝矾土储量1.5亿吨，是全国重点产煤县（市）、全国耐火材料生产基地，也是著名的玉雕、石雕、银饰之乡。产业基础雄厚，新型材料（耐材）、服装家居、智能制造、节能环保、绿色造纸、电力能源、生物医药、现代物流、文化旅

[①] 本篇完成于2022年8月，撰稿人：赵岩；耿明斋、周立、王永苏、李燕燕、屈桂林、张国骁、徐涛、李甜、张兆源等参与讨论。

游等产业蓬勃发展。

二、总体经济运行分析

从GDP总量来看，新密市在河南省排名比较靠前，在郑州市GDP总量中所占比重近年来有所下降。2021年，新密市实现国内生产总值713.3亿元，占郑州市GDP总量的5.6%，在郑州市6个县（市）中排名第4位，在河南省102个县（市）中排第7位。2022年，新密市实现国内生产总值735.8亿元，占郑州市GDP总量的5.7%，比2008年的321.0亿元增加了1.3倍，在郑州市6个县（市）中排第3位（见表1）。

从GDP增速来看，新密市GDP增速波动整体呈现减缓趋势，2021年，新密市GDP增速为1.8%，低于郑州市GDP增速2.9个百分点，低于河南省GDP增速4.5个百分点，在郑州市6个县（市）中排第4位，在河南省102个县（市）中排第97位。2022年，新密市GDP增速为2.0%，在郑州市6个县（市）中排第3位，高于郑州市GDP增速1.0个百分点，低于河南省GDP增速1.1个百分点（见表1）。

从人均GDP来看，2021年，新密市人均GDP为86293元，占郑州市人均GDP的86.6%，占河南省人均GDP的145.2%，在郑州市6个县（市）中排第4位，在河南省102个县（市）中排第9位；从人均GDP增速来看，2008—2021年，新密市人均GDP增速除2009年、2010年、2021年外，其余年份均快于郑州市水平。2021年增速为1.8%，较郑州市人均GDP增速低1.3个百分点，低于河南省人均GDP增速4.6个百分点，在郑州市6个县（市）中排第4位，在河南省102个县（市）中排第96位（见表2）。

三、分产业经济运行分析

（一）产业格局与发展方向

新密市主导产业为耐火材料产业、服装家居产业。新密市耐火材料产业经过60多年的建设和发展，基本形成了涵盖钢铁、建材、有色、石化等的高温工业用耐火材料产业基础，产品涵盖高中低温材料、酸性中性碱性材料、重质轻质材料、高附加值及中低端材料、标准尺寸及特异型材料

表1 2008—2022年新密市地区生产总值及增速

年份	GDP总量（亿元，%）			GDP增速（%）				
	新密市GDP	新密市GDP占郑州市GDP的比重	新密市GDP在郑州市的排名	新密市GDP在河南省的排名	新密市GDP增速	新密市GDP增速在郑州市的排名	新密市GDP增速在河南省的排名	新密市GDP增速－郑州市GDP增速	新密市GDP增速－河南省GDP增速
2008	321.0	10.7	2	2	12.1	5	73	-0.1	0.1
2009	347.8	11.5	2	2	10.0	6	91	-1.4	-1.0
2010	399.2	9.9	2	2	12.9	6	36	-0.1	0.5
2011	500.5	10.1	1	1	16.4	2	12	2.6	4.4
2012	512.9	9.2	3	3	12.9	3	19	0.7	2.8
2013	559.8	9.0	3	3	9.5	3	56	-0.5	0.5
2014	601.9	8.9	4	4	9.9	3	29	0.5	1.0
2015	642.1	8.8	3	3	9.5	3	43	-0.5	1.1
2016	684.3	8.4	3	3	7.6	5	94	-0.9	-0.6
2017	721.8	7.9	4	4	7.6	3	71	-0.6	-0.2
2018	791.8	7.8	4	4	7.9	3	49	-0.2	0.3
2019	683.1	5.9	4	6	5.6	4	92	-0.9	-1.2
2020	706.3	5.9	4	6	3.2	4	43	0.2	2.2
2021	713.3	5.6	4	7	1.8	4	97	-2.9	-4.5
2022	735.8	5.7	3	—	2.0	3	—	1.0	-1.1

数据来源：历年河南省统计年鉴。

河南省县域经济运行分析：新密篇

表2 2008—2021年新密市人均地区生产总值及增速

年份	新密市人均GDP	人均GDP总量（元，%）				人均GDP增速				人均GDP增速（%）	
		新密市人均GDP占郑州市人均GDP的比重	新密市人均GDP占河南省人均GDP的比重	新密市人均GDP在郑州市的排名	新密市人均GDP在河南省的排名	新密市人均GDP增速	新密市人均GDP增速在郑州市的排名	新密市人均GDP增速在河南省的排名	新密市人均GDP增速－郑州市人均GDP增速	新密市人均GDP增速－河南省人均GDP增速
2008	41958	103.0	222.2	4	6	11.6	5	77	0.9	-0.2
2009	45204	102.3	222.9	3	4	9.4	6	87	-1.4	-0.8
2010	50891	102.2	212.2	4	7	10.7	4	76	-3.0	-1.8
2011	62670	110.8	223.7	4	6	14.3	1	53	4.6	2.1
2012	64123	104.0	208.1	4	7	12.7	2	36	3.1	3.3
2013	69979	102.9	208.2	4	7	9.5	2	59	1.6	1.1
2014	75076	102.9	204.6	4	6	9.6	2	46	2.1	1.4
2015	79914	103.5	203.8	3	5	9.2	2	51	1.3	1.5
2016	84974	101.0	200.7	3	6	7.3	4	89	0.6	-0.2
2017	89294	95.2	190.2	5	8	7.2	3	76	0.7	0.1
2018	97586	91.5	187.3	5	6	7.5	1	53	1.6	0.3
2019	83810	74.1	148.6	4	10	5.1	1	86	1.0	-1.3
2020	85430	88.9	154.1	4	8	3.4	2	37	3.0	2.7
2021	86293	86.6	145.2	4	9	1.8	4	96	-1.3	-4.6

数据来源：历年河南省统计年鉴。

等，新密市是全球耐材产品线最为齐备的生产基地，行业增加值占全市工业增加值的比重达到近40%，是新密市第一支柱产业。现有耐材企业305家，其中规上企业152家，从业人员8万余人。2022年，新密市耐材产业实现产值237亿元，规上增加值增长3.9%；实现税收7.7亿元，占工业税收的53.1%。年产能约900万吨，年产量达到全国的20%、河南省的40%。新密市先后被命名为"国家耐火材料产业基地""河南省耐火材料高新技术特色产业基地""河南省新型耐火材料出口基地"。

纺织服装行业是新密市优势传统产业，产业链由上游（原料制造企业）、中游（纺织服装制造企业）、下游（纺织服装家居分销、直销企业及平台）组成，起步于20世纪70年代末，实现了由分散到规模、由简单粗放到高档优质、由庭院加工到现代化公司的转变。2021年，新密市纺织服装规模以上工业增加值增长22.4%，实现税收982万元。现有规上企业共5家，拥有国家高新技术企业1家、中国驰名商标4个、河南省著名商标8个、名牌产品2个，重点企业主要分布于产业集聚区。新密产业集聚区已入驻各类服装生产企业300余家，先后荣获"中国品牌服装制造名城""中国服装优质制造基地""全国纺织服装创意设计试点园区"等称号。

除耐火材料、纺织服装两大传统优势产业外，新密市节能环保产业经过多年发展，目前已形成以新密产业集聚区、大隗循环经济产业园、新密耐火材料产业园为载体，以绿色耐材、绿色造纸、绿色建材、节能环保装备制造为重点领域的产业格局，在产值规模、企业数量、产品种类等方面已经初具规模。全行业工业总产值初步估计突破100亿元，主要骨干企业规模均为亿级以上，10亿级以上1家；新密市以节能环保为主导产业的规上企业118家，其中，节能企业9家、环保企业2家、资源循环利用企业107家；从业人员超1.4万人。全市造纸包装印刷企业有268家，其中规模以上企业20家。

（二）产业结构分析

从三次产业结构占比来看，新密市第一产业占比较低，始终不高于4%；第二产业占比多数年份在50%以上，是新密市的主导产业，第三产业占比在不断增加。2022年，新密市三产结构为3.8∶52.0∶44.2，呈现出"二、三、一"梯次（见图1）。

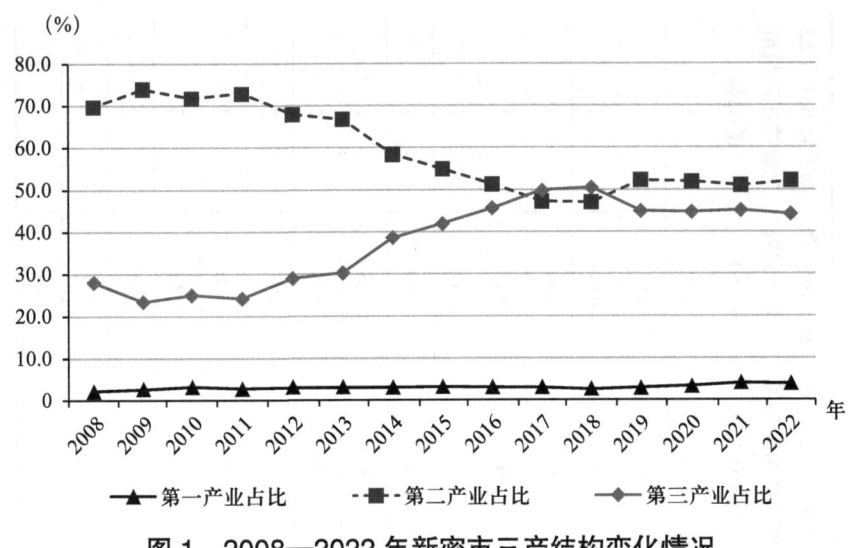

图 1　2008—2022 年新密市三产结构变化情况

（三）工业发展情况分析

从工业发展情况来看，2021 年，新密市规上工业增加值增速为 5.4%，低于郑州市规上工业增加值增速 5.0 个百分点，在郑州市 6 个县（市）中排第 3 位，在河南省 102 县（市）中排第 81 位。2022 年，新密市规上工业增加值增速为 6.8%，高于郑州市规上工业增加值增速 2.4 个百分点，在郑州市 6 个县（市）中排第 2 位。2021 年，规上工业企业数 271 个，在郑州市 6 个县（市）中排第 2 位（见表 3）。

（四）服务业发展情况分析

从服务业发展情况来看，新密市服务业增加值自 2008 年以来不断增加，但近年来在郑州市服务业增加值中所占比重有所下降。2021 年，新密市服务业增加值为 321.4 亿元，比 2008 年的 90.0 亿元增加了 2.6 倍，占郑州市服务业增加值的 4.3%，在郑州市 6 个县（市）中排第 4 位，在河南省 102 县（市）中排第 5 位；2022 年，服务业增加值为 325.2 亿元，占郑州市服务业增加值的 4.3%。从服务业增加值增速来看，2021 年，新密市服务业增加值增速为 4.3%，在郑州市 6 个县（市）中排第 5 位，在河南省 102 县（市）中排第 95 位；2022 年新密市服务业增加值增速为 -0.9%，低于郑州市 1.1 个百分点，低于河南省 2.9 个百分点（见表 4）。

表 3　2008—2022 年新密市规上工业发展情况

年份	新密市规上工业增加值（亿元）	新密市规上工业增加值增速（%）	郑州市规上工业增加值增速（%）	新密市规上工业增加值增速在郑州市的排名	新密市规上工业增加值增速在河南省的排名	新密市规上工业企业数（个）	新密市规上工业企业数在郑州市的排名
2008	166.4	15.6	18.1	5	100	392	1
2009	181.2	11	11.2	5	96	412	1
2010	229.9	14.9	18	6	97	441	1
2011	306.6	20.1	22	3	83	497	1
2012	287.7	13.9	17.2	3	91	546	1
2013	310.5	10.7	11.3	4	90	552	1
2014	328.6	11.8	11.2	2	66	489	1
2015	350.8	9.7	10.2	3	69	486	2
2016	343.5	6.6	6	5	95	486	2
2017	344.9	7.5	7.8	3	82	473	3
2018	—	6.6	6.8	4	79	406	3
2019	—	5	6.1	4	94	286	3
2020	—	9	6.1	3	10	253	2
2021	—	5.4	10.4	3	81	271	2
2022	—	6.8	4.4	2	—	—	—

数据来源：历年河南省统计年鉴、郑州市统计年鉴。

表 4　2008—2022 年新密市服务业发展情况

年份	新密服务业增加值（亿元）	新密市服务业增加值占郑州市服务业增加值的比重（%）	新密市服务业增加值在郑州市的排名	新密市服务业增加值在河南省的排名	新密市服务业增加值增速（%）	新密市服务业增加值增速在郑州市的排名	新密市服务业增加值增速在河南省的排名
2008	90.0	7.1	1	1	10.2	5	80
2009	81.4	5.6	2	2	9.6	4	86
2010	99.8	5.8	1	1	13.5	1	21
2011	121.2	5.8	1	1	16.1	1	1
2012	148.9	6.1	1	1	14.7	1	2
2013	169.7	6.0	1	1	9.4	3	31
2014	232.2	7.4	2	2	8.8	5	69
2015	269.5	7.5	2	2	11.8	4	53
2016	312.4	7.5	2	2	10.9	3	54
2017	360.0	7.3	2	2	10.6	3	49
2018	400.0	7.2	2	2	8.2	3	70
2019	306.9	4.4	4	5	6.3	3	80
2020	315.9	4.5	4	5	1.2	3	75
2021	321.4	4.3	4	—	4.3	5	95
2022	325.2	4.3	—	—	-0.9	—	—

数据来源：历年河南省统计年鉴。

服务业分行业看，2008年增加值排在前三位分别是：交通运输、仓储和邮政业，批发和零售业与住宿和餐饮业。2021年前三位分别是：批发和零售业，交通运输、仓储和邮政业与房地产业。从分行业增加值占服务业增加值总额的比重看，交通运输、仓储和邮政业占比有较大幅度下降，批发和零售业占比自2009年以来基本呈现上升趋势，房地产业占比在2018—2019年有较大上升，2020—2021年比重持续减小（见表5）。

（五）重点企业

（1）郑州安耐克实业有限公司，位于曲梁镇坡刘村，占地200亩，现有职工721人，主要产品有高铝砖系列、黏土砖系列、硅砖系列，年产能15万吨，产品应用于钢铁行业，主要客户有宝武集团、河钢集团、首钢集团等，产品占国内市场份额的30%以上。2021年实现销售收入6.6亿元，上缴税金3896万元。

（2）郑州瑞泰耐火科技有限公司，隶属于中国建材集团旗下瑞泰科技股份有限公司，位于岳村镇老庄门村。占地面积260余亩，注册资金1.05亿元，现有职工460余人，年生产能力15万吨。该公司是集研发、生产、销售、国际贸易和技术服务为一体的科技型企业，专为热工窑炉提供配套耐火材料及施工、安装等个性化服务。2022年，营业收入5.09亿元，生产各类耐火制品8万吨，上缴税款3652万元，研发投入1904万元。

（3）郑州振东科技有限公司，创建于1988年8月，公司注册资金3.568亿元，具有年产钢包用耐火材料30万吨的生产规模，2022年，公司产量近12万吨，产值5.7亿元，销售收入5亿多元。主导产品镁碳砖和铝镁碳砖连续多年被评为"河南省名牌产品"。公司产品广泛应用于河钢集团、首钢集团、建龙钢铁、德龙钢铁等30多家大型炼钢企业，先后投资2亿多元用于"技术改造、智能改造、绿色改造"，生产系统实现了自动化。

（4）河南凯翔实业有限公司，位于超化镇河西村，以窑炉砌筑施工和耐材制品生产为主营业务。占地10亩，现有职工112人，主要产品有高铝砖、黏土砖，年产能22万吨，2021年，实现销售收入1.8亿元，上缴税金1399万元。产品应用于钢铁行业，主要客户有首钢集团、宝钢集团、太钢集团、马钢集团、鞍钢集团等各大钢铁企业，产品远销俄罗斯、日本、乌克兰等国家。

表5 2008—2021年新密市服务业分行业发展总体情况

年份	批发和零售业 增加值（亿元）	批发和零售业增加值占服务业的比重（%）	交通运输、仓储和邮政业 增加值（亿元）	交通运输、仓储和邮政业增加值占服务业的比重（%）	住宿和餐饮业 增加值（亿元）	住宿和餐饮业增加值占服务业的比重（%）	金融业 增加值（亿元）	金融业增加值占服务业的比重（%）	房地产业 增加值（亿元）	房地产业增加值占服务业的比重（%）
2008	20.2	22.5	33.5	37.2	8.3	9.2	2.3	2.6	4.5	5.0
2009	10.0	12.3	28.1	34.5	6.7	8.2	4.3	5.3	5.8	7.1
2010	12.1	12.1	35.0	35.1	8.3	8.3	5.3	5.3	8.4	8.4
2011	16.2	13.3	40.7	33.6	9.7	8.0	6.8	5.6	11.3	9.3
2012	19.0	12.7	48.0	32.2	15.4	10.3	9.6	6.4	12.9	8.7
2013	20.9	12.3	55.8	32.9	16.7	9.9	11.8	7.0	14.0	8.3
2014	38.5	16.6	53.7	23.1	22.1	9.5	15.0	6.5	19.7	8.5
2015	43.5	16.1	60.0	22.3	25.4	9.4	15.9	5.9	23.2	8.6
2016	48.2	15.4	61.6	19.7	28.4	9.1	28.2	9.0	28.4	9.1
2017	52.0	14.4	67.7	18.8	31.3	8.7	33.7	9.4	34.3	9.5
2018	56.4	14.1	72.4	18.1	33.9	8.5	36.4	9.1	38.0	9.5
2019	55.1	18.0	47.4	15.4	18.0	5.9	21.9	7.1	61.3	20.0
2020	58.2	18.4	50.9	16.1	17.0	5.4	23.6	7.5	46.4	14.7
2021	61.9	19.0	54.0	16.6	17.2	5.3	24.9	7.7	37.8	11.6

数据来源：历年郑州市统计年鉴。

四、财政收支分析

从财政收支总体情况来看，新密市一般公共预算收入、一般公共预算支出在全省排名靠前，财政自给率也较高。2021年，新密市一般公共预算收入达38.2亿元，占郑州市一般公共预算收入的3.1%，在郑州市6个县（市）中排第5位，在河南省102县（市）中排第8位；2022年达到38.3亿元。其中税收收入2021年达到20.9亿元，占新密市一般公共预算收入的54.7%，占郑州市税收收入的2.5%；2022年下降到20.3亿元。2021年，新密市一般公共预算支出达到58.9亿元，占郑州市一般公共预算支出的3.6%，在郑州市6个县（市）中排第5位，在河南省102个县（市）中排第22位；2022年减少至56.3亿元（见表6）。

从人均财力看，新密市人均一般公共预算收入与郑州市平均水平差距较大，但高于河南省水平。2021年，新密市人均一般公共预算收入为4619元，占郑州市人均一般公共预算收入的48.1%，占河南省人均一般公共预算收入的105.0%，在河南省102个县（市）中排第12位；人均一般公共预算支出达到7119元，占郑州市人均一般公共预算支出的55.8%，占河南省人均一般公共预算支出的67.5%。2021年，新密市财政自给率为64.9%，在郑州市6个县（市）中排第5位，在河南省102个县（市）中排第14位（见表7）；2022年，新密市财政自给率为68%，低于郑州市财政自给率9.6个百分点，高于河南省财政自给率28个百分点。

五、金融业发展分析

2021年，新密市金融机构存款年末余额552.0亿元，占郑州市金融机构存款年末余额的2.1%，在郑州市6个县（市）中排第4位，在河南省102个县（市）中排第9位；2022年存款余额为611.2亿元。2021年，新密市金融机构贷款年末余额321.6亿元，占郑州市金融机构贷款年末余额的1.0%，在郑州市6个县（市）中排第5位，在河南省102个县（市）中排第10位；2022年贷款余额为370.0亿元。2021年，新密市存贷比为58.3%，在郑州市6个县（市）中排第5位，在河南省102个县（市）中排第38位；2022年新密市存贷比为60.5%，低于郑州市57.8个百分点，低于河南省21.1个百分点（见表8）。

表6 2008—2022年新密市财政收支情况

年份	新密市一般公共预算收入	新密市占郑州市一般公共预算收入的比重	新密市一般公共预算收入在郑州市的排名	新密市一般公共预算收入在河南省的排名	新密市税收收入	新密市税收占一般公共预算收入的比重	新密市税收入占郑州市税收入的比重	新密市一般公共预算支出	新密市占郑州市一般公共预算支出的比重	新密市一般公共预算支出在郑州市的排名	新密市一般公共预算支出在河南省的排名
2008	10.7	4.1	3	5	8.3	77.6	4.0	16.6	5.7	3	6
2009	12.8	4.2	3	4	8.2	64.0	3.4	20.3	5.7	3	6
2010	15.1	3.9	4	5	10.8	71.6	3.4	23.7	5.5	2	6
2011	20.1	4.0	4	5	12.7	63.1	3.3	29.2	5.2	4	8
2012	24.4	4.0	4	4	13.7	56.1	3.0	36.7	5.2	4	8
2013	28.4	3.9	4	4	15	52.8	2.8	41.2	5.1	4	8
2014	30.0	3.6	4	6	16.3	54.3	2.6	43.2	4.7	4	10
2015	30.3	3.2	5	7	15.6	51.5	2.2	48.4	4.4	4	9
2016	30.8	3.1	5	6	15.5	50.2	2.1	47.8	3.6	5	17
2017	32.0	3.0	5	6	19.7	61.5	2.5	53.7	3.5	5	17
2018	35.0	3.0	5	6	23.4	66.8	2.7	63.3	3.6	5	13
2019	37.2	3.0	5	6	24.8	66.7	2.8	72.7	3.8	5	12
2020	38.8	3.1	5	6	22.1	57.0	2.5	72.7	4.2	5	15
2021	38.2	3.1	5	8	20.9	54.7	2.5	58.9	3.6	5	22
2022	38.3	3.4	—	—	20.3	53.0	—	56.3	3.9	—	—

数据来源：历年河南省统计年鉴。

表7 2008—2021年新密市人均财力及财政自给率

年份	人均一般公共预算收入	人均一般公共预算收入占郑州市的比重	人均一般公共预算收入占河南省的比重	在河南省的排名	人均一般公共预算支出	人均一般公共预算支出占郑州市的比重	人均一般公共预算支出占河南省的比重	在河南省的排名	新密市财政自给率	新密市财政自给率在郑州市的排名	新密市财政自给率在河南省的排名
2008	1395	39.8	130.4	12	2162	55.5	89.4	17	64.5	4	11
2009	1660	41.3	139.8	11	2625	55.9	85.7	18	63.2	3	6
2010	1892	42.4	128.8	10	2966	60.2	81.7	19	63.8	4	9
2011	2517	44.4	138.3	8	3653	57.1	81.3	20	68.9	3	5
2012	3053	45.4	142.6	7	4588	59.1	87.3	15	66.5	4	7
2013	3552	45.1	140.8	7	5153	58.0	88.4	10	68.9	4	7
2014	3736	42.0	131.5	8	5383	55.0	86.1	13	69.4	3	5
2015	3771	38.3	121.3	9	6022	52.1	85.9	13	62.6	5	9
2016	3823	36.8	118.5	9	5924	43.6	77.7	31	64.5	4	6
2017	3957	37.0	114.2	10	6628	43.2	79.3	31	59.7	5	12
2018	4311	37.9	112.9	10	7785	44.8	83.3	24	55.4	4	13
2019	4552	38.5	111.5	11	8899	48.2	86.7	16	51.2	5	15
2020	4692	47.0	111.9	11	8806	64.6	84.4	24	53.3	5	13
2021	4619	48.1	105.0	12	7119	55.8	67.5	41	64.9	5	14

数据来源：历年河南省统计年鉴。

表 8 2008—2022 年新密市金融机构年末存贷款余额情况

年份	新密市金融机构存款年末余额	存款（亿元，%）新密市金融机构存款年末余额占郑州市的比重	新密市金融机构存款年末余额在郑州市的排名	新密市金融机构存款年末余额在河南省的排名	新密市金融机构贷款年末余额	贷款（亿元，%）新密市金融机构贷款年末余额占郑州市的比重	新密市金融机构贷款年末余额在郑州市的排名	新密市金融机构贷款年末余额在河南省的排名	新密市存贷比	存贷比（%）郑州市存贷比	河南省存贷比	新密市存贷比在郑州市的排名	新密市存贷比在河南省的排名
2008	162.7	3.3	1	1	42.8	1.2	4	15	26.3	73.5	68.0	6	96
2009	192.6	2.9	1	1	54.1	1.1	4	15	28.1	75.3	70.1	6	96
2010	204.9	2.6	1	1	77.8	1.4	3	13	38.0	71.6	68.6	6	78
2011	218.5	2.4	2	2	93.3	1.5	3	10	42.7	68.2	65.7	5	53
2012	254.1	2.4	2	3	106.3	1.6	3	9	41.8	65.0	63.3	5	55
2013	287.1	2.3	3	4	147.8	1.6	3	5	51.5	75.0	62.4	5	39
2014	317.4	2.3	2	3	174.7	1.6	2	3	55.1	77.9	65.8	3	35
2015	337.0	2.0	3	6	172.4	1.4	4	8	51.1	74.7	66.0	4	44
2016	383.8	2.0	3	7	177.7	1.2	5	11	46.3	81.2	67.6	5	53
2017	425.6	2.1	3	7	185.7	1.0	5	13	43.6	88.4	70.7	6	57
2018	459.5	2.1	3	7	205.3	1.0	5	14	44.7	97.4	74.9	6	63
2019	483.9	2.1	4	8	244.5	1.0	5	12	50.5	108.6	80.1	6	54
2020	515.2	2.1	4	8	286.0	1.0	5	9	55.5	113.8	82.2	6	44
2021	552.0	2.1	4	9	321.6	1.0	5	10	58.3	119.3	84.4	5	38
2022	611.2	2.1	—	—	370.0	1.1	—	—	60.5	118.3	81.6	—	—

数据来源：历年河南省统计年鉴。

2021 年，新密市人均存款余额为 66745 元，占郑州市人均存款余额的 32.4%，占河南省人均存款余额的 80.0%，在郑州市 6 个县（市）中排第 2 位，在河南省 102 个县（市）中排第 15 位；2021 年，新密市人均贷款余额为 38881 元，占郑州市人均贷款余额的 15.8%，占河南省人均贷款余额的 55.3%，在郑州市 6 个县（市）中排第 5 位，在河南省 102 个县（市）中排第 21 位（见表 9）。

六、居民收入分析

从居民收入看，2017 年以来，新密市居民人均可支配收入在河南省县域排名领先，除 2018 年外，其余年份增速略快于郑州市居民人均可支配收入增速。2021 年，新密市居民人均可支配收入为 32145 元，在郑州市 6 个县（市）中排第 3 位，在河南省 102 个县（市）中排第 4 位。2022 年，新密市居民人均可支配收入为 33689 元，占郑州市居民人均可支配收入的 82.1%，占河南省居民人均可支配收入的 119.4%，增速为 4.8%，高于郑州市居民人均可支配收入增速 0.9 个百分点，低于河南省居民人均可支配收入增速 0.5 个百分点（见表 10）。

分城镇、农村居民人均可支配收入看，新密市城、乡居民收入在郑州市、河南省排名均处领先水平。2021 年，新密市城镇居民人均可支配收入为 38539 元，占郑州市城镇居民人均可支配收入的 85.2%，占河南省城镇居民人均可支配收入的 103.9%，在郑州市 6 个县（市）中排第 2 位，在河南省 102 个县（市）中排第 3 位；2021 年，新密市农村居民人均可支配收入为 25561 元，占郑州市农村居民人均可支配收入的 95.4%，占河南省城镇居民人均可支配收入的 145.8%，在郑州市 6 个县（市）中排第 3 位，在河南省 102 个县（市）中排第 3 位。2021 年，新密市城乡居民人均可支配收入比约为 1.5，在河南省 102 个县（市）中排第 9 位，城乡差距较小（见表 11）。

七、固定资产投资分析

从固定资产投资来看，2008—2017 年，新密市固定资产投资总额不断

河南省县域经济运行分析：新密篇

表 9　2008—2021 年新密市人均存贷款情况

年份	新密市人均存款余额	新密市人均存款余额在郑州市的排名	新密市人均存款余额在河南省的排名	新密市人均存款余额占郑州市的比重	新密市人均存款余额占河南省的比重	新密市人均贷款余额	新密市人均贷款余额在郑州市的排名	新密市人均贷款余额在河南省的排名	新密市人均贷款余额占郑州市的比重	新密市人均贷款余额占河南省的比重
2008	21217	1	3	32.1	131.1	5576	5	18	11.5	50.7
2009	24966	1	4	28.7	123.5	7014	5	24	10.7	49.5
2010	25698	1	4	27.9	104.4	9758	5	19	14.8	57.8
2011	27317	3	6	27.0	97.0	11664	4	16	16.9	63.0
2012	31764	3	6	27.5	94.7	13286	4	17	17.7	62.4
2013	35888	1	5	26.5	91.4	18480	4	13	18.2	75.2
2014	39507	2	4	26.5	92.1	21750	3	10	18.8	77.0
2015	41935	3	5	23.7	85.4	21450	4	14	16.2	66.2
2016	47562	3	6	24.3	86.2	22023	5	17	13.9	59.0
2017	52563	4	8	25.5	87.5	22937	5	21	12.6	54.0
2018	56506	3	7	26.3	87.3	25253	5	23	12.1	52.1
2019	59233	3	6	26.3	84.4	29931	5	22	12.2	53.2
2020	62373	2	12	31.5	81.1	34628	5	18	15.4	54.8
2021	66745	2	15	32.4	80.0	38881	5	21	15.8	55.3

数据来源：历年河南省统计年鉴。

表10 2017—2022年新密市居民人均可支配收入情况

年份	居民人均可支配收入（元）	在郑州市的排名	在河南省的排名	占郑州市比重（%）	占河南省的比重（%）	新密市居民人均可支配收入增速（%）	郑州市居民人均可支配收入增速（%）	河南省居民人均可支配收入增速（%）
2017	24785	3	4	81.1	122.9	9.4	9.0	9.4
2018	26806	3	4	81.0	122.0	8.2	8.3	8.9
2019	29192	3	4	81.2	122.1	8.9	8.6	8.8
2020	30306	3	4	81.3	122.2	3.8	3.7	3.8
2021	32145	3	4	81.4	119.9	6.1	6.0	8.1
2022	33689	—	—	82.1	119.4	4.8	3.9	5.3

数据来源：历年河南省统计年鉴。

表11 2008—2021年新密市城乡居民人均可支配收入及城乡收入比

年份	新密市城镇居民人均可支配收入	新密市城镇居民人均可支配收入在郑州市的排名	新密市城镇居民人均可支配收入在郑州市的比重	新密市城镇居民人均可支配收入占河南省的比重	新密市农村居民人均可支配收入	新密市农村居民人均可支配收入在郑州市的排名	新密市农村居民人均可支配收入占郑州市的比重	新密市农村居民人均可支配收入占河南省的比重	新密市城乡居民收入比	新密市城乡收入比在河南省的排名
2008	13221	3	84.0	99.9	7388	4	97.9	165.9	1.8	10

续表

年份	城镇（元，%）					农村（元，%）					城乡收入比	
	新密市城镇居民人均可支配收入	新密市城镇居民人均可支配收入在郑州市的排名	新密市城镇居民人均可支配收入在河南省的排名	新密市城镇居民人均可支配收入占郑州市的比重	新密市城镇居民人均可支配收入占河南省的比重	新密市农村居民人均可支配收入	新密市农村居民人均可支配收入在郑州市的排名	新密市农村居民人均可支配收入在河南省的排名	新密市农村居民人均可支配收入占郑州市的比重	新密市农村居民人均可支配收入占河南省的比重	新密市城乡居民收入比	新密市城乡居民收入比在河南省的排名
2009	14402	2	2	84.1	100.2	7916	4	4	97.5	164.7	1.8	7
2010	15890	4	4	84.1	99.7	9003	4	4	97.6	163.0	1.8	8
2011	18194	2	2	84.2	100.0	10835	4	4	98.1	164.1	1.7	8
2012	20468	1	1	84.4	100.1	12325	4	4	98.4	163.8	1.7	8
2013	22617	2	2	85.0	101.0	13310	4	4	95.0	157.1	1.7	11
2014	24856	3	3	85.4	105.0	14734	4	4	95.2	147.8	1.7	11
2015	26633	4	4	85.6	104.1	16242	3	3	94.8	149.7	1.6	9
2016	28337	3	3	85.3	104.1	17460	3	3	94.8	149.3	1.6	9
2017	30704	3	4	85.2	103.9	18865	4	4	94.4	148.3	1.6	9
2018	33221	3	4	85.1	104.2	20582	4	4	95.1	148.8	1.6	9
2019	35680	3	4	84.8	104.3	22434	3	3	95.3	147.9	1.6	8
2020	36357	3	4	84.8	104.6	23623	4	4	95.3	146.7	1.5	8
2021	38539	2	3	85.2	103.9	25561	3	3	95.4	145.8	1.5	9

数据来源：历年河南省统计年鉴。

增加，2017年达到526.4亿元；其中，房地产开发投资总额达到115.6亿元，占全社会固定资产投资总额的22.0%。从固定资产投资增速来看，新密市固定资产投资增速波动较大，2022年，新密市固定资产投资增速为23.4%，高于郑州市固定资产投资增速31.9个百分点，高于河南省固定资产投资增速16.7个百分点（见表12）。

表12 2008—2022年新密市固定资产投资情况

年份	新密市固定资产投资（亿元）	新密市固定资产投资占郑州市的比重（%）	新密市房地产开发投资（亿元）	房地产开发投资占全社会固定资产投资的比重（%）	新密市固定资产投资增速（%）	郑州市固定资产投资增速（%）	河南省固定资产投资增速（%）
2008	171.3	9.7	2.3	1.3	21.9	34.1	32.4
2009	224.7	9.8	7.1	3.2	33.0	31.6	31.6
2010	261.2	9.5	11.3	4.3	17.5	21.9	22.2
2011	263.5	8.8	11.5	4.4	16.3	25.1	27.0
2012	321.7	8.8	13.5	4.2	23.0	22.7	21.4
2013	345.2	7.7	16.1	4.7	7.3	23.6	22.5
2014	398.4	7.4	17.4	4.4	16.5	20.1	19.2
2015	468.6	7.4	26.4	5.6	18.2	19.6	16.5
2016	524.6	7.4	68.3	13.0	12.2	11.3	13.7
2017	526.4	6.9	115.6	22.0	1.0	8.2	10.4
2018	—	—	—	—	0.6	10.9	8.1
2019	—	—	—	—	−15.8	2.8	8.0
2020	—	—	—	—	10.6	3.6	4.3
2021	—	—	—	—	−20.7	−6.2	4.5
2022	—	—	—	—	23.4	−8.5	6.7

数据来源：历年河南省统计年鉴。

八、社会消费分析

从社会消费情况来看，新密市社消零总额、人均社消零在河南省排名比较靠前，但近年来有所下降。2021年，新密市社消零总额为195.8亿元，在郑州市6个县（市）中排第4位，在河南省102个县（市）中排第16位；2021年，人均社消零达到23676元，在郑州市6个县（市）中排第4位，在河南省102个县（市）中排第21位（见表13）。2022年，新密市社消零总额为189.1亿元，较上年负增长7.1%。

九、人口规模分析

从人口情况看，2021年，新密市常住人口为82.7万人，占郑州市常住人口的6.5%，在郑州市6个县（市）中排第3位，在河南省102个县（市）中排第24位。2020年，新密市人口外流7.8万人，人口流失率为8.6%。2021年，新密市城镇化率为65.2%，在河南省102个县（市）中排第4位（见表14）；2022年，新密市城镇化率为65.5%，低于郑州市城镇化率13.9个百分点，高于河南省城镇化率8.4个百分点。

新密市从业人员数在2011年、2012年、2016年和2018年出现下降，其余年份均正增长。2019年，新密市从业人员数为50.1万人，同比上升3.3%。从三次产业从业人员占比情况来看，2019年，第一产业从业人员数占比为19.2%，第二、第三产业从业人员数占比为80.8%（见表15）。

十、公共服务分析

从义务教育情况来看，2021年，新密市共有中小学153所，在校学生数合计103184人，专任教师数6567人，平均每千名在校中小学生配备专任教师数为64人。从医疗卫生情况来看，新密市平均每千名常住人口配备卫生机构床位数、卫生技术人员数逐年上升，医疗资源配备逐步增强，2021年，新密市每千人床位数为6.1张，每千人卫生技术人员数为6.3人（见表16）。

表 13　2008—2021 年新密市社消零总额情况

年份	社消零总额 新密市社消零总额（亿元）	在郑州市的排名	在河南省的排名	人均社消零 新密市人均社消零（元）	在郑州市的排名	在河南省的排名	分行业及占比（亿元，%） 批发和零售业	占社消零额的比重	住宿和餐饮业	占社消零总额的比重
2008	82.5	2	2	10760	4	4	66.3	81.9	14.6	18.1
2009	98.8	2	2	12798	4	4	79.3	82.0	17.5	18.0
2010	115.4	2	2	14472	3	3	90.7	80.0	22.7	20.0
2011	133.2	2	2	16654	4	4	105	78.8	28.2	21.2
2012	154.3	2	2	19285	3	3	122.8	79.6	31.5	20.4
2013	175.8	2	2	21979	3	3	140.3	79.8	35.5	20.2
2014	204.2	2	2	25424	3	3	167.1	81.8	37.1	18.2
2015	242.9	2	1	30228	2	2	198.8	81.8	44.1	18.2
2016	280.5	2	2	34763	2	2	227.4	81.1	53.1	18.9
2017	314.7	3	2	38860	2	2	257.9	82.0	56.8	18.0
2018	325.7	3	3	40060	3	3	266.1	81.7	59.6	18.3
2019	197.9	4	12	24219	5	16	163.1	82.4	34.8	17.6
2020	188.1	4	14	22770	4	17	153.4	81.6	34.7	18.4
2021	195.8	4	16	23676	4	21	160.7	82.1	35.1	17.9

数据来源：历年河南省统计年鉴、郑州市统计年鉴。

表14 2008—2021年新密市人口情况

年份	户籍人口（万人）	户籍人口在河南省的排名	常住人口（万人）	常住人口在郑州市的排名	常住人口在河南省的排名	外流人口（万人）	人口流失率（%）	常住人口占郑州市的比重（%）	新密市城镇化率（%）	城镇化率在河南省的排名
2008	76.7	43	76.7	2	36	0.0	0.0	10.3	39.0	—
2009	77.2	43	77.2	2	35	0.0	0.0	10.3	40.2	—
2010	86.0	34	79.7	2	26	6.3	7.3	9.2	42.2	—
2011	80.0	47	80.0	3	26	0.0	0.0	9.0	46.2	—
2012	80.0	48	80.0	3	27	0.0	0.0	8.9	48.5	—
2013	80.0	49	80.0	4	28	0.0	0.0	8.7	49.4	4
2014	80.3	49	80.3	4	28	0.0	0.0	8.6	51.2	4
2015	80.4	49	80.4	4	28	0.0	0.0	8.4	52.9	5
2016	80.7	49	80.7	4	27	0.0	0.0	8.3	55.9	4
2017	81.0	49	81.0	4	27	0.0	0.0	8.2	57.8	4
2018	81.3	49	81.3	4	28	0.0	0.0	8.0	59.8	4
2019	81.7	49	81.7	4	27	0.0	0.0	7.9	61.6	4
2020	90.4	40	82.6	3	26	7.8	8.6	6.5	64.1	4
2021	—	—	82.7	3	24	—	—	6.5	65.2	4

数据来源：历年河南省统计年鉴。

表15　2008—2019年新密市就业情况

年份	从业人员数（万人）	从业人员数增速（%）	第一产业从业人员数占比（%）	第二产业从业人员数占比（%）	第三产业从业人员数占比（%）
2008	45.6	3.1	21.6	44.7	33.6
2009	46.9	2.9	20.9	44.7	34.3
2010	49.4	5.4	19.2	44.7	36.1
2011	47.7	-3.6	13.3	86.7	
2012	43.6	-8.5	19.6	80.4	
2013	49.8	14.4	17.3	82.7	
2014	52.7	5.7	16.4	83.6	
2015	52.7	0	16.4	83.6	
2016	49.6	-5.9	17.5	82.5	
2017	50.4	1.7	17.3	82.7	
2018	48.5	-3.8	18.4	81.6	
2019	50.1	3.3	19.2	80.8	

数据来源：历年河南省统计年鉴。

表16　2019—2021年新密市教育和医疗情况

	年份	2019	2020	2021
学校数	合计（所）	148	148	153
	小学学校数	114	113	117
	初中学校数	34	35	36
在校学生数	合计（人）	101113	102396	103184
	小学在校生数	69329	69922	69726
	初中在校生数	31784	32474	33458
专任教师数	合计（人）	6543	6801	6567
	小学	3944	4110	3860
	初中	2599	2691	2707
医疗卫生	卫生机构床位数/千人（张）	6.7	6.7	6.1
	卫生技术人员数/千人（人）	5.8	6.4	6.3

数据来源：历年河南省统计年鉴。

十一、县域发展战略分析

2023年，新密市政府工作报告中提出，要坚守实体战略，在重点产业培育上实现突破。完善"11+5"现代产业体系，以实施创新驱动、强基提链、数字赋能等"八大行动"为重点，打造郑州市"新制造"高地。

（一）巩固提升传统产业

围绕新型耐材、装备制造、服装家居、绿色造纸4个传统优势产业，加快推广先进适用技术，实施技术化、智能化、绿色化改造项目50个，打造1条现代化产业链。新型耐材产业要聚焦关键技术，构建覆盖材料制品、生产设备、终端制品、技术服务等领域的产品体系，产值突破400亿元。建成中国耐材博物馆，创成"中国耐材之都"。抓好年投资12亿元的河南交广年产120万立方米装配式构件、年投资10亿元的沃众原创女装工业园和年投资3.7亿元的枫华环保年产50万吨包装用纸等项目。开展优质企业梯次培育行动，实施头雁企业培育计划，支持龙头企业，特别是终端产品企业通过兼并、重组、合作等发展壮大，新增十亿级企业1~2家，"专精特新"中小企业25家、制造业单项冠军企业（产品）1家。

（二）培育壮大新兴产业

聚焦节能环保、电子信息、智能制造、新型卫生材料、现代物流5大战略性新兴产业，加快前沿技术研发推广，支持"专精特新"梯次发展，开辟未来新赛道。推进中南高科环保智造基地、创维无线电子信息产业园、越达4.0工业机器人、美宜佳河南产业园等总投资140亿元的13个重点项目，完成投资40亿元以上。推动康宁特二期规划建设。聚力总投资5.5亿元的河南逸祥科技卫生材料扩建项目，实施专班化运作、全周期服务，力争2023年产值突破20亿元，4年内成为全市首家"独角兽"企业，形成新型卫生材料产业集群。全年工业战略性新兴产业增加值增长12%，新增规上企业30家。前瞻布局氢能与储能、人工智能2个前沿技术和产业，重点抓好国家电力投资集团公司新能源项目推进，形成一批标志性企业和平台。

（三）持续振兴文旅产业

深刻把握"古城、山城、旅游城"特点，实施文旅文创融合战略。全力推进古城保护和有机更新，完成核心区东街百肆集等7个街坊建设，推进核心景区基础设施等5个项目实施，打造全省文旅文创融合标杆。以建设伏羲山休闲山水游目的地为契机，整合4A级景区，创建伏羲山5A级景区，优化夜游伏羲山、小马高原、星光露营等特色项目，形成"有惊喜、可触及、能留下"的伏羲山文旅IP。完善景区周边配套设施，支持银基国际旅游度假区创成国家级旅游度假区，加快银基文旅主板上市步伐。加快魏长城国家文化公园建设，推进岐黄文化研究成果转化，创建全国休闲农业与乡村旅游星级示范企业1~2家、省级乡村康养旅游示范村2~3个，打造休闲观光农业精品旅游线路5条、美丽乡村精品旅游线路5条。力争全年接待游客突破1200万人次，旅游综合收入超42亿元，创建国家全域旅游示范区。

十二、综述

新密市经济总量较大，历年地区生产总值在全省排名靠前，但近几年来位次有所下降，2019年以来退出河南省前5名；人均GDP较高，在河南省处在前10位，但近年来与郑州市人均GDP相比由领先逐渐变为存在差距，领先河南省人均GDP的优势也逐渐减弱。2008年以来，绝大多数年份产业结构以第二产业为主导，三产结构呈现"二、三、一"梯次。制造业传统优势产业以耐火材料、纺织服装和造纸为主，近年来在节能环保产业形成一定集聚规模。财政总体实力比较雄厚，财政自给率虽低于郑州市，但较河南省平均水平有较大优势。金融存贷款体量也在河南省居领先位次，存贷比显著提升，经济活力不断增强。居民收入在河南省排前5位，优于河南省居民人均可支配收入，城乡收入差距不大。固定资产投资增长情况波动较大，社会消费在全省排名靠前，但近3年来明显下滑。人口规模适中，户籍人口、常住人口在全省均处在中上游，人口流失率较低。公共服务水平有待提升。

当前影响新密市经济增长的问题主要在于主导产业的发展自身存在相应缺陷，各行业规模优势尚未形成，具体有以下几点。

一是支柱产业——耐火材料产业，企业整体规模较小，且企业布局相对分散，产业集中度低，行业整体竞争力不强；创新能力仍需提高，多数企业没有高层次科技研发人才队伍，产品同质化程度高，与产业链下游高温工业企业要求的耐火材料产品有一定差距。除部分龙头骨干企业外，企业生产装备的智能化程度较低，导致行业劳动生产率不高，产品质量不够稳定。

二是服装家居产业链规上企业数量较少且分布较为松散，规模偏小、实力偏弱，对产业链上下游带动不足，尚不具备成为链条头部企业的实力。未形成具有较大规模和影响力的产业集群，距离打造千亿级服装家居产业集群目标差距较大。

三是新兴产业发展仍然较为薄弱，除节能环保产业全行业产值接近百亿元外，高端装备产业、电子信息产业、绿色造纸产业均距离百亿级产业集群目标差距较大，尤其电子信息产业产值尚未过亿元。

针对以上问题，尝试从下列方面提出建议。

一是鼓励企业开展联合重组。以重点骨干企业为主体，以市场、产品、技术、管理、资金、地缘等为纽带，优势互补，大力推动企业联合重组。支持重点企业按照服务下游行业及拉长产品链条要求，实施兼并、收购、联营，建立产业联盟；鼓励大企业与央企、国内外500强企业合作；鼓励优势企业之间实施强强联合。通过整合现有资源，鼓励做精做专、做大做强，形成特色鲜明、优势突出的大型企业集团，促进产业升级。

二是强化科技创新驱动。培育壮大创新型企业，实施创新型中小企业、高新技术企业和科技型企业倍增计划，大力支持企业创新发展，推进规上企业研发活动全覆盖。培育一批科技含量高、产出效益好的科技型企业，推动产业链融通发展；培育一批开展产品创新、品牌创新、模式创新的技术改造企业，推动产业转型升级。

三是营造良好产业生态。充分发挥政策导向作用，持续优化营商环境，打造良好生态。不断优化政务服务。深化"放管服"改革，实施"一网通办"前提下"最多跑一次"改革，提供"一站式"优质服务。常态长效推进"万人助万企"，保障各项惠企政策应享尽享。强化要素保障。资金方面，加快财政奖补资金兑付速度，支持中小企业采取"专精特新"贷、信用贷、知识产权质押等多种方式融资，缓解资金压力。人才方面，支持企业引进领军人才或技术带头人，提高企业研发创新水平。土地方面，结合国土空间规划编制，积极筹措用地指标，保障用地需求。加强公共服务平台建设。以政府为主导，搭建耐材行业质量检测平台、技术研发平台等共性技术服务平台和公共资源共享服务平台，逐渐实现由支持项目企业模式向支持创新服务支撑模式转变，推动服务耐材企业持续快速健康发展。

河南省县域经济运行分析：襄城篇[①]

一、襄城县概况

襄城县位于河南省中部，隶属许昌市，处许昌市最西南，其东南、西南方向分别与漯河市、平顶山市接壤。县域总面积920平方千米，耕地面积89.02万亩，现辖10镇、6乡、448个行政村（社区）；第七次全国人口普查数据显示，截至2020年，常住人口67.48万人，户籍人口91.42万人。

襄城县地理位置居中，区位交通优越，南距平顶山市20千米，北距许昌市40千米、郑州国际机场70千米，东距漯河市45千米。是平煤集团的主要煤田，同时被毛泽东主席赞誉为"烟叶王国"，是中国烟草文化之乡和中国烟草文化研究基地；其大豆蛋白质含量全国最高，被评为"全国大豆绿色高产高效创建示范县"，是生产豆制品的首选基地；甘薯种类多、口感佳，白薯若栗子，红薯似枣泥，紫薯如豆沙。"襄城烤烟"和"襄城红薯"通过"国家农产品地理标志"认证。

二、总体经济运行分析

从GDP总量来看，襄城县在河南省排名比较靠前，在许昌市GDP总量中的占比2008年以来有所下降。2021年襄城县实现国内生产总值485.0亿元，比2008年的164.0亿元增加了近2倍，占许昌市GDP总量的13.3%，在许昌市4个县（市）中排第3位，在河南省102个县（市）中排第12位（见表1）。

从GDP增速来看，2009—2014年，襄城县GDP增速快于河南省、许昌市GDP增速，2015年起增速波动幅度与许昌市较为接近，除2017年、

[①] 本篇完成于2022年8月，撰稿人：赵岩；耿明斋、周立、王永苏、李燕燕、屈桂林、张国骁、徐涛、李甜、张兆源等参与讨论。

2021年外，其余年份增速均快于河南省水平。2021年襄城县GDP增速为4.7%，低于许昌市GDP增速0.8个百分点，低于河南省GDP增速1.6个百分点，在许昌市4个县（市）中排末位，在河南省102个县（市）中排第81位（见表1）。

从人均GDP来看，2008—2021年襄城县人均生产总值不断增加，在河南省排名比较靠前。2021年，襄城县人均GDP为71858元，占许昌市人均GDP的86.1%，占河南省人均GDP的121.0%，在许昌市辖4个县（市）中排末位，在河南省102个县（市）中排第15位；从人均GDP增速来看，2021年增速为4.6%，较许昌市人均GDP增速低0.7个百分点，低于河南省人均GDP增速1.8个百分点，在许昌市4个县（市）中排末位，在河南省102个县（市）中排第85位（见表2）。

三、分产业经济运行分析

（一）产业格局与发展方向

襄城县秉持"优化一产、强化二产、扩大三产"发展理念，产业结构不断优化、技术创新长足进步、产品质量明显提高，产业结构不断优化，现代产业体系高质量发展，竞争力明显提升。现代工业以制造业高质量发展为主攻方向，强化传统产业升级和新兴产业培育，产业基础高级化和产业链现代化不断升级，产业链式布局、数字化转型、集群化发展加速推进。围绕"133"产业发展新格局，建成千亿级硅碳先进材料产业集群，打造全国硅碳先进材料基地。煤基化工、装备制造、服装制鞋（卫生用品）三大传统优势产业转型升级成效显著，规模不断扩大，产业链逐渐延伸，产品附加值、市场占有率不断提高，呈现出集群发展趋势。硅材料、碳材料、新能源三大新兴产业，创新力度持续加大，关键技术不断突破，产业规模逐步壮大。现代服务业发展质量与效益全面提升，增长势头强劲，体系建设全面，现代物流、文化旅游、电子商务、商贸服务等重点业态快速发展。现代农业稳定发展，培育市级以上龙头企业共15家，其中市级龙头企业7家，省级龙头企业8家。高标准农田建设面积完成84.87万亩，土地流转率实现36%，较"十三五"末提升2个百分点。大豆基地及大豆良种繁育基地、红薯产业基地及红薯高端育苗基地建设稳步推进，

表 1 2008—2021 年襄城县地区生产总值及增速

年份	GDP 总量（亿元，%）			GDP 增速（%）			
	襄城县 GDP	襄城县 GDP 占许昌市 GDP 的比重	襄城县 GDP 在许昌市的排名	襄城县 GDP 在河南省的排名	襄城县 GDP 增速	襄城县 GDP 增速在许昌市的排名	襄城县 GDP 增速在河南省的排名	襄城县 GDP 增速 – 许昌市 GDP 增速	襄城县 GDP 增速 – 河南省 GDP 增速
2008	164.0	15.4	3	18	12.0	3	76	-0.6	0.0
2009	165.8	16.1	3	21	13.1	3	28	0.6	2.1
2010	198.7	15.1	3	19	14.9	2	17	1.3	2.5
2011	244.6	15.4	3	19	16	2	13	0.8	4.0
2012	255.8	14.9	3	19	12.5	2	23	0.3	2.4
2013	280.2	14.7	3	18	11.6	2	13	1.0	2.6
2014	292.2	14.0	3	19	10.4	4	22	1.1	1.5
2015	303.0	14.0	3	20	8.6	2	72	-0.4	0.2
2016	321.6	13.5	3	21	9.3	3	24	0.4	1.1
2017	343.2	13.0	3	22	7.1	3	84	-1.6	-0.7
2018	371.9	13.1	3	20	8.7	3	21	0.1	1.1
2019	452.5	13.3	3	14	7	3	71	-0.1	0.2
2020	463.9	13.4	3	13	2.7	3	54	0.0	1.7
2021	485.0	13.3	3	12	4.7	4	81	-0.8	-1.6

数据来源：历年河南省统计年鉴。

表2 2008—2021年襄城县人均地区生产总值及增速

年份	襄城县人均GDP	襄城县人均GDP占许昌市人均GDP的比重	襄城县人均GDP占河南省人均GDP的比重	襄城县人均GDP在许昌市的排名	襄城县人均GDP在河南省的排名	襄城县人均GDP增速	襄城县人均GDP增速在许昌市的排名	襄城县人均GDP增速在河南省的排名	襄城县人均GDP增速－许昌市人均GDP增速	襄城县人均GDP增速－河南省人均GDP增速
2008	24346	101.8	129.0	2	26	11.1	3	83	-1.1	-0.7
2009	24506	93.4	120.8	3	29	12.6	3	34	0.4	2.4
2010	29449	96.4	122.8	3	27	15.3	2	40	1.7	2.7
2011	36514	98.9	130.9	2	23	16.8	1	31	1.4	4.6
2012	38230	95.7	125.4	2	23	12.6	2	38	0.2	3.2
2013	41837	94.4	126.3	2	21	11.5	2	26	1.0	3.1
2014	43521	89.8	121.0	3	22	10.1	3	36	1.0	1.9
2015	44916	89.5	117.2	4	23	8.1	4	80	-0.3	0.4
2016	47274	86.7	114.4	4	25	8.4	3	60	0.4	0.9
2017	50026	83.5	109.4	4	26	6.2	3	84	-1.6	-0.9
2018	53882	84.2	106.2	4	26	8.0	3	40	0.1	0.8
2019	65210	100.1	120.0	3	18	6.4	3	77	0.1	0.0
2020	68751	87.2	125.7	3	14	2.9	3	57	0.6	2.2
2021	71858	86.1	121.0	4	15	4.6	4	85	-0.7	-1.8

数据来源：历年河南省统计年鉴。

成功获批省级现代红薯产业园，襄城县红薯荣获国家"农产品地理标志"和"全国名特优农产品"称号。

（二）产业结构分析

从三次产业占比来看，襄城县第一产业占比不断下降，2013年以后第二产业占比下降，第三产业占比上升。2021年第一产业占比8.8%，第二产业占比41.5%，第三产业占比49.7%，呈现出"三、二、一"梯次（见图1）。

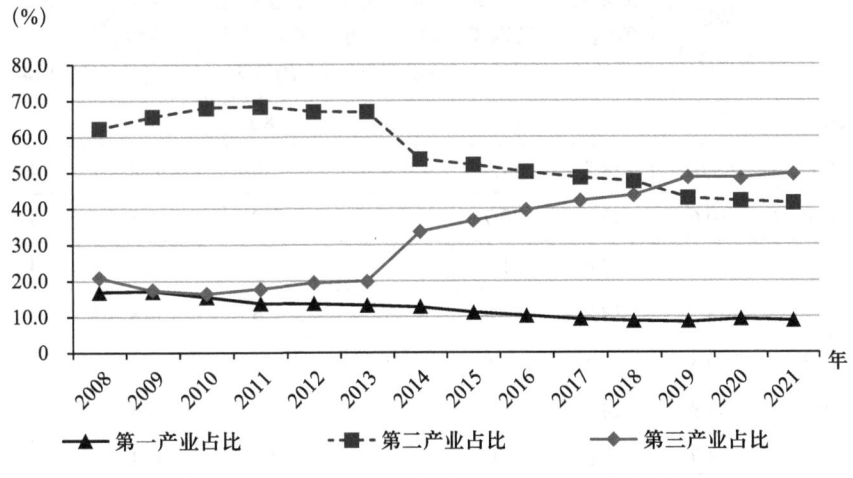

图1 2008—2021年襄城县三产结构变化情况

（三）工业发展情况分析

从工业发展情况来看，襄城县规上工业增加值增速变化幅度较大，2008—2014年增速快于许昌市增速，2015年以来围绕许昌市增速上下波动。2021年，襄城县规上工业增加值增速为1.5%，在许昌市4个县（市）中排末位，在河南省102县（市）中排第91位。规上工业企业数在2016年达到最高值167个，此后年份逐渐减少，2020年，规上工业企业数100个，在许昌市4个县（市）中排第3位（见表3）。

（四）服务业发展情况分析

从服务业发展情况来看，2008年以来襄城县服务业增加值不断增加，2009年以来占许昌市服务业增加值的比重不断回升，在许昌市、河南省的排名也不断提前。2021年，襄城县服务业增加值为241.1亿元，比2008年的34.2亿元增加了6.1倍，占许昌市服务业增加值的15.4%，在许昌市

4个县（市）中排第2位，在河南省102县（市）中排第11位；从服务业增加值增速来看，2021年，襄城县服务业增加值增速为5.9%，在许昌市4个县（市）中排末位，在河南省102县（市）中排第83位（见表4）。

表3 2008—2021年襄城县工业发展情况

年份	襄城县规上工业增加值（亿元）	襄城县规上工业增加值增速（%）	许昌市规上工业增加值增速（%）	襄城县规上工业增加值增速在许昌市的排名	襄城县规上工业增加值增速在河南省的排名	襄城县规上工业企业数（个）	襄城县规上工业企业数在许昌市的排名
2008	77	20.9	19.6	3	80	91	4
2009	83.6	18.2	17.9	3	55	108	4
2010	110.6	23.3	20.7	2	39	123	4
2011	141.8	22.6	21.7	3	64	116	4
2012	144.1	17.8	17.4	3	55	116	4
2013	160.8	16.5	14.8	3	31	125	4
2014	183.8	14.3	11.9	2	31	146	3
2015	198.9	8.2	9.1	4	88	144	3
2016	217.8	9.5	8.9	3	58	167	3
2017	229.3	5.3	9	4	93	122	3
2018	—	9.4	8.5	2	21	127	3
2019	—	8.7	8.4	3	47	103	3
2020	—	5	4.2	2	44	100	3
2021	—	1.5	6.6	4	91	—	—

数据来源：历年河南省统计年鉴、许昌市统计年鉴。

四、财政收支分析

从财政收支总体情况来看，襄城县呈现出一般公共预算收入、税收收入对许昌市财政收入的贡献，低于一般公共预算支出在全市支出中所占的比重，但财政收支总量、财政自给率在河南省位次处在上游。2021年，襄城县一般公共预算收入达22.7亿元，占许昌市一般公共预算收入的

表 4　2008—2021 年襄城县服务业发展情况

年份	襄城县服务业增加值（亿元）	襄城县服务业增加值占许昌市服务业增加值的比重（%）	襄城县服务业增加值在许昌市的排名	襄城县服务业增加值在河南省的排名	襄城县服务业增加值增速（%）	襄城县服务业增加值增速在许昌市的排名	襄城县服务业增加值增速在河南省的排名
2008	34.2	16.7	3	23	8.0	4	94
2009	28.7	12.3	4	40	11.7	4	73
2010	32.7	12.4	4	40	10.3	1	59
2011	43.4	12.8	4	33	14.8	1	6
2012	49.7	12.8	4	33	11.5	1	26
2013	55.9	12.9	4	33	8.9	2	45
2014	98.2	15.5	2	15	9.7	2	48
2015	111.0	15.4	2	15	11.8	1	55
2016	127.2	15.6	2	15	12.0	2	18
2017	144.5	15.6	2	17	10.2	2	59
2018	162.3	15.5	2	15	8.9	4	67
2019	220.2	15.6	2	10	6.6	3	76
2020	225.8	15.6	2	10	0.9	4	82
2021	241.1	15.4	2	11	5.9	4	83

数据来源：历年河南省统计年鉴。

12.0%，在许昌市4个县（市）中排第3位，在河南省102县（市）中排第20位。其中，税收收入2021年达到13.5亿元，占襄城县一般公共预算收入的59.4%，占许昌市税收收入的10.6%。2021年，襄城县一般公共预算支出达到47.0亿元，占许昌市一般公共预算支出的13.0%，在许昌市4个县（市）中排第2位，在河南省102个县（市）中排第35位（见表5）。

从人均财力看，2021年襄城县人均一般公共预算收入为3365元，占许昌市人均一般公共预算收入的77.9%，占河南省人均一般公共预算收入的76.5%，在河南省102个县（市）中排第32位；人均一般公共预算支出达到6963元，占许昌市人均一般公共预算支出的84.6%，占河南省人均一般公共预算支出的66.0%。2021年襄城县财政自给率为48.3%，低于许昌市财政自给率4.2个百分点，高于河南省财政自给率6.6个百分点，在许昌市4个县（市）中排第3位，在河南省102个县（市）中排第34位（见表6）。

五、金融业发展分析

从金融机构存贷款总体情况来看，近年来襄城县金融机构存贷比在河南省的排名较2008年有明显提高。2021年襄城县金融机构存款年末余额363.6亿元，占许昌市金融机构存款年末余额的12.4%，在许昌市4个县（市）中排第3位，在河南省102个县（市）中排第35位；2021年，襄城县金融机构贷款年末余额258.4亿元，占许昌市金融机构贷款年末余额的10.5%，在许昌市4个县（市）中排第3位，在河南省102个县（市）中排19位；2021年，襄城县存贷比为71.1%，在许昌市4个县（市）中排第1位，在河南省102个县（市）中排第18位，低于许昌市12.7个百分点，低于河南省13.3个百分点（见表7）。

2021年，襄城县人均存款余额为53861元，占许昌市人均存款余额的80.4%，占河南省人均存款余额的64.6%，在许昌市4个县（市）中排第2位，在河南省102个县（市）中排第42位；2021年，襄城县人均贷款余额为38288元，占许昌市人均贷款余额的68.2%，占河南省人均贷款余额的54.5%，在许昌市4个县（市）中排第2位，在河南省102个县（市）中排第23位（见表8）。

表5 2008—2021年襄城县财政收支情况

年份	襄城县一般公共预算收入	襄城县一般公共预算收入占许昌市的比重	襄城县一般公共预算收入在许昌市的排名	襄城县一般公共预算收入在河南省的排名	襄城县税收收入	襄城县税收收入占一般公共预算收入的比重	襄城县税收收入占许昌市税收入的比重	襄城县一般公共预算支出	襄城县一般公共预算支出占许昌市的比重	襄城县一般公共预算支出在许昌市的排名	襄城县一般公共预算支出在河南省的排名
2008	3.8	9.1	3	29	—	—	—	9.4	12.3	3	57
2009	4.8	10.2	3	28	3.4	70.8	9.7	12.9	12.9	3	47
2010	6.1	10.6	3	24	4.4	72.1	10.1	14.6	12.5	3	49
2011	7.3	9.9	3	24	5.4	73.7	9.2	18.2	12.1	3	50
2012	8.6	9.5	3	24	6.3	73.2	9.0	20.2	11.3	4	62
2013	10.0	9.2	3	25	7.3	73.0	8.9	26.0	12.8	3	46
2014	11.1	8.9	3	24	8.4	75.6	8.9	26.5	12.0	3	52
2015	12.6	9.1	3	23	9.7	76.8	9.7	28.4	11.4	4	63
2016	14.8	11.2	3	20	11.4	77.3	11.7	33.9	12.8	3	46
2017	17.2	11.8	3	21	13.2	76.8	12.3	36.9	12.9	3	52
2018	19.0	11.4	3	21	13.3	70.0	11.3	41.4	12.9	3	54
2019	20.5	11.4	3	21	14.4	70.1	11.7	47.5	13.1	3	47
2020	21.5	11.8	3	20	12.7	59.2	10.8	51.0	14.0	3	41
2021	22.7	12.0	3	20	13.5	59.4	10.6	47.0	13.0	2	35

数据来源：历年河南省统计年鉴。

表6 2008—2021年襄城县人均财力及财政自给率

年份	人均一般公共预算收入	人均一般公共预算收入占许昌市的比重	人均一般公共预算收入占河南省的比重	在河南省的排名	人均一般公共预算支出	人均一般公共预算支出占许昌市的比重	人均一般公共预算支出占河南省的比重	在河南省的排名	襄城县财政自给率	襄城县财政自给率在许昌市的排名	襄城县财政自给率在河南省的排名
2008	563	58.3	52.6	35	1390	78.2	57.4	54	40.5	3	30
2009	708	64.8	59.6	33	1903	81.8	62.1	46	37.2	3	29
2010	909	68.2	61.9	30	2176	80.0	59.9	53	41.8	3	28
2011	1095	63.4	60.2	30	2714	77.5	60.4	60	40.4	3	28
2012	1285	60.9	60.0	31	3024	72.6	57.6	84	42.5	3	26
2013	1492	59.0	59.1	31	3882	82.2	66.6	57	38.4	3	31
2014	1652	56.6	58.2	34	3940	76.4	63.0	67	41.9	3	29
2015	1867	57.7	60.1	30	4197	72.0	59.9	78	44.5	3	24
2016	2158	70.2	66.9	27	4953	80.2	65.0	63	43.6	2	26
2017	2497	73.9	72.0	26	5367	80.6	64.2	74	46.5	2	23
2018	2745	72.0	71.9	27	5975	81.1	63.9	74	45.9	2	22
2019	2953	71.6	72.3	30	6826	82.1	66.5	66	43.3	2	28
2020	3181	76.6	75.9	29	7560	91.0	72.5	51	42.1	2	28
2021	3365	77.9	76.5	32	6963	84.6	66.0	43	48.3	3	34

数据来源：历年河南省统计年鉴。

表 7 2008—2021 年襄城县金融机构年末存贷款余额情况

年份	存款（亿元，%）襄城县金融机构存款年末余额	襄城县金融机构存款年末余额占许昌市的比重	襄城县金融机构存款年末余额在许昌市的排名	襄城县金融机构存款年末余额在河南省的排名	贷款（亿元，%）襄城县金融机构贷款年末余额	襄城县金融机构贷款年末余额占许昌市的比重	襄城县金融机构贷款年末余额在许昌市的排名	襄城县金融机构贷款年末余额在河南省的排名	存贷比（%）襄城县存贷比	许昌市存贷比	河南省存贷比	襄城县存贷比在许昌市的排名	襄城县存贷比在河南省的排名
2008	52.8	10.1	3	44	20.2	5.3	4	60	38.2	72.4	68.0	4	68
2009	68.3	10.4	3	35	29.3	6.1	4	52	42.9	72.7	70.1	4	63
2010	86.3	10.4	3	34	43.9	7.8	3	32	50.9	67.7	68.6	3	40
2011	95.7	9.8	3	39	59.0	8.5	3	26	61.6	71.7	65.7	3	15
2012	118.7	10.0	3	38	66.1	7.8	4	27	55.6	71.6	63.3	3	23
2013	139.9	9.9	3	39	84.7	8.5	4	23	60.5	70.8	62.4	3	21
2014	165.9	10.8	3	35	109.4	9.4	3	19	65.9	76.1	65.8	3	15
2015	195.8	11.3	3	31	131.6	9.7	3	18	67.2	78.3	66.0	3	15
2016	238.6	11.9	3	26	155.5	10.6	3	15	65.2	73.3	67.6	3	13
2017	283.5	13.0	3	23	174.6	10.8	3	15	61.6	74.3	70.7	3	15
2018	288.2	12.4	3	29	194.1	11.1	3	15	67.4	75.3	74.9	2	13
2019	310.0	12.3	3	29	200.6	10.1	3	19	64.7	79.2	80.1	2	20
2020	343.1	12.4	3	33	229.2	10.3	3	20	66.8	80.5	82.2	2	21
2021	363.6	12.4	3	35	258.4	10.5	3	19	71.1	83.8	84.4	1	18

数据来源：历年河南省统计年鉴。

表 8 2008—2021 年襄城县人均存贷款情况

年份	襄城县人均存款余额	襄城县人均存款余额在许昌市的排名	人均存款（元，%）襄城县人均存款余额占许昌市的比重	襄城县人均存款余额占河南省的比重	襄城县人均贷款余额	襄城县人均贷款余额在许昌市的排名	人均贷款（元，%）襄城县人均贷款余额在河南省的排名	襄城县人均贷款余额占许昌市的比重	襄城县人均贷款余额占河南省的比重
2008	7823	3	64.5	48.4	2989	4	59	34.0	27.2
2009	10076	3	65.9	49.9	4323	4	51	38.9	30.5
2010	12863	3	66.8	52.3	6548	4	38	50.2	38.8
2011	14300	4	63.1	50.8	8815	3	28	54.2	47.6
2012	17735	2	63.9	52.9	9869	3	29	49.6	46.3
2013	20868	2	63.5	53.1	12633	3	32	54.2	51.4
2014	24677	2	69.0	57.5	16264	3	22	59.8	57.6
2015	28931	2	71.4	58.9	19439	3	20	61.3	60.0
2016	34897	2	75.0	63.2	22741	2	14	66.6	60.9
2017	41197	2	81.5	68.6	25370	2	16	67.6	59.7
2018	41624	2	78.2	64.3	28033	2	17	69.9	57.8
2019	44569	2	77.2	63.5	28844	2	23	63.1	51.3
2020	50839	2	80.3	66.1	33972	2	20	66.7	53.7
2021	53861	2	80.4	64.6	38288	2	23	68.2	54.5

数据来源：历年河南省统计年鉴。

六、居民收入分析

从居民收入看，2017年以来襄城县居民人均可支配收入在许昌市县域排名靠后，在河南省处在中上游。2021年，襄城县居民人均可支配收入为25076元，比2017年的18538元增长了35.3%，占许昌市居民人均可支配收入的86.4%，占河南省居民人均可支配收入的93.5%，在许昌市4个县（市）中排第4位，在河南省102个县（市）中排第36位。2021年，居民人均可支配收入增速为8.0%，高于许昌市增速0.2个百分点（见表9）。

分城镇、农村居民人均可支配收入看，襄城县城镇居民收入在河南省处在中间位次，农村居民人均可支配收入在河南省排名比较靠前，城乡收入差距较小。2021年，襄城县城镇居民人均可支配收入为32947元，占许昌市城镇居民人均可支配收入的88.6%，占河南省城镇居民人均可支配收入的88.8%，在许昌市4个县（市）中排末位，在河南省102个县（市）中排第49位；2021年，襄城县农村居民人均可支配收入为20238元，占许昌市农村居民人均可支配收入的94.3%，占河南省农村居民人均可支配收入的115.4%，在许昌市4个县（市）中排末位，在河南省102个县（市）中排第28位。2021年，襄城县城乡居民人均可支配收入比约为1.6，在河南省102个县（市）中排第26位，2008年以来城乡收入差距不断缩小（见表10）。

七、固定资产投资分析

从固定资产投资来看，2008—2017年，襄城县固定资产投资总额不断增加，2017年达到321.7亿元；房地产开发投资总额2017年达到20.1亿元，占全社会固定资产投资总额的6.2%。从固定资产投资增速来看，2008—2021年，襄城县增速波动幅度略大于河南省和许昌市，2021年，襄城县固定资产投资增速为9.3%，高于许昌市固定资产投资增速2.2个百分点，高于河南省固定资产投资增速4.8个百分点（见表11）。

表9 2017—2021年襄城县居民人均可支配收入情况

年份	襄城县居民人均可支配收入（元）	襄城县居民人均可支配收入在许昌市的排名	襄城县居民人均可支配收入在河南省的排名	襄城县居民人均可支配收入占许昌市的比重（%）	襄城县居民人均可支配收入占河南省的比重（%）	襄城县居民人均可支配收入增速（%）	许昌市居民人均可支配收入增速（%）	襄城县-许昌市增速（%）
2017	18538	4	33	85.0	91.9	-0.7	9.8	-10.5
2018	20251	4	35	85.0	92.2	9.2	9.2	0.0
2019	22142	4	35	85.3	92.6	9.3	8.9	0.4
2020	23226	4	34	86.2	93.6	4.9	3.8	1.1
2021	25076	4	36	86.4	93.5	8.0	7.8	0.2

数据来源：历年河南省统计年鉴。

表10 2008—2021年襄城县城乡居民人均可支配收入及城乡收入比

年份	城镇（元，%）					农村（元，%）					城乡收入比		
	襄城县城镇居民人均可支配收入	襄城县城镇居民人均可支配收入在许昌市的排名	襄城县城镇居民人均可支配收入在河南省的排名	襄城县城镇居民人均可支配收入占许昌市的比重	襄城县城镇居民人均可支配收入占河南省的比重	襄城县农村居民人均可支配收入	襄城县农村居民人均可支配收入在许昌市的排名	襄城县农村居民人均可支配收入在河南省的排名	襄城县农村居民人均可支配收入占许昌市的比重	襄城县农村居民人均可支配收入占河南省的比重	襄城县城乡居民收入比	襄城县城乡居民收入比在河南省的排名
2008	10830	4	44	87.0	81.9	5446	4	24	93.3	122.3	2.0	26
2009	11892	4	43	87.3	82.7	5808	4	25	92.2	120.8	2.0	26

续表

年份	城镇（元，%）					农村（元，%）					城乡收入比	
	襄城县城镇居民人均可支配收入	襄城县城镇居民人均可支配收入在许昌市的排名	襄城县城镇居民人均可支配收入在河南省的排名	襄城县城镇居民人均可支配收入占许昌市的比重	襄城县城镇居民人均可支配收入占河南省的比重	襄城县农村居民人均可支配收入	襄城县农村居民人均可支配收入在许昌市的排名	襄城县农村居民人均可支配收入在河南省的排名	襄城县农村居民人均可支配收入占许昌市的比重	襄城县农村居民人均可支配收入占河南省的比重	襄城县城乡居民收入比	襄城县城乡居民收入比在河南省的排名
2010	13294	4	43	87.6	83.5	6679	4	25	92.8	120.9	2.0	25
2011	15361	4	40	87.8	84.4	8025	4	27	92.8	121.5	1.9	26
2012	17310	4	39	87.9	84.7	9202	4	25	93.7	122.3	1.9	25
2013	19110	4	39	88.0	85.3	10324	4	27	93.8	121.8	1.9	26
2014	20920	4	41	88.1	88.4	11402	4	28	93.9	114.4	1.8	26
2015	22235	4	43	88.1	86.9	12534	4	29	93.9	115.5	1.8	28
2016	23792	4	44	88.1	87.4	13455	4	30	93.7	115.0	1.8	28
2017	25900	4	44	88.0	87.6	14640	4	30	93.9	115.1	1.8	28
2018	28127	4	46	88.1	88.2	15958	4	31	94.1	115.4	1.8	28
2019	30391	4	47	88.4	88.9	17482	4	31	94.2	115.3	1.7	28
2020	30922	4	47	88.5	89.0	18558	4	29	94.2	115.2	1.7	27
2021	32947	4	49	88.6	88.8	20238	4	28	94.3	115.4	1.6	26

数据来源：历年河南省统计年鉴。

表 11 2008—2021 年襄城县固定资产投资情况

年份	襄城县固定资产投资（亿元）	襄城县固定资产投资占许昌市的比重（%）	襄城县固定资产投资在许昌市的排名	襄城县房地产开发投资（亿元）	房地产开发投资占全社会固定资产投资的比重（%）	襄城县固定资产投资增速（%）	许昌市固定资产投资增速（%）	河南省固定资产投资增速（%）
2008	64.6	15.2	3	—	—	42.0	33.7	32.4
2009	63.2	11.3	4	—	—	33.0	31.1	31.6
2010	87.0	12.3	3	4.8	5.5	37.6	26.7	22.2
2011	111.5	12.4	3	6.4	5.7	28.2	26.9	27.0
2012	138.6	12.5	3	7.9	5.7	24.2	23.9	21.4
2013	171.2	12.5	3	9.4	5.5	23.6	23.4	22.5
2014	204.7	12.5	3	12.3	6.0	19.6	19.4	19.2
2015	241.8	12.5	3	15.0	6.2	18.2	17.9	16.5
2016	283.3	12.5	3	17.9	6.3	17.2	17.2	13.7
2017	321.7	12.7	3	20.1	6.2	13.5	11.8	10.4
2018	—	—	—	—	—	9.5	10.2	8.1
2019	—	—	—	—	—	5.2	5.2	8.0
2020	—	—	—	—	—	-5.3	1.7	4.3
2021	—	—	—	—	—	9.3	7.1	4.5

数据来源：历年河南省统计年鉴。

八、社会消费分析

从社会消费情况来看，2008—2018年，襄城县社消零总额在河南省排名较为靠后，排在中下游水平；2019年起有较大提升，跻身中上游。2021年，襄城县社消零总额为117.7亿元，在许昌市4个县（市）中排第3位，在河南省102个县（市）中排第44位；人均社消零2021年达到17434元，在许昌市4个县（市）中排末位，在河南省102个县（市）中排第54位（见表12）。

九、人口规模分析

从人口情况看，襄城县户籍人口、常住人口在河南省县域中排名中上游，2021年，襄城县常住人口为67.5万人，占许昌市常住人口的15.4%，在许昌市4个县（市）中排第3位，在河南省102个县（市）中排第45位。2020年，襄城县人口外流23.9万人，人口流失率为26.2%。2021年，襄城县城镇化率为43.7%，在河南省102个县（市）中排第58位（见表13），较许昌市低10.9个百分点，较河南省低12.8个百分点。

从就业情况看，2019年，襄城县从业人数为43.5万人，负增长2.0%。从三产就业结构来看，2019年襄城县第一产业和第二、第三产业从业人员所占比例分别为56.7%、43.3%，第一产业从业人员占比较高（见表14）。

十、公共服务分析

从义务教育情况来看，2021年，襄城县共有中小学184所，在校学生数合计107867人，专任教师数6796人，平均每千名在校中小学生配备专任教师数为63人。从医疗卫生情况来看，平均每千名常住人口配备卫生机构床位数、卫生技术人员数逐年上升，医疗资源配备逐步增强，2021年每千人床位数为5.9张，每千人卫生技术人员数为5.7人（见表15）。

表 12 2008—2021 年襄城县社消零总额情况

年份	社消零总额（亿元）				人均社消零（元）			分行业及占比（亿元，%）			
	襄城县社消零总额	在许昌市的排名	在河南省的排名		襄城县人均社消零	在许昌市的排名	在河南省的排名	批发和零售业	占社消零总额的比重	住宿和餐饮业	占社消零总额的比重
2008	21.6	4	73		3199	4	76	13.2	61.1	7.8	36.1
2009	25.2	4	76		3711	4	81	14.5	57.4	14.5	57.4
2010	33.9	3	57		5054	4	68	13.2	41.8	18.3	58.2
2011	40.3	3	55		6019	4	68	21.9	54.5	15	37.2
2012	46.8	4	56		6994	4	67	30.7	65.6	11.6	24.8
2013	54.0	3	55		8052	4	67	35.5	65.8	17.7	32.9
2014	59.9	3	58		8904	4	70	40.5	67.6	19.4	32.5
2015	67.6	3	58		9988	4	69	52	76.9	15.6	23.1
2016	76.0	3	57		11117	4	69	58.7	77.3	17.3	22.7
2017	85.2	3	58		12383	4	72	67.1	78.7	18.8	22
2018	68.0	4	82		9828	4	93	52.7	77.4	15.4	22.6
2019	121.4	3	36		17451	4	41	54.2	72.1	21	27.9
2020	107.3	3	44		15894	4	53	81.2	75.7	26.1	24.3
2021	117.7	3	44		17434	4	54	82.3	70	35.3	30

数据来源：历年河南省统计年鉴、许昌市统计年鉴。

表13 2008—2021年襄城县人口情况

年份	户籍人口（万人）	户籍人口在河南省的排名	常住人口（万人）	常住人口在许昌市的排名	常住人口在河南省的排名	外流人口（万人）	人口流失率（%）	常住人口占许昌市的比重（%）	襄城县城镇化率（%）	城镇化率在河南省的排名
2008	81.6	34	67.5	2	49	14.1	17.3	15.7	29.5	—
2009	82.0	34	67.8	2	48	14.2	17.3	15.7	31.3	—
2010	84.3	36	67.1	3	51	17.2	20.4	15.6	27.5	—
2011	84.7	35	66.9	3	52	17.8	21.0	15.6	29.5	—
2012	85.4	36	66.9	3	49	18.5	21.6	15.6	31.6	—
2013	85.8	36	67.0	3	50	18.8	21.9	15.6	33.1	59
2014	86.2	37	67.2	3	46	19.0	22.0	15.7	34.7	55
2015	86.6	37	67.7	3	46	18.9	21.9	15.8	36.7	54
2016	87.2	37	68.4	3	43	18.8	21.5	15.9	38.6	51
2017	87.7	38	68.8	3	43	18.9	21.5	16.0	40.4	51
2018	88.2	38	69.2	3	43	18.9	21.5	15.9	42.2	50
2019	89.0	37	69.6	3	43	19.5	21.9	16.0	43.8	50
2020	91.4	39	67.5	3	47	23.9	26.2	15.4	42.6	60
2021	—	—	67.5	3	45	—	—	15.4	43.7	58

数据来源：历年河南省统计年鉴。

表14　2008—2019年襄城县就业情况

年份	从业人员数（万人）	从业人员数增速（％）	城镇单位年末就业人数（万人）	第一产业从业人员数占比（％）	第二产业从业人员数占比（％）	第三产业从业人员数占比（％）
2008	55.9	0.2	—	57.2	18.7	24.1
2009	56.0	0.1	2.3	52.2	24.0	23.8
2010	56.4	0.8	2.3	49.1	25.0	25.9
2011	58.6	4.0	3.2	43.7	56.3	
2012	71.0	21.1	3.4	36.6	63.4	
2013	51.3	−27.8	4.3	49.4	50.6	
2014	52.9	3.2	5.0	76.9	23.1	
2015	49.8	−5.9	4.7	79.9	20.1	
2016	50.2	0.8	5.2	78.1	21.9	
2017	50.1	−0.1	4.5	77.9	22.1	
2018	44.4	−11.4	4.4	62.7	37.3	
2019	43.5	−2.0	4.9	56.7	43.3	

数据来源：历年河南省统计年鉴。

表15　2019—2021年襄城县教育和医疗情况

	年份	2019	2020	2021
学校数	合计（所）	185	185	184
	小学学校数	160	160	159
	初中学校数	25	25	25
在校学生数	合计（人）	112128	111522	107867
	小学在校生数	73348	73124	70787
	初中在校生数	38780	38398	37080
专任教师数	合计（人）	7061	7092	6796
	小学	4606	4546	4274
	初中	2455	2546	2522
医疗卫生	卫生机构床位数／千人（张）	5.3	5.7	5.9
	卫生技术人员数／千人（人）	4.6	5.3	5.7

数据来源：历年河南省统计年鉴。

十一、县域发展战略分析

2023年，襄城县政府工作报告中提出，要突出产业提质升级，在工业强县上展现新作为。一是巩固提升传统产业。立足产业基础优势，推动制造业提质扩量增效。推进首山热能电厂建设，加快瓦斯综合利用、煤矸石再生资源综合利用。支持装备制造、服装制鞋等产业壮大规模，提升品牌价值。推动瑞翔鞋业年产1400万双成品鞋、波隆公司年产600万套家居车饰等项目建成投产。加快中安电气年产500万件电路保护器、阔江高分子新型电子封装材料、德国阿格亚轻量化车身等项目进度，厚植产业发展新优势。二是持续壮大新兴产业。加快新一代硅基新材料生产、碳材料一体化2个百亿级产业项目建设，打造豫西南战略性新兴材料产业集群，力争千亿级硅碳产业2023年进入国家级战略性新兴产业集群。三是谋划布局未来产业。加快建设前沿新材料省级未来产业先导区，明确功能定位，完善产业架构，集聚创新资源，着力构建产业、创新、人才、服务、资金等多链合一的产业生态。强化抢滩意识，聚焦氢能和储能、前沿新材料、第三代半导体等关键领域，及时进场卡位。四是强化项目要素保障。加强联审联批、即审即办、容缺办理，精准配置土地、用能、环境容量等要素资源，全力保障项目实施。持续推进工业用地弹性出让改革，加强重点项目的用地保障。加快批而未供土地处置进度，挖潜扩大开发区发展空间。常态化开展政银企对接活动，引导金融机构加大信贷投放力度。扩大引入产业基金，加快贷款资金周转，拓宽企业融资渠道。加强园区基础设施及安全能力建设，启动开发区内村庄搬迁，加快电网配套工程建设，提升园区承载能力。实施危化车辆专用停车场、化工安全技能实训基地、园区公共管廊项目，着力打造D类化工园区。

十二、综述

综上所述，襄城县经济运行水平总体稳定，发展势头良好，综合实力较强，经济总量、财政自给率和人均财力在河南省排名靠前；从居民收入来看，城镇居民人均可支配收入、农村居民人均可支配收入、城乡收入差距指标表现良好；产业结构较为合理，工业发展质量较高，形成了具有一定特色和代表性的企业主体，主导产业和布局、发展路径明晰；三产就业结构趋向合理，城镇化率需进一步提升；义务教育阶段师资力量，不断加强，人均医疗资源也不断完善，但仍需进一步加强民生保障和提高公共服务水平。创新公共服务供给方式，通过打造政府、市场和社会组织等不同主体共同参与、相互协作的多元供给格局，实现公共服务供给体系的整体优化，全面提高基本公共服务共建能力和共享水平。深入推进紧密型县域医共体改革，大力推行分级诊疗制度，构建合理有序的就医格局。加快县人民医院服务综合楼、中医院搬迁、乡镇卫生院升级改造等项目建设，提升县域医疗服务能力。科学调整全县中小学定点布局规划，进一步优化教育资源配置。持续深化"县管校聘"改革，整合、盘活教师资源。扩大校长职级制改革试点范围，促进校长队伍专业化发展。强化教师继续教育，加强师德师风建设，提升教师队伍素质。大力发展普惠性学前教育，持续推进义务教育优质均衡发展，实施普通高中发展提升计划，进一步提高教育教学质量。提升农村中小学寄宿能力，完善"两集中"办学体系。开展中小学标准化建设，着力解决"大班额""小校额"问题。

河南省县域经济运行分析：临颍篇[①]

一、临颍县概况

临颍县位于河南省中部，隶属漯河市，地处中原腹地，因濒临颍河而得名。东接许昌市鄢陵县、周口市西华县，西与许昌市襄城县毗邻，南连漯河市区，北邻许昌市的建安区。临颍县面积821平方千米，耕地面积[②]86.3万亩，常住人口[③]59.37万人，现辖10镇、4乡、2个街道办事处、367个行政村。

临颍县地势平坦，土壤肥力较高，特别适宜农作物生长，是河南省农产品生产大县，且位于中原地区交通要道，物流运输十分方便，得到了众多食品加工企业主的青睐。靠集体主义经济声名远扬的全国十大名村之一——南街村便坐落于此，以食品加工业带领村民增收致富，近些年红色旅游也得到蓬勃发展。近年来，临颍县立足于建设中国食品名城的目标定位，坚持第一、第二、第三产业融合发展和"三链同构"，把休闲食品作为标志性主导产业倾力培育、精心打造，高标准建设以休闲食品产业为主的产业集聚区，形成了从种植养殖、面粉加工、食品生产、色素配料到研发设计、检验检测、食品包装、电商物流的完整产业链，全力推动农产品加工由初加工向精深加工转变，先后培育引进养元、盼盼、加多宝、上好佳等休闲食品企业100多家。临颍县拥有多个中国驰名商标、河南省著名商标，成为中部地区食品企业名企名牌集聚最多的产业基地，实现了由农业大县向工业强县的跨越，为强县和富民协调共进提供了有力支撑。

[①] 本篇完成于2022年9月，撰稿人：赵岩；耿明斋、周立、王永苏、李燕燕、屈桂林、张国骁、徐涛、李甜、张兆源等参与讨论。
[②] 第三次全国国土调查数据。
[③] 第七次全国人口普查数据。

二、总体经济运行分析

从 GDP 总量来看，2021 年，临颍县实现国内生产总值 386.8 亿元，比 2008 年的 151.8 亿元增长了 154.8%，占漯河市 GDP 总量的 22.5%，在漯河市 2 个县（市）中排第 1 位，在河南省 102 个县（市）中排第 28 位（见表 1），总体实力在漯河市占有重要地位，在河南省县市中排名较为靠前。

从 GDP 增速来看，2008—2021 年临颍县 GDP 一直保持正增长，2021 年增速为 9.4%，高于漯河市 GDP 增速 0.3 个百分点，高于河南省 GDP 增速 3.1 个百分点，在漯河市 2 个县（市）中排第 1 位，在河南省 102 个县（市）中排第 7 位。近年来临颍县 GDP 增速演变趋势与河南省、漯河市基本保持一致，且略高于河南省、漯河市，经济增长势头稳中有进。

从人均 GDP 来看，2021 年，临颍县的人均 GDP 为 65044 元，比 2008 年的 22551 元增加了 1.9 倍，占漯河市人均 GDP 的 89.5%，在漯河市 2 个县（市）中排第 1 位，在河南省 102 个县（市）中排第 22 位；从人均 GDP 增速来看，2008—2021 年，临颍县人均 GDP 增速不断波动，但始终保持正增长，2021 年增速为 10.3%，高于漯河市人均 GDP 增速 1.0 个百分点，高于河南省人均 GDP 增速 3.1 个百分点，在漯河市 2 个县（市）中排第 1 位，在河南省 102 个县（市）中排第 15 位（见表 2）。

三、分产业经济运行分析

（一）产业格局与发展方向

临颍县坚持"藏粮于地、藏粮于技"，率先实施"5G+智慧农业"，构建了从田间地头到厨房餐桌的小麦、辣椒全产业链条，创建国家级现代农业产业园，形成四大百亿级食品加工产业集群，分别是以南街村集团等为代表的面制品产业集群，以盼盼、亲亲等为代表的烘焙膨化产业集群，以中大恒源等为代表的功能性食品产业集群，以颐海食品、南德调味品等为代表的调味品产业集群。同时着力打造以食品加工、精密制造、现代家居为主导产业的高质量现代工业体系，主导产业产值突破 500 亿元，休闲食品产业入围河南省最具竞争力"百亿产业集群"。建成河南省唯一的省级膨化食品检验检测中心、省级板材产品质检中心。截至 2021 年年底，临

表1 2008—2021年临颍县地区生产总值及增速

年份	临颍县 GDP	临颍县 GDP 占漯河市 GDP 的比重	临颍县 GDP 在漯河市 GDP 的排名	临颍县 GDP 在河南省的排名	临颍县 GDP 的增速	临颍县 GDP 增速在漯河市的排名	临颍县 GDP 增速在河南省的排名	临颍县 GDP 增速 - 漯河市 GDP 增速	临颍县 GDP 增速 - 河南省 GDP 增速
2008	151.8	27.6	1	22	22.5	1	1	9.1	10.5
2009	172.1	29.0	1	18	11.0	1	69	-0.9	0.0
2010	193.6	28.4	1	20	15.5	1	11	0.8	3.1
2011	199.4	26.0	1	26	12.4	2	52	-0.8	0.4
2012	215.9	26.6	1	25	13.0	1	17	0.9	2.9
2013	235.2	27.3	1	25	9.8	1	52	0.4	0.8
2014	231.6	24.3	1	32	7.8	2	90	-1.4	-1.1
2015	240.3	24.2	1	33	8.2	2	84	-0.8	-0.2
2016	261.5	24.3	1	32	7.7	2	93	-0.3	-0.5
2017	278.4	23.9	1	34	8.2	1	46	0.0	0.4
2018	291.2	23.5	1	35	7.9	1	54	0.2	0.3
2019	360.0	22.8	1	30	7.7	1	37	0.2	0.7
2020	355.9	22.6	1	28	2.0	1	76	0.5	0.7
2021	386.8	22.5	1	28	9.4	1	7	0.3	3.1

数据来源：历年河南省统计年鉴。

表 2 2008—2021 年临颍县人均地区生产总值及增速

年份	人均 GDP 总量（元，%）			人均 GDP 增速（%）				
	临颍县人均 GDP	临颍县人均 GDP 占漯河市人均 GDP 的比重	临颍县人均 GDP 在漯河市的排名	临颍县人均 GDP 在河南省的排名	临颍县人均 GDP 增速	临颍县人均 GDP 增速在漯河市的排名	临颍县人均 GDP 增速在河南省的排名	临颍县人均 GDP 增速 – 漯河市人均 GDP 增速	临颍县人均 GDP 增速 – 河南省人均 GDP 增速
2008	22551	101.4	1	30	22.9	1	1	9.1	10.7
2009	25464	107.5	1	27	10.6	1	69	0.1	2.5
2010	27880	104.0	1	30	12.4	2	62	-0.7	-6.1
2011	28007	95.0	1	35	9.6	2	92	-2.4	-14.5
2012	30290	97.0	1	35	12.9	1	33	1.0	3.0
2013	32845	97.8	1	34	9.3	1	62	0.4	0.7
2014	32118	87.3	1	46	7.0	2	94	-1.1	-1.3
2015	33090	87.1	1	47	7.4	2	88	-0.5	1.9
2016	35851	87.5	1	47	7.2	2	94	-0.1	-1.6
2017	38065	86.3	1	48	7.9	1	52	0.3	-1.7
2018	39631	85.2	1	50	7.4	1	55	0.3	0.0
2019	48832	82.5	1	37	7.7	1	41	0.5	-4.7
2020	59342	89.3	1	22	3.6	1	32	1.9	5.2
2021	65044	89.5	1	22	10.3	1	15	1.0	3.1

数据来源：历年河南省统计年鉴。

颍县有规上工业企业226家，占漯河市1/3以上，国家级高新技术企业19家、市级高新技术企业26家，实现规上工业增加值171.7亿元，占GDP的比重达到44%；工业税收10.2亿元，占全县一般公共财政收入的比重达到51%。工业"压舱石"成为县域经济的"硬支撑"。

2023年临颍县政府工作报告中提出，将继续坚定不移把工业强县作为立县之本、强县之基，聚焦高端化、智能化、绿色化转型，以做强休闲食品、做大智能制造、做精板材家居为抓手，着力构建完善丰满的现代产业体系，加快建设千亿级工业新城。

（二）产业结构分析

从三次产业占比来看，2021年，临颍县第一产业占比11.9%，第二产业占比44.4%，第三产业占比43.7%。与2008年相比，三产占比分别下降3.4、下降26%、上升29.3%。2010年起，第二产业占比不断下降，第三产业占比不断提升，至2021年，第三产业占比基本与第二产业持平（见图1）。

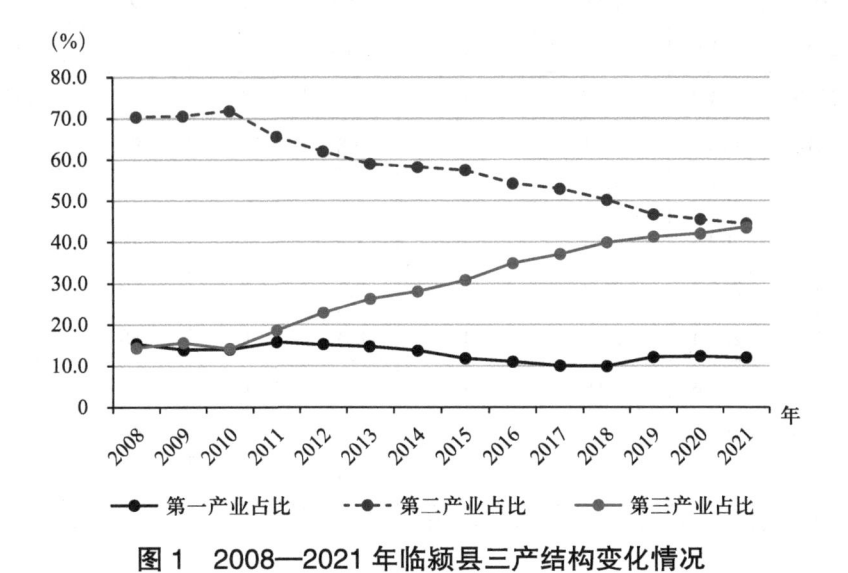

图1 2008—2021年临颍县三产结构变化情况

（三）工业发展情况分析

从工业发展情况来看，临颍县规上工业增加值逐年提升（2014年以后增加值根据河南省统计年鉴公布的增速推算得出）。根据演算，2021年，临颍县规上工业增加值为290.3亿元，比2008年增长213.5%，占漯河市规上工业增加值的32.4%，在漯河市2个县（市）中排第1位。从增加值增速来看，2021年，临颍县规上工业增加值增速为8.2%，在漯河市2个县（市）中排第1位，在河南省102县（市）中排第58位。2021年，临颍县规上工业企业数为226个，比2008年净增45个（见表3）。

表3　2008—2021年临颍县工业发展情况

年份	临颍县规上工业增加值（亿元）	临颍县规上工业增加值占漯河市的比重（%）	临颍县规上工业增加值在漯河市的排名	临颍县规上工业增加值增速（%）	临颍县规上工业增加值增速在漯河市的排名	临颍县规上工业增加值增速在河南省的排名	临颍县规上工业企业数（个）
2008	92.6	31.2	1	34.1	1	15	181
2009	109.0	33.4	1	14.6	1	89	172
2010	102.6	30.1	1	21.0	2	79	173
2011	128.1	29.9	1	15.7	2	97	115
2012	145.9	31.4	1	16.3	2	75	115
2013	154.8	31.7	1	11.8	2	87	115
2014	170.0	31.1	1	9.8	2	90	142
2015	186.2	30.9	1	9.5	2	78	172
2016	202.6	30.9	1	8.8	2	79	182
2017	219.2	30.8	1	8.2	1	69	167
2018	237.4	30.8	1	8.3	1	58	163
2019	257.8	30.9	1	8.6	1	54	182
2020	268.3	32.3	1	4.1	1	66	198
2021	290.3	32.4	1	8.2	1	58	226

数据来源：历年河南省统计年鉴、漯河市统计年鉴。

（四）服务业发展情况分析

从服务业发展情况来看，2021年，临颍县服务业增加值为169.0亿元，比2008年的17.4亿元增加了8.7倍，占漯河市服务业增加值的20.5%，在漯河市2个县（市）中排第1位，在河南省102县（市）中排第28位。从服务业增加值增速来看，2021年，临颍县服务业增加值增速为12.6%，在漯河市2个县（市）中排第1位，在河南省102县（市）中排第2位（见表4）。

表4 2008—2021年临颍县服务业发展情况

年份	临颍县服务业增加值（亿元）	临颍县服务业增加值占漯河市服务业增加值的比重（%）	临颍县服务业增加值在漯河市的排名	临颍县服务业增加值在河南省的排名	临颍县服务业增加值增速（%）	临颍县服务业增加值增速在漯河市的排名	临颍县服务业增加值增速在河南省的排名
2008	17.4	18.3	1	78	6.7	2	99
2009	20.7	19.4	1	73	5.3	2	101
2010	20.8	15.9	1	81	7.7	1	85
2011	22.0	14.0	1	88	7.4	2	86
2012	24.8	13.6	1	87	9.2	2	66
2013	27.1	12.8	1	88	6.1	2	91
2014	42.4	18.2	1	76	5.0	2	95
2015	47.4	18.1	1	79	11.1	2	68
2016	53.7	18.3	1	79	10.0	1	80
2017	61.7	18.1	1	77	15.0	1	2
2018	69.4	18.1	1	79	8.9	2	66
2019	142.1	19.7	1	33	7.1	2	65
2020	149.9	20.0	1	30	3.3	1	19
2021	169.0	20.5	1	28	12.6	1	2

从服务业各行业发展情况看，近些年来临颍县批发和零售业，交通运输、仓储和邮政业，以及住宿和餐饮业、金融业、房地产业增加值均有明显提升，但占服务业增加值的比重不断变化，各行业增速近年来均呈现放缓趋势。2020年，临颍县批发和零售业增加值388352万元，交通运输、仓储和邮政业增加值211345万元，住宿和餐饮业增加值58701万元，金融业增加值110147万元，房地产业增加值179424万元。其中，批发和零售业增速仅为0.7%，而受新冠疫情影响，住宿和餐饮业负增长0.9%。从各行业增加值绝对值来看，批发和零售业仍占主要地位，但近年来交通运输、仓储和邮政业及房地产业贡献占比逐渐突出（见表5）。

表5 2008—2020年临颍县服务业分行业增加值与增速

年份	批发和零售业（万元）	批发和零售业增速（%）	交通运输、仓储和邮政业（万元）	交通运输、仓储和邮政业增速（%）	住宿和餐饮业（万元）	住宿和餐饮业增速（%）	金融业（万元）	金融业增速（%）	房地产业（万元）	房地产业增速（%）
2008	78695	22.2	19941	12.4	39474	8.1	30732	6	30024	23.3
2009	92392	37.9	31304	7.8	35364	13.1	13697	16.3	56262	78.6
2010	84053	21.3	21325	23.6	28903	10.9	20757	27.4	46928	33.3
2011	116124	21.8	46630	23.9	38467	16.9	22922	17.3	65630	35
2012	142900	26.0	73794	41.0	41404	16.6	28034	22	82331	34.2
2013	166217	20.1	97513	36.6	43056	13.1	36811	20.4	101098	36.4
2014	207931	15.8	106898	21.0	44865	7.0	45216	32.8	93723	23.4
2015	182021	15.4	120878	13.4	40258	6.6	50623	26.9	104266	10.2
2016	254407	10.9	149405	4.2	44018	-0.5	65075	7.8	120181	18.7
2017	303060	9.8	169116	5.2	52426	1.1	73929	11.0	139004	15.1
2018	351731	12.5	195391	5.0	58875	0.7	89577	7.6	156930	15.6
2019	384333	6.7	211820	5.3	65115	8.4	98503	6.0	162844	13.7
2020	388352	0.7	211345	3.0	58701	-0.9	110147	10.5	179424	7.6

数据来源：历年河南省统计年鉴、漯河市统计年鉴。

（五）重点企业分析

临颍县主要龙头企业情况见表6。

表6 临颍县主要龙头企业情况

序号	单位名称	主营业务及主要产品
1	虹峰电缆股份有限公司	电线电缆研发、制造、销售
2	漯河南街村食品有限公司	食品生产、销售（预包装）
3	河南豪峰食品有限公司	主要生产经营糕点类、饼干类产品
4	漯河建泰精密科技有限公司	研发、生产、销售精密电子元件，目前主要为富士康做配套加工
5	河南天成鸿路绿色建筑产业有限公司	钢结构装配式建筑构件的生产制造
6	河南远大天成住宅工业股份有限公司	预制混凝土、混凝土预制构件的生产、销售
7	河南中大恒源生物科技股份有限公司	纯天然色素研发、生产及销售
8	河南豫中新材料有限公司	磷铁、硫铁、硫化亚铁、除渣剂、保温剂等
9	河南颍川新材料股份有限公司	铁钛粉、预合金粉、磷铁粉、复合粉等
10	河南杜曲板材股份有限公司	木制板材、竹、竹制品研发、加工及销售

四、财政收支分析

从财政收支来看，2021年，临颍县一般公共预算收入达20.2亿元，比2008年的2.2亿元增加了8.2倍，占漯河市一般公共预算收入的17.6%，在漯河市2个县（市）中排第1位，在河南省102县（市）中排第24位。其中税收收入2021年达到15.6亿元，占临颍县一般公共预算收入的77.4%，占漯河市税收收入的18.5%。2021年，临颍县一般公共预算支出达46.3亿元，是2008年的8.5亿元的5.4倍，占漯河市一般公共预算支出的20.8%，在漯河市2个县（市）中排第1位，在河南省102个县（市）中排第37位（见表7）。

从人均财力看，临颍县人均一般公共预算收入、人均一般公共预算支出都不断上升，到2021年人均一般公共预算收入达3392元，比2008年的319元增加9.6倍，占漯河市人均一般公共预算收入的70.3%，占河南省人

河南省县域经济运行分析报告（上册）

表7 2008—2021年临颍县财政收支情况

年份	临颍县一般公共预算收入	一般公共预算收入（亿元，%）			税收（亿元，%）			临颍县一般公共预算支出	一般公共预算支出（亿元，%）		
	临颍县一般公共预算收入	临颍县占漯河市一般公共预算收入的比重	临颍县一般公共预算收入在漯河市的排名	临颍县一般公共预算收入在河南省的排名	临颍县税收收入	临颍县税收占一般公共预算收入的比重	临颍县税收收入占漯河市税收收入的比重	临颍县一般公共预算支出	临颍县占漯河市一般公共预算支出的比重	临颍县一般公共预算支出在漯河市的排名	临颍县一般公共预算支出在河南省的排名
2008	2.2	11.2	1	56	1.6	75.6	10.6	8.5	18.8	1	69
2009	2.5	12.0	1	55	1.8	73.7	10.7	10.9	18.5	1	69
2010	3.1	11.9	1	53	2.5	79.5	11.5	12.2	17.4	1	71
2011	4.1	12.1	1	54	3.1	75.9	11.2	15.7	17.9	1	70
2012	5.1	12.3	1	53	3.8	73.7	11.3	20.3	18.2	1	61
2013	6.6	12.2	1	45	4.8	73.1	11.0	22.8	18.0	1	58
2014	8.3	13.1	1	42	6.1	73.4	12.3	26.8	19.7	1	48
2015	10.4	15.3	1	31	7.7	74.1	14.7	31.4	19.1	1	46
2016	11.7	15.3	1	30	9.5	81.6	16.1	31.1	17.6	1	58
2017	13.5	16.3	1	27	10.5	77.6	16.6	30.3	17.3	2	71
2018	15.5	17.5	1	24	13.4	86.6	19.5	35.4	19.2	1	71
2019	16.7	17.4	1	25	14.1	84.3	19.2	45.1	21.0	1	55
2020	16.7	16.6	1	28	12.6	75.3	16.6	45.1	19.4	1	56
2021	20.2	17.6	1	24	15.6	77.4	18.5	46.3	20.8	1	37

数据来源：历年河南省统计年鉴。

均一般公共预算收入的77.1%；人均一般公共预算支出达7792元，比2008年的1253元增加了5.2倍，占漯河市人均一般公共预算支出的83.2%，占河南省人均一般公共预算支出的73.9%。从财政自给率看，2021年，临颍县财政自给率为43.5%，比2008年的25.5%增加了18个百分点，在漯河市2个县（市）中排第1位，在河南省102个县（市）中排第38位（见表8）。

五、金融业发展分析

从金融机构年末存贷情况来看，2021年，临颍县金融机构存款年末余额261.2亿元，比2008年的43.7亿元增加了近5倍，占漯河市金融机构存款年末余额的16.6%，在漯河市2个县（市）中排第1位，在河南省102个县（市）中排第67位。2021年，临颍县金融机构贷款年末余额165.9亿元，比2008年的29.3亿元增加了4.7倍，占漯河市金融机构贷款年末余额的14.6%，在漯河市2个县（市）中排第1位，在河南省102个县（市）中排第49位（见表9）。

从存贷比来看，2021年，临颍县存贷比为63.5%，在漯河市2个县（市）中排第1位，在河南省102个县（市）中排第48位，低于漯河市9.1个百分点，低于河南省20.9个百分点。2008—2021年，临颍县存贷比始终低于河南省、漯河市水平。

从人均存贷款余额来看，2021年，临颍县人均存款余额为43936元，比2008年的6477元增加了5.8倍，占漯河市人均存款余额的66.3%，占河南省人均存款余额的52.7%，在漯河市2个县（市）中排第2位，在河南省102个县（市）中排第70位。2021年，临颍县人均贷款余额为27913元，比2008年的4347元增加了5.4倍，占漯河市人均贷款余额的58.0%，占河南省人均贷款余额的39.7%，在漯河市2个县（市）中排第1位，在河南省102个县（市）中排第47位（见表10）。

六、居民收入分析

从居民收入看，2021年，临颍县居民人均可支配收入为25460元，比2017年的18916元增长了25.7%，占漯河市居民人均可支配收入的90.9%，占河南省居民人均可支配收入的95.0%，在漯河市2个县（市）中排第1

表8 2008—2021年临颍县人均财力及财政自给率

年份	人均财力（元，%）					财政自给率		
	一般公共预算收入/常住人口	占漯河市的比重	占河南省的比重	一般公共预算支出/常住人口	占漯河市的比重	占河南省的比重	临颍县财政自给率	临颍县财政自给率在漯河市的排名	临颍县财政自给率在河南省的排名

年份	一般公共预算收入/常住人口	占漯河市的比重	占河南省的比重	一般公共预算支出/常住人口	占漯河市的比重	占河南省的比重	临颍县财政自给率	临颍县财政自给率在漯河市的排名	临颍县财政自给率在河南省的排名
2008	319	41.2	29.8	1253	69.2	51.8	25.5	2	52
2009	363	44.3	30.5	1611	68.1	52.6	22.5	2	50
2010	437	42.7	29.8	1711	62.3	47.1	25.6	1	46
2011	572	43.3	31.4	2198	64.1	49.0	26.0	2	49
2012	719	44.2	33.6	2851	65.3	54.3	25.2	2	49
2013	917	43.7	36.3	3176	64.6	54.5	28.9	1	46
2014	1141	47.2	40.2	3702	70.8	59.2	30.8	2	46
2015	1430	55.0	46.0	4305	68.9	61.4	33.2	1	40
2016	1597	55.4	49.5	4264	63.5	55.9	37.4	1	33
2017	1839	59.0	53.0	4133	62.5	49.4	44.5	1	26
2018	2100	63.3	55.0	4805	69.4	51.4	43.7	1	27
2019	2265	63.0	55.5	6112	75.8	59.5	37.1	1	34
2020	2812	66.2	67.0	7583	77.1	72.7	37.1	1	35
2021	3392	70.3	77.1	7792	83.2	73.9	43.5	2	38

数据来源：历年河南省统计年鉴。

表 9 2008—2021 年临颍县金融机构年末存贷款余额情况

年份	存款（亿元,%） 临颍县金融机构存款年末余额	临颍县金融机构存款年末余额占漯河市的比重	排名	临颍县金融机构存款年末余额在河南省的排名	贷款（亿元,%） 临颍县金融机构贷款年末余额	临颍县金融机构贷款年末余额占漯河市的比重	排名	临颍县金融机构贷款年末余额在河南省的排名	存贷比（%） 临颍县存贷比	漯河市存贷比	河南省存贷比	临颍县存贷比在漯河市的排名	临颍县存贷比在河南省的排名
2008	43.7	15.2	1	60	29.3	14.2	1	32	67.1	71.6	68.0	2	13
2009	52.9	15.0	1	62	26.9	10.9	2	56	50.9	69.9	70.1	2	40
2010	60.3	14.3	1	67	29.4	9.8	2	63	48.8	71.4	68.6	2	44
2011	73.0	15.5	1	70	28.4	9.4	2	75	38.9	64.2	65.7	2	69
2012	91.6	15.4	1	67	32.5	10.5	1	76	35.5	52.4	63.5	2	72
2013	108.6	15.8	1	65	42.1	12.2	1	74	38.8	50.0	62.5	1	68
2014	126.1	16.7	1	62	50.2	11.9	1	73	39.8	55.8	65.8	1	71
2015	144.8	17.1	1	58	65.4	13.0	1	57	45.1	59.6	66.0	1	58
2016	164.2	15.9	1	62	80.3	12.5	1	53	48.9	62.1	67.6	1	47
2017	170.7	15.5	1	67	92.4	13.0	1	52	54.1	64.8	70.7	1	41
2018	183.0	15.5	1	68	105.4	13.3	1	53	57.6	67.2	74.9	1	33
2019	202.1	16.0	1	66	112.4	12.4	1	59	55.6	71.9	80.1	1	38
2020	234.1	15.9	1	66	134.9	12.8	1	59	57.6	71.7	82.2	1	32
2021	261.2	16.6	1	67	165.9	14.6	1	49	63.5	72.6	84.4	1	48

数据来源：历年河南省统计年鉴。

表 10　2008—2021 年临颍县人均存贷款情况

年份	人均存款（元，%）						人均贷款（元，%）			
	临颍县人均存款余额	临颍县人均存款余额在漯河市的排名	临颍县人均存款余额在河南省的排名	临颍县人均存款余额占漯河市的比重	临颍县人均存款余额占河南省的比重	临颍县人均贷款余额	临颍县人均贷款余额在漯河市的排名	临颍县人均贷款余额在河南省的排名	临颍县人均贷款余额占漯河市的比重	临颍县人均贷款余额占河南省的比重
2008	6477	2	62	55.7	40.0	4347	1	42	52.2	39.5
2009	7813	2	67	55.2	38.7	3973	1	55	40.1	28.0
2010	8467	2	81	51.2	34.4	4131	1	65	34.9	24.5
2011	10259	2	87	55.5	36.4	3993	1	81	33.6	21.6
2012	12835	2	85	55.3	38.3	4556	1	83	37.5	21.4
2013	15115	2	86	56.6	38.5	5860	1	81	43.9	23.9
2014	17421	2	83	60.1	40.6	6929	1	85	42.9	24.5
2015	19871	2	84	61.6	40.5	8972	1	74	46.7	27.7
2016	22490	2	86	57.4	40.7	10990	1	68	45.2	29.4
2017	23301	2	93	56.1	38.8	12615	1	66	46.9	29.7
2018	24836	2	99	55.9	38.4	14305	1	68	47.9	29.5
2019	27401	2	101	57.9	39.0	15239	1	78	44.7	27.1
2020	39354	2	72	63.4	51.2	22673	1	54	51.0	35.9
2021	43936	2	70	66.3	52.7	27913	1	47	58.0	39.7

数据来源：历年河南省统计年鉴。

位，在河南省 102 个县（市）中排第 33 位（见表 11）。

从居民收入增速看，临颍县居民人均可支配收入增速除 2020 年波动较大，同比仅增长 4.5% 外，2017—2019 年和 2021 年增速均在 8%~9% 之间，其增速整体趋势与漯河市差异较小。2021 年，临颍县居民人均可支配收入增速为 9.0%，低于漯河市居民人均可支配收入增速 0.4 个百分点，高于河南省居民人均可支配收入增速 0.9 个百分点。

表 11　2017—2021 年临颍县居民人均可支配收入情况

年份	临颍县居民人均可支配收入（元）	临颍县居民人均可支配收入在漯河市的排名	临颍县居民人均可支配收入在河南省的排名	临颍县居民人均可支配收入占漯河市的比重（%）	临颍县居民人均可支配收入占河南省的比重（%）	临颍县居民人均可支配收入增速（%）	漯河市居民人均可支配收入增速（%）	临颍县增速－漯河市增速（%）
2017	18916	1	32	91.2	93.8	8.2	9.9	-1.7
2018	20673	1	32	91.5	94.1	9.0	8.9	0.1
2019	22496	1	32	91.4	94.1	8.7	9.0	-0.3
2020	23366	1	33	91.3	94.2	4.5	3.9	0.6
2021	25460	1	33	90.9	95.0	9.0	9.4	-0.4

数据来源：历年河南省统计年鉴。

分城镇、农村居民人均可支配收入看，2021 年，临颍县城镇居民人均可支配收入为 31770 元，比 2008 年的 9736 元增加了 2.3 倍，占漯河市城镇居民人均可支配收入的 86.4%，占河南省城镇居民人均可支配收入的 85.6%，在漯河市 2 个县（市）中排第 1 位，在河南省 102 个县（市）中排第 66 位。2021 年，临颍县农村居民人均可支配收入为 20795 元，比 2008 年的 5531 元增加了 2.8 倍，比漯河市农村居民人均可支配收入高出 822 元，比河南省农村居民人均可支配收入高出 3262 元，在漯河市 2 个县（市）中排第 1 位，在河南省 102 个县（市）中排第 23 位（见表 12）。

从城乡居民收入对比来看，2021 年，临颍县城乡居民人均可支配收入比约为 1.5，城乡收入差距比较小，在河南省 102 个县（市）中排第 10 位，处在靠前水平，且 2010 年以来城乡收入差距逐步缩小。

表12 2008—2021年临颍县城乡居民人均可支配收入及城乡收入比

年份	城镇（元，%）					农村（元，%）					城乡收入比		
	临颍县城镇居民人均可支配收入	临颍县城镇居民人均可支配收入在漯河市的排名	临颍县城镇居民人均可支配收入占漯河市的比重	临颍县城镇居民人均可支配收入占河南省的比重	临颍县城镇居民人均可支配收入在河南省的排名	临颍县农村居民人均可支配收入	临颍县农村居民人均可支配收入在漯河市的排名	临颍县农村居民人均可支配收入在河南省的排名	临颍县农村居民人均可支配收入占漯河市的比重	临颍县农村居民人均可支配收入占河南省的比重	临颍县城乡居民收入比	临颍县城乡居民收入比在河南省的排名
2008	9736	1	78.7	73.6	80	5531	1	22	105.8	124.2	1.8	7
2009	10905	1	81.4	75.9	72	5950	1	22	105.8	123.8	1.8	9
2010	12573	1	85.1	78.9	66	6783	1	23	105.0	122.8	1.9	11
2011	14484	1	85.2	79.6	63	8074	1	25	104.9	122.3	1.8	14
2012	16294	1	85.1	79.7	64	9183	1	26	104.9	122.0	1.8	13
2013	18168	1	85.8	81.1	60	10367	1	26	105.0	122.3	1.8	14
2014	19985	1	85.8	84.4	62	11455	1	27	105.2	114.9	1.7	15
2015	21381	1	86.4	83.6	60	12599	1	28	105.2	116.1	1.7	16
2016	22963	1	86.3	84.3	60	13595	1	28	105.1	116.2	1.7	16
2017	24915	1	86.3	84.3	62	14832	1	28	104.9	116.6	1.7	15
2018	27080	1	86.9	85.0	62	16175	1	28	105.0	116.9	1.7	15
2019	29075	1	86.8	85.0	67	17667	1	26	104.7	116.5	1.6	16
2020	29499	1	86.5	84.9	69	18833	1	26	104.4	116.9	1.6	13
2021	31770	1	86.4	85.6	66	20795	1	23	104.1	118.6	1.5	10

数据来源：历年河南省统计年鉴。

七、固定资产投资分析

从固定资产投资来看，2021 年，临颍县固定资产投资总额达 374.2 亿元，比 2008 年的 55.4 亿元增加了 5.8 倍，占漯河市固定资产投资的 21.7%，在漯河市 2 个县（市）中排第 1 位，近年来在河南省 102 个县（市）中排名均在前 1/2；从固定资产投资增速来看，2021 年，临颍县固定资产投资增速为 12.5%，低于漯河市固定资产投资增速 0.9 个百分点，高于河南省固定资产投资增速 8 个百分点（见表 13）。

表 13 2008—2021 年临颍县固定资产投资情况

年份	临颍县固定资产投资（亿元）	临颍县固定资产投资占漯河市的比重（%）	临颍县固定资产投资在漯河市的排名	临颍县固定资产投资在河南省的排名	临颍县固定资产投资增速（%）	漯河市固定资产投资增速（%）	河南省固定资产投资增速（%）
2008	55.4	25.9	1	54	37.5	33.8	32.4
2009	67.2	23.7	1	45	21.3	32.7	31.6
2010	74.6	22.5	1	49	11.0	16.7	22.2
2011	97.0	22.8	1	48	30.1	28.6	27.0
2012	119.8	22.7	1	43	23.5	23.7	21.4
2013	146.9	22.7	1	40	22.7	23.1	22.5
2014	158.3	20.5	1	52	7.7	19.3	19.2
2015	190.0	20.9	1	48	20.0	17.5	16.5
2016	220.1	20.8	1	50	15.9	16.7	13.7
2017	247.0	20.8	1	48	12.2	11.8	10.4
2018	279.3	21.5	1	45	13.1	9.6	8.1
2019	310.9	21.5	1	47	11.3	11.4	8.0
2020	332.7	21.8	1	46	7.0	5.3	4.3
2021	374.2	21.7	1	—	12.5	13.4	4.5

数据来源：历年河南省统计年鉴。

从房地产投资来看，2010—2013 年，临颍县房地产投资总额不断提升，2014—2015 年有所回落，2016—2020 年加速提升，特别是 2019 年比 2018 年增长 87%。2021 年负增长 31.0%，房地产投资总额为 17.6 亿元，占固定资产投资的 4.7%（见表 14）。

表 14　2010—2021 年临颍县房地产开发投资情况

年份	房地产投资总量（亿元）	房地产投资增速（%）	房地产投资总量占固定资产投资的比重（%）	房地产资产投资在河南省的排名
2010	4.8	—	6.5	58
2011	5.4	11.6	5.6	59
2012	6.9	27.3	5.7	55
2013	8.3	21.6	5.7	52
2014	5.1	−39.1	3.2	76
2015	4.8	−5.7	2.5	77
2016	7.7	60.1	3.5	67
2017	7.6	−0.9	3.1	72
2018	11.3	49.1	4.1	67
2019	21.2	87.0	6.8	50
2020	25.6	20.6	7.7	44
2021	17.6	−31.0	4.7	—

数据来源：历年河南省统计年鉴。

八、社会消费分析

从社会消费情况来看，2021 年，临颍县社消零总额为 120.0 亿元，比 2008 年的 32.3 亿元增加了 2.7 倍，占当年临颍县 GDP 的比重为 31.0%，在漯河市 2 个县（市）中排第 1 位，在河南省 102 个县（市）中排第 41 位；人均社消零也逐年上升，2021 年达 20189 元，比 2008 年的 4787 增加了 3.2 倍，在河南省 102 个县（市）中排第 38 位；从行业来看，批发和零售业占比逐渐提高，住宿和餐饮业占比渐渐降低，尤其是 2019 年住宿餐饮业占比不足 10%（见表 15）。

九、人口规模分析

从人口情况看，2021 年，临颍县常住人口为 59.4 万人，占漯河市常住人口的 25.1%，在漯河市 2 个县（市）中排第 1 位，在河南省 102 个县（市）中排第 57 位。2020 年，临颍县人口外流 13.0 万人，人口流失率为

表 15 2008—2021 年临颍县社消零总额情况

年份	社消零总额（亿元，%）临颍县社消零总额	在漯河市的排名	在河南省的排名	占GDP的比重	人均社消零（元）临颍县人均社消零	在河南省的排名	行业及占比（亿元，%）批发和零售业	占社消零的比重	住宿和餐饮业	占社消零的比重
2008	32.3	1	32	21.3	4787	37	25.5	78.9	6.0	18.5
2009	40.6	1	29	23.6	6001	32	32.3	79.5	7.5	18.4
2010	43.9	1	32	22.7	6169	49	37.2	84.7	6.7	15.3
2011	52.0	1	32	26.1	7298	45	44.4	85.4	7.6	14.6
2012	60.3	1	32	27.9	8448	48	52.2	86.6	8.1	13.5
2013	68.7	1	33	29.2	9564	52	59.3	86.3	9.4	13.7
2014	78.9	1	30	34.1	10896	50	67.1	85.1	10.5	13.4
2015	88.5	1	30	36.8	12152	51	74.1	83.7	14.4	16.3
2016	99.3	1	29	38.0	13594	50	84.2	84.8	15.0	15.2
2017	111.4	1	31	40.0	15202	53	95.6	85.9	15.7	14.1
2018	113.5	1	34	39.0	15407	56	98.6	86.9	14.9	13.1
2019	126.0	1	44	35.0	15260	60	114.0	90.5	12.0	9.5
2020	107.6	1	43	30.2	18085	38	96.4	89.6	11.3	10.5
2021	120.0	1	41	31.0	20189	38	—	—	—	—

数据来源：历年河南省统计年鉴、漯河市统计年鉴。

表16 2008—2021年临颍县人口情况

年份	临颍县户籍人口（万人）	临颍县常住人口（万人）	临颍县常住人口在漯河市的排名	临颍县常住人口在河南省的排名	临颍县外流人口（万人）	临颍县人口流失率（%）	临颍县常住人口占漯河市的比重（%）	临颍县城镇化率（%）	临颍县城镇化率在河南省的排名
2008	70.7	67.5	1	50	3.3	4.6	27.2	—	—
2009	71.1	67.7	1	49	3.4	4.7	27.1	—	—
2010	75.3	71.2	1	43	4.1	5.5	27.9	—	—
2011	75.7	71.2	1	41	4.5	6.0	27.9	—	—
2012	76.1	71.4	1	40	4.7	6.2	27.9	—	—
2013	76.7	71.8	1	39	4.8	6.3	27.9	39.6	26
2014	76.9	72.4	1	38	4.5	5.9	27.8	41.1	26
2015	77.2	72.9	1	36	4.3	5.6	27.8	42.9	29
2016	77.5	73.0	1	37	4.5	5.8	27.7	44.6	29
2017	77.8	73.3	1	37	4.5	5.8	27.6	46.3	28
2018	78.2	73.7	1	36	4.6	5.8	27.6	47.8	30
2019	78.6	73.8	1	34	4.8	6.1	27.6	49.3	30
2020	72.5	59.5	1	57	13.0	18.0	25.1	50.1	33
2021	—	59.4	1	57	—	—	25.1	51.2	33

数据来源：历年河南省统计年鉴。

18.0%。从城镇化率看，2013—2020年，临颍县城镇化率不断提升，2021年，城镇化率为51.2%，在河南省排第33位（见表16），较漯河市低4.7个百分点，较河南省低5.3个百分点。

从就业情况看，2019年，临颍县从业人数为47.6万人，较上年负增长为5.2%。从三产就业结构来看，2008年以来第一产业从业人员占比不断下降，第二、第三产业从业人员数占比不断提高，至2019年，第一产业和第二、第三产业从业人员占比分别为38.5%∶61.5%（见表17）。

表17 2008—2019年临颍县就业情况

年份	从业人员数（万人）	从业人员数增速（%）	从业人员占漯河市的比重（%）	第一产业从业人员数占比（%）	第二产业从业人员数占比（%）	第三产业从业人员数占比（%）
2008	45.0	2.0	29.0	50.3	30.1	19.6
2009	45.9	2.0	29.0	49.0	31.7	19.2
2010	47.2	2.7	29.1	46.4	34.0	19.6
2011	61.6	30.6	38.1	58.8	41.2	
2012	62.7	1.8	38.4	59.1	40.9	
2013	47.6	−24.0	28.6	44.4	44.4	
2014	50.2	5.4	29.2	45.3	54.7	
2015	50.4	0.3	28.5	56.1	44.0	
2016	51.5	2.4	28.5	54.6	45.4	
2017	54.5	5.8	28.7	52.3	47.7	
2018	50.2	−7.9	28.3	49.4	50.6	
2019	47.6	−5.2	27.0	38.5	61.5	

数据来源：历年河南省统计年鉴。

十、公共服务分析

从义务教育情况来看，2021年，临颍县共有中小学197所，在校学生数合计74663人，专任教师数5478人，平均每千名在校中小学生配备专任教师数为73人。从医疗卫生情况来看，平均每千名常住人口配备卫生机构床位数、卫生技术人员数逐年上升，医疗资源配备逐步增强，2021年，临颍县每千人床位数为6.1张，每千人卫生技术人员数为6.0人（见表18）。

表18 2019—2021年临颍县教育和医疗情况

年份		2019	2020	2021
学校数	合计（所）	206	199	197
	小学学校数	169	163	161
	初中学校数	37	36	36
在校学生数	合计（人）	76752	76162	74663
	小学在校生数	51073	49661	48522
	初中在校生数	25679	26501	26141
专任教师数	合计（人）	5128	5233	5478
	小学	2361	2298	2352
	初中	2767	2935	3126
医疗卫生	卫生机构床位数/千人（张）	4.3	5.4	6.1
	卫生技术人员数/千人（人）	4.3	5.4	6.0

数据来源：历年河南省统计年鉴。

十一、县域发展战略分析

临颍县在"十三五"期间，集聚了主导产业特色鲜明、新兴产业快速崛起、发展载体日趋成熟等优势，"十四五"时期，临颍县坚持走"夯实农业、依农兴工、以工促城、以城带乡、三产融合、城乡贯通、全域振兴"发展之路，加快建设"一中心四组团"（产业集聚区组团、现代家居产业集聚区组团、装备制造暨物流园区组团、颍南产业组团）七个农业生态镇，凝心聚力打造"两城一区一家园"。全力打造千亿级工业新城和文明生态新城，创建乡村振兴示范区，建设幸福美好家园，推动综合竞争力进入全省第一方阵，当好示范县、续写新篇章。

在推动县域经济高质量发展上，一是加快制造业转型升级，持续实施工业强县战略，深化供给侧结构性改革，推动制造业向高端化、智能化、绿色化、融合化发展，主导产业支撑能力进一步增强，产业体系更加合理。二是打造服务业新格局，持续壮大现代物流业、不断做优现代服务业、巩固提升传统商贸业、补齐金融业发展短板。三是稳定粮食综合生产能力，调整优化粮油种植结构，做优做强四彩（东椒、西烟、南蒜、北菜）高效农业，大力发展智慧农业，着力打造现代农业产业体系。

十二、综述

综上所述，临颍县经济运行水平总体稳定，发展势头良好，综合实力较强，经济总量、财政自给率和人均财力在河南省排名靠前；从居民收入来看，居民人均可支配收入、农村居民人均可支配收入、城乡收入差距指标表现良好；投资和消费均处在中等偏上位次，产业结构较为合理，工业发展质量较高，形成了具有一定特色和代表性的企业主体，主导产业和布局、发展路径明晰；三产就业结构趋向合理，城镇化率须进一步提升；义务教育阶段师资力量比较高，人均医疗资源也不断增多，公共服务水平较好。但金融发展略显动力不足，存贷款余额、存贷比排名较为靠后。

河南省县域经济运行分析：舞阳篇[①]

一、舞阳县概况

舞阳县隶属漯河市，地处河南省中南部，面积 773.98 平方千米，截至 2020 年 11 月，户籍人口 59.64 万人、常住人口 47.71 万人。现辖 10 镇、4 乡、397 个行政村。共有耕地面积 80 万亩，园地面积 0.95 万亩，林地面积 5.86 万亩，湿地面积 0.41 万亩，城镇村及工矿用地 17.81 万亩。

舞阳县盐矿资源丰富，盐岩总储量 400 亿吨，有全国品位第一、储量第二的大型矿藏，而且矿体厚度大，盐质纯，具有较高的食用价值和工业价值。现已发现贾湖、阿岗寺、东不羹城、胡国城、简襄王城、周汉舞阳故城等 40 余处古文化遗址，还有城隍庙、山陕会馆、彼岸寺等一批极有价值的文物古迹，其中北舞渡山陕会馆里的彩牌楼为清代河南牌楼建筑之冠。

二、总体经济运行分析

从 GDP 总量来看，2021 年，舞阳县实现国内生产总值 228.8 亿元，在漯河市 2 个县中排第 2 位，在河南省排第 76 位，占漯河市 GDP 总量的比重为 13.3%。

从 GDP 增速来看，从 2008 年的 17.5% 逐步下降到 2020 年 1.9%，2021 年回升至 8.9%，在漯河市 2 个县中排第 2 位，在河南省排第 19 位，增速低于漯河市 0.2 个百分点，高于河南省 2.6 个百分点（见表 1）。

从人均 GDP 来看，2021 年，舞阳县实现人均 GDP 为 51081 元，在漯河市排第 2 位，在河南省排第 45 位，占漯河市水平的 70.3%，占河南省水平的 86.0%（见表 2）。

---

① 本篇完成于 2022 年 9 月，撰稿人：赵岩；耿明斋、周立、王永苏、李燕燕、屈桂林、张国骁、徐涛、李甜、张兆源等参与讨论。

河南省县域经济运行分析：舞阳篇

表1 2008—2021年舞阳县地区生产总值及增速

年份	GDP总量（亿元，%）			GDP增速（%）				
	舞阳县GDP	舞阳县GDP占漯河市GDP的比重	舞阳县GDP在漯河市的排名	舞阳县GDP在河南省的排名	舞阳县GDP增速	舞阳县GDP增速在漯河市的排名	舞阳县GDP增速在河南省的排名	舞阳县GDP增速−漯河市GDP增速	舞阳县GDP增速−河南省GDP增速
2008	75.4	13.7	2	73	17.5	2	15	4.1	5.4
2009	75.5	13.9	2	83	11.0	2	71	-0.3	0.1
2010	88.1	13.0	2	82	13.7	2	27	-1.0	1.2
2011	104.7	13.9	2	84	13.7	1	39	0.5	1.8
2012	109.2	13.7	2	85	12.1	2	31	0.0	2.0
2013	118.3	13.7	2	85	8.8	2	79	-0.6	-0.2
2014	148.1	15.7	2	74	9.3	1	39	0.2	0.4
2015	158.3	15.9	2	74	10.1	1	29	1.1	1.8
2016	172.8	16.0	2	72	7.9	1	89	-0.2	-0.2
2017	183.8	15.8	2	75	8.2	2	49	0.0	0.4
2018	195.1	15.8	2	78	7.8	2	58	0.1	0.2
2019	253.5	16.1	2	57	7.5	2	50	0.0	0.7
2020	225.5	14.3	2	72	1.9	2	78	0.4	0.6
2021	228.8	13.3	2	76	8.9	2	19	-0.2	2.6

数据来源：历年河南省统计年鉴。

从人均GDP增速来看，2021年，舞阳县人均GDP增速为9.8%，在漯河市排第2位，在河南省排第19位，较漯河市人均GDP增速高0.4个百分点，较河南省人均GDP增速高2.6个百分点（见表2）。

三、分产业经济运行分析

（一）产业格局与发展方向

近年来，舞阳县充分发挥盐矿资源优势，着力推动盐化工主导产业向医药化工、食品添加剂、绿色食品、新能源新材料转型发展，催生出以金大地、中盐制盐、永银化工、威森生物、豫博化工为支撑的百亿级盐化工集群。食品酒水、服装服饰、建筑材料等传统产业提档升级，冠军陶瓷、华裕水泥、贾湖酒业、宏福鞋业等重点企业积极实施"设备换芯""生产换线""机器换人"，产业迈向中高端。

下一步，舞阳县将充分发挥资源、存量资产和区域市场三大优势，以发展盐化工、氯碱深加工和生物医药产品为主线，加大招商引资力度，大力膨胀盐化工产业，拉长相关产业链条，推动舞阳县经济跨越式发展。以打造区域性商贸物流基地为目标，以特色商业区建设为载体，实现生产性服务业、生活性服务业、新兴服务业联动发展，按照数量提升、质量提高、发展提速的要求，力争服务业发展全市保先进，特色商业区建设全省晋位次，为打造区域性商贸物流基地夯基础、备后劲。

（二）产业结构分析

2008—2013年，舞阳县三产结构总体较为稳定，呈现"二、一、三"梯次；2014年起第一、第二产业占比逐渐下降，第三产业占比超过第一产业，呈现"二、三、一"梯次；2020年第三产业占比超过第二产业，呈现"三、二、一"梯次。2021年舞阳县三产结构为15.6∶35.2∶49.2（见图1）。

（三）工业发展情况分析

从工业发展情况来看，舞阳县规上工业增加值逐年提升。2011年以来舞阳县规上工业增加值增速总体呈现减缓趋势，2021年增速为8.1%，在漯河市排第2位，在河南省排第59位（见表3）。

表2 2008—2021年舞阳县人均地区生产总值及增速

年份	人均GDP总量（元，%）						人均GDP增速（%）			
	舞阳县人均GDP	舞阳县人均GDP占漯河市人均GDP的比重	舞阳县人均GDP占河南省人均GDP的比重	舞阳县人均GDP在漯河市的排名	舞阳县人均GDP在河南省的排名	舞阳县人均GDP的增速	舞阳县人均GDP增速在漯河市的排名	舞阳县人均GDP增速在河南省的排名	舞阳县人均GDP增速-漯河市人均GDP增速	舞阳县人均GDP增速-河南省人均GDP增速
2008	14213	63.9	78.9	2	52	18.4	2	11	4.6	6.2
2009	14078	59.4	72.3	2	61	9.8	2	82	-0.7	1.6
2010	16312	60.8	70.6	2	64	12.9	1	57	-0.2	-5.6
2011	19408	65.8	67.7	2	62	13.8	1	60	1.8	-10.3
2012	20187	64.7	64.1	2	67	11.9	2	52	0.0	2.0
2013	21752	64.8	63.6	2	68	8.2	2	82	-0.7	-0.4
2014	26986	73.3	72.8	2	56	8.3	1	82	0.1	-0.1
2015	28571	75.2	73.0	2	57	9.1	1	54	1.1	3.6
2016	31028	75.7	72.9	2	57	7.3	1	91	-0.1	-1.5
2017	32876	74.6	70.4	2	60	7.8	2	60	0.2	-1.8
2018	34704	74.6	69.2	2	64	7.2	2	58	0.2	-0.2
2019	44932	75.9	79.7	2	43	7.5	2	50	0.3	-4.9
2020	49932	75.1	90.1	2	38	3.4	2	39	1.8	5.1
2021	51081	70.3	86.0	2	45	9.8	2	19	0.4	2.6

数据来源：历年河南省统计年鉴。

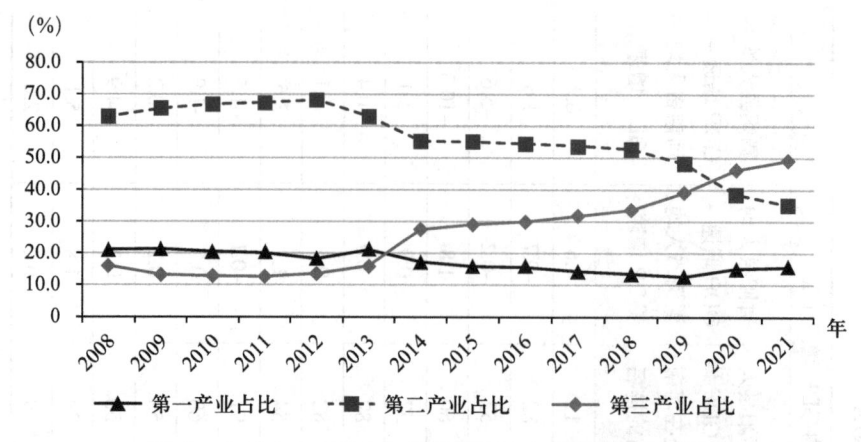

图1 2008—2021年舞阳县三产结构变化情况

表3 2008—2021年舞阳县工业发展情况

年份	舞阳县规上工业增加值（亿元）	舞阳县规上工业增加值占漯河市的比重（%）	舞阳县规上工业增加值在漯河市的排名	舞阳县规上工业增加值增速（%）	舞阳县规上工业增加值增速在漯河市的排名	舞阳县规上工业增加值增速在河南省的排名	舞阳县规上工业企业数（个）
2008	33.60	11.3	2	34.1	2	16	87
2009	35.41	10.8	2	14.6	1	88	92
2010	45.15	13.2	2	21.9	1	67	99
2011	53.44	12.5	2	25.8	1	30	69
2012	54.46	11.7	2	17.9	1	54	78
2013	58.73	12.0	2	12	1	85	82
2014	73.36	13.4	2	14	1	38	94
2015	—	13.5	2	11.1	1	52	101
2016	—	13.6	2	9.4	1	62	88
2017	—	13.6	2	8.1	2	74	77
2018	—	13.5	2	8	2	64	69
2019	—	13.5	2	8.4	2	70	59
2020	—	14.1	2	4	2	68	57
2021	—	14.1	2	8.1	2	59	—

数据来源：历年河南省统计年鉴。

（四）服务业发展情况分析

从服务业发展情况来看，2021年，舞阳县服务业增加值为112.6亿元，占漯河市服务业增加值的13.7%，在漯河市排第2位，在河南省排第60位（见表4）。

从服务业增加值增速来看，2021年，舞阳县服务业增加值增速为10.7%，在漯河市排第2位，在河南省排第18位。

表4　2008—2021年舞阳县服务业发展情况

年份	舞阳县服务业增加值（亿元）	舞阳县服务业增加值占漯河市服务业增加值的比重（%）	舞阳县服务业增加值在漯河市的排名	舞阳县服务业增加值在河南省的排名	舞阳县服务业增加值增速（%）	舞阳县服务业增加值增速在漯河市的排名	舞阳县服务业增加值增速在河南省的排名
2008	12.1	12.4	2	96	7.0	1	98
2009	10.0	9.5	2	101	7.0	1	99
2010	11.3	9.5	2	101	5.5	2	94
2011	13.3	9.7	2	101	8.9	1	71
2012	14.9	9.7	2	100	9.3	1	65
2013	19.0	11.2	2	100	6.3	1	89
2014	40.7	17.5	2	83	6.9	1	87
2015	46.1	17.6	2	83	11.3	1	65
2016	51.9	17.7	2	83	9.0	2	90
2017	58.5	17.1	2	84	14.4	2	3
2018	65.7	17.1	2	83	9.4	1	58
2019	99.2	13.7	2	63	6.9	2	69
2020	104.4	13.9	2	60	3.0	2	23
2021	112.6	13.7	2	60	10.7	2	18

数据来源：历年河南省统计年鉴。

从服务业各行业发展情况看，批发和零售业，交通运输、仓储和邮政业，住宿和餐饮业，金融业，房地产业增加值均有明显提升，但占服务业增加值的比重不断变化，批发和零售业，交通运输、仓储和邮政业占比逐渐扩大。2020年舞阳县批发和零售业增加值为28.10亿元，交通运输、仓储和

表 5 2008—2020 年舞阳县服务业分行业增加值与增速

年份	批发和零售业（亿元）	批发和零售业增速（%）	交通运输、仓储和邮政业（亿元）	交通运输、仓储和邮政业增速（%）	住宿和餐饮（亿元）	住宿和餐饮业增速（%）	金融业（亿元）	金融业增速（%）	房地产业（亿元）	房地产业增速（%）
2008	2.46	15	0.64	16.1	0.78	15.9	1.09	17.1	0.93	12.4
2009	2.90	14.6	1.22	10	1.32	12.6	0.58	21.6	1.83	9.5
2010	3.02	12	1.51	9.5	1.14	11.4	0.73	4.1	2.44	8.6
2011	4.37	11.3	3.30	10.1	1.49	11.5	1.21	2.5	3.76	8.7
2012	5.66	11.3	5.26	8.8	1.66	10.5	1.50	9	4.77	7.4
2013	8.24	9.3	11.12	6.9	2.48	8.7	2.45	9.4	7.54	6.4
2014	9.76	9.2	12.39	7.1	2.91	13.2	3.26	10.8	6.86	15.1
2015	12.36	8.7	6.09	4.3	2.68	-15.3	3.42	30.8	3.84	17.5
2016	15.03	14.7	9.30	5.6	3.65	8.7	4.43	10.6	4.10	7.4
2017	20.45	14.4	10.12	4.1	4.53	8.7	5.51	12.3	4.39	10.2
2018	25.70	15.5	11.45	3.3	5.40	7.1	6.58	13.2	5.16	13.5
2019	27.93	6.1	12.46	5.6	5.96	8.4	7.27	6.5	5.22	6.7
2020	28.10	0.4	12.43	3.0	5.48	-11.2	8.11	10.5	5.72	4.3

数据来源：历年河南省、漯河市统计年鉴。

邮政业增加值为 12.43 亿元，金融业增加值 8.11 亿元，房地产业增加值 5.72 亿元，而受新冠疫情影响，住宿和餐饮业增加值为 5.48 亿元，较上年负增长 11.2%（见表 5）。从各行业增加值绝对值来看，批发和零售业仍占主要地位，但近年来交通运输、仓储和邮政业与房地产业占比逐渐突出。

（五）重点企业分析

舞阳县主要龙头企业的情况见表 6。

表 6　舞阳县主要龙头企业情况

序号	单位名称	主营业务及主要产品
1	河南金大地化工有限责任公司	以生产纯碱、氯化铵、三聚氰胺、尿素、工业盐、甲醇为主的盐化工企业
2	中盐舞阳盐化有限公司	碘盐、食用盐、原盐、工业盐、精制食盐加工、销售；蒸汽的生产销售、卤水开采及销售
3	河南永银化工实业有限公司	生产销售聚氯乙烯、烧碱、液氯、盐酸、次氯酸钠、84 消毒液、卤水等化工产品
4	舞阳县冠军瓷业有限责任公司	全国十大卫生陶瓷生产企业之一，生产销售卫生陶瓷、塑料制品、铝合金、彩板、塑钢制品
5	舞阳县舞莲面粉有限公司	小麦粉（通用、专用）的生产、销售；粮食收购、仓储、销售
6	贾湖酒业集团有限责任公司	生产销售白酒
7	河南华宝农业开发有限公司	食用菌、果蔬、花卉、蔬菜制品生产加工与销售
8	舞阳县华裕水泥有限公司	建筑用水泥及相关产品生产、销售
9	河南华鑫漯阜物流股份有限公司	综合性物流服务商，主要经营粮食饲料购销、货运站业务

四、财政收支分析

从财政收支来看，2021 年，舞阳县一般公共预算收入达 15.4 亿元，占漯河市一般公共预算收入的 13.4%，2008—2021 年一直在漯河市排第 2 位，2021 年在河南省排第 39 位。其中，税收收入 2021 年达

表7 2008—2021年舞阳县财政收支情况

年份	舞阳县一般公共预算收入	舞阳县一般公共预算收入占漯河市的比重	舞阳县一般公共预算收入在漯河市的排名	舞阳县一般公共预算收入在河南省的排名	舞阳县税收收入	舞阳县税收占一般公共预算收入的比重	舞阳县税收收入占漯河市税收收入的比重	舞阳县一般公共预算支出	舞阳县一般公共预算支出占漯河市的比重	舞阳县一般公共预算支出在漯河市的排名	舞阳县一般公共预算支出在河南省的排名
2008	2.0	10.5	2	59	1.5	75.1	9.9	7.4	16.5	2	87
2009	2.3	11.1	2	60	1.7	73.9	9.9	9.8	16.7	2	88
2010	2.4	9.2	2	72	1.7	72.2	8.0	10.6	15.2	2	87
2011	3.3	9.9	2	67	2.4	72.6	8.7	12.7	14.5	2	91
2012	4.2	10.1	2	63	3.1	74.4	9.4	16.3	14.6	2	84
2013	5.4	10.0	2	60	4.1	75.9	9.4	19.1	15.1	2	83
2014	6.7	10.6	2	56	4.7	71.3	9.6	21.2	15.6	2	80
2015	8.0	11.7	2	48	5.9	73.4	11.2	24.8	15.1	2	76
2016	9.5	12.5	2	43	6.7	70.4	11.3	30.4	17.2	2	62
2017	10.8	13.1	2	38	7.7	71.4	12.2	30.6	17.5	1	68
2018	12.2	13.8	2	38	8.6	70.0	12.5	33.4	18.1	2	77
2019	12.6	13.1	2	42	8.4	66.8	11.5	34.7	16.1	2	83
2020	13.1	13.0	2	45	8.4	64.1	11.1	38.1	16.3	2	76
2021	15.4	13.4	2	39	9.6	62.2	11.4	30.2	13.6	2	78

数据来源：历年河南省统计年鉴，舞阳县政府网站。

9.6亿元，占舞阳县一般公共预算收入的62.2%，占漯河市税收收入的11.4%。2021年，舞阳县一般公共预算支出达到30.2亿元，占漯河市一般公共预算支出的13.6%，在漯河市排第2位，在河南省1排第78位（见表7）。

从人均财力看，舞阳县人均一般公共预算收入、人均一般公共预算支出都不断上升，到2021年人均一般公共预算收入达3448元，占漯河市人均一般公共预算收入的71.4%，占河南省人均一般公共预算收入的78.4%；人均一般公共预算支出达6741元，占漯河市人均一般公共预算支出的72.0%，占河南省人均一般公共预算支出的63.9%。从财政自给率看，2021年，舞阳县财政自给率为51.2%，在漯河市排第1位，在河南省排第29位（见表8）。

五、金融业发展分析

从金融机构年末存贷情况来看，2021年，末舞阳县金融机构存款余额239.7亿元，占漯河市的15.3%，在漯河市排第2位，在河南省排第74位。2021年，舞阳县金融机构贷款年末余额82.5亿元，占漯河市的7.2%，在漯河市2个县中排第2位，在河南省排第102位。

从存贷比来看，2021年，舞阳县存贷比为34.4%，在漯河市排第2位，在河南省排第96位，低于漯河市38.2个百分点，低于河南省49.8个百分点（见表9）。

从人均存贷款余额来看，2021年，舞阳县人均存款余额为53532元，占漯河市人均存款余额的80.9%，占河南省人均存款余额的64.2%，在漯河市排第1位，在河南省排第43位。2021年舞阳县人均贷款余额为18423元，占漯河市人均贷款余额的38.3%，占河南省人均贷款余额的26.2%，在漯河市排第2位，在河南省排第93位（见表10）。

六、居民收入分析

从居民收入看，2021年，舞阳县居民人均可支配收入为19579元，占漯河市居民人均可支配收入的69.9%，占河南省居民人均可支配收入的73.0%，在漯河市排第2位，在河南省排第94位。

表8 2008—2021年舞阳县人均财力及财政自给率

年份	一般公共预算收入/常住人口	占漯河市的比重	占河南省的比重	一般公共预算支出/常住人口	占漯河市的比重	占河南省的比重	舞阳县财政自给率	舞阳县财政自给率在漯河市的排名	舞阳县财政自给率在河南省的排名
2008	381	49.2	35.6	1394	77.0	57.6	27.3	1	47
2009	417	51.1	35.2	1818	76.9	59.4	23.0	1	48
2010	444	43.3	30.2	1972	71.8	54.3	22.5	2	54
2011	615	46.5	33.8	2354	68.6	52.4	26.1	1	48
2012	777	47.8	36.3	3016	69.1	57.4	25.8	2	47
2013	991	47.3	39.3	3490	71.0	59.8	28.4	1	50
2014	1205	49.9	42.4	3841	73.5	61.5	31.4	2	45
2015	1438	55.3	46.3	4458	71.4	63.6	32.3	2	41
2016	1700	59.0	52.7	5444	81.1	71.4	31.2	2	43
2017	1925	61.7	55.5	5462	82.6	65.3	35.2	2	36
2018	2169	65.4	56.8	5926	85.6	63.4	36.6	2	34
2019	2225	61.9	54.5	6154	76.3	59.9	36.2	2	35
2020	2916	68.6	69.5	8505	86.4	81.5	34.3	2	39
2021	3448	71.4	78.4	6741	72.0	63.9	51.2	1	29

数据来源：历年河南省统计年鉴。

表 9　2008—2021 年舞阳县金融机构年末存贷款余额情况

年份	存款（亿元，%）				贷款（亿元，%）				存贷比（%）			
	舞阳县金融机构存款年末余额	舞阳县金融机构存款年末余额占漯河市的比重	舞阳县金融机构存款年末余额在漯河市的排名	舞阳县金融机构存款年末余额在河南省的排名	舞阳县金融机构贷款年末余额	舞阳县金融机构贷款年末余额占漯河市的比重	舞阳县金融机构贷款年末余额在漯河市的排名	舞阳县金融机构贷款年末余额在河南省的排名	舞阳县存贷比	漯河市存贷比	河南省存贷比	舞阳县存贷比在漯河市的排名	舞阳县存贷比在河南省的排名
2008	35.7	12.4	2	83	24.5	11.9	2	46	68.6	71.6	68.0	1	12
2009	44.5	12.6	2	80	31.9	12.9	1	44	71.6	69.9	70.1	1	11
2010	51.1	12.1	2	83	32.6	10.8	1	53	63.8	71.4	68.6	1	14
2011	60.2	12.8	2	86	30.1	9.9	1	71	50.0	64.2	65.7	1	35
2012	70.9	11.9	2	87	26.7	8.6	2	88	37.7	52.4	63.5	1	69
2013	83.2	12.1	2	83	29.0	8.4	2	90	34.9	50.0	62.5	2	82
2014	97.4	12.9	2	79	31.5	7.5	2	98	32.3	55.8	65.8	2	94
2015	114.9	13.6	2	73	33.5	6.6	2	97	29.2	59.6	66.0	2	98
2016	134.4	13.0	2	75	38.6	6.0	2	97	28.7	62.1	67.6	2	98
2017	145.9	13.3	2	78	32.4	4.5	2	99	22.2	64.8	70.7	2	100
2018	167.4	14.1	2	72	44.2	5.6	2	99	26.4	67.2	74.9	2	98
2019	179.9	14.2	2	79	56.3	6.2	2	98	31.3	71.9	80.1	2	97
2020	210.7	14.3	2	76	70.8	6.7	2	99	33.6	71.7	82.2	2	96
2021	239.7	15.3	2	74	82.5	7.2	2	102	34.4	72.6	84.2	2	96

数据来源：历年河南省统计年鉴。

表 10 2008—2021 年舞阳县人均存贷款情况

年份	舞阳县人均存款余额	人均存款（元，%）舞阳县人均存款余额在漯河市的排名	舞阳县人均存款余额在河南省的排名	舞阳县人均存款余额占漯河市的比重	舞阳县人均存款余额占河南省的比重	舞阳县人均贷款余额	人均贷款（元，%）舞阳县人均贷款余额在漯河市的排名	舞阳县人均贷款余额在河南省的排名	舞阳县人均贷款余额占漯河市的比重	舞阳县人均贷款余额占河南省的比重
2008	6715	1	58	57.8	41.5	4608	1	30	55.4	41.9
2009	8225	1	58	58.1	40.7	5892	1	35	59.5	41.6
2010	9483	1	67	57.3	38.5	6047	1	45	51.2	35.8
2011	11157	1	70	60.3	39.6	5574	1	55	46.9	30.1
2012	13089	1	81	56.4	39.0	4934	1	79	40.6	23.2
2013	15241	1	84	57.1	38.8	5318	2	88	39.8	21.7
2014	17650	1	80	60.9	41.1	5701	2	95	35.3	20.2
2015	20667	1	76	64.1	42.1	6028	2	97	31.4	18.6
2016	24086	1	78	61.5	43.6	6920	2	95	28.4	18.5
2017	26031	1	81	62.7	43.3	5772	2	100	21.4	13.6
2018	29687	1	79	66.8	45.8	7847	2	100	26.3	16.2
2019	31871	1	84	67.3	45.4	9982	2	99	29.3	17.8
2020	47045	1	46	75.8	61.2	15814	2	91	35.6	25.0
2021	53532	1	43	80.9	64.2	18423	2	93	38.3	26.2

数据来源：历年河南省统计年鉴。

从居民收入增速看，舞阳县居民人均可支配收入增速从2018—2020年呈现下降趋势，从10.2%下降至4.1%，2021年增速回升至9.3%，低于漯河市居民人均可支配收入增速0.1个百分点（见表11）。

表11 2017—2021年舞阳县居民人均可支配收入情况

年份	舞阳县居民人均可支配收入（元）	舞阳县居民人均可支配收入在漯河市的排名	舞阳县居民人均可支配收入在河南省的排名	舞阳县居民人均可支配收入占漯河市的比重（%）	舞阳县居民人均可支配收入占河南省的比重（%）	舞阳县居民人均可支配收入增速（%）	漯河市居民人均可支配收入增速（%）	舞阳县增速－漯河市增速（%）
2017	14282	2	93	68.8	70.8	—	9.9	—
2018	15738	2	93	69.7	71.7	10.2	8.9	1.3
2019	17213	2	95	69.9	72.0	9.4	9.0	0.4
2020	17911	2	97	70.0	72.2	4.1	3.9	0.2
2021	19579	2	94	69.9	73.0	9.3	9.4	–0.1

数据来源：历年河南省统计年鉴。

分城镇、农村居民人均可支配收入看，2021年，舞阳县城镇居民人均可支配收入为28009元，分别占漯河市、河南省城镇居民人均可支配收入的76.2%、75.5%，在漯河市排第2位，在河南省排第97位；农村居民人均可支配收入为13635元，分别占漯河市、河南省农村居民人均可支配收入的68.3%、77.8%，在漯河市排第2位，在河南省排第96位（见表12）。

从城乡居民收入对比来看，2021年，舞阳县城乡居民人均可支配收入比约为2.1∶1，城乡收入差距较大，在河南省排第73位，但不难看出，2010年以来城乡收入差距逐步缩小。

七、固定资产投资分析

从固定资产投资来看，2017年，舞阳县固定资产投资总额达219.0亿元，占漯河市的比重为18.9%，在漯河市排第2位；从增速来看，2021年，舞阳县固定资产投资增长12.9%，低于漯河市0.5个百分点，高于河

表12 2008—2021年舞阳县城乡居民人均可支配收入及城乡收入比

年份	舞阳县城镇居民人均可支配收入	舞阳县城镇居民人均可支配收入在漯河市的排名	舞阳县城镇居民人均可支配收入在河南省的排名	舞阳县城镇居民人均可支配收入占漯河市的比重	舞阳县城镇居民人均可支配收入占河南省的比重	舞阳县农村居民人均可支配收入	舞阳县农村居民人均可支配收入在漯河市的排名	舞阳县农村居民人均可支配收入在河南省的排名	舞阳县农村居民人均可支配收入占漯河市的比重	舞阳县农村居民人均可支配收入占河南省的比重	舞阳县城乡居民收入比	舞阳县城乡收入比在河南省的排名
2008	8015	2	102	64.8	60.6	3260	2	98	62.3	73.2	2.5	55
2009	9538	2	99	71.2	66.4	3494	2	98	62.1	72.7	2.7	75
2010	11198	2	95	75.8	70.3	3973	2	97	61.5	71.9	2.8	86
2011	12878	2	93	75.8	70.8	4720	2	98	61.3	71.5	2.7	86
2012	14475	2	94	75.6	70.8	5352	2	98	61.1	71.1	2.7	84
2013	15994	2	94	75.5	71.4	6010	2	99	60.9	70.9	2.7	86
2014	17762	2	93	76.3	75.0	6648	2	99	61.0	66.7	2.7	92
2015	18863	2	93	76.2	73.8	7916	2	98	66.1	72.9	2.4	83
2016	20297	2	93	76.3	74.5	8636	2	98	66.7	73.8	2.4	85
2017	21982	2	97	76.2	74.4	9500	2	98	67.2	74.7	2.3	79
2018	23668	2	98	75.9	74.3	10378	2	98	67.4	75.0	2.3	77
2019	25477	2	98	76.0	74.5	11427	2	98	67.7	75.4	2.2	75
2020	25944	2	98	76.1	74.7	12259	2	97	67.9	76.1	2.1	74
2021	28009	2	97	76.2	75.5	13635	2	96	68.3	77.8	2.1	73

数据来源：历年河南省统计年鉴。

南省 8.4 个百分点（见表 13）。

表 13　2008—2021 年舞阳县固定资产投资情况

年份	舞阳县固定资产投资（亿元）	舞阳县固定资产投资占漯河市的比重（%）	舞阳县固定资产投资在漯河市的排名	舞阳县房地产开发投资增速（%）	舞阳县固定资产投资增速（%）	漯河市固定资产投资增速（%）	河南省固定资产投资增速（%）
2008	45.4	21.2	2	—	26.4	33.8	32.4
2009	48.1	16.9	2	—	5.9	32.7	31.6
2010	63.0	19.0	2	—	31.0	16.7	22.2
2011	82.2	19.3	2	6.0	30.6	28.6	27.0
2012	101.8	19.3	2	−40.3	23.7	23.7	21.4
2013	124.8	19.2	2	83.6	25.0	23.1	22.5
2014	130.0	19.3	2	0.7	22.0	19.3	19.2
2015	175.1	19.3	2	6.6	20.0	17.5	16.5
2016	195.9	19.1	2	−4.0	19.0	16.7	13.7
2017	219.0	18.9	2	−14.6	12.0	11.8	10.4
2018	—	—	—	114.7	9.0	9.6	8.1
2019	—	—	—	19.6	5.5	11.4	8.0
2020	—	—	—	−4.1	1.7	5.3	4.3
2021	—	—	—	−52.8	12.9	13.4	4.5

数据来源：历年河南省统计年鉴。

八、社会消费分析

从社消零总额来看，2021 年，舞阳县社消零总额为 102.5 亿元，在漯河市排第 2 位，在河南省排第 53 位；人均社消零逐年上升，2021 年达到 22889 元，在漯河市排第 1 位，在河南省排第 25 位（见表 14）。

分行业来看，2020 年，舞阳县批发和零售业社消零为 79.4 亿元，占社消零总额的 86.4%，住宿和餐饮业社消零为 12.5 亿元，占社消零总额的 13.6%。

表14 2008—2021年舞阳县社消零总额情况

年份	社消零总额（亿元） 舞阳县社消零总额	社消零总额（亿元） 在漯河市的排名	社消零总额（亿元） 在河南省的排名	人均社消零（元） 舞阳县人均社消零	人均社消零（元） 在漯河市的排名	人均社消零（元） 在河南省的排名	分行业及占比（亿元，%） 批发和零售业	分行业及占比（亿元，%） 占社消零总额的比重	分行业及占比（亿元，%） 住宿和餐饮业	分行业及占比（亿元，%） 占社消零总额的比重
2008	28.5	2	41	5358	1	28	22.9	80.3	5.3	18.4
2009	35.8	2	37	6614	1	25	29.3	81.8	5.9	16.4
2010	40.3	2	42	7471	1	24	35.4	88.0	4.9	12.0
2011	44.0	2	50	8143	1	35	37.6	85.4	6.4	14.6
2012	52.9	2	46	9767	1	31	45.3	85.6	7.6	14.4
2013	60.3	2	45	11046	1	31	52.3	86.8	7.9	13.2
2014	69.3	2	43	12561	1	28	59.7	86.2	8.4	12.1
2015	77.6	2	44	13945	1	29	70.6	91.0	7.0	9.0
2016	87.4	2	42	15674	1	29	74.3	85.0	13.1	15.0
2017	97.5	2	44	17389	1	31	86.9	89.1	10.6	10.9
2018	100.8	2	42	17882	1	36	87.0	86.3	13.9	13.7
2019	96.3	2	57	17059	1	46	96.3	86.3	15.2	13.7
2020	91.9	2	54	20514	1	26	79.4	86.4	12.5	13.6
2021	102.5	2	53	22889	1	25	—	—	—	—

数据来源：历年河南省统计年鉴。

九、人口规模分析

从人口情况看，2021年，舞阳县常住人口为44.8万人，占漯河市常住人口的18.9%，在漯河市排第2位，在河南省排第81位，人口规模较小。2020年，人口外流14.9万人，人口流失率为24.9%。

从城镇化率看，2013—2019年，舞阳县城镇化率不断提升，2020年下降至43.2%，2021年提高到44.2%（见表15），较河南省、漯河市水平，始终低6~7个百分点。

从就业情况看，2019年，舞阳县从业人数为36.7万人，较上年负增长2.9%。从三产就业结构来看，2008年以来第一产业从业人员占比不断下降，第二、第三产业从业人员数占比不断提高，至2019年，第一产业和第二、第三产业从业人员占比分别为44.1%、55.9%（见表16）。

十、公共服务分析

从义务教育情况来看，2021年，舞阳县共有中小学112所，在校学生数合计55975人，专任教师数3751人，平均每千名在校中小学生配备专任教师数为67人。从医疗卫生情况来看，舞阳县平均每千名常住人口配备卫生机构床位数、卫生技术人员数逐年上升，医疗资源配备逐步增强，2021年，每千人床位数为7.9张，每千人卫生技术人员数为6.1人（见表17）。

十一、县域发展战略分析

坚持"以盐强县、以农富民、以文增信"主线，盐化工产值达350亿元以上，着力打造国家盐化工转型发展示范区。主动对接长三角、粤港澳大湾区，积极融入郑州大都市圈，开放型经济发展水平全面提升，奋力打造对外开放新高地，争创全省招商引资工作先进县。现代农业产业体系更加完善，一批基地型、龙头型现代化农业园区建成投运，"工"字形乡村振兴示范带建设成效明显，全力打造国家现代农业示范区和乡村振兴示范区。全面擦亮"四张名片"，贾湖文化和农民画传播力、影响力不断扩大，古色文化、红色文化得到广泛传承弘扬，致力打造独具魅力的文旅强县。

表 15　2008—2021 年舞阳县人口情况

年份	户籍人口（万人）	常住人口（万人）	常住人口在漯河市的排名	常住人口在河南省的排名	外流人口（万人）	人口流失率（%）	常住人口占漯河市的比重（%）	舞阳县城镇化率（%）	城镇化率在河南省排名
2008	57.0	53.2	2	73	3.8	6.6	21.4	—	—
2009	57.2	54.1	2	73	3.0	5.3	21.7	—	—
2010	60.0	53.9	2	70	6.1	10.1	21.2	—	—
2011	60.3	54.0	2	70	6.3	10.4	21.2	—	—
2012	60.6	54.2	2	70	6.5	10.6	21.2	—	—
2013	61.0	54.6	2	70	6.4	10.4	21.2	37.2	37
2014	61.2	55.2	2	68	6.0	9.9	21.2	38.7	37
2015	61.5	55.6	2	67	5.9	9.5	21.2	40.6	37
2016	61.8	55.8	2	67	6.0	9.7	21.2	42.2	37
2017	62.1	56.1	2	68	6.0	9.7	21.2	43.9	36
2018	62.4	56.4	2	68	6.1	9.7	21.2	45.5	36
2019	62.7	56.4	2	68	6.3	10.0	21.2	47.0	37
2020	59.6	44.8	2	82	14.9	24.9	18.9	43.2	54
2021	—	44.8	2	81	—	—	18.9	44.2	53

数据来源：历年河南省统计年鉴。

表 16　2008—2019 年舞阳县就业情况

年份	从业人员数（万人）	从业人员数增速（%）	第一产业从业人员数占比（%）	第二产业从业人员数占比（%）	第三产业从业人员数占比（%）
2008	35.9	2.5	62.6	18.6	18.8
2009	36.3	1.3	60.3	20.1	19.3
2010	36.6	0.8	58.8	21.1	20.1
2011	36.1	-1.5	59.1		40.9
2012	36.6	1.6	57.1		42.9
2013	37.2	1.7	57.4		42.6
2014	37.2	0.0	47.1		52.9
2015	38.5	3.3	49.9		50.1
2016	39.2	1.8	48.4		51.6
2017	39.6	1.2	48.0		52.0
2018	37.8	-4.6	42.5		57.5
2019	36.7	-2.9	44.1		55.9

数据来源：历年河南省统计年鉴。

表17 2019—2021年舞阳县教育和医疗情况

	年份	2019	2020	2021
学校数	合计（所）	157	119	112
	小学学校数	136	98	91
	初中学校数	21	21	21
在校学生数	合计（人）	57966	57512	55975
	小学在校生数	40251	39057	37096
	初中在校生数	17715	18455	18879
专任教师数	合计（人）	3537	3578	3751
	小学	1973	1805	1910
	初中	1564	1773	1841
医疗卫生	卫生机构床位数/千人（张）	4.9	6.2	7.9
	卫生技术人员数/千人（人）	4.4	5.7	6.1

数据来源：历年河南省统计年鉴。

十二、综述

综上所述，舞阳县经济运行稳步前进，人均GDP、财政收支和人均财力在河南省排名中上游；金融机构存贷总量较弱，经济活跃度远低于河南省、漯河市水平；从居民收入来看，居民人均可支配收入严重落后，但近年来也逐步提升，城乡居民收入差距较大；投资和消费均处在中等位次，产业结构较为合理，工业发展质量较高，形成了具有一定特色和代表性的企业主体，主导产业和布局、发展路径明晰；三次产业就业结构趋向合理，城镇化率须加快提升；义务教育阶段师资力量较强，人均医疗资源也不断增加，公共服务水平较好。

舞阳县经济发展过程中存在的问题：一是经济体量较小，人均GDP、人均收入较低；二是存贷比较低，经济活跃度较弱。

解决这些问题的对策及建议：打造多元产业体系，增强发展动力。促进科技创新与升级，加快盐化工精细化，开展循环型经济，使现代化产业发展水平有所提高。探索第三产业和现代农业的潜力，建立多元化的产业体系和科学合理的经济结构。对新兴产业要加大资金投入力度，全面拓展生产性服务业，打造三产梁柱型业态。

河南省县域经济运行分析：永城篇[①]

一、永城市概况

永城市因屡遭水击不破而得名，取意"永固之城"，位于河南省最东部，地处豫、鲁、苏、皖四省接合部，素有"豫东明珠、绿城水乡"之称。1996年撤县设县级市，2014年成为省直管县，仍隶属于商丘市，2016年被河南省规划建设为商丘市域副中心城市。永城市辖区总面积2020平方千米，耕地面积180万亩。2021年末常住人口125.9万人，辖25个乡镇、6个街道、770个行政村（社区）。

永城矿产资源丰富。2021年年底，地下煤炭分布面积1328平方千米，储量63.9亿吨，是全国六大无烟煤基地之一、全国七大煤化工基地之一；铁矿储量为902.6万吨，水泥灰岩蕴藏量为3776吨，白云岩矿储量为6835吨，大理石储量为10万立方米。

改革开放以来，永城市打造并拥有了"汉兴之地、能源之都、面粉之城、生态之市、长寿之乡"五张城市名片，综合实力持续攀升，连续14年跨入全国百强县。近年来不断调整产业结构，形成了化工、装备制造、面粉食品、新材料四大主导产业。

二、总体经济运行分析

从GDP总量来看，2021年，永城市实现国内生产总值720.0亿元，占商丘市GDP总量的23.4%，在商丘市排第1位，在河南省排第6位，经济规模较大，总体实力较强，在商丘市占有重要地位，在河南省排名靠前。

[①] 本篇完成于2023年3月，撰稿人：赵岩；耿明斋、周立、王永苏、李燕燕、屈桂林、张国骁、徐涛、李甜、张兆源等参与讨论。

从 GDP 增速来看，2008—2021 年，永城市 GDP 一直保持正增长，2021 年增速为 9.0%，高于商丘市 GDP 增速 5.0 个百分点，高于河南省 GDP 增速 2.7 个百分点，在商丘市 7 个县（市）中排第 1 位，在河南省排第 16 位。近年来在河南省、商丘市经济增速都有所减慢的背景下，永城市仍保持了相对较快的增长速度，即便在 2020 年商丘市 GDP 总量呈现负增长，而永城市 GDP 增速仍有 4.3%（见表 1），说明其经济基础较为扎实。

从人均 GDP 来看，2021 年，永城市实现人均 GDP 为 57271 元，是商丘市人均 GDP 的约 1.45 倍，在商丘市 7 个县（市）中排第 1 位，在河南省排第 31 位；从人均 GDP 增速来看，2008—2021 年，永城市人均 GDP 增速不断波动，但始终保持正增长，2021 年增速为 8.7%，高于商丘市人均 GDP 增速 3.3 个百分点，高于河南省人均 GDP 增速 2.3 个百分点，在商丘市 7 个县（市）中排第 1 位（见表 2）。永城市作为县域经济单元，多年来人均 GDP 明显超出商丘市水平，更加反映出其经济运行平稳且实力不断增强。

三、分产业经济运行分析

（一）产业格局与发展方向

近年来永城市经济结构不断调整，产业结构不断优化，主导产业布局形成了聚焦煤化工和醋酸、乙二醇等高附加值的精细化工的化工产业，以智能机械制造、高端印刷、定制家具为主的装备制造产业，以优质小麦和富硒小麦为原料、以生产面粉及面制品、休闲食品、方便食品等为主导的面粉食品产业，以及以钢铁材料、铝精深加工为主的新材料产业。

永城市是全国七大煤化工基地之一，近年来依托煤化工产业园，以永煤、神火为龙头，紧盯精细化工、医药化工不断向下游延链补链强链，朝着化工新材料千亿级产业集群的目标全速前进。永城市有"中国面粉城"之称，拥有 100 万亩集中连片的富硒土壤资源，聚焦"永城富硒"面粉食品特色主导产业，努力推动富硒资源优势转化为产业优势，规上面粉食品企业 83 家，年加工面粉 30 亿公斤，已成为全国最大的面粉生产基地。

下一步的产业发展方向，一是巩固增强优势产业，以碳基新材料、铝基、钢基、合金新材料为抓手，打造化工新材料、金属新材料千亿级主导

表1　2008—2021年永城市地区生产总值及增速

年份	GDP总量（亿元，%）				GDP增速（%）			
	永城市GDP	永城市GDP占商丘市GDP的比重	永城市GDP在商丘市的排名	永城市GDP在河南省的排名	永城市GDP增速	永城市GDP增速在商丘市的排名	永城市GDP增速在河南省的排名	永城市GDP增速－商丘市GDP增速	永城市GDP增速－河南省GDP增速
2008	240.9	25.9	1	6	11.1	7	90	-0.9	-1.0
2009	255.9	24.8	1	8	9.3	7	96	-1.9	-1.6
2010	288.7	25.2	1	9	8.3	7	98	-3.7	-4.2
2011	351.7	26.7	1	10	11.6	2	67	-0.2	-0.3
2012	364.4	25.7	1	11	10.3	7	78	-0.9	0.2
2013	402.4	26.2	1	11	9.1	7	69	-1.4	0.1
2014	412.3	24.3	1	11	10.0	1	27	0.8	1.1
2015	430.0	23.8	1	11	8.7	4	63	0.0	0.4
2016	465.9	23.6	1	11	8.8	5	42	0.2	0.7
2017	509.1	23.0	1	11	9.3	1	14	0.6	1.5
2018	532.3	20.0	1	11	9.6	1	2	0.9	2.0
2019	615.8	21.2	1	7	8.4	1	7	1.0	1.6
2020	637.0	22.1	1	7	4.3	1	16	5.4	3.0
2021	720.0	23.4	1	6	9.0	1	16	5.0	2.7

数据来源：历年河南省统计年鉴。

表2 2008—2021年永城市人均地区生产总值及增速

年份	人均GDP总量（元，%）			人均GDP增速（%）					
	永城市人均GDP	永城市人均GDP占商丘市人均GDP的比重	永城市人均GDP在商丘市的排名	永城市人均GDP在河南省的排名	永城市人均GDP增速	永城市人均GDP增速在商丘市的排名	永城市人均GDP增速在河南省的排名	永城市人均GDP增速－商丘市人均GDP增速	永城市人均GDP增速－河南省人均GDP增速
2008	19370	160.2	1	35	10.8	4	88	0.3	-8.6
2009	20191	158.0	1	37	7.2	7	98	-2.3	-0.2
2010	23036	152.8	1	36	9.5	7	82	-4.6	-8.8
2011	28447	161.6	1	34	13.1	7	66	-0.9	-3.2
2012	29653	156.6	1	37	11.0	5	70	-0.1	1.7
2013	32778	155.5	1	36	9.2	7	68	-1.9	0.6
2014	33773	144.6	1	39	10.6	2	23	0.9	1.9
2015	35295	141.5	1	44	9.0	6	58	0.2	2.4
2016	37916	139.8	1	43	7.9	7	73	-0.6	0.1
2017	41314	135.8	1	45	8.9	4	22	0.4	-1.7
2018	43070	131.8	1	43	9.2	2	16	0.9	-1.7
2019	49655	125.0	1	35	8.0	2	26	1.1	0.8
2020	50798	135.7	1	36	3.8	1	30	4.7	1.8
2021	57271	145.2	1	31	8.7	1	38	3.3	2.3

数据来源：历年河南省统计年鉴。

产业集群，同时大力发展现代农业，加快面粉食品产业迭代升级，提高优势产业能级。二是前瞻布局新兴产业，调整产业结构，做强文旅经济，培养数字经济，培育发展新动能，构建现代产业体系。

（二）产业结构分析

从三次产业占比来看，2021年，永城市第一产业占比为12.9%，第二产业占比为43.3%，第三产业占比为43.8%。从三产结构演变趋势来看，2008年以来，永城市第一产业占比基本保持平稳略有下降，第二产业占比从63.7%逐步下降到43.3%，第三产业占比从19.4%逐步提高到43.8%。2018年之前三次产业呈现"二、三、一"梯次，2019年起第三产业增加值比重超过第二产业，新产业、新业态、新模式蓬勃发展，产业结构得到进一步优化，呈现"三、二、一"梯次（见图1）。

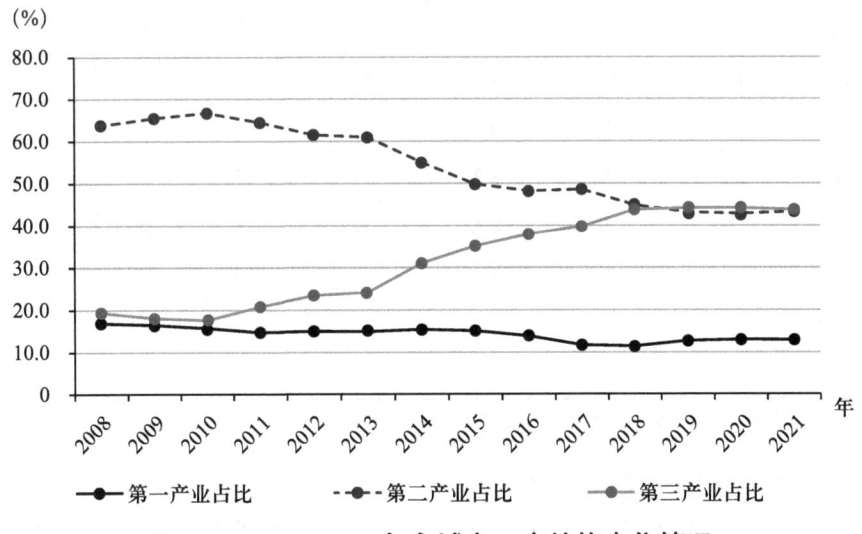

图1 2008—2021年永城市三产结构变化情况

（三）工业发展情况分析

从工业发展情况来看，永城市规上工业增加值增速波动幅度较小。2021年，永城市规上工业增加值增速为12.5%，在商丘市7个县（市）中排第1位，在河南省排第17位，近年来排名情况不断靠前，反映出永城市工业发展势头良好，竞争力不断提升。2021年，永城市规上工业企业数为323个，在商丘市7个县（市）中排第1位（见表3）。

表3 2008—2021年永城市工业发展情况

年份	永城市规上工业增加值（亿元）	永城市规上工业增加值增速（%）	商丘市规上工业增加值增速（%）	永城市规上工业增加值增速在商丘市的排名	永城市规上工业增加值增速在河南省的排名	永城市规上工业企业数（个）	永城市规上工业企业数在商丘市的排名
2008	129.7	18	20	7	98	—	—
2009	—	7.8	13.3	7	99	—	—
2010	—	10.5	17.9	7	100	—	—
2011	—	15.5	20.5	7	99	—	—
2012	200.7	11	17.1	7	99	—	—
2013	—	9.9	16.2	7	95	—	—
2014	204.4	12.2	11.8	1	58	—	—
2015	194.4	9.2	9.3	5	82	—	—
2016	190.8	8.6	9.1	7	82	—	—
2017	205.0	9.1	8.3	1	47	—	—
2018	—	9	8.6	1	35	218	1
2019	—	9.4	8.8	1	20	271	1
2020	—	5.7	-4.8	2	24	301	1
2021	—	12.5	3.7	1	17	323	1

数据来源：历年河南省统计年鉴、永城市统计公报及政府网站。

（四）服务业发展情况分析

从服务业发展情况来看，2021年，永城市服务业增加值为315.6亿元，占商丘市服务业增加值的23.3%，在商丘市7个县（市）中排第1位，在河南省排第6位。

从服务业增加值增速来看，2021年，永城市服务业增加值增速为9.1%，在商丘市7个县（市）中排第1位，在河南省排第43位（见表4）。

（六）重点企业分析

（1）永城煤电控股集团有限公司（简称永煤集团）是河南能源化工集团的下属骨干成员单位，中国500强企业，资产总额1700多亿元，员工3

表4 2008—2021年永城市服务业发展情况

年份	永城市服务业增加值（亿元）	永城市服务业增加值占商丘市服务业增加值的比重（%）	永城市服务业增加值在商丘市的排名	永城市服务业增加值在河南省的排名	永城市服务业增加值增速（%）	永城市服务业增加值增速在商丘市的排名	永城市服务业增加值增速在河南省的排名
2008	46.7	20.7	1	13	10.1	7	82
2009	46.3	17.0	1	13	16.3	5	20
2010	50.9	16.3	1	14	7.5	7	86
2011	73.2	19.9	1	12	10.1	4	57
2012	85.6	20.3	1	11	13.6	1	4
2013	97.2	20.5	1	10	9.7	3	27
2014	128.2	21.8	1	10	9.5	6	54
2015	151.2	22.3	1	10	14.4	1	8
2016	176.8	22.7	1	10	11.8	4	21
2017	202.5	22.7	1	10	12.3	1	13
2018	233.1	22.9	1	10	11.9	2	17
2019	272.0	21.3	1	6	8.1	7	39
2020	281.3	21.6	1	6	1.4	5	72
2021	315.6	23.3	1	6	9.1	1	43

数据来源：历年河南省统计年鉴、永城市统计公报及政府网站。

万余人。主营业务有煤炭、化工、有色金属、装备制造、物流贸易、建筑矿建、现代服务业等。

（2）河南神火集团有限公司（简称神火集团）是商丘市属国有企业，中国500强企业，总资产600亿元，直接控股和管理子分公司13个，员工26000人。所属子公司河南神火煤电股份有限公司（简称神火股份）于1999年8月31日在深圳证券交易所挂牌上市。主要从事煤炭开采与洗选加工，电力生产与配送，氧化铝生产及电解铝冶炼，铝板带箔生产及新型合金材料、高端储能材料研发与加工等。

（3）华冠面粉食品有限公司始建于1993年，占地面积118亩，建筑面积9.4万平方米，注册资金5000万元，拥有世界领先水平的制粉生产线三条，日处理小麦可以达到1500吨，是河南省"农业产业化省级重点龙头企业"。主要开发和生产各种高、中、低档面包粉、水饺粉、馒头粉、面条粉等。

（4）闽源钢铁集团有限公司成立于2003年，位于永城经济技术开发区钢铁铸件专业园内，总占地面积2600多亩，现有职工3000余人。集烧结、炼铁、炼钢、轧钢等现代先进的技术装备及配套的节能环保设施于一体，主要生产各品种规格的优质螺纹钢、高速线材盘螺等系列产品，年产能400万吨。是河南省民营钢铁龙头企业之一，豫东优质建材生产基地。

（5）永城盛大印刷科技股份有限公司（简称永城盛大），拥有世界先进印刷生产线100余条，年产值12亿元，有近1000名员工，是中国目前最大的商业印刷基地，也是中国目前线上、线下一体化运营最为完善的规模性印刷企业。

四、财政收支分析

从财政收支情况来看，2021年，永城市一般公共预算收入达50.6亿元，占商丘市一般公共预算收入的26.6%，2008—2021年一直在商丘市7个县（市）中排第1位，在河南省排前10位。其中，税收收入2021年达32.7亿元，占永城市一般公共预算收入的64.7%，占商丘市税收收入的26.5%。2021年，永城市一般公共预算支出达80.5亿元，占商丘市一般公共预算支出的14.5%，2008—2020年一直在商丘市7个县（市）中排第1

位,在河南省102个县(市)中排前5位(见表5)。财政收支在河南省、商丘市的排名与其经济总量情况接近,在商丘市处于绝对领先地位,在河南省排名靠前。

从人均财力看,永城市人均一般公共预算收入、人均一般公共预算支出都不断上升,到2021年人均一般公共预算收入达4026元,是商丘市人均一般公共预算收入的1.64倍,占河南省人均一般公共预算收入的91.5%;人均一般公共预算支出达6411元,占商丘市人均一般公共预算支出的89.0%,占河南省人均一般公共预算支出的60.8%(见表6)。

从财政自给率看,2021年,永城市财政自给率为62.8%,在商丘市7个县(市)中排第1位,在河南省排第16位。财政自给率较高,反映出永城市经济活动较强,地方财政"造血能力"较强,对于转移性支付的依赖程度也就较低。

五、金融业发展分析

从金融机构年末存贷情况来看,2021年年底,永城市金融机构存款余额为714.6亿元,占商丘市的17.8%,在商丘市7个县(市)中排第1位,在河南省102个县(市)中排第3位。2021年永城市金融机构贷款年末余额为379.4亿元,占商丘市的15.6%,在商丘市7个县(市)中排第1位,在河南省102个县(市)中排第4位。

从存贷比来看,2021年,永城市存贷比为53.1%,在商丘市7个县(市)中排第3位,在河南省102个县(市)中排第54位,低于商丘市7.6个百分点,低于河南省31.3个百分点。2008—2015年,永城市存贷比高于河南省、商丘市水平,2016年起逐步下降,2019年起低于商丘市存贷比(见表7)。

从人均存贷款余额来看,2021年,永城市人均存款余额为56771元,是商丘市人均存款余额的1.09倍,占河南省人均存款余额的68.1%,在商丘市7个县(市)中排第1位,在河南省102个县(市)中排第30位。2021年,永城市人均贷款余额为30140元,占商丘市人均贷款余额的95.6%,占河南省人均存款余额的42.9%,在商丘市7个县(市)中排第1位,在河南省102个县(市)中排第38位(见表8)。

表 5 2008—2021 年永城市财政收支情况

年份	永城市一般公共预算收入	永城市一般公共预算收入占商丘市的比重	永城市一般公共预算收入在商丘市的排名	永城市一般公共预算收入在河南省的排名	永城市税收收入	永城市税收占一般公共预算收入的比重	永城市税收收入占商丘市税收收入的比重	永城市一般公共预算支出	永城市一般公共预算支出占商丘市的比重	永城市一般公共预算支出在商丘市的排名	永城市一般公共预算支出在河南省的排名
2008	10.0	31.8	1	7	—	—	—	19.5	16.5	1	1
2009	11.3	31.9	1	6	—	—	—	24.2	16.0	1	2
2010	13.0	30.3	1	6	—	—	—	26.9	14.9	1	2
2011	20.0	35.5	1	6	—	—	—	32.7	14.3	1	2
2012	23.6	33.6	1	7	—	—	—	41.7	14.5	1	3
2013	27.9	32.5	1	5	—	—	—	52.3	16.6	1	1
2014	31.8	31.5	1	3	22.2	69.9	30.5	58.8	16.7	1	1
2015	33.5	30.3	1	4	21.8	65.1	28.5	67.3	17.6	1	2
2016	35.0	29.8	1	5	31.8	90.9	39.2	73.9	17.5	1	2
2017	37.4	29.0	1	5	26.3	70.2	30.2	77.6	16.8	1	3
2018	40.8	26.5	1	5	28.7	70.2	26.4	77.0	15.3	1	4
2019	45.0	26.2	1	5	31.8	70.8	26.8	84.2	15.7	1	4
2020	47.7	26.5	1	5	28.7	60.2	24.8	86.9	15.5	1	4
2021	50.6	26.6	1	4	32.7	64.7	26.5	80.5	14.5	1	5

数据来源：历年河南省统计年鉴、商丘市、永城市统计公报。

表6 2008—2021年永城市人均财力及财政自给率

年份	人均财力（元，%）					财政自给率		
	一般公共预算收入/常住人口	占商丘市的比重	占河南省的比重	一般公共预算支出/常住人口	占商丘市的比重	占河南省的比重	永城市财政自给率	永城市财政自给率在商丘市的排名	永城市财政自给率在河南省的排名
2008	791	194.7	74.0	1535	101.1	63.4	51.6	1	22
2009	890	196.5	75.0	1907	98.6	62.3	46.7	1	22
2010	1051	179.7	71.6	2168	88.6	59.7	48.5	1	22
2011	1623	211.7	89.2	2648	85.1	59.0	61.3	1	14
2012	1927	201.1	90.0	3400	87.0	64.7	56.7	1	13
2013	2265	192.1	89.8	4249	98.2	72.9	53.3	1	18
2014	2623	157.5	92.4	4853	83.3	77.6	54.1	1	18
2015	2734	179.7	88.0	5492	104.7	78.4	49.8	1	20
2016	2846	176.5	88.2	6005	103.5	78.8	47.4	1	19
2017	3035	171.9	87.6	6296	99.2	75.3	48.2	1	20
2018	3293	157.0	86.3	6217	90.6	66.5	53.0	1	15
2019	3625	154.8	88.8	6778	92.5	66.0	53.5	1	12
2020	3800	164.9	90.6	6920	96.3	66.3	54.9	1	12
2021	4026	163.5	91.5	6411	89.0	60.8	62.8	1	16

数据来源：历年河南省统计年鉴。

表 7　2008—2021 年永城市金融机构年末存贷款余额情况

（亿元，%）

年份	永城市金融机构存款年末余额	存款永城市金融机构存款年末余额占商丘市的比重	永城市金融机构存款年末余额在河南省的排名	永城市金融机构贷款年末余额	贷款永城市金融机构贷款年末余额占商丘市的比重	永城市金融机构贷款年末余额在商丘市的排名	永城市金融机构贷款年末余额在河南省的排名	永城市存贷比	存贷比商丘市存贷比	河南省存贷比	永城市存贷比在商丘市的排名（%）	永城市存贷比在河南省的排名
2008	112.1	18.6	1	5	95.4	23.3	1	1	85.1	68.0	68.0	2	7
2009	131.4	18.2	1	6	121.4	23.4	1	1	92.4	71.8	70.1	2	6
2010	160.2	17.8	1	5	138.5	22.8	1	1	86.4	67.4	68.6	2	6
2011	192.6	17.5	1	4	134.1	22.8	1	2	69.6	53.5	65.7	1	8
2012	240.9	17.8	1	4	163.8	23.4	1	1	68.0	51.8	63.3	1	9
2013	277.4	17.8	1	5	204.8	24.6	1	2	73.8	53.5	62.4	1	8
2014	312.4	17.8	1	4	222.4	22.1	1	2	71.2	57.2	65.8	1	11
2015	349.9	17.7	1	4	245.7	21.6	1	2	70.2	57.5	66.0	1	12
2016	418.4	18.3	1	4	258.3	20.0	1	2	61.7	56.3	67.6	3	19
2017	476.1	17.7	1	4	277.6	19.4	1	3	58.3	53.3	70.7	2	26
2018	521.1	17.8	1	5	292.0	18.0	1	4	56.0	55.4	74.9	2	35
2019	594.1	18.3	1	3	339.5	17.1	1	4	57.2	60.9	80.1	2	34
2020	646.8	17.8	1	4	365.4	16.1	1	4	56.5	62.5	82.2	2	38
2021	714.6	17.8	1	3	379.4	15.6	1	4	53.1	60.7	84.4	3	54

数据来源：历年河南省统计年鉴。

表 8　2008—2021 年永城市人均存贷款情况

年份	永城市人均存款余额	人均存款（元，%）			永城市人均贷款余额	人均贷款（元，%）			
		永城市人均存款余额在商丘市的排名	永城市人均存款余额在河南省的排名	永城市人均存款余额占商丘市的比重	永城市人均存款余额占河南省的比重		永城市人均贷款余额在商丘市的排名	永城市人均贷款余额在河南省的排名	永城市人均贷款余额占商丘市的比重	永城市人均贷款余额占河南省的比重
2008	8838	1	34	113.9	54.6	7521	1	8	142.6	68.4
2009	10370	1	38	112.1	51.3	9582	1	9	144.2	67.6
2010	12926	1	38	105.4	52.5	11171	1	13	135.1	66.2
2011	15619	1	36	104.7	55.5	10876	1	19	136.2	58.8
2012	19662	1	33	106.3	58.6	13373	1	16	139.7	62.8
2013	22547	1	33	105.2	57.4	16646	1	15	145.3	67.8
2014	25796	1	32	88.6	60.1	18363	1	15	110.2	65.0
2015	28543	1	33	105.0	58.1	20042	1	17	128.1	61.9
2016	33972	1	32	108.2	61.5	20974	1	21	118.5	56.2
2017	38610	1	28	104.9	64.2	22516	1	24	114.7	53.0
2018	42064	1	28	105.4	65.0	23572	1	28	106.6	48.6
2019	47853	1	23	107.8	68.2	27348	1	26	101.3	48.6
2020	51510	1	32	110.7	67.0	29100	1	33	100.1	46.0
2021	56771	1	30	109.3	68.1	30140	1	38	95.6	42.9

数据来源：历年河南省统计年鉴。

六、居民收入分析

从居民收入看,2021 年,永城市居民人均可支配收入为 27288 元,是商丘市居民人均可支配收入的 1.2 倍,略高于河南省居民人均可支配收入,在商丘市 7 个县(市)中排第 1 位,在河南省 102 个县(市)中排第 25 位(见表 9)。

从居民收入增速看,永城市居民人均可支配收入增速从 2017—2020 年呈现下降趋势,从 10.8% 下降至 5.1%,2021 年回升至 9.3%,高于商丘市居民人均可支配收入增速 1.8 个百分点。

表 9　2017—2021 年永城市居民人均可支配收入情况

年份	永城市居民人均可支配收入（元）	永城市居民人均可支配收入在商丘市的排名	永城市居民人均可支配收入在河南省的排名	永城市居民人均可支配收入占商丘市的比重（%）	永城市居民人均可支配收入占河南省的比重（%）	永城市居民人均可支配收入增速（%）	商丘市居民人均可支配收入增速（%）	永城市增速－商丘市增速（%）
2017	19700	1	28	118.1	97.7	10.8	11	−0.2
2018	21632	1	27	117.6	98.5	9.8	10.2	−0.4
2019	23755	1	25	117.7	99.4	9.8	9.7	0.1
2020	24964	1	25	118.2	100.6	5.1	6.8	−1.7
2021	27288	1	25	120.2	101.8	9.3	7.5	1.8

数据来源：历年河南省统计年鉴。

分城镇、农村居民人均可支配收入看,2021 年,永城市城镇居民人均可支配收入为 37860 元,略高于商丘市、河南省城镇居民人均可支配收入,在商丘市 7 个县(市)中排第 1 位,在河南省 102 个县(市)中排第 7 位;农村居民人均可支配收入为 18451 元,分别是商丘市、河南省农村居民人均可支配收入的 1.25 倍、1.05 倍,在商丘市 7 个县(市)中排第 1 位,在河南省 102 个县(市)中排第 39 位(见表 10)。

从城乡居民收入对比来看,2021 年,永城市城乡居民人均可支配收入比约为 2.1,城乡收入差距较大,在河南省 102 个县(市)中排第 72 位,但不难看出,2009 年以来城乡收入差距逐步缩小。

河南省县域经济运行分析：永城篇

表10 2008—2021年永城市城乡居民人均可支配收入及城乡收入比

年份	城镇（元，%）				农村（元，%）				城乡收入比	
	永城市城镇居民人均可支配收入	永城市城镇居民人均可支配收入在商丘市的排名	永城市城镇居民人均可支配收入占商丘的比重	永城市城镇居民人均可支配收入占河南省的比重	永城市农村居民人均可支配收入	永城市农村居民人均可支配收入在商丘市的排名	永城市农村居民人均可支配收入在河南省的排名	永城市农村居民人均可支配收入占商丘市的比重	永城市农村居民人均可支配收入占河南省的比重	永城市城乡居民收入比	永城市城乡居民收入比在河南省的排名
2008	11901	1	101.3	89.9	4330	1	53	115.5	97.2	2.7	83
2009	13448	1	105.8	93.6	4745	1	51	117.0	98.7	2.8	85
2010	15000	1	105.8	94.2	5428	1	48	116.1	98.3	2.8	81
2011	17175	1	106.3	94.4	6557	1	47	116.3	99.3	2.6	78
2012	19442	1	106.2	95.1	7488	1	47	116.5	99.5	2.6	78
2013	21435	1	106.0	95.7	8469	1	47	117.3	99.9	2.5	77
2014	23686	1	106.3	100.1	9471	1	47	118.0	95.0	2.5	78
2015	25102	1	106.5	98.1	11097	1	40	124.9	102.2	2.3	70
2016	26784	1	106.2	98.4	12051	1	40	125.5	103.0	2.2	69
2017	29248	1	106.0	99.0	13196	1	41	125.5	103.8	2.2	72
2018	31793	1	106.0	99.7	14423	1	40	125.4	104.3	2.2	72
2019	34400	1	106.4	100.6	15880	1	40	125.4	104.7	2.2	70
2020	35088	1	106.8	101.0	16912	1	40	124.3	105.0	2.1	71
2021	37860	1	108.9	102.1	18451	1	39	124.8	105.2	2.1	72

数据来源：历年河南省统计年鉴。

— 165 —

七、固定资产投资分析

从固定资产投资来看，2017 年，永城市固定资产投资总额达 403.4 亿元，占商丘市的比重为 18.1%，在商丘市 7 个县（市）中排第 1 位，在河南省 102 个县（市）中排第 15 位；从增速来看，2021 年，永城市固定资产投资增长 11.6%，高于商丘市 3.3 个百分点，高于河南省 7.1 个百分点（见表 11）。

表 11　2008—2021 年永城市固定资产投资情况

年份	永城市固定资产投资（亿元）	永城市固定资产投资占商丘市的比重（%）	永城市固定资产投资在商丘市的排名	永城市固定资产投资增速（%）	商丘市固定资产投资增速（%）	河南省固定资产投资增速（%）
2008	92.2	21.5	1	19.0	33.2	30.7
2009	95.9	17.1	1	20.6	29.9	31.6
2010	108.0	16.6	1	12.6	22.0	22.2
2011	135.2	16.4	1	25.2	25.2	27.0
2012	168.9	16.8	1	24.9	20.7	21.4
2013	214.1	17.2	1	26.7	22.6	22.5
2014	260.1	17.4	1	21.5	18.4	19.2
2015	307.1	17.9	1	18.1	14.0	16.5
2016	354.9	17.8	1	15.5	15.2	13.7
2017	403.4	18.1	1	13.7	11.8	10.4
2018	—	—	—	12.5	11.2	8.1
2019	—	—	—	10.0	10.9	8.0
2020	—	—	—	6.3	6.0	4.3
2021	—	—	—	11.6	8.3	4.5

数据来源：历年河南省统计年鉴。

八、社会消费分析

从社消零总额来看，2021年，永城市社消零总额为248.7亿元，占当年永城市GDP的比重为34.5%，在商丘市7个县（市）中排第1位，在河南省102个县（市）中排第8位；人均社消零逐年上升，2021年达19756元，在河南省102个县（市）中排第40位（见表12）。

九、人口规模分析

从人口情况看，2021年，永城市常住人口为125.9万人，占商丘市常住人口的16.3%，在商丘市7个县（市）中排第1位，在河南省102个县（市）中排第3位，人口规模较大。2020年，人口外流39.5万人，人口流失率为23.9%（见表13）。

从城镇化率看，2013—2020年，永城市城镇化率不断提升，2021年城镇化率为52.5%，在河南省102个县（市）中排第28位，较商丘市高5.3个百分点，较河南省低4个百分点。2013年以来，永城市城镇化率始终高于商丘市，这与其早期县级市建制及其工业发展水平较高有着明显关联，但与河南省城镇化率还存在一定差距。

从就业情况看，2019年，永城市从业人数为93.8万人，较上年负增长4.7%。从三产就业结构来看，2008年以来第一产业从业人员占比不断下降，第二、第三产业从业人员数占比不断提高，至2019年，第一产业和二、三产业从业人员占比分别为24%、76%（见表14）。

从第七次全国人口普查数据可以看到，永城市0~14岁人口占比27.19%，高于河南省、商丘市；15~59岁人口占比55.58%，低于河南省、商丘市水平；60岁及以上人口占比17.23%，低于河南省、商丘市水平；65岁及以上人口占比14.07%，高于河南省、商丘市水平（见表15）。

表12 2008—2021年永城市社会消费品零售总额情况

年份	永城市社消零总额	社消零总额（亿元，%） 在商丘市的排名	在河南省的排名	占永城市GDP的比重	人均社消零（元） 永城市人均社消零	在河南省的排名	分行业及占比（亿元，%） 批发和零售业	占社消零的比重	住宿和餐饮业	占社消零的比重
2008	51.7	1	12	21.5	4077	53	—	—	—	—
2009	62.1	1	11	24.2	4897	53	—	—	—	—
2010	72.8	1	11	25.2	5873	55	—	—	—	—
2011	87.1	1	10	24.8	7060	55	—	—	—	—
2012	100.7	1	10	27.6	8219	54	—	—	—	—
2013	115.1	1	9	28.6	9354	55	80.8	70.2	32.5	28.2
2014	130.4	1	9	31.6	10767	51	90.6	69.5	37.8	29.0
2015	147.0	1	9	34.2	11989	55	106.3	72.4	41.3	28.1
2016	164.5	1	9	35.3	13360	53	119.2	72.4	45.4	27.6
2017	184.8	1	10	36.3	14984	54	134.7	72.9	50.6	27.4
2018	202.7	1	10	38.1	16362	51	146.9	72.5	55.8	27.5
2019	223.5	1	9	36.3	18004	38	161.5	72.3	62.0	27.7
2020	221.4	1	8	34.8	17633	40	160.3	72.4	61.2	27.6
2021	248.7	1	8	34.5	19756	40	180.1	72.4	68.6	27.6

数据来源：历年河南省统计年鉴、商丘市、永城市统计公报。

表 13 2008—2021 年永城市人口情况

年份	户籍人口（万人）	常住人口（万人）	常住人口在商丘市的排名	常住人口在河南省的排名	外流人口（万人）	人口流失率（%）	常住人口占商丘市的比重（%）	永城市城镇化率（%）	城镇化率在河南省的排名
2008	135.3	126.8	1	4	8.5	6.3	16.3	—	—
2009	136.0	126.7	1	5	9.3	6.8	16.2	—	—
2010	150.7	124.0	1	4	26.8	17.8	16.9	—	—
2011	151.5	123.3	1	3	28.2	18.6	16.7	—	—
2012	152.3	122.5	1	3	29.8	19.6	16.7	—	—
2013	153.1	123.1	1	3	30.1	19.6	16.9	39.2	29
2014	154.1	121.1	1	2	33.0	21.4	20.0	40.8	28
2015	154.9	122.6	1	2	32.4	20.9	16.9	42.9	28
2016	155.8	123.2	1	2	32.7	21.0	16.9	44.7	26
2017	156.9	123.3	1	2	33.6	21.4	16.9	46.7	26
2018	157.6	123.9	1	2	33.7	21.4	16.9	48.6	26
2019	158.1	124.2	1	3	34.0	21.5	16.9	50.5	23
2020	165.0	125.6	1	3	39.5	23.9	16.1	51.3	28
2021	—	125.9	1	3	—	—	16.3	52.5	28

数据来源：历年河南省统计年鉴。

表14　2008—2019年永城市就业情况

年份	从业人员数（万人）	从业人员数增速（%）	第一产业从业人员数占比（%）	第二产业从业人员数占比（%）	第三产业从业人员数占比（%）
2008	89.4	0.6	49	28	23
2009	89.9	0.6	44	29	27
2010	90.4	0.6	43	30	27
2011	91.6	1.3	32	68	
2012	99.7	8.8	31	69	
2013	102.5	2.8	29	71	
2014	103.1	0.6	26	74	
2015	104.3	1.2	28	72	
2016	98.5	-5.6	28	72	
2017	96.0	-2.5	28	72	
2018	98.4	2.5	28	72	
2019	93.8	-4.7	24	76	

数据来源：历年河南省统计年鉴。

表15　永城市第七次人口普查主要指标

地区	常住人口（万人）	0~14岁	15~59岁	60岁及以上	65岁及以上
全国	141177.87	17.95	63.35	18.7	13.5
河南省	9936.55	23.14	58.79	18.08	13.49
商丘市	781.7	25.42	56.44	18.14	14.02
永城市	125.64	27.19	55.58	17.23	14.07

按年龄分占常住人口的比重（%）

十、公共服务分析

从义务教育情况来看，2021年，永城市共有中小学386所，在校学生数合计228492人，专任教师数12436人，平均每千名在校中小学生配备专任教师数为54人。从医疗卫生情况来看，永城市平均每千名常住人口配备卫生机构床位数、卫生技术人员数逐年上升，医疗资源配备逐步增强，2021年每千人床位数为6.7张，每千人卫生技术人员数为5.3人（见表16）。

表16 2019—2021年永城市教育和医疗情况

年份		2019	2020	2021
学校数	合计（所）	367	387	386
	小学学校数	308	326	325
	初中学校数	59	61	61
在校学生数	合计（人）	233318	234736	228492
	小学在校生数	155427	157037	153377
	初中在校生数	77891	77699	75115
专任教师数	合计（人）	11113	11733	12436
	小学	6940	7326	7618
	初中	4173	4407	4818
医疗卫生	卫生机构床位数/千人（张）	6	6	6.7
	卫生技术人员数/千人（人）	5.5	5.4	5.3

数据来源：历年河南省统计年鉴。

十一、县域发展战略分析

围绕农业经济、工业经济、城市经济、文旅产业、城乡融合发展五大领域，紧抓构建新发展格局和国内大循环的重大机遇，以更大力度优化营商环境，承接产业转移，延链、补链、强链，壮大主导产业集群，努力实现产业倍增。打造区域产业创新发展高地、豫东区域开放型经济高地，形成迈向现代化的强大双引擎，推进资源型城市转型发展实现新跨越，确保在全省、全市县域高质量发展进程中率先实现现代化。力争实现中心城区面积100平方千米、城镇人口100万人、GDP突破1000亿元，推进区域性中心城市建设实现新跨越，打造更加宜居宜业、宜学宜游、宜养宜乐的现代化幸福新永城。

十二、综述

综上所述，永城市经济总体规模较大，运行平稳且发展势头良好，综合实力较强。GDP总量、人口规模、人均GDP、财政收支、财政自给率、人均财力、人均存贷款和人均社销零在河南省排名领先，城镇化率在全省处于靠前水平；三产结构进一步优化，就业结构趋向合理，教育和医疗资源有待提高。

永城市经济发展中存在的问题有以下三个方面。

一是产业结构不够合理，资源依赖程度较高。资源型产业在经济中仍占有相当比重，且大多处于产业链前端，竞争力弱，缺少比较完整的产业链和产业支撑系统。同时，国有经济比重大而民营经济比重小、重工业比重大而轻工业比重小等问题依然存在，创新能力不足，产业结构需要进一步优化。

二是医疗、教育等公共服务水平与经济发展水平不相符。在分析永城市教育医疗相关指标时发现，永城市经济总量、人均收入、财政收入均在河南省、商丘市处于靠前位次，但每千名中小学生享有的专任教师数仅有50人，每千人拥有卫生机构床位数6张、卫生技术人员不足6人。

三是城乡收入差距仍然较大，2020年城乡居民人均可支配收入比为2.1，排河南省第73位，是在本节分析中永城市排名最为靠后的指标。

解决以上问题的对策及建议如下。

一是打造多元产业体系，增强发展动力。促进科技创新与升级，加快煤化工精细化，研发碳基精细化工产品，开展循环型经济，使现代化产业发展水平有所提高。探索第三产业和现代农业的潜力，建立多元化的产业体系和丰富的经济结构。对新兴产业要加大资金投入力度，全面拓展生产性服务业，打造三产梁柱型业态。

二是提高公共服务水平。创新公共服务供给方式，通过打造政府、市场和社会组织等不同主体共同参与、相互协作的多元供给格局，实现公共服务供给体系的整体优化，全面提高基本公共服务共建能力和共享水平。

三是缩小城乡收入差距，助力共同富裕。积极促进农民和现代农业发展有机衔接，大力培育和发展农村集体经济，推进农业规模化经营，提高农产品经济效益，切实增加农民收入。另外，推进农业转移人口市民化，是推动新型城镇化，缩小城乡收入分配差距，促进共同富裕的重要内容。

河南省县域经济运行分析：民权篇[①]

一、民权县概况

民权县位于河南东部，隶属商丘市，东接山东菏泽，西接开封兰考、杞县，取孙中山先生"三民主义"之"民权"而置县。县域总面积1238平方千米，耕地面积117.3万亩，下辖17个乡镇和2个街道，截至2020年年底，户籍人口约102万人、常住人口约75万人。民权县位于河南商丘、开封和山东菏泽两省三市结合部，310国道、连霍高速、郑民高速、陇海铁路、郑徐高铁穿境而过。文化底蕴深厚，是文哲大师庄子故里，境内有千年古刹白云禅寺、齐桓公两会诸侯的葵丘会盟台和"中国画虎第一村"王公庄村等历史文化旅游名地。

民权县拥有3座中型水库，面积4.7万亩，水质优良，天然饵料丰富，非常适宜河蟹等水产品养殖，经过近年来的发展，截至2020年年底，河蟹养殖已成为当地农民脱贫致富的一项主导产业，民权大闸蟹在2017年中国名蟹大赛中被选为全国"十大名蟹"。民权县位于豫东黄河冲积平原，属优质沙壤土地，气候干燥、日照充分，昼夜温差大，水质优良，适于葡萄种植，是中国十大葡萄种植产区之一，"民权牌"葡萄酒曾被授予"河南省著名商标""河南省优质产品"等称号。制冷产业也是民权县的主导产业之一，民权县制冷产业集群产值超过100亿元，冰箱冰柜年生产能力达1800万台，产能占全国的1/10；冷藏保温车年产能达2.5万辆，国内市场占有率在60%以上，是全国五大制冷产业基地之一。

[①] 本篇完成于2023年3月，撰稿人：赵岩；耿明斋、周立、王永苏、李燕燕、屈桂林、张国骁、徐涛、李甜、张兆源等参与讨论。

二、总体经济运行分析

从 GDP 总量来看，民权县在商丘市和河南省都处在中游偏后位次，在商丘市 GDP 总量中占比不大，大部分年份集中在 9%~10% 之间。2021 年，民权县实现国内生产总值 271.8 亿元，比 2008 年的 86.1 亿元增加了 2.2 倍，占商丘市 GDP 总量的 8.8%，在商丘市 7 个县（市）中排第 5 位，在河南省 102 个县（市）中排第 57 位（见表 1）。

从 GDP 增速来看，2008—2019 年民权县 GDP 增速波动幅度较小，整体呈现缓慢下降趋势，2020 年出现较大波动，较上年负增长 15.6%，2021 年较上年负增长 2.4%，低于商丘市 GDP 增速 7.8 个百分点，低于河南省 GDP 增速 8.7 个百分点，在商丘市 7 个县（市）中排末位，在河南省 102 个县（市）中排第 100 位。

从人均 GDP 来看，2008—2019 年，民权县人均生产总值不断增加，且与商丘市人均 GDP 相比，地位逐渐提升，由 2008 年占商丘市人均 GDP 的 90.8%，到 2014 年首次超过商丘市人均 GDP 水平，再到 2019 年占商丘市人均 GDP 的 116.1%，在商丘市 7 个县（市）中的排名也一直保持在第 2 位，仅次于永城市。2020 年人均 GDP 同样出现负增长，2021 年，人均 GDP 为 36229 元，占商丘市人均 GDP 的 91.3%，在商丘市 7 个县（市）中排第 5 位，在河南省 102 个县（市）中排第 86 位。从人均 GDP 增速来看，2008—2021 年，民权县人均 GDP 增速不断波动，2021 年增速为 –2.8%，较商丘市人均 GDP 增速低 7.4 个百分点，低于河南省人均 GDP 增速 10.0 个百分点，在商丘市 7 个县（市）中排末位，在河南省 102 个县（市）中排第 101 位（见表 2）。

三、分产业经济运行分析

（一）产业格局与发展方向

民权县是全国粮食生产先进县，近年来在推动农业优势特色产业发展上，主要以优质粮食基地建设、花生种植、温棚蔬菜产业建设和水产品养殖加工为抓手。依托黄河故道连片养殖水域的天然优势，近几年来民权县先后投资 2 亿多元打造庄子镇、北关镇黄河故道庄周梦蝶田园综合体项

表1 2008—2021年民权县地区生产总值及增速

年份	民权县GDP	民权县GDP占商丘市的比重	民权县GDP在商丘市的排名	民权县GDP在河南省的排名	民权县GDP增速	民权县增速在商丘市的排名	民权县增速在河南省的排名	民权县GDP增速－商丘市GDP增速	民权县GDP增速－河南省GDP增速
2008	86.1	9.3	4	61	13.5	1	45	1.5	1.4
2009	93.1	9.0	4	59	13.8	2	19	2.6	2.9
2010	107.4	9.4	4	62	12.3	2	43	0.3	-0.2
2011	121.6	9.2	4	61	11.7	1	65	-0.1	-0.2
2012	131.2	9.3	4	65	11.5	1	42	0.3	1.4
2013	149.9	9.7	4	61	10.7	3	27	0.2	1.7
2014	171.1	10.1	4	58	9.2	4	48	0	0.3
2015	184.3	10.2	4	59	9.3	1	48	0.6	1.0
2016	202.5	10.3	4	56	9.2	1	27	0.6	1.1
2017	223.8	10.1	4	53	8.7	4	30	0	0.9
2018	248.1	9.3	4	51	9.3	2	3	0.6	1.7
2019	324.0	11.1	3	37	7.5	5	49	0.1	0.7
2020	275.5	9.4	5	47	-15.6	7	97	-14.8	-16.9
2021	271.8	8.8	5	57	-2.4	7	100	-7.8	-8.7

数据来源：历年河南省统计年鉴。

河南省县域经济运行分析报告（上册）

表2 2008—2021年民权县人均地区生产总值及增速

年份	民权县人均GDP	人均GDP总量（元,%） 民权县人均GDP占商丘市的比重	民权县人均GDP在商丘市的排名	民权县人均GDP在河南省的排名	民权县人均GDP增速	人均GDP增速（%） 民权县人均GDP增速在商丘市的排名	民权县人均GDP增速在河南省的排名	民权县人均GDP增速－商丘市人均GDP增速	民权县人均GDP增速－河南省人均GDP增速
2008	10978	90.8	2	75	11.0	3	86	0.4	-1.2
2009	11712	91.7	2	76	12.2	4	39	2.7	4.1
2010	14358	95.2	2	74	19.4	3	15	5.2	0.8
2011	16970	96.4	2	74	16.6	4	33	2.6	-7.5
2012	17965	94.9	3	79	9.4	7	89	-1.6	-0.5
2013	20678	98.1	2	76	11.5	4	25	0.4	2.9
2014	23746	101.7	2	73	9.8	4	42	0.2	1.5
2015	25718	103.1	2	68	9.9	3	40	1.1	4.4
2016	28612	105.5	2	64	10.6	2	7	2.1	1.8
2017	31852	104.7	2	64	9.5	2	11	1.0	-0.1
2018	35265	107.9	2	61	9.1	3	19	0.7	1.6
2019	46106	116.1	2	40	7.6	4	46	0.7	-4.8
2020	36879	98.5	2	73	-15.5	7	98	-14.6	-13.8
2021	36229	91.3	5	86	-2.8	7	101	-7.4	-10.0

数据来源：历年河南省统计年鉴。

— 176 —

目,扩大养殖规模,完善配套水产养殖生产条件,发展稻渔综合种养,打造标准化鱼塘,2018年以来先后创建了5家国家级健康养殖示范场、2家省级龙头企业、65家水产养殖专业合作社及家庭农场。葡萄与葡萄酒产业曾是民权县的传统主导产业,在20世纪80年代葡萄种植高峰期民权县种植葡萄面积达10万亩,占中国酿酒葡萄种植面积的1/4;90年代以后,民权县葡萄酒厂经营陷入困境,葡萄种植面积大幅度下降,面积最少时仅为1.5万亩。2010年以后,民权县通过对葡萄种植户进行资金补贴等途径,调动了农民群众种植葡萄的积极性。目前民权县葡萄种植面积已达3万亩,其中,酿酒品种1万亩、鲜食品种2万亩,并且引进了一大批葡萄优良新品种,为民权县葡萄产业的升级换代打下了良好的基础。民权县优势特色产业年总产值近亿元。

制冷产业是民权县的制造业主导产业,起源于1985年的商丘低温设备厂,后成为当时国内最早的冷藏车制造龙头之一——冰熊集团,是中国第三大制冷家电设备制造商,曾经在国内冷藏车市场占据70%的份额,也是河南省最早的上市公司之一,拥有良好的品牌知名度和市场占有率,培养了大批创新人才和技术工人,为后来民权县重振制冷产业打下基础。民权县产业集聚区建立以后,围绕制冷产业开展全产业链招商,香雪海、万宝、澳柯玛等全国各地多家制冷厂家及配套企业相继落户民权,主导产业聚集效应已基本形成。2015年,民权县提出由家用商用制冷向工业科研制冷转变,冷链物流产品向长延伸,生产海运、陆运冷藏制冷集装箱;向小延伸,生产小型冰鲜、保温配运车,满足个性化需求。目前民权县制冷产业占有全国冰箱冷柜市场的1/10,冷藏车市场的3/5,在全国销售前10名的制冷企业中,民权县有4家。民权县制冷产业指数已成为全国制冷产品价格的"晴雨表"。

绘画产业也是民权县村民增收致富的主要产业,民权县北关镇王公庄村是远近闻名的绘画村,村民依靠画虎打造了"民权画工"品牌。民权县在王公庄村打造高质量绘画产业基地,分别与河南大学、省市文学艺术界联合会、美术家协会等达成意向,在王公庄建立教学实践基地和美术创作培训基地,创建大学生文创研发基地,携手清华大学创办清华大学美术学院农道学堂。民权县从外出"打工经济"向本地"绘画经济"快速转变,农民绘画合作社建成落地,装裱、包装及画框制作等外延产业蓬勃发展,绘画产业链条拉长，同时通过直播、网店等适应市场需求，拓宽销售渠道。王公庄村现有人口约 1400 人，900 多人从事绘画相关产业，拥有中国美术协会会员 2 人，省级美术协会会员 56 人，年均售画 9 万多幅，全村的绘画年产值过亿元。

在产业布局上，民权县加强制冷产业基地建设，倾全县之力打造"中国冷谷"；突出果酒传统产业优势，借力"豫酒振兴"战略东风，提升民权葡萄酒在国内外市场的知名度；结合农业大县实际发展特色农产品加工业，推进"民权葡萄""民权莲藕""民权花生""秋水湖河蟹"等地理标志证明商标注册；依托文化旅游特色，打造白云寺、葵丘会盟台、庄子故里、王公庄文化旅游景区等当代人文景点文化旅游产业集群。

（二）产业结构分析

从三次产业占比来看，自 2008 年以来民权县第一产业占比不断下降，2020 年、2021 年随着第二产业占比陡然下降，第一产业占比相应回升，第三产业占比则始终保持匀速提升。2021 年第一产业占比为 25.26%，第二产业占比为 23.63%，第三产业占比为 51.12%，呈现出"三、一、二"梯次（见图 1）。2020 年第二产业增加值大幅减少，较上年负增长 35.9%，2021 年继续下降，较上年负增长 17.9%。由此可见，2020—2021 年民权县经济负增长的症结在于第二产业。

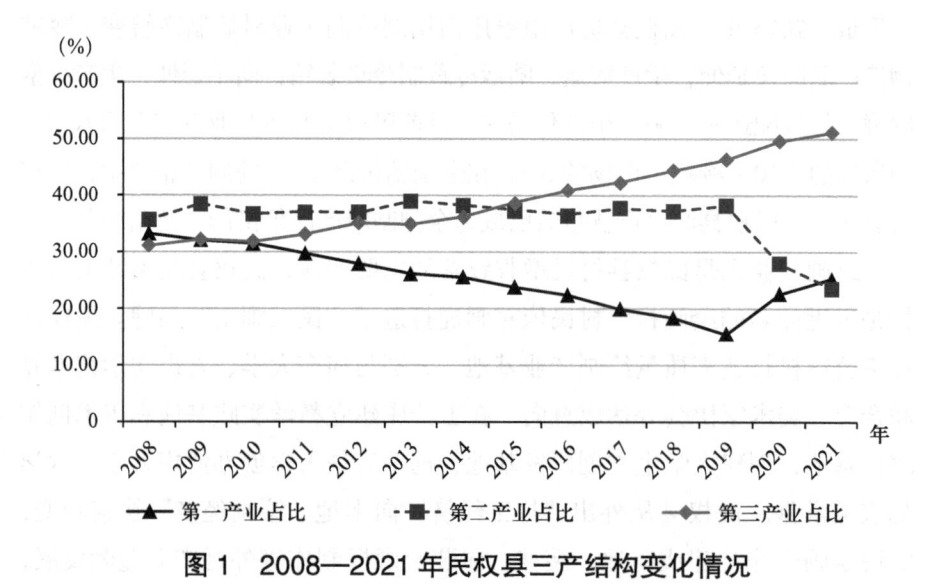

图 1　2008—2021 年民权县三产结构变化情况

（三）农业发展情况分析

从农业发展情况来看，民权县位于省内粮食大市和国家粮食主产区，粮食种植面积、粮食产量都处在全省县域第一方阵。2021年，民权县第一产业增加值68.7亿元，占GDP的比重为25.3%。粮食种植面积108.7千公顷，在商丘市7个县（市）中排第5位，在河南省102个县（市）中排第32位。粮食产量70.6万吨，在商丘市7个县（市）中排第5位，在河南省102个县（市）中排第30位（见表3）。

（四）工业发展情况分析

从工业发展情况来看，民权县规上工业增加值增速变化幅度较大，2008—2014年下降较快，2015—2019年增速较为平稳，2020年、2021年出现大幅负增长。2021年，民权县规上工业增加值为58.6亿元，规上工业增加值增速为-29.9%，增速在商丘市7个县（市）中排末位，在河南省102个县（市）中排第101位。2021年，民权县规上工业企业数为231个，比2010年净增152个，在商丘市7个县（市）中排第3位（见表4）。

（五）服务业发展情况分析

从服务业发展情况来看，民权县近年来虽然服务业增加值也出现过负增长，但相对整体经济和工业波动幅度较小，且多数年份在商丘市、河南省处在中游靠前水平。2021年，民权县服务业增加值为138.9亿元，比2008年的26.8亿元增加了4.2倍，占商丘市服务业增加值的10.3%，在商丘市7个县（市）中排第3位，在河南省102个县（市）中排第42位；从服务业增加值增速来看，2021年，民权县服务业增加值增速为2.5%，在商丘市7个县（市）中排第5位，在河南省102个县（市）中排第100位（见表5）。

（六）重点企业分析

（1）河南香雪海家电科技有限公司，2010年，由江苏省搬迁落户民权县产业集聚区，是产业集聚区首家制冷企业，注册资本1亿元，主要从事家用电器、工商用冷藏冷冻设备等的生产和制造。

（2）广州万宝集团民权电器有限公司，2012年，由广州万宝集团有限公司出资成立，注册资本2.9亿元，位于民权县产业集聚区。万宝集团民

表3 2008—2021年民权县农业发展情况

年份	第一产业增加值（亿元）	第一产业增加值增速（%）	第一产业增加值占GDP的比重（%）	粮食种植面积（千公顷）	粮食种植面积在商丘市的排名	粮食种植面积在河南省的排名	粮食产量（万吨）	粮食产量在商丘市的排名	粮食产量在河南省的排名
2008	28.6	5.6	33.2	94.9	4	31	62.1	4	28
2009	29.8	3.8	32.0	96.1	4	30	63.5	4	27
2010	33.8	4.5	31.5	96.8	4	27	64.0	4	27
2011	36.2	4.0	29.8	97.2	4	31	64.6	4	27
2012	36.7	4.5	28.0	98.0	4	32	65.4	5	29
2013	39.2	4.2	26.2	98.2	4	32	65.6	5	28
2014	43.7	3.5	25.5	98.3	5	35	65.8	5	28
2015	43.9	4.5	23.8	98.4	5	37	67.8	5	28
2016	45.4	4.4	22.4	106.7	5	31	71.5	5	27
2017	44.6	4.4	19.9	107.3	5	31	73.5	5	26
2018	45.7	4.0	18.4	108.9	5	32	72.4	5	28
2019	50.0	2.2	15.4	107.9	5	32	73.3	5	28
2020	62.0	2.6	22.5	108.1	5	32	74.4	5	28
2021	68.7	5.5	25.3	108.7	5	32	70.6	5	30

数据来源：历年河南省统计年鉴。

表 4　2008—2021 年民权县工业发展情况

年份	民权县规上工业增加值（亿元）	民权县规上工业增加值增速（%）	商丘市规上工业增加值增速（%）	民权县规上工业增加值增速在商丘市的排名	民权县规上工业增加值增速在河南省的排名	民权县规上工业企业数（个）	民权县规上工业企业数在商丘市的排名
2008	—	46.6	20	1	1	—	—
2009	—	35.0	13.3	1	1	—	—
2010	—	25.0	17.9	5	20	79	4
2011	—	26.3	20.5	4	26	—	—
2012	—	22.0	17.1	6	20	—	—
2013	39.7	19.5	16.2	3	8	98	4
2014	49.0	11.6	11.8	6	73	108	3
2015	64.5	9.7	9.3	2	70	135	3
2016	81.2	9.3	9.1	2	68	159	2
2017	85.2	8.1	8.3	5	75	162	2
2018	—	8.6	8.6	2	48	165	2
2019	135.5	9.0	8.8	3	35	175	3
2020	—	-43.9	-4.8	7	98	187	4
2021	58.6	-29.9	3.7	7	101	231	3

数据来源：历年河南省统计年鉴、商丘市统计年鉴。

表 5　2008—2021 年民权县服务业发展情况

年份	民权县服务业增加值（亿元）	民权县服务业增加值占商丘市的比重（%）	民权县服务业增加值在商丘市的排名	民权县服务业增加值在河南省的排名	民权县服务业增加值增速（%）	民权县服务业增加值增速在商丘市的排名	民权县服务业增加值增速在河南省的排名
2008	26.8	11.9	4	41	14.5	3	46
2009	30.0	11.0	3	36	17.6	4	9
2010	34.1	10.9	5	38	17.2	3	6
2011	40.3	10.9	4	38	11.8	1	28
2012	46.1	11.0	3	37	11.8	2	23
2013	52.3	11.0	4	38	10.1	2	21
2014	62.0	10.6	3	42	10.4	4	27
2015	71.4	10.5	3	41	11.9	6	51
2016	82.8	10.6	3	40	12.7	1	6
2017	94.9	10.6	3	40	10.1	5	61
2018	110.1	10.8	3	40	12.6	1	11
2019	150.2	11.8	2	28	8.6	4	26
2020	136.5	10.5	3	40	-5.3	7	102
2021	138.9	10.3	3	42	2.5	5	100

数据来源：历年河南省统计年鉴。

权制冷工业园投资超过10亿元，主要投资项目包括冰箱及冷柜、商用压缩机、冷藏车用制冷机组等系列制冷产品，努力打造成为万宝集团国内制冷市场最大的综合性制冷基地。

（3）河南澳柯玛电器有限公司，2012年，由澳柯玛股份有限公司出资成立，注册资本0.5亿元，位于民权县产业集聚区，主要从事制冷产品、家用电器的生产销售。

（4）天明民权葡萄酒有限公司，农业产业化河南省重点龙头企业，由河南百年天明酒业有限公司控股，成立于2005年，位于民权县高新技术产业开发区。主要从事葡萄酒及果酒生产、销售，葡萄种植，年产能1万吨，年产值7亿元。

（5）河南神人助粮油有限公司，农业产业化河南省重点龙头企业，成立于2002年，从事农副食品加工业，注册资本1亿元，拥有全自动化小麦粉生产线5条，日处理小麦3000吨、日配粉能力3000吨，员工超过200人。

四、财政收支分析

从财政收支总体情况来看，民权县一般公共预算收入、税收收入对全市财政收入的贡献较低，且低于一般公共预算支出在商丘市支出中所占的比重，财政收支总量、财政自给率都比较低。2021年，民权县一般公共预算收入达12.1亿元，占商丘市一般公共预算收入的6.4%，在商丘市7个县（市）中排第2位，在河南省102个县（市）中排第59位。其中，税收收入2021年达8.5亿元，占民权县一般公共预算收入的70.0%，占商丘市税收收入的6.9%。2021年民权县一般公共预算支出达45.1亿元，占商丘市一般公共预算支出的8.1%，在商丘市7个县（市）中排第4位，在河南省102个县（市）排第41位（见表6）。

从人均财力看，相较于人均一般公共预算支出，民权县人均一般公共预算收入与商丘市和河南省的人均水平差距较大。2021年，民权县人均一般公共预算收入为1609元，占商丘市人均一般公共预算收入的65.3%，占河南省人均一般公共预算收入的36.6%，在河南省102个县（市）中排第75位；人均一般公共预算支出达到5983元，占商丘市人均一般公共预

表 6 2008—2021 年民权县财政收支情况

年份	民权县一般公共预算收入	民权县一般公共预算收入占商丘市的比重	民权县一般公共预算收入在商丘市的排名	民权县一般公共预算收入在河南省的排名	民权县税收收入	民权县税收占一般公共预算收入的比重	民权县税收收入占商丘市税收收入的比重	民权县一般公共预算支出	民权县一般公共预算支出占商丘市的比重	民权县一般公共预算支出在商丘市的排名	民权县一般公共预算支出在河南省的排名
2008	1.0	3.3	5	97	—	—	—	10.1	8.6	5	44
2009	1.3	3.8	3	92	—	—	—	13.5	8.9	5	38
2010	1.8	4.2	3	87	—	—	—	15.4	8.5	5	39
2011	2.7	4.7	3	80	—	—	—	19.1	8.4	5	40
2012	3.6	5.1	3	74	—	—	—	27.7	9.7	5	29
2013	5.0	5.8	3	71	3.8	76.0	6.0	27.5	8.7	5	40
2014	6.4	6.4	3	62	5.0	77.7	6.9	29.4	8.4	5	40
2015	7.9	7.1	3	51	5.7	72.6	7.5	33.5	8.8	5	38
2016	8.3	7.1	2	52	6.1	73.6	7.5	37.1	8.8	5	37
2017	9.0	7.0	2	52	5.9	65.8	6.8	39.6	8.6	5	46
2018	10.0	6.5	3	58	7.0	69.9	6.4	45.6	9.1	4	44
2019	10.9	6.3	2	57	7.7	70.6	6.5	46.8	8.7	5	49
2020	11.3	6.3	2	56	7.9	69.7	6.8	49.2	8.8	5	47
2021	12.1	6.4	2	59	8.5	70.0	6.9	45.1	8.1	4	41

数据来源：历年河南省统计年鉴。

支出的83.1%，占河南省人均一般公共预算支出的56.7%。从财政自给率看，2021年民权县财政自给率为26.9%，低于商丘市财政自给率7.3个百分点，低于河南省财政自给率14.8个百分点，在商丘市辖7个县（市）中排第3位，在河南省102个县（市）中排第69位（见表7）。

五、金融业发展分析

从金融机构存贷总体情况来看，民权县金融机构贷款余额在商丘市和河南省排名位次优于存款，整体存贷比波动较大，呈现波动下降趋势，早年高于河南省、商丘市水平，近年来有明显降低，低于商丘市、河南省存贷比，在河南省县域的位次明显下降，但在商丘市排名始终比较靠前。2021年，民权县金融机构存款年末余额312.7亿元，占商丘市金融机构存款年末余额的7.8%，在商丘市辖7个县（市）中排第5位，在河南省102个县（市）中排第51位；2021年，民权县金融机构贷款年末余额为168.4亿元，占商丘市金融机构贷款年末余额的6.9%，在商丘市7个县（市）中排第3位，在河南省102个县（市）中排第46位。2021年，民权县存贷比为53.9%，在商丘市7个县（市）中排第2位，在河南省102个县（市）中排第48位（见表8），低于商丘市6.8个百分点，低于河南省30.5个百分点。

从人均存贷款总体演变来看，民权县人均贷款余额在商丘市、河南省的位次整体上优于人均存款余额，但2008—2021年人均贷款余额在河南省的排名有较大幅度的下降。2021年，民权县人均存款余额为41463元，占商丘市人均存款余额的79.8%，占河南省人均存款余额的49.7%，在商丘市7个县（市）中排第5位，在河南省102个县（市）中排第82位。2021年，民权县人均贷款余额为22330元，占商丘市人均贷款余额的70.8%，占河南省人均贷款余额的31.8%，在商丘市7个县（市）中排第3位，在河南省102个县（市）中排第73位（见表9）。

表 7 2008—2021 年民权县人均财力及财政自给率

年份	人均一般公共预算收入	人均一般公共预算收入占商丘市的比重	人均一般公共预算收入占河南省的比重	在河南省的排名	人均一般公共预算支出	人均一般公共预算支出占商丘市的比重	人均一般公共预算支出占河南省的比重	在河南省的排名	民权县财政自给率	民权县财政自给率在商丘市的排名	民权县财政自给率在河南省的排名
2008	129	31.8	12.1	97	1274	83.9	52.6	64	10.2	5	99
2009	169	37.2	14.2	96	1700	87.9	55.5	64	9.9	3	97
2010	257	43.9	17.5	85	2192	89.5	60.4	52	11.7	3	94
2011	366	47.7	20.1	84	2613	84.0	58.2	67	14.0	2	85
2012	492	51.3	23.0	80	3802	97.2	72.4	37	12.9	3	88
2013	694	58.8	27.5	75	3821	88.3	65.5	59	18.2	2	73
2014	893	53.6	31.4	68	4084	70.1	65.3	56	21.9	2	68
2015	1102	72.4	35.4	58	4704	89.7	67.1	55	23.4	2	62
2016	1179	73.1	36.6	58	5286	91.1	69.3	50	22.3	2	64
2017	1277	72.3	36.8	58	5636	88.8	67.4	55	22.7	2	57
2018	1421	67.7	37.2	60	6470	94.3	69.2	58	22.0	2	62
2019	1556	66.4	38.1	62	6683	91.2	65.1	71	23.3	2	57
2020	1519	65.9	36.2	72	6597	91.8	63.2	75	23.0	2	58
2021	1609	65.3	36.6	75	5983	83.1	56.7	68	26.9	3	69

数据来源：历年河南省统计年鉴。

表8 2008—2021年民权县金融机构年末存贷款余额情况

年份	民权县金融机构存款年末余额	民权县金融机构存款年末余额占商丘市的比重	民权县金融机构存款年末余额在商丘市的排名	民权县金融机构存款年末余额在河南省的排名	民权县金融机构贷款年末余额	民权县金融机构贷款年末余额占商丘市的比重	民权县金融机构贷款年末余额在商丘市的排名	民权县金融机构贷款年末余额在河南省的排名	民权县存贷比	商丘市存贷比	河南省存贷比	民权县存贷比在商丘市的排名	民权县存贷比在河南省的排名
2008	40.1	6.6	6	74	35.5	8.7	2	22	88.7	68.0	68.0	2	5
2009	50.2	7.0	4	69	39.3	7.6	3	30	78.1	71.8	70.1	3	9
2010	62.7	7.0	4	64	43.2	7.1	4	36	68.9	67.4	68.6	3	12
2011	77.9	7.1	4	59	45.3	7.7	2	37	58.2	53.5	65.7	3	24
2012	101.6	7.5	4	54	50.8	7.2	2	40	50.0	51.8	63.3	2	32
2013	117.3	7.5	4	56	67.1	8.1	2	37	57.2	53.5	62.4	2	26
2014	130.7	7.4	6	54	84.2	8.4	2	31	64.4	57.2	65.8	2	18
2015	143.6	7.3	6	61	86.9	7.6	2	38	60.5	57.5	66.0	2	19
2016	158.3	6.9	6	64	98.4	7.6	2	37	62.2	56.3	67.6	2	18
2017	190.1	7.1	5	58	108.6	7.6	2	37	57.1	53.3	70.7	3	28
2018	215.2	7.4	5	56	118.7	7.3	2	40	55.1	55.4	74.9	3	38
2019	242.1	7.4	5	53	136.6	6.9	2	40	56.4	60.9	80.1	3	36
2020	282.8	7.8	5	51	157.9	6.9	2	37	55.8	62.5	82.2	3	43
2021	312.7	7.8	5	51	168.4	6.9	3	46	53.9	60.7	84.4	2	48

数据来源：历年河南省统计年鉴。

表 9 2008—2021 年民权县人均存贷款情况

年份	民权县人均存款余额	人均存款（元，%） 民权县人均存款余额在商丘市的排名	民权县人均存款余额在河南省的排名	民权县人均存款余额占商丘市的比重	民权县人均存款余额占河南省的比重	民权县人均贷款余额	人均贷款（元，%） 民权县人均贷款余额在商丘市的排名	民权县人均贷款余额在河南省的排名	民权县人均贷款余额占商丘市的比重	民权县人均贷款余额占河南省的比重
2008	5036	5	92	64.9	31.1	4465	3	39	84.6	40.6
2009	6321	3	88	68.3	31.3	4938	3	45	74.3	34.9
2010	8931	4	73	72.8	36.3	6157	3	42	74.5	36.5
2011	10641	6	79	71.3	37.8	6193	3	49	77.6	33.5
2012	13933	5	73	75.4	41.5	6964	2	50	72.7	32.7
2013	16275	5	73	76.0	41.4	9316	2	46	81.3	37.9
2014	18139	5	76	62.3	42.3	11676	2	43	70.1	41.4
2015	20143	6	80	74.1	41.0	12187	2	49	77.9	37.6
2016	22540	7	84	71.8	40.8	14011	3	49	79.2	37.5
2017	27059	6	75	73.5	45.0	15450	3	50	78.7	36.4
2018	30537	5	73	76.5	47.2	16837	3	52	76.1	34.7
2019	34554	5	72	77.9	49.2	19489	3	50	72.2	34.7
2020	37893	3	77	81.5	49.3	21154	3	61	72.8	33.4
2021	41463	5	82	79.8	49.7	22330	3	73	70.8	31.8

数据来源：历年河南省统计年鉴。

六、居民收入分析

从居民收入看，2017年以来民权县居民人均可支配收入在商丘市、河南省县域排名靠后，但不断提高，与商丘市、河南省居民人均可支配收入的差距在不断缩小。2021年，民权县居民人均可支配收入为20282元，比2017年的14502元增长了39.9%，占商丘市居民人均可支配收入的89.4%，占河南省居民人均可支配收入的75.6%，在商丘市7个县（市）中排第5位，在河南省102个县（市）中排第83位。从居民收入增速看，2017—2021年，民权县居民人均可支配收入增速均略高于商丘市，2021年增速为7.9%，高于商丘市居民人均可支配收入增速0.4个百分点（见表10）。

表10 2017—2021年民权县居民人均可支配收入情况

年份	民权县居民人均可支配收入（元）	民权县居民人均可支配收入在商丘市的排名	民权县居民人均可支配收入在河南省的排名	民权县居民人均可支配收入占商丘市的比重（%）	民权县居民人均可支配收入占河南省的比重（%）	民权县居民人均可支配收入增速（%）	商丘市居民人均可支配收入增速（%）	民权县增速-商丘市增速（%）
2017	14502	5	87	86.9	71.9	11.4	11.0	0.4
2018	16079	5	86	87.4	73.2	10.9	10.2	0.7
2019	17929	5	81	88.9	75.0	11.5	9.7	1.8
2020	18790	5	81	89.0	75.7	4.8	4.7	0.1
2021	20282	5	83	89.4	75.6	7.9	7.5	0.4

数据来源：历年河南省统计年鉴。

分城镇、农村居民人均可支配收入看，民权县城、乡居民收入在商丘市、河南省排名均比较靠后，城镇居民人均可支配收入排名在河南省61~75位之间，农村居民人均可支配收入排名在河南省第85~92位之间，城乡收入差距较大。2021年，民权县城镇居民人均可支配收入为32107元，占商丘市城镇居民人均可支配收入的92.4%，占河南省城镇居民人均可支配收入的86.6%，在商丘市7个县（市）中排第5位，在河南省102个县（市）中排第61位。2021年，民权县农村居民人均可支配收入为14163元，占商丘市农村居民人均可支配收入的95.8%，占河南省农村居民人均可支

表11 2008—2021年民权县分城乡居民人均可支配收入及城乡收入比

年份	民权县城镇居民人均可支配收入	民权县城镇居民人均可支配收入在商丘市的排名	民权县镇居民人均可支配收入占商丘市的比重	民权县镇居民人均可支配收入占河南省的比重	民权县农村居民人均可支配收入	民权县农村居民人均可支配收入在商丘市的排名	民权县农村居民人均可支配收入占商丘市的比重	民权县农村居民人均可支配收入占河南省的比重	民权县城乡居民收入比	民权县城乡居民收入比在河南省的排名
2008	9961	5	84.8	75.3	3491	4	93.1	78.4	2.9	89
2009	11160	5	87.8	77.7	3770	6	93.0	78.4	3.0	90
2010	12443	5	87.8	78.1	4377	4	93.6	79.2	2.8	87
2011	14136	5	87.5	77.7	5213	5	92.5	78.9	2.7	83
2012	16044	5	87.6	78.5	5935	5	92.4	78.9	2.7	83
2013	17745	5	87.8	79.2	6689	5	92.7	78.9	2.7	85
2014	19342	5	86.8	81.7	7448	5	92.8	74.7	2.6	85
2015	20640	5	87.6	80.7	8463	5	95.3	78.0	2.4	87
2016	22333	5	88.6	82.0	9153	5	95.3	78.3	2.4	90
2017	24611	5	89.2	83.3	10041	5	95.5	78.9	2.5	90
2018	27047	5	90.2	84.9	10998	5	95.6	79.5	2.5	91
2019	29536	5	91.3	86.4	12120	5	95.7	79.9	2.4	92
2020	29979	5	91.3	86.3	13053	6	95.9	81.0	2.3	89
2021	32107	5	92.4	86.6	14163	6	95.8	80.8	2.3	91

数据来源：历年河南省统计年鉴。

配收入的80.8%，在商丘市7个县（市）中排第6位，在河南省102个县（市）中排第92位。2021年，民权县城乡居民人均可支配收入比约为2.3，在河南省102个县（市）中排第91位，处在靠后位次，但2008年以来城乡收入差距整体上逐步缩小（见表11）。

七、固定资产投资分析

从固定资产投资来看，2008—2017年，民权县固定资产投资总额不断增加，2017年达到242.0亿元，占商丘市固定资产投资的比重维持在10.4%~11.3%，2011—2017年在商丘市7个县（市）中保持在前4名。从固定资产投资增速来看，2008—2021年民权县增速波动幅度略高于河南省、商丘市水平，2021年，民权县固定资产投资增速为11.3%，高于商丘市固定资产投资增速3个百分点，高于河南省固定资产投资增速6.8个百分点（见表12）。

表12　2008—2021年民权县固定资产投资情况

年份	民权县固定资产投资（亿元）	民权县固定资产投资占商丘市的比重（%）	民权县固定资产投资在商丘市的排名	民权县固定资产投资增速（%）	商丘市固定资产投资增速（%）	河南省固定资产投资增速（%）
2008	56.6	10.6	3	32.8	33.2	30.7
2009	78.6	11.3	2	38.9	29.9	31.6
2010	76.9	10.9	3	23.3	22.0	22.2
2011	95.0	10.7	4	23.6	25.2	27.0
2012	112.0	10.5	4	17.8	20.7	21.4
2013	136.7	10.4	4	22.1	22.6	22.5
2014	164.6	10.6	4	20.4	18.4	19.2
2015	187.7	10.6	4	14.0	14.0	16.5
2016	217.1	10.6	4	15.7	15.2	13.7
2017	242.0	10.6	4	11.5	11.8	10.4
2018	—	—	—	12.6	11.2	8.1
2019	—	—	—	13.0	10.9	8.0
2020	—	—	—	1.8	6.0	4.3
2021	—	—	—	11.3	8.3	4.5

数据来源：历年河南省统计年鉴。

八、社会消费分析

从社会消费情况来看，2012年以后民权县社消零总额及人均社消零在商丘市、河南省的排名都有较大幅度的下降，至2019年在河南省排名明显回升后，2020年、2021年再次下降，尤其是人均消费水平在河南省的排名比较靠后。2021年，民权县社消零总额为94.0亿元，在商丘市7个县（市）中排第6位，在河南省102个县（市）中排第62位；人均社消零2021年达到12461元，在商丘市7个县（市）中排末位，在河南省102个县（市）中排第88位。分行业来看，2013—2021年，民权县批发和零售业占比逐步增大，住宿和餐饮业占比逐渐缩小（见表13）。

九、人口规模分析

从人口情况看，民权县户籍人口在河南省县域中排名较为靠前，常住人口位次处在中游偏上，人口流失率不断上升，城镇化率较低。2021年，民权县常住人口为75.4万人，占商丘市常住人口的9.8%，在商丘市7个县（市）中排第5位，在河南省102个县（市）中排第34位。2020年，人口外流27.8万人，人口流失率为27.1%。2021年，城镇化率为42.2%，在河南省102个县（市）中排第68位（见表14），较商丘市低5个百分点，较河南省低14.3个百分点。

从就业情况看，民权县就业人数总体上不断增加，2019年，民权县从业人数为58.8万人，较上年负增长1.8%。从三产就业结构来看，2019年民权县第一产业和第二、第三产业从业人员的占比分别为39%、61%（见表15）。

十、公共服务分析

从义务教育情况来看，2021年，民权县共有中小学195所，在校学生数合计123697人，专任教师数7791人，平均每千名在校中小学生配备专任教师数为63人。从医疗卫生情况来看，2021年，民权县平均每千名常住人口配备卫生机构床位数、卫生技术人员数逐年上升，医疗资源配备逐步增强，每千人床位数为5.5张，每千人卫生技术人员数为5.1人（见表16）。

表 13 2008—2021 年民权县社消总额情况

年份	社消零总额（亿元） 民权县社消零总额	社消零总额（亿元） 在商丘市的排名	社消零总额（亿元） 在河南省的排名	人均社消零（元） 民权县人均社消零	人均社消零（元） 在商丘市的排名	人均社消零（元） 在河南省的排名	分行业及占比（亿元，%） 批发和零售业	分行业及占比（亿元，%） 占社消零总额的比重	分行业及占比（亿元，%） 住宿和餐饮业	分行业及占比（亿元，%） 占社消零总额的比重
2008	28.5	2	40	3581	2	71	—	—	—	—
2009	34.0	2	41	4274	2	69	—	—	—	—
2010	39.6	2	45	5640	2	59	—	—	—	—
2011	44.5	3	47	6072	2	66	—	—	—	—
2012	40.0	6	76	5485	4	91	—	—	—	—
2013	45.9	6	75	6366	4	90	38.1	83.0	7.8	17.0
2014	50.8	6	77	7054	5	90	41.7	82.0	9.2	18.0
2015	57.6	5	75	8075	4	90	47.1	81.9	10.4	18.1
2016	65.0	5	74	9258	4	87	53.2	81.8	11.8	18.2
2017	73.2	5	71	10423	4	87	60.1	82.1	13.1	17.9
2018	72.2	6	75	10238	7	92	68.5	95.0	3.6	5.0
2019	106.1	6	47	15135	4	62	98.6	92.9	7.5	7.1
2020	91.7	6	55	12290	6	81	87.3	95.2	4.4	4.8
2021	94.0	6	62	12461	7	88	88.7	94.4	5.2	5.6

数据来源：历年河南省统计年鉴、商丘市统计年鉴。

表 14　2008—2021 年民权县人口情况

年份	户籍人口（万人）	户籍人口在河南省的排名	常住人口（万人）	常住人口在商丘市的排名	常住人口在河南省的排名	外流人口（万人）	人口流失率（%）	常住人口占商丘市的比重（%）	民权县城镇化率（%）	城镇化率在河南省的排名
2008	85.6	33	79.6	5	32	6.1	7.1	10.2	—	—
2009	86.1	33	79.5	5	32	6.6	7.6	10.2	—	—
2010	89.2	31	70.2	6	45	19.1	21.4	9.5	—	—
2011	89.7	31	73.2	4	36	16.5	18.4	9.9	—	—
2012	90.2	32	72.9	4	37	17.2	19.1	10.0	—	—
2013	90.6	32	72.1	4	38	18.5	20.4	9.9	29.4	85
2014	91.1	32	72.1	4	39	19.1	20.9	11.9	31.0	84
2015	91.6	32	71.3	4	40	20.3	22.2	9.8	32.6	85
2016	92.1	33	70.3	4	40	21.8	23.7	9.6	34.4	86
2017	92.7	33	70.3	4	41	22.4	24.2	9.6	36.1	87
2018	93.3	33	70.5	4	41	22.8	24.4	9.6	37.7	87
2019	93.7	33	70.1	4	42	23.6	25.2	9.6	39.3	87
2020	102.4	29	74.6	5	36	27.8	27.1	9.5	41.2	68
2021	—	—	75.4	5	34	—	—	9.8	42.2	68

数据来源：历年河南省统计年鉴。

表15 2008—2019年民权县就业情况

年份	从业人员数（万人）	从业人员数增速（%）	第一产业从业人员数占比（%）	第二产业从业人员数占比（%）	第三产业从业人员数占比（%）
2008	49.7	4.1	58	22	20
2009	50.8	2.3	55	25	20
2010	44.1	-13.2	61	30	9
2011	45.0	2.2	55		45
2012	46.0	2.2	51		49
2013	47.1	2.3	51		49
2014	53.7	14.2	53		47
2015	55.9	4.1	48		52
2016	57.9	3.6	46		54
2017	61.3	5.9	44		56
2018	59.9	-2.3	37		63
2019	58.8	-1.8	39		61

数据来源：历年河南省统计年鉴。

表 16　2019—2021 年民权县教育和医疗情况

年份		2019	2020	2021
学校数	合计（所）	198	195	195
	小学学校数	146	145	144
	初中学校数	52	50	51
在校学生数	合计（人）	114525	119933	123697
	小学在校生数	81602	87566	90204
	初中在校生数	32923	32367	33493
专任教师数	合计（人）	7324	7322	7791
	小学	3978	3998	4194
	初中	3346	3324	3597
医疗卫生	卫生机构床位数/千人（张）	6.2	5.5	5.5
	卫生技术人员数/千人（人）	4.4	5	5.1

数据来源：历年河南省统计年鉴。

十一、县域发展战略分析

民权县"十四五"规划及 2022 年政府工作报告中提出，今后 5 年的发展定位是打造高质量新型制冷装备城、高水平乡村振兴示范城、高标准全域生态文明城、高能级交通物流枢纽城、高层次黄河故道文旅城、高品质美丽幸福宜居城，建设商丘副中心城市。对照撤县设市标准，鼓励人口向县城集聚集中，扩大中心城区人口规模，全力推进撤县设市；推动全县产业体系、乡村振兴、生态文明、枢纽经济、文化创新、城镇建设和公共服务高质量发展，强力支撑区域性中心城市打造；突出做强新型制冷装备制造，做优以葡萄酒为主的绿色食品加工，培育壮大电子信息等先进新兴制造业，力争"十四五"末三大主导优势产业集群产值达到 500 亿元以上；构建高效型服务业生态，推动制造业和服务业深度融合，推动城区各板块功能互补，形成以会展经济、商务服务为主导，集聚红酒经济、电子商务、总部经济、创新孵化和大数据等业态的区域性商务服务中心；做大做强优势特色种养业，推动乡村产业深度融合，推进农业发展质量变革、效率变革、动力变革，实现由农业大县向农业强县转变。坚持绿色发展，加快建设黄河故道生态走廊，严守生态保护红线，加大生态系统保护力度，立足源头减排，建设天蓝、地绿、水清新民权，着力推动绿色低碳发展，建设高标准全域生态文明城。坚持互联互通、覆盖面广、协同高效的发展方向，打造集铁路、公路、航空于一体的现代化综合交通枢纽，全面打通出县道路，提升区域性交通枢纽地位。

十二、综述

民权县是传统农业生产县，经济体量总体偏弱，人均GDP在河南省的排名也略微靠后。产业结构上，农业占比较大，粮食种植面积、粮食产量在全省、商丘市的排名靠前，但工业地位一直不够突出，尤其近两年第二产业增加值占比超过第一产业。特色产业集中在制冷设备制造业、以葡萄酒为代表的食品加工业及水产养殖业，绘画产业也是村民增收致富的主要产业之一。财政实力较弱，且一般公共预算收入对商丘市的贡献小于一般公共预算支出在商丘市的比重，财政自给率较低。金融存贷比早年在河南省排名较为靠前，近年来不断下滑，经济活跃度有所减弱。居民收入较低、城乡收入差距较大，人均消费不足，城镇化率较低，医疗教育公共服务水平与河南省平均水平存在明显差距。

制约民权县经济发展水平的突出问题是产业结构不优，支柱产业不强。首先是农业占比过大，工业基础薄弱。三产结构演化到2021年，农业占比25.3%，第二产业占比仅为23.6%。农业生产投入高、产出低，且生产周期较长，对区域经济增长的拉动作用十分有限。其次是民权县的现有制造业以制冷行业和食品加工业为主，民权县在制冷制造、葡萄酒加工行业都具有传统基础，但均在改革开放不断深入的20世纪90年代走向没落，近十多年来再次依托传统优势将其确定为主导产业，大力发展起步较晚。虽然制冷产业集群取得一定规模，但在技术创新、产业链延伸上仍有一定的发展空间，集聚效应有待进一步提升。同时，葡萄标准化栽培技术没有形成，产量和品质无法稳定，葡萄酒行业的集聚规模偏小，对县域经济的支撑还不足。

针对上述问题，民权县在下一步发展中应放大主导产业优势，瞄准国际国内制冷行业发展方向，增强引领制冷行业发展的责任感和使命感，精心描绘"中国冷谷"发展蓝图,对县域经济"成高原"形成强力支撑。县里可以设立专门机构,统筹制冷行业发展,对政策研究、信息发布、工艺创新、产品迭代、标准制定、市场开拓、节能减碳、人才培育、要素建设等做出切实可行的安排,让"民权制冷"向"河南制冷""中国制冷"迈进。同时坚持创新引领、科技赋能,提升产业链、供应链的稳定性和竞争力,持续推进政产学研合作,加强与大院大所合作,开展制冷共性技术、关键技术和前沿技术研发,完善研发创新体系,打造全国一流乃至世界一流的制冷产业技术研发基地。

河南省县域经济运行分析：睢县篇[①]

一、睢县概况

睢县位于河南省东部，隶属于商丘市，西距省会郑州市162千米，东至商丘市62千米。辖8镇、2街道、10乡、545个行政村，总面积926平方千米，全县建成区面积约36平方千米，占全域面积的4%左右，耕地面积100.3万亩（667平方千米），占全域面积的72%，人均耕地面积约为1亩1分地。

睢县有"中原水城"之称，城内北湖及周围5个卫星湖，湖面阔达万亩，是陇海线两侧最大的内陆淡水湖泊，全县湿地总面积2112公顷。

2021年，睢县户籍人口91万人，常住人口71.22万人，常住人口占户籍人口的比重为78.3%，中心城区人口22万人，占全部常住人口比重31%。常住人口中，城镇常住人口28.42万人，占比40%，乡村常住人口42.8万人，占比60%。常住人口城镇化率为39.9%。

二、总体经济运行分析

经济总量稳中有升，近两年增速加快。2021年，睢县GDP总量为247.08亿元，排河南省第73位，在商丘市7个县（市）中排第6位，高于宁陵县（193亿元），与排在商丘市第1位的永城市差距较大（720亿元）。

从占比上看，2021年，睢县GDP占商丘市的比重为8%，基本与2008年持平，近几年保持稳定增长；占河南省的比重与2008年基本相同，均在4%左右。2022年前三季度，GDP总量及占比均有所提升，占商丘市的比重突破9个百分点，占河南省的比重突破0.5个百分点（见表1）。

[①] 本篇完成于2022年12月，撰稿人：徐涛；耿明斋、周立、王永苏、李燕燕、屈桂林、张国骁、李甜、张兆源等参与讨论。

表1 2008—2021年睢县地区生产总值及增速

年份	睢县GDP（亿元）	GDP在商丘市的排名	GDP增速（%）	GDP增速在商丘市的排名	GDP占商丘市的比重（%）	GDP占河南省的比重（%）	睢县GDP在河南省的排名
2008	77.98	5	12.4	5	8.38	0.43	71
2009	84.06	6	9.5	6	8.14	0.43	74
2010	94.79	6	11.6	5	8.27	0.41	77
2011	105.6	6	10.2	6	8.01	0.39	83
2012	112.69	6	10.8	6	7.95	0.38	85
2013	125.88	6	10	5	8.18	0.39	83
2014	136.13	6	9.2	4	8.02	0.39	83
2015	144.67	6	8.3	6	8.02	0.39	85
2016	157.07	6	8	7	7.96	0.39	83
2017	168.44	6	7.3	7	7.59	0.38	87
2018	183.63	6	7.6	7	6.90	0.37	86
2019	222.88	6	7.5	5	7.66	0.41	76
2020	234.4	6	2	2	8.01	0.43	72
2021	247.08	6	4.2	2	8.01	0.42	73

数据来源：历年河南省统计年鉴及睢县统计公报。

从增速看，2021年，睢县GDP增速为4.2%，与虞城县并列居商丘市第2位（永城市占第1位，为9%），但不及商丘市（5.4%）及河南省增速（6.3%）。

人均GDP总量逐年增加，在商丘市、河南省排名下降，占比稳定，总量不及河南省、商丘市平均水平。2021年，睢县人均GDP为3.4万元，排河南省第96位，较2008年下降13位，在商丘市排最后一位，与第1位的永城市（5.7万元）差2.3万元，人均GDP低于第6位的宁陵县128元。

从河南省、商丘市对比来看，2021年睢县人均GDP占河南省的57.46%，占商丘市的86.55%（见表2），与2008年基本持平，人均GDP水平与河南省、商丘市平均水平存在差距。

表 2 2008—2021 年睢县人均地区生产总值及增速

年份	睢县人均GDP（元）	睢县人均GDP增速（%）	睢县人均GDP在河南省的排名	睢县人均GDP在商丘市的排名	商丘市人均GDP（元）	商丘市人均GDP增速（%）	河南省人均GDP（元）	河南省人均GDP增速（%）	睢县人均GDP占商丘市的比重（%）	睢县人均GDP占河南省的比重（%）
2008	10367	11.5	83	4	12092	10.59	18019	11.81	85.73	57.53
2009	11099	8.7	83	4	12779	9.52	19480	10.21	86.85	56.98
2010	12910	15.1	87	5	15076	14.14	23092	12.54	85.63	55.91
2011	15236	16.8	88	5	17600	14.02	28661	12.20	86.57	53.16
2012	16769	14.3	90	5	18937	11.04	31499	9.40	88.55	53.24
2013	18849	10.7	90	5	21081	11.11	34211	8.40	89.41	55.10
2014	20382	9.2	93	5	23359	9.68	37072	8.20	87.26	54.98
2015	21647	8.2	92	6	24940	8.84	39123	7.70	86.80	55.33
2016	23620	8.5	89	6	27124	8.51	42575	7.50	87.08	55.48
2017	25418	7.7	92	6	30423	8.48	46674	7.10	83.55	54.46
2018	27566	7.0	89	6	32673	8.38	50152	7.23	84.37	54.96
2019	33323	7.1	86	7	39719	6.90	56388	6.40	83.90	59.10
2020	32392	1.9	94	7	37424	-0.89	55435	0.90	86.55	58.43
2021	34137	5.4	96	7	39441	5.39	59410	6.40	86.55	57.46

数据来源：历年河南省统计年鉴及睢县统计公报。

三、分产业经济运行分析

(一)产业格局与发展方向

2011年,睢县将集约化程度高、前景广阔的制鞋产业确定为未来的主导产业,并制定了"一年打基础、三年上规模、五年成基地、十年创鞋都"的发展规划。同时加大招商引资力度,2012年招商引进一家制鞋企业落户睢县,安踏、豪烽、华莹等制鞋及配套企业相继落户睢县,经过十余年的发展,睢县抢抓产业转移机遇,盯准"一双鞋",制鞋产业实现了从无到有、由小到大、由散到聚的重大转变,形成了集群集聚发展效应。

从第一家制鞋企业落地、年产能100万双,发展到目前制鞋及鞋材配套企业427家、年产能3亿双,成为全国除福建晋江之外最大、最具竞争力的休闲运动鞋生产基地。足力健、中国乔丹、鸿星尔克、李宁、安踏、特步、361°、匹克、耐克、阿迪达斯、斯凯奇等100多个国内外知名品牌落地睢县或常年保持订单授权。

(二)产业结构分析

2019年,第三产业占比超过第二产业,产业结构转化为"三、二、一"结构,2021年睢县三产结构为25.3∶36.1∶38.6,2019年之前第一产业总体呈下降趋势,第三产业呈上升趋势,第二产业波动变化。受宏观环境影响,2019—2021年,第一产业占比增加,第二、第三产业占比稍有下降。

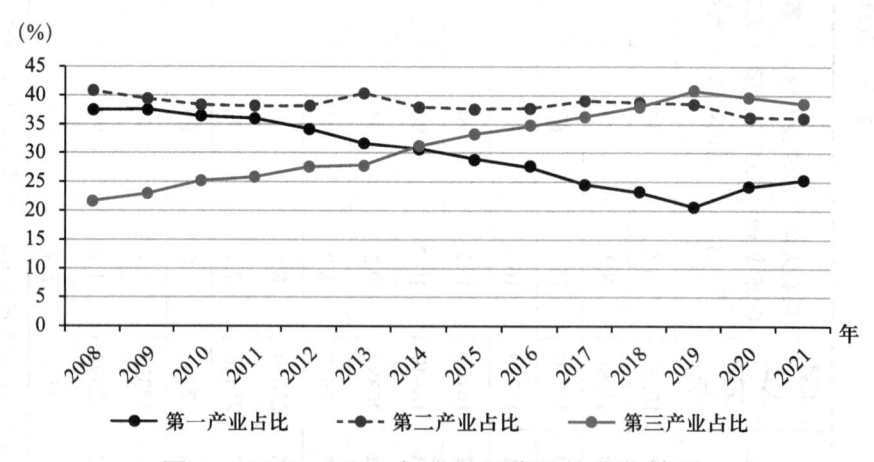

图1 2008—2021年睢县三产结构变化情况

（三）工业发展情况分析

1. 睢县工业产业概况

睢县工业产业主要由制鞋、电子信息、传统产业和新兴产业构成。

制鞋产业发展现状：目前，睢县入驻各类鞋材生产加工和经销商427家，其中投资亿元以上制鞋企业超过100家。2021年，睢县制鞋产业工业总产值占全县工业总值的50%，制鞋企业产值126.4亿元，产能达到3亿双，鞋材配套能力达90%，制鞋从业人员达到5万余人，制鞋产业发展初具规模，吸纳就业效果明显，集聚效应初步显现。

电子信息产业发展现状：近年来，睢县积极承接电子信息产业转移，以商丘金振源电子科技有限公司、岱隆电子、河南诚裕电子等电子信息企业为基础，相继引进了商丘富锦电子科技有限公司、河南鼎能科技有限公司等，产业涉及高端智能手机电路板、谐振器、数据线、充电器、电子线圈、锂电池、手机震动马达等电子元器件和设备生产，CNO加工多种手机后壳、边框等系列产品，年产能突破3亿件。

传统产业（食品加工、造纸）发展现状：截至目前，传统产业企业49家，年产值为47亿元；年税收为3088万元；重点培育企业鼎丰木业、睢县龙升新材料，后备培育企业安琪酵母、豫粮集团睢县公司。

新兴产业（新能源、储能）发展现状：新兴产业企业5家，年产值为11.7亿元，年税收为175万元。重点培育企业鸿大光电、绿草地新能源，后备培育企业精罗科技、鼎能吉研等新能源产业。

2. 规上企业发展情况

据初步计算，2021年，睢县规上工业增加值约308.97亿元，同比增长7.5%，高于商丘市（3.7%)3.8个百分点，高于河南省（6.3%)1.2个百分点，相较于2016年，规上工业增加值总额提升了88.85亿元，近40个百分点。

从主导产业看，经初步计算，2021年，制衣制鞋业总产值达186.57亿元，占比60.38%，电子信息制造业总产值111.51亿元，占比36%，主导产业总产值占规模以上工业总产值的比重为96.47%。主导产业总产值占规模以上工业总产值的比重不断提升，从2016年的61.65%提升至2021年的96.47%，提高了近35个百分点（见表3）。

从规上工业增加值增速省市对比看，2016—2021年，睢县工业增加值

表 3　2016—2021 年睢县规上工业发展总体情况

年份	睢县规上工业增加值（亿元）	睢县规上工业增加值增速（%）	商丘市规上工业增加值增速（%）	河南省规上工业增加值增速（%）	制衣制鞋业总产值（亿元）	制衣制鞋业总产值增速（%）	电子信息制造业总产值（亿元）	电子信息制造业总产值增速（%）	主导产业总产值占规模以上工业总产值的比重（%）
2016	220.12	8.9	9.2	8.0	68.42	17.8	67.30	18.5	61.65
2017	237.51	7.9	8.3	8.0	120.80	9.4	77.60	6.9	—
2018	257.70	8.5	8.7	7.2	135.54	12.2	85.36	10.0	67.10
2019	279.86	8.6	8.8	7.8	159.39	17.6	88.77	4.0	74.80
2020	287.42	2.7	-4.8	0.4	174.85	9.7	97.39	9.7	80.30
2021	308.97	7.5	3.7	6.3	186.57	6.7	111.51	14.5	96.47

注：2017 年以后规上工业增加值总额以 2016 年为基准，根据增速计算。2018 年之后制衣制鞋业、电子信息制造业总产值以 2017 年为基准，根据增速计算而得。2021 年主导产业占规上总产值的比重为计算所得。

增速与商丘市、河南省规上工业增加值增速交替运行。与河南省对比,除 2017 年外(低 0.1 个百分点),其余年份均高于河南省水平;与商丘市对比,2019 年后规上工业增加值增速高于商丘市水平。

(四)服务业发展情况分析

第三产业增加值总额逐年提升,2021 年达 95.56 亿元,是 2008 年的 5.7 倍,占商丘市第三产业增加值的比重稳定在 7% 左右。2019 年,第三产业增加值占 GDP 的比重最高,为 40.80%,之后稍有下降,2021 年为 38.68%,较 2008 年提升了近 17 个百分点。2021 年,第三产业增加值排河南省第 81 位,较 2008 年下滑 1 位(见表 4)。

从河南省、商丘市的增速对比看,睢县服务业增速与河南省、商丘市的增速交替运行,总体发展趋势一致,2021 年,睢县第三产业增加值增速为 3.90%,低于商丘市(4.90%)1 个百分点,低于河南省(8.10%)4.2 个百分点。

表4 2008—2021 年睢县第三产业发展情况

年份	睢县第三产业增加值(亿元)	睢县第三产业增加值在河南省的排名	睢县第三产业增加值增速(%)	商丘市第三产业增加值增速(%)	河南省第三产业增加值增速(%)	第三产业增加值占GDP的比重(%)	第三产业增加值占商市的比重(%)
2008	16.91	80	15.50	12.20	11.52	21.69	7.48
2009	19.32	77	17.99	14.60	12.42	22.99	7.57
2010	23.89	72	18.20	16.90	11.79	25.20	7.38
2011	27.29	74	7.50	13.70	12.40	25.84	7.04
2012	31.12	74	11.50	13.60	10.61	27.62	6.82
2013	35.12	73	9.30	10.00	9.93	27.90	6.63
2014	42.56	75	10.60	10.00	9.96	31.26	7.20
2015	48.20	78	12.00	12.70	11.13	33.32	7.11
2016	54.51	77	10.20	11.00	10.58	34.70	7.00
2017	61.25	78	8.50	11.10	9.69	36.36	6.87
2018	69.88	78	11.00	10.90	9.45	38.06	6.85
2019	90.92	74	9.00	8.20	7.75	40.80	7.12
2020	93.05	71	1.80	1.20	1.62	39.70	7.14
2021	95.56	81	3.90	4.90	8.10	38.68	7.06

分行业看，批发和零售业与住宿和餐饮业 2020 年出现负增长；交通运输仓储和邮政业和金融业则呈现逐年稳定增长趋势；住宿和餐饮业连续三年（2018—2020 年）呈下降趋势，2021 年稍有反弹；房地产业则反向变化，连续三年（2018—2020 年）上升增长，2021 年呈负增长（见表 5）。

表 5　2018—2021 年睢县服务业分行业增加值与增速

年份	批发和零售业（亿元）	批发和零售业增速（%）	交通运输、仓储和邮政业（亿元）	交通运输、仓储和邮政业增速（%）	住宿和餐饮业（亿元）	住宿和餐饮业增速（%）	金融业（亿元）	金融业增速（%）	房地产业（亿元）	房地产业增速（%）
2018	9.66	5.20	5.52	8.00	9.53	6.20	2.32	4.90	9.60	6.10
2019	12.27	7.00	8.39	5.30	7.80	8.10	6.40	14.40	15.97	8.70
2020	11.82	−4.50	8.54	5.20	6.18	−11.90	7.13	7.30	18.27	2.60
2021	12.82	6.20	9.08	8.00	6.53	4.00	7.25	2.90	16.51	−1.30

从不同行业占服务业增加值的比重看，房地产业占大头，2019—2021 年均在 17% 以上，2020 年最高，为 19.64%；其次是批发和零售业，占比约为 13%，交通运输业占比为 9.50%，最后是金融业与住宿和餐饮业，2021 年分别占比 7.59%、6.83%（见表 6）。

表 6　2018—2021 年不同类型服务业增加值占服务业增加值的比重

年份	批发和零售业占服务业增加值的比重（%）	交通运输、仓储和邮政占服务业增加值的比重（%）	住宿餐饮业占服务业增加值的比重（%）	金融业占服务业增加值的比重（%）	房地产业占服务业增加值的比重（%）
2018	13.82	7.90	13.64	3.32	13.74
2019	13.49	9.23	8.58	7.04	17.56
2020	12.70	9.18	6.64	7.66	19.64
2021	13.42	9.50	6.83	7.59	17.28

（五）重点企业分析

睢县的主导产业是制鞋和电子信息产业，目前睢县配套齐全的规模较大的鞋企有 427 家，电子信息企业有 27 家，龙头企业主要聚焦制鞋、电子信息两大主导产业，以及传统产业（农业、食品加工业）和新兴产业（新能源、储能材料），重点企业情况见表7。

表7 睢县重点企业情况

序号	公司名称	公司简介及2022年前十月经营情况
1	商丘金振源电子科技有限公司	经营范围包括五金制品、模具、塑胶制品、精细化工产品、机械设备、子设备的生产销售等 2022年1—10月实现营业收入7.76亿元、税收0.69亿元
2	河南鼎能电子科技有限公司	致力于新能源智能装备和非标自动化设备的研发、生产的国家高新技术企业 2022年1—10月实现营收3.6亿元、产值3.8亿元
3	河南嘉鸿鞋业有限公司	经营范围包括运动鞋的生产、销售，服装、鞋帽、针纺织品、编织品、箱、包、袋、鞋材、体育用品的设计 2022年1—10月实现营业收入4.9亿元、利润0.3亿元
4	中乔（河南）体育有限公司	经营范围包括一般项目：鞋制造；服装制造等。该公司目前有员工2000人 拥有12条国际先进的标准化运动鞋生产流水线及自动冲裁机、电脑针车、针车机台及辅助设备1000多台，具有年产超500万双中高档乔丹鞋的综合生产能力 2022年1—10月实现营业收入2.28亿元
5	商丘市鼎丰木业股份有限公司	经营范围包括刨花板生产、销售 2022年1—10月实现产值2.44亿元、税收0.11亿元，上缴税金921万元
6	安琪酵母（睢县）有限公司	经营范围包括酵母及其深加工产品的生产销售；从事货物和技术进出口业务 2022年1—10月实现产值1251.69万元、主营业务收入11735.17万元
7	商丘市鸿大光电有限公司	经营范围包括新兴能源技术研发；新材料技术研发；光伏设备及元器件制造等 2022年1—10月实现营收1826.6万元、产值1376.6万元
8	睢县龙升新材料有限公司	经营范围包括纸制品制造，纸制造，再生资源加工，再生资源回收 2022年1—10月实现营业收入5.4亿元、产值约0.48亿元

四、财政收支分析

财政收支总量增长，在河南省的排名明显提升。

财政收支方面：一般公共预算收入总量占商丘市的比重及在河南省的位次均明显提升，2021年，睢县一般公共预算收入突破11亿元，是2008年的10.65倍，占商丘市的比重由2008年的3.29%增至2021年的5.83%。2021年，睢县一般公共预算收入总量排河南省第69位，较2008年提升27位，排商丘市第6位，高于宁陵县（6.86亿元）4.23亿元，与排名第一的永城市相差37亿元。一般公共预算支出总量提升，占商丘市比重稳定，在河南省的位次稍有提升，在商丘市的位次稳定在第6位。2021年，睢县一般公共预算支出为43.64亿元，是2008年的4.6倍，占商丘市的比重由2008年的8.07%降至7.85%，2020年一般公共预算支出居商丘市第6位，高于宁陵县（38.25亿元）8.49亿元（见表8）。

表8 2008—2021年睢县财政收支情况

年份	一般公共预算收入（亿元，%）				一般公共预算支出（亿元，%）			
	一般公共预算收入	占商丘市的比重	在河南省的排名	在商丘市的排名	一般公共预算支出	占商丘市的比重	在河南省的排名	在商丘市的排名
2008	1.04	3.29	96	4	9.52	8.07	56	6
2009	1.17	3.31	99	6	12.32	8.15	55	6
2010	1.42	3.31	98	6	14.67	8.15	48	6
2011	2.01	3.56	97	6	17.00	7.42	59	6
2012	2.80	3.99	94	6	22.46	7.85	50	6
2013	3.67	4.27	92	6	24.46	7.77	53	6
2014	4.84	4.80	90	6	27.13	7.71	47	6
2015	5.48	4.95	90	6	30.07	7.88	53	6
2016	5.91	5.03	85	6	33.13	7.84	47	6
2017	6.46	5.02	84	6	36.96	7.98	51	6
2018	7.66	4.98	80	6	41.36	8.23	55	6
2019	9.04	5.26	77	6	44.17	8.22	56	6
2020	10.09	5.60	72	6	46.74	8.32	51	6
2021	11.08	5.83	69	6	43.64	7.85	57	6

数据来源：历年河南省统计年鉴及睢县统计公报。

2021年，睢县财政收入占GDP的比重为4.48%，较2008年提高了3.15个百分点（见表9）。

人均财力方面：2021年，睢县人均一般公共预算收入1555.74元，是2008年的11.32倍，2020年排河南省第80位，提升了18个位次；人均一般公共预算支出达6127.49元，是2008年的4.87倍。财政自给率近年来明显提升，2021年达到25.39%，较2008年提升15%左右，2021年排全省第66位，较2008年提升31个位次，排商丘市第3位（永城市为55%，民权县为23%）。财政自给率与河南省、商丘市平均水平差距逐年缩小，但仍有较大差距，2021年低于商丘市8.8个百分点、河南省16.3个百分点。

税收方面：2021年，睢县税收收入为7.54亿元，占一般公共预算收入的比重为68.05%，占商丘市税收的比重为6.10%（见表9），税收占比高于河南省和商丘市，分别高出2.65、3.05个百分点。

五、金融业发展分析

睢县人均存贷款水平低，居河南省末位方阵，金融机构存贷款年末余额总量逐年提升，2021年，存款年末余额为284.58亿元，是2008年的7.06倍，占商丘市存款余额的比重为7.10%，较2008年提升了0.42个百分点，2020年排河南省第60位，在商丘市排第6位，高于宁陵县（193亿元）约65亿元，与第1名的永城市（647亿元）差距明显。

2021年，贷款年末余额131.41亿元，是2008年的6.11倍，占商丘市的比重为5.40%，基本与2008年持平。2020年，贷款年末余额排河南省第72位，较2008年下降18个位次，排商丘市最后一位，低于第6位柘城县（131亿元）14亿元。

2021年，睢县存贷比为46.18%，较2008年降低了7.16个百分点，不及商丘市和河南省，分别低14.52个、38.22个百分点。2020年存贷比在河南省排第73位，较2008年下降了40个位次（见表10）。

睢县人均存贷款水平较低，居全省末位方阵。2021年，睢县人均存款余额为3.97万元，是2008年的7.49倍，2020年居河南省第92位，相比2008年下降4个位次，排商丘市第6位，人均存款高于宁陵县1300元；

表 9 2008—2021 年睢县税收及人均财政收支情况

年份	财政自给率（%）		人均财力（元）			税收（亿元，%）			财政收入占 GDP 的比重（%）
	财政自给率	在河南省的排名	在商丘市的排名	人均一般公共预算收入	人均一般公共预算支出	税收收入	税收占一般公共预算收入的比重	占商丘市税收的比重	
2008	10.92	97	3	137.44	1258.17	—	—	—	1.33
2009	9.51	98	4	154.38	1623.92	—	—	—	1.39
2010	9.70	101	6	200.32	2065.34	—	—	—	1.50
2011	11.82	95	4	297.28	2515.03	—	—	—	1.90
2012	12.48	91	4	419.55	3362.51	—	—	—	2.49
2013	14.99	89	4	549.05	3662.81	—	—	—	2.91
2014	17.84	87	4	724.38	4060.75	—	—	—	3.56
2015	18.23	85	4	819.84	4497.64	—	—	—	3.79
2016	17.83	86	4	892.83	5008.86	4.07	68.91	5.01	3.76
2017	17.49	83	5	973.92	5567.45	4.63	71.62	5.32	3.84
2018	18.51	79	5	1145.33	6186.49	5.37	70.14	4.95	4.17
2019	20.46	70	3	1350.37	6599.93	6.31	69.83	5.31	4.05
2020	21.59	69	3	1394.40	6457.16	7.07	70.05	6.11	4.31
2021	25.39	66	3	1555.74	6127.49	7.54	68.05	6.10	4.48

数据来源：历年河南省统计年鉴及睢县统计公报。

表 10 2008—2021 年睢县金融机构年末存贷款余额情况

年份	金融机构年末存款余额（亿元，%）			金融机构年末贷款余额（亿元，%）			存贷比（%）			
	存款年末余额	占商丘市的比重	在商丘市的排名	在河南省的排名	贷款年末余额	占商丘市的比重	在商丘市的排名	在河南省的排名	睢县存贷比	在河南省的排名	商丘市存贷比	河南省存贷比
2008	40.29	6.68	5	73	21.49	5.24	5	54	53.34	33	67.94	67.96
2009	46.45	6.43	6	76	21.98	4.24	6	75	47.32	54	71.75	70.08
2010	59.02	6.55	6	72	23.54	3.87	6	84	39.89	74	67.37	68.56
2011	74.13	6.75	6	67	25.01	4.25	7	88	33.74	85	53.5	65.7
2012	94.87	7.01	6	64	30.60	4.37	6	82	32.25	88	51.96	63.3
2013	114.32	7.33	6	61	41.30	4.96	5	78	36.13	78	53.43	62.35
2014	131.56	7.48	4	52	50.84	5.05	6	74	38.64	77	57.25	65.81
2015	143.75	7.27	5	60	57.93	5.09	5	76	40.30	70	57.52	65.99
2016	159.58	6.98	5	63	62.06	4.82	6	80	38.89	75	56.34	67.62
2017	181.90	6.77	6	62	59.85	4.18	7	87	32.90	87	53.31	70.67
2018	198.75	6.80	6	63	75.16	4.64	7	86	37.82	84	55.45	74.9
2019	222.20	6.83	6	61	91.12	4.60	7	79	41.01	78	60.83	80.07
2020	258.05	7.10	6	60	116.90	5.14	7	72	45.30	73	62.5	82.24
2021	284.58	7.10	—	60	131.41	5.40	—	—	46.18	—	60.70	84.40

数据来源：历年河南省统计年鉴及睢县统计公报。

2021年，人均贷款余额为1.85万元，是2008年的6.61倍，2020年排河南省第90位，下降相比2008年27个位次，排商丘市第6位（见表11），人均贷款仅高于夏邑县（1.55万元）。

表11　2008—2021年睢县人均存贷款余额情况

年份	睢县人均存款余额（万元）	在河南省的排名	在商丘市的排名	睢县人均贷款余额（万元）	在河南省的排名	在商丘市的排名
2008	0.53	88	3	0.28	63	5
2009	0.61	93	5	0.29	77	5
2010	0.83	86	5	0.33	89	6
2011	1.10	78	4	0.37	89	6
2012	1.42	73	4	0.46	84	6
2013	1.71	70	3	0.62	79	5
2014	1.97	65	3	0.76	78	6
2015	2.15	72	4	0.87	80	5
2016	2.41	78	5	0.94	79	5
2017	2.74	75	5	0.90	91	6
2018	2.97	80	7	1.12	91	6
2019	3.32	81	7	1.36	87	6
2020	3.57	92	6	1.62	90	6
2021	3.97	—	—	1.85	—	—

数据来源：历年河南省统计年鉴及睢县统计公报。

六、居民收入分析

睢县居民人均可支配收入稳步提升，总量不及河南省、商丘市水平。2021年，睢县居民人均可支配收入突破2万元，为20646元，占商丘市的比重为90.96%，占河南省的比重为86.38%。2020年排河南省第81位、商丘市第4位，2017—2021年在河南省及商丘市的位次无明显变动（见表12）。

表12　2017—2021年睢县居民人均可支配收入情况

年份	居民人均可支配收入（元）	在河南省的排名	在商丘市的排名	占商丘市的比重（%）	占河南省的比重（%）
2017	14749	82	4	88.40	86.12

续表

年份	居民人均可支配收入（元）	在河南省的排名	在商丘市的排名	占商丘市的比重（%）	占河南省的比重（%）
2018	16145	85	4	87.81	87.54
2019	17950	82	4	88.97	88.99
2020	18917	81	4	89.58	86.13
2021	20646	—	—	90.96	86.38

数据来源：历年河南省统计年鉴及睢县统计公报。

分常住地看，睢县城乡居民人均可支配收入总量逐年提高，较2008年均提高了2倍多。其中，城镇居民人均可支配收入2021年为32670元，是2008年的3.19倍，总量不及省市水平，分别是商丘市和河南省的93.99%、88.07%，2020年排河南省第53位，较2008年提升14个位次，排商丘市第4位；农村居民人均可支配收入为14235元，是2008年的3.76倍，2020年排河南省第91位，较2008年下降13个位次，排商丘市第5位，下降3个位次。

从占比看，城镇居民收入占河南省、商丘市的比重有所提高，2021年占商丘市的比重为93.99%，占河南省的比重为88.07%，分别较2008年提高了6.93个百分点和10.74个百分点；农村居民收入占河南省、商丘市的比重稍有下降，占商丘市的比重由2008年的100.83%降至2021年的96.25%，下降了4.58个百分点；占河南省的比重由84.89%降至81.19%，下降了3.70个百分点。

2021年，睢县城乡收入比为2.27，较2008年降低了0.44（见表13），同期商丘市城乡收入比为2.35，河南为城乡收入比为2.12。2021年，睢县城乡收入比优于商丘市，但不及河南省水平。

七、固定资产投资分析

从总量看，2021年，睢县固定资产投资为313.06亿元，是2008年的5.77倍，年均增加18亿元，占商丘市固定资产投资的比重稍有下降，由2008年的12.66%降至9.90%，下降了2.76个百分点。2020年排河南省第57位，较2008年提升3个位次。

从增速看，2021年，睢县固定资产投资同比增长11.00%，高于商丘

表 13 2008—2021 年睢县城乡居民人均可支配收入及城乡收入比

年份	城镇居民人均可支配收入	在河南省的排名	在商丘市的排名	占商丘市的比重	占河南省的比重	农村居民人均可支配收入	在河南省的排名	在商丘市的排名	占商丘市的比重	占河南省的比重	城乡收入比（%）城乡收入比
2008	10231	67	4	87.06	77.33	3781	78	2	100.83	84.89	2.71
2009	11361	65	4	89.35	79.05	4023	77	2	99.24	83.69	2.82
2010	12711	63	4	89.65	79.79	4578	79	2	97.95	82.88	2.78
2011	14389	68	4	89.09	79.08	5205	88	6	92.34	78.82	2.76
2012	16360	63	4	89.34	80.03	5918	91	6	92.09	78.65	2.76
2013	18077	65	4	89.43	80.71	6635	93	6	91.94	78.29	2.72
2014	19906	65	4	89.37	81.61	7387	93	6	92.05	78.45	2.69
2015	21320	63	4	90.45	83.36	8453	92	6	95.14	77.89	2.52
2016	22962	63	4	91.06	84.32	9133	93	6	95.09	78.08	2.51
2017	25143	62	4	91.11	85.06	10016	95	6	95.24	78.75	2.51
2018	27309	59	4	91.04	85.68	10973	95	6	95.37	79.34	2.49
2019	29794	54	4	92.14	87.11	12115	95	6	95.63	79.89	2.46
2020	30419	53	4	92.59	87.54	13059	91	5	95.99	81.07	2.33
2021	32670	—	—	93.99	88.07	14235	—	—	96.25	81.19	2.27

数据来源：历年河南省统计年鉴及睢县统计公报。

市（8.3%）2.7个百分点，高于河南省（4.5%）6.5个百分点，2018年之后，睢县固定资产投资增速均高于河南省、商丘市水平。

分投资方向看，受宏观环境影响较大，2019—2020年，睢县房地产投资下滑明显，特别是2019年，房地产投资断崖式下跌（-20.40%），工业投资大幅增长（43.7%），2020年，房地产投资继续下跌（-33.16%），工业投资增速恢复正常（5.20%），民间投资小幅度增长（0.80%）。2021年有较大的反弹，房地产投资增速为20.10%，工业投资增速为21.50%，民间投资为15.00%（见表14）。

八、社会消费分析

2021年，睢县社消零总额达107.18亿元，是2008年的5.1倍，2020年排河南省第49位，较2008年提升了29个位次，增长明显，排商丘市第5位，高于民权县（91.73亿元）和宁陵县（69.50亿元）。社消零占GDP的比重不断提高，2019年最高达到47.70%，2021年占比为43.38%，相比2008年提高了16.45个百分点。

2021年，人均社消零达到15053.37元，是2008年的5.4倍，2020年，人均社消零排河南省第75位，较2008年上升15位，居商丘市第3位，低于第1位的永城市1.76万元、第2位的柘城县1.43万元。

分行业看，2021年，睢县批发和零售业总额达91.58亿元，占社消零的比重约为85.45%，住宿和餐饮业总额达15.64亿元，占比约为14.60%（见表15）。

九、人口规模分析

（一）人口基本情况

2021年睢县户籍人口91.00万人，常住人口71.22万人。2020年常住人口排河南省第41位，在商丘市排第6位，仅高于宁陵县（56万人），中心城区人口22万人，占全部常住人口的31%，常住人口中，城镇常住人口28.42万人，占比40%，乡村常住人口42.8万人，占比60%。2021年常住人口城镇化率为39.90%。属人口流失较多的县，2020年人口流失率为22.65%（见表16）。

表 14 2008—2021 年睢县固定资产投资情况

年份	固定资产投资（亿元）	占商丘市的比重（%）	在河南省的排名	睢县固定资产投资增速（%）	商丘市固定资产投资增速（%）	河南省固定资产投资增速（%）	房地产投资（亿元）	房地产投资增速（%）	工业投资增速（%）	民间投资增速（%）
2008	54.25	12.66	60	—	33.0	31.6	—	—	—	—
2009	65.00	11.59	67	19.83	30.9	31.3	—	—	—	—
2010	85.00	13.05	61	30.77	16.1	21.6	—	—	—	—
2011	90.50	10.95	64	6.47	26.9	26.9	5.26	41.02	—	—
2012	99.64	9.91	60	10.10	21.7	23.2	8.49	61.41	—	—
2013	122.51	9.83	62	22.95	24.0	23.2	10.43	22.85	—	—
2014	151.09	10.11	58	23.33	19.8	19.2	17.82	70.81	—	—
2015	170.55	9.93	61	12.88	15.0	16.5	27.87	56.43	—	—
2016	196.50	9.87	63	15.22	16.0	13.7	31.17	11.84	—	—
2017	211.25	9.46	65	7.51	12.2	10.4	31.68	1.64	—	—
2018	236.60	9.53	60	12.00	11.2	8.1	34.25	8.10	3.50	10.80
2019	264.99	9.62	59	12.00	10.9	8.0	27.26	-20.40	43.70	9.90
2020	282.04	9.66	57	6.43	6.0	4.3	18.22	-33.16	5.20	0.80
2021	313.06	9.90	—	11.00	8.3	4.5	22.05	20.10	21.50	15.00

数据来源：历年河南省统计年鉴及睢县统计公报。

表15 2008—2021年睢县社消零总额情况

年份	睢县社消零总额	在河南省的排名	在商丘市的排名	占GDP的比重	睢县人均社消零	在河南省的排名	批发和零售业	占社消零的比重	住宿和餐饮业	占社消零的比重
2008	21.00	78	6	26.93	2776.31	90	—	—	—	—
2009	25.04	79	6	29.79	3301.69	91	—	—	—	—
2010	29.42	78	6	31.04	4143.08	90	—	—	—	—
2011	34.75	78	6	32.91	5140.53	89	—	—	—	—
2012	40.35	77	5	35.81	6040.42	87	—	—	—	—
2013	46.13	75	5	36.65	6908.79	87	—	—	—	—
2014	51.19	77	5	37.60	7662.03	86	—	—	—	—
2015	56.81	79	6	39.27	8498.13	87	—	—	—	—
2016	64.20	79	6	40.87	9705.22	83	55.04	85.73	9.15	14.25
2017	72.22	77	6	42.88	10879.78	85	59.57	82.48	12.65	17.52
2018	80.09	66	5	43.61	11980.55	81	70.26	87.73	9.83	12.27
2019	106.32	47	5	47.70	15887.63	56	89.31	84.00	17.01	16.00
2020	101.53	49	5	43.31	14027.36	75	86.56	85.26	14.97	14.74
2021	107.18	—	—	43.38	15053.37	—	91.58	85.45	15.64	14.60

数据来源：历年河南省统计年鉴及睢县统计公报。

表 16　2008—2021 年睢县人口情况

年份	户籍人口（万人）	常住人口（万人）	常住人口在河南省的排名	常住人口在商丘市的排名	人口流失率（%）	常住人口占商丘市的比重（%）	睢县城镇化率（%）	商丘市城镇化率（%）	河南省城镇化率（%）
2008	80.91	75.64	38	6	6.51	9.7	—	31.5	36.03
2009	81.26	75.84	38	6	6.67	9.7	—	33.4	37.7
2010	85.42	71.01	44	5	16.87	9.7	—	29.8	38.82
2011	85.80	67.60	48	6	21.21	9.2	—	31.5	40.47
2012	86.20	66.80	52	6	22.51	9.1	—	33.5	41.99
2013	86.60	66.77	51	6	22.90	9.2	30.00	35.0	43.6
2014	87.15	66.81	50	6	23.34	11.0	31.64	36.5	45.05
2015	87.60	66.85	49	6	23.69	9.2	33.34	38.2	47.02
2016	88.03	66.15	50	6	24.86	9.1	35.09	40.0	48.78
2017	88.60	66.38	50	6	25.08	9.1	36.81	41.7	50.56
2018	89.12	66.85	50	6	24.99	9.1	38.45	43.3	52.24
2019	89.54	66.92	51	6	25.26	9.1	40.02	44.83	54.01
2020	93.57	72.38	41	6	22.65	9.3	38.88	46.19	55.43
2021	91.00	71.22	—	—	20.03	9.2	39.90	47.21	56.45

数据来源：历年河南省统计年鉴。

2017—2021年，常住人口数占商丘市的比重保持在9%左右，2020年占比为9.2%。2021年，睢县城镇化率为39.90%，与商丘市和河南省平均水平差距较大，低于商丘市（47.21%）7.31个百分点，低于河南省（56.45%）16.55个百分点。

（二）人口就业情况

从就业情况看，就业人数总体增加，2017年达到最高，有68.13万人就业，2018—2019年，就业人数呈下降趋势，连续两年负增长。

从三次产业就业分布来看，2015年之前第一产业就业者多于第二、第三产业就业者，之后第一产业就业者大幅下降，一直持续到2019年（见表17）。

表17 2008—2019年睢县就业情况

年份	从业人员数（万人）	从业人员数增速（%）	第一产业就业占比（%）	第二产业就业占比（%）	第三产业就业占比（%）
2008	50.96	0.90	60.56	22.14	17.31
2009	51.13	0.33	57.16	23.95	18.89
2010	53.01	3.68	54.08	24.54	21.37
2011	51.71	-2.45	53.14	46.86	
2012	54.12	4.65	50.56	49.44	
2013	56.53	4.46	52.24	47.76	
2014	59.58	5.39	53.78	46.22	
2015	60.89	2.21	52.87	47.13	
2016	63.83	4.83	39.93	60.07	
2017	68.13	6.74	38.35	61.65	
2018	62.59	-8.13	37.13	62.87	
2019	58.67	-6.27	40.87	59.13	

数据来源：历年河南省统计年鉴。

根据睢县调研数据，2022年，睢县务工人员29万人，占户籍人口的32%。

从年龄结构看，16~35岁务工人员14.6万人，占比50.2%；36~45岁务工人员5.3万人，占比18%；46~59岁务工人员9.1万人，占比31.8%。

从就业区域分布看，其中，河南省内务工人员 15 万人，占比 52%，其中，商丘市内 9 万人，商丘市外省内 6 万人；河南省外务工人员 14 万人，占比 48%，其中，在长三角务工人员达 4.5 万人，在珠三角等地务工人员达 3 万人，多从事加工制造业。在京津冀务工人员达 4 万人，多从事建筑业和服务业。在胶州半岛务工人员达 1.5 万人，多从事加工制造业和三产服务业。在新疆等西北地区务工人员达 1 万人，多从事承包土地和农副产品采摘。

从就业行业看，建筑业 8.7 万人，占比 30%；加工制造业 7.1 万人，占比 25%；三产服务业 4.5 万人，占比 15.6%；灵活就业人员 3 万人，占比 10%；种养殖业 1.8 万人，占比 6.2%；制鞋（衣）业 1.7 万人，占比 6%；运输、仓储业 1.2 万人，占比 4%；个体工商户、外卖、直播带货等新业态行业 1 万人，占比 3.3%。

十、公共服务分析

（一）教育

据 2020 年数据，基础教育初中阶段，睢县有初中学校数 57 所，其中，公办 49 所、民办 8 所，学生数 10031 人、教职工数 2858 人，其中专任教师数 2638 人。基础教育小学阶段，有小学 244 所，其中，公办 236 所、民办 8 所，在校学生数约 77000 人、教职工数 3936 人，其中专任教师数 3797 人。

（二）医疗

据 2021 年睢县统计公报数据，2021 年年底，睢县共有卫生机构 762 个。其中，医院 8 个、卫生院 23 个、村卫生室 660 个、妇幼保健院 1 个、疾病预防控制中心 1 个、卫生监督机构 1 个。卫生机构床位 4625 张，合计每千人有 7 张。卫生技术人员 4398 人，合计每千人有卫生技术人员 7 人。

十一、县域发展战略分析

（一）工业发展主要思路

（1）制鞋产业链转型升级。成立"睢县产业互联网研究中心"，搭建"工业（产业）互联网"，建设中原（睢县）增材设计中心，形成睢县制鞋乃至全国整个制鞋产业的设计数据库，将睢县的制鞋行业从单纯生产制造推向标准制定和标准输出层面。到2025年，全县鞋业产业产能达5亿双，实现主营业务收入超500亿元；2035年远景目标是全县鞋业产业产能达10亿双，实现主营业务收入超1000亿元。

（2）壮大完善"电子信息产业链"。力争到2025年年底，电子信息产业年产值突破200亿元；2035年远景目标是电子信息产业年产值突破500亿元。

（3）加快工业企业数字化转型。以工业互联网推动实现开发区内产业链现代化、产业基础高级化，实现产业生态互联。发挥工业互联网在开发区产业链内的枢纽、配置和治理作用，并持续将这种作用拓展到整个县域经济。

（二）产业配套发展思路

在推动县域经济发展中，睢县抢抓承接产业转移机遇，针对雄安新区制鞋企业整体转移、集中入驻的实际，睢县打造45万平方米的雄安新区制鞋产业园和20万平方米的三台制鞋产业园，承接60余家企业整体"拎包入驻"。统筹招引龙头企业和配套企业，先后引进配套关联企业70余家，本地配套能力达90%以上。

同时，目前在建的电子信息产业链相关专业园区有睢县电子信息产业园、锂电池产业园、新能源产业园。产业集聚区配套的基础设施建设也是产业发展中不可缺少的一部分，如学校、医院、酒店，还有生态环境建设等都应该是未来重点安排和谋划的项目。

（三）"十四五"期间，经济发展需要坚持的导向

坚持科技创新支撑引领高质量发展，持续做好制鞋和电子信息两大主导产业智能提升，传统产业转型突破，新兴产业蓬勃兴起，高质量推动制鞋、电子信息两大产业均衡发展，同时发展新基建、新能源、新材料产业，打造农副产品加工、造纸及林木等传统产业集群和商丘西部仓储物流基地。

（四）基础设施建设

实施高速公路成网、国省道公路提质、县乡村公路提升、惠济河航运复航、客货运枢纽升级等重大工程和制造业数字化转型行动，推动5G在重点领域的试点示范和先导应用，促进信息化和工业化深度融合，建设数字睢县。

十二、综述

睢县经济发展总体向好。

2021年经济总量稳居商丘市第6位，与商丘市排在第1位的永城市还存在明显的差距。人均GDP水平有待提升，与河南省、商丘市平均水平的差距依然明显；一般公共预算收支和财政自给率在全省的排名显著上升；贷款余额和存贷比河南省排名出现较大幅度的下降，表明睢县经济发展活力有待进一步提升；居民人均可支配收入居全省后1/3方阵，不及河南省、商丘市平均水平；固定资产投资稳定发展，社消零和人均社消零总量不断增长，在河南省的排名明显提升；主导产业拉动强劲，产业集群集聚效应凸显。

总的来说，2008—2021年，县域经济实力显著增强、主导产业拉动强劲、环境质量持续优化、现代服务业异军突起、民生福祉稳步增进。

下一步睢县应进一步加强主导产业发展，提升产业附加值和创新能力，推动技术进步和产业转型升级，积极引进外部投资和优秀人才，扩大对外开放，促进更多的高端产业落地。同时鼓励企业增加职工薪资、提高就业岗位数量，促进居民收入稳定增长，进一步推动经济发展，提高人民群众的获得感和幸福感。

河南省县域经济运行分析：灵宝篇[①]

一、灵宝市概述

灵宝地处豫、陕、晋三省交界，秦岭最东端，黄河拐弯处，河南西大门，由三门峡市代管。灵宝市总面积3011平方千米，2021年常住人口65.7万人，被誉为黄金之城、苹果之乡、道家之源、宜居之地。

灵宝是黄金之城。灵宝因金而兴，因金得名，境内有金、银、铜、铅等38种矿产资源，现已形成集探、采、选、冶、深加工、网上交易于一体的现代黄金产业体系，拥有"灵金""灵宝金"两个上海黄金交易所标准金锭免检品牌，是全国重要的有色金属冶炼加工基地，黄金产量连续38年居全国县级第2位，被中国黄金协会授予"中国金城"称号，荣获2021年度全国产金县第1名。

灵宝是苹果之乡。灵宝属暖温带大陆性半湿润季风型气候，是亚洲最佳苹果适生区和大枣等小杂水果的优生区，苹果种植已有百年的历史，目前灵宝市苹果面积90万亩，年产量140万吨，产值达56亿元，品牌价值196.52亿元，位居全国县级第1位，产品远销欧洲、东南亚、港澳台等31个国家和地区。此外，灵宝大枣、灵宝核桃、灵宝香菇、灵宝杜仲也是享誉海内外的地理标志农产品。

二、总体经济运行分析

从GDP总量来看，2021年，灵宝市GDP总量为465.7亿元，在三门峡市4个县（市）中排第1位，在河南省102个县（市）中排名由2008年的第8位下降为2021年的第15位。从GDP占比来看，GDP占三门峡

[①] 本篇完成于2022年7月，撰稿人：李甜；耿明斋、周立、王永苏、李燕燕、屈桂林、张国骁、徐涛、张兆源等参与讨论。

市的比重呈先上升后下降趋势，2021年为29.4%。

从GDP增速来看，灵宝市GDP增速与三门峡市GDP增速趋势一致。2021年，灵宝市GDP增速为7.5%，与三门峡市持平，高于河南省1.2个百分点，在三门峡市4个县（市）中排第3位，在河南省102个县（市）中排第44位（见表1）。

表1　2008—2021年灵宝市地区生产总值及增速

年份	灵宝市GDP（亿元）	灵宝市GDP在三门峡市的排名	灵宝市GDP在河南省的排名	灵宝市GDP占三门峡市的比重（%）	灵宝市GDP增速（%）	灵宝市GDP增速在三门峡市的排名	灵宝市GDP增速在河南省的排名	灵宝市GDP增速－三门峡市GDP增速（%）	灵宝市GDP增速－河南省GDP增速（%）
2008	233.1	1	8	35.6	15.0	3	27	−0.1	3.0
2009	242.2	1	9	37.4	11.3	4	63	−0.8	0.3
2010	332.1	1	5	38.0	15.0	3	16	−0.2	2.6
2011	398.1	1	6	38.6	12.5	4	51	−0.6	0.5
2012	441.2	1	6	39.1	12.3	3	26	0.3	2.2
2013	468.6	1	6	38.9	10.7	2	28	1.6	1.7
2014	471.4	1	8	38.0	9.7	2	32	0.7	0.8
2015	458.6	1	9	36.7	3.2	3	98	−0.1	−5.2
2016	486.8	1	10	36.7	7.6	3	95	0.1	−0.6
2017	520.1	1	10	35.9	6.3	3	91	−1.9	−1.5
2018	534.3	1	10	35.0	5.9	4	87	−2.1	−1.7
2019	436.5	1	19	30.2	7.9	2	29	0.4	1.1
2020	428.7	1	17	29.6	3.2	4	44	0.1	2.1
2021	465.7	1	15	29.4	7.5	3	44	0.0	1.2

数据来源：历年河南省统计年鉴。

从人均GDP来看，灵宝市人均GDP始终高于河南省平均水平，但近两年低于三门峡市平均水平。2021年，灵宝市人均GDP为70898元，占三门峡市的91.2%，占河南省的119.3%，在三门峡市4个县（市）中排第3位，在河南省102个县（市）中排第17位（见表2）。

表2 2008—2021年灵宝市人均地区生产总值及增速

年份	灵宝市人均GDP（元）	灵宝市人均GDP在三门峡市的排名	灵宝市人均GDP在河南省的排名	灵宝市人均GDP占三门峡市的比重（%）	灵宝市人均GDP占河南省的比重（%）	灵宝市人均GDP增速（%）	灵宝市人均GDP增速在三门峡市的排名	灵宝市人均GDP增速在河南省的排名
2008	32236	3	17	110.4	170.8	16.1	3	20
2009	33380	3	15	105.5	164.6	10.9	4	65
2010	45876	2	11	117.3	191.3	15.3	2	39
2011	55146	2	11	120.1	197.6	12.8	3	69
2012	61044	2	10	121.2	200.2	12.2	3	46
2013	64722	2	10	120.2	195.5	10.5	3	43
2014	64881	2	13	117.4	180.3	9.3	2	55
2015	63044	3	14	112.8	164.4	3.1	3	98
2016	66789	3	14	113.9	161.6	7.4	3	85
2017	70973	3	14	110.9	155.2	5.7	4	88
2018	72625	3	15	108.0	143.2	5.5	4	88
2019	59261	3	26	85.4	109.0	7.8	2	38
2020	65516	3	18	91.6	118.2	3.2	4	49
2021	70898	3	17	91.2	119.3	7.1	2	61

数据来源：历年河南省统计年鉴。

三、分产业经济运行分析

（一）产业格局与发展方向

灵宝市境内探明有金、银、铜、铅、硫铁等矿产资源38种，被中国黄金协会授予"中国金城"称号。利用黄金生产过程中每年伴生的30万吨电解铜资源，大力发展铜箔产业，河南省铜箔产品质量检验检测中心建成运营,宝鑫电子年产能达 4 万吨,单体规模全国第一、全球第三,全市实现年产电解铜箔 7 万吨、压延铜箔 5000 吨,灵宝被命名为"中国铜箔谷"。

主导产业为有色金属、新材料、绿色能源、装备制造。

(二)产业结构分析

工业是灵宝市经济社会发展的支柱行业,近几年虽然占比呈现下降趋势,但仍高于第三产业占比,三次产业结构为"二、三、一"梯次。2021 年灵宝市三产结构为 13.8∶49.7∶36.5(见图 1)。

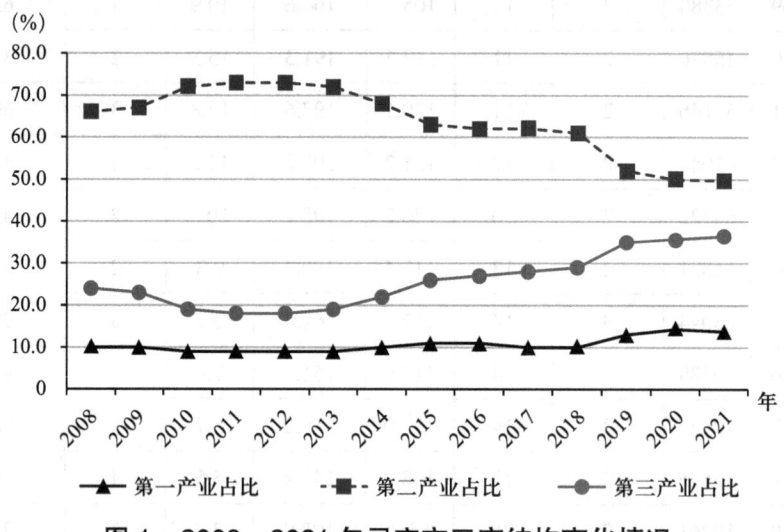

图 1 2008—2021 年灵宝市三产结构变化情况

(三)工业发展情况分析

2008 以来灵宝市规上工业增加值占三门峡市的比重呈上升趋势,2021 年占比为 38.0%。从增速来看,在 2011 年、2018 年和 2021 年低于三门峡市,在 2009 年、2011 年、2015 年和 2018 年低于河南省,2021 年增速为 10.3%,低于三门峡市 0.6 个百分点,高于河南省 4.0 个百分点,在三门峡市 4 个县(市)中排第 3 位,在河南省 102 个县(市)中排第 42 位(见表 3)。

表3 2008—2021年灵宝市规上工业发展总体情况

年份	灵宝市规上工业增加值（亿元）	灵宝市规上工业增加值占三门峡市的比重（%）	规上工业增加值增速（%）	规上工业增加值增速在三门峡市的排名	规上工业增加值增速在河南省的排名
2008	120.7	34.3	20.1	4	87
2009	137.1	37.1	13.6	4	92
2010	166.9	32.9	21.7	3	71
2011	193.1	31.8	15.7	4	98
2012	224.6	34.4	16.3	3	74
2013	254.0	37.2	13.1	3	77
2014	285.2	37.7	12.3	3	55
2015	294.6	38.2	3.3	3	96
2016	318.2	38.5	8.0	3	85
2017	347.2	38.5	9.1	4	45
2018	368.0	37.8	6.0	4	85
2019	400.0	38.0	8.7	2	48
2020	419.6	38.2	4.9	3	46
2021	462.9	38.0	10.3	3	42

数据来源：历年河南省统计年鉴及灵宝市统计公报。

（四）服务业发展情况分析

自2009年以来灵宝市服务业增加值逐年增长。2021年，灵宝市服务业增加值达170.0亿元，在三门峡市4个县（市）中排第1位，在河南省102个县（市）中排第26位。从服务业增加值增速来看，2021年，灵宝市服务业增加值增速为9.7%，在三门峡市4个县（市）中排第2位，在河南省102个县（市）中排第32位（见表4）。

服务业分行业看，交通运输、仓储和邮政业与批发和零售业一直处在前两位，2019年，房地产业增加值超过金融业增加值，处在第3位（见表5）。

表4 2008—2021年灵宝市服务业发展总体情况

年份	灵宝市服务业增加值（亿元）	灵宝市服务业增加值占三门峡市三产增加值的比重（%）	灵宝市服务业增加值在三门峡市的排名	灵宝市服务业增加值在河南省的排名	灵宝市服务业增加值增速（%）	灵宝市服务业增加值增速在三门峡市的排名	灵宝市服务业增加值增速在河南省的排名
2008	57.4	35.2	1	9	14.1	2	48
2009	56.5	30.9	1	9	10.6	4	79
2010	63.5	30.4	1	9	10.3	3	60
2011	73.3	29.7	1	11	9.9	4	59
2012	80.0	28.6	1	12	6.0	4	98
2013	89.6	28.0	1	12	7.5	4	74
2014	105.0	29.7	1	14	6.2	4	89
2015	117.1	28.9	1	14	7.1	4	96
2016	129.6	28.6	1	14	8.1	4	99
2017	142.6	28.0	1	18	7.3	4	96
2018	154.8	27.3	1	18	5.0	4	93
2019	150.1	25.3	1	29	7.8	1	46
2020	153.6	24.9	1	29	2.0	3	50
2021	170.0	24.9	1	26	9.7	2	32

数据来源：历年河南省统计年鉴。

表5 2016—2020年灵宝市第三产业分行业发展总体情况

年份	批发和零售业（万元）	交通运输、仓储和邮政业（万元）	住宿和餐饮业（万元）	金融业（万元）	房地产业（万元）	批发和零售业增速（%）	交通运输、仓储和邮政业增速（%）	住宿和餐饮业增速（%）	金融业增速（%）	房地产业增速（%）
2016	22.4	32.0	10.8	7.2	5.0	4.4	0.6	8.8	19.8	6.9
2017	23.8	33.3	11.5	8.2	5.2	4.6	2.9	4.0	10.1	0.2
2018	24.9	35.1	12.1	8.2	5.5	4.6	5.5	5.1	−0.5	5.5
2019	26.6	33.6	8.0	9.3	14.5	7.8	2.3	6.9	2.6	13.2
2020	26.7	32.7	7.2	10.1	16.7	−0.7	−0.7	−12.9	4.4	7.6

数据来源：历年三门峡市统计年鉴。

（五）重点企业分析

（1）国投金城冶金有限责任公司成立于2013年8月，是国家开发投资集团有限公司全资子公司国投矿业投资有限公司控股投资企业。公司注册资本金14.59亿元，占地面积85公顷，设计总投资51.24亿元，建设规模为日处理复杂金精矿2000吨，年可处理综合矿粉70万吨，年产黄金15吨、白银300吨、阴极铜10万吨、硫酸50万吨，并副产粗硒60吨、粗碲80吨、硫酸镍500余吨等。2021年公司投入精矿70余万吨，生产电解铜10万吨、黄金11吨、白银150吨、硫酸57万吨，实现销售收入120亿元。

（2）灵宝黄金集团股份有限公司成立于2002年9月27日，主要从事黄金及其伴生元素的勘探、采选、冶炼、精炼和铜产品深加工与销售。公司于2006年1月12日在香港联合交易所主板上市（股票代码：03330），是我国黄金企业"十一五"开局年在香港上市的第一股。

（3）华鑫铜箔灵宝华鑫铜箔有限责任公司是深圳龙电华鑫控股集团股份有限公司全资子公司。公司成立于2001年，注册资本16.8亿元，总资产36亿元，现可生产4~70μm高精电解铜箔，年产能近3万吨，产品销往国际、国内龙头企业。公司拥有先进的生产设备、检验分析设备，设立有河南省电解铜箔示范性国际科技合作基地、河南省博士后研发基地、河南省电解铜箔工程技术研究中心、电解铜箔河南省工程实验室等科研平台，承担过国家及省、市等多层次科技研发项目，研发水平处国内前列。近年来获得专利150项（其中发明专利15项）。公司先后被评为中国电子材料行业50强企业、电子铜箔材料专业10强企业、新材料行业20强企业、河南省技术创新示范企业、河南省十佳科技型企业、中国海关高级认证企业、河南省质量诚信A级工业企业、河南省信用建设示范单位、河南省名牌产品等。

（4）新凌铅业有限责任公司成立于2005年5月，注册资金3亿元，总投资达12亿元。经营范围包括矿产品开发、有色金属冶炼、电解销售、硫酸及化工原料的生产销售、废旧金属回收及酒店服务业等。现有员工700余人，其中大专以上学历60余人，专业技术人员70余人，工业区占地260.39亩，年产电解铅10万吨、硫酸10万吨，并可综合回收金、银等多种有价金属。公司立足国际国内产业前沿，积极抢占科技发展制高点。生产技术采用氧气底吹熔炼—氧气侧吹还原炼铅—两转两吸制酸新工艺，具有环保好、作业率高、回收率高、自动化程度高等显著特点，荣获2004年国家科技进步二等奖，受到国家知识产权的专利保护。

四、财政收支分析

从财政收支总体情况来看，灵宝市一般公共预算收入在河南省县域中处于上游位次，一般公共预算支出在河南省县域排名中略有下降。2021年，灵宝市一般公共预算收入达26.0亿元，占三门峡市一般公共预算收入的18.2%，在三门峡市4个县（市）中排第2位，在河南省102个县（市）中排第17位。其中，税收收入2021年达到13.4亿元，占灵宝市一般公共预算收入的51.6%，占三门峡市税收收入的15.1%。2021年，灵宝市一般公共预算支出达到41.2亿元，占三门峡市一般公共预算支出的15.2%，在三门峡市4个县（市）中排第1位，在河南省102个县（市）中排第55位（见表6）。

从人均财力看，灵宝市人均一般公共预算收支均不及三门峡市和河南省的人均水平。2021年，灵宝市人均一般预算公共收入为3952元，占三门峡市人均一般预算公共收入的56.5%，占河南省人均一般预算公共收入的89.8%，在三门峡市4个县（市）中排第3位，在河南省102个县（市）中排第22位；人均一般公共预算支出达到6276元，占三门峡市人均一般公共预算支出的47.0%，占河南省人均一般公共预算支出的59.5%，在三门峡市4个县（市）中排第4位，在河南省102个县（市）中排第63位。从财政自给率看，灵宝市财政自给率始终高于河南省财政自给率。2021年，灵宝市财政自给率为63.0%，高于三门峡市10.6个百分点，低于河南省21.3个百分点，在三门峡市4个县（市）中排第3位，在河南省102个县（市）中排第15位（见表7）。

表6 2008—2021年灵宝市财政收支情况

年份	一般公共预算收入（亿元）	占三门峡市的比重（%）	一般公共预算收入在三门峡市的排名	一般公共预算收入在河南省的排名	税收（亿元）	税收占一般公共预算收入的比重（%）	占三门峡市税收收入的比重（%）	一般公共预算支出（亿元）	一般公共预算支出占三门峡市的比重（%）	一般公共预算支出在三门峡市的排名	一般公共预算支出在河南省的排名
2008	7.0	19.1	2	17	—	—	—	13.9	21.3	1	11
2009	7.8	18.7	2	16	—	—	—	15.8	18.4	1	26
2010	9.0	18.1	2	17	—	—	—	18.7	19.6	1	21
2011	10.8	18.7	2	15	—	—	—	23.1	19.4	1	24
2012	13.0	19.0	2	15	—	—	—	25.5	18.6	1	35
2013	15.3	18.7	2	13	—	—	—	29.7	19.3	1	30
2014	17.9	19.4	2	12	—	—	—	34.1	20.6	1	28
2015	18.3	19.4	2	13	—	—	—	35.3	20.5	1	35
2016	19.8	19.8	2	12	—	—	—	38.8	20.8	1	35
2017	21.8	20.2	2	13	—	—	—	41.4	19.5	1	39
2018	21.1	17.6	2	17	12.6	59.7	14.9	49.7	20.4	1	34
2019	23.9	18.2	2	17	17.3	72.3	18.8	52.4	19.6	1	37
2020	25.5	18.8	2	16	16.2	63.5	19.1	53.4	19.7	1	37
2021	26.0	18.2	2	17	13.4	51.6	15.1	41.2	15.2	1	55

数据来源：历年河南省统计年鉴及三门峡市统计年鉴。

表 7　2008—2021 年灵宝市人均财力及财政自给率

年份	一般公共预算收入/常住人口	占三门峡市的比重	占河南省的比重	人均一般公共预算收入在三门峡市的排名	人均一般公共预算收入在河南省的排名	一般公共预算支出/常住人口	占三门峡市的比重	占河南省的比重	人均一般公共预算支出在三门峡市的排名	人均一般公共预算支出在河南省的排名	财政自给率	财政自给率在三门峡市的排名	财政自给率在河南省的排名
2008	967	58.5	90.4	3	20	1919	65.2	79.3	3	21	50.4	3	24
2009	1069	57.4	90.1	3	21	2173	56.6	71.0	4	34	49.2	3	19
2010	1249	56.0	85.0	3	21	2591	60.7	71.3	4	27	48.2	3	23
2011	1494	58.1	82.1	3	21	3189	60.2	71.0	4	29	46.8	3	23
2012	1802	58.6	84.2	3	22	3523	57.3	67.1	4	49	51.1	3	16
2013	2105	57.6	83.4	3	20	4091	59.5	70.2	4	43	51.4	3	20
2014	2466	60.0	86.8	3	19	4690	63.7	75.0	4	36	52.6	3	20
2015	2512	60.2	80.8	3	21	4860	63.3	69.3	4	49	51.7	3	18
2016	2711	61.1	84.1	3	19	5316	64.1	69.7	4	48	51.0	3	16
2017	2967	62.2	85.6	3	20	5634	60.1	67.4	4	56	52.7	3	16
2018	2866	54.2	75.1	3	25	6752	62.9	72.3	4	50	42.4	3	28
2019	3245	56.2	79.5	3	24	7111	60.6	69.3	4	62	45.6	3	25
2020	3883	58.4	92.6	3	18	8133	61.1	77.9	4	38	47.7	3	19
2021	3952	56.5	89.8	3	22	6276	47.0	59.5	4	63	63.0	3	15

数据来源：历年河南省统计年鉴。

五、金融业发展分析

灵宝市金融机构年末存贷款余额逐年增加。2021年，金融机构存款年末余额为393.0亿元，占三门峡市的24.2%，在三门峡市4个县（市）中排第1位，在河南省102个县（市）中排第28位；金融机构贷款年末余额为225.4亿元，占三门峡市的23.1%，在三门峡市4个县（市）中排第1位，在河南省102个县（市）中排第25位。

2008年以来灵宝市存贷比呈现波动上升趋势，2017年以来逐渐上升，与三门峡市存贷比水平接近。2021年存贷比为57.4%，在三门峡市4个县（市）中排第3位，在河南省102个县（市）中排第41位（见表8）。

从人均存贷款来看，灵宝市人均存款余额在河南省、三门峡市的排名均处于中上游。2021年，灵宝市人均存款余额为59813元，占三门峡市人均存款余额的75.1%，占河南省人均存款余额的71.7%，在三门峡市4个县（市）中排第3位，在河南省102个县（市）中排第23位；人均贷款余额为34309元，占三门峡市人均贷款余额的71.7%，占河南省人均贷款余额的48.8%，在三门峡市4个县（市）中排第2位，在河南省102个县（市）中排第30位（见表9）。

六、居民收入分析

从居民收入看，2017年以来灵宝市居民人均可支配收入在河南省排名处于中上游。2021年，灵宝市居民人均可支配收入为26763元，占三门峡市居民人均可支配收入的99.5%，占河南省居民人均可支配收入的99.8%，在三门峡市4个（市）中排第3位，在河南省102个县（市）中排第29位。从居民收入增速看，2021年，灵宝市居民人均可支配收入增速为8.2%，与三门峡市居民人均可支配收入增速保持一致（见表10）。

分城乡来看，灵宝市城镇居民人均可支配收入高于三门峡市，但低于河南省平均水平；农村居民人均可支配收入始终高于河南省和三门峡市平均水平。2021年，灵宝市城镇居民人均可支配收入为35698元，占三门峡市城镇居民人均可支配收入的101.6%，占河南省城镇居民人均可支配收入的96.2%，在三门峡市4个县（市）中排第2位，在河南省102个县

表 8 2008—2021 年灵宝市金融业发展情况

年份	存款（亿元，%） 存款年末余额	占三门峡市的比重	在三门峡市的排名	在河南省的排名	贷款（亿元，%） 贷款年末余额	占三门峡市的比重	在三门峡市的排名	在河南省的排名	灵宝市存贷比	存贷比（%） 在三门峡市的排名	在河南省排名
2008	106.2	25.2	1	7	49.8	23.2	1	9	46.8	2	45
2009	128.4	25.2	1	7	59.9	22.7	1	11	46.7	2	54
2010	151.2	24.2	1	7	78.7	23.1	1	11	52.1	2	36
2011	159.5	23.2	1	10	95.8	25.1	1	9	60.0	2	17
2012	197.5	23.9	1	9	135.9	29.1	1	3	68.8	1	8
2013	217.3	23.2	1	12	150.8	27.5	1	4	69.4	1	11
2014	223.0	23.7	1	16	144.7	24.7	1	11	64.9	2	17
2015	246.2	23.7	1	16	164.2	24.4	1	10	66.7	2	16
2016	295.9	25.9	1	15	152.5	21.8	1	17	51.5	2	44
2017	323.8	26.1	1	16	148.9	19.3	1	20	46.0	3	55
2018	326.9	25.6	1	20	161.4	20.0	1	21	49.4	3	54
2019	342.6	24.9	1	22	178.4	21.2	1	22	52.1	3	52
2020	380.3	25.3	1	22	204.9	22.2	1	23	53.9	3	51
2021	393.0	24.2	1	28	225.4	23.1	1	25	57.4	3	41

数据来源：历年河南省统计年鉴。

表 9 2008—2021 年灵宝市人均存贷款情况

年份	人均存款(元)	在三门峡市的排名	在河南省的排名	占三门峡市的比重	占河南省的比重	人均贷款(元)	在三门峡市的排名	在河南省的排名	占三门峡市的比重(%)	占河南省的比重
2008	14666	2	10	77.2	90.6	6871	2	12	71.1	62.5
2009	17656	2	10	77.4	87.4	8242	2	18	69.5	58.2
2010	20972	2	8	74.8	85.2	10918	2	14	71.6	64.7
2011	22065	2	11	71.9	78.3	13248	2	10	77.8	71.6
2012	27337	2	11	73.9	81.5	18802	2	5	89.7	88.3
2013	29949	2	12	71.7	76.3	20791	2	6	85.0	84.7
2014	30649	2	16	73.2	71.4	19891	2	12	76.2	70.5
2015	33845	3	22	73.4	68.9	22575	2	10	75.6	69.7
2016	40506	2	18	79.9	73.4	20873	2	22	67.2	55.9
2017	44045	2	19	80.5	73.3	20258	3	33	59.6	47.7
2018	44397	2	23	79.0	68.6	21916	2	33	61.6	45.2
2019	46495	2	27	77.0	66.2	24203	2	36	65.6	43.1
2020	57918	3	18	78.3	75.3	31205	2	27	68.6	49.3
2021	59813	3	23	75.1	71.7	34309	2	30	71.7	48.8

数据来源：历年河南省统计年鉴。

表 10　2017—2021 年灵宝市居民人均可支配收入情况

年份	灵宝市居民人均可支配收入（元）	在三门峡市排名	在河南省的排名	占三门峡市的比重（%）	占河南省的比重（%）	灵宝市居民人均可支配收入增速（%）	三门峡市城乡居民人均可支配收入增速（%）	灵宝市增速-三门峡市增速（%）
2017	19975	3	26	99.2	99.0	—	—	—
2018	21773	3	25	99.2	99.1	9.0	9.0	0.0
2019	23732	3	26	99.2	99.3	9.0	9.0	0.0
2020	24726	3	28	99.4	99.7	4.2	3.9	0.3
2021	26763	3	29	99.5	99.8	8.2	8.2	0.0

数据来源：历年河南省统计年鉴、灵宝市统计公报。

表 11　2008—2021 年灵宝市人民生活情况

| 年份 | 城镇（元，%） ||||| 农村（元，%） ||||| 城乡收入比及排名 |||
	城镇居民人均可支配收入	在三门峡市的排名	在河南省的排名	占三门峡市的比重	占河南省的比重	农村居民人均可支配收入	在三门峡市的排名	在河南省的排名	占三门峡市的比重	占河南省的比重	城乡收入比	在三门峡市的排名	在河南省的排名
2008	12268	2	9	99.0	92.7	5452	2	23	116.5	122.4	2.3	2	42
2009	13451	2	13	99.9	93.6	5872	2	24	116.4	122.2	2.3	2	39
2010	15051	2	11	100.1	94.5	6735	2	24	116.4	121.9	2.2	2	41

续表

年份	城镇（元，%）						农村（元，%）						城乡收入比及排名		
	城镇居民人均可支配收入	在三门峡市的排名	在河南省的排名	占三门峡市的比重	占河南省的比重	农村居民人均可支配收入	在三门峡市的排名	在河南省的排名	占三门峡市的比重	占河南省的比重	城乡收入比	在三门峡市的排名	在河南省的排名
2011	17104	2	15	100.2	94.0	8063	2	26	116.4	122.1	2.1	2	40
2012	19242	2	15	100.3	94.1	9150	2	27	115.7	121.6	2.1	2	41
2013	21128	2	17	100.9	94.3	10301	2	28	115.4	121.5	2.1	2	40
2014	22929	2	19	100.8	96.9	11526	2	26	115.5	115.7	2.0	2	38
2015	24158	2	23	101.4	94.5	12793	2	27	115.4	117.9	1.9	2	36
2016	25548	2	26	101.2	93.8	13797	2	27	115.1	118.0	1.9	2	34
2017	27837	2	26	101.0	94.2	15053	2	26	115.0	118.4	1.8	2	33
2018	30105	2	27	100.9	94.5	16415	2	26	115.1	118.7	1.8	2	33
2019	32536	2	28	101.1	95.1	18007	2	24	115.1	118.7	1.8	2	31
2020	33229	2	26	101.3	95.6	19302	1	22	115.3	119.8	1.7	1	30
2021	35698	2	23	101.6	96.2	21097	1	22	115.3	120.3	1.7	1	32

数据来源：历年河南省统计年鉴。

（市）中排第 23 位；农村居民人均可支配收入为 21097 元，占三门峡市农村居民人均可支配收入的 115.3%，占河南省农村居民人均可支配收入的 120.3%，在三门峡市 4 个县（市）中排第 1 位，在河南省 102 个县（市）中排名第 22 位；城乡居民人均可支配收入比约为 1.7，在三门峡市 4 个县（市）中排第 1 位，在河南省 102 个县（市）中排第 32 位，处在中上游水平，2008 年以来城乡收入差距整体上逐步缩小（见表 11）。

七、固定资产投资分析

固定资产投资逐年增加，2021 年达到 636.8 亿元，占三门峡市的比重为 22.7%。固定资产投资增速整体呈下降趋势，2021 年为 14.1%，高于三门峡市 3.7 个百分点，高于河南省 9.6 个百分点。2021 年，房地产投资为 33.6 亿元，增速为 28.9%（见表 12）。

表 12　2009—2021 年灵宝市固定资产投资情况

年份	固定资产投资（亿元）	占三门峡市的比重（%）	灵宝市固定资产投资增速（%）	房地产投资总量（亿元）	房地产投资增速（%）	房地产投资总量占固定资产投资的比重（%）
2009	123.8	25.2	—	—	—	0.0
2010	168.1	28.0	35.8	12.9	—	7.7
2011	202.7	26.6	20.6	9.9	−23.4	4.9
2012	212.8	23.0	5.0	9.2	−7.3	4.3
2013	246.5	21.7	15.8	12.3	33.7	5.0
2014	295.2	21.8	19.8	11.7	−4.5	4.0
2015	348.5	22.1	18.0	12.5	6.6	3.6
2016	400.9	22.4	15.1	15.1	20.7	3.8
2017	429.1	21.7	7.0	15.5	2.8	3.6
2018	472.0	21.6	10.0	25.7	65.9	5.4
2019	519.6	21.6	10.1	27.9	8.4	5.4
2020	558.1	22.0	7.4	26.1	−6.4	4.7
2021	636.8	22.7	14.1	33.6	28.9	5.3

注：2018—2021 年固定资产投资总额为根据相应年份增速计算所得。

数据来源：历年河南省统计年鉴及灵宝市统计公报。

八、社会消费分析

从社会消费情况来看，灵宝市社消零总额和人均社消零在河南省、三门峡市的排名均处于上游。2021 年，灵宝市社消零总额为 183.4 亿元，在三门峡市 4 个县（市）中排第 1 位，在河南省 102 个县（市）中排第 18 位；人均社消零 2021 年达 27906 元，在三门峡市 4 个县（市）中排第 2 位，在河南省 102 个县（市）中排第 11 位（见表 13）。

表 13 灵宝市社消零总额情况

年份	社消零总额（亿元，%）				人均社消零（元）		
	灵宝市社消零总额	在三门峡市的排名	在河南省的排名	占 GDP 的比重	灵宝市人均社消零	在三门峡市的排名	在河南省的排名
2008	53.3	1	10	22.9	7366	2	11
2009	63.5	1	10	26.2	8737	2	12
2010	73.4	1	10	22.1	10189	2	10
2011	86.6	1	11	21.7	11972	2	9
2012	99.6	1	11	22.6	13785	2	11
2013	113.1	1	10	24.1	15582	2	12
2014	125.1	1	10	26.5	17201	2	12
2015	139.6	1	13	30.4	19194	2	12
2016	155.2	1	14	31.9	21246	2	13
2017	173.4	1	15	33.3	23582	2	13
2018	185.8	1	13	34.8	25229	2	8
2019	171.9	1	18	39.4	23322	2	20
2020	165.7	1	13	38.6	25228	2	9
2021	183.4	1	18	39.4	27906	2	11

数据来源：历年河南省统计年鉴。

九、人口规模分析

从人口情况看，灵宝市常住人口在河南省县域中排名处在中游，城镇化率水平在河南省县域中排名处在中下游。2021 年，灵宝市常住人口为

65.7万人，占三门峡市常住人口的32.2%，在三门峡市4个县（市）中排第1位，在河南省102个县（市）中排第49位。2021年，人口外流8.5万人，人口流失率为11.4%。2021年，城镇化率为43.4%，在三门峡市4个县（市）中排第4位，在河南省102个县（市）中排第62位（见表14）。

表14 2008—2021年灵宝市人口情况

年份	户籍人口（万人）	常住人口（万人）	常住人口占三门峡市的比重（%）	常住人口在三门峡市的排名	常住人口在河南省的排名	外流人口（万人）	人口流失率（%）	灵宝市城镇化率（%）	城镇化率在三门峡市的排名	城镇化率在河南省的排名
2008	73.7	72.4	32.6	1	42	1.3	1.7	—	—	—
2009	73.8	72.7	32.6	1	42	1.1	1.5	—	—	—
2010	73.4	72.1	32.3	1	41	1.3	1.8	—	—	—
2011	73.8	72.3	32.3	1	39	1.5	2.0	—	—	—
2012	73.9	72.3	32.4	1	38	1.7	2.3	—	—	—
2013	74.1	72.6	32.4	1	37	1.6	2.1	37.9	3	35
2014	74.5	72.8	32.3	1	37	1.7	2.3	39.8	3	34
2015	74.7	72.7	32.3	1	37	2.0	2.7	41.4	3	34
2016	75.1	73.1	32.4	1	36	2.0	2.7	43.1	3	34
2017	75.5	73.5	32.4	1	36	2.0	2.6	44.9	3	33
2018	75.5	73.6	32.4	1	37	1.9	2.5	46.5	3	32
2019	75.5	73.7	32.4	1	35	1.9	2.5	48.1	3	32
2020	74.4	65.7	32.3	1	50	8.6	11.6	42.5	4	61
2021	74.2	65.7	32.2	1	49	8.5	11.4	43.4	4	62

数据来源：历年河南省统计年鉴。

灵宝市从业人员数在2011年、2012年和2018年出现下降，从业人员增速在2011年、2012年和2018年也低于河南省、三门峡市从业人员增速。2019年，灵宝市从业人员数为48.3万人，同比上升3.7%（见表15）。其中，城镇从业人员占比47.7%，低于第二、第三产业从业人员占比54%，说明仍有一部分乡村从业人员从事第二、第三产业活动。

表15 2008—2019年灵宝市就业情况

年份	从业人员数（万人）	从业人员数增速（%）	第一产业从业人员数占比（%）	第二产业从业人员数占比（%）	第三产业从业人员数占比（%）
2008	43.5	1.9	66	11	23
2009	44.4	2.2	62	12	26
2010	46.4	4.5	59	12	29
2011	46.0	−0.8	59	41	
2012	45.8	−0.5	59	41	
2013	46.2	0.8	59	41	
2014	46.6	0.9	57	43	
2015	46.9	0.8	54	46	
2016	48.5	3.4	53	47	
2017	49.2	1.4	52	48	
2018	46.6	−5.4	54	46	
2019	48.3	3.7	46	54	

数据来源：历年河南省统计年鉴。

十、公共服务分析

从教育情况来看，2021年，灵宝市有小学89所，在校生52279人，专任教师3388人，生师比15.4∶1；初中28所，在校生23394人，专任教师2323人，生师比10.1∶1。

从医疗卫生情况来看，灵宝市平均每千名常住人口配备卫生机构床位数、卫生技术人员数逐年上升，医疗资源配备逐步增强，2021年，灵宝市每千人床位数为5.7张，每千人卫生技术人员数为6.7人（见表16）。

表16 2019—2021年灵宝市教育和医疗情况

	年份	2019	2020	2021
学校数	合计（所）	119	117	117
	小学学校数	92	89	89
	初中学校数	27	28	28

续表

在校学生数	合计（人）	74010	74973	75673
	小学在校生数	52577	52731	52279
	初中在校生数	21433	22242	23394
专任教师数	合计（人）	5663	5658	5711
	小学	3317	3324	3388
	初中	2346	2334	2323
医疗卫生	卫生机构床位数/千人（张）	3.9	5.1	5.7
	卫生技术人员数/千人（人）	4.9	6.3	6.7

数据来源：历年河南省统计年鉴。

十一、县域发展战略分析

灵宝市"十四五"时期的发展布局：按照统筹兼顾、集约节约的原则，统筹乡村振兴和新型城镇化战略实施，持续推动空间发展布局持续优化，严格落实主体功能定位，优化城乡空间发展格局，加快构建高质高效的产业布局，持续优化生态格局，在"十四五"末，基本形成适度有序的空间格局体系。

城乡空间布局。坚持国土开发与资源环境承载能力相匹配的原则，以人口向城镇聚集、产业向园区聚集为着力点，加快建设北部城镇发展密集带，依托沿国道G209和沿省道S246的城镇发展轴，提升灵宝市中心城区和豫灵镇副中心的辐射带动作用，着力建设城镇密集发展区、农旅融合发展区、生态旅游发展区，加快构建全域生态保护与开发利用空间格局，打造"1234"的城乡体系，提升中心城区带动能力，建设朱阳镇、阳平镇2个中心镇，打造以寺河苹果、函谷关道德、豫灵黄金为代表的3个特色区域，建设沿黄河、沿小秦岭、沿弘农涧河、沿寺河的苹果产业4个美丽乡村示范带。优化生产、生活、生态"三生"空间格局，加快形成绿色生产方式和生活方式，实现全域高质量发展。

产业发展布局。大力推动以有色金属、新材料、装备制造、循环经济等为重点的工业体系优化升级，以现代工业为核心，大力发展现代农业，加快发展文化旅游业，积极发展现代服务业，加快构建现代产业体系。

生态建设布局。大力实施沿黄生态建设、湿地保护恢复工程，倾力打造"沿黄生态廊道，沿交通干线生态廊道，美丽河湖生态廊道，水保生态廊道"。加快实施连霍高速、郑西高铁、陇海铁路、三淅高速，以及浩吉铁路"三横两纵"和主要国省干线廊道绿化改造提升工程。加强黄河湿地国家级自然保护区灵宝段生态保护，全面提升湿地修复与保护水平。巩固小秦岭国家级自然保护区生态保护修复成果，持续开展矿山环境整治和生态修复。以弘农涧河、阳平河、枣乡河、文峪河流域环境整治为重点，优化全市境内河流湖泊的水生态环境系统。

十二、综述

综上所述，灵宝市经济总体平稳向好。地区生产总值、一般公共预算收支、城乡居民人均可支配收入、固定资产投资、规上工业增加值等主要经济指标在三门峡市位居前列。同时，灵宝市也面临发展不平衡问题比较突出、工业转型升级压力较大、新兴产业发展不足等问题，各类风险隐患依然较多。

黄河流域生态保护和高质量发展、促进中部地区崛起等国家战略及河南省"十大战略"的深入实施，为灵宝市培育壮大主导产业、补足补齐发展短板带来难得机遇。灵宝市应坚持工业强市不动摇，围绕产业链纵向延伸、横向配套，培育壮大有色金属、新材料、装备制造、循环经济及绿色能源产业集群。突出科技创新引领作用，促进创新链与产业链双向互融，激活高质量发展动力引擎。抢抓河南省科学院重塑机遇，整合铜产业研究资源，积极创建河南省铜箔研究院。

河南省县域经济运行分析：栾川篇[①]

一、栾川县概况

栾川因传说远古时期鸾鸟群栖于此而得名。位于河南省西部，东与嵩县毗邻，西与卢氏接壤，南与西峡抵足，北与洛宁摩肩，素有"洛阳后花园"和"洛阳南大门"的美誉。栾川县总面积2477平方千米，有"四河三山两道川、九山半水半分田"之称。现辖15个乡镇（重渡沟管委会）、213个行政村（居委会），2021年常住人口31.95万人，城镇化率为61%。

栾川县位于豫西多金属成矿带的中心区域，区内矿产资源丰富，是我国著名的多金属矿集区，也是全国16个重要多金属成矿带的核心区域。境内分布金属矿产、非金属矿产、能源矿产和水汽矿产四大类，共50余种，已探明储量的矿产19种，各类矿产地251处，其中，大型矿床7处，中型矿产地13处，小型矿产地35处，优势资源可归纳为钼、钨、铅、锌、金、银、铁、萤石等。其中，钼金属储量206万吨，居亚洲第一，世界第三，2006年3月被中华矿业联合会授予"中国钼都"称号。

二、总体经济运行分析

从GDP总量来看，栾川县GDP波动增加，2021年为291.9亿元，在洛阳市7个县（市）中排第4位，在河南省102个县（市）中排名由2008年的第32位下降到2014年的第80位，随后有所上升，2021年为第51位。从GDP占比来看，2008年GDP占洛阳市的比重最高，为7.0%，2021年为5.4%。从GDP增速来看，2008—2021年，栾川县GDP增速多数年份高于洛阳市和河南省水平，2021年栾川县GDP增速为5.2%（见表1）。

[①] 本篇完成于2022年8月，撰稿人：李甜；耿明斋、周立、王永苏、李燕燕、屈桂林、张国晓、徐涛、赵岩、张兆源等参与讨论。

表 1　2008—2021 年栾川县地区生产总值及增速

年份	栾川县 GDP（亿元）	栾川县 GDP 在洛阳市的排名	栾川县 GDP 在河南省的排名	栾川县 GDP 增速（%）	栾川县 GDP 增速在洛阳市的排名	栾川县 GDP 增速在河南省的排名	栾川县 GDP 占洛阳市的比重（%）	栾川县 GDP 增速–洛阳市 GDP 增速（%）	栾川县 GDP 增速–河南省 GDP 增速（%）
2008	134.1	3	32	19.8	1	4	7.0	5.4	7.8
2009	117.6	3	41	15.1	2	10	5.7	2.1	4.1
2010	142.3	3	39	19.7	1	1	6.1	6.5	7.3
2011	168.8	3	39	23.8	1	1	6.2	11.3	11.8
2012	159.0	4	50	13.8	1	10	5.3	3.8	3.7
2013	144.0	5	66	8.7	6	80	4.6	1.5	-0.3
2014	140.8	5	80	14.1	1	3	4.3	5.1	5.2
2015	152.2	5	77	12.5	1	7	4.4	3.4	4.1
2016	164.8	5	77	8.5	5	63	4.5	-0.1	0.3
2017	186.0	5	73	8.5	4	38	4.5	-0.2	0.7
2018	200.1	5	73	7.6	7	63	4.3	-0.3	0.0
2019	267.6	4	50	8.5	1	3	5.4	1.0	1.5
2020	273.3	4	50	2.3	7	68	5.3	-0.7	1.0
2021	291.9	4	51	5.2	5	79	5.4	0.4	-1.1

数据来源：历年河南省统计年鉴及栾川县统计公报。

从人均 GDP 来看，栾川县人均 GDP 占河南省、洛阳市的比重呈现先下降后上升趋势，占洛阳市的比重由 2008 年的 133.1% 下降到 2014 年的 82.1%，后提高至 2021 年的 116.9%；占河南省的比重由 2008 年的 212.1% 下降到 2014 年的 112.8%，后提高到 2021 年的 151.9%。2021 年，栾川县人均 GDP 为 90267 元，在洛阳市 7 个县（市）中排第 2 位，在河南省 102 个县（市）中排第 8 位（见表 2）。

表 2　2008—2021 年栾川县人均地区生产总值及增速

年份	栾川县人均GDP（元）	栾川县人均GDP在洛阳市的排名	栾川县人均GDP在河南省的排名	栾川县人均GDP占洛阳市的比重（%）	栾川县人均GDP占河南省的比重（%）	栾川县人均GDP增速（%）	栾川县人均GDP增速在洛市的排名	栾川县人均GDP增速在河南省的排名
2008	40045	2	8	133.1	212.1	17.7	1	13
2009	35031	2	14	108.4	172.7	14.8	1	11
2010	42201	2	14	119.1	176.0	19.2	2	16
2011	49159	2	13	118.9	176.2	21.6	1	8
2012	46248	2	17	101.6	151.6	13.6	2	22
2013	41831	2	22	88.2	126.3	8.6	6	74
2014	40584	2	27	82.1	112.8	13.2	1	7
2015	43458	2	26	84.1	113.4	11.5	2	18
2016	46928	2	25	84.0	113.6	8.2	2	64
2017	52964	2	24	86.8	115.8	8.5	1	35
2018	56990	2	22	88.6	112.4	7.6	6	52
2019	75883	2	13	104.8	139.6	8.0	5	28
2020	82002	2	10	112.5	147.9	3.2	4	51
2021	90267	2	8	116.9	151.9	8.4	2	41

数据来源：历年河南省统计年鉴及栾川县统计公报。

三、分产业经济运行分析

（一）产业格局与发展方向

产业布局："212"现代产业体系，钨钼新材料和旅游两大主导产业、生物医药一个新兴产业、健康养老和高效农业两大特色产业。

钨钼新材料方向：坚持以新发展理念为引领，以高端化、智能化、绿色化、服务化为方向，重点围绕钨钼精深加工、非金属矿产综合开发利用、尾矿综合回收，鼓励引进尾矿综合利用、智能化车间提升建设、新技术运用等钨钼产业延链补链项目，增加产品附加值，降低企业生产成本，提升市场竞争力。

（二）产业结构分析

栾川县三次产业结构整体来讲，第一产业和第二产业占比不断下降，第三产业占比不断上升，三次产业结构一直呈现"二、三、一"梯次，2021年三次产业结构为5.2：53.3：41.5（见图1）。

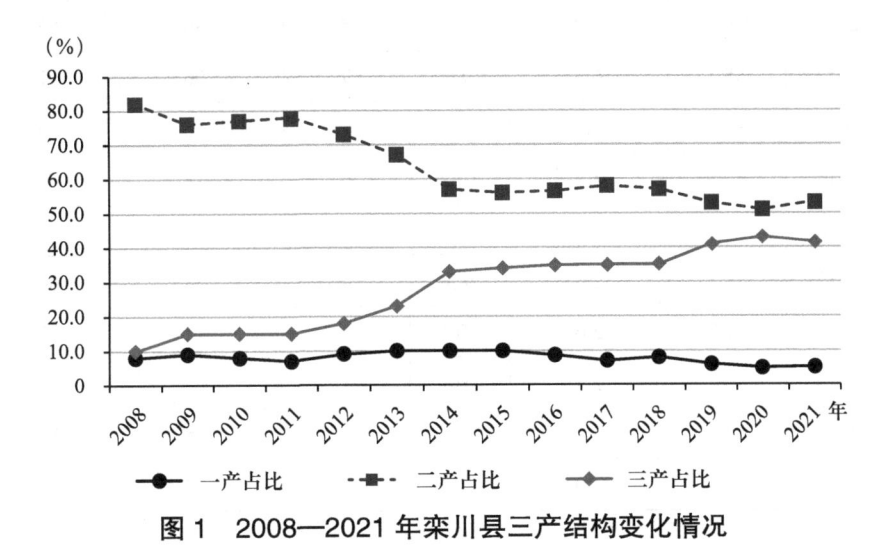

图1 2008—2021年栾川县三产结构变化情况

（三）工业发展情况分析

从规上工业增加值来看，2008—2021年，栾川县规上工业增加值呈现波动下降趋势，2011年达到最大值120.2亿元，随后开始下降，自2018年开始有所上升，2021年为54.5亿元，占洛阳市的3.0%。

从规上工业增加值增速来看，除2013年之外，栾川县规上工业增加值增速均高于河南省、洛阳市平均水平。2021年，栾川县增速为11.7%，在洛阳市7个县（市）中排第2位，在河南省102个县（市）中排第24位。

规上企业数呈现先上升后下降趋势，在2010年达到最大值113家，随后数量开始减少，2021年为52家（见表3）。

表3　2008—2021年栾川县规上工业发展总体情况

年份	栾川县规上工业增加值（亿元）	栾川县规上工业增加值占洛阳市的比重（%）	规上工业增加值增速（%）	规上工业增加值增速在洛阳市的排名	规上工业增加值增速在河南省的排名	规上工业企业数（个）
2008	100.5	12.8	29.6	3	23	86
2009	80.4	10.3	18.7	6	47	108
2010	101.1	10.0	24.1	2	25	113
2011	120.2	9.6	28.3	4	13	67
2012	104.8	7.8	15.2	5	85	67
2013	85.1	6.3	9.6	7	96	72
2014	77.5	5.7	16.0	1	16	53
2015	47.8	3.4	14.2	6	18	56
2016	38.8	2.7	9.6	7	56	58
2017	38.1	2.6	9.3	4	34	64
2018	41.9	2.6	10.1	1	14	53
2019	46.2	2.7	10.1	1	7	53
2020	48.8	2.7	5.6	1	25	56
2021	54.5	3.0	11.7	2	24	52

来源：历年河南省统计年鉴、洛阳市统计年鉴及栾川县统计公报。

（四）服务业发展情况分析

再看服务业，2021年，栾川县服务业增加值为121.0亿元，在洛阳市7个县（市）中排第4位，在河南省102个县（市）中排名由2008年的第91位提高至2021年的第52位。

栾川县服务业增加值占洛阳市三产增加值的比重呈上升趋势，由2008年的2.3%升至2021年的4.3%。从增速看，栾川县服务业增加值增速多数年份不及洛阳市、河南省水平。2021年，栾川县服务业增加值增速为5.1%，分别低于洛阳市和河南省3.3个、3.0个百分点，低于栾川县GDP增速0.1个百分点，在洛阳市7个县（市）中排第6位，在河南省102个县（市）中排第90位（见表4）。

表4 2008—2021年栾川县服务业发展总体情况

年份	栾川县服务业增加值（亿元）	栾川县服务业增加值占洛阳市三产增加值的比重（%）	栾川县服务业增加值在洛阳市的排名	栾川县服务业增加值在河南省的排名	栾川县服务业增加值增速（%）	栾川县服务业增加值增速在洛阳市的排名	栾川县服务业增加值增速在河南省的排名
2008	13.9	2.3	7	91	16.5	1	21
2009	18.5	2.6	6	80	13.0	6	53
2010	21.5	2.7	6	79	9.6	3	65
2011	25.1	2.7	6	78	11.2	2	36
2012	29.0	2.6	6	76	12.2	4	14
2013	32.6	2.6	6	76	8.1	6	67
2014	46.5	3.4	6	69	9.3	3	57
2015	51.3	3.3	6	71	8.0	7	93
2016	57.1	3.2	6	73	9.6	7	85
2017	64.3	3.1	6	76	9.5	7	72
2018	70.3	3.0	6	77	5.6	7	90
2019	110.6	4.5	4	51	5.9	6	87
2020	117.9	4.6	4	47	2.7	5	30
2021	121.0	4.3	4	52	5.1	6	90

数据来源：历年河南省统计年鉴及栾川县统计公报。

按国家制定的调查与评价体系，全国旅游资源分为8大类31个亚类155种基本类型，栾川县有8大类26个亚类84种基本类型，分别占全国的100%、83.9%和54.2%。

栾川境内拥有老君山、鸡冠洞两个5A级景区，拥有龙峪湾、重渡沟、养子沟、伏牛山滑雪场、抱犊寨等8个国家4A级以上旅游景区和十余个非A级旅游景区，初步形成了老君山山水游、龙峪湾森林游、鸡冠洞溶洞游、重渡沟农家游、养子沟休闲游、九龙山温泉游、伏牛山滑雪游、抱犊寨红色游组成的业态多元、体验丰富、特色各异的全域旅游格局，是首批中国旅游强县，先后荣膺"世界十大乡村度假胜地""国际乡村休闲旅游目的地""2016百佳深呼吸小城"等荣誉。2012年，以"全区域营造旅游环境，全领域融汇旅游要素，全产业强化旅游引领，全社会参与旅游发展，全民共享旅游成果"为内涵的全景栾川正式提出，"旅游引领、融合发展、产业集聚、全景栾川"的旅游发展新模式再次引起业界强烈反响，并被原国家旅游局确定为全域旅游发展五种模式之一。

2021年，栾川县接待国内外游客1219万人，旅游总收入占GDP的比重为28.50%（见表5）。

表5 2020—2021年栾川县旅游业总体情况

年份	接待国内外游客（万人）	旅游总收入（亿元）	占GDP的比重（%）
2020	1158	73.96	27.06
2021	1219	83.18	28.50

数据来源：历年栾川县统计公报。

（五）重点企业分析

栾川县主要龙头企业有洛阳栾川钼业集团、栾川龙宇钼业有限公司、洛阳丰瑞氟业有限公司、洛阳鑫曙矿业股份有限公司、豫鹭公司、金鼎矿业等（见表6）。

表6 栾川县主要龙头企业情况

序号	单位名称	主营业务及主要产品
1	洛阳栾川钼业集团	以钼钨的采、选、冶、深加工为主，集科研、生产、贸易于一体的海外上市公司，主要产品有钼（钨）精矿、氧化钼、钼铁、钼（钨）酸铵、钼（钨）粉及钼棒、板、条、丝及稀土材料与制品等30多个品种，产品远销美洲、欧洲、韩国、日本、东南亚、中国香港等国家和地区
2	栾川龙宇钼业有限公司	钼矿开采、浮选、冶炼、加工、销售；氧化铝、铝制品、钢材、焦炭、机电设备、电气设备、通信器材及配件、橡胶制品销售

续表

序号	单位名称	主营业务及主要产品
3	洛阳丰瑞氟业有限公司	是一家集萤石矿的采、选和硫酸、无水氟化氢等产品的生产、科研、销售于一体的混合所有制企业
4	洛阳鑫曙矿业股份有限公司	金、银、铜、钼、钨、铅、锌、铁矿的勘查、采选、加工、销售；普通货物运输（凭有效许可证经营）；矿山配件、实验器材、工程设备的销售、安装；矿产信息咨询服务
5	豫鹭公司	主要利用洛钼集团选钼尾矿进行白钨精矿的综合回收，从事白钨精矿及其副产品的生产与销售
6	金鼎矿业	铅矿开采；铅锌、铁、白钨、钼矿加工、销售

四、财政收支分析

从财政收入来看，栾川县一般公共预算收入由2008年的17.7亿元增加到2021年的24.5亿元，在洛阳市7个县（市）中排第2位，在河南省102个县（市）中排第19位。从税收占比来看，栾川县税收占比大多数年份超过河南省、洛阳市平均水平。2021年，栾川县税收完成16.5亿元，占一般公共预算收入的比重为67.3%，占洛阳市税收收入的比重为6.4%。从财政支出来看，一般公共预算支出由2008年的14.7亿元增加到2021年的25.0亿元，在洛阳市7个县（市）中排名由2008年的第1位下降至第7位，在河南省102个县（市）中排名由2008年的第9位下降至第92位（见表7）。

从人均财力来看，栾川县人均财政收入一直高于河南省、洛阳市平均水平，人均财政支出自2018年开始低于河南省、洛阳市平均水平。栾川县人均财政收入由2008年的5217元增加到2021年的7653元，占洛阳市的136.0%，占河南省的174.0%，在洛阳市7个县（市）中排第1位，在河南省102个县（市）中排第3位。栾川县人均财政支出由2008年的4319元增加到2021年的7820元，占洛阳市的86.1%，占河南省的74.2%，在洛阳市7个县（市）中排第2位，在河南省102个县（市）中排第28位。从财政自给率来看，栾川县财政自给率一直高于河南省、洛阳市平均水平。2021年，栾川县财政自给率为97.9%，在洛阳市7个县（市）中排第1位，在河南省102个县（市）中排第1位（见表8）。

表 7　2008—2021 年栾川县财政收支情况

年份	一般公共预算收入（亿元）	占洛阳市的比重（%）	一般公共预算收入在洛阳市的排名	一般公共预算收入在河南省的排名	税收收入	税收占一般公共预算收入的比重	占洛阳市税收收入的比重（%）	一般公共预算支出	一般公共预算支出占洛阳市的比重	一般公共预算支出在洛阳市的排名	一般公共预算支出在河南省的排名（%）
2008	17.7	15.2	1	1	15.5	87.3	17.7	14.7	8.6	1	9
2009	10.6	8.8	1	7	8.3	78.7	9.9	12.4	6.1	4	52
2010	12.5	8.8	1	7	9.9	79.0	9.5	14.6	6.3	3	50
2011	15.0	8.4	1	9	12.3	81.8	9.4	18.0	6.1	4	53
2012	14.2	6.9	1	11	11.1	78.1	7.5	19.5	5.7	5	66
2013	15.1	6.5	1	15	11.2	73.9	6.6	20.3	5.4	6	76
2014	16.0	6.1	2	15	11.4	71.2	6.3	24.6	6.0	3	62
2015	17.2	6.0	2	15	10.4	60.2	5.3	27.3	5.7	4	65
2016	18.1	6.0	3	15	11.4	62.6	5.7	29.8	5.8	4	66
2017	18.6	5.7	3	18	12.7	68.4	6.0	29.6	5.4	6	76
2018	20.2	5.9	3	20	15.0	74.2	6.5	28.4	4.8	6	87
2019	22.0	6.0	3	20	16.0	72.7	6.4	31.0	4.8	7	90
2020	23.1	6.0	2	19	15.2	65.8	6.1	33.1	4.8	7	88
2021	24.5	6.1	2	19	16.5	67.3	6.4	25.0	3.9	7	92

数据来源：历年河南省统计年鉴及栾川县统计公报。

表 8 2008—2021 年栾川县人均财政收支情况

年份	一般公共预算收入/常住人口	占洛阳市的比重	占河南省的比重	人均一般公共预算收入在洛阳市的排名	人均一般公共预算收入在河南省的排名	一般公共预算支出/常住人口	占洛阳市的比重	占河南省的比重	人均一般公共预算支出在洛阳市的排名	人均一般公共预算支出在河南省的排名	财政自给率	财政自给率在洛阳市的排名	财政自给率在河南省的排名
2008	5217	287.2	487.5	1	1	4319	162.9	178.5	1	1	120.8	1	1
2009	3195	170.5	269.2	1	2	3739	117.3	122.1	1	3	85.5	1	1
2010	3641	168.0	247.9	1	2	4245	120.5	116.9	1	3	85.8	1	1
2011	4367	160.9	240.0	1	2	5238	115.9	116.6	1	3	83.4	1	1
2012	4116	132.1	192.3	1	3	5670	108.3	108.0	1	3	72.6	1	2
2013	4383	124.0	173.7	1	4	5883	104.4	100.9	1	4	74.5	1	3
2014	4581	117.6	161.3	1	4	7033	113.8	112.5	1	3	65.1	1	9
2015	4900	115.2	157.6	1	5	7788	109.9	111.1	1	4	62.9	1	8
2016	5160	117.3	160.0	1	5	8467	112.7	111.1	1	4	60.9	2	10
2017	5304	112.6	153.0	1	5	8445	106.4	101.0	1	6	62.8	2	9
2018	5760	116.8	150.9	1	5	8083	94.0	86.5	1	19	71.3	1	3
2019	6216	118.0	152.3	1	5	8752	94.9	85.3	1	20	71.0	1	3
2020	7072	130.1	168.6	1	4	10128	103.8	97.1	1	13	69.8	1	3
2021	7653	136.0	174.0	1	3	7820	86.1	74.2	2	28	97.9	1	1

数据来源：历年河南省统计年鉴及栾川县统计公报。

五、金融业发展分析

2008—2021年间，栾川县金融机构年末存、贷款余额总量逐年增加，存款年末余额大于贷款年末余额。2021年，栾川县存款年末余额为232.5亿元，占洛阳市的比重由2008年的6.1%下降到2021年3.4%，在洛阳市7个县（市）中排第4位，在河南省102个县（市）中排第77位；贷款年末余额为138.3亿元，占洛阳市的2.3%，在洛阳市7个县（市）中排第4位，在河南省102个县（市）中排第66位。从存贷比来看，2021年，存贷比为59.5%，比2008年高44.5个百分点，在洛阳市7个县（市）中排第5位，在河南省102个县（市）中排第34位（见表9）。从河南省、洛阳市对比来看，栾川县存贷比一直低于洛阳市和河南省存贷比，2021年，低于洛阳市29个百分点，低于河南省24.7个百分点。

表9 2008—2021年栾川县金融机构年末存贷款余额情况

年份	存款年末余额	占洛阳市的比重	在洛阳市的排名	在河南省的排名	贷款年末余额	占洛阳市的比重	在洛阳市的排名	在河南省的排名	栾川县存贷比	在洛阳市的排名	在河南省排名
2008	84.7	6.1	1	11	12.7	1.9	3	90	15.0	7	102
2009	90.7	5.3	2	18	21.2	2.4	3	78	23.3	7	102
2010	102.4	4.9	2	20	26.6	2.4	3	74	26.0	5	100
2011	106.3	4.4	2	30	36.4	2.7	3	53	34.3	5	81
2012	107.6	3.7	3	48	36.5	2.2	3	66	33.9	5	77
2013	132.6	4.0	2	42	44.0	2.2	4	70	33.2	5	86
2014	134.4	3.6	2	49	49.9	2.2	4	74	37.2	5	81
2015	138.4	3.3	3	64	63.4	2.4	3	61	45.8	4	57
2016	166.0	3.3	3	61	70.0	2.3	4	67	42.2	5	62
2017	185.9	3.5	3	61	80.0	2.3	4	62	43.1	5	58
2018	202.5	3.5	3	61	94.0	2.3	4	60	46.4	5	58
2019	193.2	3.1	3	68	106.9	2.2	4	64	55.5	5	40
2020	221.7	3.4	3	70	125.1	2.3	4	63	56.4	5	39
2021	232.5	3.4	4	77	138.3	2.3	4	66	59.5	5	34

数据来源：历年河南省统计年鉴及栾川县统计公报。

从人均存贷款余额来看，2008—2021 年，栾川县人均存贷款余额逐年增加，人均存款余额大于人均贷款余额。但均低于河南省、洛阳市平均水平，2021 年，人均存款余额为 72770 元，占洛阳市和河南省平均水平的 76.3% 和 87.2%，在洛阳市 7 个县（市）中排第 1 位，在河南省 102 个县（市）中排第 9 位；人均贷款余额为 43296 元，占洛阳市和河南省平均水平的 51.3% 和 61.6%，在洛阳市 7 个县（市）中排第 3 位，在河南省 102 个县（市）中排第 13 位（见表 10）。

表 10　人均存贷款余额情况

年份	人均存款（元，%）					人均贷款（元，%）				
	人均存款	在洛阳市的排名	在河南省的排名	占洛阳市的比重	占河南省的比重	人均贷款	在洛阳市的排名	在河南省的排名	占洛阳市的比重	占河南省的比重
2008	24919	1	2	114.7	154.0	3747	3	48	36.3	34.1
2009	27360	1	2	102.1	135.4	6383	3	29	47.3	45.1
2010	29854	1	2	93.3	121.3	7762	2	28	45.6	46.0
2011	30929	1	3	83.7	109.8	10594	3	20	50.9	57.3
2012	31259	1	7	71.0	93.2	10596	3	25	42.4	49.7
2013	38494	1	3	76.1	98.0	12763	3	30	43.0	52.0
2014	38473	1	5	68.6	89.7	14293	3	32	41.5	50.6
2015	39435	2	8	63.5	80.3	18057	3	24	46.2	55.7
2016	47221	2	7	65.2	85.5	19920	3	23	45.5	53.4
2017	52960	2	7	68.9	88.1	22803	3	22	45.4	53.7
2018	57627	2	6	68.8	89.0	26747	3	21	45.6	55.2
2019	54534	1	10	62.3	77.7	30133	3	21	43.6	53.6
2020	67752	1	5	74.2	88.1	38240	2	12	49.2	60.5
2021	72770	1	9	76.3	87.2	43296	3	13	51.3	61.6

数据来源：历年河南省统计年鉴及栾川县统计公报。

六、居民收入分析

从居民家庭人均可支配收入看，2017—2021 年，栾川县居民人均可支配收入低于洛阳市和河南省居民可支配收入，但增速均超过洛阳市水平。2021 年，栾川县居民人均可支配收入 25634 元，占洛阳市和河南省平均水平的 84.8% 和 95.6%，在洛阳市 7 个县（市）中排第 3 位，在河南省 102 个县（市）中排第 31 位（见表 11）。

表 11　2017—2021 年栾川县居民人均可支配收入情况

年份	栾川县居民人均可支配收入（元）	在洛阳市的排名	在河南省的排名	占洛阳市的比重（%）	占河南省的比重（%）	栾川县居民人均可支配收入增速（%）	洛阳市城乡居民人均可支配收入增速（%）	栾川县增速－洛阳市增速（%）
2017	18414	3	36	80.6	91.3	—	9.7	—
2018	20315	3	34	81.6	92.5	10.3	9.0	1.3
2019	22468	3	33	82.9	94.0	10.6	8.9	1.7
2020	23597	3	31	84.0	95.1	5.0	3.7	1.3
2021	25634	3	31	84.8	95.6	8.6	7.6	1.0

数据来源：历年河南省统计年鉴及栾川县统计公报。

从城乡居民人均可支配收入来看，栾川县城乡居民人均可支配收入均低于洛阳市平均水平，自 2019 年开始城镇居民人均可支配收入超过河南省平均水平。2021 年，城镇居民人均可支配收入为 37501 元，占洛阳市的 89.1%、河南省的 101.1%，在洛阳市 7 个县（市）中排第 2 位，在河南省 102 个县（市）中排第 10 位；农村居民人均可支配收入为 15325 元，占洛阳市的 88.8%、河南省的 87.4%，在洛阳市 7 个县（市）中排第 3 位，在河南省 102 个县（市）中排第 70 位。

从城乡收入差距来看，城乡收入比呈逐年下降趋势，从 2008 年的 3.1 下降到 2021 年的 2.4，在洛阳市 7 个县（市）中排第 7 位，在河南省 102 个县（市）中排第 99 位（见表 12），说明栾川县城乡收入差距较大。

河南省县域经济运行分析：栾川篇

表12 2008—2021年栾川县城乡居民人均可支配收入及城乡收入比

年份	城镇居民人均可支配收入	在洛阳市的排名	在河南省的排名	占洛阳市的比重	占河南省的比重	农村居民人均可支配收入	在洛阳市的排名	在河南省的排名	占洛阳市的比重	占河南省的比重	城乡收入比	在洛阳市的排名	在河南省的排名
2008	11583	2	24	78.9	87.5	3755	5	78	81.7	84.3	3.1	7	99
2009	12844	2	23	80.5	89.4	4085	4	74	82.3	85.0	3.1	7	100
2010	14469	2	22	82.0	90.8	4784	3	68	84.2	86.6	3.0	6	96
2011	16759	2	21	83.1	92.1	5738	3	68	84.1	86.9	2.9	6	97
2012	18898	2	21	83.5	92.4	6545	3	67	84.2	87.0	2.9	6	97
2013	21041	2	19	84.8	93.9	7317	4	69	83.6	86.3	2.9	7	100
2014	23112	2	15	85.7	97.6	8166	3	68	84.5	81.9	2.8	7	100
2015	24979	2	13	87.1	97.7	9175	3	68	86.0	84.5	2.7	7	101
2016	26832	2	13	87.3	98.5	9800	3	73	85.5	83.8	2.7	7	101
2017	28917	2	14	86.9	97.8	10855	3	73	86.8	85.3	2.7	7	101
2018	31462	2	13	87.6	98.7	11902	3	70	87.3	86.1	2.6	7	101
2019	34230	2	11	88.6	100.1	13116	3	70	87.6	86.5	2.6	7	100
2020	34949	2	11	89.0	100.6	14021	3	67	88.2	87.0	2.5	7	99
2021	37501	2	10	89.1	101.1	15325	3	70	88.8	87.4	2.4	7	99

数据来源：历年河南省统计年鉴及栾川县统计公报。

— 257 —

七、固定资产投资分析

2009—2021年，栾川县固定资产投资逐年增加。2021年，完成固定资产投资405.1亿元，占洛阳市的比重由2008年的4.6%上升到7.4%。从增速来看，栾川县固定资产投资增速多数年份超过洛阳市和河南省固定资产投资增速。2021年，增速为6.1%，分别高于洛阳市和河南省12.6个、1.6个百分点（见表13）。

表13　2008—2021年栾川县固定资产投资情况

年份	固定资产投资（亿元）	占洛阳市的比重（%）	栾川县固定资产投资增速（%）	洛阳市固定资产投资增速（%）	河南省固定资产投资增速（%）
2008	50.4	4.6	—	31.3	30.7
2009	59.2	4.1	17.4	31.5	31.6
2010	83.3	4.7	40.8	22.2	22.2
2011	104.4	5.6	25.3	27.4	27.0
2012	128.4	5.6	23.0	23.2	21.4
2013	150.3	5.7	17.0	22.3	22.5
2014	176.8	5.8	17.7	17.8	19.2
2015	212.1	6.0	20.0	18.6	16.5
2016	248.0	6.1	16.9	15.4	13.7
2017	277.7	6.1	12.0	11.8	10.4
2018	313.8	6.2	13.0	10.0	8.1
2019	365.7	6.6	16.5	10.2	8.0
2020	381.8	6.5	4.4	5.9	4.3
2021	405.1	7.4	6.1	-6.5	4.5

注：2018—2021年固定资产投资为根据相应年份增速计算所得。
数据来源：历年河南省统计年鉴及栾川县统计公报。

按投资分类来看，栾川县房地产投资在2014年和2021年大幅上升，2021年为32.62亿元，同比增长207.1%，占固定资产投资总量的8.1%。2021年，工业投资同比增长41.2%，基础设施投资同比下降18.6%，民间投资同比增长9.8%（见表14）。

表 14 2010—2021 年栾川县不同类型投资情况

年份	房地产投资总量（亿元）	房地产投资增速（%）	房地产投资总量占固定资产投资的比重（%）
2010	3.5	—	7.0
2011	4.7	33.0	7.9
2012	2.8	-39.6	3.4
2013	1.7	-38.7	1.7
2014	5.1	196.5	4.0
2015	4.6	-9.7	3.1
2016	7.2	55.5	4.1
2017	9.1	26.4	4.3
2018	10.2	11.7	4.1
2019	12.7	24.9	4.6
2020	10.6	-16.3	3.4
2021	32.6	207.1	8.1

数据来源：历年河南省统计年鉴和栾川县统计公报。

八、社会消费分析

栾川县社消零总额增长迅速，2020 年受新冠疫情影响出现下滑，2021 年反弹至 112.4 亿元，在洛阳市 7 个县（市）中排第 5 位，在河南省 102 个县（市）中排第 46 位。

社消零总额占 GDP 的比重在 2008—2016 年逐年提高，随后开始波动下降，2021 年为 38.5%。其中批发和零售业占社消零的比重呈现波动下降，2021 年占比为 60.2%。住宿和餐饮业占社消零的比重由 2008 年的 18.8% 提高至 2021 年的 39.8%。

从人均社消零额来看，栾川县人均社消零额一直高于河南省平均水平，且自 2020 年开始超过洛阳市平均水平。2021 年，栾川县人均社消零为 35194 元，占洛阳市的 106.7%，占河南省的 140.1%，在洛阳市 7 个县（市）中排第 1 位，在河南省 102 个县（市）中排第 3 位（见表 15）。

表15 2008—2021年栾川县社消零总额情况

年份	栾川县社消零总额	在洛阳市的排名	在河南省的排名	占GDP的比重	栾川县人均社消零	在洛阳市的排名	在河南省的排名	批发和零售业	占社消零的比重	住宿和餐饮业	占社消零的比重
2008	22.4	5	68	16.7	6597	3	15	18.2	81.2	4.2	18.8
2009	26.8	5	67	22.7	8069	3	15	21.2	79.1	5.6	20.9
2010	30.2	5	71	21.2	8799	3	16	23.3	77.1	6.9	22.9
2011	35.5	5	70	21.0	10335	3	16	27.6	77.7	7.9	22.3
2012	40.9	5	72	25.7	11871	3	15	31.7	77.5	9.2	22.5
2013	46.2	5	72	32.0	13396	3	15	34.8	75.5	11.3	24.5
2014	51.7	5	73	36.7	14785	3	17	39.7	76.9	11.9	23.1
2015	57.9	5	74	38.0	16493	3	18	45.0	77.8	12.9	22.2
2016	65.2	5	73	39.6	18552	3	18	50.3	77.1	15.0	22.9
2017	73.3	5	70	39.4	20883	3	17	55.4	75.6	17.9	24.4
2018	75.0	7	71	37.5	21355	3	17	55.6	74.1	19.4	25.9
2019	105.9	5	48	39.6	29901	1	6	92.9	87.7	13.1	12.3
2020	103.4	5	45	37.8	31595	1	3	71.3	69.0	32.1	31.0
2021	112.4	5	46	38.5	35194	1	3	67.6	60.2	44.8	39.8

数据来源：历年河南省统计年鉴、洛阳市统计年鉴及栾川县统计公报。

九、人口规模分析

2008—2019年，栾川县常住人口不断增加，且这几年间呈现人口净流入。2020年，常住人口有所减少，人口呈现外流趋势，人口流失率为9.1%。2021年，常住人口为32.0万人，占洛阳市常住人口比重为4.5%，在洛阳市7个县（市）中排第7位，在河南省102个县（市）中排第95位。城镇化率在2020年快速提升，由2013年的41.41%提高至2021年的61.0%，在洛阳市7个县（市）中排第1位，在河南省102个县（市）中排第7位（见表16），低于洛阳市城镇化率4.9个百分点，高于河南省4.5个百分点。

表16 2008—2021年栾川县人口情况

年份	户籍人口（万人）	常住人口（万人）	常住人口在洛阳市的排名	常住人口在河南省的排名	外流人口（万人）	人口流失率（%）	常住人口占洛阳市的比重（%）	栾川县城镇化率（%）	城镇化率在洛阳市的排名	城镇化率在河南省的排名
2008	32.9	34.0	7	94	−1.1	−3.3	5.3	—	—	—
2009	33.1	33.2	7	95	−0.1	−0.2	5.2	—	—	—
2010	33.1	34.3	7	95	−1.2	−3.7	5.2	—	—	—
2011	33.3	34.4	7	95	−1.0	−3.1	5.2	—	—	—
2012	33.4	34.4	7	95	−1.0	−3.1	5.2	—	—	—
2013	33.6	34.5	7	95	−0.8	−2.5	5.2	41.4	1	19
2014	33.8	34.9	7	95	−1.2	−3.4	5.2	42.7	1	19
2015	33.9	35.1	7	94	−1.2	−3.4	5.2	44.5	1	20
2016	34.2	35.2	7	94	−0.9	−2.7	5.1	46.2	1	21
2017	34.5	35.1	7	95	−0.6	−1.6	5.1	48.0	1	21
2018	34.7	35.1	7	95	−0.4	−1.3	5.1	50.0	1	21
2019	34.8	35.4	7	94	−0.6	−1.9	5.0	51.8	1	20
2020	36.0	32.7	7	94	3.3	9.1	4.6	59.9	1	7
2021	—	32.0	7	95			4.5	61.0	1	7

数据来源：历年河南省统计年鉴及栾川县统计公报。

2019年，栾川县就业人员数大幅下降，为25.19万人。分产业看，第一产业就业人数占比呈现下降趋势，2019年，第一产业与第二、第三产业从业人员数占比分别为23%、77%（见表17）。

表17 2008—2019年栾川县就业情况

年份	从业人员数（万人）	从业人员数增速（%）	第一产业从业人员数占比（%）	第二产业从业人员数占比（%）	第三产业从业人员数占比（%）
2008	22.23	−3.05	44	26	30
2009	22.23	0.00	44	27	29
2010	21.88	−1.57	41	30	29
2011	23.40	6.95	41	59	

续表

年份	从业人员数（万人）	从业人员数增速（%）	第一产业从业人员数占比（%）	第二产业从业人员数占比（%）	第三产业从业人员数占比（%）
2012	23.50	0.43	42		58
2013	23.80	1.28	41		59
2014	23.63	-0.71	34		66
2015	26.40	11.72	33		67
2016	24.10	-8.71	31		69
2017	24.44	1.41	30		70
2018	26.22	7.28	28		72
2019	25.19	-3.93	23		77

数据来源：历年河南省统计年鉴。

从第七次全国人口普查数据可以看到，栾川县0~14岁人口占比高于洛阳市，但低于河南省，15~59岁人口占比高于河南省、洛阳市水平，60岁及以上和65岁及以上人口占比均低于河南省、洛阳市水平，占比分别为21.63%、61.17%、17.20%和11.79%（见表18）。从常住人口受教育程度来看，栾川县每十万人中拥有大学（大专及以上）学历人数与河南省、洛阳市平均水平差距较大，大学（大专及以上）学历人数占河南省水平的82.8%，占洛阳市水平的72.9%。

表18 第七次全国人口普查主要指标

地区	常住人口（万人）	按年龄分占常住人口的比重（%）				每十万人中拥有的各类受教育程度人数（人）				15岁及以上人口平均受教育年限（年）
		0~14岁	15~59岁	60岁及以上	65岁及以上	大学（大专及以上）	高中（含中专）	初中	小学	
全国	141177.87	17.95	63.35	18.70	13.50	15467	15088	34507	24767	9.91
河南省	9936.55	23.14	58.79	18.08	13.49	11744	15239	37518	24557	9.79
洛阳市	705.67	20.85	60.84	18.31	12.97	13339	17436	39872	19724	—
栾川县	32.71	21.63	61.17	17.20	11.79	9729	17346	37504	25475	9.63

数据来源：第七次全国人口普查公报、河南省第七次全国人口普查公报及2021年洛阳市统计年鉴。

十、公共服务分析

教育情况，2021年，栾川县有小学41所，在校生30510人、专任教师1436人，生师比21.2∶1。初中17所，在校生14782人、专任教师1219人，生师比10.4∶1。

医疗卫生方面，栾川县每千人卫生机构床位数和每千人卫生技术人员数逐年递增，2021年分别为6.9张和7.1人（见表19）。

表19　2019—2021年栾川县教育和医疗情况

	年份	2019	2020	2021
学校数	合计（所）	57	57	58
	小学学校数	40	40	41
	初中学校数	17	17	17
在校学生数	合计（人）	44553	45382	45292
	小学在校生数	31023	31200	30510
	初中在校生数	13530	14182	14782
专任教师数	合计（人）	2515	2563	2655
	小学	1343	1389	1436
	初中	1172	1174	1219
医疗卫生	卫生机构床位数/千人（张）	6.0	6.3	6.9
	卫生技术人员数/千人（人）	5.4	6.3	7.1

数据来源：历年河南省统计年鉴、洛阳市统计年鉴。

十一、县域发展战略分析

2022年栾川县政府工作报告中提到：坚持"生态立县、创新活县、旅游富县、产业强县"战略，坚定走好"2341"发展路径。

"2341"发展路径，即加快2个转变、聚焦3个目标、聚力4个突破、强化1个保障。2个转变：加快向科技新兴产业升级转变、加快向打造文旅文创支柱产业转变。3个目标：打造乡村振兴共同富裕先行区、打造全域旅居康养示范区、打造工矿业转型升级发展区。4个突破：规模总量新突破、创新驱动新突破、乡村振兴新突破、产业升级新突破。1个保障：

以从严管党治党、锻造能力作风为保障。

十二、综述

综上所述，栾川县经济总体发展势头良好，综合实力较强，人均 GDP、财政收支、财政自给率、人均财力、人均存款和人均社销零在河南省县（市）中排名靠前，但城乡居民收入差距较大；投资和消费均处在中等偏上水平；三产就业机构趋向合理，城镇化率大幅提升；教育和医疗资源有待提高。

栾川县经济发展中面临的问题如下。

第一，工业经济结构过于集中，多元发展仍需努力。产业类型主要集中在少数行业，现有 53 家工业规上企业中多半以钨、钼采选及加工冶炼为主。工业经济结构极易受到钨、钼市场的影响，同时，还存在着矿山采空区日益增多、生产条件更加复杂、原矿运输路程远成本高、矿石品位日趋下降等现实问题。

第二，旅游发展层次较低，提质升级势在必行。目前，旅游业已成为栾川县域经济发展中最具活力的因素和转型发展的有力支撑，但是辐射带动能力远远不够，旅游发展层次还比较低。特别是近年来旅游市场竞争加剧，周边县区不论在管理体制还是市场营造方面都有后来居上之势。

解决经济发展问题的对策及建议如下。

第一，在推动工业经济上提质增效。围绕技术智能化改造、绿色化改造，瞄准钨、钼新材料产业的关键环节和核心技术，壮大产业，加快项目培育和推进，实现产业高质量发展。

第二，在全域旅游服务发展上提质增效。坚持以全域旅游示范区创建为载体，突出抓好旅游产业集聚整合、转型发展。特别是要在建设旅游品质项目、塑造旅游核心品牌、营造一流环境上提质增效。树立"全域旅游"发展理念，深度挖掘整合历史文化和山水生态资源，推进旅游治理全域覆盖、旅游环境全域优化、旅游产业全域联动、旅游服务全域配套、旅游成果全民共享。

河南省县域经济运行分析：汝阳篇[①]

一、概况

汝阳县地处豫西伏牛山区、北汝河上游，距洛阳市区 68 千米。"一铁两高"穿境而过，位于洛阳半小时经济圈内。全县总面积 1332 平方千米，其中耕地 49.8 万亩，地势南高北低，呈"七山二陵一分川"分布，现辖 8 镇、5 乡、1 个工业区，216 个行政村，2021 年常住人口 43.4 万人，是国家扶贫开发工作重点县和秦巴片区连片开发工作重点县。汝阳县矿产资源储量丰富，现已探明矿藏七大类 48 种，其中，东沟钼矿单体储量居全国首位；铅锌资源储量 168 万吨。

近年来，汝阳立足于洛阳南部生态涵养区的功能定位，紧紧围绕"1234"发展战略，促进经济高质量发展，夯实经济基础，正逐步建成河南省乃至全国知名的装配式建筑暨绿色建材产业示范基地。

二、总体经济运行分析

从 GDP 总量来看，汝阳县 GDP 逐年增加，2021 年为 195.5 亿元，在洛阳市 7 个县（市）中排第 7 位，在河南省 102 个县（市）中的排名由 2008 年的第 93 位上升到第 85 位。

从 GDP 占比来看，2008—2021 年，汝阳县 GDP 占洛阳市的比重稳定在 3%~4% 之间，2021 年为 3.6%（见表 1）。

从 GDP 增速来看，2008—2021 年，汝阳县 GDP 增速多数年份高于洛阳市和河南省 GDP 增速。2021 年，汝阳县 GDP 增速为 3.0%，在洛阳市 7 个县（市）中排第 6 位，在河南省 102 个县（市）中排第 91 位。

[①] 本篇完成于 2022 年 9 月，撰稿人：李甜；耿明斋、周立、王永苏、李燕燕、屈桂林、张国骁、徐涛、赵岩、张兆源等参与讨论。

表 1　2008—2021 年汝阳县地区生产总值及增速

年份	汝阳县GDP（亿元）	汝阳县GDP在洛阳市的排名	汝阳县GDP在河南省的排名	汝阳县GDP增速（%）	汝阳县GDP增速在洛阳市的排名	汝阳县GDP增速在河南省的排名	汝阳县GDP占洛阳市的比重（%）	汝阳县GDP增速－洛阳市GDP增速（%）	汝阳县GDP增速－河南省GDP增速（%）
2008	62.0	7	93	15.1	6	26	3.2	0.7	3.1
2009	58.5	7	97	11.1	7	65	2.8	-1.9	0.1
2010	70.5	7	96	11.7	4	59	3.0	-1.5	-0.7
2011	92.9	7	93	14.7	3	25	3.4	2.2	2.7
2012	107.2	7	87	12.2	3	28	3.6	2.2	2.1
2013	115.5	7	89	9.3	3	63	3.7	2.1	0.3
2014	124.8	7	90	8.5	5	77	3.8	-0.5	-0.4
2015	129.8	7	90	10.5	6	21	3.7	1.4	2.1
2016	138.8	7	88	8.4	6	66	3.8	-0.2	0.2
2017	156.0	7	89	8.2	5	47	3.8	-0.5	0.4
2018	170.2	7	89	8.7	2	25	3.7	0.8	1.1
2019	180.5	7	85	8.3	3	8	3.6	0.8	1.3
2020	185.3	7	84	3.2	3	42	3.6	0.2	1.9
2021	195.5	7	85	3.0	6	91	3.6	-1.8	-3.3

数据来源：历年河南省统计年鉴。

从人均GDP来看，汝阳县人均GDP一直低于洛阳市和河南省平均水平，占洛阳市的比重由2008年的53.5%提高至2021年的58.3%，占河南省的比重由2008年的85.2%下降为2021年的75.8%。2021年，汝阳县人均GDP为45012元，在洛阳市排第6位，在河南省102个县（市）中排第56位（见表2）。

表2 2008—2021年汝阳县人均地区生产总值及增速

年份	汝阳县人均GDP（元）	汝阳县人均GDP在洛阳市的排名	汝阳县人均GDP在河南省的排名	汝阳县人均GDP增速（%）	汝阳县人均GDP增速在洛阳市的排名	汝阳县人均GDP增速在洛阳省的排名	汝阳县人均GDP占洛阳市的比重（%）	汝阳县人均GDP占河南省的比重（%）
2008	16094	6	42	13.5	6	50	53.5	85.2
2009	14913	7	53	9.1	7	89	46.2	73.5
2010	17539	7	50	9.0	7	85	49.5	73.1
2011	22719	7	45	12.8	5	71	54.9	81.4
2012	26116	7	44	11.8	7	56	57.3	85.6
2013	28001	7	47	8.7	4	72	59.0	84.6
2014	30064	6	49	7.8	5	85	60.8	83.6
2015	30856	6	52	9.0	6	55	59.7	80.5
2016	32608	6	52	7.1	7	95	58.4	78.9
2017	36484	6	50	7.5	6	73	59.8	79.8
2018	39697	6	49	8.4	1	29	61.7	78.3
2019	42352	6	50	9.0	1	9	58.5	77.9
2020	43349	6	53	2.4	6	65	59.5	78.0
2021	45012	6	56	3.7	6	97	58.3	75.8

数据来源：历年河南省统计年鉴及汝阳县政府工作报告。

三、分产业经济运行分析

（一）产业格局与发展方向

产业格局："123"现代产业体系，"一主"为新材料，重点发展绿色建材、高端玻璃和钼深加工；"两新"为新能源和电子商务，包含光伏、风电、清洁能源、电子商务等产业类型；"三特"为文化旅游、高效农业和生态旅游，包含酒祖杜康、军祖鬼谷、特色精品农业、山水旅游等产业。

截至2022年9月，汝阳县先进制造业开发区进驻企业81家，其中，装配式建筑企业12家、绿色建材及配套企业40家，上市企业9家、国有企业8家、规上企业31家，主导产业企业占企业总数的85%以上，产业集聚效应明显。开发区2020年被列入洛阳市"6+3+X"新型产业专业园区，并被命名为"洛阳绿色建材产业园"；2021年被评为"国家新型工业化产业示范基地"；2022年3月被评为"全国新型工业化产业示范基地"。

（二）产业结构分析

汝阳县三次产业结构整体来讲，第一产业和第二产业占比不断下降，第三产业占比不断上升，自2019年开始第三产业超过第二产业，2021年三次产业结构为8.2∶41.9∶49.9（见图1）。

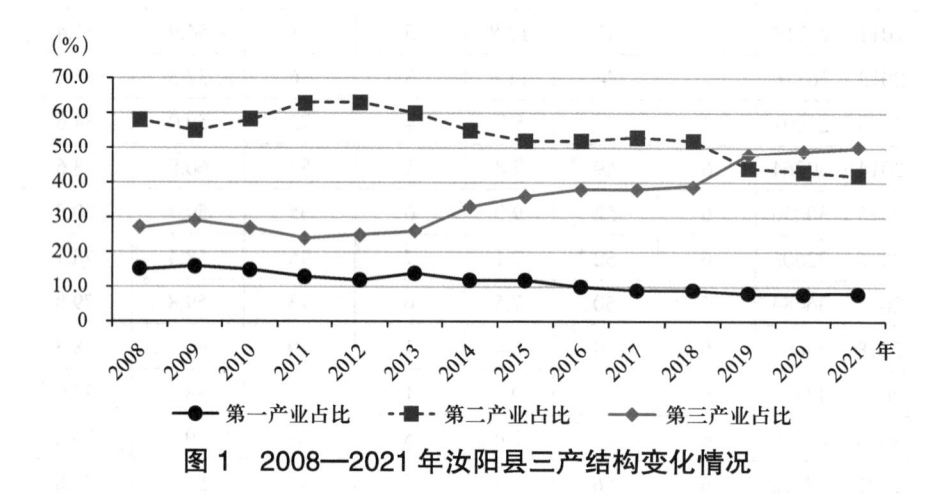

图1　2008—2021年汝阳县三产结构变化情况

（三）工业发展情况分析

从规上工业增加值来看，2008—2021年，汝阳县规上工业增加值波动上升，2013年达到最大值41.2亿元，2021年为34.5亿元，占洛阳市的1.9%。

从规上工业增加值增速来看，除2009年和2021年之外，汝阳县规上工业增加值增速均高于河南省、洛阳市平均水平。2021年增速为-2.1%，在洛阳市7个县（市）中排第6位，在河南省102个县（市）中排第95位。

规上企业数呈现先上升后下降趋势，在2016年达到最大值75家，随后数量开始减少，2020年为56家（见表3）。

表3 2008—2021年汝阳县规上工业发展总体情况

年份	汝阳县规上工业增加值（亿元）	汝阳县规上工业增加值占洛阳市的比重（%）	规上工业增加值增速（%）	规上工业增加值增速在洛阳市的排名	规上工业增加值增速在河南省的排名	规上工业企业数（个）
2008	19.6	2.5	28.7	6	27	46
2009	17.2	2.2	15.7	7	81	41
2010	23.7	2.3	26.2	1	8	48
2011	37.0	3.0	29.2	1	8	59
2012	39.0	2.9	16.4	2	73	60
2013	41.2	3.1	14.3	1	62	66
2014	35.1	2.6	15.3	2	18	71
2015	32.2	2.3	15.2	1	8	73
2016	30.8	2.2	9.8	5	46	75
2017	28.2	1.9	10.0	1	15	71
2018	30.8	1.9	9.4	4	20	66
2019	33.7	1.9	9.4	4	21	56
2020	35.3	2.0	4.6	4	55	56
2021	34.5	1.9	-2.1	6	95	—

注：2018—2021年固定资产投资为根据相应年份增速计算所得。

数据来源：历年河南省统计年鉴、洛阳市统计年鉴及汝阳县政府工作报告

（四）服务业发展情况分析

汝阳县服务业增加值逐年增长。2021年，汝阳县服务业增加值达97.5亿元，在洛阳市7个县（市）中排第7位，在河南省102个县（市）中排第77位。从服务业增加值增速来看，2021年，汝阳县服务业增加值增速为6.1%，在洛阳市7个县（市）中排第4位，在河南省102个县（市）中排第79位（见表4）。

表4 2008—2021年汝阳县第三产业发展总体情况

年份	汝阳县服务业增加值（亿元）	汝阳县服务业增加值占洛阳市三产增加值的比重（%）	汝阳县服务业增加值在洛阳市的排名	汝阳县服务业增加值在河南省的排名	汝阳县服务业增加值增速（%）	汝阳县服务业增加值增速在洛阳市的排名	汝阳县服务业增加值增速在河南省的排名
2008	16.6	2.8	6	81	15.5	3	32
2009	17.3	2.5	7	88	13.5	5	45
2010	19.1	2.4	7	86	9.0	5	73
2011	22.2	2.4	7	87	11.0	3	41
2012	26.8	2.4	7	81	8.7	7	76
2013	30.3	2.4	7	81	9.0	1	43
2014	42.0	3.1	7	78	7.9	6	80
2015	47.2	3.1	7	80	10.9	6	76
2016	52.2	2.9	7	82	10.2	4	72
2017	59.4	2.9	7	80	11.0	3	35
2018	67.3	2.9	7	82	10.5	1	35
2019	87.2	3.5	7	75	7.7	4	51
2020	91.7	3.6	7	73	3.8	3	10
2021	97.5	3.5	7	77	6.1	4	79

数据来源：历年河南省统计年鉴。

汝阳县旅游业空间布局概括为"12313"，即一心、两区、三园、13个特色小镇。一心：以5A级旅游景区为标准，将县城打造成伏牛山旅游集散休闲中心。两区：西泰山风景区、前坪龙湖风景区。三园：恐龙文化公园、杜康文化公园、大虎岭森林体育公园。13个特色小镇：把乡村旅游作为乡村振兴的重要抓手，按照"一镇一特"定位和要求，使13个乡镇都能结合当地特色，各打造一个主题小镇，对当地乡村旅游发展起到示范作用，带动区域乡村旅游向全景、全域方向发展。

2016—2019年，汝阳县接待国内外游客数和旅游总收入持续增加，2019年旅游总收入占GDP的比重达到14.6%。2020年和2021年受新冠疫情影响，游客数量和旅游总收入均有所下降（见表5）。

表 5　2016—2021 年汝阳县旅游业总体情况

年份	接待国内外游客（万人）	旅游总收入（亿元）	占 GDP 的比重（%）
2016	698.5	10.7	7.7
2017	812.0	20.5	13.1
2018	912.9	23.7	14.0
2019	1013.7	26.4	14.6
2020	833.5	20.5	11.1
2021	518.2	14.0	7.2

数据来源：历年汝阳县统计公报。

（五）重点企业分析

汝阳县主要龙头企业有鸿路钢结构（集团）股份有限公司、中国电力建设集团、洛阳环升建筑科技有限公司、河南六建重工有限公司、河南安华建筑科技有限公司、洛阳盛鸿金诺科技有限公司、金堆城钼业汝阳有限公司、中国联合水泥集团等（见表6）。

表 6　汝阳县主要龙头企业情况

序号	单位名称	主营业务及主要产品
1	鸿路钢结构(集团)股份有限公司	它是目前中国大型钢结构企业集团之一，拥有安徽合肥、湖北武汉、重庆南川、河南汝阳、下塘、涡阳、金寨、蚌埠、宣城、颍上十大生产基地，具备强大的生产能力。产品包括钢结构、钢筋桁架楼承板、聚氨酯复合板、JCOE钢管等
2	中国电力建设集团	建筑装配式技术研究与开发、技术咨询、技术服务；装配式预制构件、混凝土预制构件的生产、销售及安装服务；模具设计、制造、销售；建筑新材料的研发、生产、销售、技术推广；建材销售；市政公用工程、房屋建筑工程施工；钢结构制作销售；建筑机械设备制造、销售；计算机软件开发及技术服务；集成房的研发、制造、销售、安装，普通货物道路运输；商品混凝土销售
3	洛阳环升建筑科技有限公司	公司以装配式建筑产业化为目标，利用石英尾矿砂、陶瓷污泥和工业废料（粉煤灰、脱硫石膏）等生产高精度加气混凝土板材产品，以高品质加气板材为围护体系，采用钢结构或钢混结构为框架体系，配套节能门窗、叠合楼板等装配式建筑部件，建设全国示范性装配式建筑部品部件产业园

续表

序号	单位名称	主营业务及主要产品
4	河南六建重工有限公司	集设计、生产、施工、服务为一体的装配式全产业链化公司
5	河南安华建筑科技有限公司	混凝土预制构件、模具、铝合金制品
6	洛阳盛鸿金诺科技有限公司	装配式钢结构部品部件、智能停车设备
7	金堆城钼业汝阳有限公司	钼矿石采选、加工、销售；钼系列产品、化工产品
8	中国联合水泥集团	水泥生产；矿产资源（非煤矿山）开采；水泥制品制造；水泥制品销售；矿物洗选加工；建筑材料销售；非金属矿及制品销售

四、财政收支分析

从财政收入来看，汝阳县一般公共预算收入由2008年的3.0亿元增加到2021年的14.5亿元，在洛阳市7个县（市）中排第5位，在河南省102个县（市）中排第46位。从税收占比来看，汝阳县税收占比自2011年开始超过河南省、洛阳市平均水平。2021年汝阳县税收完成10.1亿元，占一般公共预算收入的比重为69.3%，占洛阳市税收收入的比重为3.9%。从财政支出来看，汝阳县一般公共预算支出由2008年的7.6亿元增加到2021年的27.9亿元，在洛阳市7个县（市）中排第6位，在河南省102个县（市）中排第85位（见表7）。

从人均财力看，汝阳县人均一般公共预算收支均不及洛阳市和河南省的人均水平。2021年，汝阳县人均一般公共预算收入为3341元，占洛阳市人均一般公共预算收入的59.4%，占河南省人均一般公共预算收入的76.0%，在洛阳市7个县（市）中排第4位，在河南省102个县（市）中排第33位；人均一般公共预算支出达到6432元，占洛阳市人均一般公共

表7　2008—2021年汝阳县财政收支情况

年份	一般公共预算收入（亿元，%） 一般公共预算收入	占洛阳市的比重	一般公共预算收入在洛阳市的排名	一般公共预算收入在河南省的排名	税收（亿元，%） 税收收入	税收占一般公共预算收入的比重	占洛阳市税收收入的比重	一般公共预算支出（亿元，%） 一般公共预算支出	一般公共预算支出占洛阳市的比重	一般公共预算支出在洛阳市的排名	一般公共预算支出在河南省的排名
2008	3.0	2.6	5	38	2.5	81.4	2.8	7.6	4.5	7	82
2009	2.9	2.4	6	46	2.2	73.5	2.6	9.9	4.8	7	87
2010	3.4	2.4	7	50	2.4	71.5	2.3	9.9	4.3	7	92
2011	3.9	2.2	7	57	3.1	78.9	2.3	12.7	4.3	7	92
2012	4.6	2.3	7	58	3.6	78.1	2.4	16.1	4.7	7	86
2013	5.7	2.4	7	57	4.5	79.9	2.7	17.5	4.7	7	87
2014	6.9	2.7	5	54	5.4	78.1	3.0	19.9	4.8	7	88
2015	7.8	2.7	5	53	6.1	78.6	3.1	21.9	4.6	7	87
2016	8.2	2.7	6	56	6.6	80.0	3.3	23.7	4.6	7	85
2017	9.2	2.8	6	50	7.0	76.6	3.3	24.6	4.5	7	88
2018	10.7	3.1	6	48	8.1	75.7	3.5	27.7	4.6	7	88
2019	11.8	3.2	6	52	8.8	74.6	3.5	31.1	4.8	6	89
2020	13.0	3.4	6	51	9.5	73.0	3.8	37.7	5.5	5	78
2021	14.5	3.6	5	46	10.1	69.3	3.9	27.9	4.3	6	85

数据来源：历年河南省统计年鉴及汝阳县政府工作报告。

预算支出的70.9%，占河南省人均一般公共预算支出的61.0%，在洛阳市7个县（市）中排第5位，在河南省102个县（市）中排第56位。从财政自给率来看，汝阳县财政自给率均低于河南省、洛阳市平均水平。2021年汝阳县财政自给率为51.9%，在洛阳市7个县（市）中排第4位，在河南省102个县（市）中排第27位（见表8）。

河南省县域经济运行分析报告（上册）

表8 2008—2021年汝阳县人均财力情况

年份	人均一般公共预算收入（元）	占洛阳市的比重	占河南省的比重	人均一般公共预算收入在洛阳市的排名	人均一般公共预算收入在河南省的排名	人均一般公共预算支出（元）	占洛阳市的比重	占河南省的比重	人均一般公共预算支出在洛阳市的排名	人均一般公共预算支出在河南省的排名	财政自给率	财政自给率在洛阳市的排名	财政自给率在河南省的排名
2008	783	43.1	73.2	4	27	1948	73.5	80.5	3	19	40.2	4	31
2009	743	39.7	62.6	4	31	2492	78.2	81.4	3	21	29.8	5	37
2010	822	37.9	56.0	4	31	2424	68.8	66.7	4	31	33.9	4	32
2011	951	35.0	52.2	5	34	3095	68.5	68.9	5	32	30.7	4	36
2012	1126	36.1	52.6	5	35	3922	74.9	74.7	4	33	28.7	6	40
2013	1371	38.8	54.3	5	36	4239	75.2	72.7	4	36	32.3	5	39
2014	1663	42.7	58.6	4	33	4775	77.2	76.4	4	33	34.8	5	38
2015	1828	43.0	58.8	4	32	5148	72.6	73.4	5	40	35.5	4	36
2016	1925	43.8	59.7	4	31	5565	74.1	73.0	4	39	34.6	4	37
2017	2138	45.4	61.7	5	32	5744	72.4	68.7	5	52	37.2	4	33
2018	2493	50.6	65.3	4	31	6448	75.0	69.0	5	59	38.7	4	31
2019	2782	52.8	68.2	4	33	7352	79.7	71.6	5	51	37.8	4	33
2020	2983	54.9	71.1	4	32	8666	88.8	83.1	4	29	34.4	5	38
2021	3341	59.4	76.0	4	33	6432	70.9	61.0	5	56	51.9	4	27

数据来源：历年河南省统计年鉴及汝阳县政府工作报告。

— 274 —

五、金融业发展分析

2008—2021 年，汝阳县金融机构存、贷款年末余额总量逐年增加，存款年末余额大于贷款年末余额。2021 年，存款年末余额为 168.2 亿元，占洛阳市的 2.5%，在洛阳市 7 个县（市）中排第 7 位，在河南省 102 个县（市）中排第 99 位；贷款年末余额为 108.0 亿元，占洛阳市的 1.8%，在洛阳市 7 个县（市）中排第 5 位，在河南省 102 个县（市）中排第 88 位。

从存贷比来看，2021 年汝阳县存贷比为 64.2%，在河南省的排名有明显上升，由 2008 年的第 93 位上升到第 28 位（见表 9）。与河南省、洛阳市对比来看，汝阳县存贷比一直低于洛阳市和河南省存贷比，差距在 2016—2018 年有所缩小，但 2019 年后差距逐渐拉大。2021 年，低于洛阳市 24.3 个百分点，低于河南省 20 个百分点。

表 9　2008—2021 年汝阳县金融机构年末存贷款余额情况

年份	存款年末余额	占洛阳市的比重	在洛阳市的排名	在河南省的排名	贷款年末余额	占洛阳市的比重	在洛阳市的排名	在河南省的排名	汝阳县存贷比	在洛阳市的排名	在河南省排名
2008	29.0	2.1	6	97	8.3	1.3	5	99	28.7	4	93
2009	34.6	2.0	6	98	11.2	1.3	5	98	32.3	4	90
2010	41.9	2.0	6	98	14.2	1.3	5	98	34.0	4	88
2011	49.2	2.0	7	100	18.4	1.3	5	95	37.3	4	74
2012	58.9	2.0	7	99	22.2	1.4	5	94	37.8	4	67
2013	67.1	2.0	7	99	27.0	1.4	5	96	40.3	4	60
2014	76.4	2.0	7	98	31.9	1.4	5	96	41.8	4	67
2015	85.1	2.0	7	99	38.3	1.5	6	92	45.0	5	59
2016	105.4	2.1	6	95	56.6	1.9	5	84	53.7	2	36
2017	125.1	2.4	6	94	67.2	1.9	5	82	53.7	4	42
2018	123.7	2.1	7	97	73.0	1.8	5	87	59.0	4	30
2019	137.0	2.2	7	96	76.7	1.6	5	88	56.0	4	37
2020	157.2	2.4	7	98	91.3	1.7	5	90	58.2	4	31
2021	168.2	2.5	7	99	108.0	1.8	5	88	64.2	4	28

数据来源：历年河南省统计年鉴。

从人均存贷款余额来看,2008—2021年,汝阳县人均存贷款余额逐年增加,人均存款余额大于人均贷款余额,但均远低于省市平均水平。2021年,人均存款余额为38785元,仅占洛阳市和河南省平均水平的40.7%和46.5%,在洛阳市7个县(市)中排第5位,在河南省102个县(市)中排第95位;人均贷款余额为24888元,仅占洛阳市和河南省平均水平的29.5%和35.4%,在洛阳市7个县(市)中排第6位,在河南省102个县(市)中排第59位(见表10)。

表10　2008—2021年汝阳县人均存贷款余额情况

年份	人均存款（元，%）					人均贷款（元，%）				
	人均存款	在洛阳市的排名	在河南省的排名	占洛阳市的比重	占河南省的比重	人均贷款	在洛阳市的排名	在河南省的排名	占洛阳市的比重	占河南省的比重
2008	7463	4	50	34.3	46.1	2145	4	82	20.8	19.5
2009	8762	4	50	32.7	43.4	2830	4	79	21.0	20.0
2010	10259	4	59	32.1	41.7	3488	4	81	20.5	20.7
2011	12030	5	62	32.5	42.7	4489	4	71	21.6	24.3
2012	14301	5	68	32.5	42.6	5402	5	68	21.6	25.4
2013	16230	5	74	32.1	41.3	6523	5	73	22.0	26.6
2014	18335	5	74	32.7	42.7	7657	5	75	22.2	27.1
2015	20043	6	82	32.3	40.8	9028	5	73	23.1	27.9
2016	24705	5	69	34.1	44.8	13270	4	53	30.3	35.5
2017	29202	4	66	38.0	48.6	15685	4	47	31.2	36.9
2018	28852	6	81	34.4	44.6	17025	4	50	29.1	35.1
2019	32365	5	81	37.0	46.1	18122	5	60	26.2	32.2
2020	36146	5	87	39.6	47.0	21003	5	62	27.0	33.2
2021	38785	5	95	40.7	46.5	24888	6	59	29.5	35.4

数据来源：历年河南省统计年鉴。

六、居民收入分析

从居民家庭人均可支配收入看，2017—2021年，汝阳县居民人均可支配收入低于洛阳市和河南省居民可支配收入，排洛阳市第7位、河南省第82位，但增速均超过洛阳市水平。2021年，汝阳县居民人均可支配收入20330元，同比增长9.5%（见表11）。

表11　2017—2021年汝阳县居民人均可支配收入情况

年份	汝阳县居民人均可支配收入（元）	在洛阳市的排名	在河南省的排名	占洛阳市的比重（%）	占河南省的比重（%）	汝阳县居民人均可支配收入增速（%）	洛阳市城乡居民人均可支配收入增速（%）	汝阳县增速-洛阳市增速（%）
2017	14601	7	85	63.9	72.4	11	9.7	1.5
2018	16181	7	82	65.0	73.7	10.8	9.0	1.8
2019	17876	7	83	65.9	74.8	10.5	8.9	1.6
2020	18736	7	82	66.7	75.5	4.8	3.7	1.1
2021	20330	7	82	67.3	75.8	9.5	7.6	1.9

数据来源：历年河南省统计年鉴及汝阳县统计公报。

从城乡居民人均可支配收入来看，汝阳县城乡居民人均可支配收入均低于洛阳市和河南省平均水平。2021年，城镇居民人均可支配收入为32296元，占洛阳市的76.8%、河南省的87.1%，在洛阳市7个县（市）中排第7位，在河南省102个县（市）中排第57位；农村居民人均可支配收入为14288元，占洛阳市的82.8%、河南省的81.5%，在洛阳市7个县（市）中排第6位，在河南省102个县（市）中排第89位。2021年，汝阳县城乡居民人均可支配收入比约为2.3，在河南省102个县（市）中排第90位，排名比较靠后（见表12）。

表 12　2008—2021 年汝阳县城乡居民人均可支配收入及城乡收入比

年份	城镇（元，%） 城镇居民人均可支配收入	在洛阳市的排名	在南省的排名	占洛阳市的比重	占河南省的比重	农村（元，%） 农村居民人均可支配收入	在洛阳市的排名	在河南省的排名	占洛阳市的比重	占河南省的比重	城乡收入比 城乡收入比	在洛阳市的排名	在河南省的排名
2008	10472	7	61	71.4	79.1	3841	4	72	83.6	86.2	2.7	3	81
2009	11347	7	65	71.1	79.0	3896	7	85	78.5	81.0	2.9	4	88
2010	12746	7	58	72.3	80.0	4311	7	90	75.9	78.0	3.0	4	93
2011	14740	7	55	73.1	81.0	5158	7	88	75.6	78.1	2.9	4	95
2012	16545	7	56	73.1	80.9	5888	7	90	75.7	78.2	2.8	4	94
2013	18421	7	55	74.2	82.2	6653	6	89	76.0	78.5	2.8	4	95
2014	20001	7	61	74.1	84.5	7432	6	89	76.9	74.6	2.7	4	94
2015	21697	7	54	75.6	84.8	8410	6	93	78.8	77.5	2.6	4	96
2016	23246	7	50	75.6	85.4	9099	6	93	79.4	77.8	2.6	3	95
2017	25236	7	55	75.8	85.4	10096	6	90	80.7	79.4	2.5	3	93
2018	27325	7	55	76.0	85.7	11067	6	90	81.2	80.0	2.5	3	92
2019	29620	7	54	76.7	86.6	12229	6	90	81.7	80.6	2.4	3	90
2020	30183	7	53	76.8	86.9	13048	6	91	82.1	81.0	2.3	3	91
2021	32296	7	57	76.8	87.1	14288	6	89	82.8	81.5	2.3	3	90

数据来源：历年河南省统计年鉴及汝阳县政府工作报告。

七、固定资产投资分析

2009—2020年,汝阳县固定资产投资逐年增加。2020年,完成固定资产投资284.74亿元,占洛阳市的比重上升到5.2%,在河南省的排名上升为第56位。从增速来看,除2011年和2013年外,其余年份汝阳县固定资产投资增速均超过洛阳市和河南省固定资产投资增速。2020年,增速为6.3%,分别高于洛阳市和河南省0.4个和2个百分点(见表13)。

表13 2009—2020年汝阳县固定资产投资情况

年份	固定资产投资(亿元)	占洛阳市的比重(%)	固定资产投资在河南省的排名	汝阳县固定资产投资增速(%)	洛阳市固定资产投资增速	河南省固定资产投资增速
2009	47.51	2.7	70	—	31.5	31.6
2010	58.32	3.1	68	22.8	22.2	22.2
2011	73.36	3.2	70	25.8	27.4	27.0
2012	90.82	3.4	68	23.8	23.2	21.4
2013	110.94	3.7	69	22.1	22.3	22.5
2014	133.09	3.8	69	20.0	17.8	19.2
2015	159.29	3.9	67	19.7	18.6	16.5
2016	185.12	4.1	70	16.2	15.4	13.7
2017	209.31	4.2	66	13.1	11.8	10.4
2018	236.52	4.3	61	13.0	10.0	8.1
2019	267.88	4.6	57	13.3	10.2	8.0
2020	284.74	5.2	56	6.3	5.9	4.3

注:2018—2020年固定资产投资总额根据相应年份增速计算所得。

数据来源:历年河南省统计年鉴。

按投资分类来看,房地产投资呈现波动上升,2020年为8.94亿元,同比增长19.2%,占固定资产投资总量的3.1%。2020年,基础设施投资同比下降33.2%,民间投资同比增长28.1%(见表14)。

表14 2010—2020年汝阳县不同类型投资情况

年份	房地产投资总量（亿元）	房地产投资增速（%）	房地产投资总量占固定资产投资的比重（%）	基础设施投资增速（%）	民间投资增速（%）
2010	0.68	—	1.2	—	—
2011	4.63	585.2	6.3	—	—
2012	6.80	46.8	7.5	—	—
2013	6.63	−2.5	6.0	—	—
2014	7.73	16.6	5.8	—	—
2015	4.21	−45.5	2.6	—	—
2016	3.81	−9.5	2.1	—	—
2017	3.20	−16.0	1.5	—	—
2018	4.80	49.8	2.0	66.3	−8.7
2019	7.50	56.4	2.8	14.7	8.1
2020	8.94	19.2	3.1	−33.2	28.1

数据来源：历年河南省统计年鉴和汝阳县统计公报。

八、社会消费分析

汝阳县社消零总额增长迅速，受新冠疫情影响2020年出现下滑，2021年反弹至110.9亿元，在洛阳市7个县（市）中排第6位，在河南省102个县（市）中排第47位。社消零总额占GDP的比重逐年提高，2021年达到56.7%。从人均社消零额来看，2020年为25576元，在洛阳市7个县（市）中排第3位，在河南省102个县（市）中排第15位。分行业来看，批发和零售业占社消零的比重维持在80%以上，2020年占比为86.2%。住宿和餐饮业占社消零的比重在20%以下波动，2020年占比为13.8%（见表15）。

表 15　2008—2021 年汝阳县社消零总额情况

年份	社消零总额（亿元，%）汝阳县社消零总额	在洛阳市的排名	在河南省的排名	占GDP的比重	人均社消零（元）汝阳县人均社消零	在洛阳市的排名	在河南省的排名	分行业及占比（亿元，%）批发和零售业	占社消零的比重	住宿和餐饮业	占社消零的比重
2008	22.4	6	69	36.1	5757	4	22	19.8	88.4	2.6	11.6
2009	26.6	6	69	45.6	6737	4	22	22.8	85.6	3.8	14.4
2010	30.0	6	73	42.6	7352	4	28	25.3	84.3	4.7	15.7
2011	35.4	6	72	38.1	8639	4	27	29.4	83.0	6.0	17.0
2012	40.6	6	73	37.8	9857	4	29	33.7	83.0	6.9	17.0
2013	45.9	6	76	39.7	11086	4	29	38.6	84.1	7.3	15.9
2014	51.1	6	76	41.0	12269	4	32	42.7	83.6	8.4	16.4
2015	57.3	6	76	44.2	13494	4	32	47.3	82.5	10.0	17.5
2016	64.4	6	76	46.4	15096	5	33	52.7	81.8	11.7	18.2
2017	72.1	6	76	46.2	16835	5	35	58.4	81.0	13.7	19.0
2018	77.0	5	68	45.2	17944	5	34	62.5	81.2	14.5	18.8
2019	105.5	6	49	58.4	24918	2	13	85.3	80.8	20.2	19.2
2020	102.5	6	47	55.3	23562	3	14	88.3	86.2	14.2	13.8
2021	110.9	6	47	56.7	25576	3	15	—	—	—	—

数据来源：历年河南省统计年鉴及洛阳市统计年鉴。

九、人口规模分析

2008 年以来，汝阳县户籍人口不断增加，但人口外流率也不断增加，2021 年常住人口为 43.4 万人，占洛阳市常住人口的比重为 6.1%。城镇化率在 2020 年开始快速提升，由 2013 年的 28.4% 提高至 2021 年的 47.1%，低于洛阳市城镇化率 18.8 个百分点，低于河南省 9.4 个百分点，在洛阳市 7 个县（市）中排第 5 位，在河南省 102 个县（市）中排第 42 位（见表 16）。

表 16　2008—2021 年汝阳县人口情况

年份	户籍人口（万人）	常住人口（万人）	常住人口在洛阳市的排名	常住人口在河南省的排名	外流人口（万人）	人口流失率（%）	常住人口占洛阳市的比重（%）	汝阳县城镇化率（%）	城镇化率在洛阳市的排名	城镇化率在河南省的排名
2008	43.1	38.9	6	91	4.2	9.7	6.1	—	—	—
2009	43.2	39.5	6	90	3.7	8.6	6.2	—	—	—
2010	46.7	40.8	6	88	5.9	12.6	6.2	—	—	—
2011	47.0	40.9	6	89	6.1	13.0	6.2	—	—	—
2012	47.4	41.2	6	87	6.3	13.2	6.2	—	—	—
2013	47.5	41.4	6	85	6.2	12.9	6.2	28.4	5	90
2014	47.7	41.7	6	86	6.1	12.8	6.2	29.9	5	90
2015	48.1	42.5	6	85	5.6	11.6	6.3	31.7	5	90
2016	48.5	42.7	6	85	5.8	12.0	6.2	33.4	5	90
2017	48.8	42.9	6	85	5.9	12.1	6.2	35.2	5	90
2018	49.1	42.9	6	86	6.3	12.7	6.2	37.1	5	90
2019	49.4	42.3	6	86	7.0	14.2	6.0	38.8	5	89
2020	53.3	43.5	5	85	9.8	18.4	6.2	46.2	5	42
2021	—	43.4	5	85	—	—	6.1	47.1	5	42

数据来源：历年河南省统计年鉴。

2019 年，汝阳县就业人员数大幅下降，为 27.31 万人。分产业看，第一产业就业人数占比呈现波动下降趋势，2019 年，第一产业与第二、第三产业从业人员数占比分为 45%、55%（见表 17）。

表 17　2008—2019 年汝阳县就业情况

年份	从业人员数（万人）	从业人员数增速（%）	第一产业从业人员数占比（%）	第二产业从业人员数占比（%）	第三产业从业人员数占比（%）
2008	29.26	3.69	65	16	19
2009	29.26	0.00	65	16	19
2010	30.51	4.27	61	17	22

续表

年份	从业人员数（万人）	从业人员数增速（%）	第一产业从业人员数占比（%）	第二产业从业人员数占比（%）	第三产业从业人员数占比（%）
2011	32.20	5.54	57		43
2012	32.90	2.17	57		43
2013	33.70	2.43	56		44
2014	29.11	−13.62	44		56
2015	34.70	19.20	51		49
2016	30.20	−12.97	51		49
2017	30.26	0.20	53		47
2018	31.12	2.84	50		50
2019	27.31	−12.24	45		55

数据来源：历年河南省统计年鉴。

从第七次全国人口普查数据可以看到，汝阳县0~14岁人口占比高于河南省、洛阳市水平，15~59岁、60岁及以上和65岁及以上人口占比均低于河南省、洛阳市水平，占比分别为27.08%、54.97%、17.95%和12.64%。从常住人口受教育程度来看，汝阳县每10万人中拥有大学（大专及以上）学历人数和高中（含中专）学历人数与河南省、洛阳市平均水平相差较大，大学（大专及以上）学历人数仅占河南省的48.47%、洛阳市的42.67%（见表18）。

表18 第七次全国人口普查主要指标

地区	常住人口（万人）	按年龄分占常住人口的比重（%）			每10万人中拥有的各类受教育程度的人数（人）				15岁及以上人口平均受教育年限（年）
		0~14岁	15~59岁	60岁及以上	65岁及以上	大学（大专及以上）	高中（含中专）	初中	小学	
全国	141177.87	17.95	63.35	18.70	13.50	15467	15088	34507	24767	9.91
河南省	9936.55	23.14	58.79	18.08	13.49	11744	15239	37518	24557	9.79
洛阳市	705.67	20.85	60.84	18.31	12.97	13339	17436	39872	19724	—
汝阳县	43.48	27.08	54.97	17.95	12.64	5692	11478	44704	25674	9.14

数据来源：第七次全国人口普查公报、河南省第七次全国人口普查公报及2021年洛阳市统计年鉴。

十、公共服务分析

教育方面，2021年汝阳县有小学60所，另有教学点97个。在校生51979人（其中教学点在校生5899人）、专任教师2696人，专科及以上学历专任教师数占总数的98.67%，生师比18.67∶1（见表19）。

2021年，汝阳县有初中24所，其中九年一贯制学校6所；在校生24512人、专任教师1853人，本科及以上学历专任教师数占总数的85.71%，生师比14.47∶1。

义务教育阶段随迁子女在校生567人，占义务教育阶段在校生总数的0.74%，其中，小学401人、初中166人。进城务工人员随迁子女158人，占随迁子女总数的27.87%，其中，小学60人、初中98人。

义务教育阶段农村留守儿童在校生6353人，占义务教育阶段在校生总数的8.31%，其中，小学5093人、初中1260人。

全县各级各类民办学校113所，在校生总数20827人，其中幼儿园101所，在园幼儿16597人；小学7所，在校生3553人；初中5所，在校生677人。

医疗卫生方面，汝阳县每千人卫生机构床位数和每千人卫生技术人员数呈现逐年递增，2021年分别为6.04张和6.14人（见表19）。

表19　2008—2021年汝阳县医疗教育情况

年份	学校数（所）合计	小学学校数	初中学校数	在校学生数（人）合计	小学在校生数	初中在校生数	专任教师数（人）合计	小学	初中	医疗卫生（张，人）卫生机构床位数/千人	卫生技术人员数/千人
2008	246	218	28	72175	51004	21171	3660	2358	1302	2.62	2.28
2009	246	218	28	73734	52731	21003	3731	2450	1281	2.66	2.56
2010	249	220	29	75096	54262	20834	3721	2416	1305	3.14	2.77
2011	246	218	28	74952	54667	20285	3658	2298	1360	3.26	3.01
2012	248	219	29	76264	55433	20831	3538	2309	1229	4.02	3.26
2013	248	216	32	71909	51861	20048	3522	2315	1207	4.02	3.66

续表

年份	学校数（所）			在校学生数（人）			专任教师数（人）			医疗卫生（张，人）	
	合计	小学学校数	初中学校数	合计	小学在校生数	初中在校生数	合计	小学	初中	卫生机构床位数/千人	卫生技术人员数/千人
2014	249	216	33	73095	51603	21492	3825	2315	1510	4.07	3.82
2015	250	217	33	72971	49862	23109	3849	2292	1557	4.04	3.94
2016	244	212	32	74966	51269	23697	3862	2285	1577	4.07	4.05
2017	81	56	25	75663	51949	23714	4023	2285	1738	4.30	4.11
2018	86	57	29	69493	51907	17586	4707	2388	2319	4.32	4.25
2019	83	59	24	76290	52655	23635	4103	2300	1803	5.41	5.02
2020	83	59	24	77041	52992	24049	4461	2567	1894	5.67	5.58
2021	84	60	24	76491	51979	24512	4549	2696	1853	6.04	6.14

数据来源：历年河南省统计年鉴、洛阳市统计年鉴及汝阳县人民政府网。

从教育经费来看，汝阳县近两年一般公共预算教育经费占一般公共预算支出的比重呈下降趋势，2019年为23.08%，高于河南省（2020年为17.79%）和洛阳市（2019年为17.4%）。

从生均教育经费来看，汝阳县生均一般公共预算教育经费支出、生均一般公共预算教育事业费支出和生均一般公共预算公用经费支出都在稳步增长（见表20）。

表20 2015—2019年汝阳县教育经费情况

年份		2015	2016	2017	2018	2019
一般公共预算教育经费占一般公共预算支出的比重（%）		18.32	20.06	24.49	23.84	23.08
生均一般公共预算教育经费支出（元）	幼儿园	—	—	1078	1024	1465
	小学	—	—	7100	7381	7733
	初中	—	—	6889	7823	8414
	高中	—	—	5830	7029	7489
	中等职业学校	—	—	19056	19479	20142

续表

生均一般公共预算教育事业费支出（元）	幼儿园	—	—	986	1094	1369
	小学	4551	5004	7049	7352	7352
	初中	4530	4991	6687	7521	8272
	高中	3487	7293	5824	6414	6685
	中等职业学校	6649	9497	18626	19532	19592
生均一般公共预算公用经费支出（元）	幼儿园	—	—	553	443	478
	小学	1741	2089	2526	2539	2541
	初中	1502	1771	1925	1960	1974
	高中	689	3588	677	754	758
	中等职业学校	1034	3098	4154	5266	6237

十一、县域发展战略分析

《汝阳县国民经济和社会发展第十四个五年规划和二〇三五年远景目标纲要》提出了2035年远景目标：紧紧围绕奋勇争先、更加出彩，坚持"两个高质量"，基本建成"三个强县、两个基地、一个家园"的现代化新汝阳。也就是以党的建设高质量推动发展高质量，建设绿色经济强县、生态文明强县、文化旅游强县，打造国家绿色建材暨装配式建筑示范引领基地、伏牛山生态文化旅游康养度假基地，共创幸福美好家园。

指导思想是：高举中国特色社会主义伟大旗帜，深入贯彻党的十九大和十九届二中、三中、四中、五中全会精神，认真落实习近平总书记关于河南工作的重要讲话和指示批示精神，坚持以马克思列宁主义、毛泽东思想、邓小平理论、"三个代表"重要思想、科学发展观、习近平新时代中国特色社会主义思想为指导，全面贯彻党的基本理论、基本路线、基本方略，统筹推进"五位一体"总体布局，协调推进"四个全面"战略布局，坚定不移贯彻新发展理念，坚持稳中求进工作总基调，以党的建设高质量推动发展高质量为主题，以深化供给侧结构性改革为主线，以改革开放创新为根本动力，以满足人民日益增长的美好生活需要为根本目的，紧紧围绕市"四强两优三争先"奋斗目标和"9+2"工作布局，立足省重点发展县、洛阳都市圈南部生态涵养区重要支点、洛汝产业带重要节点的功能定位，统筹发展和安全，积极融入新发展格局，完善提升"1234"发展战略，①在洛阳都市圈建设中奋勇争先、出彩添彩，奋力建设富强美丽文明幸福和谐的现代化新汝阳。

2022年汝阳县政府工作报告提出"13361"工作思路，即围绕洛阳南部生态发展区定位，扭住乡村振兴、城市提质、开发区建设三项重点工作，用好科技创新、改革开放、激励干部担当作为三个重要抓手，发展绿色建材、绿色矿业、新能源、特色农业、文旅康养、白酒酿造六大产业，全面建设宜居宜业、幸福美丽新汝阳，统筹发展和安全，持续做好"六稳""六保"工作，着力推动经济发展提质提速，主动防范化解各类风险隐患，促进社会大局稳定，在"建强副中心、形成增长极"中奋勇争先。

十二、综述

汝阳县作为曾经的国家级贫困县，属国家集中连片特困区秦巴山片区，近几年经济发展质量不断提升，人均GDP、一般公共预算收入、城镇居民人均可支配收入、社消零总额居全省中游水平，财政自给率、金融存贷比、城镇化率居全省中上水平，固定资产投资不断增长，产业结构不断优化，教育条件不断改善，但汝阳县GDP总量小，且人均GDP、人均财力、居民可支配收入都处于较低水平，远低于河南省、洛阳市水平，规上企业数量较小，外流人口较多，医疗卫生条件差。

对未来汝阳县经济发展的建议有以下三个方面。

第一，在产业发展方面，围绕做强绿色建材产业、优化绿色矿业产业、布局新能源产业、发展特色农业产业、激活文旅康养产业、振兴白酒酿造产业发力，持续推动传统产业提质发展、新兴产业重点培育、未来产业前瞻布局，加快形成特色鲜明的现代产业体系。

第二，在农业发展方面，汝阳县作为典型的农业小县，以五大地理标

---

① 围绕一个目标：全面建成小康社会，加快建设富裕美丽幸福和谐新汝阳。突出两大支撑：经济中高速增长，产业培育、生态建设、扶贫开发、新型城镇化和美丽乡村建设四项重点工作。坚持三条路径：坚持"工业强县、旅游活县、生态立县"战略，深化"项目建设、招商引资、优化环境"三项举措，打好"改革开放、脱贫攻坚、城乡统筹"三场攻坚战。强化四项保障：党的建设、政府建设、法治建设、作风建设。

志农产品（红薯、杜仲、甪里艾、香菇、花生）为核心，发展现代高效农业。加快农村土地经营权流转，促进农业规模化经营。

第三，在文旅发展方面，文旅与沟域经济要协同发展。围绕前坪水库生态资源和高铁高速交通优势，谋划伏牛山旅游门户，深入践行"两山理论"，融入区域伏牛山全域旅游打造。深入挖掘杜康文化、鬼谷文化、汝水文化，在做好文旅融合发展的实践中，补齐乡村振兴发展短板，在文旅融合中发展沟域经济和田园综合体，提升农业现代化水平，全面实现县域发展"三起来"示范。

河南省县域经济运行分析：嵩县篇[①]

一、嵩县概况

嵩县位于洛阳市西南部，因地处嵩山起脉而得名。东与汝阳、鲁山县接壤，西与栾川、洛宁县毗邻，南与南召、内乡、西峡县相依，北与伊川、宜阳县为邻，距古都洛阳60千米。总面积3009平方千米，为河南省第四版图大县。现辖12镇、4乡、296个行政村、41个社区。2021年，嵩县常住人口54.2万人，城镇化率42.5%。

嵩县居于伏牛山生态旅游核心区、河南省成矿带中心区，旅游、中药材、矿产等资源分布广、品位高。建有世界地质公园、国家5A级景区白云山和国家4A级景区天池山、木札岭等A级景区14个，手绘小镇、石头部落、白云小镇等乡村旅游景区23个，陆浑湖为国家湿地公园、国家水利风景名胜区。拥有中药材1300余种，被誉为"中药宝库"。盛产于嵩南山区的柴胡被称作"嵩胡"，是中国原产地保护品种，皂角、银杏被认定为国家地理保护标志农产品。嵩县累计种植中药材50万亩，是河南省十大中药材种植基地之一，全国最大的皂角刺种植、加工、销售基地。探明矿产46种，年产黄金40万两，稳居中国十大产金县第5位，也是河南省重要钼工业基地县。

二、总体经济运行分析

从GDP总量来看，2021年，嵩县GDP为221.8亿元，在洛阳市7个县（市）中排第6位，在河南省的排名由2008年的第67位下降到2021年的第79位。从GDP占比来看，嵩县GDP占洛阳市的比重维持在4%以

[①] 本篇完成于2022年9月，撰稿人：李甜；耿明斋、周立、王永苏、李燕燕、屈桂林、张国骁、徐涛、赵岩、张兆源等参与讨论。

上，2021年为4.1%。从GDP增速来看，2021年，嵩县GDP增速为5.3%，在洛阳市7个县（市）中排第2位，在河南省排第74位（见表1）。

表1 2008—2021年嵩县地区生产总值及增速

年份	嵩县GDP（亿元）	嵩县GDP在洛阳市的排名	嵩县GDP在河南省的排名	嵩县GDP增速（%）	嵩县GDP增速在洛阳市的排名	嵩县GDP增速在河南省的排名	嵩县GDP占洛阳市的比重（%）	嵩县GDP增速-洛阳市GDP增速（%）	嵩县GDP增速-河南省GDP增速（%）
2008	82.5	5	67	12.8	7	59	4.3	-1.6	0.8
2009	97.7	5	57	15.3	1	8	4.7	2.3	4.3
2010	108.5	5	60	10.8	7	84	4.7	-2.4	-1.6
2011	127.6	5	56	13.3	7	41	4.7	0.8	1.3
2012	134.1	5	61	12.2	4	29	4.5	2.2	2.1
2013	146.7	4	63	7.9	7	92	4.7	0.7	-1.1
2014	133.8	6	84	6.9	6	98	4.1	-2.1	-2.0
2015	145.5	6	82	11.1	4	16	4.2	2.0	2.7
2016	156.6	6	82	8.4	6	70	4.2	-0.2	0.2
2017	172.8	6	82	7.9	6	63	4.2	-0.8	0.1
2018	188.8	6	81	7.9	5	50	4.1	0.0	0.3
2019	198.4	6	80	8.1	6	16	4.0	0.6	1.1
2020	205.8	6	80	3.0	4	50	4.0	0.0	1.7
2021	221.8	6	79	5.3	2	74	4.1	0.5	-1.0

数据来源：历年河南省统计年鉴。

嵩县人均GDP总量逐年增加，但在洛阳市、河南省排名均有所下降，总量不及河南省、洛阳市平均水平。2021年，嵩县人均GDP为40843元，在洛阳市7个县（市）中排第7位，在河南省的排名由2008年的第41位下降到2021年的第68位。从河南省、洛阳市对比来看，2021年，嵩县人均GDP占洛阳市的52.9%，占河南省的68.7%（见表2），近几年与河南省的差距在逐渐扩大。

表2 2008—2021年嵩县人均地区生产总值及增速

年份	嵩县人均GDP（元）	嵩县人均GDP在洛阳市的排名	嵩县人均GDP在河南省的排名	嵩县人均GDP占洛阳市的比重（%）	嵩县人均GDP占河南省的比重（%）	嵩县人均GDP增速（%）	嵩县人均GDP增速在洛阳市的排名	嵩县人均GDP增速在河南省的排名
2008	16218	5	41	53.9	85.9	11.0	7	85
2009	18959	5	39	58.7	93.5	13.9	4	23
2010	21326	5	39	60.2	88.9	12.2	3	64
2011	25123	5	38	60.8	90.0	13.5	4	62
2012	26362	6	43	57.9	86.4	12.0	4	48
2013	28777	6	46	60.7	86.9	7.6	7	85
2014	26093	7	59	52.8	72.5	6.3	6	97
2015	28165	7	59	54.5	73.5	10.3	4	33
2016	30138	7	58	54.0	72.9	7.8	6	77
2017	33163	7	59	54.4	72.5	7.6	5	67
2018	36227	7	56	56.3	71.4	7.9	4	43
2019	37965	7	64	52.4	69.8	7.8	7	37
2020	37964	7	69	52.1	68.5	2.4	6	66
2021	40843	7	68	52.9	68.7	5.2	5	80

数据来源：历年河南省统计年鉴。

三、分产业经济运行分析

（一）产业格局与发展方向

产业布局："322"现代产业体系，培育壮大新能源、生物医药、绿色食品三大新兴产业，做强做大金钼氟新材料、文化旅游两大主导产业，支持发展健康养生、现代农业两大特色产业。

发展方向：文化旅游——依托丰富的文化旅游资源优势，全力打造全域旅游示范区。重点打造嵩北休闲修学游、中部休闲健康游、嵩南休闲度假游三大旅游板块，培育白云山国家旅游度假区、云岩寺佛教养生文化旅游区、陆浑湖滨水休闲度假区等八大特色旅游片区。整合两程故里、曲里温泉、伊尹祠和周边乡村，建设国际度假村、中国相文化大观园、曲里温泉度假中心。

新材料——依托丰富的金、钼、铁、萤石、石英等矿产资源，围绕无水氟化氢拉长产业链条，重点发展科技含量高、附加值高的精细无机氟化工、精细有机氟化工及含氟农药、兽药、医药中间体等项目。围绕钼拉长产业链条，重点发展钼丝、钼板、钼棒、金属钼、钼化工产品。围绕钾长石、萤石等非金属矿产资源，重点发展非金属矿产开发、钾长石综合开发、萤石深加工、微晶石开发、尾矿资源深度利用等项目。依托氟精细化工中试基地、推动金钼产业集群化发展，打造特色精细氟化工基地。

生物医药——利用优质生态资源，发展中医药保健、养生、健康养老等产业，促进中医药产业与旅游文化等融合发展。建设中药材大市场，打造中原乃至中西部中药材集散地，带动中药材种植；大力发展中药材加工，将生物园区发展成为全省乃至全国知名园区，将"中原药库"打造成"中原药都"；重点引进生物医药、现代中药、生物科技等高新科技项目，着力引进以丹参、柴胡、山茱萸、皂角刺等为主的中药材规范化种植基地及深加工项目。

新能源——根据国家、省、市各级对新能源产业的鼓励扶持政策，嵩县紧紧抓住风电、光伏企业纷纷由"三北沿海"向内陆转移的机遇，充分利用县域内风力、光伏等资源优势，积极承接新能源产业转移，使资源优势转化为经济优势。

（二）产业结构分析

嵩县三次产业结构整体来讲，第一产业和第二产业占比不断下降，第三产业占比不断上升，自2014年开始第三产业占比超过第二产业，产业结构由"二、三、一"转变为"三、二、一"，2021年三次产业结构为13.7∶34.5∶51.8。（见图1）

（三）工业发展情况分析

从规上工业增加值来看，2008—2021年，嵩县规上工业增加值呈现先上升后下降又上升的趋势，2021年为29.3亿元，占洛阳市的比重为1.6%，较2008年下降1.6个百分点。2020年规上企业数为50家。

从规上工业增加值增速来看，嵩县规上工业增加值增速变化趋势与河南省、洛阳市保持一致，2021年增速为11.4%，在洛阳市7个县（市）中排第3位，在河南省102个县（市）中排第27位（见表3）。

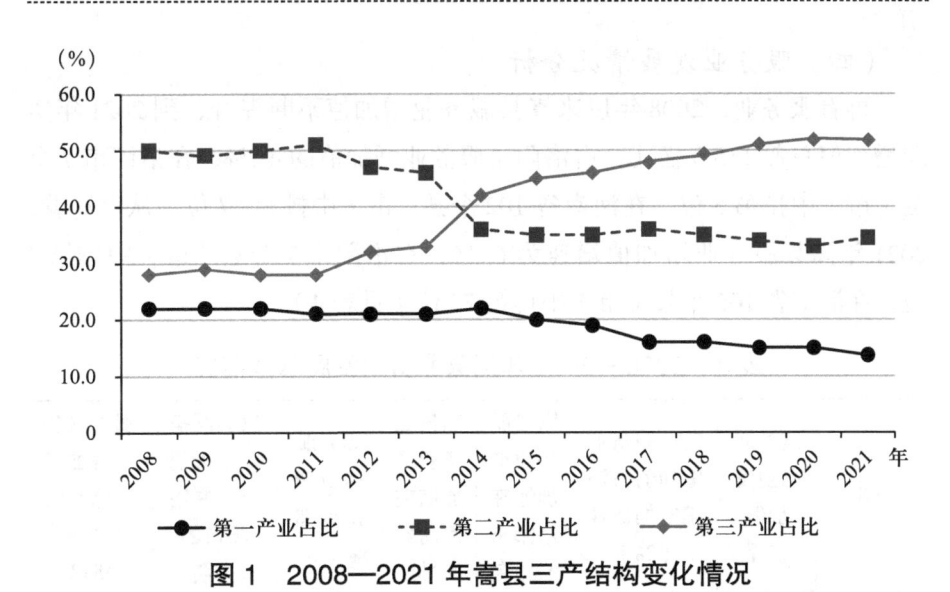

图 1 2008—2021 年嵩县三产结构变化情况

表 3 2008—2021 年嵩县规上工业发展总体情况

年份	嵩县规上工业增加值（亿元）	嵩县规上工业增加值占洛阳市的比重（%）	规上工业增加值增速（%）	规上工业增加值增速在洛阳市的排名	规上工业增加值增速在河南省的排名	规上工业企业数（个）
2008	25.0	3.2	29.7	2	22	46
2009	25.6	3.3	21.6	1	27	54
2010	40.8	4.0	22.6	7	53	44
2011	50.4	4.0	24.3	6	49	39
2012	44.9	3.3	15.7	4	84	39
2013	49.1	3.6	11.2	6	89	41
2014	30.0	2.2	9.5	7	93	36
2015	25.6	1.8	14.5	4	13	33
2016	20.1	1.4	10.6	1	23	33
2017	21.0	1.4	9.2	6	40	40
2018	23.0	1.4	9.7	3	17	39
2019	25.2	1.4	9.7	3	12	46
2020	26.3	1.5	4.3	5	59	50
2021	29.3	1.6	11.4	3	27	—

注：2018—2021 年规上工业增加值根据相应年份增速计算所得。
数据来源：历年河南省统计年鉴及洛阳市统计年鉴。

（四）服务业发展情况分析

再看服务业，2008年以来嵩县服务业增加值不断提升，到2021年实现增加值总额115.0亿元，占洛阳市服务业增加值的4.1%，在洛阳市7个县（市）中排第5位，在河南省102个县（市）中排第57位。从增速看，2021年嵩县服务业增加值增速为6.4%，在洛阳市7个县（市）中排第3位，在河南省102个县（市）中排第77位（见表4）。

表4 2008—2021年嵩县服务业发展总体情况

年份	嵩县服务业增加值（亿元）	嵩县服务业增加值占洛阳市的比重（%）	嵩县服务业增加值在洛阳市的排名	嵩县服务业增加值在河南省的排名	嵩县服务业增加值增速（%）	嵩县服务业增加值增速在洛阳市的排名	嵩县服务业增加值增速在河南省的排名
2008	23.0	3.8	4	54	12.0	7	69
2009	28.5	4.1	4	41	22.8	1	2
2010	30.7	3.8	4	43	7.7	7	84
2011	35.5	3.8	4	43	8.8	7	74
2012	42.3	3.8	4	41	14.7		1
2013	48.0	3.8	4	41	8.5	3	52
2014	57.0	4.1	4	46	6.1	7	91
2015	65.1	4.2	5	47	12.8	1	29
2016	72.7	4.0	5	48	10.3	3	70
2017	83.3	4.0	5	47	10.6	6	50
2018	92.8	4.0	5	51	9.2	4	62
2019	100.8	4.1	5	60	8.4	1	30
2020	107.0	4.2	5	57	2.9	4	26
2021	115.0	4.1	5	57	6.4	3	77

数据来源：历年河南省统计年鉴。

（五）重点企业分析

嵩县龙头企业主要围绕其主导产业金钼氟新材料。2020年，嵩县山金矿业有限公司实现税收9000万元，被人力资源和社会保障部评为"全国黄金行业先进单位"。河南金源黄金矿业有限公司、嵩县金牛有限责任公司、嵩县前河矿业有限责任公司、嵩县庙岭金矿有限公司、嵩县柿树底金矿有限公司 5 家企业税收均超千万元（见表 5）。

表 5　嵩县主要龙头企业情况

序号	单位名称	主营业务及主要产品
1	嵩县山金矿业有限公司	公司经营范围：金属矿产品开采、加工（选冶）、购销；矿山设备及配件购销；建材产品生产、销售等
2	河南金源黄金矿业有限公司	公司下设采矿系统、选冶系统以及黄金大厦、铸钢厂两个"三产"企业。采选规模达 1000 吨／日，是一个"以金为主、多元发展"的大型黄金矿山企业
3	嵩县金牛有限责任公司	2011 年 7 月成为中金黄金股份有限公司下属子公司，是一家集采、选、冶为一体的国有大型黄金矿山企业
4	嵩县前河矿业有限责任公司	公司是一家集采、选、冶为一体的国有中型黄金矿山企业
5	嵩县庙岭金矿有限公司	公司经营范围：矿山开采、选冶，地质探矿、地质矿山技术咨询，汽车租赁、机械设备租赁、自有房屋租赁服务等
6	嵩县柿树底金矿有限公司	公司经营范围：黄金矿产资源勘查、开采、选冶、生产及销售；共、伴生矿产品的开发、冶炼、加工和贸易；地质勘探；地质矿山技术咨询、低品位矿石深加工及销售、废石及尾砂加工销售、建筑材料的加工与销售；矿山工程机械设备租赁业务；汽车租赁、房屋租赁
7	洛阳顺势药业有限公司	公司经营范围：片剂、丸剂、煎膏剂、糖浆剂、口服液、颗粒剂等

四、财政收支分析

从财政收入来看，嵩县一般公共预算收入总量逐年增加，但在河南省位次有所下降。2021 年，嵩县一般公共预算收入为 10.9 亿元，占洛阳市的比重为 2.7%，在洛阳市 7 个县（市）中排第 7 位，在河南省 102 个县（市）中排第 71 位。从税收情况来看，嵩县税收逐年增加。2020 年，嵩县税收完成 6.9 亿元，占一般公共预算收入的比重为 68.7%。从财政支出来看，嵩县一般公共预算支出 2021 年为 32.6 亿元，占洛阳市的 5.1%，在洛阳市 7 个县（市）中排第 4 位，在河南省 102 个县（市）中排第 74 位（见表 6）。

表6 2008—2021年嵩县财政收支情况

年份	一般公共预算收入	占洛阳市的比重	一般公共预算收入在洛阳市的排名	一般公共预算收入在河南省的排名	税收收入	税收占一般公共预算收入的比重	占洛阳市税收收入的比重	一般公共预算支出	一般公共预算支出占洛阳市的比重	一般公共预算支出在洛阳市的排名	一般公共预算支出在河南省的排名
2008	3.0	2.5	6	40	1.9	64.1	2.2	8.5	5.0	5	68
2009	3.4	2.8	5	39	2.3	67.4	2.7	11.2	5.5	5	65
2010	4.0	2.8	5	39	2.7	67.4	2.6	12.0	5.2	5	77
2011	4.7	2.6	5	41	3.0	64.0	2.3	16.3	5.5	5	65
2012	5.6	2.7	6	46	2.9	52.2	2.0	19.8	5.7	4	64
2013	6.3	2.7	6	53	3.6	57.4	2.1	20.6	5.5	5	74
2014	5.3	2.0	7	81	2.9	55.2	1.6	21.6	5.2	6	77
2015	5.8	2.0	7	80	4.5	77.9	2.3	26.8	5.6	5	67
2016	6.5	2.1	7	78	4.1	63.4	2.1	28.8	5.6	5	70
2017	7.5	2.3	7	69	4.8	64.3	2.3	32.0	5.8	4	63
2018	8.4	2.4	7	72	5.9	70.5	2.6	35.4	5.9	4	72
2019	9.2	2.5	7	75	6.4	69.4	2.6	39.8	6.1	3	66
2020	10.0	2.6	7	74	6.9	68.7	2.8	44.5	6.5	2	58
2021	10.9	2.7	7	71	—	—	—	32.6	5.1	4	74

数据来源：历年河南省统计年鉴及嵩县政府工作报告。

从人均财力来看，嵩县人均财政收支均不及省市平均水平。嵩县人均财政收入2021年为2001元，占洛阳市的35.5%，占河南省的45.5%，在洛阳市7个县（市）中排第7位，在河南省102个县（市）中排第55位。2021年，人均财政支出为6001元，占洛阳市的66.1%，占河南省的56.9%，在洛阳市7个县（市）中排第6位，在河南省102个县（市）中排第67位。

从财政自给率来看，嵩县财政自给率一直低于洛阳市和河南省平均水平。2021年，嵩县财政自给率为33.3%，在洛阳市7个县（市）中排第7位，在河南省102个县（市）中排第53位（见表7）。

表 7 2008—2021 年嵩县人均财政支出情况

年份	人均一般公共预算收入/常住人口	占洛阳市的比重	占河南省的比重	人均一般公共预算收入在洛阳市的排名	人均一般公共预算收入在河南省的排名	一般公共预算支出/常住人口	占洛阳市的比重	占河南省的比重	人均一般公共预算支出在洛阳市的排名	人均一般公共预算支出在河南省的排名	财政自给率	财政自给率在洛阳市的排名	财政自给率在河南省的排名
2008	570	31.4	53.3	6	33	1637	61.7	67.6	6	35	34.8	5	36
2009	669	35.7	56.4	6	34	2194	68.8	71.6	6	33	30.5	4	36
2010	789	36.4	53.7	6	35	2356	66.9	64.9	6	35	33.5	5	33
2011	922	34.0	50.7	6	37	3202	70.9	71.3	4	28	28.8	6	40
2012	1092	35.1	51.0	6	38	3895	74.4	74.2	5	34	28.0	7	41
2013	1227	34.7	48.6	6	44	4037	71.6	69.2	5	46	30.4	7	43
2014	1021	26.2	35.9	7	56	4198	67.9	67.2	4	51	24.3	7	59
2015	1114	26.2	35.8	7	57	5163	72.8	73.7	5	38	21.6	7	70
2016	1242	28.2	38.5	7	55	5530	73.6	72.5	4	40	22.5	7	63
2017	1434	30.4	41.4	7	52	6146	77.4	73.5	4	43	23.3	7	55
2018	1605	32.5	42.0	7	54	6783	78.9	72.6	4	49	23.7	7	56
2019	1759	33.4	43.1	7	53	7592	82.3	74.0	4	42	23.2	7	58
2020	1840	33.8	43.9	7	56	8184	83.9	78.4	5	36	22.5	7	61
2021	2001	35.5	45.5	7	55	6001	66.1	56.9	6	67	33.3	7	53

数据来源：历年河南省统计年鉴。

五、金融业发展分析

2008—2021年，嵩县金融机构存、贷款年末余额总量逐年增加，存款年末余额大于贷款年末余额。2021年，存款年末余额为206.7亿元，占洛阳市的比重为3.1%，在洛阳市7个县（市）中排第5位，在河南省102个县（市）中排第88位；贷款年末余额为95.1亿元，占洛阳市的1.6%，在洛阳市7个县（市）中排第7位，在河南省102个县（市）中排第93位。

从存贷比来看，2021年，嵩县存贷比为46.0%，比2008年高22.3个百分点，在洛阳市7个县（市）中排第7位，在河南省102个县（市）中排第77位（见表8）。与河南省、洛阳市对比来看，嵩县存贷比一直低于河南省和洛阳市存贷比，2021年低于洛阳市42.5个百分点，低于河南省38.2个百分点。

表8 2008—2021年嵩县金融机构存、贷款年末余额情况

年份	存款年末余额	占洛阳市的比重	在洛阳市的排名	在河南省的排名	贷款年末余额	占洛阳市的比重	在洛阳市的排名	在河南省的排名	嵩县存贷比	在洛阳市的排名	在河南省的排名
2008	33.6	2.4	4	88	7.9	1.2	6	100	23.7	6	101
2009	39.9	2.3	5	91	10.0	1.1	6	100	24.9	5	100
2010	48.5	2.3	5	87	12.1	1.1	6	101	24.9	6	101
2011	61.8	2.5	5	82	13.8	1.0	6	101	22.3	7	102
2012	71.5	2.5	5	85	17.2	1.0	6	100	24.0	7	99
2013	81.2	2.4	5	89	23.5	1.2	6	100	29.0	7	96
2014	90.5	2.4	5	90	31.5	1.4	6	97	34.8	6	88
2015	104.1	2.5	5	87	39.5	1.5	5	91	37.9	6	77
2016	130.1	2.6	5	78	44.8	1.5	6	92	34.5	7	83
2017	149.3	2.8	5	74	53.3	1.5	6	94	35.7	7	78
2018	164.6	2.8	5	75	62.4	1.5	6	93	37.9	7	80
2019	183.7	3.0	5	77	78.0	1.6	5	87	42.5	7	73
2020	193.0	3.0	5	87	91.4	1.7	5	89	47.3	7	63
2021	206.7	3.1	5	88	95.1	1.6	7	93	46.0	7	77

数据来源：历年河南省统计年鉴。

从人均存贷款余额来看，2008—2020 年，嵩县人均存贷款余额逐年增加，人均存款余额大于人均贷款余额，但均低于河南省、洛阳市平均水平。2021 年，嵩县人均存款余额为 38108 元，占洛阳市和河南省平均水平的 40.0% 和 45.7%，在洛阳市 7 个县（市）中排第 6 位，在河南省 102 个县（市）中排第 97 位；人均贷款余额为 17535 元，占洛阳市和河南省平均水平的 20.8% 和 25.0%，在洛阳市 7 个县（市）中排第 7 位，在河南省 102 个县（市）中排第 94 位（见表 9）。

表 9　2008—2021 年嵩县人均存贷款余额情况

年份	人均存款	在洛阳市的排名	在河南省的排名	占洛阳市的比重	占河南省的比重	人均贷款	在洛阳市的排名	在河南省的排名	占洛阳市的比重	占河南省的比重
2008	6458	5	63	29.7	39.9	1527	7	102	14.8	13.9
2009	7828	6	66	29.2	38.7	1951	7	100	14.4	13.8
2010	9560	6	65	29.9	38.8	2379	6	101	14.0	14.1
2011	12172	4	60	32.9	43.2	2720	7	102	13.1	14.7
2012	14047	6	72	31.9	41.9	3377	7	100	13.5	15.9
2013	15898	6	76	31.4	40.5	4606	7	97	15.5	18.8
2014	17564	6	82	31.3	40.9	6118	6	92	17.8	21.7
2015	20084	5	81	32.4	40.9	7613	6	85	19.5	23.5
2016	24966	4	66	34.5	45.2	8605	7	87	19.7	23.1
2017	28659	5	69	37.3	47.7	10236	7	81	20.4	24.1
2018	31577	4	70	37.7	48.8	11966	7	84	20.4	24.7
2019	35050	4	69	40.0	49.9	14889	7	79	21.5	26.5
2020	35507	6	91	38.9	46.2	16808	7	84	21.6	26.6
2021	38108	6	97	40.0	45.7	17535	7	94	20.8	25.0

数据来源：历年河南省统计年鉴。

六、居民收入分析

从居民家庭人均可支配收入来看，嵩县居民人均可支配收入均低于洛阳市和河南省居民可支配收入。2021年，嵩县居民人均可支配收入21671元，占洛阳市和河南省平均水平的71.7%和80.8%，在洛阳市7个县（市）中排第4位，在河南省102个县（市）中排第66位（见表10）。

表10 2017—2021年嵩县居民人均可支配收入情况

年份	嵩县居民人均可支配收入（元）	在洛阳市的排名	在河南省的排名	占洛阳市的比重(%)	占河南省的比重(%)	嵩县居民人均可支配收入增速(%)	洛阳市城乡居民人均可支配收入增速(%)	嵩县增速-洛阳市增速(%)
2017	15645	4	66	68.5	77.6	—	9.7	—
2018	17308	4	63	69.6	78.8	10.6	9.0	1.6
2019	19122	4	62	70.5	80.0	10.5	8.9	1.6
2020	19982	4	62	71.1	80.5	4.5	3.7	0.8
2021	21671	4	66	71.7	80.8	8.5	7.6	0.9

数据来源：历年河南省统计年鉴。

从城乡居民人均可支配收入来看，嵩县城乡居民人均可支配收入均低于洛阳市和河南省平均水平。2021年，嵩县城镇居民人均可支配收入为34948元，占洛阳市和河南省平均水平的83.1%和94.2%，在洛阳市7个县（市）中排第4位，在河南省102个县（市）中排第29位；农村居民人均可支配收入为15264元，占洛阳市和河南省平均水平的88.5%和87.1%，在洛阳市7个县（市）中排第4位，在河南省102个县（市）中排第72位。从城乡收入差距来看，城乡收入比呈逐年下降趋势，从2008年的3.1下降到2020年的2.3，在洛阳市7个县（市）中排第4位，在河南省102个县（市）中排第93位（见表11）。

表11 2008—2021年嵩县分城乡居民人均可支配收入及城乡收入比

年份	城镇（元，%）					农村（元，%）					城乡收入比		
	城镇居民人均可支配收入	在洛阳市的排名	占洛阳市的比重	在河南省的排名	占河南省的比重	农村居民人均可支配收入	在洛阳市的排名	在河南省的排名	占洛阳市的比重	占河南省的比重	城乡收入比	在洛阳市的排名	在河南省的排名
2008	11002	4	75.0	38	83.2	3591	7	85	78.1	80.6	3.1	6	98
2009	12088	4	75.8	36	84.1	3910	5	81	78.8	81.3	3.1	6	96
2010	13604	4	77.1	35	85.4	4551	5	78	80.1	82.4	3.0	5	94
2011	15760	4	78.2	33	86.6	5680	4	71	83.3	86.0	2.8	3	92
2012	17752	4	78.4	34	86.8	6475	4	70	83.3	86.0	2.7	3	90
2013	19817	4	79.8	32	88.5	7323	3	68	83.6	86.4	2.7	3	91
2014	21409	5	79.4	34	90.4	8041	4	72	83.2	80.7	2.7	3	91
2015	23141	4	80.7	31	90.5	9083	4	71	85.2	83.7	2.5	3	94
2016	24981	4	81.2	29	91.7	9777	4	75	85.3	83.6	2.6	4	96
2017	27270	4	82.0	28	92.3	10854	4	74	86.8	85.3	2.5	4	95
2018	29623	4	82.4	29	92.9	11878	4	73	87.1	85.9	2.5	4	95
2019	31963	4	82.7	31	93.5	13113	4	71	87.6	86.5	2.4	4	93
2020	32570	4	82.9	29	93.7	13965	4	72	87.8	86.7	2.3	4	93
2021	34948	4	83.1	29	94.2	15264	4	72	88.5	87.1	2.3	4	93

数据来源：历年河南省统计年鉴。

七、固定资产投资分析

2009—2021年，嵩县固定资产投资逐年增加。2021年，完成固定资产投资364.8亿元，占洛阳市的6.7%。从增速来看，自2017年开始，嵩县固定资产投资增速均超过洛阳市和河南省固定资产投资增速。2021年，嵩县增速为3.5%，高于洛阳市10个百分点，但低于河南省1个百分点（见表12）。

表12 2008—2021年嵩县固定资产投资情况

年份	固定资产投资（亿元）	占洛阳市比重（%）	嵩县固定资产投资增速（%）	洛阳市固定资产投资增速（%）	河南省固定资产投资增速（%）
2008	91.1	8.2	—	31.3	30.7
2009	109.5	7.6	20.2	31.5	31.6
2010	133.4	7.5	21.8	22.2	22.2
2011	166.3	8.9	24.7	27.4	27.0
2012	129.0	5.6	−22.5	23.2	21.4
2013	148.4	5.6	15.0	22.3	22.5
2014	172.4	5.7	16.2	17.8	19.2
2015	206.4	5.8	19.7	18.6	16.5
2016	235.4	5.8	14.1	15.4	13.7
2017	263.2	5.8	11.8	11.8	10.4
2018	291.8	5.8	10.9	10.0	8.1
2019	330.3	6.0	13.2	10.2	8.0
2020	352.5	6.0	6.7	5.9	4.3
2021	364.8	6.7	3.5	−6.5	4.5

注：2018—2021年固定资产投资根据相应年份增速计算所得。
数据来源：历年河南省统计年鉴。

按投资分类来看，2021年，嵩县房地产投资总量较小，为9.4亿元，同比增长185.9%，占固定资产投资总量的2.6%（见表13）。

表13 2011—2021年嵩县房地产投资情况

年份	房地产投资总量（亿元）	房地产投资增速（%）	房地产投资总量占固定资产投资的比重（%）
2011	1.4	−90.5	1.3
2012	1.6	16.7	1.2

续表

年份	房地产投资总量（亿元）	房地产投资增速（%）	房地产投资总量占固定资产投资的比重（%）
2013	2.4	50.6	1.4
2014	0.5	−79.7	0.4
2015	0.1	−85.7	—
2016	1.4	1857.1	0.8
2017	1.5	11.7	0.7
2018	0.6	−61.8	0.2
2019	1.4	130.2	0.5
2020	3.3	146.3	1.1
2021	9.4	185.9	2.6

数据来源：历年河南省统计年鉴。

八、社会消费分析

受新冠疫情影响，2020年，嵩县社消零出现小幅下滑，2021年又反弹回升为131.4亿元，在洛阳市7个县（市）中排第3位，在河南省102个县（市）中排第32位。社消零占GDP的比重2019年最高，达到62.5%，2021年为59.3%。从人均社消零额来看，2021年，嵩县人均社消零额为24228元，在洛阳市7个县（市）中排第5位，在河南省102个县（市）中排第19位。分行业来看，2021年，批发和零售业为108.2亿元，占比为82.3%；住宿和餐饮业为23.2亿元，占比为17.7%（见表14）。

表14 2008—2021年嵩县社消零总额情况

年份	社消零总额（亿元，%）				人均社消零（元）			分行业及占比（亿元，%）			
	嵩县社消零总额	在洛阳市的排名	在河南省的排名	占GDP的比重	嵩县人均社消零	在洛阳市的排名	在河南省的排名	批发和零售业	占社消零的比重	住宿和餐饮业	占社消零的比重
2008	27.0	4	46	32.7	5184	6	30	21.6	80.1	5.4	19.9
2009	32.2	4	46	33.0	6316	6	28	25.9	80.4	6.3	19.6

续表

年份	社消零总额（亿元，%）				人均社消零（元）			分行业及占比（亿元，%）			
	嵩县社消零总额	在洛阳市的排名	在河南省的排名	占GDP的比重	嵩县人均社消零	在洛阳市的排名	在河南省的排名	批发和零售业	占社消零的比重	住宿和餐饮业	占社消零的比重
2010	37.2	4	52	34.3	7330	5	29	30.0	80.7	7.2	19.3
2011	43.5	4	52	34.1	8561	5	28	34.2	78.6	9.3	21.4
2012	49.8	4	51	37.1	9780	5	30	39.2	78.7	10.6	21.3
2013	56.3	4	51	38.4	11016	5	32	42.9	76.2	13.3	23.8
2014	62.1	4	52	46.4	12049	5	34	47.1	75.9	14.9	24.1
2015	69.5	4	53	47.8	13415	5	33	52.5	75.5	17.0	24.5
2016	78.7	4	51	50.2	15100	4	32	59.8	76.0	18.9	24.0
2017	87.9	4	53	50.9	16878	4	34	—	—	—	—
2018	97.1	4	45	51.4	18625	4	30	72.0	74.2	25.1	25.8
2019	124.0	3	33	62.5	23670	3	17	94.3	76.0	29.8	24.0
2020	120.8	3	31	58.7	22213	5	20	99.9	82.7	20.9	17.3
2021	131.4	3	32	59.3	24228	5	19	108.2	82.3	23.2	17.7

数据来源：历年河南省统计年鉴及洛阳市统计年鉴及嵩县政府工作报告。

九、人口规模分析

嵩县常住人口呈现先减少后增加趋势，2021年，常住人口为54.2万人，占洛阳市常住人口的比重为7.7%，在洛阳市7个县（市）中排第3位，在河南省102个县（市）中排第65位。2020年，嵩县外流人口增多，达到10.3万人，人口外流率达16.0%。城镇化率快速提升，由2013年的28.0%提高至2021年的42.5%，在洛阳市7个县（市）中排第6位，在河南省102个县（市）中排第66位（见表15），低于洛阳市城镇化率23.4个百分点，低于河南省城镇化率14个百分点。

表15 2008—2021年嵩县人口情况

年份	户籍人口（万人）	常住人口（万人）	常住人口在洛阳市的排名	常住人口在河南省的排名	外流人口（万人）	人口流失率（%）	常住人口占洛阳市的比重（%）	嵩县城镇化率（%）	城镇化率在洛阳市的排名	城镇化率在河南省的排名
2008	55.2	52.0	3	74	3.2	5.8	8.1	—	—	—
2009	55.4	51.0	3	74	4.4	8.0	7.9	—	—	—
2010	58.6	50.7	3	72	7.8	13.4	7.7	—	—	—
2011	58.9	50.8	3	72	8.1	13.7	7.7	—	—	—
2012	59.1	50.9	3	74	8.2	13.9	7.7	—	—	—
2013	59.3	51.1	3	73	8.3	13.9	7.7	28.0	6	91
2014	59.6	51.5	3	73	8.1	13.6	7.7	29.3	6	91
2015	59.9	51.8	3	71	8.1	13.5	7.7	31.1	6	91
2016	60.2	52.1	3	72	8.1	13.5	7.6	32.8	6	91
2017	60.5	52.1	3	72	8.4	13.9	7.5	34.6	6	91
2018	60.8	52.1	3	72	8.7	14.3	7.5	36.5	6	91
2019	61.1	52.4	3	72	8.7	14.3	7.5	38.2	6	91
2020	64.7	54.4	3	68	10.3	16.0	7.7	41.4	6	66
2021	—	54.2	3	65	—	—	7.7	42.5	6	66

数据来源：历年河南省统计年鉴。

2019年嵩县就业人员为32.2万人。分产业看，第一产业就业人数占比呈现下降趋势，2019年，第一产业与第二、第三产业从业人员数的占比分别为44%、56%（见表16）。

表16 2008—2019年嵩县就业情况

年份	从业人员数（万人）	从业人员数增速（%）	第一产业从业人员数占比（%）	第二产业从业人员数占比（%）	第三产业从业人员数占比（%）
2008	34.7	1.1	61	18	21
2009	34.7	0.0	61	18	21
2010	35.4	1.8	53	22	25
2011	35.8	1.3	54	46	

续表

年份	从业人员数（万人）	从业人员数增速（%）	第一产业从业人员数占比（%）	第二产业从业人员数占比（%）	第三产业从业人员数占比（%）
2012	38.4	7.3	50		50
2013	37.7	−1.8	50		50
2014	37.8	0.3	46		54
2015	35.7	−5.6	51		49
2016	35.9	0.6	50		50
2017	35.9	0.0	52		48
2018	37.0	3.0	52		48
2019	32.2	−12.9	44		56

数据来源：历年河南省统计年鉴。

从第七次全国人口普查数据可以看到，嵩县0~14岁人口占比高于洛阳市和河南省，15~59岁人口、60岁及以上和65岁及以上人口占比均低于洛阳市和河南省，占比分别为57.6%、17.9%和12.3%。从常住人口受教育程度来看，嵩县每10万人中拥有大学（大专及以上）学历人数与河南省、洛阳市平均水平相差较大，大学（大专及以上）学历人数占河南省的44.2%、占洛阳市的38.9%（见表17）。

表17 第七次全国人口普查主要指标

地区	常住人口（万人）	按年龄分占常住人口的比重（%）			每10万人中拥有的各类受教育程度人数（人）				15岁及以上人口平均受教育年限（年）
		0~14岁	15~59岁	60岁及以上	65岁及以上	大学（大专及以上）	高中（含中专）	初中	小学	
全国	141177.9	18.0	63.4	18.7	13.5	15467	15088	34507	24767	9.9
河南省	9936.6	23.1	58.8	18.1	13.5	11744	15239	37518	24557	9.8
洛阳市	705.7	20.9	60.8	18.3	13.0	13339	17436	39872	19724	10.3
嵩县	54.3	24.4	57.6	17.9	12.3	5189	13345	42063	28030	9.0

数据来源：第七次全国人口普查公报、河南省第七次全国人口普查公报及2021年洛阳市统计年鉴。

十、公共服务分析

教育情况，2021年，嵩县有小学73所，在校生53457人、专任教师2649人，生师比20.2∶1；初中20所，在校生27350人、专任教师2026人，生师比13.5∶1。医疗卫生方面，嵩县每千人卫生机构床位数和每千人卫生技术人员数逐年增加，2021年每千人卫生机构床位数为7.5张，每千人卫生技术人员数为6.2人（见表18）。

表18 2019—2021年嵩县教育和医疗情况

	年份	2019	2020	2021
学校数	合计（所）	126	102	93
	小学学校数	106	82	73
	初中学校数	20	20	20
在校学生数	合计（人）	82205	81761	80807
	小学在校生数	54213	54442	53457
	初中在校生数	27992	27319	27350
专任教师数	合计（人）	4112	4465	4675
	小学	2336	2538	2649
	初中	1776	1927	2026
医疗卫生	卫生机构床位数/千人（张）	7.1	7.3	7.5
	卫生技术人员数/千人（人）	5.4	6.2	6.2

数据来源：历年河南省统计年鉴、洛阳市统计年鉴。

十一、县域发展战略分析

"十四五"时期嵩县发展定位：全国生态文明示范县、洛阳都市圈绿色发展先行区、国家全域旅游示范区、中原健康养生试验区、河南城乡融合示范区。

"十四五"时期嵩县总体思路：概括为"一三四五"行动计划。坚持"一个主题"，即坚持高质量发展这一主题。走在"三个前列"，即在践行"两山"理论上走在洛阳市乃至河南省前列；在发展全域旅游上走在洛阳市乃至河南省前列；在实施乡村振兴上走在洛阳市乃至河南省前列。实施

"四大战略",即实施生态立县、产业强县、旅游富民、民生为本"四大战略"。做好"五篇文章",即做好乡村全面振兴、产业培育壮大、新型城镇化、生态文明建设、全面深化改革"五篇文章",作为统揽嵩县未来五年经济社会发展工作的总支撑。

十二、综述

嵩县地处深山,作为曾经的国家级贫困县,近几年经济发展质量不断提升,各项经济指标稳定提升。服务业增加值、城镇居民人均可支配收入、人均社消零居河南省中上游水平,固定资产投资不断增长,产业结构不断优化,医疗条件不断改善,但嵩县GDP总量较小,且人均GDP、人均财力、居民可支配收入都处于较低水平,远低于河南省、洛阳市水平,规上企业数量较小,外流人口较多,公共服务仍需进一步加强。

嵩县经济发展面临的问题:①产业结构有待进一步调整完善,产业体系仍需完善,规上企业数量少,重大项目支撑不够。②教育、医疗等公共服务水平低于河南省、洛阳市平均水平,仍需进一步提升。③特色优势发挥不够,生态、文化、旅游等丰富的资源优势尚未转化为经济优势和发展优势。

解决上述问题的对策及建议:①加快龙头企业培育。坚持合算又合规、优惠与贡献对等,"一企一策"全力培育壮大龙头企业,积极对接企业控股母公司,共同研究企业发展方向、策划"十四五"实施项目,壮大新材料产业发展动能和势能,增强产业竞争力和影响力。②紧紧抓住黄河流域生态保护和高质量发展的重大战略机遇,坚持文化引领、产业融合、生态优先、开放合作、创新驱动,以保护、传承、弘扬黄河文化为主题,以深化文化旅游供给侧结构性改革为主线,以全域旅游为主导,推动旅游大县向文化旅游强县转变,将"5A嵩县·全域旅游"品牌打造得更响、更亮。③提高公共服务水平。完善县城医疗卫生设施,在加大财政资金支持的基础上,积极吸引社会资本投入,加快推进以县人民医院为主体的公立医院基础设施建设,引导并支持民营医院多元化发展,从而提升县城医疗卫生设施的服务能力和服务水平。优化县城教育设施,充分发挥政府办学主体的作用,加大教育设施建设经费投入,优化教育资源配置和教育资源布局,同时大力发展民办教育,提高县城教育设施水平。

河南省县域经济运行分析：新安篇[①]

一、新安县概况

新安地处豫西丘陵山区，历为古都洛阳的畿辅之地，是古代"丝绸之路"的必经之路，也是河洛文化的主要发祥地之一。秦时置县，迄今已有2200多年的历史，是国家文化先进县、国家文物保护先进县、中国旅游强县、中国书法之乡、中国澄泥砚之乡。2020年5月，入选县城新型城镇化建设示范名单。新安不仅是河南省48个扩权县和50个对外开放重点县之一，也被誉为中西部地区发展潜力最大、最具活力的县市之一。县域面积1160平方千米，辖11个镇、2个省级产业集聚区。2021年，新安县户籍人口为54.2万人，常住人口为47.8万人，城镇化率为55.73%。

二、总体经济运行分析

从GDP总量来看，2021年新安县GDP大幅下降，为452.8亿元，在洛阳市7个县（市）中排第2位，在河南省102个县（市）中排第20位。从GDP占比来看，2008—2020年，新安县GDP占洛阳市的比重稳定在10.0%~11.4%之间，2021年下降至8.3%。从GDP增速来看，2008—2020年，新安县GDP增速均高于洛阳市和河南省GDP增速，在洛阳市排名均处于前3位。2021年新安县GDP增速大幅下降，为-12.9%，在洛阳市和河南省排名均处于最后一位（见表1）。

从人均GDP来看，新安县人均GDP一直高于洛阳市和河南省平均水平。2021年，新安县人均GDP为94181元，在洛阳市7个县（市）中排第1位，在河南省102个县（市）中排第7位（见表2）。

[①] 本篇完成于2022年10月，撰稿人：李甜；耿明斋、周立、王永苏、李燕燕、屈桂林、张国骁、徐涛、赵岩等参与讨论。

表1 2008—2021年新安县地区生产总值及增速

年份	新安县GDP（亿元）	新安县GDP在洛阳市的排名	新安县GDP在河南省的排名	新安县GDP增速（%）	新安县GDP增速在洛阳市的排名	新安县GDP增速在河南省的排名	新安县GDP占洛阳市的比重（%）	新安县GDP增速-洛阳市GDP增速（%）	新安县GDP增速-河南省GDP增速（%）
2008	201.4	2	15	17.7	3	14	10.5	3.3	5.7
2009	220.5	1	14	14.7	3	13	10.6	1.7	3.7
2010	258.3	1	14	15.8	2	8	11.1	2.6	3.4
2011	304.9	1	13	18.7	2	3	11.2	6.2	6.7
2012	329.4	1	13	12.8	2	21	11.0	2.8	2.7
2013	343.9	1	13	10.6	1	30	11.0	3.4	1.6
2014	348.9	1	12	10.9	2	19	10.6	1.9	2.0
2015	380.0	1	12	12.1	2	8	11.0	3.0	3.7
2016	415.5	1	12	8.8	2	39	11.2	0.2	0.6
2017	475.5	1	12	8.9	2	23	11.4	0.2	1.1
2018	514.6	1	12	8.7	1	23	11.2	0.8	1.1
2019	501.9	1	10	8.4	2	6	10.0	0.9	1.4
2020	524.5	1	10	4.1	1	19	10.2	1.1	2.8
2021	452.8	2	20	-12.9	7	102	8.3	-17.7	-19.2

数据来源：历年河南省统计年鉴及新安县统计公报。

表2 2008—2021年新安县人均地区生产总值及增速

年份	新安县人均GDP（元）	新安县人均GDP在洛阳市的排名	新安县人均GDP在河南省的排名	新安县人均GDP占洛阳市的比重（%）	新安县人均GDP占河南省的比重（%）	新安县人均GDP增速（%）	新安县人均GDP增速在洛阳市的排名	新安县人均GDP增速在河南省的排名
2008	41413	1	7	137.7	219.4	15.7	4	23
2009	44665	1	5	138.2	220.2	13.0	5	27
2010	53956	1	4	152.3	225.0	19.4	1	14

续表

年份	新安县人均GDP（元）	新安县人均GDP在洛阳市的排名	新安县人均GDP在河南省的排名	新安县人均GDP占洛阳市的比重（%）	新安县人均GDP占河南省的比重（%）	新安县人均GDP增速（%）	新安县人均GDP增速在洛阳市的排名	新安县人均GDP增速在河南省的排名
2011	64721	1	3	156.5	232.0	20.6	2	12
2012	69723	1	4	153.1	228.6	12.5	3	41
2013	72580	1	5	153.0	219.2	10.3	1	47
2014	73372	1	8	148.5	203.9	10.5	2	26
2015	79525	1	6	153.8	207.4	11.6	1	17
2016	86275	1	5	154.4	208.8	7.9	4	70
2017	97713	1	3	160.2	213.7	7.8	1	62
2018	105090	1	3	163.4	207.4	8.0	2	38
2019	102000	1	4	140.9	187.7	7.8	6	35
2020	108102	1	2	148.3	195.0	3.3	3	44
2021	94181	1	7	122.0	158.5	−12.1	7	102

数据来源：历年河南省统计年鉴及新安县统计公报。

三、分产业经济运行分析

（一）产业格局与发展方向

"222"产业体系，即先进装备制造和新材料两大主导产业，电子商务和物流两大新兴产业，文化旅游和高效农业两大特色产业。

新安县工业以铝钛新材料、装备制造两大产业为主，新材料产业形成了以万基控股、中超新材料、爱科麦钨钼、启明超硬材料、科创新材料等为代表的新材料产业集群。装备制造产业形成了以新强联风电轴承、新能精密轴承、新开源石化、辰汉农机、德野房车等为代表的装备制造产业集群。产业链条日益完善。新安县共有新安产业集聚区和洛新产业集聚区两个产业区，建成区面积25.8平方千米，入驻企业700余家，均为河南省首批产业集聚区和二星级产业集聚区。

（二）产业结构分析

新安县第一产业占比较低，第二产业占比逐年下降，第三产业占比逐年增加，在2021年超过第二产业。2021年三产结构为5.6∶43.6∶50.8（见图1）。

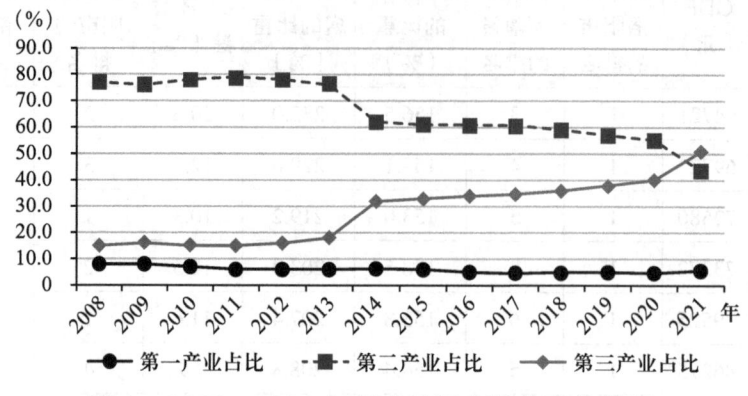

图1　2008—2021年新安县三产结构变化情况

（三）工业发展情况分析

在中国县域工业经济发展论坛发布的2020年"中国工业百强县（市）"榜单中，新安县排第84位。

从规上工业增加值来看，新安县规上工业增加值从2008年的102.4亿元增加到2020年的282.0亿元，增长了大约1.8倍，占洛阳市的比重从2008年的13.1%升到2020年的15.6%。但2021年规上工业增加值大幅下降，降至162.4亿元，占洛阳市的比重为8.9%，同比下降42.4%。从规上工业增加值增速来看，2008—2020年新安县规上工业增加值增速均高于河南省、洛阳市平均水平。2021年增速大幅下降，为-42.4%，排名处于河南省、洛阳市最后一名。从规上企业数看，新安县规上企业从2008年的140家增加到2020年的308家（见表3）。

表3　2008—2021年新安县规上工业发展总体情况

年份	新安县规上工业增加值（亿元）	新安县规上工业增加值占洛阳市的比重（%）	规上工业增加值增速（%）	规上工业增加值增速在洛阳市的排名	规上工业增加值增速在河南省的排名	规上工业企业数（个）
2008	102.4	13.1	30.1	1	21	140
2009	117.8	15.1	18.9	5	43	173

续表

年份	新安县规上工业增加值（亿元）	新安县规上工业增加值占洛阳市的比重（%）	规上工业增加值增速（%）	规上工业增加值增速在洛阳市的排名	规上工业增加值增速在河南省的排名	规上工业企业数（个）
2010	145.2	14.3	23.7	3	32	214
2011	178.5	14.2	28.3	3	12	215
2012	190.8	14.2	16.3	3	76	228
2013	195.4	14.5	14.2	2	64	231
2014	190.9	14.0	13.3	6	42	229
2015	205.8	14.8	14.8	2	11	236
2016	210.8	14.9	10.5	2	25	241
2017	223.4	15.1	9.6	3	22	244
2018	245.3	15.3	9.8	2	16	236
2019	269.3	15.5	9.8	2	11	250
2020	282.0	15.6	4.7	2	50	308
2021	162.4	8.9	−42.4	7	102	—

注：2018—2021年固定资产投资根据相应年份增速计算所得。

数据来源：历年河南省统计年鉴、洛阳市统计年鉴及新安县统计公报。

（四）服务业发展情况分析

再看服务业，2021年，新安县服务业增加值为230.0亿元，同比增长7.7%，占洛阳市服务业增加值的比重由2008年的5%升至2021年的8.2%，上升3.19个百分点。新安县服务业增加值在洛阳市7个县（市）中的排第1位，在河南省102个县（市）中排第12位（见表4）。从增速看，新安县服务业增加值增速多数年份不及洛阳市及河南省水平。2021年，新安县服务业增加值增速低于洛阳市0.7个百分点，高于GDP增速20.6个百分点。

表4 2008—2021年新安县第三产业发展总体情况

年份	新安县服务业增加值（亿元）	新安县服务业增加值占洛阳市三产增加值的比重（%）	新安县服务业增加值在洛阳市的排名	新安县服务业增加值在河南省的排名	新安县服务业增加值增速（%）	新安县服务业增加值增速在洛阳市的排名	新安县服务业增加值增速在河南省的排名
2008	30.1	5.0	3	37	12.4	6	66
2009	35.0	5.0	3	27	13.6	4	44
2010	40.2	5.0	3	28	9.5	4	67
2011	46.9	5.0	3	29	10.4	5	55
2012	54.3	4.9	3	24	12.2	5	15
2013	60.7	4.8	3	25	6.5	7	87
2014	110.8	8.1	1	12	10.9	1	15
2015	125.9	8.1	1	11	12.6	2	35
2016	141.6	7.9	1	12	10.0	6	79
2017	165.6	8.0	1	11	12.2	2	16
2018	185.7	7.9	1	12	9.0	5	64
2019	190.3	7.7	2	15	5.0	7	94
2020	210.5	8.2	1	13	3.9	2	9
2021	230.0	8.2	1	12	7.7	1	63

数据来源：历年河南省统计年鉴及新安县统计公报。

（五）重点企业分析

洛阳新强联回转支承股份有限公司是新安县第一家上市公司，2020年7月13日在深圳证券交易所A股创业板挂牌上市。

龙头骨干企业万基控股集团连续14年上榜"中国企业500强"，在河南企业百强排序中排第13位，在洛阳市百强企业中位列第二。建成了国内最完整的"煤—电—铝—铝精深加工"产业链条，成为融煤炭、电力、有色金属、化工、建材五大支柱产业为一体的大型企业集团。目前年产煤炭300万吨、电力装机总容量66万千瓦、铝锭58万吨、铝材53万吨（其中高精度铝板带20万吨、高精度铝箔3万吨、大板锭12万吨、铸轧卷3万吨、合金棒15万吨）、阳极碳素32万吨、氧化铝140万吨、石墨化阴极5万吨、金属钠2.25万吨、海绵钛3万吨、新型墙体材料75万立方米（见表5）。

表5 新安县主要龙头企业情况

序号	单位名称	主营业务及主要产品
1	洛阳新强联风回转支承股份有限公司	2020年7月上市，经营业务以大型回转支承产品和风力发电机偏航变桨轴承及主轴承产品研发、制造、销售为主，是服务于风力发电、海工装备、港口机械、船用机械、盾构机设备等行业的创新型龙头企业
2	万基控股集团	公司始建于1987年，始终秉承"依托优势，面向市场，自我壮大，滚动发展"的战略方针，立足长远，以打造百年万基为目标，建成了国内最完整的"煤—电—铝—铝精深加工"产业链条，成为融煤炭、电力、有色金属、化工、建材五大支柱产业为一体的大型企业集团
3	洛阳爱科麦钨钼科技股份有限公司	成立于2010年6月，是专业从事钨、钼及其合金产品精深生产加工，以及真空炉和靶材制造的企业
4	洛阳新能轴承制造有限公司	主要生产与风力发电机组配套的偏航轴承、变桨、转盘轴承，以及机器人轴承、船用起重机、港口起重机、工程机械、堆取料机、钢包回转台、盾构机、海洋工程等所需的转盘轴承。公司自有技术、产品设计和制造工艺在行业内处于领先地位，现为多家上市公司配套供应
5	河南新开源石化管道有限公司	2012年8月1日成立，经营范围：钢制高中低压管配件、法兰的生产销售，钢材销售及从事本企业自产产品及相关技术的进出口业务（国家限定公司经营或禁止进出口的商品技术除外）等
6	洛阳辰汉农业装备科技股份有限公司	位于洛阳市新安县洛新产业集聚区，成立于2004年，是一家致力于提供甘蔗收获机械化整套方案的解决者和供应商，是国内甘蔗收获机细分领域公认的开拓者和领航者
7	洛阳中超新材料股份有限公司	成立于2003年，位于洛阳市新安县产业集聚区，是致力于超细氢氧化铝阻燃剂研发、生产和销售的高新技术企业
8	洛阳启明超硬材料有限公司	主要从事人造金刚石单晶及合成设备的研发、生产、销售
9	洛阳科创新材料股份有限公司	股票代码：833580。成立于2002年，2022年在北京证券交易所上市，专注于钢包底吹氩透气砖的生产、研发17年

四、财政收支分析

再看财政收支情况。新安县一般公共预算收入由2008年的9.5亿元增加到2021年的28.2亿元，在洛阳市7个县（市）中的排名由2008年的第2位升至2021年的第1位，在河南省102个县（市）中排名由2008年的第8位下降到2021年的第14位。从税收占比来看，新安县税收占比自2021年开始超过河南省、洛阳市平均水平。2021年，新安县税收完成18.6亿元，占一般公共预算收入的比重为65.7%，占洛阳市税收收入的比重为7.2%。从财政支出来看，新安县一般公共预算支出总量提升，占比稍有下降，在河南省的位次下降。新安县一般公共预算支出由2008年的13.7亿元增加到2021年的37.7亿元，占洛阳市的比重由2008年的8.1%下降至5.9%，在洛阳市7个县（市）中的排第2位，在河南省102个县（市）中排名由2008年的第14位下降到2021年的第63位（见表6）。

表6 2008—2021年新安县财政收支情况

年份	一般公共预算收入	占洛阳市的比重	一般公共预算收入在洛阳市的排名	一般公共预算收入在河南省的排名	税收收入	税收占一般公共预算收入的比重	占洛阳市税收收入的比重	一般公共预算支出	一般公共预算支出占洛阳市的比重	一般公共预算支出在洛阳市的排名	一般公共预算支出在河南省的排名
2008	9.5	8.2	2	8	6.7	70.7	7.7	13.7	8.1	3	14
2009	10.5	8.7	2	8	6.4	61.3	7.6	17.2	8.4	2	17
2010	12.2	8.6	2	8	7.6	62.4	7.4	19.0	8.2	1	19
2011	13.1	7.3	2	11	8.4	64.1	6.4	20.6	6.9	2	33
2012	13.3	6.5	2	14	8.1	60.9	5.5	22.9	6.6	2	48
2013	15.0	6.4	2	16	9.1	60.7	5.4	23.7	6.3	2	56

续表

年份	一般公共预算收入（亿元，%）				税收（亿元，%）			一般公共预算支出（亿元，%）			
	一般公共预算收入	占洛阳市的比重	一般公共预算收入在洛阳市的排名	一般公共预算收入在河南省的排名	税收收入	税收占一般公共预算收入的比重	占洛阳市税收收入的比重	一般公共预算支出	一般公共预算支出占洛阳市的比重	一般公共预算支出在洛阳市的排名	一般公共预算支出在河南省的排名
2014	16.1	6.2	1	14	10.1	62.4	5.6	25.4	6.1	2	61
2015	17.3	6.0	1	14	11.3	65.2	5.8	28.8	6.0	2	57
2016	19.4	6.4	1	13	12.8	65.7	6.4	31.3	6.1	2	57
2017	22.2	6.8	1	12	14.6	65.8	6.9	33.3	6.1	2	59
2018	24.6	7.2	1	14	16.4	66.6	7.1	37.3	6.2	2	60
2019	26.6	7.2	1	13	18.3	68.8	7.4	39.3	6.1	4	67
2020	28.1	7.3	1	12	17.9	63.6	7.2	44.0	6.4	3	60
2021	28.2	7.1	1	14	18.6	65.7	7.2	37.7	5.9	2	63

数据来源：历年河南省统计年鉴、洛阳市统计年鉴及新安县统计公报。

从人均财力看，2021年，新安县人均一般公共预算收入为5906元，占洛阳市人均一般公共预算收入的104.9%，占河南省人均一般公共预算收入的134.3%，在洛阳市7个县（市）中排第2位，在河南省102县（市）中排第6位；人均一般公共预算支出达到7885元，占洛阳市人均一般公共预算支出的86.9%，占河南省人均一般公共预算支出的74.8%，在洛阳市7个县（市）中排第1位，在河南省102县（市）中排第27位。从财政自给率来看，新安县财政自给率整体呈上升趋势，超过洛阳市和河南省平均水平，且近几年差距在逐渐拉大，2021年，新安县财政自给率为74.9%，在洛阳市7个县（市）中排第2位，在河南省102个县（市）中排第7位（见表7）。

表7 2008—2021年新安县人均财政收支情况

年份	一般公共预算收入/常住人口	占洛阳市的比重	占河南省的比重	人均一般公共预算收入在洛阳市的排名	人均一般公共预算收入在河南省的排名	一般公共预算支出/常住人口	占洛阳市的比重	占河南省的比重	人均一般公共预算支出在洛阳市的排名	人均一般公共预算支出在河南省的排名	财政自给率	财政自给率在洛阳市的排名	财政自给率在河南省的排名
2008	1900	104.6	177.6	2	6	2742	103.4	113.3	2	5	69.3	2	6
2009	2159	115.2	181.9	2	6	3535	110.9	115.4	2	6	61.1	2	9
2010	2590	119.5	176.4	2	4	4032	114.4	111.0	2	4	64.2	2	8
2011	2768	102.0	152.1	2	6	4362	96.5	97.1	2	4	63.5	2	11
2012	2819	90.5	131.7	2	9	4847	92.6	92.3	2	10	58.2	2	12
2013	3167	89.6	125.5	2	10	4990	88.5	85.6	2	15	63.5	2	11
2014	3383	86.8	119.1	2	10	5328	86.2	85.2	2	16	63.5	2	11
2015	3617	85.0	116.3	2	10	6008	84.8	85.7	2	14	60.2	2	13
2016	4013	91.2	124.4	2	8	6464	86.0	84.8	2	15	62.1	2	8
2017	4545	96.5	131.1	2	7	6806	85.7	81.4	3	28	66.8	1	5
2018	5010	101.6	131.2	2	8	7609	88.5	81.4	3	25	65.8	2	6
2019	5377	102.1	131.7	2	8	7952	86.2	77.5	3	31	67.6	2	4
2020	5819	107.0	138.8	2	6	9109	93.3	87.3	3	20	63.9	2	7
2021	5906	104.9	134.3	2	6	7885	86.9	74.8	1	27	74.9	2	7

数据来源：历年河南省统计年鉴、洛阳市统计年鉴及新安县统计公报。

五、金融业发展分析

2008—2021年，新安县金融机构存、贷款年末余额总量逐年增加，存款年末余额大于贷款年末余额。在占比方面，新安县金融机构年末存款余额占洛阳市的比重呈平稳上升，贷款余额占洛阳市的比重呈现先上升后下降趋势，2021年，存款占比为4.2%，贷款占比为3.6%，存贷款占比的差距在缩小。从排名来看，存款余额在洛阳市7个县（市）中排第2位，在河南省102个县（市）中排第62位；存款余额在洛阳市7个县（市）中排名第2位，在河南省102个县（市）中排第26位。

从存贷比来看，2021年，新安县存贷比为76.8%，在洛阳市下辖7个县（市）中排第3位，在河南省102个县（市）中排第10位（见表8）。从河南省、洛阳市对比来看，新安县存贷比自2014年开始一直低于河南省、洛阳市存贷比。2021年，新安县存贷比低于洛阳市11.7个百分点，低于河南省7.4个百分点。

表8 2008—2021年新安县金融机构年末存贷款余额情况

年份	存款年末余额	占洛阳市的比重	在洛阳市的排名	在河南省的排名	贷款年末余额	占洛阳市的比重	在洛阳市的排名	在河南省的排名	新安县存贷比	在洛阳市的排名	在河南省的排名
2008	48.0	3.4	3	51	27.9	4.2	2	36	58.1	1	22
2009	68.2	4.0	3	36	44.4	5.1	2	23	65.1	1	17
2010	82.9	4.0	3	37	48.4	4.3	2	28	58.4	1	25
2011	94.3	3.9	3	41	61.3	4.5	2	24	65.0	1	11
2012	108.0	3.7	2	47	66.3	4.0	2	26	61.5	2	14
2013	121.7	3.6	3	51	72.8	3.7	2	32	59.8	2	23
2014	134.0	3.6	3	50	80.2	3.5	2	36	59.9	2	27
2015	163.1	3.9	2	45	96.7	3.7	2	27	59.3	1	25
2016	187.8	3.8	2	44	106.9	3.5	2	29	56.9	1	25
2017	205.4	3.9	2	48	112.7	3.2	2	33	54.9	2	35

续表

年份	存款（亿元，%）				贷款（亿元，%）				存贷比（%）		
	存款年末余额	占洛阳市的比重	在洛阳市的排名	在河南省的排名	贷款年末余额	占洛阳市的比重	在洛阳市的排名	在河南省的排名	新安县存贷比	在洛阳市的排名	在河南省的排名
2018	217.0	3.7	2	54	133.1	3.3	2	30	61.3	2	26
2019	239.9	3.9	2	55	151.0	3.1	2	30	62.9	3	25
2020	252.3	3.9	2	63	181.2	3.3	2	28	71.8	3	13
2021	282.1	4.2	2	62	216.7	3.6	2	26	76.8	3	10

数据来源：历年河南省统计年鉴及新安县统计公报。

从人均存、贷款余额来看，2008—2021年，新安县人均存、贷款余额逐年增加，人均存款余额大于人均贷款余额，但均低于河南省、洛阳市平均水平。2021年，人均存款余额为59021元，占洛阳市和河南省平均水平的61.9%和70.8%，在洛阳市7个县（市）中排第2位，在河南省102个县（市）中排第25位；人均贷款余额为45337元，占洛阳市和河南省平均水平的53.7%和64.5%，在洛阳市7个县（市）中排第2位，在河南省102个县（市）中排第10位（见表9）。

表9　2008—2021年人均存贷款余额情况

年份	人均存款（元，%）				人均贷款（元，%）			
	人均存款	在洛阳市的排名	在河南省的排名	占洛阳市的比重	占河南省的比重	人均贷款	在洛阳市的排名	在河南省的排名	占洛阳市的比重	占河南省的比重
2008	9583	2	27	44.1	59.2	5572	1	19	53.9	50.7
2009	14004	2	17	52.3	69.3	9111	1	10	67.5	64.3
2010	17623	2	18	55.1	71.6	10285	1	16	60.5	60.9
2011	19986	2	17	54.1	71.0	12993	1	12	62.5	70.2
2012	22816	2	19	51.8	68.0	14019	1	13	56.2	65.8
2013	25641	2	20	50.7	65.3	15342	2	20	51.7	62.5
2014	28114	3	28	50.2	65.5	16829	2	21	48.9	59.6

续表

年份	人均存款（元，%）					人均贷款（元，%）				
	人均存款	在洛阳市的排名	在河南省的排名	占洛阳市的比重	占河南省的比重	人均贷款	在洛阳市的排名	在河南省的排名	占洛阳市的比重	占河南省的比重
2015	34041	3	20	54.8	69.3	20180	2	16	51.6	62.3
2016	38784	3	20	53.6	70.5	22080	2	16	50.4	59.1
2017	41979	3	22	54.6	69.9	23027	2	20	45.9	54.2
2018	44269	3	24	52.8	68.4	27152	2	19	46.3	56.0
2019	48553	3	20	55.4	69.2	30555	2	20	44.2	54.4
2020	52186	2	29	57.1	67.9	37471	3	13	48.2	59.3
2021	59021	2	25	61.9	70.8	45337	2	10	53.7	64.5

数据来源：历年河南省统计年鉴及新安县统计公报。

六、居民生活分析

从可支配收入来看，新安县居民人均可支配收入一直低于洛阳市，但高于河南省平均水平。2021年，新安县居民人均可支配收入为29162万元，占洛阳市的96.5%，占河南省的108.8%，在洛阳市7个县（市）中排第1位，在河南省102县（市）中排第14位（见表10）。

表10　2017—2021年新安县居民人均可支配收入情况

年份	新安县居民人均可支配收入（元）	在洛阳市的排名	在河南省的排名	占洛阳市的比重（%）	占河南省的比重（%）	新安县居民人均可支配收入增速（%）	洛阳市城乡居民人均可支配收入增速（%）	新安县增速－洛阳市增速（%）
2017	21479	1	15	94.1	106.5	—	9.7	—
2018	23643	1	12	95.0	107.6	10.1	9.0	1.1
2019	26048	1	12	96.1	109.0	10.2	8.9	1.3
2020	27366	1	11	97.4	110.3	5.1	3.7	1.4
2021	29162	1	14	96.5	108.8	6.6	7.6	−1.0

数据来源：历年河南省统计年鉴及新安县统计公报。

从城乡居民人均可支配收入来看，新安县城镇居民人均可支配收入低于洛阳市，但高于河南省平均水平，农村居民人均可支配收入高于省市平均水平。2021年，新安县城镇居民人均可支配收入41046元，为洛阳市的97.6%、河南省的110.7%，在洛阳市7个县（市）中排第1位，在河南省102个县（市）中排第1位；农村居民人均可支配收入为20084元，为洛阳市的116.4%、河南省的114.6%，在洛阳市7个县（市）中排第1位，在河南省102个县（市）中排第30位。2021年，新安县城乡居民人均可支配收入比约为2.0，在洛阳市7个县（市）中排第2位，在河南省102个县（市）中排第71位（见表11）。

七、固定资产投资分析

新安县固定资产投资在2021年出现大幅下降，仅为241.18亿元。增速一路下滑，特别是由2020年的7.1%直接下降到2021年的-62.9%（见表12）。在长期投资拉动下，面对经济下行压力，固定资产投资增速虽高于GDP增速，但效用明显递减，然而，一旦固定资产投资增速降到一定程度，对GDP的冲击则会更大。

从不同类型投资情况来看，各类投资规模不断扩大。2010—2021年房地产投资增长了3.7倍；但是，增速大起大落，波动幅度较大，不利于经济健康发展。工业投资在2017年达到372.5亿元，在2011—2017年，除2011年和2014年外，增速均保持两位数增长（见表13）。

从各类投资占固定资产投资的比重来看，房地产投资占比较低，2021年为4.3%。工业投资占固定资产投资的比重在2017年为63.6%。

新安县固定资产投资按产业分情况来看，第二产业投资占固定资产投资的比重较大，2020年为55.7%，其次为第三产业投资占比37.3%，第一产业投资占比7.0%。近几年三次产业投资增速波动均比较大，2021年增速均出现大幅下降（见表14）。

表11 2008—2021年新安县分城乡人民生活情况

年份	城镇（元，%） 城镇居民人均可支配收入	在洛阳市的排名	在河南省的排名	占洛阳市的比重	占河南省的比重	农村（元，%） 农村居民人均可支配收入	在洛阳市的排名	在河南省的排名	占洛阳市的比重	占河南省的比重	城乡收入比 城乡收入比	在洛阳市的排名	在河南省的排名
2008	12800	1	6	87.2	96.7	4701	1	40	102.3	105.5	2.7	2	80
2009	13999	1	5	87.8	97.4	5112	1	39	103.0	106.3	2.7	2	77
2010	15692	1	5	89.0	98.5	6065	1	37	106.8	109.8	2.6	2	68
2011	18101	1	5	89.8	99.5	7575	1	34	111.0	114.7	2.4	2	58
2012	20300	1	5	89.7	99.3	8668	1	34	111.5	115.2	2.3	2	56
2013	22541	1	4	90.8	100.6	9743	1	35	111.3	115.0	2.3	2	57
2014	24513	1	5	90.9	103.6	10766	1	35	111.3	108.0	2.3	2	56
2015	26637	1	3	92.9	104.1	12203	1	33	114.4	112.4	2.2	1	58
2016	28859	1	1	93.8	106.0	13207	1	33	115.3	112.9	2.2	1	61
2017	31820	1	1	95.6	107.7	14615	1	31	116.8	114.9	2.2	2	63
2018	34587	1	1	96.2	108.5	15977	1	30	117.2	115.5	2.2	2	63
2019	37561	1	1	97.2	109.8	17543	1	30	117.2	115.7	2.1	2	64
2020	38613	1	1	98.3	111.1	18648	1	28	117.3	115.8	2.1	2	69
2021	41046	1	1	97.6	110.7	20084	1	30	116.4	114.6	2.0	2	71

数据来源：历年河南省统计年鉴及新安县统计公报。

表12　2009—2021年新安县固定资产投资情况

年份	固定资产投资（亿元）	占洛阳市的比重（%）	新安县固定资产投资增速（%）	洛阳市固定资产投资增速（%）	河南省固定资产投资增速（%）
2009	147.08	10.2	—	31.5	31.6
2010	181.07	10.2	14.5	22.2	22.2
2011	213.90	11.5	27.0	27.4	27.0
2012	262.72	11.5	22.8	23.2	21.4
2013	315.72	12.0	20.2	22.3	22.5
2014	350.75	11.6	17.5	17.8	19.2
2015	421.62	11.9	20.3	18.6	16.5
2016	519.08	12.7	16.5	15.4	13.7
2017	586.02	12.8	12.9	11.8	10.4
2018	665.13	13.2	13.5	10.0	8.1
2019	606.96	11.0	−8.7	10.2	8.0
2020	650.07	11.1	7.1	5.9	4.3
2021	241.18	4.4	−62.9	−6.5	4.5

注：2018—2021年固定资产投资根据相应年份增速计算所得。

数据来源：历年河南省统计年鉴及新安县统计公报。

表13　2010—2021年新安县不同类型固定资产投资情况

年份	房地产投资总量（亿元）	房地产投资增速（%）	房地产投资总量占固定资产投资的比重（%）	房地产投资在洛阳市的排名	房地产投资在河南省的排名	工业固定资产投资（亿元）	工业投资增速（%）	工业固定资产投资总量占固定资产投资的比重（%）
2010	2.21	—	1.2	7	80	127.9	—	70.6
2011	4.68	111.5	2.2	2	66	129.5	1.3	60.6
2012	4.71	0.7	1.8	5	68	162.6	25.6	61.9
2013	9.56	103.0	3.0	2	42	197.1	21.2	62.4
2014	9.17	−4.1	2.6	2	49	201.6	2.3	57.5
2015	9.42	2.7	2.2	2	55	248.0	23.0	58.8
2016	3.29	−65.1	0.6	7	90	304.4	22.8	58.6

续表

年份	房地产投资总量（亿元）	房地产投资增速（%）	房地产投资总量占固定资产投资的比重（%）	房地产投资在洛阳市的排名	房地产投资在河南省的排名	工业固定资产投资（亿元）	工业投资增速（%）	工业固定资产投资总量占固定资产投资的比重（%）
2017	2.17	−34.1	0.4	7	99	372.5	22.4	63.6
2018	3.98	83.6	0.6	8	100	—	—	—
2019	4.08	2.4	0.7	8	99	—	—	—
2020	7.91	93.9	1.2	8	90	—	—	—
2021	10.36	31.1	4.3	—	—	—	—	—

注：2011—2016年工业投资增速为根据相应年份增加值计算所得。

数据来源：历年河南省统计年鉴、洛阳市统计年鉴及新安县统计公报。

表14 2018—2021年新安县固定资产投资按产业分情况

年份	第一产业投资占固定资产投资的比重（%）	第一产业投资增速（%）	第二产业投资占固定资产投资的比重（%）	第二产业投资增速（%）	第三产业投资占固定资产投资的比重（%）	第三产业投资增速（%）
2018	7.5	−25.2	62.2	22.1	30.3	26.5
2019	3.9	−47.8	54.4	−13.2	41.6	36.2
2020	7.0	84.6	55.7	6.2	37.3	0.9
2021	—	−88.6	—	−73.5	—	−43.9

数据来源：历年洛阳市统计年鉴及新安县统计公报。

八、社会消费分析

新安县社消零总额增长迅速，受新冠疫情影响，2019年和2020年出现下滑，2021年反弹至122.0亿元，在洛阳市7个县（市）中排第4位，在河南省102个县（市）中排第39位。社消零总额占GDP的比重波动上升，2021年达到26.9%。从人均社消零额来看，2021年，新安县人均社消零额为25514元，在洛阳市7个县（市）中排第4位，在河南省102个县（市）中排第16位。分行业来看，批发和零售业占社消零的比重整体呈下降趋势，2021年占比为83.6%，比2008年下降2.4个百分点。住宿和餐饮业占社消零的比重整体呈上升趋势，2021年占比为16.4%（见表15），比2008年上升2.4个百分点。

表15 2008—2021年新安县社会消费品零售总额情况

年份	社会消费品零售总额（亿元，%）				人均社消零（元）			分行业及占比（亿元，%）			
	新安县社消零总额	在洛阳市的排名	在河南省的排名	占GDP的比重	新安县人均社消零	在洛阳市的排名	在河南省的排名	批发和零售业	占社消零的比重	住宿和餐饮业	占社消零的比重
2008	34.1	2	28	16.9	6817	2	14	29.3	86.0	4.7	14.0
2009	40.7	2	27	18.4	8355	2	13	34.6	85.0	6.1	15.0
2010	47.0	2	27	18.2	9991	2	12	40.6	86.4	6.4	13.6
2011	55.6	2	26	18.2	11785	2	12	47.1	84.7	8.5	15.3
2012	63.9	2	27	19.4	13504	2	13	53.8	84.2	10.1	15.8
2013	72.1	2	27	21.0	15197	2	13	60.5	83.9	11.6	16.1
2014	80.7	2	27	23.1	16942	2	13	67.6	83.7	13.1	16.3
2015	91.5	2	27	24.1	19098	2	13	76.3	83.4	15.2	16.6
2016	103.5	2	27	24.9	21374	2	12	86.8	83.9	16.6	16.1
2017	116.4	2	27	24.5	23792	2	12	97.5	83.8	18.9	16.2
2018	116.4	2	31	22.6	23735	2	11	98.0	84.2	18.4	15.8
2019	114.9	2	43	22.9	23262	5	21	91.2	79.3	23.7	20.7
2020	112.4	4	38	21.4	23247	4	16	94.9	84.4	17.5	15.6
2021	122.0	4	39	26.9	25514	4	16	102.0	83.6	20.0	16.4

数据来源：历年洛阳市统计年鉴及新安县统计公报。

九、人口规模分析

2008年以来新安县户籍人口不断增加，但人口外流率也不断增加，2021年人口外流率达到11.8%，常住人口47.8万人，占洛阳市常住人口的比重为6.8%，在洛阳市7个县（市）中排第4位，在河南省102个县（市）中排第74位。城镇化率逐年提高，由2013年的38.9%提高至2021年的55.7%，在洛阳市7个县（市）中排第2位，在河南省102个县（市）

中排第19位（见表16），低于洛阳市城镇化率10.2个百分点，低于河南省城镇化率0.8个百分点。

表16 2008—2021年新安县人口情况

年份	户籍人口（万人）	常住人口（万人）	常住人口在洛阳市的排名	常住人口在河南省的排名	外流人口（万人）	人口流失率（％）	常住人口占洛阳市的比重（％）	新安县城镇化率（％）	城镇化率在洛阳市的排名	城镇化率在河南省的排名
2008	50.2	50.0	4	75	0.2	0.4	7.8	—	—	—
2009	50.4	48.7	4	75	1.7	3.5	7.6	—	—	—
2010	52.1	47.1	4	78	5.1	9.7	7.2	—	—	—
2011	52.4	47.2	4	77	5.2	9.9	7.2	—	—	—
2012	52.5	47.3	4	78	5.2	9.9	7.2	—	—	—
2013	52.6	47.5	4	77	5.2	9.9	7.2	38.9	2	30
2014	52.8	47.7	4	77	5.2	9.8	7.1	40.6	2	30
2015	53.0	47.9	4	77	5.1	9.6	7.1	42.5	2	30
2016	53.3	48.4	4	77	4.8	9.1	7.0	44.3	2	30
2017	53.6	48.9	4	77	4.6	8.6	7.1	46.1	2	30
2018	53.4	49.0	4	77	4.4	8.2	7.1	48.1	2	27
2019	53.7	49.4	4	76	4.2	7.9	7.0	49.8	2	28
2020	54.2	48.4	4	74	5.9	10.8	6.8	54.6	2	20
2021	54.2	47.8	4	74	6.4	11.8	6.8	55.7	2	19

数据来源：历年河南省统计年鉴及新安县统计公报。

2017—2019年，新安县就业人员数呈下降趋势，2019年为35.88万人。分产业看，第一产业就业人数占比呈现波动下降趋势，2019年，第一产业与第二、第三产业从业人员数占比分别为30％、70％（见表17）。

表17 2008—2019年新安县就业情况

年份	从业人员数（万人）	从业人员数增速（％）	增速在洛阳市的排名	第一产业从业人员数占比（％）	第二产业从业人员数占比（％）	第三产业从业人员数占比（％）
2008	33.75	−0.7	7	51	28	21
2009	33.75	0.0	1	51	28	21

续表

年份	从业人员数（万人）	从业人员数增速（%）	增速在洛阳市的排名	第一产业从业人员数占比（%）	第二产业从业人员数占比（%）	第三产业从业人员数占比（%）
2010	35.46	5.1	1	45	31	24
2011	33.90	−4.4	9	46		54
2012	38.40	13.3	1	39		61
2013	38.60	0.5	6	32		68
2014	40.09	3.9	1	27		73
2015	37.60	−6.2	9	24		76
2016	40.10	6.6	1	34		66
2017	39.91	−0.5	9	35		65
2018	39.30	−1.5	6	36		64
2019	35.88	−8.7	3	30		70

数据来源：历年河南省统计年鉴。

从第七次全国人口普查数据可以看到，新安县0~14岁人口占比低于洛阳市和河南省，15~59岁人口占比高于洛阳市和河南省，60岁及以上和65岁及以上人口占比和河南省、洛阳市相差不大，4个年龄段的人口占比分别为18.6%、63.1%、18.3%和13.1%。从常住人口受教育程度来看，新安县15岁及以上人口平均受教育年限为10年，高于河南省和全国平均水平，但低于洛阳市平均水平（见表18）。

表18　第七次全国人口普查主要指标

地区	常住人口（万人）	按年龄分占常住人口比重（%）			每十万人中拥有的各类受教育程度人数（人）				15岁及以上人口平均受教育年限（年）
^	^	0~14岁	15~59岁	60岁及以上	65岁及以上	大学（大专及以上）	高中（含中专）	初中	小学	^
全国	141177.9	18.0	63.4	18.7	13.5	15467	15088	34507	24767	9.9
河南省	9936.6	23.1	58.8	18.1	13.5	11744	15239	37518	24557	9.8
洛阳市	705.7	20.9	60.8	18.3	13.0	13339	17436	39872	19724	10.3
新安县	48.3	18.6	63.1	18.3	13.1	10078	20925	39607	21132	10.0

数据来源：第七次全国人口普查公报、河南省第七次全国人口普查公报及2021年洛阳市统计年鉴。

十、公共服务分析

教育情况，2021 年，新安县有小学 59 所，在校生 38289 人、专任教师 1879 人，生师比 20.4∶1；初中 24 所，在校生 19875 人、专任教师 1648 人，生师比 12.1∶1。

医疗卫生方面，新安县每千人卫生机构床位数和每千人卫生技术人员数逐年增加，2021 年，每千人卫生机构床位数为 6.2 张，每千人卫生技术人员数为 5.7 人（见表 19）。

表 19　2019—2021 年新安县教育和医疗情况

年份		2019	2020	2021
学校数	合计（所）	142	83	83
	小学学校数	117	59	59
	初中学校数	25	24	24
在校学生数	合计（人）	58174	58201	58164
	小学在校生数	38258	38385	38289
	初中在校生数	19916	19816	19875
专任教师数	合计（人）	3272	3342	3527
	小学	1694	1777	1879
	初中	1578	1565	1648
医疗卫生	卫生机构床位数/千人（张）	5.1	5.8	6.2
	卫生技术人员数/千人（人）	4.7	5.5	5.7

数据来源：历年河南省统计年鉴、洛阳市统计年鉴。

十一、县域发展战略分析

2021 年 8 月 11 日，新安县第十五次党代会明确了"三强三高一迈进"（经济实力更强、科教驱动力更强、人民幸福感更强；生态文明水平更高、文化旅游业发展水平更高、城乡融合发展水平更高；奋力迈进全省县域经济高质量发展先进行列）的奋斗目标，绘就了新安发展的宏伟蓝图。

重点要做好以下六项工作。

第一，经济发展动力显著提升。现代产业体系核心竞争力大幅提升，统筹抓好传统产业转型升级、"风口"产业培育，铝钛新材料、先进装备制造业比重保持基本稳定、规模居省市前列。推进文旅文创融合发展，着力把文旅文创产业培育打造成主导产业、富民产业、绿色产业，推动产业体系由"222"向"321"转变。地区生产总值年均增速保持8.5%左右、总量突破800亿元，力争达到1000亿元，人均地区生产总值达到15万元以上，为洛阳市打造副中心城市提供重要支撑。

第二，科技创新水平显著提升。创新体制机制不断优化，创新资源要素加速集聚，"人才引育+技术研发+成果转化+产业应用"协同创新体系加快构建，依靠创新驱动的增长模式基本形成。规模以上工业企业实现研发活动全覆盖，成为具有省市影响力的制造业创新高地。重点领域和关键环节改革持续深化，营商环境评价成绩进入全省标杆行列，市场主体充满活力、富有效率。新安经济技术开发区成为对外开放合作的重要窗口，"心安"营商品牌影响力持续增强。

第三，城市功能品质显著提升。大力开展城市提质，城市规划建设管理水平全面提升，集中供热、老旧小区改造、背街小巷提升、公共空间打造持续优化，"五项治理"和物业规范化持续推进，城市治理智能化、精细化水平不断提高。社会主义核心价值观深入人心，公共文化服务体系和文化产业体系更加健全，文明创建从中心城区向农村（社区）拓展，文明城市建设迈向更高水平。

第四，民生保障水平显著提升。坚持普惠性、保基本、均等化、可持续，完善基本公共服务体系，解决好"一老一小一青壮"突出问题，着力提高人民生活品质，促进共同富裕。实现更加充分、更高质量的就业，居民人均可支配收入年均增长8%。卫生健康事业高质量发展，社会保障体系不断完善，公共服务水平持续提高。

第五，生态文明建设显著提升。城乡人居环境明显改善，大气、水、土壤等环境质量保持优良，河湖水系综合治理全面优化，在黄河流域生态保护和高质量发展上做样板、当先锋，实现国家生态文明建设示范县创建目标。空气质量、主要河流优良水质比例优于省考核要求。碳达峰、碳中和工作迈出坚实步伐。

第六，政府治理能力显著提升。社会治安防控体系更加健全，粮食安全、防汛抗旱、金融风险等应急管理和保障体系进一步完善。智慧新安体系高效运转，精细化管理水平和运行服务保障能力有效提升。行政执法体制改革持续深化，矛盾纠纷排查预警和多元化解机制日趋完善。

十二、综述

综上所述，2008—2020年，新安县经济社会平稳发展，主要经济指标均位于洛阳市前列。2021年，GDP、固定资产投资、规上工业增加值出现大幅下降，增速均位于河南省、洛阳市最后一名。

曾经的新安，因为发展工业，逐渐摘掉了国家级贫困县的帽子，成了河南省十强县，工业在其经济产值中占比至今依然接近半数。但现在新安县经济恢复不均衡、基础不稳固，对全市发展的支撑作用不强，同时传统产业升级、"风口"产业培育步伐不快，科技创新、人才支撑仍需加强，营商环境有待提升。

因此，新安县应加大创新力度，聚焦铝钛新材料、风电轴承、高端医疗装备、文旅文创等"风口"产业，强力推进绿色化、智能化、技术改造，调整产品结构，延伸产业链条，加快行业资源整合。着力打造销售收入超1000亿元的铝钛新材料产业集群，超500亿元的先进装备制造业集群，提升产业层次，提高技术含量，加快经济转型升级步伐。

河南省县域经济运行分析：伊川篇[①]

一、伊川县概况

伊川县位于河南省西部，隶属洛阳市，总面积1234平方千米，下辖12镇、1乡、2个街道，341个行政村、29个城市社区和1个省级产业集聚区，总人口93.42万人，是国家重点开发区域和省委、省政府确定的23个首批对外开放重点县、27个县域经济高质量发展优化开发县之一，先后荣获全国科技先进县、国家园林县城、国家卫生县城、国家级生态示范区建设先进县和河南省双拥模范县、对外开放先进县等荣誉称号。

伊川县矿产资源丰富，已探明的矿产达37种，主要有煤、铝矾土、磷矿石、花岗石、铁矿石、石油等，其中煤储量18亿吨，铝矾土储量2亿吨。近年来，伊川县深入贯彻习近平总书记视察河南重要指示要求，把先进制造业作为工业经济高质量发展的主攻方向，以科技创新为支撑，以产业集聚区及北航智能装备产业园、功能材料产业园等"一区八园"为载体，引进了忠旺集团、中钢洛耐、北京利尔、国机精工等行业领军企业，带动铝及铝精深加工、耐火材料、磨料磨具等产业加快转型升级，全力打造"千亿级新材料和百亿级战略性新兴产业集群"。

二、总体经济运行分析

从GDP总量来看，伊川县在洛阳市和河南省都处在上游位次，但在洛阳市GDP总量中占比呈下降趋势。2022年，伊川县实现GDP 449.4亿元，比2008年的204.6亿元增加了1.2倍，占洛阳市GDP总量的7.7%，比2008年低3个百分点。2021年GDP在洛阳市7个县（市）中排第1位，

[①] 本篇完成于2022年10月，撰稿人：李甜；耿明斋、周立、王永苏、李燕燕、屈桂林、张国骁、徐涛、赵岩等参与讨论。

在河南省 102 个县（市）中排第 18 位（见表 1）。

从 GDP 增速来看，2008—2021 年，伊川县 GDP 增速多数年份高于洛阳市和河南省 GDP 增速。2021 年，伊川县 GDP 增速为 5.3%，在洛阳市 7 个县（市）中排第 2 位，在河南省 102 个县（市）中排第 76 位。

表 1　2008—2022 年伊川县地区生产总值及增速

年份	伊川县GDP（亿元）	伊川县GDP在洛阳市的排名	伊川县GDP在河南省的排名	伊川县GDP增速（%）	伊川县GDP增速在洛阳市的排名	伊川县GDP增速在河南省的排名	伊川县GDP占洛阳市的比重（%）	伊川县GDP增速-洛阳市GDP增速（%）	伊川县GDP增速-河南省GDP增速（%）
2008	204.6	1	14	17.9	2	13	10.7	3.5	5.9
2009	204.9	2	16	12.5	6	39	9.9	-0.5	1.5
2010	228.8	2	17	13.4	3	28	9.9	0.2	1.0
2011	272.9	2	15	14.5	4	26	10.0	2.5	2.5
2012	276.8	2	17	10.0	7	87	9.2	0.0	-0.1
2013	275.1	2	20	9.6	2	54	8.8	2.4	0.6
2014	281.0	2	21	3.2	7	102	8.6	-5.8	-5.7
2015	301.5	2	21	10.9	5	18	8.7	1.8	2.5
2016	328.7	2	20	8.6	4	56	8.9	0.0	0.4
2017	374.3	2	18	8.9	1	24	9.0	0.2	1.1
2018	404.2	2	17	8.1	4	40	8.8	0.2	0.5
2019	419.6	2	20	8.2	5	10	8.4	0.7	1.2
2020	427.7	2	18	2.7	5	55	8.3	-0.3	1.4
2021	455.2	1	18	5.3	2	76	8.4	0.5	-1.0
2022	449.4	—	—	—	—	—	7.7	—	—

数据来源：历年河南省统计年鉴及伊川县政府工作报告。

从人均 GDP 来看，伊川县人均 GDP 与河南省、洛阳市平均水平的差距不断扩大，占洛阳市的比重由 2008 年的 94.7% 下降至 2021 年的 74.8%，占河南省的比重由 2008 年的 150.9% 下降为 2021 年的 97.2%。2021 年，伊川县人均 GDP 为 57740 元，在洛阳市 7 个县（市）中排第 5 位，在河南省 102 个县（市）排第 30 位（见表 2）。

表2 2008—2021年伊川县人均地区生产总值及增速

年份	伊川县人均GDP（元）	伊川县人均GDP在洛阳市的排名	伊川县人均GDP在河南省的排名	洛阳市人均GDP（元）	河南省人均GDP（元）	伊川县人均GDP增速（%）	伊川县人均GDP增速在洛阳市的排名	伊川县人均GDP增速在河南省的排名	伊川县人均GDP占洛阳市的比重（%）	伊川县人均GDP占河南省的比重（%）
2008	28486	3	20	30080	18879	15.9	3	21	94.7	150.9
2009	28010	3	23	32314	20280	10.5	8	71	86.7	138.1
2010	30709	3	25	35438	23984	11.3	6	71	86.7	128.0
2011	36037	3	24	41354	27901	12.6	5	73	87.1	129.2
2012	36484	3	26	45540	30497	9.8	9	87	80.1	119.6
2013	36126	3	29	47444	33114	9.2	3	67	76.1	109.1
2014	36457	3	32	49417	35982	2.0	9	102	73.8	101.3
2015	38620	3	33	51696	38338	9.5	5	45	74.7	100.7
2016	41801	3	34	55860	41326	7.8	5	75	74.8	101.1
2017	47394	3	30	60989	45723	8.4	1	37	77.7	103.7
2018	51163	3	28	64296	50714	8.0	5	41	79.6	100.9
2019	53499	3	31	72413	54356	8.9	6	10	73.9	98.4
2020	54289	4	27	72872	55435	1.6	6	80	74.5	97.9
2021	57740	5	30	77190	59410	5.3	4	78	74.8	97.2

数据来源：历年河南省统计年鉴。

三、分产业经济运行分析

（一）产业格局与发展方向

产业格局："122"现代产业体系，即以铝及铝材精深加工、耐火材料、磨料磨具等新材料为主导产业，以现代农业和现代服务业为特色产业，以电子信息和高端智能制造为新兴产业。

打造700亿级铝及铝精深加工产业基地。伊川县现有电解铝产能达到126万吨，占河南省产能的58.6%；铝加工能力58.5万吨，有豫港龙泉、龙鼎、台联、宇信等16家铝及铝精深加工重点企业，主要产品为铝板带材、食品级单双零铝箔、电子箔、电线电缆、装饰材料等，已形成了"煤电—电解铝—铝加工"较为完整的产业链条。2021年伊川县铝及铝精深加工产能达到170万吨。

耐火材料是伊川县传统优势产业，有20余年发展历史，企业以彭婆镇最为集中。统计显示，鼎盛时期，全县耐火材料企业有200多家，从业人员1.5万人，年产能200万吨，年产值25亿元左右，约占河南省行业份额的10%，年上缴税收6500万元左右。近年来，伊川县紧密结合洛阳市"退城入园"部署，通过积极对接、多方洽谈，成功引进了中钢洛耐新材料科技有限公司、北京利尔高温材料股份有限公司等耐火材料行业龙头企业，推动耐火材料产业的规模和结构进一步提升和优化。在龙头企业的带动下，伊川县中高端耐火材料产品从不到5种增加到10余种，新增高端耐火材料产能35万吨，新增产值近20亿元，耐火材料产业呈现出"潜力大、后劲足、活力强"的良好态势。2021年伊川县耐火材料产能达到160万吨。如今，伊川县正依托龙头企业打造北京利尔高温耐材产业园、中钢洛耐（伊川）先进耐火材料产业园等产业园区，加快形成百亿级的耐火材料产业规模。

在磨料磨具产业方面，推动东风、伊龙、亚通等传统磨料磨具龙头企业向高端产品转型，对磨料磨具产业进行整合，到2025年达到百亿级的超硬材料产业集聚区。

伊川县以富硒谷子和富硒红薯为核心和重点，统筹西梅、树莓、红不软桃、核桃等特色农产品，构建2+N富硒产业体系。伊川县地处我国小米主产区的最南端，富硒带最北端，其谷子种植有着悠久的历史，是全国春谷小米上市最早的区域，也是河南省谷物种植的优势区域，优质谷子种植面积达到20万亩。目前，伊川县已培育种植大户1360个、加工企业25家，年产值13.5亿元，构建起了从育种、种植到加工、营销的全产业链体系。伊川县依托地处丘陵、土壤富硒的优势，将富硒红薯定为县主导产业之一，不断加大红薯产业基地建设、品牌文化培育和产权保护支持力度，红薯产业得到快速发展，品牌价值和市场美誉度不断提升。2021年种植面积达到10万亩，全年产值超过5亿元，亩均纯收益超过3000元。2021年4月，"岭上硒薯"被农业农村部纳入名特优新农产品名录。伊川县还加强与京东农场、北京福来公司合作，打造"伊川小米""岭上硒薯"区域品牌。伊川县依托河南省级现代农业产业园、河南省富硒农产品质量检测中心，努力创建河南省富硒农业发展示范县和河南省现代农业发展示范区。

（二）产业结构分析

从三次产业占比来看，伊川县第一产业和第二产业占比不断下降，第三产业占比不断上升，自2019年开始第三产业超过第二产业，2021年三次产业结构为7.1∶44.6∶48.3（见图1）。

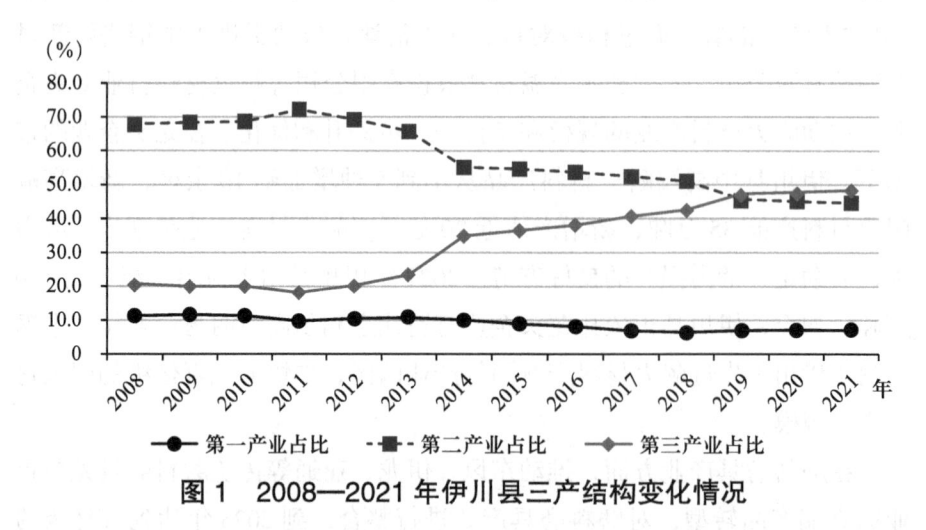

图1 2008—2021年伊川县三产结构变化情况

（三）工业发展情况分析

从工业发展情况来看，伊川县规上工业增加值在2018年呈现断崖式下降，由2017年的122.0亿元下降至2018年的52.7亿元。2021年，伊川县规上工业增加值为 67.5 亿元，规上工业增加值增速为 9.0%，增速在洛阳市 7 个县（市）中排第 4 位，在河南省 102 个县（市）中排第 51 位。2020 年伊川县规上工业企业数为 139 个，比 2010 年净增 49 个，占洛阳市规上工业企业数的 7.8%（见表 3）。

表 3 2008—2021 年伊川县工业发展情况

年份	伊川县规上工业增加值（亿元）	伊川县规上工业增加值占洛阳市的比重（%）	规上工业增加值增速（%）	规上工业增加值增速在洛阳市的排名	规上工业增加值增速在河南省的排名	规上工业企业数（个）	规上工业企业数占洛阳市的比重（%）
2008	80.0	10.2	28.8	5	26	90	6.3
2009	84.7	10.9	19.6	2	37	146	8.7
2010	102.6	10.1	23.3	4	42	131	7.8
2011	134.5	10.7	24.0	7	55	123	7.6
2012	129.5	9.6	13.1	7	94	124	7.4
2013	122.2	9.1	13.5	4	72	138	7.8
2014	120.5	8.9	14.0	3	37	131	7.4
2015	127.0	9.2	14.6	3	12	142	7.6
2016	125.6	8.9	9.7	6	54	161	8.4
2017	122.0	8.2	9.1	7	43	162	8.2
2018	52.7	3.3	9.2	7	29	171	9.1
2019	59.2	3.4	10.7	1	31	147	8.2
2020	61.9	3.4	4.6	3	53	139	7.8
2021	67.5	3.7	9.0	4	51	—	

注：2020 年、2021 年规上工业增加值根据相应年份增速计算所得。
数据来源：历年河南省统计年鉴、洛阳市统计年鉴及伊川县统计公报。

2018 年规上工业增加值断崖式下降的原因分析：党的十八大以来，随着国家政策调整、市场不断变化、环保形势日益趋紧，耐材行业一度跌入低谷。伊川县耐材的散乱、低端、污染、高耗能等弊病更加凸显，产业转型升级迫在眉睫。2018 年年初开始，伊川县利用不到一年的时间，对 133 家散乱污企业、150 万吨落后产能全部进行关停，仅保留了 20 余家规模大、市场稳定、技术工艺好的企业和 50 万吨产能。

（四）服务业发展情况分析

从服务业发展情况来看，伊川县服务业增加值逐年增加，在洛阳市和河南省处在上游水平。2021年，伊川县服务业增加值为220.0亿元，比2008年的42.4亿元增加了4.2倍，占洛阳市服务业增加值的7.8%，在洛阳市7个县（市）中排第2位，在河南省102个县（市）中排第14位；从服务业增加值增速来看，2021年，伊川县服务业增加值增速为6.0%，在洛阳市7个县（市）中排第5位，在河南省102个县（市）中排第82位（见表4）。

表4　2008—2021年伊川县服务业发展情况

年份	伊川县服务业增加值（亿元）	伊川县服务业增加值占洛阳市的比重（%）	伊川县服务业增加值在洛阳市的排名	伊川县服务业增加值在河南省的排名	伊川县服务业增加值增速（%）	伊川县服务业增加值增速在洛阳市的排名	伊川县服务业增加值增速在河南省的排名
2008	42.4	7.1	1	17	15.1	4	41
2009	40.9	5.8	1	16	12.4	7	60
2010	45.7	5.7	1	16	8.4	6	82
2011	49.3	5.2	1	19	9.0	6	69
2012	56.3	5.1	2	20	11.7	6	24
2013	64.5	5.1	1	20	8.3	5	58
2014	98.0	7.1	2	16	8.8	4	68
2015	110.0	7.1	2	16	11.5	3	60
2016	125.4	7.0	2	18	11.3	2	34
2017	152.3	7.4	2	14	10.9	4	39
2018	172.1	7.4	2	13	9.0	6	65
2019	198.6	8.0	1	13	7.7	5	52
2020	204.6	8.0	2	14	1.6	7	67
2021	220.0	7.8	2	14	6.0	5	82

数据来源：历年河南省统计年鉴。

（五）重点企业分析

洛阳盛铁耐火材料有限公司是伊川县龙头企业，生产的用于钢铁冶炼封堵铁水出口"无水炮泥"，占全国总份额的10%。该公司先后被认定为国家高新技术企业、河南省科技型中小企业、河南省科技"小巨人"企业。公司产品不仅在国内市场畅销，还远销俄罗斯、墨西哥、塞尔维亚等国外市场。2019年，该公司实现年产值3.4亿元，增速超过30%。

伊电控股集团有限公司现已形成发电、电解铝、铝加工三大优势板块和地产、贸易、物流三大辅助板块，参股商业银行。主业现有222万千瓦火电装机容量，年产84万吨电解铝、60万吨铝板带箔、32万吨铝用碳素等生产能力。拥有亚洲第一个300KA电解铝系列、亚洲第一条哈兹列特（连铸连轧）铝板带生产线，中国第一家民营2×660兆瓦火电厂。铝箔产品占比位居全球第二、板带产品占比位居全国第七。

洛阳龙鼎铝业有限公司是一个以生产铝板带箔为主的铝精深加工企业。产品广泛应用于家电、电子通信、交通运输、医药、仪器包装、印刷、化工、建材、装饰等行业，远销日本、韩国、东南亚、印度、澳大利亚、美国、墨西哥、中东、欧盟、南美等国家和地区，享有较高声誉。海关总署公布的2016年中国铝行业出口数据显示，该公司生产的厚度0.01~0.2毫米铝箔产品（单零箔）出口达4.85万吨，占全国出口总量的14.3%，排名第一。具有年产40万吨高精度铝板带箔生产能力，2020年位居全球第二。2022年，该公司实现主营业务收入超50亿元，利润同比增长431%，取得建厂以来最好的经营成绩。

中钢洛耐科技股份有限公司由原中钢集团耐火材料有限公司与中钢集团洛阳耐火材料研究院有限公司联合重组而成。原中钢集团耐火材料厂是我国"一五"期间自行设计、建设的第一家大型国有耐火材料生产企业，产品广泛应用于钢铁、有色、建材、化工等高温工业；中钢集团洛阳耐火材料研究院有限公司创建于1963年，是耐火材料专业领域大型综合性研究机构，是行业技术、学术、信息与服务中心，科技成果辐射中心。2022年6月6日，该公司在科创板成功上市。

洛阳利尔耐火材料有限公司是上市企业北京利尔高温材料股份有限公司（股票代码：002392）的全资子公司。该公司主打的水煤浆气化炉系列材料、RH精炼炉用Mg-Al系列复合材料，市场占有率分别达60%和30%以上，均居行业第一位，目前已被广泛应用于国内重点钢铁、军工、煤化工等领域。目前，该公司的产品已销往宝武集团、首钢集团、河钢集团、鞍钢集团等80余家国内大中型优质钢铁企业，在国内相同领域的生产制造商中位居前列，多次获得客户授予的"优秀供应商"称号。优质的服务和高质量的产品还受到了"一带一路"沿线国家的青睐。目前，产品已进入德国、俄罗斯、马来西亚等10多个国家。

洛阳台联新材料有限公司，主要产品为电解电容器用铝箔、装饰铝箔、胶带铝箔、蜂窝铝箔、家用箔等。在创新和智能化方面连年持续投入超过1000余万元，通过政府政策支持和企业人才有效利用，突破铝电解电容器"卡脖子"技术（铝电解电容由阳极铝箔、阴极铝箔、电解液、铝壳和胶盖等部件组成，阳极铝箔、阴极铝箔和电解液直接决定铝电容的性能优劣，而铝电解电容器70%的成本在于阳极铝箔、阴极铝箔，这项生产技术一直被日本、韩国垄断，仅日本就垄断了世界70%的份额，成为"卡脖子"技术）。该公司制定立足国内市场，积极扩大出口的经营战略，目前已成为深圳万裕、格力新元等大型企业稳定的供应商，电子铝箔产业链完整，产品性能优越，在行业内声名远播。

四、财政收支分析

从财政收支总体情况来看，伊川县一般公共预算收支在2020年出现下降，一般公共预算收入和财政自给率在河南省县域中处于中上游位次，一般公共预算支出在河南省县域中处于中游位次。2021年，伊川县一般公共预算收入达21.9亿元，占洛阳市一般公共预算收入的5.5%，在洛阳市7个县（市）中排第3位，在河南省102个县（市）中排第21位。其中，税收收入2021年达到14.9亿元，占伊川县一般公共预算收入的68.1%，占洛阳市税收收入的5.8%。2021年，伊川县一般公共预算支出达到37.0亿元，占洛阳市一般公共预算支出的5.8%，在洛阳市7个县（市）中排第3位，在河南省102个县（市）中排第66位（见表5）。

表5　2008—2021年伊川县财政收支情况

年份	一般公共预算收入	占洛阳市的比重	一般公共预算收入在洛阳市的排名	一般公共预算收入在河南省的排名	税收收入	税收占一般公共预算收入的比重	占洛阳市税收收入的比重	一般公共预算支出	一般公共预算支出占洛阳市的比重	一般公共预算支出在洛阳市的排名	一般公共预算支出在河南省的排名
2008	9.0	7.7	3	11	5.3	58.7	6.1	13.9	8.1	2	12
2009	9.2	7.7	3	10	4.9	52.6	5.7	17.5	8.6	1	11
2010	10.1	7.1	3	13	5.4	54.0	5.3	18.0	7.8	2	27
2011	9.1	5.1	3	20	5.5	60.5	4.2	21.8	7.4	1	29
2012	10.8	5.3	3	20	6.5	60.5	4.4	24.2	7.0	1	42
2013	13.1	5.6	3	17	8.1	61.6	4.8	28.5	7.6	1	35
2014	15.2	5.8	3	16	8.8	57.9	4.9	31.3	7.6	1	37
2015	17.0	5.9	3	16	10.6	62.5	5.4	32.2	6.6	1	42
2016	18.2	6.0	2	14	11.6	63.4	5.8	34.0	6.6	1	45
2017	20.1	6.2	2	15	12.6	62.4	6.0	39.9	7.3	1	44
2018	22.4	6.5	2	15	14.8	66.2	6.4	42.5	7.1	1	53
2019	24.2	6.5	3	16	16.3	67.5	6.6	49.0	7.6	1	45
2020	19.9	5.2	3	21	13.6	68.3	5.5	45.2	6.6	1	55
2021	21.9	5.5	3	21	14.9	68.1	5.8	37.0	5.8	3	66

数据来源：历年河南省统计年鉴、洛阳市统计年鉴及伊川县政府工作报告。

从人均财力看，伊川县人均一般公共预算收支与河南省、洛阳市人均水平的差距在不断扩大。2021年，伊川县人均一般公共预算收入为2791元，占洛阳市人均一般公共预算收入的49.6%，占河南省人均一般公共预算收入的63.4%；人均一般公共预算支出达到4716元，占洛阳市人均一般公共预算支出的52.0%，占河南省人均一般公共预算支出的44.7%。从财政自给率看，2021年，伊川县财政自给率为59.2%，低于洛阳市财政自给率2.8个百分点，高于河南省财政自给率17.5个百分点，在洛阳市7个县

（市）中排第 3 位，在河南省 102 个县（市）中排第 20 位（见表 6）。

表 6 2008—2022 年伊川县人均财力及财政自给率

年份	一般公共预算收入/常住人口	占洛阳市的比重	占河南省的比重	一般公共预算支出/常住人口	占洛阳市的比重	占河南省的比重	财政自给率	财政自给率在洛阳市的排名	财政自给率在河南省的排名	财政收入占GDP的比重（%）
2008	1235	68.0	115.4	1898	71.6	78.4	65.1	3	8	4.4
2009	1259	67.2	106.1	2390	75.0	78.0	52.7	3	15	4.5
2010	1331	61.4	90.7	2374	67.4	65.3	56.1	3	15	4.4
2011	1201	44.3	66.0	2881	63.7	64.1	41.7	3	27	3.3
2012	1420	45.6	66.4	3187	60.9	60.7	44.6	3	23	3.9
2013	1719	48.6	68.1	3734	66.3	64.0	46.0	3	24	4.8
2014	1951	50.1	68.7	4020	65.0	64.3	48.5	3	23	5.4
2015	2177	51.2	70.0	4110	58.0	58.6	53.0	3	17	5.7
2016	2307	52.4	71.5	4302	57.3	56.4	53.6	3	14	5.5
2017	2550	54.1	73.6	5052	63.6	60.4	50.5	3	17	5.4
2018	2829	57.4	74.1	5372	62.5	57.5	52.7	3	16	5.5
2019	3103	58.9	76.0	6297	68.3	61.3	49.3	3	17	5.8
2020	2504	46.1	59.7	5696	58.4	54.6	44.0	3	26	4.6
2021	2791	49.6	63.4	4716	52.0	44.7	59.2	3	20	4.8
2022	—	—	—	—	—	—	51.3	—	—	4.7

数据来源：历年河南省统计年鉴及伊川县政府工作报告。

五、金融业发展分析

从金融机构存贷总体情况来看，2019—2021 年，伊川县金融机构存款年末余额下滑幅度较大，在河南省县域的位次明显下降，但在洛阳市的排名始终比较靠前，金融机构贷款余额和存贷比在河南省、洛阳市均排第 1 位。2021 年，伊川县金融机构存款年末余额 290.3 亿元，占洛阳市金融机构存款年末余额的 4.3%，在洛阳市 7 个县（市）中排第 1 位，在河南省 102 个县（市）中排第 58 位；2021 年，伊川县金融机构贷款年末余额

761.1亿元，占洛阳市金融机构贷款年末余额的12.8%，在洛阳市7个县（市）中排第1位，在河南省102个县（市）中排第1位；2021年伊川县存贷比为262.1%，在洛阳市7个县（市）中排第1位，在河南省102个县（市）中排第1位（见表7）。

表7 2008—2021年伊川县金融机构年末存、贷款余额情况

年份	存款（亿元，%）				贷款（亿元，%）				存贷比（%）			
	存款年末余额	占洛阳市的比重	在洛阳市的排名	在河南省的排名	贷款年末余额	占洛阳市的比重	在洛阳市的排名	在河南省的排名	伊川县存贷比	在洛阳市的排名	在河南省的排名	洛阳市存贷比	河南省存贷比
2008	64.8	4.6	2	25	36.1	5.4	1	19	55.8	2	26	47.5	68.0
2009	93.2	5.4	1	15	51.6	6.0	1	18	55.4	2	31	50.4	70.1
2010	119.0	5.7	1	15	57.1	5.1	1	21	48.0	2	49	53.1	68.6
2011	141.9	5.8	1	16	82.5	6.0	1	14	58.2	2	26	56.3	65.7
2012	171.1	5.9	1	14	105.3	6.4	1	10	61.5	1	13	56.7	63.5
2013	191.4	5.7	1	16	130.3	6.6	1	8	68.1	1	14	58.7	62.5
2014	241.3	6.4	1	13	151.4	6.6	1	7	62.7	1	22	61.4	65.8
2015	311.6	7.4	1	8	172.8	6.6	1	7	55.5	2	33	63.0	66.0
2016	398.1	8.0	1	6	200.8	6.7	1	6	50.4	4	45	60.5	67.6
2017	456.5	8.6	1	6	249.8	7.2	1	5	54.7	3	37	65.3	70.7
2018	553.9	9.5	1	3	412.8	10.1	1	2	74.5	1	7	69.9	74.9
2019	415.1	6.8	1	11	673.8	13.9	1	1	162.3	1	1	78.9	80.1
2020	259.1	4.0	1	58	731.0	13.3	1	1	282.2	1	1	85.1	82.2
2021	290.3	4.3	1	58	761.1	12.8	1	1	262.1	1	1	88.5	84.2

数据来源：历年河南省统计年鉴。

存款下降的原因：2019年10月伊川农商行因"该银行要破产"的说法不胫而走，引发当地群众挤兑风波。紧接着，该行从党委书记、董事长到多名支行负责人及工作人员，都因涉嫌严重违纪违法被革职查办，当地群众称之为"窝案"。2019年年末伊川县金融机构人民币各项存款余额比上年末减少138.9亿元，其中农商行存款余额比年初减少158.9亿元。

从人均存贷款总体演变来看，2020—2021年，伊川县人均存款余额在河南省、洛阳市的排名有较大幅度的下降，人均贷款余额在河南省、洛阳市的位次均处于前列。2021年伊川县人均存款余额为37051元，占洛阳市人均存款余额的38.9%，占河南省人均存款余额的44.4%，在洛阳市7个县（市）中排第7位，在河南省102个县（市）中排第99位；2021年伊川县人均贷款余额为97126元，占洛阳市人均贷款余额的115.1%，占河南省人均贷款余额的138.2%，在洛阳市7个县（市）中排第1位，在河南省102个县（市）中排第1位（见表8）。

表8　2008—2021年伊川县人均存贷款情况

年份	人均存款	在洛阳市的排名	在河南省的排名	占洛阳市的比重	占河南省的比重	人均贷款	在洛阳市的排名	在河南省的排名	占洛阳市的比重	占河南省的比重
2008	8871	3	32	40.8	54.8	4950	2	26	47.9	45.0
2009	12718	3	27	47.5	62.9	7044	2	22	52.2	49.7
2010	15716	3	23	49.1	63.9	7547	3	31	44.4	44.7
2011	18727	3	20	50.7	66.5	10892	2	18	52.4	58.9
2012	22511	3	20	51.1	67.1	13851	2	14	55.5	65.0
2013	25082	3	26	49.6	63.9	17072	1	14	57.5	69.5
2014	30993	2	15	55.3	72.2	19446	1	14	56.5	68.9
2015	39811	1	7	64.1	81.1	22077	1	12	56.5	68.1
2016	50388	1	5	69.6	91.3	25420	1	10	58.1	68.1
2017	57817	1	5	75.2	96.2	31632	1	6	63.0	74.5
2018	70089	1	2	83.6	108.2	52228	1	3	89.1	107.7
2019	53314	2	13	60.9	75.9	86547	1	1	125.2	154.0
2020	32666	7	100	35.8	42.5	92172	1	1	118.6	145.8
2021	37051	7	99	38.9	44.4	97126	1	1	115.1	138.2

数据来源：历年河南省统计年鉴。

六、居民收入分析

从居民收入看，2017年以来伊川县居民人均可支配收入在河南省、洛阳市的排名处于中上游，与河南省、洛阳市居民人均可支配收入的差距在不断缩小。2021年，伊川县居民人均可支配收入为26207元，比2017年的19010元增长了37.9%，占洛阳市居民人均可支配收入的86.7%，占河南省居民人均可支配收入的97.7%，在洛阳市7个县（市）中排第2位，在河南省102个县（市）中排第30位。从居民收入增速看，2017—2021年，伊川县居民人均可支配收入增速均高于洛阳市，2021年增速为8.5%，高于洛阳市居民人均可支配收入增速0.9个百分点（见表9）。

表9 2017—2021年伊川县居民人均可支配收入情况

年份	伊川县居民人均可支配收入（元）	在洛阳市的排名	在河南省的排名	占洛阳市的比重（%）	占河南省的比重（%）	伊川县居民人均可支配收入增速（%）	洛阳市城乡居民人均可支配收入增速（%）	伊川县增速－洛阳市增速（%）
2017	19010	2	31	83.2	94.2	12.7	9.7	3.0
2018	20963	2	30	84.2	95.4	10.3	9.0	1.3
2019	23101	2	30	85.2	96.6	10.2	8.9	1.3
2020	24146	2	30	85.9	97.3	4.5	3.7	0.8
2021	26207	2	30	86.7	97.7	8.5	7.6	0.9

数据来源：历年河南省统计年鉴。

分城镇、农村居民人均可支配收入看，城镇居民人均可支配收入在河南省位次优于农村居民人均可支配收入，城乡收入差距较大。2021年，伊川县城镇居民人均可支配收入为36914元，占洛阳市城镇居民人均可支配收入的87.7%，占河南省城镇居民人均可支配收入的99.5%，在洛阳市7个县（市）中排第3位，在河南省102个县（市）中排第14位。2021年，伊川县农村居民人均可支配收入为18539元，占洛阳市农村居民人均可支配收入的107.5%，占河南省农村居民人均可支配收入的105.7%，在洛阳市7个县（市）中排第2位，在河南省102个县（市）中排第38位。2021年伊川县城乡居民人均可支配收入比约为2.0，在河南省102个县（市）

中排第60位，处在靠后水平，但2008年以来城乡收入差距整体上逐步缩小（见表10）。

表10 2008—2021年伊川县分城乡居民人均可支配收入及城乡收入比

年份	城镇（元，%）					农村（元，%）				城乡收入比		
	城镇居民人均可支配收入	在洛阳市的排名	在河南省的排名	占洛阳市的比重	占河南省的比重	农村居民人均可支配收入	在洛阳市的排名	在河南省的排名	占洛阳市的比重	占河南省的比重	城乡收入比	在洛阳市的排名	在河南省的排名
2008	11182	3	33	76.2	84.5	4482	2	49	97.5	100.6	2.5	1	60
2009	12747	3	27	79.9	88.7	5010	2	43	101.0	104.2	2.5	1	59
2010	13945	3	31	79.1	87.5	5790	2	42	101.9	104.8	2.4	1	52
2011	16143	3	29	80.1	88.7	6839	2	43	100.2	103.6	2.3	1	55
2012	18152	3	29	80.2	88.8	7797	2	43	100.3	103.6	2.3	1	55
2013	20283	3	28	81.7	90.6	8826	2	43	100.8	104.1	2.3	1	56
2014	22360	3	26	82.9	94.5	9868	2	43	102.1	99.0	2.3	1	55
2015	24234	3	20	84.5	94.8	11086	2	41	103.9	102.1	2.2	2	59
2016	25989	3	18	84.5	95.4	11886	2	43	103.7	101.6	2.2	2	62
2017	28635	3	15	86.1	96.9	13212	2	39	105.6	103.9	2.2	1	62
2018	31174	3	14	86.8	97.8	14465	2	39	106.1	104.6	2.2	1	61
2019	33761	3	14	87.4	98.7	15941	2	38	106.5	105.1	2.1	1	58
2020	34402	3	14	87.6	99.0	16977	2	37	106.8	105.4	2.0	1	59
2021	36914	3	14	87.7	99.5	18539	2	38	107.5	105.7	2.0	1	60

数据来源：历年河南省统计年鉴。

七、固定资产投资分析

从固定资产投资来看，2008—2017年，伊川县固定资产投资总额不断增加，2017年达到529.4亿元，占洛阳市固定资产投资的11.6%；但2018年固定资产投资总额出现大幅下降，2019年为259.7亿元，占洛阳市固定资产投资的4.7%。从固定资产投资增速来看，伊川县固定资产投资增速在2016年、2019年和2021年低于河南省、洛阳市增速，2021年，伊川县固

定资产投资增速为 −34.4%，低于洛阳市固定资产投资增速 27.9 个百分点，低于河南省固定资产投资增速 38.9 个百分点（见表 11）。

表 11　2008—2021 年伊川县固定资产投资情况

年份	伊川县固定资产投资（亿元）	伊川县固定资产投资占洛阳市的比重（%）	伊川县固定资产投资增速（%）	洛阳市固定资产投资增速（%）	河南省固定资产投资增速（%）
2008	100.0	9.0	33.4	31.3	30.7
2009	146.7	10.1	46.7	31.5	31.6
2010	179.7	10.2	24.1	22.2	22.2
2011	211.9	11.4	28.6	27.4	27.0
2012	265.0	11.6	25.1	23.2	21.4
2013	333.2	12.6	23.5	22.3	22.5
2014	352.3	11.6	19.6	17.8	19.2
2015	422.8	12.0	20.0	18.6	16.5
2016	473.5	11.6	14.9	15.4	13.7
2017	529.4	11.6	11.8	11.8	10.4
2018	287.4	5.7	10.2	10.0	8.1
2019	259.7	4.7	−9.6	10.2	8.0
2020	—	—	6.2	5.9	4.3
2021	—	—	−34.4	−6.5	4.5

数据来源：历年河南省统计年鉴、伊川县统计公报。

按投资分类来看，伊川县房地产投资呈现波动上升趋势，2021 年为 19.1 亿元，同比增长 32.3%。2021 年，民间投资同比下降 29.9%，占固定资产的比重为 83.9%（见表 12）。

表 12　2008—2021 年伊川县房地产投资和民间投资情况

年份	房地产投资总量（亿元）	房地产投资增速（%）	房地产投资总量占固定资产投资的比重（%）	房地产投资在洛阳市的排名	房地产投资在河南省的排名	民间投资	民间投资增速（%）	民间投资占固定资产投资比重（%）
2008	0.5	—	0.5	—	—	80.6	204.0	80.6
2009	3.6	930.0	2.4			132.4	65.4	90.2

续表

年份	房地产投资总量（亿元）	房地产投资增速（%）	房地产投资总量占固定资产投资的比重（%）	房地产资产投资在洛阳市的排名	房地产资产投资在河南省的排名	民间投资	民间投资增速（%）	民间投资占固定资产投资比重（%）
2010	2.9	−18.5	1.6	5	73	148.2	14.3	82.5
2011	4.7	61.9	2.2	2	66	176.8	14.2	83.4
2012	4.9	4.3	1.8	4	67	217.2	30.4	82.0
2013	5.7	16.0	1.7	4	70	276.3	27.2	82.9
2014	6.6	15.7	1.9	5	65	341.3	23.5	96.9
2015	8.1	23.1	1.9	4	61	414.4	23.8	98.0
2016	9.3	—	2.0	2	60	—	—	—
2017	7.6	−18.5	1.4	3	73	481.4	5.2	90.9
2018	8.9	18.1	3.1	4	78	242.3	7.6	84.3
2019	15.3	71.2	5.9	1	64	215.4	−6.3	82.9
2020	14.4	−5.7	—	2	69	—	7.4	—
2021	19.1	32.3	—	—	—	—	−29.9	83.9

数据来源：历年河南省统计年鉴、伊川县统计公报。

八、社会消费分析

从社会消费情况来看，2019年以后伊川县社消零总额及人均社消零在河南省、洛阳市的位次都有较大幅度的下降。2021年伊川县社消零总额为162.1亿元，在洛阳市7个县（市）中排第1位，在河南省102个县（市）中排第24位；人均社消零2021年达到20684元，在洛阳市7个县（市）中排末位，在河南省102个县（市）中排第35位。分行业来看，近几年伊川县批发和零售业占比在85%左右，住宿和餐饮业占比在15%左右（见表13）。

表 13　2008—2021 年伊川县社消零总额情况

年份	社消零总额（亿元，%）伊川县社消零总额	在洛阳市的排名	在河南省的排名	占GDP的比重	人均社消零（元）伊川县人均社消零	在洛阳市的排名	在河南省的排名	分行业及占比（亿元，%）批发和零售业	占社消零的比重	住宿和餐饮业	占社消零的比重
2008	58.8	1	7	28.7	8047	1	7	47.9	81.6	10.8	18.4
2009	70.1	1	7	34.2	9567	1	8	56.2	80.1	14.0	19.9
2010	80.5	1	7	35.2	10629	1	7	61.7	76.7	18.8	23.3
2011	95.2	1	7	34.9	12562	1	7	69.1	72.6	26.1	27.4
2012	109.5	1	7	39.5	14403	1	7	80.7	73.7	28.8	26.3
2013	124.6	1	7	45.3	16333	1	7	92.0	73.8	32.7	26.2
2014	139.4	1	7	49.6	17905	1	8	104.5	75.0	34.9	25.0
2015	156.6	1	7	52.0	20011	1	7	117.1	74.8	39.5	25.2
2016	176.5	1	7	53.7	22347	1	8	132.0	74.7	44.6	25.3
2017	197.6	1	8	52.8	25030	1	9	147.7	74.7	50.0	25.3
2018	216.3	1	8	53.5	27373	1	7	162.5	75.1	53.8	24.9
2019	153.4	1	24	36.6	19698	6	32	117.5	76.6	35.9	23.4
2020	149.1	1	24	34.9	18796	7	34	129.2	86.7	19.9	13.3
2021	162.1	1	24	35.6	20684	7	35	138.4	85.4	23.7	14.6

数据来源：历年河南省统计年鉴、洛阳统计年鉴。

九、人口规模分析

从人口情况看，伊川县常住人口、城镇化率水平在河南省县域中排名处在中游，人口流失率波动上升。2021 年，伊川县常住人口为 78.4 万人，占洛阳市常住人口的 11.1%，在洛阳市 7 个县（市）中排第 1 位，在河南省 102 个县（市）中排第 31 位。2020 年，伊川县人口外流 14.6 万人，人口流失率首次突破 10%，为 15.6%。2021 年，伊川县城镇化率为 50.3%，在河南省 102 个县（市）中排第 34 位（见表 14），低于洛阳市城镇化率 15.6 个百分点，低于河南省城镇化率 6.2 个百分点。

表 14 2008—2021 年伊川县人口情况

年份	户籍人口（万人）	常住人口（万人）	常住人口在洛阳市的排名	常住人口在河南省的排名	外流人口（万人）	人口流失率（%）	常住人口占洛阳市的比重（%）	伊川县城镇化率（%）	城镇化率在洛阳市的排名	城镇化率在河南省的排名
2008	75.2	73.0	1	41	2.1	2.9	11.4	—	—	—
2009	75.5	73.3	1	40	2.3	3.0	11.4	—	—	—
2010	79.5	75.7	1	35	3.7	4.7	11.6	—	—	—
2011	80.0	75.8	1	33	4.2	5.3	11.5	—	—	—
2012	81.8	76.0	1	33	5.8	7.1	11.5	—	—	—
2013	82.5	76.3	1	32	6.2	7.5	11.5	32.8	3	62
2014	82.5	77.9	1	31	4.6	5.6	11.7	37.5	3	38
2015	83.0	78.3	1	31	4.7	5.7	11.6	40.0	3	38
2016	83.9	79.0	1	30	4.9	5.8	11.5	41.8	3	38
2017	84.2	79.0	1	29	5.3	6.3	11.4	43.6	3	38
2018	84.8	79.0	1	29	5.8	6.8	11.4	45.5	3	35
2019	85.2	77.9	1	32	7.3	8.6	11.1	47.2	3	35
2020	93.9	79.3	1	31	14.6	15.6	11.2	49.1	3	34
2021	—	78.4	1	31	—	—	11.1	50.3	3	34

数据来源：历年河南省统计年鉴。

从就业情况看，伊川县就业人数近几年有所下降，2019 年，伊川县从业人数为 51.5 万人，增速为 –9.2%。从三产就业结构来看，2019 年，伊川县第一产业和第二、第三产业从业人员所占比例分别为 33%、67%（见表 15）。

表 15 2008—2019 年伊川县就业情况

年份	从业人员数（万人）	从业人员数增速（%）	增速在洛阳市的排名	第一产业从业人员数占比（%）	第二产业从业人员数占比（%）	第三产业从业人员数占比（%）
2008	46.0	4.6	1	53	30	17
2009	46.0	0.0	1	53	30	17

续表

年份	从业人员数（万人）	从业人员数增速（%）	增速在洛阳市的排名	第一产业从业人员数占比（%）	第二产业从业人员数占比（%）	第三产业从业人员数占比（%）
2010	46.7	1.4	4	52	29	19
2011	47.2	1.1	5	50	50	
2012	52.8	11.9	2	44	56	
2013	52.2	−1.1	5	25	75	
2014	53.3	2.0	2	42	58	
2015	53.1	−0.3	5	40	60	
2016	55.5	4.5	2	39	61	
2017	57.4	3.4	1	38	62	
2018	56.7	−1.3	5	38	62	
2019	51.5	−9.2	3	33	67	

数据来源：历年河南省统计年鉴。

十、公共服务分析

教育情况，2021年，伊川县有小学120所，在校生88055人、专任教师4344人，生师比20.3∶1；初中46所，在校生39187人、专任教师3178人，生师比12.3∶1。

从医疗卫生情况来看，平均每千名常住人口配备卫生机构床位数、卫生技术人员数逐年上升，医疗资源配备逐步完善，2021年，伊川县每千人床位数为5.8张，每千人卫生技术人员数为6.7人（见表16）。

表16　2019—2021年伊川县教育和医疗情况

年份		2019	2020	2021
学校数	合计（所）	164	165	166
	小学学校数	118	119	120
	初中学校数	46	46	46

续表

在校学生数	合计（人）	125595	127009	127242
	小学在校生数	87882	89009	88055
	初中在校生数	37713	38000	39187
专任教师数	合计（人）	7319	7510	7522
	小学	4225	4312	4344
	初中	3094	3198	3178
医疗卫生	卫生机构床位数/千人（张）	5.8	6.9	5.8
	卫生技术人员数/千人（人）	6.2	6.7	6.7

数据来源：历年河南省统计年鉴。

十一、县域发展战略分析

伊川县总体工作思路："11345"，即紧盯实现千亿级经济总量"一个目标"，把牢项目建设"一个主抓手"，扭住产业发展、城市提质、乡村振兴"三项重点工作"，实施文旅文创、教育、医疗养老、交通"四大提升行动"，实现全国重要的新材料产业创新绿色发展示范基地、河南省现代农业发展引领区、洛阳国家物流枢纽的重要节点、洛阳近郊生态文旅目的地、宜居宜业幸福美好家园"五大愿景"。

全国重要的新材料产业创新绿色发展示范基地。充分发挥全县铝及铝精深加工、耐火材料、磨料磨具等产业基础优势，突出北京利尔高温材料有限公司、中钢洛耐科技股份有限公司、国机精工集团股份有限公司等龙头企业的带动作用，着力在技术创新和延链补链强链上下功夫，坚定不移走高端化、智能化、绿色化发展之路，打造全国重要的新材料产业创新绿色发展示范基地。

洛阳国家物流枢纽重要节点。抓住洛阳建设生产服务型国家物流枢纽的重大机遇，强化规划、用地、配套设施保障，线上线下融合、现货期货共进，全力推动华晟国际物流港做大做强。充分发挥区位优势和三洋铁路、焦柳铁路、呼南高铁过境的优势，高标准规划建设物流园区，打通原料引进和产品输出渠道，打造洛阳国家物流枢纽的重要节点。

河南省现代农业发展引领区。用好50万亩富硒土壤资源，加快转变农业发展方式，围绕"特色、高端、品牌"做足文章，做大做强"富硒种植、畜牧养殖、高档林果"三大体系，不断健全集科研、产品深加工、冷链物流、终端销售为一体的全产业链，加快培育富硒功能农业产业集群，创建全省现代农业发展引领区。

洛阳近郊生态文化旅游目的地。抓住黄河流域生态保护和高质量发展重大国家战略机遇，依托厚重的历史文化资源，做足山水文章，夯实生态基底，挖掘文化内涵，讲好伊川故事，加快文旅融合发展，建设洛阳都市圈郊野游憩环的重要节点，叫响伊川生态文化旅游品牌。

十二、综述

伊川县县域经济综合实力连年攀升，经济总量接近450亿元，稳居全市第一方阵，但人均GDP与河南省、洛阳市平均水平的差距在逐年扩大。近几年，伊川县规上工业增加值、一般公共预算收支、税收收入、金融机构年末存款余额、固定资产投资、社消零均出现不同程度的下降，人口外流率不断增加。自党的十八大以来，环保政策收紧，加之2019年伊川农商行挤兑事件发生，近几年伊川县经济发展乏力，发展后劲不足。

制约伊川县经济发展的突出问题：一是产业发展层次偏低。主导产业自主创新能力不强，转型升级还不到位，产业链和产品线延伸不足，整体仍处于价值链的中低端。新兴产业体量较小，龙头企业带动能力不足，产业能级亟待提升。农业产业链条不完善，产品附加值不高，对农村全面发展的支撑作用不强。二是投资增长后劲乏力，形势严峻。伊川县民间投资占固定资产投资的比重在80%以上，但2021年民间投资同比下降29.9%，工业投资下降19.8%。

针对以上问题提出以下四个建议。

第一，紧盯传统产业提质，增强产业链、供应链自主可控能力，实施"三大改造"项目，以5G应用为重点推进智能化改造。铝产业方面，巩固电解铝原材料保障基础，提升铝板带箔中端产业，大力发展电子铝箔、铝镁合金等后端产业，打造全国重要的铝及铝精深加工产业基地。耐火材料方面，支持本地耐材企业进行环保技术改造，打造集产学研为一体的世界一流耐材产业集群。磨料磨具方面，充分发挥国机精工集团的技术优势，推动磨料磨具产业园区化、集群化、品质化发展，打造全国重要的磨料磨具和超硬材料产业基地。

第二，大力发展特色农业。围绕"2+N"特色农业产业规划，以"产业链+乡贤链"模式引导乡贤融入乡村产业链，发展特色新业态。按照品种培优、品质提升、品牌打造和标准化生产要求，加强与科研院所、业内专家对接，依托技术成果转移转化基地，充分发挥产业精品示范方的引领作用，提高农业科技含量和话语权。加快富硒功能农业产业园建设，推动富硒小米、富硒红薯品牌化、标准化、功能化发展，持续提升"伊川小米""岭上西薯"区域品牌影响力。

第三，促进消费。多渠道增加居民收入，稳定就业预期，恢复消费信心。充分发挥适应防疫需要的新型消费优势。科学推广无接触交易服务，加快线上线下消费有机融合，培育壮大"智慧+"消费，既提升居民消费便利度，又助力数字经济大众化发展。

第四，扩大有效投资。围绕工业发展、高效农业、城市提升、生态环保、社会民生等重点领域，着力扩大有效投资。激活民间投资活力，加大政策支持，提高民间投资手续办理效率，保护民间投资合法权益。

河南省县域经济运行分析：上蔡篇[①]

一、上蔡县概况

上蔡县位于河南省东南部，隶属驻马店市，处驻马店市东北部，与漯河市郾城区及周口市商水县、项城市相邻。县域总面积1529平方千米，耕地面积164万亩，辖22个乡镇、4个办事处，460个行政村，2021年年底常住人口约99万人。上蔡历史悠久、文物遗址众多、文化底蕴深厚，公元前11世纪建为蔡国，成为天下蔡氏祖地，也是秦丞相李斯故里、中国重阳文化之乡；境内的蔡国故城墙、郭庄楚墓是国家级重点文物保护单位，还有光武台等省级重点文物保护单位7处、各类文化遗址87处，居河南省文物大县前列。

上蔡县属淮河冲积湖积平原，地势平坦，土层深厚，宜于机械化耕作，农作物高产稳产，盛产小麦、玉米、大豆、芝麻、油菜、花木等农副产品，是一个典型的平原农业大县，也是全国粮食生产百强县。在发展工业过程中，上蔡县依托丰富的农产品资源和人力资源大县的优势，着力培育壮大农副产品加工和制鞋服装两大主导产业集群，为农产品就地转化、农村富余劳动力安置提供了有力的产业支撑。

二、总体经济运行分析

从GDP总量来看，上蔡县在驻马店市排名比较靠前，在河南省处在中间位次，在驻马店市GDP总量中占比近年来有所下降，2018年以来占比在9%~10%之间。2021年，上蔡县实现国内生产总值296.8亿元，比2008年的96.6亿元增加了2.1倍，占驻马店市GDP总量的9.6%，在驻马店市

[①] 本篇完成于2023年3月，撰稿人：赵岩；耿明斋、周立、王永苏、李燕燕、屈桂林、张国骁、徐涛、李甜、张兆源等参与讨论。

9个县（市）中排第2位，在河南省102个县（市）中排第43位。

从GDP增速来看，2008—2019年，上蔡县GDP增速波动幅度较小，整体呈现缓慢下降趋势，2020年出现较大波动，增速由2019年的7.8%下降到4.4%，2021年回升到8.3%，高于驻马店市GDP增速1.1个百分点，高于河南省GDP增速2.0个百分点，在驻马店市9个县（市）中排第3位，在河南省102个县（市）中排第24位（见表1）。

表1 2008—2021年上蔡县地区生产总值及增速

年份	上蔡县GDP	上蔡县GDP占驻马店市GDP的比重	上蔡县GDP在驻马店市的排名	上蔡县GDP河南省的排名	上蔡县GDP增速（%）	上蔡县GDP增速在驻马店市的排名	上蔡县GDP增速在河南省的排名	上蔡县GDP增速-驻马店市GDP增速	上蔡县GDP增速-河南省GDP增速
2008	96.6	11.9	1	49	11.9	6	82	0.1	−0.1
2009	101.9	11.3	1	50	10.5	9	82	−1	−0.5
2010	117.6	11.1	1	52	11.2	7	73	−0.4	−1.2
2011	136.7	10.9	1	53	10.3	7	85	−1	−1.7
2012	148.8	10.7	1	53	10.5	3	72	0.1	0.4
2013	167.6	10.9	1	53	10	4	44	0.5	1.0
2014	172.3	11.2	2	57	8.8	3	66	0.3	−0.1
2015	184.8	11.2	3	58	9.3	3	52	0.4	0.9
2016	201.7	11.2	3	58	8.6	4	52	0.1	0.4
2017	222.8	11.1	1	55	8.2	5	45	−0.1	0.4
2018	240.7	9.7	3	55	7.9	9	51	−0.6	0.3
2019	260.8	9.5	3	53	7.8	3	35	0.4	1.0
2020	269.9	9.4	3	51	4.4	3	13	0.8	3.4
2021	296.8	9.6	2	43	8.3	3	24	1.1	2.0

数据来源：历年河南省统计年鉴。

从人均GDP来看，2008—2021年，上蔡县人均生产总值不断增加，但与河南省、驻马店市人均GDP水平差距较大。2021年，上蔡县人均

表 2　2008—2021 年上蔡县人均地区生产总值及增速

年份	人均 GDP 总量（元，%）				人均 GDP 增速（%）				
	上蔡县人均 GDP	上蔡县人均 GDP 占驻马店市人均 GDP 的比重	上蔡县人均 GDP 占河南省人均 GDP 的比重	上蔡县人均 GDP 在驻马店市的排名	上蔡县人均 GDP 在河南省的排名	上蔡县人均 GDP 增速	上蔡县人均 GDP 增速在驻马店市的排名	上蔡县人均 GDP 增速在河南省的排名	上蔡县人均 GDP 增速－驻马店市人均 GDP 增速	上蔡县人均 GDP 增速－河南省人均 GDP 增速
2008	7554	71.8	40.0	9	101	12.4	6	63	0.0	0.6
2009	7975	68.3	39.3	9	101	10.7	6	68	-0.3	0.4
2010	9971	70.9	41.6	9	99	20.4	4	10	5.4	7.9
2011	12708	72.2	45.4	9	97	20.9	2	11	4.8	8.7
2012	14230	71.9	46.2	9	96	13.7	4	21	1.0	4.3
2013	16552	74.2	49.2	9	96	13.6	1	9	2.6	5.2
2014	17300	68.2	47.2	9	99	10.7	2	22	2.1	2.5
2015	18731	69.4	47.8	9	99	10.3	2	34	1.8	2.6
2016	20552	70.2	48.5	9	98	9.2	1	34	1.1	1.7
2017	22841	70.1	48.6	8	98	8.9	2	23	0.9	1.8
2018	24727	73.2	47.4	9	99	8.1	7	37	0.0	0.8
2019	26760	68.7	47.5	9	98	7.7	4	40	0.7	1.3
2020	27245	66.8	49.1	9	99	3.3	7	46	-0.9	2.6
2021	29745	67.2	50.1	9	99	7.5	8	55	0.3	1.1

数据来源：历年河南省统计年鉴。

GDP 为 29745 元，占驻马店市人均 GDP 的 67.2%，占河南省人均 GDP 的 50.1%，在驻马店市 9 个县（市）中排末位，在河南省 102 个县（市）中排第 99 位。从人均 GDP 增速来看，2008—2021 年，上蔡县人均 GDP 增速高于河南省人均 GDP 增速，除 2009 年、2020 年外，其余年份增速均快于驻马店市水平。2021 年增速为 7.5%，较驻马店市人均 GDP 增速高 0.3 个百分点，高于河南省人均 GDP 增速 1.1 个百分点，在驻马店市 9 个县（市）中排第 8 位，在河南省 102 个县（市）中排第 55 位（见表 2）。

三、分产业经济运行分析

（一）产业格局与发展方向

上蔡县是典型的平原农业大县，耕地面积大、人口数量多，而人均占有耕地面积较少。近年来上蔡县按照"培育一个龙头、发展一个产业、带富一方百姓"的思路，加快农村土地流转，推进适度规模经营，以激活土地生产要素来推动农业现代化。由省级农业产业化龙头企业牵头，联合多家种植、养殖、农机专业合作社和农民协会、家庭农场，形成紧密的农业生产经营产业链。以久久粮食产业联合体为代表的现代新型农业经营主体，成长为本土农业经济的标杆。龙头企业依托联合体保证优质粮源，进而保证生产高品质的小麦面粉、小麦胚芽粉、杂粮面粉等，也让产品有了广阔的市场。全县流转土地占全县耕地总面积的三成以上，涉及农户占全县总户数超 1/4。

近年来，上蔡县坚持把工业经济作为高质量发展的重要力量和依托，倾力构建具有鲜明特色的产业体系。聚焦制鞋服装服饰和农副产品加工两大传统产业集群，突出主导产业招商，着力实现由单个项目招商转变为产业链招商，从招企业到招产业，相继引进了投资 30 亿元的中冷 50 万吨冷链物流项目、投资 22 亿元的隆祺鞋业项目、投资 12 亿元的雄安制鞋产业园项目等一大批龙头型及基地型大项目。制鞋服装服饰产业方面，上蔡县积极发展皮革制品和鞋材生产、交易市场及相关纺织服装产业。已入驻隆祺鞋业、上合惠制鞋产业园、雄安制鞋产业园、博雅服饰等骨干企业 80 多家，年产各种鞋类产品 3000 万双，产值超过 70 亿元；高标准建成河南省鞋类产品质量监督检验中心和25万平方米的标准化厂房，形成了从鞋底、鞋面、鞋材到整鞋制造、销售、研发的完整产业链，上蔡已成为名副其实的"中原鞋都""中部鞋城""中国制鞋产业基地"。在农副产品加工产业方面，上蔡县着重发展粮食精深加工、休闲食品加工、畜禽产品加工等符合县情的优势产业，在延长农副产品产业链条上下功夫，推进形成以农带工、以工促农的产业格局。已入驻以闽商食品工业园、牧原农牧、上农实业等为代表的骨干企业40多家，不断拓展农副产品加工产业范围和新的发展方向。新兴产业方面，上蔡县聚焦新一代信息技术、高端装备制造及新材料、新能源等新兴领域，重点发展电子电器和生产性服务业，大力发展电子节能与照明产品、微电子元器件产品、光电产品、数字信息产品等项目，已入驻兰迪科技、上继电器、智强电子、天乾电子、银点电子等高新技术企业15家，新一代信息技术产业初步集聚发展。

（二）产业结构分析

从三次产业占比来看，上蔡县第一产业占比自2010年以来不断下降，2019年随着第二、第三产业占比下降，第一产业占比相应回升。2021年，上蔡县第一产业占比18.66%，第二产业占比40.17%，第三产业占比41.17%，三产结构呈现出"三、二、一"梯次（见图1）。

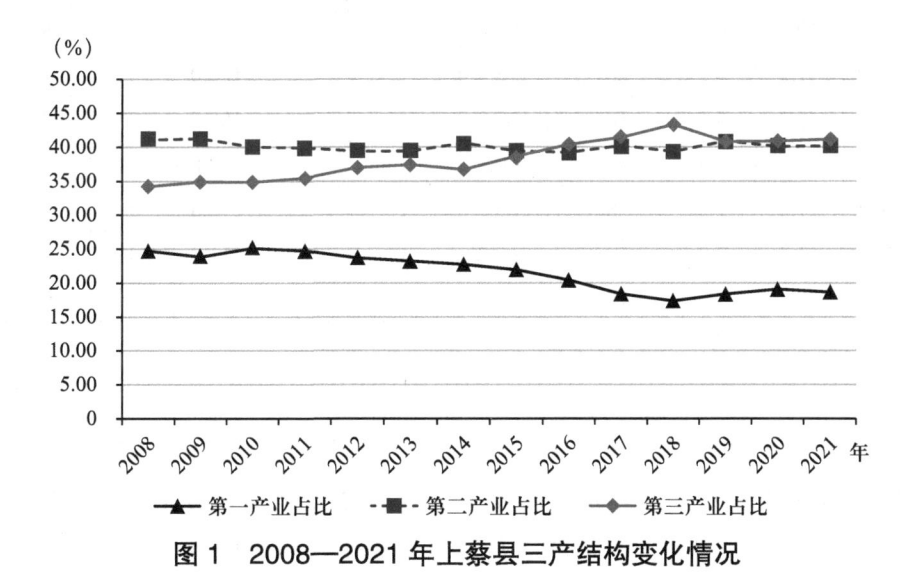

图1　2008—2021年上蔡县三产结构变化情况

（三）农业发展情况分析

从农业发展情况来看，上蔡县粮食种植面积、粮食产量都处在全省领先地位。2021年，上蔡县第一产业增加值55.4亿元，占GDP的比重为18.7%。粮食种植面积169.7万亩，在驻马店市9个县（市）中排第1位，在河南省102个县（市）中排第8位。粮食产量109.7万吨，在驻马店市9个县（市）中排第1位，在河南省102个县（市）中排第9位（见表3）。

表3　2008—2021年上蔡县农业发展情况

年份	第一产业增加值（亿元）	第一产业增加值增速（%）	第一产业增加值占GDP的比重（%）	粮食种植面积（万亩）	粮食种植面积在驻马店市的排名	粮食种植面积在河南省的排名	粮食产量（万吨）	粮食产量在驻马店市的排名	粮食产量在河南省的排名
2008	23.9	6.3	24.7	155.9	1	6	90.1	1	8
2009	24.3	4.3	23.8	158.0	1	6	92.8	1	8
2010	29.5	4.7	25.1	158.8	1	6	93.9	1	8
2011	33.8	3.5	24.7	160.8	1	6	96.4	1	8
2012	35.2	4.7	23.7	161.9	1	6	98.9	1	8
2013	38.9	4.6	23.2	162.6	1	6	99.7	1	10
2014	39.1	-5.4	22.7	164.3	1	6	102.0	1	9
2015	40.5	4.4	21.9	166.1	1	6	106.5	1	8
2016	41.2	4.1	20.4	173.9	1	6	108.0	1	8
2017	40.9	4.6	18.4	165.8	1	7	105.8	1	8
2018	41.8	3.9	17.4	169.3	1	7	108.8	1	9
2019	47.8	2.2	18.3	168.7	1	7	110.8	1	9
2020	51.4	2.8	19.0	169.2	1	8	111.3	1	9
2021	55.4	7.3	18.7	169.7	1	8	109.7	1	9

数据来源：历年河南省统计年鉴。

（四）工业发展情况分析

从工业发展情况来看，上蔡县规上工业增加值增速变化幅度较大，总体呈现出2008—2011年保持较高增速，2012以来增速逐渐减慢。2021年，上蔡县规上工业增加值增速为7.5%，在驻马店市9个县（市）中排第

7位,在河南省102个县(市)中排第68位。规上工业企业数在2016年达到最高值168个,此后逐渐减少至2019年的82个,2020年规上工业企业数98个,规上工业企业主营业务收入为106.7亿元(见表4)。

表4 2008—2021年上蔡县工业发展情况

年份	上蔡县规上工业增加值(亿元)	上蔡县规上工业增加值增速(%)	驻马店市规上工业增加值增速(%)	上蔡县规上工业增加值增速在驻马店市的排名	上蔡县规上工业增加值增速在河南省的排名	上蔡县规上工业企业数(个)	上蔡县规上工业企业主营业务收入(亿元)
2008	18.4	21.3	20.8	8	74	80	76.1
2009	21.1	16.1	17.6	9	78	119	94.4
2010	26.6	23.5	21.5	6	36	124	92.2
2011	32.4	23.0	23.9	8	59	141	119.0
2012	35.1	18.5	18.6	9	52	130	145.0
2013	43.7	16.1	14.7	2	40	129	16.8
2014	53.4	13.0	10.5	2	49	135	234.8
2015	59.0	10.5	9.2	3	60	156	267.1
2016	64.4	10.0	9.3	2	37	168	308.5
2017	74.6	8.5	8.7	8	62	142	350.4
2018	—	8.0	8.5	9	62	103	165.0
2019	—	8.9	8.1	2	41	82	104.2
2020	—	5.2	4.7	5	37	98	106.7
2021	—	—	7.5	5.3	7	68	—	—

数据来源:历年河南省统计年鉴、驻马店市统计年鉴。

(五)服务业发展情况分析

从服务业发展情况来看,2008年以来上蔡县服务业增加值不断增加,但占驻马店市服务业增加值的比重明显降低,在驻马店市、河南省的排名也不断下降。2021年,上蔡县服务业增加值为122.2亿元,比2008年的33.1亿元增加了2.7倍,占驻马店市服务业增加值的9.2%,在驻马店市9个县(市)中排第3位,在河南省102个县(市)中排第51位;从服务业增加值增速来看,2021年,上蔡县服务业增加值增速为10.2%,在驻马店市9个县(市)中排第4位,在河南省102个县(市)中排第26位(见表5)。

表5 2008—2021年上蔡县服务业发展情况

年份	上蔡县服务业增加值（亿元）	上蔡县服务业增加值占驻马店市服务业增加值的比重（%）	上蔡县服务业增加值在驻马店市的排名	上蔡县服务业增加值在河南省的排名	上蔡县服务业增加值增速（%）	上蔡县服务业增加值增速在驻马店市的排名	上蔡县服务业增加值增速在河南省的排名
2008	33.1	14.1	1	25	15.9	3	28
2009	35.6	12.5	1	25	15.5	7	29
2010	41.0	12.3	1	22	12.8	8	35
2011	48.4	12.3	1	21	11.7	5	29
2012	55.0	12.3	1	22	10.3	2	46
2013	62.7	12.2	1	22	10.5	3	14
2014	63.2	10.6	2	40	15.9	2	2
2015	71.4	10.4	2	40	12.3	6	39
2016	81.5	10.4	2	41	10.9	5	51
2017	92.3	10.2	2	43	9.7	8	69
2018	104.2	10.1	2	44	9.1	9	63
2019	106.3	9.2	3	55	8.4	4	31
2020	110.3	9.1	3	54	3.6	8	13
2021	122.2	9.2	3	51	10.2	4	26

数据来源：历年河南省统计年鉴。

（六）重点企业分析

（1）河南久久农业科技股份有限公司，农业产业化国家重点龙头企业，农业农村部全国农村创业创新示范园区，河南省扶贫龙头企业，总部位于上蔡县东工业园聚集区，注册资金1.22亿元，员工390人，主营业务为面粉销售加工。目前公司下辖西工业园厂区日加工处理小麦1000吨生产线一条、东工业园厂区日加工处理玉米300吨生产线一条、专属原粮基地驻马店久久粮食产业联合体。产品销往云贵川、两湖、两广及西北、东北等多个省（自治区、直辖市）。目前与想念食品、克明面业、百威英博等大型企业和单位保持稳定的供应关系。经过十几年的发展，形成了集农产品种植收购储存加工销售，农业技术推广、农机租赁服务，饲料、有机肥料研发销售，特色农业观光服务，电商科技产业和进出口业务等为一体，一、二、三产业融合发展的智慧企业。曾于 2017 年 3 月在新三板上市，2019 年 5 月停牌退市。根据 2018 年半年报告[①]显示，上半年营业收入额为 2.67 亿元，截至半年末资产总额为 6.75 亿元。

（2）河南上农实业有限公司，由上海青田食品有限公司和上海田美食品有限公司共同出资兴建，继上海、江苏项目之后的第三个大型生猪屠宰项目，集生猪屠宰、分割、熟食加工、销售为一体，总投资 10 亿元。2022 年 8 月，上蔡 400 万头生猪屠宰及精深加工项目正式投产，2022 年年底累计屠宰加工生猪 100 万头，跻身河南省行业前五，累计实现产值 25 亿元。正在进一步加快二期项目建设进度，全部建成达产后可实现年屠宰生猪 400 万头，分割肉品 7.2 万吨，副产品 6 万吨，熟食 2 万吨，提取生产小肠肝素钠 10 吨和血红蛋白逾千吨，实现年产值 100 亿元，安排就业人员 800 名，上缴税收 1.5 亿元。

（3）上继电器科技有限公司，成立于 1991 年，原为浙江省中继电器科技有限公司，2017 年入驻上蔡产业集聚园区，注册资金 5000 万元，总投资约 5 亿元，主要生产漆包线和继电器，年产值可达十亿余元，实现利税 2000 余万元，可解决就业人员 400 余人。现有漆包线生产线 10 条，继电器生产线 10 条，已获得了 10 多项国家高新技术产业专利证书。上继电器在全国大中城市设有销售服务分支机构，部分产品远销欧美、东南亚、非洲、中东等国家和地区。

（4）河南省旷华食品有限公司，成立于 2013 年，以食品制造业为主，主要涉及预包装食品、散装食品、饼干、面包糕点等食品生产销售。2021 年被认定为河南省"专精特新"中小企业。现有食品生产线 6 条，年生产各类小食品等 2 万多吨。

（5）河南隆祺鞋业有限公司，由焦作市隆丰革乐美集团有限公司控股，从事皮革、毛皮、羽毛及其制品和制鞋业。2018 年经招商引资入驻上蔡县，注册资本 2 亿元，项目总投资 10 亿元，全部建成后可实现年产各类鞋 800 万双，年产值 25 亿元。

---

① 据相关退市公告得知该企业未公布 2018 年年度报告。

四、财政收支分析

从财政收支总体情况来看，上蔡县呈现出一般公共预算收入、税收收入对驻马店市财政收入的贡献较低，且低于一般公共预算支出在驻马店市支出中所占的比重，财政收支总量、财政自给率都比较低。2021年，上蔡县一般公共预算收入达11.6亿元，占驻马店市一般公共预算收入的6.4%，在驻马店市9个县（市）中排第8位，在河南省102个县（市）中排第65位。其中，税收收入2021年达到7.8亿元，占上蔡县一般公共预算收入的67.5%，占驻马店市税收收入的6.4%。2021年，上蔡县一般公共预算支出达到36.5亿元，①占驻马店市一般公共预算支出的6.0%，在驻马店市9个县（市）中排第7位，在河南省102个县（市）中排第67位（见表6）。

表6　2008—2021年上蔡县财政收支情况

年份	一般公共预算收入（亿元，%）				税收（亿元，%）		一般公共预算支出（亿元，%）			
	上蔡县一般公共预算收入	上蔡县一般公共预算收入占驻马店市的比重	上蔡县一般公共预算收入在驻马店市的排名	上蔡县一般公共预算收入在河南省的排名	上蔡县税收收入	上蔡县税收收入占一般公共预算收入比重	上蔡县税收收入占全市税收收入的比重	上蔡县一般公共预算支出	上蔡县一般公共预算支出占驻马店市的比重	上蔡县一般公共预算支出在驻马店市的排名	上蔡县一般公共预算支出在河南省的排名
2008	1.5	5.9	6	76	—	—	—	12.7	11.7	1	22
2009	1.7	5.8	6	78	—	—	—	16.8	11.7	1	19
2010	2.1	5.7	6	78	—	—	—	19.1	11.1	1	18
2011	2.7	5.8	6	77	—	—	—	24.1	11.3	1	18
2012	3.3	5.6	6	83	—	—	—	31.4	11.7	1	18
2013	4.1	5.8	7	83	—	—	—	35.6	11.6	1	16

---

① 根据上蔡县政府财政决算报告，2021年财政总决算按照收付实现制（当年实际支出数）填报，导致支出下降幅度较大。

续表

年份	一般公共预算收入（亿元，%）				税收（亿元，%）			一般公共预算支出（亿元，%）			
	上蔡县一般公共预算收入	上蔡县一般公共预算收入占驻马店市的比重	上蔡县一般公共预算收入在驻马店市的排名	上蔡县一般公共预算收入在河南省的排名	上蔡县税收收入	上蔡县税收占一般公共预算收入比重	上蔡县税收收入占全市税收收入的比重	上蔡县一般公共预算支出	上蔡县一般公共预算支出占驻马店市的比重	上蔡县一般公共预算支出在驻马店市的排名	上蔡县一般公共预算支出在河南省的排名
2014	5.0	5.9	7	83	—	—	—	38.5	11.1	2	16
2015	5.7	5.9	7	83	—	—	—	43.4	11.3	2	16
2016	6.3	5.9	7	81	—	—	—	48.6	11.7	2	16
2017	6.7	5.8	8	82	—	—	—	53.9	11.3	1	14
2018	8.0	5.8	8	76	5.0	62.0	5.1	61.7	11.3	1	16
2019	10.1	6.3	7	65	6.8	68.1	6.0	71.5	11.7	1	13
2020	10.7	6.3	8	66	7.1	66.5	6.1	74.4	11.9	1	12
2021	11.6	6.4	8	65	7.8	67.5	6.4	36.5	6.0	7	67

数据来源：历年河南省统计年鉴。

从人均财力看，上蔡县人均一般公共预算收入和支出都比较低，但与驻马店市、河南省的差距逐渐缩小。2021年，上蔡县人均一般预算公共收入为1173元，占驻马店市人均一般预算公共收入的44.7%，占河南省人均一般预算公共收入的26.7%，在河南省102个县（市）中排第98位；人均一般公共预算支出达到3683元，占驻马店市人均一般公共预算支出的42.2%，占河南省人均一般公共预算支出的34.9%。上蔡县财政自给率比较低，除2021年支出填报方式改变导致一般公共预算支出大幅降低、当年财政自给率提高到31.9%外，其余年份财政自给率虽有所上升，但均低于15%。2021年，上蔡县财政自给率高于驻马店市财政自给率1.8个百分点，低于河南省财政自给率9.8个百分点，在驻马店市9个县（市）中排第6位，在河南省102个县（市）中排第57位（见表7）。

表7 2008—2021年上蔡县人均财力及财政自给率

年份	收入（元，%）				支出（元，%）				财政自给率（%）		
	人均一般公共预算收入	人均一般公共预算收入占驻马店市的比重	人均一般公共预算收入占河南省的比重	在全省的排名	人均一般公共预算支出	人均一般公共预算支出占驻马店市的比重	人均一般公共预算支出占河南省的比重	在河南省的排名	上蔡县财政自给率	上蔡县财政自给率在驻马店市的排名	上蔡县财政自给率在河南省的排名
2008	119	35.7	11.1	99	995	70.4	41.1	102	11.9	8	93
2009	134	35.3	11.3	101	1316	70.6	43.0	101	10.2	9	95
2010	191	37.9	13.0	101	1759	73.8	48.4	90	10.9	8	97
2011	254	38.3	14.0	102	2252	75.1	50.2	89	11.3	9	97
2012	325	38.2	15.2	101	3068	79.1	58.4	82	10.6	9	99
2013	414	39.6	16.4	101	3549	79.5	60.9	74	11.7	9	100
2014	508	36.1	17.9	101	3886	68.1	62.2	70	13.1	7	98
2015	575	36.6	18.5	100	4409	70.3	62.9	73	13.0	8	100
2016	640	37.3	19.8	100	4968	73.7	65.2	62	12.9	8	101
2017	685	36.6	19.8	99	5550	71.6	66.4	62	12.4	8	100
2018	823	36.6	21.6	100	6327	71.4	67.7	66	13.0	9	98
2019	1032	45.4	25.3	99	7344	84.4	71.5	52	14.1	9	97
2020	1060	43.7	25.3	99	7400	82.9	70.9	56	14.3	9	98
2021	1173	44.7	26.7	98	3683	42.2	34.9	102	31.9	6	57

数据来源：历年河南省统计年鉴。

五、金融业发展分析

从金融机构存贷总体情况来看，上蔡县近年来金融机构存款余额在驻马店市和河南省排名位次优于贷款，存贷比较低，在河南省的位次下降比较明显。2021年，上蔡县金融机构存款年末余额473.8亿元，占驻马店市金融机构存款年末余额的11.1%，在驻马店市9个县（市）中排第1位，在河南省102个县（市）中排第15位；2021年上蔡县金融机构贷款年末余额155.8亿元，占驻马店市金融机构贷款年末余额的6.4%，在驻马店市9个县（市）中排第6位，在河南省102个县（市）中排第55位；2021年上蔡县存贷比为32.9%，在驻马店市9个县（市）中排第9位，在河南省102个县（市）中排第97位（见表8），低于驻马店市24.1个百分点，低于河南省51.5个百分点。

表 8 2008—2021 年上蔡县金融机构年末存贷款余额情况

年份	上蔡县金融机构存款年末余额	上蔡县金融机构存款年末余额占驻马店市的比重	上蔡县金融机构存款年末余额在河南省的排名	上蔡县金融机构贷款年末余额	上蔡县金融机构贷款年末余额占驻马店市的比重	上蔡县金融机构贷款年末余额在驻马店市的排名	上蔡县金融机构贷款年末余额在河南省的排名	上蔡县存贷比	驻马店市存贷比	河南省存贷比	上蔡县存贷比在驻马店市的排名	上蔡县存贷比在河南省的排名
2008	70.7	10.8	20	26.5	7.9	1	40	37.4	51.0	68.0	4	71
2009	83.0	10.5	22	31.8	7.6	1	45	38.3	52.9	70.1	4	71
2010	103.2	10.6	19	40.7	8.1	1	39	39.4	51.5	68.6	4	74
2011	129.3	11.0	17	42.1	7.8	1	43	32.6	46.1	65.7	6	88
2012	161.9	11.3	17	56.1	8.7	1	35	34.7	45.0	63.3	4	75
2013	194.0	11.3	15	69.8	9.2	1	34	36.0	44.3	62.4	4	78
2014	231.9	11.7	15	86.9	9.3	1	29	37.5	47.4	65.8	4	80
2015	255.0	11.4	15	94.0	8.4	1	30	36.8	49.9	66.0	5	82
2016	281.7	11.2	18	90.6	7.4	3	44	32.2	48.6	67.6	8	87
2017	317.5	11.3	17	103.8	7.3	3	39	32.7	50.3	70.7	9	87
2018	352.3	11.3	16	110.9	6.8	6	47	31.5	52.6	74.9	9	91
2019	386.0	11.2	15	126.0	7.3	5	49	32.6	50.0	80.1	8	94
2020	433.5	11.2	14	141.2	6.3	6	52	32.6	58.2	82.2	9	97
2021	473.8	11.1	15	155.8	6.4	6	55	32.9	57.0	84.4	9	97

数据来源：历年河南省统计年鉴。

从人均存贷款总体演变来看，上蔡县人均存款余额在河南省的位次有所提升，人均贷款余额在河南省的排名有所下降。2021年，上蔡县人均存款余额为47864元，占驻马店市人均存款余额的77.8%，占河南省人均存款余额的57.4%，在驻马店市9个县（市）中排第8位，在河南省102个县（市）中排第58位；2021年，上蔡县人均贷款余额为15742元，占驻马店市人均贷款余额的44.9%，占河南省人均贷款余额的22.4%，在驻马店市9个县（市）中排第9位，在河南省102个县（市）中排第98位（见表9）。

表9　2008—2021年上蔡县人均存贷款情况

年份	上蔡县人均存款余额	上蔡县人均存款余额在驻马店市的排名	上蔡县人均存款余额在河南省的排名	上蔡县人均存款余额占驻马店市的比重	上蔡县人均存款余额占河南省的比重	上蔡县人均贷款余额	上蔡县人均贷款余额在驻马店市的排名	上蔡县人均贷款余额在河南省的排名	上蔡县人均贷款余额占驻马店市的比重	上蔡县人均贷款余额占河南省的比重
2008	5520	8	81	64.5	34.1	2066	8	86	47.4	18.8
2009	6509	9	83	63.2	32.2	2493	8	89	45.8	17.6
2010	9518	6	66	71.0	38.7	3751	7	77	54.3	22.2
2011	12102	8	61	73.1	43.0	3945	7	82	51.7	21.3
2012	15814	7	58	76.7	47.2	5483	5	66	59.1	25.7
2013	19361	7	50	78.1	49.3	6968	5	65	63.4	28.4
2014	23437	6	41	72.0	54.6	8784	5	64	57.0	31.1
2015	25914	6	44	70.9	52.8	9547	5	71	52.4	29.5
2016	28773	6	51	70.0	52.1	9252	8	80	46.3	24.8
2017	32662	6	50	71.3	54.3	10675	8	78	46.3	25.1
2018	36130	6	49	72.0	55.8	11377	9	87	43.1	23.5
2019	39636	6	49	81.4	56.5	12935	8	87	53.1	23.0
2020	43111	7	57	78.3	56.1	14043	9	96	43.8	22.2
2021	47864	8	58	77.8	57.4	15742	9	98	44.9	22.4

数据来源：历年河南省统计年鉴。

六、居民收入分析

从居民收入看，2017年以来上蔡县居民人均可支配收入在驻马店市、河南省县域位次靠后，增速略慢于驻马店市居民人均可支配收入增速。2021年，上蔡县居民人均可支配收入为20347元，比2017年的15075元增长了35%，占驻马店市居民人均可支配收入的90.7%，占河南省居民人均可支配收入的75.9%，在驻马店市9个县（市）中排第6位，在河南省102个县（市）中排第81位。2021年，上蔡县居民人均可支配收入增速为9.2%，低于驻马店市居民人均可支配收入增速0.2个百分点（见表10）。

表10 2017—2021年上蔡县居民人均可支配收入情况

年份	上蔡县居民人均可支配收入（元）	上蔡县居民人均可支配收入在驻马店市的排名	上蔡县居民人均可支配收入在河南省的排名	上蔡县居民人均可支配收入占驻马店市的比重（%）	上蔡县居民人均可支配收入占河南省的比重（%）	上蔡县居民人均可支配收入增速（%）	驻马店市居民人均可支配收入增速（%）	上蔡县增速-驻马店市增速（%）
2017	15075	6	77	91.7	74.7	—	10.6	—
2018	16493	6	77	91.7	75.1	9.4	9.5	−0.1
2019	17856	6	84	90.9	74.7	8.3	9.2	−0.9
2020	18635	6	84	90.8	75.1	4.4	4.5	−0.1
2021	20347	6	81	90.7	75.9	9.2	9.4	−0.2

数据来源：历年河南省统计年鉴。

从城镇、农村居民人均可支配收入看，上蔡县城、乡居民收入在驻马店市、河南省位次均处在中下游，城镇居民人均可支配收入位次在河南省62~73位之间，农村居民人均可支配收入位次在河南省第71~81位之间，城乡收入差距较大。2021年上蔡县城镇居民人均可支配收入为31269元，占驻马店市城镇居民人均可支配收入的94.2%，占河南省城镇居民人均可支配收入的84.3%，在驻马店市9个县（市）中排第5位，在河南省102个县（市）中排第73位；2021年，上蔡县农村居民人均可支配收入为14895元，占驻马店市农村居民人均可支配收入的97.6%，占河南省城镇居民人均可支配收入的85.0%，在驻马店市9个县（市）中排末位，在河南省102个县（市）中排名第79位。2021年，上蔡县城乡居民人均可支配收入比约为2.1，在河南省102个县（市）中排第80位，处在较为靠后水平，但2008年以来城乡收入差距不断缩小（见表11）。

表11 2008—2021年上蔡县分城乡居民人均可支配收入及城乡收入比

年份	城镇（元，%）					农村（元，%）					城乡收入比	
	上蔡县城镇居民人均可支配收入	上蔡县城镇居民人均可支配收入在驻马店市的排名	上蔡县城镇居民人均可支配收入在河南省的排名	上蔡县城镇居民人均可支配收入占驻马店市的比重	上蔡县城镇居民人均可支配收入占河南省的比重	上蔡县农村居民人均可支配收入	上蔡县农村居民人均可支配收入在驻马店市的排名	上蔡县农村居民人均可支配收入在河南省的排名	上蔡县农村居民人均可支配收入占驻马店市的比重	上蔡县农村居民人均可支配收入占河南省的比重	上蔡县城乡居民收入比	上蔡县城乡居民收入比在河南省的排名
2008	10472	4	62	92.6	79.1	3860	5	71	99.0	86.7	2.7	78
2009	11394	5	62	92.5	79.3	4135	7	72	98.1	86.0	2.8	79
2010	12624	5	64	92.1	79.2	4770	7	71	98.1	86.4	2.6	74
2011	14480	5	64	91.7	79.6	5533	8	73	95.3	83.8	2.6	77
2012	16189	6	68	91.6	79.2	6308	8	74	95.6	83.8	2.6	76
2013	17808	5	69	91.6	79.5	7125	9	74	95.8	84.1	2.5	76
2014	19597	5	69	91.9	82.8	7930	9	74	95.9	79.6	2.5	76
2015	20955	5	69	92.7	81.9	8867	9	78	96.7	81.7	2.4	81
2016	22573	5	68	93.4	82.9	9656	9	80	97.2	82.6	2.3	82
2017	24649	5	68	93.6	83.4	10583	9	81	97.4	83.2	2.3	84
2018	26752	4	68	94.1	83.9	11541	9	81	97.3	83.4	2.3	84
2019	28718	4	71	94.4	84.0	12690	9	81	97.5	83.7	2.3	81
2020	29077	4	72	94.3	83.7	13509	9	81	97.4	83.9	2.2	81
2021	31269	5	73	94.2	84.3	14895	9	79	97.6	85.0	2.1	80

数据来源：历年河南省统计年鉴。

七、固定资产投资分析

从固定资产投资来看，2008—2017年，上蔡县固定资产投资总额不断增加，2017年达到170.0亿元，2018年大幅减少至80.7亿元；房地产开发投资总额2018年达到24.1亿元，占全社会固定资产投资总额的29.8%。从固定资产投资增速来看，2008—2021年，上蔡县增速波动幅度略大于河南省、驻马店市水平，2015年以前上蔡县固定资产投资增速多数年份低于河南省、驻马店市水平，2016年起增速逐渐追赶至略高于河南省、驻马店市水平。2021年，上蔡县固定资产投资增速为13.0%，高于驻马店市固定资产投资增速0.2个百分点，高于河南省固定资产投资增速8.5个百分点（见表12）。

表12　2008—2021年上蔡县固定资产投资情况

年份	上蔡县固定资产投资（亿元）	上蔡县固定资产投资占驻马店市的比重（%）	上蔡县固定资产投资在驻马店市的排名	上蔡县房地产开发投资（亿元）	房地产开发投资占全社会固定资产投资的比重（%）	上蔡县固定资产投资增速（%）	驻马店市固定资产投资增速（%）	河南省固定资产投资增速（%）
2008	34.6	8.1	8	2.8	8.2	29.4	42.6	32.4
2009	45.2	8.0	9	3.2	7.0	30.6	32.8	31.6
2010	52.5	7.9	9	4.8	9.1	16.1	18.9	22.2
2011	63.8	8.7	6	6.2	9.7	21.7	25.0	27.0
2012	76.0	8.5	7	7.9	10.3	19.1	21.7	21.4
2013	93.1	8.5	7	9.4	10.1	22.5	22.1	22.5
2014	108.6	9.2	7	12.3	11.3	16.7	17.7	19.2
2015	127.9	9.3	7	15.0	11.7	17.8	17.8	16.5
2016	152.7	9.5	5	17.9	11.7	20.3	16.7	13.7
2017	170.0	9.5	4	20.1	11.8	12.4	11.9	10.4
2018	80.7	9.1	8	24.1	29.8	11.5	10.9	8.1
2019	—	—	—	28.9	—	12.4	12.0	8.0
2020	—	—	—	28.4	—	6.7	6.5	4.3
2021	—	—	—	—	—	13.0	12.8	4.5

数据来源：历年河南省统计年鉴。

八、社会消费分析

从社会消费情况来看，上蔡县社消零总额在驻马店市排名靠前，在河南省排在中上游；人均社消零则在驻马店市、河南省的位次比较靠后。2021年，上蔡县社消零总额为120.5亿元，在驻马店市9个县（市）中排第2位，在河南省102个县（市）中排第40位；人均社消零2021年达到12176元，在驻马店市9个县（市）中排第5位，在河南省102个县（市）中排第89位（见表13）。

表13 2008—2021年上蔡县社消零总额情况

年份	社消零总额（亿元）			人均社消零（元）			分行业及占比（亿元，%）			
	上蔡县社消零总额	在驻马店市的排名	在河南省的排名	上蔡县人均社消零	在驻马店市的排名	在河南省的排名	批发和零售业	占社消零的比重	住宿和餐饮业	占社消零的比重
2008	27.8	2	45	2169	8	100	24.0	86.3	3.1	11.1
2009	32.3	2	45	2533	9	101	28.2	87.5	4.1	12.6
2010	38.4	2	47	3538	8	95	32.8	85.5	5.3	13.8
2011	45.8	2	45	4291	8	95	39.4	86.0	6.4	14.0
2012	53.0	2	45	5173	8	95	45.4	85.7	7.6	14.3
2013	60.3	2	46	6015	8	95	51.8	86.0	8.6	14.2
2014	67.7	2	45	6844	8	93	58.1	85.7	9.7	14.3
2015	76.8	2	45	7803	8	93	67.7	88.2	9.1	11.8
2016	86.1	2	44	8795	8	92	79.3	92.0	12.9	15.0
2017	97.0	2	45	9981	8	91	82.1	84.6	14.9	15.4
2018	92.4	3	51	9473	8	94	73.8	79.9	18.5	20.1
2019	112.5	2	45	11548	5	91	88.8	79.0	23.6	21.0
2020	109.4	2	42	10877	6	90	102.0	93.3	7.3	6.7
2021	120.5	2	40	12176	5	89	—	—	—	—

数据来源：历年河南省统计年鉴、驻马店市统计年鉴。

九、人口规模分析

从人口情况看,上蔡县户籍人口、常住人口在河南省县域中排名较为靠前,人口流失率高,城镇化率较低。2021年,上蔡县常住人口为99.0万人,占驻马店市常住人口的14.3%,在驻马店市9个县(市)中排第1位,在河南省102个县(市)中排第10位。2020年,上蔡县人口外流60.2万人,人口流失率为37.5%。2020年,上蔡县城镇化率明显降低,2021年又回升至35.6%,在河南省102个县(市)中排第97位(见表14),与河南省、驻马店市差距较大,低于驻马店市城镇化率9.6个百分点,低于河南省20.9个百分点。

表14 2008—2021年上蔡县人口情况

年份	户籍人口(万人)	户籍人口在全省的排名	常住人口(万人)	常住人口在驻马店市的排名	常住人口在全省的排名	外流人口(万人)	人口流失率(%)	常住人口占驻马店市的比重(%)	上蔡县城镇化率(%)	城镇化率在全省的排名
2008	139.7	3	128.0	1	3	11.9	8.5	16.7	—	—
2009	140.6	3	127.5	1	3	13.1	9.3	16.6	—	—
2010	147.9	4	108.4	1	7	39.5	26.7	15.0	—	—
2011	148.6	4	106.8	1	7	41.8	28.1	15.1	—	—
2012	149.4	4	102.4	1	8	47.0	31.5	14.8	—	—
2013	150.1	4	100.2	1	9	49.9	33.3	14.5	31.0	74
2014	150.9	4	99.0	1	10	51.9	34.4	16.2	32.4	74
2015	151.7	4	98.4	1	11	53.3	35.1	16.1	34.1	73
2016	152.6	4	97.9	1	11	54.7	35.8	15.9	35.8	73
2017	153.4	4	97.2	1	11	56.2	36.6	15.8	37.5	74
2018	154.1	4	97.5	1	11	56.6	36.7	15.8	38.8	75
2019	154.5	4	97.4	1	11	57.2	37.0	13.8	40.2	78
2020	160.8	5	100.6	1	10	60.2	37.4	14.3	34.6	98
2021	—	—	99.0	1	10	—	—	14.3	35.6	97

数据来源:历年河南省统计年鉴。

从就业情况看，2019 年，上蔡县从业人数为 82.1 万人，较上年负增长 3.8%。从三产就业结构来看，2019 年，上蔡县第一产业和第二、第三产业从业人员占比分别为 48%、52%，与其他县域相比，第一产从业人员占比较高（见表 15）。

表 15 2008—2019 年上蔡县就业情况

年份	从业人员数（万人）	从业人员数增速（%）	第一产业从业人员数占比（%）	第二产业从业人员数占比（%）	第三产业从业人员数占比（%）
2008	84.1	-3.6	65	16	19
2009	84.7	0.8	63	17	20
2010	85.9	1.4	62	17	21
2011	86.8	1.0	62	38	
2012	87.2	0.5	61	39	
2013	87.5	0.4	61	39	
2014	85.4	-2.4	59	41	
2015	83.6	-2.1	50	50	
2016	84.6	1.2	49	51	
2017	85.3	0.9	48	52	
2018	85.3	0.0	48	52	
2019	82.1	-3.8	48	52	

数据来源：历年河南省统计年鉴。

十、公共服务分析

从义务教育情况来看，2021 年，上蔡县共有中小学 441 所，在校学生数合计 174891 人、专任教师数 12205 人，平均每千名在校中小学生配备专任教师数为 70 人。从医疗卫生情况来看，平均每千名常住人口配备卫生机构床位数、卫生技术人员数逐年上升，医疗资源配备逐步增强，2021 年，上蔡县每千人床位数为 5.9 张，每千人卫生技术人员数为 4.7 人（见表 16）。

表16 2019—2021年上蔡县教育和医疗情况

年份		2019	2020	2021
学校数	合计（所）	439	443	441
	小学学校数	387	391	393
	初中学校数	52	52	48
在校学生数	合计（人）	181734	177805	174891
	小学在校生数	119028	118943	117320
	初中在校生数	62706	58862	57571
专任教师数	合计（人）	11351	11293	12205
	小学	6980	6992	7966
	初中	4371	4301	4239
医疗卫生	卫生机构床位数/千人（张）	6.6	5.4	5.9
	卫生技术人员数/千人（人）	4.6	4.5	4.7

数据来源：历年河南省统计年鉴。

十一、县域发展战略分析

"十四五"期间，上蔡县的发展定位为突出发展特色，挖掘发展潜力，着力打造驻漯周之间区域性中心城市、豫南现代农业强县、豫南区域物流中心。推进撤县设市，优化城市格局，拉大城区框架，提升交通通达度、产业竞争力、综合承载力和辐射带动力；以产促城，打造农副产品加工、制鞋服装服饰两大竞争力较强的百亿级优势产业集群，同步培育电子信息、新能源、新材料、先进装备制造等新兴产业，通过产业发展带动人口、资源集聚，建设新兴工业城市；用好上蔡处于驻漯周环绕地理中心的区位条件，打造成为驻漯周之间区域性中心城市。深化农业供给侧结构性改革，充分发挥全国粮食生产百强县、国家优质小麦种植基地县和160万亩耕地资源的优势，提高上蔡农业质量效益和竞争力。积极发展现代设施农业，持续建设优质小麦、优质花生、设施蔬菜、中药材和优质食用菌等优势特色农产品生产基地。做大做强现代高效畜牧业，建设全国畜牧养殖大县和河南省重要的生猪屠宰基地。延伸粮食产业链、提升价值链、打造供应链，推动"大粮仓"迈向"大餐桌"，推动上蔡由传统农业大县向现代农业强县转变。把发展现代物流业作为支撑建设区域性中心城市的战略重点，加快融入河南省和驻马店市物流枢纽网络体系，突出物流园区、快递物流中心、配送中心等物流节点建设，围绕农副产品加工、制鞋服装服饰、电子电器等专业物流，整合和提升现有物流系统的组织化、专业化水平，建设区域物流交易平台和生鲜食品、农产品冷链物流基地，构建具有高效率、低成本、智能化、规模化运营特征的区域性、中转型、加工型的现代物流体系，建设豫南区域物流中心。

在培育主导产业上，一是打造百亿级农副产品加工产业集群。抓住驻马店建设"国际农都"机遇，巩固传统农副产品加工优势，以乳、面、油制食品为发展方向，以精深加工为重点，提高产品档次和附加值，培育强势产品群，打造重点集群生产基地。二是打造百亿级制鞋服装服饰产业集群。加大培育鞋业骨干企业，建立完整产业链条，提升产品层次，打造区域品牌。加强龙头企业带动，鼓励和积极引入国内外知名品牌企业，采用联营、外包、委托加工等多种经营模式，带动广大小企业的发展，形成"众星拱月"型产业集群；完善产业链条，以承接制鞋产业转移为重点，带动鞋材、鞋机等产业链上下游发展，以及研发、商贸、物流等配套，建立"设计—鞋材、鞋机—制鞋—包装—销售"的产业链条；提升研发能力，以骨干企业为重点，支持企业研发队伍的建立，发展有特色的、附加值高的新产品，推动制鞋企业与高等院校、科研机构的合作，走产、学、研合作道路；打造区域品牌，利用"中原鞋都"项目的递延效应，探索通过使用集体商标，对外共同标注"中原鞋都"等形式，提升区域品牌效应。到2025年，力争把上蔡打造成河南省重要的制鞋产业基地。三是积极承接新兴产业布局和转移，大力培育电子信息、新能源、新材料、先进装备制造等战略性新兴产业，构建一批各具特色、优势互补、结构合理的战略性新兴产业增长引擎。到2025年，引进和培育高新技术企业30家以上，新兴产业产值达到100亿元。

十二、综述

上蔡县是典型的平原农业大县，经济总量在全省处在中间位次，近年来增长速度态势较好，GDP增速在全省排名不断提升，但受制于人口数量众多，人均地区生产总值在全省排名极其靠后。产业结构上呈现"三、二、一"梯次，但仍带有农业大县的典型特征——相对于大多数县域，第一产业增加值占比较高，粮食种植面积和粮食产量在驻马店市、河南省都占有绝对优势，工业和服务业则近年来在河南省排在中游水平。财政收入较弱，支出在河南省占据位次比较靠前，财政自给率低。金融存款余额排名优于贷款，存贷比持续低迷，且在河南省排名不断下降。居民收入处在河南省中下游，且增速较驻马店市增速略慢，城乡收入差距较大。人均消费不足，人口流失率不断提高，城镇化率比较低，公共服务水平较为落后。

整体来看，上蔡县近年来不断探索新发展路径，取得了不小的成效，但目前仍然存在人均产出低、居民收入和消费落后等问题，其主要问题在于工业支撑不强。一是当前两大主导产业集群规模还不够大，集聚效应发挥不够充分；二是农副产品加工业和制鞋服装服饰产业附加值较低，缺少对经济拉动效果突出的支柱产业；三是缺少本土优质制造业企业，目前还没有上市企业。针对这些问题，尝试提出以下建议：一是鼓励银行业金融机构加大对县域企业融资的支持力度，加大县域金融供给，为县域企业壮大提供要素支持；二是加快本土企业培育，尤其是加快上市后备企业培育，借助资本市场力量壮大本地龙头企业；三是继续加大招商引资力度，壮大主导产业集群能级，同时积极培育高附加值的电子信息等新兴产业；四是进一步推动土地流转和规模经营，提高农业生产质效，释放劳动力投入工业生产中，促进人口要素的合理流动。

市县域研究系列丛书

HENANSHENG XIANYU JINGJI YUNXING
FENXI BAOGAO

河南省县域经济运行分析报告

（下册）

主　编　耿明斋　周　立
副主编　张国骁　赵　岩

企业管理出版社
ENTERPRISE MANAGEMENT PUBLISHING HOUSE

图书在版编目（CIP）数据

河南省县域经济运行分析报告.下/耿明斋等主编.—北京：企业管理出版社，2024.1

ISBN 978-7-5164-3024-8

Ⅰ.①河… Ⅱ.①耿… Ⅲ.①县级经济-区域经济发展-研究报告-河南 Ⅳ.①F127.614

中国国家版本馆CIP数据核字（2024）第015276号

书　　名：	河南省县域经济运行分析报告（下册）
书　　号：	ISBN 978-7-5164-3024-8
作　　者：	耿明斋　周立　张国骁　赵岩　等
责任编辑：	赵喜勤
出版发行：	企业管理出版社
经　　销：	新华书店
地　　址：	北京市海淀区紫竹院南路17号　　邮编：100048
网　　址：	http://www.emph.cn　　电子信箱：zhaoxq13@163.com
电　　话：	编辑部（010）68420309　　发行部（010）68701816
印　　刷：	北京厚诚则铭印刷科技有限公司
版　　次：	2024年2月第1版
印　　次：	2024年2月第1版印刷
开　　本：	710mm×1000mm　　1/16
印　　张：	24.75印张
字　　数：	367千字
定　　价：	238.00元（上下册）

版权所有　翻印必究·印装有误　负责调换

目 录

河南省县域经济运行分析：固始篇 /1

    一、固始县概况……………………………………………… 1

    二、总体经济运行分析……………………………………… 1

    三、分产业经济运行分析…………………………………… 3

    四、财政收支分析…………………………………………… 8

    五、金融业发展分析………………………………………… 10

    六、居民收入分析…………………………………………… 13

    七、固定资产投资分析……………………………………… 15

    八、社会消费分析…………………………………………… 16

    九、人口规模分析…………………………………………… 17

    十、公共服务分析…………………………………………… 19

    十一、县域发展战略分析…………………………………… 20

    十二、综述…………………………………………………… 20

河南省县域经济运行分析：邓州篇 /23

    一、邓州市概述……………………………………………… 23

    二、总体经济运行分析……………………………………… 23

    三、分产业经济运行分析…………………………………… 26

    四、财政收支分析…………………………………………… 33

    五、金融业发展分析………………………………………… 35

    六、居民收入分析…………………………………………… 38

    七、固定资产投资分析……………………………………… 39

    八、社会消费分析…………………………………………… 42

    九、人口规模分析…………………………………………… 42

    十、公共服务分析…………………………………………… 45

    十一、县域发展战略分析…………………………………… 46

十二、综述…………………………………………………………… 47

河南省县域经济运行分析：方城篇 /48

    一、方城县概述………………………………………………… 48
    二、总体经济运行分析………………………………………… 48
    三、分产业经济运行分析……………………………………… 51
    四、财政收支分析……………………………………………… 57
    五、金融业发展分析…………………………………………… 60
    六、居民收入分析……………………………………………… 60
    七、固定资产投资分析………………………………………… 63
    八、社会消费分析……………………………………………… 66
    九、人口规模分析……………………………………………… 66
    十、公共服务分析……………………………………………… 69
    十一、县域发展战略分析……………………………………… 70
    十二、综述……………………………………………………… 71

河南省县域经济运行分析：内乡篇 /72

    一、内乡县概述………………………………………………… 72
    二、总体经济运行分析………………………………………… 72
    三、分产业经济运行分析……………………………………… 75
    四、财政收支分析……………………………………………… 81
    五、金融业发展分析…………………………………………… 83
    六、居民收入分析……………………………………………… 87
    七、固定资产投资分析………………………………………… 89
    八、社会消费分析……………………………………………… 90
    九、人口规模分析……………………………………………… 92
    十、公共服务分析……………………………………………… 93
    十一、县域发展战略分析……………………………………… 94
    十二、综述……………………………………………………… 94

目录

河南省县域经济运行分析：西峡篇 /96

  一、西峡县概述 …………………………………………… 96
  二、总体经济运行分析 …………………………………… 96
  三、分产业经济运行分析 ………………………………… 99
  四、财政收支分析 ………………………………………… 104
  五、金融业发展分析 ……………………………………… 107
  六、居民收入分析 ………………………………………… 107
  七、固定资产投资分析 …………………………………… 111
  八、社会消费分析 ………………………………………… 111
  九、人口规模分析 ………………………………………… 111
  十、公共服务分析 ………………………………………… 116
  十一、县域发展战略分析 ………………………………… 117
  十二、综述 ………………………………………………… 118

河南省县域经济运行分析：镇平篇 /119

  一、镇平县概述 …………………………………………… 119
  二、总体经济运行分析 …………………………………… 120
  三、分产业经济运行分析 ………………………………… 120
  四、财政收支分析 ………………………………………… 129
  五、金融业发展分析 ……………………………………… 132
  六、居民收入分析 ………………………………………… 132
  七、固定资产投资分析 …………………………………… 137
  八、社会消费分析 ………………………………………… 138
  九、人口规模分析 ………………………………………… 138
  十、公共服务分析 ………………………………………… 138
  十一、县域发展战略分析 ………………………………… 142
  十二、综述 ………………………………………………… 143

河南省县域经济运行分析：辉县篇 /144

  一、辉县市概述 …………………………………………… 144

二、总体经济运行分析……144
三、分产业经济运行分析……146
四、财政收支分析……152
五、金融业发展分析……153
六、居民收入分析……157
七、固定资产投资分析……161
八、社会消费分析……163
九、人口规模分析……165
十、公共服务分析……165
十一、县域发展战略分析……165
十二、综述……169

河南省县域经济运行分析：卫辉篇 /170

一、卫辉市概况……170
二、总体经济运行分析……170
三、分产业经济运行分析……171
四、财政收支分析……179
五、金融业发展分析……182
六、居民收入分析……182
七、固定资产投资分析……185
八、社会消费分析……188
九、人口规模分析……190
十、公共服务分析……190
十一、县域发展战略分析……190
十二、综述……193

河南省县域经济运行分析：延津篇 /195

一、延津县概况……195
二、总体经济运行分析……195
三、分产业经济运行分析……197

四、财政收支分析……204
五、金融业发展分析……204
六、居民收入分析……208
七、固定资产投资分析……208
八、社会消费分析……213
九、人口规模分析……215
十、公共服务分析……216
十一、县域发展战略分析……217
十二、综述……218

河南省县域经济运行分析：长垣篇 /219

一、长垣市概况……219
二、总体经济运行分析……220
三、分产业经济运行分析……220
四、财政收支分析……229
五、金融业发展分析……232
六、居民收入分析……235
七、固定资产投资分析……237
八、社会消费分析……239
九、人口规模分析……239
十、公共服务分析……241
十一、县域发展战略分析……241
十二、综述……245

河南省县域经济运行分析：范县篇 /248

一、范县概况……248
二、总体经济运行分析……248
三、分产业经济运行分析……250
四、财政收支分析……258
五、金融业发展分析……260

六、居民收入分析……………………………………………… 261
七、固定资产投资分析………………………………………… 266
八、社会消费分析……………………………………………… 267
九、人口规模分析……………………………………………… 267
十、公共服务分析……………………………………………… 271
十一、县域发展战略分析……………………………………… 271
十二、综述……………………………………………………… 271

河南省县域经济运行分析：南乐篇 /274

一、南乐县概况………………………………………………… 274
二、总体经济运行分析………………………………………… 275
三、分产业经济运行分析……………………………………… 278
四、财政收支分析……………………………………………… 285
五、金融业发展分析…………………………………………… 286
六、居民收入分析……………………………………………… 291
七、固定资产投资分析………………………………………… 292
八、社会消费分析……………………………………………… 292
九、人口规模分析……………………………………………… 295
十、公共服务分析……………………………………………… 298
十一、县域发展战略分析……………………………………… 299
十二、综述……………………………………………………… 300

河南省县域经济运行分析：濮阳篇 /302

一、濮阳县概况………………………………………………… 302
二、总体经济运行分析………………………………………… 302
三、分产业经济运行分析……………………………………… 303
四、财政收支分析……………………………………………… 313
五、金融业发展分析…………………………………………… 316
六、居民收入分析……………………………………………… 316
七、固定资产投资分析………………………………………… 319

八、社会消费分析……………………………………………… 321
　　九、人口规模分析……………………………………………… 322
　　十、公共服务分析……………………………………………… 326
　　十一、县域发展战略分析……………………………………… 326
　　十二、综述……………………………………………………… 328

河南省县域经济运行分析：清丰篇 /330

　　一、清丰县概况………………………………………………… 330
　　二、总体经济运行分析………………………………………… 330
　　三、分产业经济运行分析……………………………………… 331
　　四、财政收支分析……………………………………………… 340
　　五、金融业发展分析…………………………………………… 343
　　六、居民收入分析……………………………………………… 343
　　七、固定资产投资分析………………………………………… 346
　　八、社会消费分析……………………………………………… 348
　　九、人口规模分析……………………………………………… 349
　　十、公共服务分析……………………………………………… 352
　　十一、县域发展战略分析……………………………………… 352
　　十二、综述……………………………………………………… 354

河南省县域经济运行分析：台前篇 /357

　　一、台前县概况………………………………………………… 357
　　二、总体经济运行分析………………………………………… 358
　　三、分产业经济运行分析……………………………………… 361
　　四、财政收支分析……………………………………………… 368
　　五、金融业发展分析…………………………………………… 369
　　六、居民收入分析……………………………………………… 373
　　七、固定资产投资分析………………………………………… 377
　　八、社会消费分析……………………………………………… 377
　　九、人口规模分析……………………………………………… 378

十、县域发展战略分析……………………………………… 381

十一、公共服务分析…………………………………………… 382

十二、综述……………………………………………………… 383

后　记…………………………………………………………… 385

河南省县域经济运行分析：固始篇[①]

一、固始县概况

固始县位于河南东南部，豫皖两省交界处，北临淮河，南依大别山，隶属信阳市。县域面积2946平方千米，耕地面积228万亩，2020年年底，户籍人口179万人，常住人口104万人，辖30个乡镇、3个街道办事处。固始是河南面向华东的东南大门，受中原经济区、皖江经济带和武汉城市圈交叉辐射，既处于信阳、六安、阜阳小经济圈辐射的交会中心，又处于郑州、武汉、合肥大经济圈的内腹地，沪陕高速、固淮高速、宁西铁路、312国道、339省道和204省道纵横穿境，合肥机场、阜阳国际交通港近在咫尺，京广、京九铁路傍依而过，淮河望岗港建成通航，形成了"公路、铁路、水路一体化"的交通格局，到郑州、合肥、武汉等城市的车程均在4个小时以内。

固始地处江淮之间，属亚热带向暖温带过渡的季风湿润区，四季分明，雨量充沛，盛产水稻、小麦、柳条、茶叶、蔬菜等，拥有固始鸡、固始白鹅、固始麻鸭、豫南黑猪等地方优质畜禽品种，是河南省内农业大县，也是信阳毛尖的东部主产区，近年来茶叶生产得到了较快发展，茶叶种植面积达到16万亩，茶叶年产量超6000吨，产值超9亿元。历史悠久，人文厚重，河洛文化、吴越文化和荆楚文化在此交会相融，先后举办了九届中原（固始）根亲文化节，被国务院台湾事务办公室确定为"海峡两岸交流基地"。

二、总体经济运行分析

从GDP总量来看，2021年固始县实现国内生产总值452.8亿元，比2008年的140.4亿元增加了2.2倍，占信阳市GDP总量的14.8%，在信阳

[①] 本篇完成于2022年12月，撰稿人：赵岩；耿明斋、周立、王永苏、李燕燕、屈桂林、张国骁、徐涛、李甜、张兆源等参与讨论。

市8个县（市）中排第1位，在河南省102个县（市）中排第19位，总体实力在信阳市占有重要地位，在河南省排名较为靠前。

从GDP增速来看，2008—2021年固始县GDP一直保持正增长，2021年增速为6.6%，高于信阳市GDP增速0.1个百分点，高于河南省GDP增速0.3个百分点，在信阳市8个县（市）中排第3位，在河南省102个县（市）中排第58位。近年来固始县GDP增速演变趋势与省市基本保持一致，且略高于省市增速，经济增长势头稳中有进（见表1）。

表1　2008—2021年固始县地区生产总值及增速

年份	固始县GDP	固始县GDP占信阳市GDP的比重	固始县GDP在信阳市的排名	固始县GDP在全省的排名	固始县GDP增速	固始县GDP增速在信阳市的排名	固始县GDP增速在全省的排名	固始县GDP增速-信阳市GDP增速	固始县GDP增速-河南省GDP增速
2008	140.4	16.2	1	29	12.1	6	74	−0.1	0
2009	152.5	15.6	1	26	12.4	4	42	−0.4	1.5
2010	175.8	16.1	1	26	10.5	8	89	−1.3	−2
2011	198.7	15.6	1	27	9.3	8	98	−1.8	−2.6
2012	213.0	15.1	1	26	9.1	8	94	−1.4	−1
2013	236.2	14.9	1	24	9.2	5	67	0.1	0.2
2014	255.9	14.6	1	24	8.8	5	64	−0.1	−0.1
2015	272.7	14.5	1	23	8.9	6	59	0	0.6
2016	296.3	14.6	1	24	8.6	2	50	0.3	0.5
2017	320.8	14.4	1	24	8.3	2	42	1.6	0.5
2018	350.4	14.7	1	24	9.1	1	8	0.8	1.5
2019	409.6	14.8	1	21	7.7	2	39	1.4	0.9
2020	415.5	15.0	1	20	2.4	3	66	0.5	1.1
2021	452.8	14.8	1	19	6.6	3	58	0.1	0.3

数据来源：历年河南省统计年鉴。

从人均GDP来看，固始县2021年人均GDP为43722元，比2008年的10888元增加了3.0倍，占信阳市人均GDP的88.6%，在信阳市8个县

（市）中排第7位，在河南省102个县（市）中排第64位；从人均GDP增速来看，2008—2021年固始县人均GDP增速不断波动，但始终保持正增长，2021年增速为7.1%，与信阳市人均GDP增速持平，低于河南省人均GDP增速0.1个百分点，在信阳市8个县（市）中排第5位，在河南省102个县（市）中排第62位（见表2）。

表2 2008—2021年固始县年人均地区生产总值及增速

年份	固始县人均GDP	固始县人均GDP占信阳市人均GDP的比重	固始县人均GDP在信阳市的排名	固始县人均GDP在河南省的排名	固始县人均GDP增速	固始县人均GDP增速在信阳市的排名	固始县人均GDP增速在河南省的排名	固始县人均GDP增速－信阳市人均GDP增速	固始县人均GDP增速－河南省人均GDP增速
2008	10888	86.8	7	78	11.6	7	76	−0.1	−0.6
2009	11690	84.8	7	77	11.1	7	61	0.4	3.0
2010	15053	84.4	5	70	23.4	1	1	6.7	4.9
2011	19448	94.4	5	60	25.0	1	1	7.6	0.8
2012	20457	91.5	6	66	7.1	7	99	−0.8	−2.8
2013	22231	89.8	6	65	6.9	7	95	0.2	−1.7
2014	23954	87.1	6	71	8.2	8	83	−0.6	−0.1
2015	25372	86.5	6	71	8.2	7	78	−0.5	2.7
2016	27331	87.1	6	73	7.7	8	80	−0.3	−1.1
2017	29446	86.5	6	77	7.7	3	65	1.5	−1.9
2018	32053	86.8	7	76	8.7	2	23	0.6	1.2
2019	37249	87.4	7	66	7.6	4	67	1.2	−5.4
2020	39936	88.7	6	61	2.2	6	71	−0.2	3.9
2021	43722	88.6	7	64	7.1	5	62	0.0	−0.1

数据来源：历年河南省统计年鉴。

三、分产业经济运行分析

（一）产业格局与发展方向

固始县历来有河南省农业大县之称，依托区域自然资源优势，选准特色产业、打响产品品牌、延伸产业链条、激发农业活力，现代特色农业持续发展壮大，全县优质水稻、优质花生种植面积分别达到65万亩、20万亩，茶业种植16.5万亩，稻虾综合混养18万亩，12万亩优质小麦直供茅台集团；各类现代农业示范园区近200个。坚持"品牌强农"，突出绿色环保、生态有机，不断提高生产标准，提升农产品质量，培育了一系列"固始品牌"。

近年来，固始抢抓东部沿海地区纺织服装产业转移机遇，将纺织服装产业定位为县域主导产业，成为中部地区承接纺织服装、电子信息产业转移高地。纺织服装产业历来是固始的传统产业，有良好的发展基础，现有超230家纺织服装企业，固始化纤长丝制造已经成为国内纺织服装产业的一张名片，进军国内外市场的战斗力持续提升，各类服装纺织企业实现年产值130亿元，完成税收4.5亿元，带动就业人数5.4万人。未来将以工业强县为目标，做好一、二、三产业整合发展，精准定位纺织服装作为主导产业，加大招商引资，力争2023年实现纺织服装产业产值突破500亿元。

（二）产业结构分析

从三次产业占比来看，固始县2021年第一产业占比21.1%，第二产业占比30.7%，第三产业占比48.2%。与2008年相比，三次产业占比分别下降14.6%、下降4%、上升18.5%。固始县作为农业大县，在三次产业结构中，虽农业占比从2008年的35.7%降到2021年的21.1%，但与其他县域相比，农业占比仍然较高（见图1）。

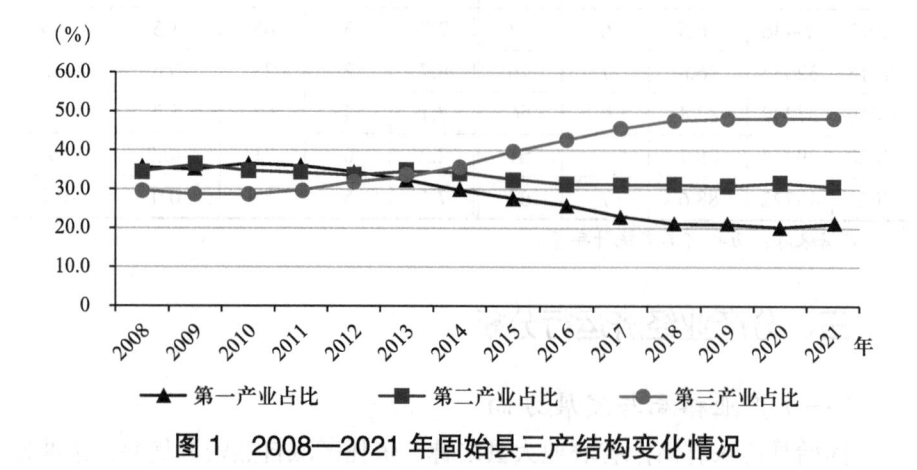

图1 2008—2021年固始县三产结构变化情况

（三）农业发展情况分析

从农业发展情况来看，2021年固始县第一产业增加值为95.6亿元，占GDP的比重为21.1%。粮食种植面积153.9千公顷，在信阳市8个县（市）中排第2位，在河南省102县（市）中排第15位。粮食产量113.3万吨，在信阳市8个县（市）中排第1位，在河南省102县（市）中排第7位（见表3）。

表3 2008—2021年固始县农业发展情况

年份	第一产业增加值（亿元）	第一产业增加值增速（%）	第一产业增加值占GDP的比重（%）	粮食种植面积（千公顷）	粮食种植面积在信阳市的排名	粮食种植面积在全省的排名	粮食产量（万吨）	粮食产量在信阳市的排名	粮食产量在全省的排名
2008	50.1	6.8	35.7	151.3	2	8	118.1	1	2
2009	53.5	4.8	35.1	153.9	2	8	120.1	1	2
2010	64.3	4.9	36.6	154.0	2	8	120.3	1	2
2011	71.6	3.8	36.0	154.6	2	8	120.4	1	2
2012	73.4	4.5	34.5	155.7	2	8	121.4	1	2
2013	76.5	4.2	32.4	156.5	2	8	121.4	1	2
2014	76.1	4.4	29.8	157.2	2	8	121.4	1	4
2015	75.5	4.5	27.7	155.8	2	9	121.6	1	5
2016	76.8	4.5	25.9	157.5	2	10	116.6	1	6
2017	74.1	4.5	23.1	150.5	2	14	108.0	1	7
2018	73.9	4.1	21.1	153.5	2	14	113.1	1	6
2019	85.8	3.1	21.0	152.0	2	15	111.7	1	7
2020	83.8	0.9	20.2	152.2	2	15	112.7	1	8
2021	95.6	6.9	21.1	153.9	2	15	113.3	1	7

数据来源：历年河南省统计年鉴。

（四）工业发展情况分析

从工业发展情况来看，固始县规上工业增加值逐年提升，2021年固始县规上工业增加值为85.5亿元，比2008年的19.7亿元增加了3.34倍，占信阳市规上工业增加值的11.5%。从规上工业增加值增速来看，2021年固始县规上工业增加值增速为10.6%，在信阳市8个县（市）中排第3位，在河南省102县（市）中排第37位。2021年固始县规上工业企业数为226个，比2014年净增45个，占信阳市规上工业企业数的16.2%（见表4）。

表4 2008—2021年固始县工业发展情况

年份	固始县规上工业增加值（亿元）	固始县规上工业增加值占信阳市的比重（%）	固始县规上工业增加值增速（%）	固始县规上工业增加值增速在信阳市的排名	固始县规上工业增加值增速在全省的排名	固始县规上工业企业数（个）	固始县规上工业企业数占信阳市的比重（%）
2008	19.7	10.3	28.1	1	30	—	—
2009	26.3	12.0	23.0	3	16	—	—
2010	31.4	11.3	22.2	4	63	—	—
2011	35.6	10.8	21.8	6	70	—	—
2012	38.9	11.2	17.2	4	65	—	—
2013	47.8	11.4	16.2	4	37	—	—
2014	54.5	10.9	14.4	5	28	181	14.3
2015	58.5	10.2	11.6	6	46	199	15.5
2016	60.7	9.9	8.1	8	84	210	16.2
2017	62.1	11.1	8.8	1	60	210	16.4
2018	67.4	11.2	8.5	2	49	204	17.8
2019	73.4	11.2	9.0	5	37	199	17.5
2020	77.3	11.4	5.3	1	31	224	17.9
2021	85.5	11.5	10.6	3	37	226	16.2

数据来源：历年河南省统计年鉴、信阳市统计年鉴。

（五）服务业发展情况分析

从服务业发展情况来看，2021年固始县服务业增加值为218.4亿元，比2008年的41.6亿元增加了4.25倍，占信阳市服务业增加值的15.6%，在信阳市8个县（市）中排第1位，在河南省102县（市）中排第15位。从服务业增加值增速来看，2021年固始县服务业增加值增速为7.9%，在商信阳市8个县（市）中排第5位，在河南省102县（市）中排第61位（见表5）。

表 5 2008—2021 年固始县服务业发展情况

年份	固始县服务业增加值（亿元）	固始县服务业增加值占信阳市服务业增加值的比重（%）	固始县服务业增加值在信阳市的排名	固始县服务业增加值在河南省的排名	固始县服务业增加值增速（%）	固始县服务业增加值增速在信阳市的排名	固始县服务业增加值增速在河南省的排名
2008	41.6	15.8	1	18	16.7	4	19
2009	43.8	14.6	1	15	17.6	2	10
2010	50.4	14.7	1	15	13.0	4	34
2011	59.1	14.6	1	15	10.7	7	48
2012	68.0	14.7	1	15	12.2	1	16
2013	78.1	15.0	1	14	12.1	1	4
2014	91.9	15.3	1	19	10.9	1	14
2015	108.4	16.0	1	17	12.8	1	30
2016	126.6	16.1	1	16	12.2	2	11
2017	146.5	16.3	1	15	12.0	3	20
2018	167.1	16.0	1	14	12.5	7	13
2019	197.1	16.1	1	14	8.8	5	21
2020	200.1	15.8	1	15	2.2	1	44
2021	218.4	15.6	1	15	7.9	5	61

数据来源：历年河南省统计年鉴。

（六）重点企业分析

（1）河南三高农牧股份有限公司，是农业产业化国家重点龙头企业、全国绿色食品示范企业、河南省高新技术企业，主要从事地方优良畜禽品种，如固始鸡、固始鹅和豫南黑猪的选育研究及全产业链开发。采取"公司＋基地＋农户"等多种经营模式，实施全产业链开发，生产的固始鸡、鸡蛋、豫南黑猪、固始鹅等产品获得国家生态原产地产品保护认证。

（2）河南仰天雪绿茶叶有限公司，是农业产业化国家重点龙头企业，并享有"河南省名牌农产品""河南省十大茶叶名牌"之称，公司主要从事茶叶、茶制品和代用茶制品，以及预包装食品生产、加工、销售。

（3）河南九华山茶业有限公司，是河南省农业产业化重点龙头企业，连续六年被评为中国茶叶行业百强企业，中国茶叶行业AA级信用企业。"九华山"商标被认定为中国驰名商标。自有基地茶园面积1.61万亩，合作茶园面积近10万亩，公司主要产品有信阳毛尖、六安瓜片、霍山黄芽、信阳红、袋泡茶、杯泡茶、养生茶、白茶、花茶等系列产品。

（4）河南省大江纺织科技有限责任公司，是固始县招商引资企业，总投资1亿元，厂房面积约7.5万平方米，是固始县产业集聚区已经投产运营的纺织专业园区之一，主要经营面料纺织加工，针织或钩针编织物及其制品制造。

（5）固始光明纺织有限公司，成立于2011年，专门从事国际一线知名品牌针织产品生产出口的外贸型、劳动密集型企业，是GAP、迪士尼等国际知名品牌指定产品供应商，产品出口到美国、加拿大、日本、韩国、东南亚、中国香港等国家和地区，年出口成衣300余万件。

（6）河南八里堰特色生态农业开发有限公司，是河南省农业产业化省重点龙头企业，被河南省政府评审认定为"河南省农民工返乡创业示范园区"，利用"资源+土地+劳务+人才+资本+组织"的形式，建成了猕猴桃园、秋梨园、牡丹园、生物动力有机水稻种植园等，把民营企业资本、技术、人才等优势与贫困村生态、土地、劳动力、特色资源等有机结合起来，助力脱贫攻坚。

四、财政收支分析

从财政收支来看，2021年固始县一般公共预算收入达19.2亿元，比2008年的3.4亿元增加了4.6倍，占信阳市一般公共预算收入的14.2%，在信阳市8个县（市）中排第1位，在河南省102县（市）中排第28位。2021年税收收入达到13.5亿元，占固始县一般公共预算收入的70.4%，占信阳市税收收入的14.4%。2021年固始县一般公共预算支出达到83.5亿元，比2008年的16.6亿元增加了4倍，占信阳市一般公共预算支出的13.7%，在信阳市8个县（市）中排第1位，在河南省102个县（市）中排第3位（见表5）。

表6 2008—2021年固始县财政收支情况

年份	固始县一般公共预算收入	固始县一般公共预算收入占信阳市的比重	固始县一般公共预算收入在信阳市的排名	固始县一般公共预算收入在全省的排名	固始县税收收入	固始县税收占一般公共预算收入的比重	固始县税收收入占全市税收收入的比重	固始县一般公共预算支出	固始县占信阳市一般公共预算支出的比重	固始县一般公共预算支出在信阳市的排名	固始县一般公共预算支出在全省的排名
2008	3.4	13.7	1	34	1.8	52.2	10.1	16.6	13.9	1	5
2009	3.8	13.7	1	33	2.0	53.0	10.1	21.4	14.0	1	5
2010	4.4	12.8	1	35	2.5	56.1	9.6	24.5	14.1	1	5
2011	5.0	11.3	1	39	3.0	60.1	8.8	29.5	13.2	1	7
2012	6.2	11.3	1	35	3.8	60.9	9.0	43.1	15.6	1	2
2013	7.7	11.4	1	35	4.7	60.7	9.1	47.1	15.5	1	2
2014	10.0	12.5	1	33	6.2	61.9	10.1	50.7	15.2	1	4
2015	11.1	12.2	1	28	7.1	63.8	10.6	63.1	16.8	1	3
2016	11.3	12.0	1	31	7.2	63.6	11.1	70.6	17.5	1	3
2017	11.8	11.7	1	33	8.2	69.6	12.2	74.6	16.7	1	4
2018	13.5	12.2	1	34	9.7	72.0	12.5	77.9	14.7	1	3
2019	15.6	13.1	1	31	11.2	71.7	13.3	81.6	13.7	1	6
2020	16.3	13.5	1	30	11.9	72.8	14.2	85.1	13.9	2	6
2021	19.2	14.2	1	28	13.5	70.4	14.4	83.5	13.7	1	3

数据来源：历年河南省统计年鉴。

从人均财力看，固始县人均一般公共预算收入、人均一般公共预算支出都不断上升，到2021年人均一般公共预算收入达到1857元，比2008年的264元增加了6.0倍，占信阳市人均一般公共预算收入的84.8%，占河南省人均一般公共预算收入的42.2%；人均一般公共预算支出达到8080元，比2008年的1286元增加了5.3倍，占信阳市人均一般公共预算支出的81.9%，占河南省人均一般公共预算支出的76.6%。从财政自给率看，2021年固始县财政自给率为23.0%，与信阳市财政自给率基本持平，较全省财政自给率低19个百分点，在信阳市8个县（市）中排第2位，在河南省 102 个县（市）中排第 79 位（见表 7）。

表7 2008—2021年固始县人均财力及财政自给率

年份	一般公共预算收入/常住人口	占信阳市的比重	占河南省的比重	一般公共预算支出/常住人口	占信阳市的比重	占河南省的比重	固始县财政自给率	固始县财政自给率在信阳市排名	固始县财政自给率在河南省排名
2008	264	70.5	24.6	1286	71.7	53.1	20.5	1	66
2009	291	70.6	24.5	1631	72.2	53.2	17.9	1	66
2010	427	76.5	29.1	2395	84.1	65.9	17.8	2	69
2011	490	67.5	26.2	2884	79.0	64.2	17.0	1	71
2012	589	67.9	27.5	4069	93.9	77.5	14.5	2	81
2013	727	68.3	28.8	4432	92.7	76.0	16.4	2	82
2014	935	74.6	32.9	4735	90.9	75.8	19.7	1	79
2015	1032	72.6	33.2	5848	99.8	83.4	17.6	3	89
2016	1039	70.7	32.2	6479	103.6	85.0	16.0	5	91
2017	1081	69.4	31.2	6848	99.1	81.9	15.8	5	89
2018	1229	72.0	32.2	7105	87.0	76.0	17.3	2	85
2019	1412	76.7	34.6	7397	80.3	72.1	19.1	2	77
2020	1574	80.8	37.5	8196	83.6	78.5	19.2	2	77
2021	1857	84.8	42.2	8080	81.9	76.6	23.0	2	79

数据来源：历年河南省统计年鉴。

五、金融业发展分析

从金融机构年末存贷情况来看，2021 年固始县金融机构存款年末余额 665.8 亿元，比 2008 年的 105.6 亿元增加了 5.3 倍，占信阳市金融机构存款年末余额的 15.3%，在信阳市 8 个县（市）中排第 1 位，在河南省 102 个县（市）中排第 6 位。2021 年固始县金融机构贷款年末余额 264.8 亿元，比 2008 年的 36 亿元增加了 6.4 倍，占信阳市金融机构贷款年末余额的 11.9%，在信阳市 8 个县（市）中排第 1 位，在河南省 102 个县（市）中排第 18 位（见表 8）。

表 8　2008—2021 年固始县金融机构年末存贷款余额情况

年份	存款（亿元，%）			贷款（亿元，%）			存贷比（%）			
	固始县金融机构存款年末余额	固始县金融机构存款年末余额占信阳市的比重	固始县金融机构存款年末余额在信阳市的排名	固始县金融机构存款年末余额在河南省的排名	固始县金融机构贷款年末余额	固始县金融机构贷款年末余额占信阳市的比重	固始县金融机构贷款年末余额在信阳市的排名	固始县金融机构贷款年末余额在河南省的排名	固始县存贷比	信阳市存贷比	河南省存贷比	固始县存贷比在信阳市的排名	固始县存贷比在河南省的排名
2008	105.6	14.5	1	8	36.0	10.2	2	20	34.1	48.6	68.0	5	80
2009	122.9	13.8	1	8	45.5	9.7	2	22	37.0	53.0	70.1	4	77
2010	144.9	13.7	1	9	55.5	9.7	2	22	38.3	54.0	68.6	5	77
2011	171.7	13.6	1	6	63.8	10.1	2	22	37.1	49.9	65.7	6	75
2012	211.6	13.8	1	7	80.1	10.8	2	20	37.9	48.2	63.5	5	66
2013	255.3	13.9	1	6	101.1	11.1	2	17	39.6	49.7	62.5	5	64
2014	299.6	14.3	1	6	135.6	12.2	2	13	45.3	52.9	65.8	3	59
2015	345.5	14.5	1	5	154.4	12.0	2	12	44.7	54.3	66.0	3	61
2016	407.0	15.1	1	5	167.5	11.6	2	13	41.2	53.6	67.6	4	64
2017	462.0	15.2	1	5	175.4	11.1	2	14	38.0	52.0	70.7	4	71
2018	489.5	15.3	1	6	187.5	10.9	2	17	38.3	53.8	74.9	4	79
2019	526.1	15.1	1	5	209.0	10.9	2	16	39.7	54.8	80.1	3	80
2020	588.4	15.1	1	6	239.8	11.7	2	17	40.8	52.7	82.2	4	85
2021	665.8	15.3	1	6	264.8	11.9	1	18	39.8	51.1	84.2	5	89

数据来源：历年河南省统计年鉴。

从存贷比来看,2021年固始县存贷比为39.8%,在信阳市8个县(市)中排第5位,在河南省102个县(市)中排第89位,低于信阳市11.3个百分点,低于河南省44.4个百分点。2008—2021年,固始县存贷比始终远低于省市水平(见表8)。

从人均存贷款余额来看,2021年固始县人均存款余额为64465元,比2008年的8159元增加了6.9倍,占信阳市人均存款余额的91.4%,占河南省人均存款余额的77.3%,在信阳市8个县(市)中排第5位,在河南省102个县(市)中排第16位;2021年固始县人均贷款余额为25637元,比2008年的2783元增加了8.2倍,占信阳市人均贷款余额的71.2%,占河南省人均贷款余额的36.5%,在信阳市8个县(市)中排第4位,在河南省102个县(市)中排第57位(见表9)。

表9 2008—2021年固始县人均存贷款情况

年份	人均存款(元,%)					人均贷款(元,%)				
	固始县人均存款余额	固始县人均存款余额在信阳市的排名	固始县人均存款余额在河南省的排名	固始县人均存款余额占信阳市的比重	固始县人均存款余额占河南省的比重	固始县人均贷款余额	固始县人均贷款余额在信阳市的排名	固始县人均贷款余额在河南省的排名	固始县人均贷款余额占信阳市的比重	固始县人均贷款余额占河南省的比重
2008	8159	7	44	74.9	50.4	2783	5	63	52.6	25.3
2009	9350	7	46	71.4	46.3	3457	6	64	49.8	24.4
2010	14192	5	31	82.1	57.7	5434	5	50	58.1	32.2
2011	16801	5	32	81.0	59.7	6240	6	48	60.3	33.7
2012	19958	5	32	83.1	59.5	7557	6	47	65.3	35.5
2013	23964	5	31	83.5	61.0	9494	6	44	66.6	38.7
2014	27972	5	29	85.6	65.2	12665	4	39	73.3	44.9
2015	32021	5	28	86.3	65.2	14312	4	38	71.0	44.2
2016	37370	3	22	89.4	67.7	15378	4	39	68.7	41.2
2017	42382	3	20	89.8	70.5	16092	4	46	65.6	37.9
2018	44640	5	21	90.3	68.9	17104	4	48	64.3	35.3
2019	47717	5	24	88.6	68.0	18954	4	56	64.2	33.7
2020	56655	5	20	90.6	73.7	23091	4	51	70.0	36.5
2021	64465	5	16	91.4	77.3	25637	4	57	71.2	36.5

数据来源:历年河南省统计年鉴。

六、居民收入分析

从居民收入看，2021年固始县居民人均可支配收入为23380元，比2017年的16941元增长了38%，占信阳市居民人均可支配收入的97.6%，占河南省居民人均可支配收入的87.2%，在信阳市8个县（市）中排第3位，在河南省102个县（市）中排第45位。

从居民收入增速看，固始县居民人均可支配收入增速除2020年波动较大，比上年仅增长4.1%外，2017年、2018年、2019年和2021年增速均在9%~10%之间，其增速整体趋势与信阳市增速演变趋势差异较小。2021年固始县居民人均可支配收入增速为9.6%，高于信阳市居民人均可支配收入增速0.1个百分点（见表10）。

表10 2017—2021年固始县居民人均可支配收入情况

年份	固始县居民人均可支配收入（元）	固始县居民人均可支配收入在信阳市的排名	固始县居民人均可支配收入在河南省的排名	固始县居民人均可支配收入占信阳市的比重（%）	固始县居民人均可支配收入占河南省的比重（%）	固始县居民人均可支配收入增速（%）	信阳市居民人均可支配收入增速（%）	固始县增速－信阳市增速（%）
2017	16941	3	48	96.9	84.0	10.0	10.3	−0.3
2018	18649	3	46	97.4	84.9	10.1	9.6	0.5
2019	20495	3	46	97.9	85.7	9.9	9.3	0.6
2020	21337	3	46	97.6	86.0	4.1	4.5	−0.4
2021	23380	3	45	97.6	87.2	9.6	9.5	0.1

数据来源：历年河南省统计年鉴。

从城镇、农村居民人均可支配收入看，2021年固始县城镇居民人均可支配收入为32328元，比2008年的10688元增加了2倍，占信阳市城镇居民人均可支配收入的96.6%，占河南省城镇居民人均可支配收入的87.2%，在信阳市辖8个县（市）中排第3位，在河南省102个县（市）中排第55位；2021年固始县农村居民人均可支配收入为17640元，比2008年的4402元增加了3倍，比信阳市农村居民人均可支配收入高出1045元，比河南省农村居民人均可支配收入高出107元，在信阳市8个县

表11 2008—2021年固始县分城乡居民人均可支配收入及城乡收入比

年份	固始县城镇居民人均可支配收入	固始县城镇居民人均可支配收入在信阳市的排名	固始县城镇居民人均可支配收入在河南省的排名	固始县城镇居民人均可支配收入占信阳市的比重	固始县城镇居民人均可支配收入占河南省的比重	固始县农村居民人均可支配收入	固始县农村居民人均可支配收入在信阳市的排名	固始县农村居民人均可支配收入在河南省的排名	固始县农村居民人均可支配收入占信阳市的比重	固始县农村居民人均可支配收入占河南省的比重	固始县城乡居民收入比	固始县城乡居民收入比在全省的排名
2008	10688	3	48	97.0	80.8	4402	3	50	103.0	98.8	2.4	52
2009	11688	3	51	97.0	81.3	4757	3	49	103.0	99.0	2.5	52
2010	12926	3	51	96.8	81.1	5483	2	47	103.2	99.3	2.4	48
2011	14762	6	54	96.7	81.1	6304	2	52	102.5	95.5	2.3	53
2012	16578	6	54	96.1	81.1	7206	2	52	102.8	95.8	2.3	53
2013	18442	6	54	96.3	82.3	8121	2	52	101.7	95.8	2.3	53
2014	20433	3	49	97.0	86.3	9023	2	51	101.7	90.5	2.3	54
2015	21715	6	53	96.8	84.9	10535	2	48	107.0	97.1	2.1	48
2016	23186	5	54	96.8	85.1	11420	2	48	107.2	97.6	2.0	48
2017	25156	6	59	96.5	85.1	12448	2	49	106.7	97.9	2.0	45
2018	27319	4	56	96.6	85.7	13668	2	48	107.2	98.8	2.0	46
2019	29505	3	57	97.0	86.3	15048	2	48	107.4	99.2	2.0	44
2020	29948	3	58	96.8	86.2	15981	2	48	106.4	99.2	1.9	42
2021	32328	3	55	96.6	87.2	17640	2	45	106.3	100.6	1.8	43

数据来源：历年河南省统计年鉴。

（市）中排第 2 位，在河南省 102 个县（市）中排第 45 位。

从城乡居民收入对比来看，2021 年固始县城乡居民人均可支配收入比约为 1.8，在河南省 102 个县（市）中排第 43 位，处在中等水平，2009 年以来城乡收入差距逐步缩小（见表 11）。

七、固定资产投资分析

从固定资产投资来看，固始县 2021 年固定资产投资总额达到 441.2 亿元，比 2008 年的 86.8 亿元增加了 4.1 倍，占信阳市固定资产投资的 12.7%；从固定资产投资增速来看，2021 年固始县固定资产投资增速为 5.4%，低于信阳市固定资产投资增速 6.2 个百分点，高于河南省固定资产投资增速 0.9 个百分点（见表 12）。

表 12　2008—2021 年固始县固定资产投资情况

年份	固始县固定资产投资（亿元）	固始县固定资产投资占信阳市的比重（%）	固始县固定资产投资在信阳市的排名	固始县固定资产投资在河南省的排名	固始县固定资产投资增速（%）	信阳市固定资产投资增速（%）	河南省固定资产投资增速（%）
2008	86.8	16.3	1	25	26.2	31.3	32.4
2009	83.2	11.9	1	31	22.2	30.7	31.6
2010	97.4	12.6	1	31	19.6	10.3	22.2
2011	120.7	12.3	1	31	22.1	26.8	27.0
2012	149.8	12.5	1	30	22.7	22.3	21.4
2013	185.4	12.6	1	28	23.8	23.0	22.5
2014	221.3	12.8	1	28	19.4	19.1	19.2
2015	261.0	12.9	1	28	17.9	17.5	16.5
2016	291.1	13.1	1	26	11.5	9.6	13.7
2017	325.9	13.5	1	25	12.0	8.9	10.4
2018	367.0	13.8	1	23	12.6	9.7	8.1
2019	403.6	13.8	1	26	10.0	10.6	8.0
2020	418.6	13.5	1	25	3.7	5.8	4.3
2021	441.2	12.7	—	—	5.4	11.6	4.5

数据来源：历年河南省统计年鉴。

从房地产投资来看，固始县 2008—2021 年房地产投资总额不断提升，2021 年房地产开发投资总额为 45.2 亿元，比 2008 年的 14 亿元增加了 2.2 倍，占固定资产投资的 10.2%，增速为 7.2%（见表 13）。

表 13　2008—2021 年固始县房地产开发投资情况

年份	房地产投资总量（亿元）	房地产投资增速（%）	房地产投资总量占固定资产投资的比重（%）	房地产资产投资在全省排名
2008	14.0	29.4	16.1	—
2009	15.6	11.2	18.7	—
2010	16.8	7.7	17.2	5
2011	19.7	16.3	16.3	9
2012	17.1	—	11.4	11
2013	19.7	—	10.6	15
2014	24.9	23.1	11.3	10
2015	27.7	11.1	10.6	12
2016	29.7	11.1	10.2	17
2017	32.9	10.8	10.1	15
2018	36.6	11.3	10.0	14
2019	39.6	8.2	9.8	12
2020	42.1	6.5	10.1	14
2021	45.2	7.2	10.2	

数据来源：历年河南省统计年鉴。

八、社会消费分析

从社会消费情况来看，2021 年固始县社消零总额为 222.2 亿元，比 2008 年的 54.0 亿元增加了 3.1 倍，占当年固始县 GDP 的比重为 49.1%，在信阳市 8 个县（市）中排第 1 位，在河南省 102 个县（市）中排第 9 位；人均社消零也逐年上升，2021 年达到 21516 元，比 2008 年的 4172 增加了 4.2 倍，在信阳市 8 个县（市）中排第 2 位，在河南省 102 个县（市）中排第 33 位（见表 14）。

表14 2008—2021年固始县社会消费品零售总额情况

年份	社会消费品零售总额（亿元，%）				人均社消零（元）		
	社会消费品零售总额	在信阳市的排名	在河南省的排名	占GDP的比重	人均社消零	在信阳市的排名	在全省的排名
2008	54.0	1	9	38.5	4172	3	51
2009	64.5	1	9	42.3	4908	3	51
2010	75.3	1	9	42.8	7377	2	27
2011	90.8	1	8	45.7	8883	1	22
2012	105.2	1	8	49.4	9922	1	28
2013	119.3	1	8	50.5	11199	1	28
2014	135.2	1	8	52.8	12619	1	27
2015	154.0	1	8	56.5	14272	2	27
2016	170.6	1	8	57.6	15665	2	30
2017	190.1	1	9	59.3	17444	2	30
2018	208.6	1	9	59.5	19023	1	27
2019	203.9	1	10	49.8	18492	2	35
2020	202.8	1	9	48.8	19528	2	32
2021	222.2	1	9	49.1	21516	2	33

数据来源：历年河南省统计年鉴、信阳市统计年鉴。

九、人口规模分析

从人口情况看，固始县2021年常住人口为103.3万人，占信阳市常住人口的16.7%，在信阳市8个县（市）中排第1位，在河南省102个县（市）中排第9位。2020年人口外流75.2万人，人口流失率为42.0%。从城镇化率看，2013—2021年固始县城镇化率不断提升，2021年城镇化率为45.8%，在河南省102个县（市）中排第47位（见表15），较信阳市低5.3个百分点，较河南省低10.7个百分点。

表15 2008—2021年固始县人口情况

年份	户籍人口（万人）	户籍人口在河南省的排名	常住人口（万人）	常住人口在信阳市的排名	常住人口在河南省的排名	外流人口（万人）	人口流失率（%）	常住人口占信阳市的比重（%）	固始县城镇化率（%）	城镇化率在河南省的排名
2008	159.6	1	129.4	1	2	30.2	18.9	19.4		
2009	160.4	1	131.5	1	2	28.9	18.0	19.4		
2010	170.9	2	102.1	1	9	68.8	40.2	16.7		
2011	171.8	2	102.2	1	9	69.6	40.5	16.7		
2012	172.6	2	106.0	1	7	66.6	38.6	16.6		
2013	173.4	2	106.5	1	6	66.9	38.6	16.7	33.9	48
2014	174.3	2	107.1	1	6	67.2	38.5	16.7	35.5	48
2015	175.1	2	107.9	1	6	67.2	38.4	16.9	37.4	48
2016	176.2	2	108.9	1	7	67.3	38.2	16.9	39.3	46
2017	177.1	2	109.0	1	6	68.1	38.5	16.9	41.2	46
2018	178.2	2	109.7	1	6	68.5	38.5	16.9	43.0	45
2019	179.2	2	110.3	1	6	68.9	38.5	17.1	44.9	43
2020	179.0	2	103.9	1	9	75.2	42.0	16.7	44.7	47
2021	—	—	103.3	1	9	—	—	16.7	45.8	47

数据来源：历年河南省统计年鉴。

从就业情况看，2019年固始县从业人数为101.8万人，较上年负增长0.3%。从三产就业结构来看，2008年以来，第一产业从业人员占比不断下降，第二、第三产业从业人员数占比不断提高，至2019年，第一产业和第二、三产业从业人员比例为3∶7（见表16）。

表16 2008—2019年固始县就业情况

年份	从业人员数（万人）	从业人员数增速（%）	第一产业从业人员数占比（%）	第二产业从业人员数占比（%）	第三产业从业人员数占比（%）
2008	95.3	1.5	45	24	31
2009	96.5	1.3	46	24	30
2010	97.8	1.3	44	24	33

续表

年份	从业人员数（万人）	从业人员数增速（%）	第一产业从业人员数占比（%）	第二产业从业人员数占比（%）	第三产业从业人员数占比（%）
2011	96.9	−1.0	44	56	
2012	99.4	2.6	41	59	
2013	102.2	2.7	40	60	
2014	102.2	0.1	38	62	
2015	102.0	−0.2	34	66	
2016	102.3	0.2	32	68	
2017	102.4	0.2	32	68	
2018	102.1	−0.3	31	69	
2019	101.8	−0.3	30	70	

数据来源：历年河南省统计年鉴。

十、公共服务分析

从义务教育情况来看，2021年固始县共有中小学233所，在校学生数合计18.1万人，专任教师数1.2万人，平均每千名在校中小学生配备专任教师数为67人。从医疗卫生情况来看，平均每千人常住人口配备卫生机构床位数、卫生技术人员数逐年上升，医疗资源配备逐步增强，2021年每千人床位数为7.6张，每千人卫生技术人员数为6.3人（见表17）。

表17　2019—2021年固始县教育和医疗情况

	年份	2019	2020	2021
学校数	合计（所）	234	237	233
	小学学校数（所）	179	180	177
	初中学校数（所）	55	57	56
在校学生数	合计（人）	188272	185251	181231
	小学在校生数（人）	121422	119956	115817
	初中在校生数（人）	66850	65295	65414

续表

	合计（人）	12280	12336	12155
专任教师数	小学（人）	7472	7438	7325
	初中（人）	4808	4898	4830
医疗卫生	卫生机构床位数/千人（张）	6.6	7.6	7.6
	卫生技术人员数/千人（人）	5.2	6.0	6.3

数据来源：历年河南省统计年鉴。

十一、县域发展战略分析

"十四五"期间，固始县聚焦培育现代产业体系，实现豫皖交界区域的要素聚集，坚持锻长板与补短板相结合，着力推进产业转型升级。培育壮大优势产业集群，实施"3+2+1"计划（形成纺织服装、绿色食品、建材家居3个百亿级，电子信息、装备制造2个50亿级以上产业集群，实现1家企业在沪深主板上市），推动制造企业加能提效，深入推进智能制造，推动骨干企业向研发、设计、管理、仓储和服务等全流程智能化升级，加快中小企业智能化改造，提高智能车间、智能工厂覆盖率。推进适应制造业向中高端迈进的生产性服务业和高品质、多样化的生活性服务业优化升级发展，加快服务内容和业态模式创新，重点培育现代物流、电子商务、文化旅游等亿级产业，改造升级传统服务业，打响固始服务业品牌。培育发展电子信息产业，加大创新资源布局支持力度，促进创新资源聚集带动新兴产业的发展，为县域经济发展提供新的增长极。

十二、综述

（一）经济运行综述

固始县人口规模、经济体量较大，地区生产总值在信阳市占有领先地位，在河南省县域中排名比较靠前；但人均生产总值则在信阳市、河南省排名比较落后。产业结构上，农业占比较大，粮食种植面积、粮食产量在河南省有绝对领先优势，但工业地位不够突出，特色产业集中在纺织业、茶叶种植以及生态旅游业。财政收支总量在信阳市、河南省排名靠前，但人均财政收入和支出与河南省平均水平差距较大，财政自给率排名落后。金融存贷款总量较大，但经济活跃度较低，存贷比在信阳市、河南省排名靠后。居民收入、人均消费在河南省占据中等水平，固定资产投资、房地产开发投资排名处在中上水平。户籍人口流失占比较大，城镇化率较河南省、信阳市平均水平存在差距。

（二）存在的问题

一是产业结构有待优化。一直以来有着"河南省农业大县"之称的固始县，农业占比过大，而工业基础不强。即便三产结构演化到2021年，农业仍然占比21.1%，第二产业占比仅为30.7%。农业生产投入高、产出低，且生产周期较长，对区域经济增长的拉动作用十分有限，而固始县的现有工业形态中以纺织服装行业为主，虽然取得一定发展，但对县域经济的支撑还不足，离工业强县的目标也有一点差距。

二是县域发展要素保障不足。固始县历来是劳务输出大县，2020年户籍人口外流率达到42%，大量人才外出务工意味着县域劳动力资源的弱化；从金融存贷款情况来看，固始县人均贷款在河南省的位次远低于存款，存贷比也在河南省排在下游水平，意味着金融资源没有被有效地投入生产中，资金要素没有发挥应有的作用，经济活跃度较弱。

三是创新发展能力较弱。在固始县产业体系中，纺织服装行业一枝独秀，但其本质仍然为经济腹地承接东南沿海及京津冀地区产业转移的劳动密集型产业。虽然电子信息产业近年也被列为主导产业之一，但其规模尚小，还需进一步发展壮大。

（三）对策建议

一是促进产业升级，强化产业支撑力。推动农业产业化经营，培育壮大茶叶种植龙头企业和基地、园区建设，延伸产业链条，提高现代农业生产效率，将农业大县的规模优势转化为经济增长动力；围绕优势主导产业，将纺织服装行业集聚规模进一步扩大，延长上下游产业链条，形成县域产业经济增长极；紧抓"新基建"建设机遇，努力承接高科技企业转移、布局电子产业基地，全力培育电子产业骨干企业；加大招商引资力度，提高对外开放水平，加快品牌培育，不仅要"引进来"，还要实现本土特色品牌和产品"走出去"。

二是实施以人为核心的新型城镇化战略。实现城乡人力资源自由流动，将县域打造成农村人口进城务工、定居的核心空间，这就需要县域经济加快拓展新赛道，以新业态、新模式催生新的就业岗位，以产业转型引导人口在县域实现就地就近城镇化；统筹县域资源，建立健全县域公共服务体系和基础设施建设，力争实现公共服务和基础设施的精准投放。

河南省县域经济运行分析：邓州篇①

一、邓州市概述

邓州市地处豫西南，北依伏牛，南连荆襄，西纳汉水，东接宛洛，有"三省雄关"之称。总面积2369平方千米，辖28个乡镇（街、区）、606个行政村，耕地260万亩。1988年撤县建市，2011年被确定为省直管试点县（市）。邓州是国务院确定的丹江口库区中心城市、是全球华裔"邓姓"发源地、医圣张仲景故里、千古名篇《岳阳楼记》诞生地；是南水北调中线工程渠首市、丹江口水库库区市、国家粮食核心主产区，享有"中国第一雷锋城"荣誉称号；是中原天府，丹水明珠。2021年常住人口123.53万人，城镇化率43.90%。

邓州林木资源丰富，矿产较多。林木57科、69属、150多种。矿产主要有水泥灰岩、熔剂灰岩、电石灰岩（包括方解石、冰洲石、水晶石、重晶石、墨玉大理石等）、高岭土、耐火土及煤、黄铁、镜铁等，多产于西部山区。杏山的石灰岩碳酸钙含量品位高达51%，水泥灰岩储藏量13亿吨，溶剂灰岩2亿吨，电解灰岩2000万吨，黑墨大理石1100万立方米，花岗岩储量600万立方米，是发展建材工业的理想基地。

二、总体经济运行分析

从GDP总量来看，2021年邓州市GDP为480.9亿元，是2008年的2.3倍。在南阳市11个县（市）中排第1位，在河南省排第14位。

从GDP占比来看，邓州市GDP占南阳市的比重呈下降趋势，2021年为11.1%，比2008年下降1.6个百分点（见表1）。

---

① 本篇完成于2022年8月，撰稿人：李甜；耿明斋、周立、王永苏、李燕燕、屈桂林、张国骁、徐涛、赵岩、张兆源等参与讨论。

从 GDP 增速来看，2020 年邓州市 GDP 首次出现负增长，增速为 -0.9%，在南阳市排第 11 位，在河南省排第 96 位。2021 年强势反弹，GDP 增速为 9.5%，在南阳市排第 2 位，在河南省排第 6 位（见表 1）。

表 1　2008—2021 年邓州市地区生产总值及增速

年份	邓州市 GDP（亿元）	邓州市 GDP 在南阳市的排名	邓州市 GDP 在河南省的排名	邓州市 GDP 增速（%）	邓州市 GDP 增速在南阳市的排名	邓州市 GDP 增速在河南省的排名	邓州市 GDP 占南阳市的比重（%）	邓州市 GDP 增速－南阳市 GDP 增速（%）	邓州市 GDP 增速－河南省 GDP 增速（%）
2008	207.7	1	14	12.0	5	81	12.7	-0.1	0.0
2009	214.2	1	16	10.1	6	92	12.5	0.1	-0.9
2010	234.8	1	16	10.2	10	97	12.0	-1.4	-2.2
2011	260.7	1	18	9.8	9	97	11.8	-1.4	-2.2
2012	283.5	1	17	10.2	8	83	12.1	0.1	0.1
2013	307.1	1	17	9.3	7	65	12.3	0.6	0.3
2014	328.5	1	17	8.4	9	82	12.3	-0.1	-0.5
2015	347.5	1	16	8.6	9	73	12.1	-0.4	0.2
2016	373.8	1	17	8.3	10	77	12.5	-0.1	0.1
2017	410.5	1	17	9.0	1	20	12.8	2.2	1.2
2018	429.9	1	15	8.1	3	42	12.3	0.9	0.5
2019	450.0	1	15	5.6	11	93	11.9	-1.3	-1.4
2020	429.6	1	17	-0.9	11	96	10.9	-3.1	-2.2
2021	480.9	1	14	9.5	2	6	11.1	0.5	3.2

数据来源：历年河南省统计年鉴及邓州市统计公报。

从人均 GDP 来看，邓州市人均 GDP 低于南阳市和河南省平均水平，且差距在逐渐扩大。2021 年邓州市人均 GDP 为 38730 元，占南阳市的比重由 2008 年的 104.3% 下降到 2021 年的 86.3%，占河南省的比重由 2008 年的 83.4% 下降到 2021 年的 65.2%。人均 GDP 在南阳市 11 个县（市）中的排名由 2008 年的第 5 位下降到 2021 年的第 7 位，在河南省的排名由 2008 年的第 46 位下降到 2021 年的第 76 位（见表 2）。

表 2　2008—2021 年邓州市人均地区生产总值及增速

年份	邓州市人均GDP（元）	邓州市人均GDP在南阳市的排名	邓州市人均GDP在河南省的排名	南阳市人均GDP	河南省人均GDP	邓州市人均GDP增速（%）	邓州市人均GDP增速在南阳市的排名	邓州市人均GDP增速在河南省的排名	邓州市人均GDP占南阳市的比重（%）	邓州市人均GDP占河南省的比重（%）
2008	15740	5	46	15087	18879	12.1	5	69	104.3	83.4
2009	15875	5	47	16198	20280	7.7	9	98	98.0	78.3
2010	16518	7	62	18152	23984	4.6	10	98	91.0	68.9
2011	17836	8	72	20074	27901	9.8	10	101	88.8	63.9
2012	19517	8	75	21763	30497	10.2	8	75	89.7	64.0
2013	21313	7	75	23256	33114	9.3	4	50	91.6	64.4
2014	23134	7	78	26650	35982	8.4	7	38	86.8	64.3
2015	24520	7	78	28653	38338	8.6	10	66	85.6	64.0
2016	26143	7	81	29703	41326	8.3	11	88	88.0	63.3
2017	28818	7	81	32071	45723	9.0	2	14	89.9	63.0
2018	31120	7	80	35390	50714	8.1	1	2	87.9	61.4
2019	33160	6	87	38710	54356	5.6	3	50	85.7	61.0
2020	34094	7	84	40315	55435	-0.9	11	88	84.6	61.5
2021	38730	7	76	44894	59410	11.1	3	6	86.3	65.2

数据来源：历年河南省统计年鉴及邓州市统计公报。

三、分产业经济运行分析

（一）产业格局与发展方向

邓州市围绕汽车零部件制造、纺织服装主导产业和生物基合成材料新兴产业，全力强龙头、补链条，加快百亿级产业集群培育。

——纺织服装产业。纺织服装产业产值占邓州市工业产值的37%左右，其中棉纱总产能40万锭，拥有喷气织机300台、喷水织机600台、其他织机100台，坯布产量3000万米，各类服装及鞋帽产量1.5亿件（套）以上。拥有各类棉纺、化纤、坯布、鞋帽及针梭织服装制造规模以上企业23家，主营业务收入超亿元的企业共6家。代表企业有永泰棉纺、裕祥纺织、申港纺织、圣新源纺织等。

——汽车及零部件产业。汽车及零部件产业产值占邓州市工业产值的14%左右。生产范围涵盖汽车中央集控锁、汽车电子元件、涡轮增压器、锻压液压机等产品，年产车锁配件5000余万件，汽车零部件300万件，各类农机及矿山设备3万台。拥有各类汽车及零部件规模以上企业18家，主营业务收入超亿元的企业共3家，其中星光机电、凯达环境科技、沃尔福增压器等企业最具代表性。

——建筑建材产业。建筑建材产业产值占邓州市工业产值的10%左右。年产低碱水泥280万吨，熟料128万吨，各类墙体材料4亿块及多种建筑型材。拥有各类建筑建材产业规模以上企业20家，主营业务收入超亿元的企业共2家。代表企业有中联水泥、宝源建材、恒安混凝土等。

——林板造纸产业。林板造纸产业产值占邓州市工业产值的3.5%左右。年产高中密度板18万立方米，胶合板、细木工板13.5万平方米，实木和复合木地板120万平方米，建筑模板2.5万立方米，各类家具工艺木制品5万套，具有再生纸浆、特种浆15万吨，生活文化用纸12万吨，木质素3000吨生产能力。拥有各类林板造纸产业规模以上企业19家，主营业务收入超亿元的企业共3家。代表企业有华鑫纸业、一鑫实业、锦桥纸业、方正彩印等。

——医药化工产业。医药化工产业产值占邓州市产值的比重在8.5%

左右。年产西药胶囊 10 亿粒、片剂 20 亿粒、医药中间体 200 吨、油漆 1 万吨、复混肥 35 万吨及各类医疗保健、化工产品约 0.5 万吨。拥有各类医药化工产业规模以上企业 14 家,主营业务收入超亿元的企业共 2 家。

（二）产业结构分析

邓州市第一产业占比较大。2008—2013 年,三次产业结构为"二、一、三"梯次。2014 年,第三产业占比超过第一产业,2016 年第三产业占比超过第二产业,三次产业结构转变为"三、二、一"梯次。2021 年邓州市三产结构为 22.0∶27.7∶50.3（见图 1）。

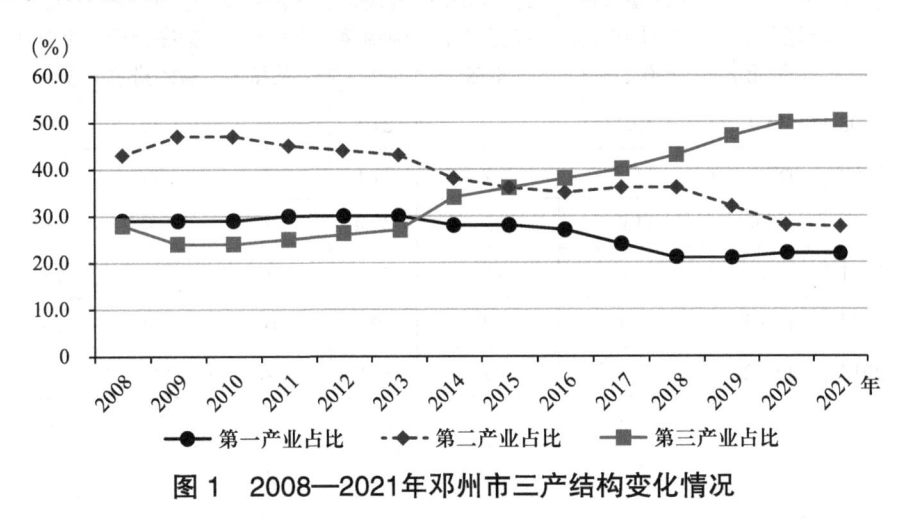

图 1　2008—2021 年邓州市三产结构变化情况

（三）农业发展情况分析

农产品资源丰富。邓州盛产小麦、玉米、棉花、烟草、小辣椒、花生、豆类等,是全国商品粮、优质棉花生产基地,是河南省粮油生产和优质烟出口基地,是著名的"南阳黄牛"中心产区,蔬菜瓜果出产丰富,有"粮仓"之称。邓州年产粮食 10 亿千克以上,粮油 1500 万千克,棉花 4500 万千克,烟叶 2000 万千克;年黄牛存栏 45 万头,生猪存栏 150 万头,家禽 1500 万只。

（四）工业发展情况分析

从规上工业增加值来看,2008 以来,邓州市规上工业增加值占南阳市的比重呈上升趋势,2021 年占比为 17.1%;2020 年规上工业增加值在南阳市排第 2 位,仅低于方城县。截至 2021 年年底,邓州市共有 155 家规模以上企业。

从规上工业增加值增速来看，邓州市规上工业增加值增速整体呈下降趋势，但2021年有所回升，和省市增速整体趋势一致，且大多数年份高于省市增速，2021年增速为12.0%，在南阳市排第2位，在河南省排第21位（见表3）。

表3 2008—2021年邓州市规上工业发展总体情况

年份	邓州市规上工业增加值（亿元）	邓州市规上工业增加值占南阳市的比重（%）	邓州市规上工业增加值在南阳市的排名	规上工业增加值增速（%）	规上工业增加值增速在南阳市的排名	规上工业增加值增速在河南省的排名	规上工业企业数（个）
2008	46.9	10.2	2	21.4	4	75	—
2009	57.1	11.7	2	21.8	2	25	—
2010	69.9	11.0	2	22.4	9	60	—
2011	84.2	10.8	2	20.5	8	82	131
2012	100.3	12.1	2	19.1	6	46	135
2013	114.2	13.2	2	13.9	7	71	144
2014	127.4	15.3	2	11.5	8	78	148
2015	141.5	16.0	2	11.1	9	54	157
2016	154.9	16.6	3	9.5	10	60	169
2017	169.5	17.1	2	9.4	7	28	166
2018	182.9	17.4	2	7.9	6	67	166
2019	196.2	17.2	2	7.3	10	90	149
2020	200.4	16.9	2	2.1	11	89	141
2021	224.4	17.1	—	12.0	2	21	155

数据来源：历年河南省统计年鉴及邓州市统计公报。

从规上工业分行业来看，农副食品加工制造业、纺织业、板材加工业、造纸及纸制品业、水泥建材业增加值均在2018年出现了大幅下降。纺织业和农副食品加工制造业增加值远高于板材加工业、造纸及纸制品业、水泥建材业增加值（见表4）。

表4 2010—2021年分行业规上工业增加值及增速情况

年份	农副食品加工制造业增加值（亿元）	纺织业增加值（亿元）	板材加工业增加值（亿元）	造纸及纸制品业增加值（亿元）	水泥建材业增加值（亿元）	农副食品加工制造业增速（%）	纺织业增速（%）	板材加工业增速（%）	造纸及纸制品业增速（%）	水泥建材业增速（%）
2010	14.2	16.6	9.5	2.6	5.6	35.7	27.4	52.9	27.4	−15.5
2011	8.9	23.8	9.0	4.3	4.9	20.8	24.8	9.8	59.5	13.2
2012	16.7	18.0	11.3	2.3	6.1	9.4	25.4	26.1	29.8	14.5
2013	12.7	17.0	12.8	3.1	6.3	11.4	7.3	19.8	48.8	19.0
2014	15.4	17.0	9.7	3.8	7.6	18.3	7.7	−19.8	22.7	31.0
2015	15.4	17.7	8.6	4.5	8.7	3.0	9.2	−5.0	23.5	16.9
2016	13.5	17.2	9.9	4.5	9.7	−3.0	3.4	13.0	1.3	15.2
2017	15.0	18.1	9.2	5.0	10.4	11.8	2.7	−5.8	0.6	4.1
2018	6.1	10.2	1.8	0.9	4.2	7.2	9.5	−2.4	0.6	9.6
2019	6.2	13.9	1.5	1.4	5.3	−11.3	14.4	18.5	16.3	−5.2
2020	4.8	11.1	1.7	1.2	6.0	−12.8	−10.1	15.0	16.2	37.0
2021	11.5	18.8	1.9	1.8	6.2	−4.3	5.3	26.9	2.6	36.0

数据来源：历年邓州市统计公报。

（五）服务业发展情况分析

从服务业看，2008年以来邓州市服务业增加值不断提升，到2021年实现增加值总额242.2亿元，占南阳市服务业增加值的10.8%，在南阳市排第1位，在河南省排第10位（见表5）。

从增速看，2021年邓州市服务业增加值增速为11.5%，在南阳市排第3位，在河南省排第9位（见表5）。

表5 2008—2021年邓州市第三产业发展总体情况

年份	邓州市服务业增加值（亿元）	邓州市服务业增加值占南阳市三产增加值的比重（%）	邓州市服务业增加值在南阳市的排名	邓州市服务业增加值在河南省的排名	邓州市服务业增加值增速（%）	邓州市服务业增加值增速在南阳市的排名	邓州市服务业增加值增速在河南省的排名
2008	58.0	13.1	1	8	16.9	3	38
2009	50.5	10.2	1	13	8.1	11	8

续表

年份	邓州市服务业增加值（亿元）	邓州市服务业增加值占南阳市三产增加值的比重（%）	邓州市服务业增加值在南阳市的排名	邓州市服务业增加值在河南省的排名	邓州市服务业增加值增速（%）	邓州市服务业增加值增速在南阳市的排名	邓州市服务业增加值增速在河南省的排名
2010	56.8	9.8	1	13	10.4	11	99
2011	64.1	9.0	1	14	7.4	10	29
2012	73.3	8.8	1	14	11.2	1	85
2013	84.1	9.0	1	14	11.0	1	89
2014	110.6	10.7	1	14	10.5	4	91
2015	124.3	10.6	1	14	11.4	11	80
2016	140.9	10.6	1	14	11.2	4	63
2017	163.6	11.0	1	13	12.2	1	57
2018	186.0	10.4	1	12	11.1	2	81
2019	209.2	10.7	1	11	6.5	8	73
2020	213.8	10.6	1	12	1.5	11	70
2021	242.2	10.8	1	10	11.5	3	9

数据来源：历年河南省统计年鉴及邓州市统计公报。

服务业分行业看，房地产业在2014年大幅增加，超过批发和零售业，居第一位，2016年批发和零售业反超房地产业。2021年处在前三位的是批发和零售业、房地产业与交通运输、仓储和邮政业（见表6）。

表6　2010—2021年邓州市第三产业分行业发展总体情况

年份	批发和零售业（亿元）	交通运输、仓储和邮政业（亿元）	住宿和餐饮业（亿元）	金融业（亿元）	房地产业（亿元）	批发和零售业增速（%）	交通运输、仓储和邮政业增速（%）	住宿和餐饮业增速（%）	金融业增速（%）	房地产业增速（%）
2010	10.00	8.81	7.10	2.08	6.34	10.0	16.7	6.9	18.5	5.5
2011	9.90	9.91	8.82	2.42	7.90	-6.2	8.0	15.3	9.3	13.7
2012	12.31	11.14	9.89	3.25	8.39	8.2	21.5	5.8	32.0	4.2
2013	12.65	13.73	11.20	3.94	9.30	5.8	9.5	6.5	19.7	9.6
2014	15.20	12.30	13.05	6.59	19.10	9.5	5.9	7.8	20.0	-5.2

续表

年份	批发和零售业（亿元）	交通运输、仓储和邮政业（亿元）	住宿和餐饮业（亿元）	金融业（亿元）	房地产业（亿元）	批发和零售业增速（%）	交通运输、仓储和邮政业增速（%）	住宿和餐饮业增速（%）	金融业增速（%）	房地产业增速（%）
2015	17.31	13.09	14.48	7.66	19.29	14.1	3.6	7.9	17.0	2.7
2016	18.65	14.07	15.26	10.40	16.40	7.4	7.1	3.2	35.0	−19.5
2017	18.10	15.98	17.24	13.18	18.89	−4.2	12.2	10.7	7.4	8.0
2018	27.05	19.34	12.58	12.72	21.35	12.1	13.8	3.5	7.3	2.1
2019	29.80	20.02	13.75	13.51	25.24	7.0	4.2	7.4	10.6	2.4
2020	31.16	19.34	13.20	14.43	26.29	3.8	−1.2	−7.4	5.8	−3.1
2021	34.10	24.20	13.90	15.80	30.10	8.2	28.8	6.2	5.9	6.7

数据来源：历年南阳市统计年鉴。

从服务业分行业增加值占服务业增加值总额的比重来看，金融业和房地产业占服务业的比重呈现上升趋势，2021年占比分别为6.5%和12.4%。批发和零售业，交通运输、仓储和邮政业及住宿和餐饮业占服务业的比重呈下降趋势，2021年占比分别为14.1%、10.0%和5.7%（见表7）。

表7　2010—2021年不同类型服务业增加值占服务业增加值总额的比重

年份	批发和零售业占服务业的比重（%）	交通运输、仓储和邮政占服务业的比重（%）	住宿和餐饮业占服务业的比重（%）	金融业占服务业的比重（%）	房地产业占服务业的比重（%）
2010	17.6	15.5	12.5	3.7	11.2
2011	15.5	15.5	13.8	3.8	12.3
2012	16.8	15.2	13.5	4.4	11.4
2013	15.0	16.3	13.3	4.7	11.1
2014	13.7	11.1	11.8	6.0	17.3
2015	13.9	10.5	11.8	6.2	15.5
2016	13.2	10.0	10.8	7.4	11.6
2017	11.1	9.8	10.5	8.1	11.5
2018	14.5	10.4	6.8	6.8	11.5
2019	14.2	9.6	6.6	6.5	12.1

续表

年份	批发和零售业占服务业的比重（%）	交通运输、仓储和邮政占服务业的比重（%）	住宿和餐饮业占服务业的比重（%）	金融业占服务业的比重（%）	房地产业占服务业的比重（%）
2020	14.6	9.0	6.2	6.7	12.3
2021	14.1	10.0	5.7	6.5	12.4

数据来源：历年南阳市统计年鉴。

（六）重点企业分析

在邓州市现有155家规上工业企业中，年产值超5亿元的企业只有邓州市永泰棉纺股份有限公司和邓州市中联水泥有限公司2家（见表8）。

表8 邓州市重点企业情况

序号	单位名称	主营业务及主要产品
1	邓州市永泰棉纺股份有限公司	主要经营范围：纺纱、棉混纺纱、纯化纤纱、纺线、棉花收购，是一家集棉花收购、加工到棉纱生产、销售为一体的大型纺织企业，拥有国内、国际先进的整套轧花、纺织、试验检测及后期处理设备
2	邓州市中联水泥有限公司	主要经营范围：水泥用石灰岩开采；水泥熟料、水泥生产及销售；石料加工及销售；干（湿）混砂浆、商品混凝土、混凝土外加剂（不含危险化学品）的生产及销售；普通货物运输
3	邓州市国控鸿发无纺布有限公司	一般项目：产业用纺织制成品销售；产业用纺织制成品制造。第一类医疗器械生产；第二类医疗器械销售。第一类医疗器械销售；医护人员防护用品批发；医护人员防护用品零售；医用口罩批发；医用口罩零售；消毒剂销售（不含危险化学品）。塑料制品销售；塑料制品制造。纸制品制造；纸制品销售；橡胶制品制造；橡胶制品销售。劳动保护用品生产；劳动保护用品销售。机械设备销售。货物进出口；技术进出口。日用口罩（非医用）销售；卫生用品和一次性使用医疗用品销售；个人卫生用品销售。中草药种植；中草药收购；地产中草药（不含中药饮片）购销。医护人员防护用品生产（Ⅰ类医疗器械）。保健食品（预包装）销售（除依法须经批准的项目外，凭营业执照依法自主开展经营活动）许可项目：第三类医疗器械经营；第二类医疗器械生产；第三类医疗器械生产。药品批发；药品生产。医疗服务；药品零售；消毒器械销售。医护人员防护用品生产（Ⅱ类医疗器械）（依法须经批准的项目，经相关部门批准后方可开展经营活动，具体经营项目以相关部门批准文件或许可证件为准）

续表

序号	单位名称	主营业务及主要产品
4	河南益广内衣有限公司	一般项目：服装制造；服饰研发；服装服饰零售；服装辅料销售；服装辅料制造；服装服饰批发。针纺织品销售。技术服务、技术开发、技术咨询、技术交流、技术转让、技术推广。橡胶制品制造；橡胶制品销售。汽车装饰用品制造；汽车装饰用品销售（除依法须经批准的项目外，凭营业执照依法自主开展经营活动）
5	河南沃尔福汽车零部件有限公司	汽车增压器、高压油泵及共轨油泵，通用设备、专用设备的零部件研发、铸造、生产、销售及其技术咨询；汽车配件的销售；及其商品和技术的进出口业务
6	邓州市星光机械装备有限公司	主要从事中小型机械装备制造、车锁试验台架开发、流水生产线设备加工开发、农机产品研发及大中小型设备维修等
7	邓州市金碧生物材料科技有限公司	许可项目：食品用塑料包装容器工具制品生产。包装装潢印刷品印刷；特定印刷品印刷（依法须经批准的项目，经相关部门批准后方可开展经营活动，具体经营项目以相关部门批准文件或许可证件为准）。一般项目：塑料制品制造；塑料包装箱及容器制造。新型膜材料制造。再生资源加工（除依法须经批准的项目外，凭营业执照依法自主开展经营活动）

四、财政收支分析

从财政收入来看，2021年邓州市一般公共预算收入为21.0亿元，占南阳市的比重由2008年的7.3%上升到2021年的9.3%，在南阳市11个县（市）中排第1位，在河南省排第23位，较2008年上升9位（见表9）。

从税收占比看，邓州市税收占比在2014年达到最大值72.6%，随后开始持续下降，2021年邓州市税收占比为67.1%，低于南阳市2.1个百分点，但高于河南省1.7个百分点（见表9）。

从财政支出来看，邓州市一般公共预算支出总量提升，在河南省、南阳市的排名均处于前列。一般公共预算支出2021年为80.8亿元，占南阳市的10.8%，居南阳市第1位、河南省第4位（见表9）。

表9 2008—2021年邓州市财政收支情况

年份	一般公共预算收入	占南阳市的比重	一般公共预算收入在南阳市的排名	一般公共预算收入在河南省的排名	税收收入	税收占一般公共预算收入比重	占南阳市税收收入的比重	一般公共预算支出	一般公共预算支出占南阳市的比重	一般公共预算支出在南阳市的排名	一般公共预算支出在河南省的排名
2008	3.8	7.3	2	32	—	—	—	15.9	8.9	1	8
2009	4.1	7.4	2	32	—	—	—	20.2	8.9	1	7
2010	5.0	7.2	3	32	3.3	66.0	7.1	25.0	8.6	1	4
2011	6.2	7.1	3	32	4.3	70.0	6.4	31.3	10.1	1	4
2012	7.4	7.2	3	30	5.3	71.2	6.4	40.7	10.5	1	4
2013	9.3	7.5	2	29	6.7	72.0	6.7	46.5	10.8	1	3
2014	11.1	7.8	1	27	8.0	72.6	7.7	51.2	11.3	1	3
2015	12.8	8.1	1	23	8.8	68.9	8.3	62.4	12.1	1	4
2016	13.1	7.8	1	25	8.6	65.7	8.1	64.4	11.7	1	5
2017	14.6	8.4	1	24	10.0	68.3	9.1	70.2	12.0	1	5
2018	16.7	9.2	1	24	11.4	68.2	9.3	75.0	11.6	1	6
2019	18.0	9.2	1	24	11.9	66.1	8.8	82.2	11.7	1	5
2020	18.8	9.3	1	24	12.5	66.5	8.9	84.8	11.4	1	7
2021	21.0	9.3	1	23	14.1	67.1	9.1	80.8	10.8	1	4

数据来源：历年河南省统计年鉴及邓州市统计公报。

从人均财力来看，邓州市人均财政收支均不及省市平均水平。邓州市人均一般公共预算收入 2021 年为 1700 元，占南阳市的 72.8%，占河南省的 38.6%。人均一般公共预算支出 2021 年为 6541 元，占南阳市的 84.4%，占河南省的 62.0%（见表 10）。

从财政自给率来看，邓州市财政自给率一直低于南阳市和河南省，2021 年为 26.0%，低于南阳 4.1 个百分点，低于河南省 15.7 个百分点。在南阳市 11 个县（市）中排名由 2008 年的第 9 位上升到了 2021 年第 6 位，在河南省的排名由 2008 年的第 60 位下降到了 2021 年第 72 位（见表 10）。

五、金融业发展分析

2008—2021 年，邓州市金融机构存、贷款年末余额总量逐年增加，金融机构人民币各项存、贷款占南阳市的比重呈上升趋势。2021 年，金融机构存款年末余额为 565.4 亿元，占南阳市的 9.8%，金融机构贷款年末余额为 317.3 亿元，占南阳市的 9.5%（见表 11）。

从排名来看，邓州市存款余额在南阳市排名稳定在第 1 名，在河南省排名由 2008 年第 18 名上升到了 2021 年的第 8 名；贷款余额在南阳市排第 1 名。在河南省的排名由 2008 年的第 14 名上升到了 2021 年的第 11 名（见表 11）。

从存贷比来看，2021 年邓州市存贷比为 56.1%，比 2008 年低 3.8 个百分点，在南阳市排第 1 位，在河南省排名由第 18 位下降到第 33 位。从省市对比来看，邓州市存贷比一直低于河南省存贷比，2021 年，低于南阳市 1.4 个百分点，低于河南省 28.1 个百分点（见表 11）。

从人均存贷款余额来看，2008—2021 年间，邓州市人均存贷款余额逐年增加，人均存款余额大于人均贷款余额，但均低于省市平均水平。2021 年，邓州市人均存款余额为 45770 元，占南阳市和河南省平均水平的 76.2% 和 54.9%，在南阳市排第 7 位，在河南省排第 65 位；人均贷款余额为 25686 元，占南阳市和河南省平均水平的 74.4% 和 36.6%，在南阳市排第 5 位，在河南省排第 56 位（见表 12）。

表 10　2008—2021 年邓州市人均财政收支情况

年份	一般公共预算收入/常住人口	占南阳市的比重	占河南省的比重	人均一般公共预算收入在南阳市的排名	人均一般公共预算收入在河南省的排名	一般公共预算支出/常住人口	占南阳市的比重	占河南省的比重	人均一般公共预算支出在南阳市的排名	人均一般公共预算支出在河南省的排名	财政自给率	财政自给率在南阳市的排名	财政自给率在河南省的排名
2008	284	55.5	26.5	9	61	1200	67.6	49.6	8	78	23.6	9	60
2009	302	54.4	25.4	9	62	1473	65.5	48.1	9	92	20.5	8	58
2010	341	50.6	23.2	9	73	1703	60.0	46.9	9	96	20.0	9	63
2011	427	49.6	23.4	10	77	2155	70.5	48.0	9	97	19.8	9	63
2012	513	50.2	24.0	9	78	2802	73.6	53.4	10	93	18.3	7	66
2013	650	53.1	25.8	9	79	3248	76.5	55.7	10	92	20.0	7	66
2014	785	55.6	27.7	10	82	3630	80.3	58.1	9	86	21.6	8	72
2015	896	57.2	28.8	10	82	4379	85.1	62.5	7	75	20.5	10	75
2016	913	54.7	28.3	9	83	4491	82.0	58.9	9	82	20.3	8	75
2017	1035	58.8	29.9	8	78	4963	84.4	59.4	8	83	20.8	7	67
2018	1240	67.1	32.5	5	71	5562	84.4	59.5	7	80	22.3	5	62
2019	1319	65.6	32.3	6	78	6018	83.6	58.6	7	89	21.9	5	64
2020	1505	72.3	35.9	5	74	6791	88.6	65.1	7	71	22.2	4	66
2021	1700	72.8	38.6	5	70	6541	84.4	62.0	6	54	26.0	6	72

数据来源：历年河南省统计年鉴及邓州市统计公报。

表 11 2008—2021 年邓州市金融机构年末存贷款余额情况

年份	存款年末余额 (亿元)	占南阳市的比重 (%)	在南阳市的排名	在河南省的排名	贷款年末余额 (亿元)	占南阳市的比重 (%)	在南阳市的排名	在河南省的排名	邓州市存贷比 (%)	在南阳市的排名	在河南省排名	南阳市存贷比 (%)	河南省存贷比 (%)
2008	76.1	8.3	1	18	45.6	8.3	1	14	59.9	2	18	59.8	68.0
2009	91.9	8.0	1	17	50.9	7.3	1	20	55.4	3	30	61.0	70.1
2010	124.4	8.5	1	14	58.0	7.0	1	21	46.6	6	52	56.2	68.6
2011	154.1	8.7	1	11	68.3	7.0	1	21	44.3	8	51	54.8	65.7
2012	183.1	8.7	1	12	78.1	7.0	1	21	42.7	7	52	52.9	63.5
2013	218.9	8.8	1	10	95.9	7.2	1	19	43.8	8	52	53.5	62.5
2014	242.1	8.8	1	12	120.3	7.7	1	17	49.7	8	49	56.3	65.8
2015	272.9	8.9	1	13	137.1	8.0	1	16	50.3	8	47	56.1	66.0
2016	316.6	9.2	1	12	166.4	8.8	1	14	52.5	7	40	54.6	67.6
2017	356.1	9.5	1	13	194.8	9.2	1	11	54.7	4	38	56.6	70.7
2018	385.2	9.4	1	12	211.4	9.0	1	12	54.9	3	39	57.2	74.9
2019	430.0	9.3	1	9	257.3	9.7	1	9	59.8	1	30	56.9	80.1
2020	497.2	9.4	1	9	283.3	9.4	1	12	57.0	1	35	56.6	82.2
2021	565.4	9.8	1	8	317.3	9.5	1	11	56.1	1	33	57.5	84.2

数据来源：历年河南省统计年鉴及邓州市统计公报。

表12 2008—2021年邓州市人均存贷款余额情况

年份	人均存款（元，%）					人均贷款（元，%）				
	人均存款	在南阳市的排名	在河南省的排名	占南阳市的比重	占河南省的比重	人均贷款	在南阳市的排名	在河南省的排名	占南阳市的比重	占河南省的比重
2008	5744	9	81	62.6	35.5	3440	3	49	62.7	31.3
2009	6692	9	81	59.2	33.1	3708	3	30	53.7	26.2
2010	8471	8	82	59.1	34.4	3947	2	30	49.0	23.4
2011	10601	8	83	60.5	37.6	4699	3	21	48.9	25.4
2012	12621	7	90	60.9	37.6	5387	3	27	49.1	25.3
2013	15303	7	84	62.3	39.0	6701	3	31	51.0	27.3
2014	17184	7	88	62.3	40.1	8539	3	33	54.9	30.2
2015	19148	8	89	62.4	39.0	9622	3	25	56.0	29.7
2016	22069	7	89	64.0	40.0	11595	3	24	61.6	31.1
2017	25176	8	89	66.6	41.9	13772	3	23	64.3	32.4
2018	28562	7	85	68.6	44.1	15674	3	21	65.8	32.3
2019	31479	7	89	66.1	44.8	18839	3	22	69.6	33.5
2020	39818	8	72	73.0	51.8	22687	2	12	73.4	35.9
2021	45770	7	65	76.2	54.9	25686	5	56	74.4	36.6

数据来源：历年河南省统计年鉴及邓州市统计公报。

六、居民收入分析

从可支配收入来看，邓州市居民人均可支配收入一直低于南阳市和河南省平均水平。2017—2021年居民人均可支配收入在南阳市11个县（市）中排第3位。2021年邓州市居民人均可支配收入为25150元，占南阳市的98.7%，占河南省的93.8%（见表13）。

邓州市城镇居民人均可支配收入一直低于南阳市和河南省平均水平，在南阳市11个县（市）中排名由2008年的第1位下降到了2021年的第5位，在河南省的排名由2008年的第20位下降到了2021年的第37位。2021年，邓州市城镇居民人均可支配收入为34342元，占南阳市的94.9%，占河南省的92.6%（见表14）。

表13　2017—2021年邓州市居民人均可支配收入情况

年份	邓州市居民人均可支配收入（元）	在南阳市的排名	在河南省的排名	占南阳市的比重（%）	占河南省的比重（%）	邓州市居民人均可支配收入增速（%）	南阳市城乡居民人均可支配收入增速（%）	邓州市增速与南阳市增速对比
2017	18365	3	40	96.1	91.0	9.9	9.7	0.2
2018	20147	3	38	96.7	91.7	9.7	8.9	0.8
2019	22070	3	38	97.5	92.3	9.5	8.7	0.8
2020	23121	3	37	98.5	93.2	4.8	3.7	1.0
2021	25150	3	35	98.7	93.8	8.8	8.6	0.2

数据来源：历年河南省统计年鉴及邓州市统计公报。

邓州市农村居民人均可支配收入高于南阳市和河南省平均水平，2021年在南阳市11个县（市）中排第3位，在河南省排第33位。2021年，邓州市农村居民人均可支配收入为19160元，占南阳市的108.8%，占河南省的109.3%（见表14）。

从城乡收入差距来看，城乡收入比呈逐年下降趋势，从2008年的2.3下降到2021年的1.8，在南阳市排第2位，在河南省排第40位（见表14）。

七、固定资产投资分析

邓州市固定资产投资在2020年大幅下降，增速为-15.8%，在南阳市排名由2008年的第1位下降到第8位，在河南省的排名由2008年的第29位下降到第37位。2021年迅速反弹，固定资产投资增速达到13.5%，高于南阳市0.4个百分点，高于河南省9.0个百分点（见表15）。

从不同类型投资增速来看，房地产投资、工业投资、基础设施投资增速波动都比较大。房地产投资增速在2011年达到最大值153.4%，2021年为67.2%。工业投资增速在2018年达到最大值102.5%，2021年为40.4%。基础设施投资增速在2015年达到最大值166.2%，2021年增速为-0.7%（见表16）。

2020年，房地产投资、工业投资、基础设施投资增速均大幅下降，也导致同年份GDP增速出现下降。2021年，房地产投资、工业投资增速反弹回升，而基础设施投资增速仍为负值。

表14 2008—2021年邓州市分城乡人民生活情况

年份	城镇居民人均可支配收入	在南阳市的排名	在河南省的排名	占南阳市的比重（%）	占河南省的比重（%）	农村居民人均可支配收入	在南阳市的排名	在河南省的排名	占南阳市的比重	占河南省的比重	城乡收入比	在南阳市的排名	在河南省的排名
2008	11818	1	20	95.3	89.3	5089	2	34	111.4	114.3	2.3	4	48
2009	12990	2	22	96.2	90.4	5481	3	35	111.1	114.0	2.4	5	48
2010	14340	2	25	95.1	90.0	6141	4	37	108.4	111.2	2.3	5	46
2011	16076	4	31	93.0	88.4	7139	3	39	105.4	108.1	2.3	5	48
2012	18056	4	31	92.4	88.3	8131	3	39	104.9	108.1	2.2	5	48
2013	19978	4	31	92.3	89.2	9172	3	39	105.1	108.2	2.2	4	47
2014	21836	4	31	92.1	92.2	10181	3	39	104.5	102.2	2.1	4	46
2015	23014	5	34	91.5	90.0	11827	3	37	109.7	109.0	1.9	3	42
2016	24654	5	35	91.7	90.5	12797	3	36	109.4	109.4	1.9	2	40
2017	26774	5	35	91.9	90.6	13918	3	36	109.4	109.4	1.9	2	40
2018	29103	5	35	92.9	91.3	15185	3	35	109.7	109.8	1.9	2	41
2019	31315	6	41	93.6	91.6	16673	3	35	109.9	109.9	1.9	2	39
2020	31816	6	41	93.8	91.6	17656	3	34	109.7	109.6	1.8	2	40
2021	34342	5	37	94.9	92.6	19160	3	33	108.8	109.3	1.8	2	40

数据来源：历年河南省统计年鉴及邓州市统计公报。

表15 2008—2021年邓州市固定资产投资情况

年份	固定资产投资（亿元）	占南阳市的比重（%）	固定资产投资在南阳市的排名	固定资产投资在河南省的排名	邓州市固定资产投资增速（%）	南阳市固定资产投资增速（%）	河南省固定资产投资增速（%）
2008	80.1	11.3	1	29	33.5	27.8	30.7
2009	95.1	10.2	2	25	55.6	31.2	31.6
2010	105.1	9.3	2	26	10.6	21.6	22.2
2011	133.6	9.6	2	26	27.1	27.0	27.0
2012	169.8	9.9	2	22	27.1	24.2	21.4
2013	211.9	10.1	1	20	24.8	23.3	22.5
2014	248.5	11.1	1	21	17.3	19.1	19.2
2015	280.7	10.7	2	25	13.0	17.5	16.5
2016	326.3	10.6	1	22	16.2	16.7	13.7
2017	360.9	9.7	1	22	10.6	9.9	10.4
2018	408.6	10.0	1	19	13.0	9.6	8.1
2019	430.2	9.5	2	20	5.3	10.4	8.0
2020	362.3	7.6	8	37	-15.8	5.5	4.3
2021	411.2	7.6	1	5	13.5	13.1	4.5

数据来源：历年河南省统计年鉴及邓州市统计公报。

从不同类型投资占固定资产投资比重来看，工业投资占固定资产投资比重较大，但呈现下降趋势，最高年份为2011年达到57%，2021年为26.7%。基础设施投资占固定资产的比重在2017年达到最大值30.2%，近几年出现了下降，2021年固定资产投资所占比重为6.8%。房地产投资占固定资产的比重波动上升，2021年达到最大值9.3%（见表16）。

表16 2010—2021年邓州市不同类型投资情况

年份	房地产投资总量（亿元）	房地产投资增速（%）	房地产投资总量占固定资产投资的比重（%）	工业投资（亿元）	工业投资增速（%）	占固定资产投资的比重（%）	基础设施投资（亿元）	基础设施投资增速（%）	占固定资产投资的比重（%）
2010	4.0	—	3.8	54.9	9.4	55.3	—	—	—
2011	10.2	153.4	7.6	76.5	50.7	57.0	—	—	—

续表

年份	房地产投资总量（亿元）	房地产投资增速（%）	房地产投资总量占固定资产投资的比重（%）	工业投资（亿元）	工业投资增速（%）	占固定资产投资的比重（%）	基础设施投资（亿元）	基础设施投资增速（%）	占固定资产投资的比重（%）
2012	11.3	8.0	6.7	88.1	15.3	51.9	—	—	—
2013	12.1	7.0	5.7	97.6	10.7	46.0	—	—	—
2014	8.7	−28.4	3.5	100.2	2.7	40.3	20.1	−37.9	8.1
2015	10.2	16.9	3.6	98.4	−1.9	35.6	63.4	166.2	22.6
2016	14.5	42.3	4.4	124.4	26.5	38.1	83.9	37.5	25.7
2017	26.9	86.2	7.5	154.0	23.9	42.0	109.0	30.0	30.2
2018	32.2	19.6	7.9	—	102.5	29.1	42.4	−19.1	10.4
2019	26.8	−16.9	6.2	—	14.8	31.8	34.3	7.2	8.0
2020	22.8	−14.9	6.3	—	−40.3	22.5	28.2	−17.7	7.8
2021	38.1	67.2	9.3	—	40.4	26.7	28.0	−0.7	6.8

数据来源：历年邓州市统计公报。

八、社会消费分析

受新冠疫情影响，邓州市社会消费品零售（简称社消零）总额2020年出现小幅下滑，但2021年又回升到216亿元，在南阳市排第1位，在河南省的排名由2008年的第14位上升到2021年的第12位。社消零占GDP的比重2020年最高达到45.3%，2021年占比为44.9%（见表17）。

从人均社消零来看，2021年邓州市人均社消零为17486元，在南阳市排第6位，在河南省的排名由2008年的第60位上升到2021年的第53位（见表17）。

分行业来看，2021年邓州市批发和零售业增加值为171.4亿元，占比为79.4%；住宿和餐饮业增加值为44.6亿元，占比为20.6%（见表17）。

九、人口规模分析

2021年，邓州市常住人口123.5万人，常住人口居南阳市第1位，占南阳市常住人口的比重为12.8%，属于人口外流城市，人口外流率

表17 2008—2021年邓州市社消零总额情况

年份	社消零总额（亿元）	在南阳市排名	在河南省排名	占GDP的比重	人均社消零（元）	在南阳市的排名	在河南省的排名	分行业及占比（亿元，%） 批发和零售业	占社消零的比重	住宿和餐饮业	占社消零的比重
2008	50.4	1	14	24.3	3805	10	60	40.4	80.1	10.0	19.9
2009	60.2	1	14	28.1	4379	10	67	47.6	79.2	12.5	20.8
2010	71.3	1	14	30.4	4856	11	73	55.8	78.2	15.6	21.8
2011	84.1	1	13	32.3	5782	11	74	65.6	78.0	18.5	22.0
2012	97.2	1	14	34.3	6701	11	76	74.9	77.0	22.3	23.0
2013	110.3	1	12	35.9	7711	11	77	85.1	77.1	25.3	22.9
2014	124.7	1	14	38.0	8852	11	74	97.9	78.5	26.8	21.5
2015	140.9	1	13	40.5	9886	11	74	107.3	76.1	33.6	23.9
2016	157.8	1	13	42.2	10995	11	73	124.7	79.1	33.0	20.9
2017	176.1	1	13	42.9	12450	11	73	138.5	78.7	37.6	21.3
2018	193.8	1	12	45.1	14370	10	61	151.6	78.2	42.2	21.8
2019	197.8	1	13	44.0	14483	9	71	154.5	78.1	43.4	21.9
2020	194.7	1	12	45.3	15593	7	57	154.4	79.3	40.3	20.7
2021	216.0	1	12	44.9	17486	6	53	171.4	79.4	44.6	20.6

数据来源：历年南阳市统计年鉴及邓州市统计公报。

逐年升高，2020年之前人口外流率一直保持在30%以下，2020年达到32.74%（见表18）。

邓州市城镇化率在2020年首次出现了下降，2021年又有所回升，为43.9%，低于南阳市7.7个百分点，低于河南省12.6个百分点，在南阳市排第9位，在河南省排第55位（见表18）。

表18 2008—2021年邓州市人口情况

年份	户籍人口（万人）	常住人口（万人）	常住人口在南阳市的排名	常住人口在河南省的排名	外流人口（万人）	人口流失率（%）	常住人口占南阳市的比重（%）	邓州市城镇化率（%）	城镇化率在南阳市的排名	城镇化率在河南省的排名
2008	156.0	132.5	1	1	23.5	15.1	13.2	—	—	—
2009	157.0	137.4	1	1	19.7	12.5	13.6	—	—	—
2010	171.5	146.9	1	1	24.6	14.3	14.3	—	—	—
2011	174.1	145.4	1	1	28.7	16.5	14.4	—	—	—
2012	174.8	145.1	1	1	29.7	17.0	14.3	—	—	—
2013	175.4	143.1	1	1	32.4	18.4	14.2	33.2	9	58
2014	176.2	140.9	1	1	35.3	20.0	14.1	34.6	8	59
2015	176.8	142.5	1	1	34.3	19.4	14.2	36.6	8	58
2016	177.7	143.5	1	1	34.2	19.3	14.3	38.4	5	55
2017	178.6	141.5	1	1	37.2	20.8	14.2	40.3	5	54
2018	179.3	134.9	1	1	44.5	24.8	13.7	42.1	5	53
2019	180.0	136.6	1	1	43.4	24.1	14.0	44.0	4	51
2020	185.6	124.9	1	4	60.8	32.7	12.9	42.9	9	57
2021	—	123.5	1	4	—	—	12.8	43.9	9	55

数据来源：历年河南省统计年鉴及邓州市统计公报。

近几年，邓州市从业人员数呈下降趋势。2019年邓州市从业人员数为88.04万人，同比下降6.50%。从三次产业从业人员占比情况来看，2019年第一产业从业人员数占比为56%，第二、第三产业从业人员数占比为44%（见表19）。

表19　2008—2019年邓州市就业情况

年份	从业人员数（万人）	从业人员数增速（%）	增速在南阳市的排名	第一产业从业人员数占比（%）	第二产业从业人员数占比（%）	第三产业从业人员数占比（%）
2008	96.68	2.58	5	43	32	25
2009	95.63	-1.09	9	42	33	25
2010	102.37	7.05	1	41	33	26
2011	99.05	-3.25	10	49	51	
2012	98.09	-0.97	7	52	48	
2013	96.37	-1.75	7	52	48	
2014	96.12	-0.27	10	55	45	
2015	96.01	-0.11	10	55	45	
2016	94.18	-1.91	10	58	42	
2017	94.22	0.05	6	57	43	
2018	94.16	-0.06	4	56	44	
2019	88.04	-6.50	3	56	44	

数据来源：历年河南省统计年鉴。

十、公共服务分析

教育情况，2021年邓州市有小学184所，在校生156934人，专任教师7771人，生师比20.2∶1；有初中66所，在校生83926人，专任教师6705人，生师比12.5∶1（见表20）。

医疗卫生方面，邓州市每千人卫生机构床位数和每千人卫生技术人员数呈现逐年递增，2021年分别为8.1张和7.8人（见表20）。

表20　2019—2021年邓州市教育和医疗情况

	年份	2019	2020	2021
学校数	合计（所）	363	250	250
	小学学校数（所）	298	183	184
	初中学校数（所）	65	67	66

续表

在校学生数	合计（人）	254889	247827	240860
	小学在校生数（人）	172489	165213	156934
	初中在校生数（人）	82400	82614	83926
专任教师数	合计（人）	13781	14043	14476
	小学（人）	7685	7671	7771
	初中（人）	6096	6372	6705
医疗卫生	卫生机构床位数/千人（张）	6.0	6.7	8.1
	卫生技术人员数/千人（人）	4.2	4.9	7.8

数据来源：历年河南省统计年鉴及邓州市统计公报。

十一、县域发展战略分析

"十四五"时期邓州市经济社会发展的指导思想是：以习近平新时代中国特色社会主义思想为指导，全面贯彻党的十九大和十九届二中、三中、四中、五中全会精神，坚决贯彻党的基本理论、基本路线、基本方略，增强"四个意识"、坚定"四个自信"、做到"两个维护"，坚持党的全面领导，统筹推进"五位一体"总体布局，协调推进"四个全面"战略布局，坚持以人民为中心、坚持稳中求进总基调、坚持新发展理念，以推动高质量发展为主题、以深化供给侧结构性改革为主线、以振兴工业经济为基本立足点、以改革开放创新为根本动力、以增进人民福祉和促进人的全面发展为根本目的，持续推进实施"两轮两翼"战略，强力推进"一抓三突破"，稳增长、促改革、调结构、惠民生、防风险、保稳定，筑牢根基、聚力发展，加快建设现代化经济体系，推进治理体系和治理能力现代化，深化以党的建设高质量推动经济发展高质量，着力推进县域治理"三起来"示范县建设，确保社会主义现代化建设新征程开好局、起好步，开启丹江口库区区域中心城市和南阳市副中心城市建设新局面。

"十四五"时期邓州要努力实现四个"一流"。

一流的实力：生产总值年均增速达到9.5%以上，生产总值在"十四五"末达到700亿元以上，稳居南阳市第一，在全省县（市）名次明显前移，力争进入前十名；在丹江口库区43个县（市、区）中保二争一。固定资产投资年均增长15%以上。规上工业增加值年均增长12%以上，百亿级产业集群达到5个以上；三次产业结构达到或优于15∶40∶45，在"三产融合"上走在河南省前列；一般公共预算收入年均增长10%以上，"十四五"末达到33亿元以上；税收占一般公共预算收入的75%以上。

一流的城市：城镇化率力争达到55%。古城复兴基本完成，"回"字形城墙城河沿线古城风貌连点成线、重要历史节点修复、重建基本完毕；新"回"水系基础性工程完工，新区建设全面铺开。城市更新、片区开发取得阶段性成果，城市管理实现数字化、智慧化、网格化。产业服务、职业教育、医疗卫生、商贸流通、社会事业等领域，对周边的影响显著增强，周边群众到邓州就学就医、消费置业成为常态，区域中心城市名副其实。

一流的交通：高速、国道、铁路、通用机场建设一体推进，唐白河航道上溯湍河，形成接驳顺畅、干支相连、区域成网的快捷交通体系，构建集航空、铁路、高铁、高速、内河航运为一体的立体化"大交通"格局，建成省级区域交通物流枢纽。

一流的福祉：社会保障体系更加完善，城乡就业更加充分，在城乡善治上成为河南省排头兵。人民群众幼有所育、学有所教、劳有所得、病有所医、老有所养、住有所居、弱有所扶，获得感、幸福感、安全感不断提升。

十二、综述

综上所述，邓州市GDP、一般公共预算收支、居民人均可支配收入等指标在南阳市位居前列，但仍然存在第一产业占比较高、工业行业及产品结构落后、缺乏带动力强的龙头企业、工业投资占比持续下降等问题。邓州市应进一步创新机制，建立顺畅的土地流转、资本流入、人才返乡创业机制，加强招商推介，积极推进社会资本植入农业，加快促进"三产融合"发展。加大技改力度，淘汰落后设备及过剩产能，引进先进设备和工艺，尽早实现弯道超越。加快发展装备制造业等新兴产业，快速推动邓州迈入工业化中期发展阶段。

河南省县域经济运行分析：方城篇[①]

一、方城县概述

方城县是河南省南阳市下辖县，位于河南省西南部。南阳盆地东北出境之要冲，南依南阳市区，北邻平顶山市，被称为南阳的北大门。总面积2542平方千米，辖14个镇、1个乡、4个办事处，2021年常住人口86.3万人，城镇化率44.8%。

方城县发现矿种29种，探明储量的10种。主要矿种有金、银、铅、锌、铝、钛等金属矿藏和萤石、滑石、钾长石、白云岩、硅石、大理石、花岗石、石灰石、重晶石等非金属矿藏。其中，方城处于新近发现的中国最大的世界级特大型金红石矿床主地段，境内金红石矿带长30千米，总面积约60平方千米。预测远景风化壳型金红石资源量达1239万吨，原生矿资源量达4487万吨，总资源量达5726万吨，相当于500个大型金红石矿床的规模。另外，白云岩储量3亿吨，滑石储量0.8亿吨，萤石0.1亿吨储量，这些均为中国大型矿床之一。

二、总体经济运行分析

从GDP总量来看，方城县GDP总量由2008年的90.3亿元提高到2021年293.0亿元，增加了3.2倍，2021年在南阳市11个县（市）中排第4位（见表1），在河南省102个县（市）中排第49位。

从GDP占比来看，GDP占南阳市的比重呈上升趋势，2021年为6.7%，比2008年提高1.2个百分点（见表1）。

从GDP增速来看，方城县GDP增速在2008年和2010年低于南阳市

[①] 本篇完成于2022年8月，撰稿人：李甜；耿明斋、周立、王永苏、李燕燕、屈桂林、张国骁、徐涛、赵岩、张兆源等参与讨论。

GDP增速，在2008—2011年低于河南省GDP增速，其余年份均高于省市。2021年方城县GDP增速为9.3%，高于南阳市0.3个百分点，高于河南省3个百分点（见表1）。

表1 2008—2021年方城县地区生产总值及增速

年份	方城县GDP（亿元）	方城县GDP在南阳市的排名	方城县GDP在河南省的排名	方城县GDP增速（%）	方城县GDP增速在南阳市的排名	方城县GDP增速在河南省的排名	方城县GDP占南阳市的比重（%）	方城县GDP增速－南阳市GDP增速（%）	方城县GDP增速－河南省GDP增速（%）
2008	90.3	7	54	11.3	7	88	5.5	−0.8	−0.7
2009	95.7	7	58	10.8	4	77	6.0	0.8	−0.2
2010	109.2	7	59	11.0	6	80	5.6	−0.6	−1.4
2011	118.5	8	64	11.2	5	74	5.4	0.0	−0.8
2012	131.8	7	64	11.0	3	63	5.6	0.9	0.9
2013	145.6	7	64	11.0	2	23	5.8	2.3	2.0
2014	159.4	7	64	9.6	4	35	6.0	1.1	0.7
2015	175.4	7	63	11.6	1	13	6.1	2.6	3.2
2016	191.7	7	61	9.7	4	13	6.2	1.3	1.5
2017	216.8	6	58	8.5	3	40	6.5	1.7	0.7
2018	231.2	6	59	7.9	4	55	6.5	0.7	0.3
2019	252.5	5	58	7.4	2	51	6.6	0.4	0.6
2020	264.6	5	54	2.7	8	56	6.7	0.5	1.6
2021	293.0	4	49	9.3	4	9	6.7	0.3	3.0

数据来源：历年河南省统计年鉴。

从人均GDP来看，方城县人均GDP始终低于南阳市和河南省平均水平，在省市排名均处于末位。2021年方城县人均GDP为33738元，在南阳市11个县（市）中排最后一位，在河南省102个县（市）排第97位（见表2）。

表2 2008—2021年方城县人均地区生产总值及增速

年份	方城县人均GDP（元）	方城县人均GDP在南阳市的排名	方城县人均GDP在河南省的排名	南阳市人均GDP	河南省人均GDP	方城县人均GDP增速（%）	方城县人均GDP增速在南阳市的排名	方城县人均GDP增速在河南省的排名	方城县人均GDP占南阳市的比重（%）	方城县人均GDP占河南省的比重（%）	南阳市人均GDP增速	河南省人均GDP增速
2008	9764	11	86	15087	18879	11.0	7	84	64.7	51.7	9.6	19.4
2009	10280	11	89	16198	20280	10.1	4	77	63.5	50.7	9.0	7.4
2010	11764	11	92	18152	23984	11.3	7	72	64.8	49.0	10.4	18.3
2011	12961	11	96	20074	27901	12.9	7	68	64.6	46.5	11.3	16.3
2012	14536	11	95	21763	30497	11.9	3	50	66.8	47.7	10.9	9.3
2013	16071	11	98	23256	33114	11.1	2	32	69.1	48.5	9.0	8.6
2014	17782	11	97	26650	35982	10.8	3	21	66.7	49.4	9.4	8.7
2015	19708	11	94	28653	38338	12.4	1	8	68.8	51.4	9.3	6.6
2016	21485	11	94	29703	41326	9.4	5	24	72.3	52.0	4.4	7.8
2017	24463	11	93	32071	45723	9.2	3	16	76.3	53.5	6.7	10.6
2018	26792	11	93	35390	50714	10.8	2	4	75.7	52.8	7.5	10.9
2019	29658	9	93	38710	54356	8.9	2	11	76.6	54.6	7.9	7.2
2020	30201	11	97	40315	55435	3.4	7	40	74.9	54.5	2.9	2.0
2021	33738	11	97	44894	59410	9.6	7	21	75.2	56.8	10.0	6.4

数据来源：历年河南省统计年鉴。

三、分产业经济运行分析

（一）产业格局与发展方向

三大主导产业：装备制造、超硬材料、医药制造。五大高成长性产业：食品加工、建筑建材、数控机床、新能源、纺织服装。截至2018年年底，方城县共有188家规模以上工业企业。

装备制造：方城县将轴承作为县域主导产业，逐渐形成"轴承钢管（锻件）—轴承套圈—轴承滚动体及基础件—轴承成品—装备整机"产业闭环，年综合产值25亿元，发展成为河南省第二大轴承制造集聚地。依托瀚瑞特轴承、金卓轴承、东方祥宇轴承、勤大钢管等龙头骨干企业，推动与产业上下游企业的战略合作，强化重大项目引领，推进产业转型和技术升级，实现企业数字化、智能化改造，培育壮大轴承产业集群，力争轴承产业再上新台阶，实现新跨越，打造全国知名的轴承产业生产基地。

超硬材料：如今，方城县已入驻超硬材料上下游企业29家，形成了"超硬设备机械—金属触媒粉—人造金刚石—金刚石微粉—金刚石工具（饰品）"产业链，人造金刚石市场份额分别占国际国内市场的46%和50%，被授予河南省特色集群称号。依托中南钻石公司、神州灵山等龙头骨干企业，实施培优扶强，培育龙头企业，完善平台建设，突出龙头带动，延伸产业链条，培育产业集群，壮大产业规模，提升产业竞争力，打造世界金刚石之都。

医药制造：依托芝元堂药业、华丰中药材、宛北药业、文医堂药业等龙头企业，重点发展药品原料、药品制剂、中成药制造、中药饮片加工和药用辅料及制药设备制造。以福源青阳、大牧原生物、藏玺本草、健达生物、纳瑞森科技等企业为龙头，紧紧把握郑州兽药产业外迁转移机遇，对接目标企业，围绕兽用疫苗、兽用疾病控制用药两大细分领域做大兽药产业规模。

（二）产业结构分析

2019年开始，方城县第三产业占比超过第二产业，三次产业结构由"二、三、一"转变为"三、二、一"。2021年方城县三产结构为20.2∶31.3∶48.5（见图1）。

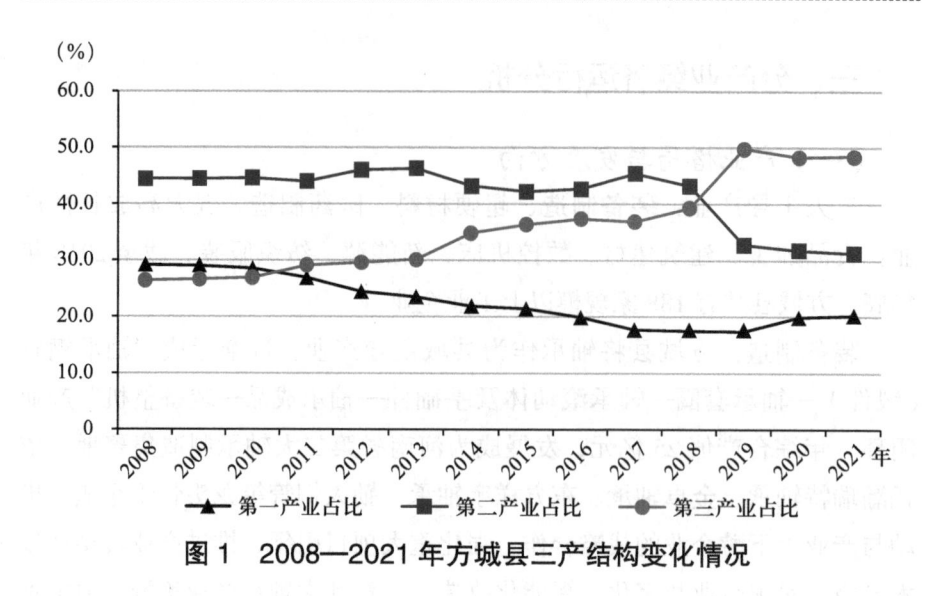

图1 2008—2021年方城县三产结构变化情况

（三）工业发展情况分析

2008以来，方城县规上工业增加值占南阳市的比重呈上升趋势，2021年占比为8.4%；规上工业增加值在南阳市排第9位。从增速来看，除2008年外，其余年份方城县工业增加值增速均高于省市增速，2021年方城县规上工业增加值增速为11.5%，高于南阳市1.0个百分点，高于河南省5.2个百分点，在南阳市排第3位，在河南省排第26位（见表3）。

表3 2008—2021年方城县规上工业发展总体情况

年份	方城县规上工业增加值（亿元）	方城县规上工业增加值占南阳市的比重（%）	方城县规上工业增加值在南阳市的排名	规上工业增加值增速（%）	规上工业增加值增速在南阳市的排名	规上工业增加值增速在河南省的排名
2008	17.8	3.9	9	20	8	88
2009	21.1	4.3	9	18.5	3	49
2010	26.0	4.1	9	23.4	6	38
2011	32.9	4.2	9	26.4	3	24
2012	40.5	4.9	9	23.3	1	7
2013	48.0	5.5	9	18.4	1	15
2014	54.9	6.6	9	14.5	3	22

续表

年份	方城县规上工业增加值（亿元）	方城县规上工业增加值占南阳市的比重（%）	方城县规上工业增加值在南阳市的排名	规上工业增加值增速（%）	规上工业增加值增速在南阳市的排名	规上工业增加值增速在河南省的排名
2015	63.2	7.1	9	15.0	3	10
2016	71.7	7.7	9	13.6	3	7
2017	80.1	8.1	9	11.7	2	7
2018	86.9	8.2	9	8.4	3	53
2019	93.9	8.2	9	8.1	8	82
2020	98.5	8.3	9	4.9	6	47
2021	109.8	8.4	9	11.5	3	26

数据来源：历年河南省统计年鉴。

（四）服务业发展情况分析

服务业方面，方城县重点发展文化旅游、现代物流、康养产业、电子商务四大主导产业，升级提升现代金融、现代商贸、社区服务三大传统产业，促进服务业规模扩大、结构优化、服务水平不断提升。

方城县服务业增加值逐年增加，在河南省处于中游水平。2021年方城县服务业增加值为142.1亿元，比2008年的23.8亿元增加了4.9倍，占南阳市服务业增加值的6.3%，在南阳市11个县（市）中排第5位，在河南省102县（市）中排第40位；从服务业增加值增速来看，2021年方城县服务业增加值增速为11.2%，在南阳市11个县（市）中排第4位，在河南省102县（市）中排第12位（见表4）。

表4　2008—2021年方城县第三产业发展总体情况

年份	方城县服务业增加值（亿元）	方城县服务业增加值占南阳市三产增加值的比重（%）	方城县服务业增加值在南阳市的排名	方城县服务业增加值在河南省的排名	方城县服务业增加值增速（%）	方城县服务业增加值增速在南阳市的排名	方城县服务业增加值增速在河南省的排名
2008	23.8	5.4	5	50	16.2	4	24
2009	25.5	5.1	6	50	14.1	3	41

续表

年份	方城县服务业增加值（亿元）	方城县服务业增加值占南阳市三产增加值的比重（%）	方城县服务业增加值在南阳市的排名	方城县服务业增加值在河南省的排名	方城县服务业增加值增速（%）	方城县服务业增加值增速在南阳市的排名	方城县服务业增加值增速在河南省的排名
2010	29.4	5.1	6	49	13.0	2	32
2011	34.5	4.8	5	48	10.7	1	47
2012	38.9	4.7	5	49	9.8	2	54
2013	44.0	4.7	5	49	9.2	6	37
2014	55.6	5.4	6	52	10.0	7	37
2015	63.9	5.4	6	50	13.8	3	16
2016	71.7	5.4	5	50	10.5	7	62
2017	79.9	5.4	6	55	8.8	6	78
2018	90.8	5.1	5	54	10.5	5	36
2019	125.5	6.4	5	43	7.5	4	58
2020	127.9	6.4	5	43	2.4	7	40
2021	142.1	6.3	5	40	11.2	4	12

数据来源：历年河南省统计年鉴。

服务业分行业看，交通运输、仓储和邮政业与批发和零售业、房地产业一直处在前三位。批发和零售业及住宿和餐饮业受新冠疫情影响，在2020年首次出现了负增长（见表5）。

表5　2008—2020年方城县第三产业分行业发展总体情况

年份	批发和零售业（万元）	交通运输、仓储和邮政业（万元）	住宿和餐饮业（万元）	金融业（万元）	房地产业（万元）	批发和零售业增速（%）	交通运输、仓储和邮政业增速（%）	住宿和餐饮业增速（%）	金融业增速（%）	房地产业增速（%）
2008	26849	49328	—	—	—	8.1	17.0	—	—	—
2009	52386	39429	—	—	—	13.7	16.6	—	—	—
2010	59135	48116	—	—	—	8.9	22.0	—	—	—

续表

年份	批发和零售业（万元）	交通运输、仓储和邮政业（万元）	住宿和餐饮业（万元）	金融业（万元）	房地产业（万元）	批发和零售业增速（%）	交通运输、仓储和邮政业增速（%）	住宿和餐饮业增速（%）	金融业增速（%）	房地产业增速（%）
2011	68708	55166	41020	8696	42659	10.0	10.7	6.8	12.6	6.0
2012	79045	62344	44493	12375	45789	12.5	8.1	2.2	40.2	5.7
2013	87358	71559	49288	15431	49057	8.5	6.9	4.1	23.0	6.8
2014	97229	90695	53621	32952	67025	10.2	5.0	5.1	11.1	10.1
2015	106669	103862	59118	42002	69089	7.1	12.9	7.0	27.9	6.0
2016	115335	114843	64050	47373	72997	10.7	6.2	6.0	12.2	3.9
2017	125145	125923	69665	53641	90858	7.1	8.1	6.6	8.5	12.7
2019	221962	202363	90946	77328	173383	6.2	5.2	7.9	10.7	5.8
2020	223741	209099	82487	87608	182133	-0.2	2.6	-11.2	11.7	4.2

数据来源：历年南阳市统计年鉴。

从服务业分行业增加值占服务业增加值总额的比重来看，金融业占服务业的比重上升趋势明显，从2011年的4.4%上升到2020年的50.1%，增长了45.7个百分点。批发和零售业及房地产业占服务业的比重也呈现上升趋势，2020年占比分别为17.5%和14.2%。交通运输、仓储和邮政业及住宿和餐饮业占服务业的比重呈下降趋势，2020年占比分别为16.4%和6.5%（见表6）。

表6 2008—2020年方城县不同类型服务业增加值占服务业增加值总额的比重

年份	批发和零售业占服务业的比重（%）	交通运输、仓储和邮政占服务业的比重（%）	住宿和餐饮业占服务业的比重（%）	金融业占服务业的比重（%）	房地产业占服务业的比重（%）
2008	11.3	20.7	—	—	—
2009	20.6	15.5	—	—	—
2010	20.1	16.4	—	—	—
2011	19.9	16.0	11.9	4.4	12.4
2012	20.3	16.0	11.4	6.1	11.8
2013	19.9	16.3	11.2	7.8	11.2

续表

年份	批发和零售业占服务业的比重（%）	交通运输、仓储和邮政占服务业的比重（%）	住宿和餐饮业占服务业的比重（%）	金融业占服务业的比重（%）	房地产业占服务业的比重（%）
2014	17.5	16.3	9.6	18.8	12.1
2015	16.7	16.3	9.3	25.2	10.8
2016	16.1	16.0	8.9	29.4	10.2
2017	15.7	15.8	8.7	34.2	11.4
2019	17.7	16.1	7.2	43.7	13.8
2020	17.5	16.4	6.5	50.1	14.2

数据来源：历年南阳市统计年鉴。

（五）重点企业分析

（1）中南钻石有限公司，主要生产超硬材料及其工具，从事高性能磨料、磨具的生产和销售，是世界知名的高品质克拉级钻石规模化生产企业、中国制造业单项冠军示范企业。

（2）神州灵山新材料有限公司，由北京神州灵山叶腊石有限公司投资，建设叶腊石制品和金刚石生产线，专门生产超硬材料不可或缺的配套产品——叶腊石构件及合成金刚石，项目达产后，年产2亿套叶腊石系列产品，能充分满足方城县先进制造业开发区其他企业的需求，并成为全国最大的叶腊石系列产品加工基地，年新增产值20亿元，纳税1亿元以上。

（3）河南永泰磨具有限公司，生产销售树脂砂轮、金刚石制品、五金化工等，该公司生产的纤维增强树脂切割砂轮、修磨用钹形砂轮、纤维增强钹形切割砂轮、可弯曲砂轮四大品种20多个系列产品，广泛应用于机械、冶金、铸造、化工、核电、军工、航空航天、铁路交通等多个领域，产品销往欧洲、南美洲、东南亚的20多个国家，是全国磨具行业十强及出口企业十强企业，砂轮产量居全国前十位。2021年11月初荣获全国创新创业大赛优秀企业奖。

（4）河南瀚瑞特轴承有限公司，是方城县成品轴承重点项目，总投资3.3亿元，可年产10亿粒高精滚动体和2000万套精密轴承，年产值5亿元。

（5）煜众精密机械有限公司，主营为年产300~500台套高端精密数控立式车床,工业机器人及工业自动化设备,集生产、研发、销售、服务为一体,是一家以跨区域、集成化、自动化、智能化组线生产综合能力为特点的优秀数控机床装备制造企业。

(6)河南裕盛益民食品有限公司,成立于2006年4月,是一家集农产品开发、示范种植、冷藏保鲜、农工贸于一体的加工企业,拥有1000吨低温冷藏库1座、全自动化蔬菜生产线2条、速冻面食生产线2条、罐头生产线1条,年产速冻食品2万吨。产品销往北京、上海、天津、广州、杭州等国内30余个大中城市,并出口美国、法国、日本、韩国及东南亚等国家和地区,年出口创汇达500万美元。

四、财政收支分析

从财政收支总体情况来看,方城县一般公共预算收入在2020年出现下降,在河南省县域中处于中下游位次,一般公共预算支出在河南省县域中处于中上游位次。2021年方城县一般公共预算收入达11.3亿元,占南阳市一般公共预算收入的5.0%,在南阳市11个县(市)中排第8位,在河南省102县(市)中排第68位。其中税收收入2021年达到7.9亿元,占方城县一般公共预算收入的70.0%,占南阳市税收收入的5.1%。2021年方城县一般公共预算支出达到49.2亿元,占南阳市一般公共预算支出的6.6%,在南阳市11个县(市)中排第4位,在河南省102个县(市)中排第32位(见表7)。

从人均财力看,方城县人均一般公共预算收支均不及省市的人均水平。2021年方城县人均一般公共预算收入为1307元,占南阳市人均一般公共预算收入的56.0%,占河南省人均一般公共预算收入的29.7%;人均一般公共预算支出达到5703元,占南阳市人均一般预算公共支出的73.6%,占河南省人均一般公共预算支出的54.1%。从财政自给率看,方城县财政自给率一直低于南阳市和河南省,2021年方城县财政自给率为22.9%,低于南阳市7.2个百分点,低于河南省18.8个百分点,在南阳市11个县(市)中排第7位,在河南省102个县(市)中排第80位(见表8)。

表7 2008—2021年方城县财政收支情况

年份	一般公共预算收入（亿元，%）				税收（亿元，%）			一般公共预算支出（亿元，%）			
	一般公共预算收入	占南阳市的比重	一般公共预算收入在南阳市的排名	一般公共预算收入在河南省的排名	税收收入	税收占一般公共预算收入比重	占南阳市税收收入的比重	一般公共预算支出	一般公共预算支出占南阳市的比重	一般公共预算支出在南阳市的排名	一般公共预算支出在河南省的排名
2008	2.4	4.6	6	49	—	—	—	11.1	6.2	3	34
2009	2.6	4.7	6	50	1.7	63.5	4.0	13.6	6.0	4	36
2010	3.2	4.6	6	52	2.2	69.8	4.7	15.9	5.5	4	36
2011	4.6	5.3	5	42	3.3	70.9	4.8	20.2	6.5	4	36
2012	5.2	5.0	5	51	3.8	72.9	4.6	29.2	7.5	4	23
2013	6.4	5.2	4	49	5.2	81.2	5.2	32.1	7.5	4	26
2014	7.8	5.5	3	46	5.9	75.6	5.6	34.3	7.6	3	26
2015	8.7	5.5	3	44	5.2	60.0	4.9	36.5	7.1	4	33
2016	9.2	5.5	3	44	5.1	55.5	4.8	40.7	7.4	3	30
2017	9.5	5.4	4	47	5.7	60.0	5.2	43.9	7.5	4	35
2018	10.2	5.6	4	53	6.2	60.2	5.0	47.9	7.4	4	38
2019	11.1	5.6	4	55	7.2	64.8	5.3	51.1	7.3	4	39
2020	10.3	5.1	8	71	6.8	66.3	4.9	53.9	7.2	4	36
2021	11.3	5.0	8	68	7.9	70.0	5.1	49.2	6.6	4	32

数据来源：历年河南省统计年鉴、南阳市统计年鉴。

表 8　2008—2021 年方城县人均财力及财政自给率

年份	一般公共预算收入/常住人口	占南阳市的比重	占河南省的比重	人均一般公共预算收入在南阳市的排名	人均一般公共预算收入在河南省的排名	一般公共预算支出/常住人口	占南阳市的比重	占河南省的比重	人均一般公共预算支出在南阳市的排名	人均一般公共预算支出在河南省的排名	财政自给率	财政自给率在南阳市的排名	财政自给率在河南省的排名
2008	255	50.0	23.9	10	67	1197	67.4	49.5	9	81	21.3	10	63
2009	282	50.9	23.8	10	69	1460	64.9	47.7	10	93	19.3	9	59
2010	341	50.8	23.2	8	72	1721	60.7	47.4	8	92	19.8	10	63
2011	508	59.1	27.9	8	61	2235	73.1	49.8	8	91	22.7	6	53
2012	574	56.2	26.8	8	70	3212	84.3	61.2	6	70	17.9	9	68
2013	707	57.7	28.0	8	71	3549	83.6	60.9	6	75	19.9	8	65
2014	877	62.2	30.9	7	70	3857	85.3	61.7	6	72	22.7	6	65
2015	973	62.0	31.3	7	70	4096	79.6	58.4	8	82	23.7	4	58
2016	1026	61.5	31.8	7	67	4549	83.0	59.7	7	77	22.5	6	62
2017	1079	61.3	31.1	7	70	4995	85.0	59.8	7	82	21.6	6	62
2018	1209	65.4	31.7	7	77	5646	85.7	60.4	6	79	21.4	6	65
2019	1295	64.4	31.7	7	81	5983	83.1	58.3	8	90	21.6	6	65
2020	1174	56.4	28.0	10	93	6175	80.6	59.2	10	91	19.0	7	79
2021	1307	56.0	29.7	10	92	5703	73.6	54.1	9	73	22.9	7	80

数据来源：历年河南省统计年鉴。

五、金融业发展分析

从金融机构存贷总体情况来看，方城县金融机构存贷款余额稳定增长，在河南省县域的位次均有明显上升，存贷比始终低于省市平均水平。2021年，金融机构存款年末余额为339.6亿元，占南阳市的5.9%，在南阳市11个县（市）中排第5位，在河南省102个县（市）中排第43位；金融机构贷款年末余额为176.6亿元，占南阳市的5.3%，在南阳市11个县（市）中排第6位，在河南省102个县（市）中排第40位；存贷比为52.0%，在南阳市11个县（市）中排第8位，在河南省102个县（市）中排第59位（见表9）。

从人均存贷款来看，方城县人均存款余额在省市的排名均处于末位。2021年方城县人均存款余额为39329元，占南阳市人均存款余额的65.4%，占河南省人均存款余额的47.2%，在南阳市11个县（市）中排第11位，在河南省102个县（市）排第93位；人均贷款余额为20457元，占南阳市人均贷款余额的59.2%，占河南省人均贷款余额的29.1%，在南阳市11个县（市）中排第11位，在河南省102个县（市）排第82位（见表10）。

六、居民收入分析

从居民收入看，2017年以来方城县居民人均可支配收入在河南省排名处于中下游。2021年方城县居民人均可支配收入为22343元，比2017年的16589元增长了35%，占南阳市居民人均可支配收入的87.7%，占河南省居民人均可支配收入的83.3%，在南阳市11个（市）中排第8位，在河南省102个县（市）中排第58位。从居民收入增速看，除2020年外，方城县居民人均可支配收入增速均高于南阳市，2021年增速为8.7%，高于南阳市居民人均可支配收入增速0.1个百分点（见表11）。

表9 2008—2021年方城县金融机构年末存贷款余额情况

年份	存款年末余额	占南阳市的比重	在南阳市的排名	在河南省的排名	贷款年末余额	占南阳市的比重	在南阳市的排名	在河南省的排名	方城县存贷比	在南阳市的排名	在河南省排名	南阳市存贷比	河南省存贷比
2008	43.0	4.7	7	64	21.8	4.0	7	51	50.7	6	37	59.8	68.0
2009	54.9	4.8	7	57	26.5	3.8	7	57	48.2	8	50	61.0	70.1
2010	75.1	5.1	6	45	34.3	4.1	7	50	45.7	8	52	56.2	68.6
2011	88.3	5.0	6	49	40.7	4.2	7	45	46.1	6	46	54.8	65.7
2012	103.1	4.9	6	53	43.4	3.9	7	52	42.1	8	53	52.9	63.5
2013	119.3	4.8	6	54	61.5	4.6	7	44	51.6	5	38	53.5	62.5
2014	130.3	4.7	6	55	74.7	4.8	7	41	57.3	4	31	56.3	65.8
2015	144.8	4.7	7	59	87.5	5.1	7	37	60.5	3	20	56.1	66.0
2016	168.5	4.9	8	57	95.1	5.0	6	38	56.5	3	26	54.6	67.6
2017	198.1	5.3	6	53	101.7	4.8	7	43	51.3	5	43	56.6	70.7
2018	222.3	5.4	6	51	108.8	4.6	8	48	49.0	8	55	57.2	74.9
2019	251.5	5.4	7	52	124.6	4.7	8	50	49.5	8	58	56.9	80.1
2020	301.1	5.7	5	44	152.6	5.1	6	42	50.7	8	58	56.6	82.2
2021	339.6	5.9	5	43	176.6	5.3	6	40	52.0	8	59	57.5	84.2

数据来源：历年河南省统计年鉴。

表 10 2008—2021 年方城县人均存贷款情况

年份	人均存款（元，%）					人均贷款（元，%）				
	人均存款	在南阳市的排名	在河南省的排名	占南阳市的比重	占河南省的比重	人均贷款	在南阳市的排名	在河南省的排名	占南阳市的比重	占河南省的比重
2008	4637	10	99	50.5	28.7	2352	10	74	42.9	21.4
2009	5889	11	97	52.1	29.1	2841	10	78	41.2	20.1
2010	8139	9	88	56.8	33.1	3721	9	78	46.2	22.0
2011	9749	10	94	55.6	34.6	4491	9	70	46.7	24.3
2012	11349	11	96	54.7	33.8	4780	9	81	43.6	22.4
2013	13202	11	98	53.8	33.6	6805	8	67	51.8	27.7
2014	14654	11	99	53.1	34.2	8395	9	70	54.0	29.7
2015	16255	11	102	53.0	33.1	9827	9	66	57.1	30.3
2016	18844	11	101	54.6	34.1	10640	9	70	56.5	28.5
2017	22562	11	98	59.7	37.5	11584	9	71	54.1	27.3
2018	26215	10	94	63.0	40.5	12836	10	78	53.9	26.5
2019	29432	10	95	61.8	41.9	14576	9	81	53.8	25.9
2020	34461	11	94	63.2	44.8	17465	10	80	56.5	27.6
2021	39329	11	93	65.4	47.2	20457	11	82	59.2	29.1

数据来源：历年河南省统计年鉴。

表11 2017—2021年方城县居民人均可支配收入情况

年份	方城县居民人均可支配收入（元）	在南阳市的排名	在河南省的排名	占南阳市的比重（%）	占河南省的比重（%）	方城县居民人均可支配收入增速（%）	南阳市城乡居民人均可支配收入增速（%）	方城县增速－南阳市增速（%）
2017	16589	9	53	86.8	82.2	—	9.7	—
2018	18129	9	55	87.1	82.5	9.3	8.9	0.4
2019	19837	8	55	87.6	83.0	9.4	8.7	0.7
2020	20564	8	56	87.6	82.9	3.7	3.7	−0.1
2021	22343	8	58	87.7	83.3	8.7	8.6	0.1

数据来源：历年河南省统计年鉴。

分城乡来看，方城县城乡居民人均可支配收入一直低于南阳市和河南省平均水平。2021年方城县城镇居民人均可支配收入为33574元，占南阳市城镇居民人均可支配收入的92.8%，占河南省城镇居民人均可支配收入的90.5%，在南阳市11个县（市）中排第8位，在河南省102个县（市）中排第44位；2021年方城县农村居民人均可支配收入为16315元，占南阳市农村居民人均可支配收入的92.7%，占河南省农村居民人均可支配收入的93.1%，在南阳市11个县（市）中排第7位，在河南省102个县（市）中排名第57位。2021年方城县城乡居民人均可支配收入比约为2.1∶1，在河南省102个县（市）中排第74位，处在靠后水平，但2008年以来城乡收入差距整体上逐步缩小（见表12）。

七、固定资产投资分析

方城县固定资产投资逐年增加，2021年为446.2亿元，占南阳市的比重为8.3%。方城县固定资产投资增速整体趋势下降，2021年为12.2%，低于南阳市0.9个百分点，高于河南省7.7个百分点（见表13）。

房地产投资增速在2016年和2017年出现了下降，随后立即回升，2021房地产投资增速为25.2%。房地产投资总量占固定资产投资的比重呈现先上升后下降趋势，2021年为4.7%（见表14）。

表12 2008—2021年方城县分城乡人民生活情况

年份	城镇居民人均可支配收入（元）	在南阳市的排名	在河南省的排名	占南阳市的比重	占河南省的比重	农村居民人均可支配收入	在南阳市的排名	在河南省的排名	占南阳市的比重	占河南省的比重	城乡收入比	在南阳市的排名	在河南省的排名
2008	11034	7	35	89.0	83.4	4296	7	54	94.0	96.5	2.6	7	65
2009	12016	8	39	89.0	83.6	4626	7	54	93.8	96.2	2.6	7	62
2010	13434	8	38	89.1	84.3	5246	6	55	92.6	95.0	2.6	6	66
2011	15423	8	38	89.2	84.8	6119	7	57	90.3	92.7	2.5	7	69
2012	17443	8	37	89.2	85.3	7056	7	53	91.0	93.8	2.5	7	69
2013	19362	7	36	89.4	86.4	7943	7	55	91.0	93.7	2.4	7	68
2014	21220	7	35	89.5	89.6	8864	7	54	91.0	88.9	2.4	7	68
2015	22663	7	36	90.1	88.6	9891	7	55	91.8	91.1	2.3	7	74
2016	24206	8	38	90.0	88.9	10845	7	53	92.7	92.7	2.2	7	71
2017	26371	7	38	90.5	89.2	11971	7	53	94.1	94.1	2.2	7	68
2018	28692	7	39	91.6	90.0	13061	7	53	94.4	94.4	2.2	7	69
2019	31045	8	41	92.8	90.8	14314	7	53	94.4	94.4	2.2	7	71
2020	31510	8	42	92.9	90.7	15030	7	55	93.4	93.3	2.1	8	73
2021	33574	8	44	92.8	90.5	16315	7	57	92.7	93.1	2.1	8	74

数据来源：历年河南省统计年鉴。

表13　2008—2021年方城县固定资产投资情况

年份	固定资产投资（亿元）	占南阳市的比重（%）	固定资产投资在南阳市的排名	方城县固定资产投资增速（%）	南阳市固定资产投资增速（%）	河南省固定资产投资增速（%）
2008	42.6	6.0	5	46.9	27.8	30.7
2009	61.0	6.6	6	43.2	31.2	31.6
2010	73.8	7.7	8	29.5	21.6	22.2
2011	94.1	7.6	8	32.1	27.0	27.0
2012	115.8	7.5	8	24.7	24.2	21.4
2013	143.3	6.9	8	25.8	23.3	22.5
2014	165.3	6.6	8	17.5	19.1	19.2
2015	196.5	6.7	8	20.8	17.5	16.5
2016	239.9	7.1	8	23.2	16.7	13.7
2017	266.3	7.1	8	12.0	9.9	10.4
2018	308.7	7.5	—	15.9	9.6	8.1
2019	360.5	8.0	—	16.8	10.4	8.0
2020	397.7	8.3	—	10.3	5.5	4.3
2021	446.2	8.3	—	12.2	13.1	4.5

注：2018—2021年固定资产投资总额为根据相应年份增速计算所得。

数据来源：历年河南省统计年鉴、南阳市统计年鉴。

表14　2008—2021年方城县房地产投资情况

年份	房地产投资总量（亿元）	房地产投资增速（%）	房地产投资总量占固定资产投资的比重（%）
2008	2.1	32.3	4.8
2009	2.6	26.2	4.3
2010	6.0	130.4	8.1
2011	8.0	33.1	8.5
2012	9.9	23.6	8.5
2013	11.5	16.5	8.0
2014	14.5	26.4	8.8
2015	15.4	6.3	7.9

续表

年份	房地产投资总量（亿元）	房地产投资增速（%）	房地产投资总量占固定资产投资的比重（%）
2016	11.0	-28.6	4.6
2017	10.9	-1.4	4.1
2018	13.7	26.4	4.4
2019	15.3	11.6	4.2
2020	16.8	9.4	4.2
2021	21.0	25.2	4.7

注：2018—2021年房地产投资总额为根据相应年份增速计算所得。

数据来源：历年河南省统计年鉴、南阳市统计年鉴。

八、社会消费分析

从社会消费情况来看，方城县社消零总额在省市的排名均处于中上游，人均社消零在省市的位次都有明显上升。2021年方城县社消零总额为164.2亿元，在南阳市11个县（市）中排第4位，在河南省102个县（市）中排第22位；人均社消零2021年达到19013元，在南阳市11个县（市）中排第3位，在河南省102个县（市）中排第43位。分行业来看，2020年方城县批发和零售业占比为70.8%，住宿和餐饮业占比在29.2%（见表15）。

九、人口规模分析

从人口情况看，方城县常住人口在河南省县域中排名处在中上游，城镇化率水平在河南省县域中排名处在中游，人口流失率逐年递增。2021年方城县常住人口为86.3万人，占南阳市常住人口的9.0%，在南阳市11个县（市）中排第3位，在河南省102个县（市）中排第23位。2020年人口外流29.9万人，人口流失率为25.5%。2021年城镇化率为44.8%，在河南省102个县（市）中排第50位，低于南阳市6.8个百分点，低于河南省11.6个百分点（见表16）。

表15 2008—2021年方城县社消零总额情况

年份	社消零总额（亿元）	在南阳市的排名	在河南省的排名	占GDP的比重	人均社消零（元）	在南阳市的排名	在河南省的排名	分行业及占比（亿元，%） 批发和零售业	占社消零比重	住宿和餐饮业	占社消零的比重
2008	38.5	5	23	42.7	4150	9	52	30.7	79.6	7.9	20.4
2009	45.8	5	21	47.8	4906	9	52	35.6	77.7	10.2	22.3
2010	54.0	5	23	49.5	5851	8	57	42.4	78.5	11.6	21.5
2011	62.6	5	24	52.8	6909	8	59	49.1	78.5	13.4	21.5
2012	72.6	5	24	55.1	7999	8	56	57.2	78.7	15.5	21.3
2013	82.3	5	24	56.5	9104	8	57	64.7	78.6	17.6	21.4
2014	94.3	5	22	59.2	10606	8	56	74.2	78.7	20.1	21.3
2015	107.0	5	21	61.0	12020	8	53	89.5	83.6	17.5	16.4
2016	120.1	5	21	62.7	13434	8	52	99.7	83.0	20.4	17.0
2017	133.6	5	22	61.6	15209	8	52	86.8	65.0	46.7	35.0
2018	142.2	4	21	61.5	16770	8	50	123.7	87.0	18.5	13.0
2019	156.6	4	23	62.0	18323	3	37	117.4	75.0	39.1	25.0
2020	149.6	4	23	56.6	17127	3	42	106.0	70.8	43.7	29.2
2021	164.2	4	22	56.0	19013	3	43	—	—	—	—

数据来源：历年南阳市统计年鉴。

表16 2008—2021年方城县人口情况

年份	户籍人口（万人）	常住人口（万人）	常住人口在南阳市的排名	常住人口在河南省的排名	外流人口（万人）	人口流失率（%）	常住人口占南阳市的比重（%）	方城县域镇化率（%）	城镇化率在南阳市的排名	城镇化率在河南省的排名
2008	102.8	92.8	3	19	10.0	9.7	9.2	—	—	—
2009	103.3	93.3	3	19	10.1	9.7	9.2	—	—	—
2010	106.4	92.3	3	17	14.1	13.3	9.0	—	—	—
2011	106.9	90.6	3	18	16.3	15.3	8.9	—	—	—
2012	107.4	90.8	3	16	16.6	15.4	8.9	—	—	—
2013	107.9	90.4	3	17	17.5	16.2	9.0	31.0	11	75
2014	108.5	88.9	3	17	19.6	18.1	8.9	32.2	11	76
2015	109.2	89.1	3	18	20.1	18.4	8.9	34.0	11	74
2016	109.7	89.4	3	18	20.3	18.5	8.9	35.6	11	74
2017	110.2	87.8	4	22	22.4	20.3	8.8	37.5	11	73
2018	110.7	84.8	4	20	25.9	23.4	8.6	39.2	11	71
2019	110.8	85.5	3	23	25.3	22.9	8.8	40.6	11	71
2020	117.3	87.4	3	23	29.9	25.5	9.0	43.8	7	50
2021	—	86.3	—	—	—	—	9.0	44.8	7	50

数据来源：历年河南省统计年鉴。

2019年方城县从业人员数为64.27万人，同比下降7.98%。从三次产业从业人员占比情况来看，2019年第一产业从业人员数占比为58%，第二、第三产业从业人员数占比为42%（见表17）。

表17 2008—2019年方城县就业情况

年份	从业人员数（万人）	从业人员数增速（%）	增速在南阳市的排名	第一产业从业人员数占比（%）	第二产业从业人员数占比（%）	第三产业从业人员数占比（%）
2008	62.76	-1.43	11	64	17	19
2009	66.42	5.84	2	60	19	21
2010	67.63	1.82	8	55	22	23
2011	69.77	3.16	3	56	44	
2012	70.20	0.62	4	55	45	
2013	69.83	-0.53	3	56	44	
2014	75.18	7.67	3	54	46	
2015	75.18	0.00	6	54	46	
2016	72.83	-3.13	11	56	44	
2017	73.60	1.05	4	56	44	
2018	69.84	-5.10	9	58	42	
2019	64.27	-7.98	6	58	42	

数据来源：历年河南省统计年鉴。

十、公共服务分析

从教育情况来看，2021年方城县有小学230所，在校生108032人，专任教师5722人，生师比18.9∶1。初中45所，在校生59894人，专任教师4491人，生师比13.3∶1。

从医疗卫生情况来看，平均每千名常住人口配备卫生机构床位数、卫生技术人员数逐年上升，医疗资源配备逐步增强，2021年每千人床位数为6.7张，每千人卫生技术人员数为4.8人（见表18）。

表 18　2019—2021 年方城县教育和医疗情况

年份		2019	2020	2021
学校数	合计（所）	277	278	275
	小学学校数（所）	234	235	230
	初中学校数（所）	43	43	45
在校学生数	合计（人）	179269	175045	167926
	小学在校生数（人）	119125	114236	108032
	初中在校生数（人）	60144	60809	59894
专任教师数	合计（人）	9404	9688	10213
	小学（人）	5348	5446	5722
	初中（人）	4056	4242	4491
医疗卫生	卫生机构床位数/千人（张）	5.6	5.5	6.7
	卫生技术人员数/千人（人）	3.6	3.8	4.8

数据来源：历年河南省统计年鉴。

十一、县域发展战略分析

方城县在"十四五"期间，全力打造南阳市重要功能组团、世界金刚石之都、全国知名轴承产业生产基地、区域性交通枢纽，经济发展水平进入全省非重点生态功能区第一方阵。

2035 年远景目标：坚持以党的建设高质量推动经济高质量发展，经过接续奋斗、奋勇争先，基本建成"三个强县、两个高地、一个家园"的现代化方城。

——建设经济强县。发展质量和效益大幅提升，经济实力跻身全市第一方阵，现代产业体系基本形成，新型工业化、信息化、城镇化、农业现代化基本实现，乡村振兴取得决定性成果。

——建设文旅强县。文化事业和文化产业不断繁荣，创成省级全域旅游示范区，争创国家级全域旅游示范区，以长征文化、长城文化、丝路文化为核心，以七峰山、七十二潭、望花湖、红二十五军纪念地为支撑的文旅品牌传播力和影响力更加广泛深远，文旅康养综合实力进入全省前列。

——建设生态强县。生产空间集约高效、生活空间宜居适度、生态环境优质优美,形成人与自然和谐发展的"人文山水方城"新格局,创成国家级生态文明县。

——建设创新高地。创新创业蓬勃发展,与郑州都市圈、南阳区域中心城市创新共同体的融合度、链接度进一步提升,创新驱动作用显著增强,科技创新对经济增长的贡献率大幅提升,产业创新能力进入全市先进行列。

——建设开放高地。坚持对内对外"双向发力",积极融入郑州大都市区、南阳新兴区域中心城市、南阳综合保税区等开放体系,打通开放通道,壮大开放主体,拓展开放领域,创新招商方式,优化营商环境,建成全市重要的开放高地。

——建设幸福美好家园。居民收入、基本公共服务均等化水平大幅提升,更加充分、更有质量的就业基本实现,教育强县和健康方城、平安方城建设迈向更高水平,共同富裕取得实质性明显进展,全县人民生活更加美好、更加幸福。

十二、综述

综上所述,虽然方城县 GDP 总量不断上升,在南阳市的排名从 2008 年的第 7 位上升到 2021 年的第 4 位,但其人均 GDP 较低,一直处于南阳市 11 个县(市)的最后一名。同时,财政自给率、城乡居民人均可支配收入、城镇化率等指标均低于南阳市和河南省平均水平。从工业来看,工业经济发展较为迅速,规上工业增加值占南阳市的比重逐年上升。但是产业结构不够优化,工业主导地位需进一步强化。

河南省县域经济运行分析：内乡篇[①]

一、内乡县概述

内乡县自古被誉为"入关孔道""秦楚要塞"；有"守八百里伏牛之门户，扼秦楚交通之要津"之说。秦时置县，古称"菊潭"，历史悠久，文化底蕴深厚；内乡县归南阳市管辖，总面积2465平方千米，城区面积20平方千米，耕地73万亩，有"七山一水二分田"之称；辖16个乡镇，288个行政村。2021年常住人口有54.2万人，城镇化率为49.3%。

内乡县资源丰富，物产富饶。已勘探发现的矿藏有大理石、花岗岩、米黄玉、海泡石、石墨、金、银、钒等22种，储量大、质地好，宜开发；中药材类多量大，知名的有石斛、麝香、天麻、何首乌、杜仲、辛夷、山茱萸、柴胡等400多种，可谓天然药库；森林资源丰富，拥有宜林面积215.3万亩，森林覆盖率45.9%，活立木储量221万立方米；主要农作物和经济作物丰裕质好，是全省优质烟叶和产粮基地。

二、总体经济运行分析

从GDP总量来看，内乡县GDP总量由2008年的89.4亿元提高到2021年292.1亿元，增加了2.3倍，2021年在南阳市11个县（市）中排第5位，在河南省102个县（市）中排第50位（见表1）。

从GDP占比来看，GDP占南阳市的比重呈上升趋势，2021年为6.7%，比2008年提高1.2个百分点（见表1）。

从GDP增速来看，内乡县GDP增速在2012年及以后均高于南阳市和河南省GDP增速。2021年内乡县GDP增速为9.8%，在南阳市11个县

[①] 本篇完成于2022年8月，撰稿人：李甜；耿明斋、周立、王永苏、李燕燕、屈桂林、张国晓、徐涛、赵岩、张兆源等参与讨论。

（市）中排第1位，在河南省102个县（市）中排第3位（见表1）。

表1 2008—2021年内乡县地区生产总值及增速

年份	内乡县GDP（亿元）	内乡县GDP在南阳市的排名	内乡县GDP在河南省的排名	内乡县GDP增速（%）	内乡县GDP增速在南阳市的排名	内乡县GDP增速在河南省的排名	内乡县GDP占南阳市的比重（%）	内乡县GDP增速－南阳市GDP增速（%）	内乡县GDP增速－河南省GDP增速（%）
2008	89.4	8	58	10.2	9	95	5.5	−1.9	−1.8
2009	92.3	8	61	9.1	9	97	5.8	−0.9	−1.9
2010	101.4	8	68	10.8	7	86	5.2	−0.8	−1.6
2011	110.6	9	75	9.9	8	92	5.0	−1.3	−2.1
2012	118.4	9	78	10.5	6	76	5.1	0.4	0.4
2013	124.7	9	82	10.2	3	38	5.0	1.5	1.2
2014	135.4	8	83	11.4	1	11	5.1	2.9	2.5
2015	147.6	8	80	10.8	4	19	5.1	1.8	2.4
2016	162.9	8	78	10.5	1	4	5.2	2.1	2.3
2017	194.1	8	68	8.3	5	43	5.8	1.5	0.5
2018	209.5	8	70	7.6	6	66	5.9	0.4	0.0
2019	245.4	7	60	7.0	7	73	6.4	0.0	0.2
2020	263.1	6	55	4.2	1	18	6.7	2.0	3.1
2021	292.1	5	50	9.8	1	3	6.7	0.8	3.5

数据来源：历年河南省统计年鉴。

从人均GDP来看，内乡县人均GDP从2017年开始超过南阳市，但一直低于河南省平均水平。2021年内乡县人均GDP为53525元，占河南省的90.1%。人均GDP在南阳市11个县（市）中的排名由2008年的第7位上升到2021年的第2位，在河南省102个县（市）中的排名由2008年的第49位上升到2021年的第36位（见表2）。

表2 2008—2021年内乡县人均地区生产总值及增速

年份	内乡县人均GDP（元）	内乡县人均GDP在南阳市的排名	内乡县人均GDP在河南省的排名	南阳市人均GDP（元）	河南省人均GDP（元）	内乡县人均GDP增速（%）	内乡县人均GDP增速在南阳市的排名	内乡县人均GDP增速在河南省的排名	内乡县人均GDP占南阳市的比重（%）	内乡县人均GDP占河南省的比重（%）
2008	14710	7	49	15087	18879	9.7	9	96	97.5	77.9
2009	15079	6	51	16198	20280	8.4	8	95	93.1	74.4
2010	17077	5	55	18152	23984	14.1	4	45	94.1	71.2
2011	19401	6	63	20074	27901	14.5	6	50	96.6	69.5
2012	20920	6	62	21763	30497	11.3	5	64	96.1	68.6
2013	22045	5	67	23256	33114	10.3	3	48	94.8	66.6
2014	24189	5	69	26650	35982	12.6	1	9	90.8	67.2
2015	26583	5	63	28653	38338	11.7	4	16	92.8	69.3
2016	29292	5	63	29703	41326	10.3	1	8	98.6	70.9
2017	34512	4	54	32071	45723	7.0	8	79	107.6	75.5
2018	36837	4	55	35390	50714	6.4	7	75	104.1	72.6
2019	43179	3	48	38710	54356	7.1	4	65	111.5	79.4
2020	47931	3	43	40315	55435	4.3	3	23	118.9	86.5
2021	53525	2	36	44894	59410	11.3	1	4	119.2	90.1

数据来源：历年河南省统计年鉴。

三、分产业经济运行分析

（一）产业格局与发展方向

内乡县坚持"1112"新型产业体系：做大做强"一主一特一新"（装备制造、农副产品深加工、纸制品及绿色包装印刷）三大主导产业，积极培育能源及高载能、新型建材及民爆器材等其他产业两大集群。

装备制造：围绕农牧装备、输配电设备、汽车零部件三大产业，依托农牧装备产业园、金冠智能电气产业园、飞龙汽车零部件模具生产等项目建设，积极实施"扩量提质"战略，以数控技术、智能技术、精细加工技术应用为抓手，促进内乡装备制造业向智能化、高端化、绿色化转型，力争到2025年形成产值超300亿元的装备制造产业集群。

农副产品深加工：聚焦打造"中国现代猪产业第一县"，以粮食饲料和肉食品深加工为主攻方向，实施品牌、品质双提升战略，巩固提升肉制品加工一大优势领域，发展壮大粮食加工、饲料、休闲食品三大高成长领域，探索"三产融合"发展模式，打造全国重要的以现代猪为核心的农副产品深加工及食品制造基地，力争到2025年形成产值400亿元级的农副产品深加工产业集群。

纸制品及绿色包装：依托仙鹤纸业、华福科技、东福印务等龙头企业，加快调整纸制品及印刷产品结构，延长产业链条，打造绿色环保、品类丰富的现代化纸制品及包装印刷产业基地，力争到2025年形成产值超100亿元的纸制品及包装印刷产业集群。

（二）产业结构分析

内乡县第一产业占比较高，除2017—2019年之外，第一产业占比均在20%以上，2021年第一产业仍占20.2%。第二产业占比一直高于第三产业占比，2021年三产结构为20.2∶43.5∶36.3（见图1）。

（三）工业发展情况分析

截至2021年年底，内乡县规上工业企业达100家。产值超亿元企业21家，超10亿元企业6家。

内乡县规上工业增加值总额不断提升，占南阳市及河南省的比重也稳中向前发展。"十三五"期间，内乡县规上工业增加值年均增长12.8%，占

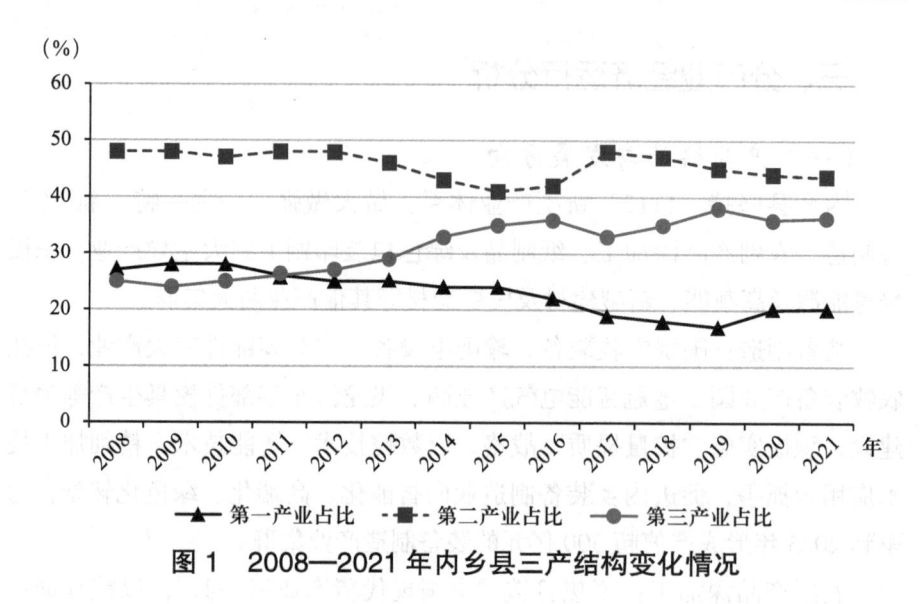

图 1　2008—2021 年内乡县三产结构变化情况

全市总量的比重由 2015 年的 6% 提升至 2020 年年底的 13.3%，工业总量位居全市第一。[①]

2010 年之后，内乡县规上工业增加值增速在全市排名均处于前列，且多年份位居第一位。从规上工业增加值增速省市对比来看，2009 年之后，内乡县规上工业增加值增速均高于省市平均水平。2021 年增速为 12.3%，在南阳市排第 1 位，在河南省排第 19 位（见表 3）。

表 3　2008—2021 年内乡县规上工业发展总体情况

年份	内乡县规上工业增加值（亿元）	内乡县规上工业增加值占南阳市的比重（%）	规上工业增加值增速（%）	规上工业增加值增速在南阳市的排名	规上工业增加值增速在河南省的排名
2008	13.2	2.9	17.4	11	99
2009	15.4	3.2	16.5	8	76
2010	19.9	3.1	29.8	1	3
2011	24.9	3.2	24.8	4	40
2012	30.2	3.7	21.5	3	21
2013	35.6	4.1	17.9	2	20

①　数据来源于内乡县政府工作报告。

续表

年份	内乡县规上工业增加值（亿元）	内乡县规上工业增加值占南阳市的比重（%）	规上工业增加值增速（%）	规上工业增加值增速在南阳市的排名	规上工业增加值增速在河南省的排名
2014	43.4	5.2	21.7	1	1
2015	50.0	5.6	15.2	2	9
2016	63.1	6.8	14.8	1	4
2017	—	—	12.0	1	6
2018	—	—	10.5	2	9
2019	—	—	8.6	4	59
2020	—	—	6.4	1	19
2021	—	—	12.3	1	19

数据来源：历年河南省统计年鉴、南阳市统计年鉴。

（四）服务业发展情况分析

内乡县服务业增加值逐年增长，占南阳市服务业增加值的比重呈现先下降后上升趋势。2021年内乡县服务业增加值达106.2亿元，在南阳市11个县（市）中排第8位，在河南省102个县（市）中排第65位。从服务业增加值增速来看，2021年内乡县服务业增加值增速为10.9%，在南阳市11个县（市）中排第6位，在河南省102县（市）中排第14位（见表4）。

表4　2008—2021年内乡县第三产业发展总体情况

年份	内乡县服务业增加值（亿元）	内乡县服务业增加值占南阳市服务业增加值的比重（%）	内乡县服务业增加值在南阳市的排名	内乡县服务业增加值在河南省的排名	内乡县服务业增加值增速（%）	内乡县服务业增加值增速在南阳市的排名	内乡县服务业增加值增速在河南省的排名
2008	22.2	5.0	6	58	15.6	5	31
2009	21.9	4.4	8	67	12.0	7	67
2010	25.0	4.3	8	68	11.7	7	44
2011	28.8	4.0	8	68	9.0	5	68
2012	32.2	3.9	8	70	8.4	9	80

续表

年份	内乡县服务业增加值（亿元）	内乡县服务业增加值占南阳市服务业增加值的比重（%）	内乡县服务业增加值在南阳市的排名	内乡县服务业增加值在河南省的排名	内乡县服务业增加值增速（%）	内乡县服务业增加值增速在南阳市的排名	内乡县服务业增加值增速在河南省的排名
2013	36.3	3.9	8	68	9.1	7	39
2014	44.9	4.3	8	72	11.5	2	9
2015	51.4	4.4	8	70	13.2	5	24
2016	58.0	4.4	8	70	11.0	5	50
2017	65.2	4.4	8	75	9.1	5	75
2018	73.9	4.1	8	74	9.9	9	49
2019	94.3	4.8	8	68	6.5	9	79
2020	95.3	4.7	8	69	1.9	10	55
2021	106.2	4.7	8	65	10.9	6	14

数据来源：历年河南省统计年鉴。

分行业看，各类型服务业增加值总额均不断提高，其中金融业增加值增长迅速，金融业由2011年的不足1亿元增长为2021年的将近10亿元，增加了10倍多（见表5）。

表5　2008—2021年内乡县第三产业分行业发展总体情况

年份	批发和零售业（万元）	交通运输、仓储和邮政业（万元）	住宿和餐饮业（万元）	金融业（万元）	房地产业（万元）	批发和零售业增速（%）	交通运输、仓储和邮政业增速（%）	住宿和餐饮业增速（%）	金融业增速（%）	房地产业增速（%）
2008	31536	54379	—	—	—	9.8	18.6	—	—	—
2009	49162	34986	—	—	—	14.4	10.6	—	—	—
2010	57398	41565	—	—	—	12.6	18.8	—	—	—
2011	67808	47560	39169	8878	26577	11.9	10.2	7.2	8.8	6.4
2012	76937	53262	41303	10746	28860	10.9	7.1	−0.6	19.2	6.9
2013	85039	59839	46126	15023	30803	8.5	4.6	5.0	37.9	6.4

续表

年份	批发和零售业（万元）	交通运输、仓储和邮政业（万元）	住宿和餐饮业（万元）	金融业（万元）	房地产业（万元）	批发和零售业增速（%）	交通运输、仓储和邮政业增速（%）	住宿和餐饮业增速（%）	金融业增速（%）	房地产业增速（%）
2014	92691	53976	41324	37880	44416	7.9	1.9	4.9	25.0	8.1
2015	99043	59055	45410	48392	45983	7.1	5.3	6.9	28.4	6.1
2016	106083	63816	49812	53258	49622	6.8	6.7	7.4	9.4	5.1
2017	115098	72453	54199	57011	62584	7.1	11.1	6.6	2.5	13.8
2019	149720	151249	60314	87711	116114	5.1	5.0	8.4	14.9	4.7
2020	150542	158264	52706	89375	123439	0.0	3.8	−14.3	0.6	5.2
2021	163200	185200	54600	98700	137400	6.5	20.4	6.1	9.8	7.3

数据来源：历年南阳市统计年鉴及内乡县统计公报。

从占比看，交通运输业占比较高，其次是批发和零售业、房地产业、金融业，最后是住宿和餐饮业。其中，2019年交通运输业、房地产业和金融业出现较大增长，同年批发和零售业及住宿和餐饮业出现较大下降（见表6）。

表6 2008—2021年内乡县不同类型服务业增加值占服务业增加值总额的比重

年份	批发和零售业占服务业的比重（%）	交通运输、仓储和邮政占服务业的比重（%）	住宿和餐饮业占服务业的比重（%）	金融业占服务业的比重（%）	房地产业占服务业的比重（%）
2008	14.2	24.4	—	—	—
2009	22.4	15.9	—	—	—
2010	23.0	16.6	—	—	—
2011	23.5	16.5	13.6	3.1	9.2
2012	23.9	16.6	12.8	3.3	9.0
2013	23.4	16.5	12.7	4.1	8.5
2014	20.6	12.0	9.2	8.4	9.9

续表

年份	批发和零售业占服务业的比重（%）	交通运输、仓储和邮政占服务业的比重（%）	住宿和餐饮业占服务业的比重（%）	金融业占服务业的比重（%）	房地产业占服务业的比重（%）
2015	19.3	11.5	8.8	9.4	8.9
2016	18.3	11.0	8.6	9.2	8.6
2017	17.6	11.1	8.3	8.7	9.6
2019	15.9	16.0	6.4	9.3	12.3
2020	15.8	16.6	5.5	9.4	13.0
2021	15.4	17.4	5.1	9.3	12.9

数据来源：历年南阳市统计年鉴及内乡县统计公报。

（五）重点企业分析

（1）牧原食品股份有限公司，始创于1992年，2014年上市。现已形成集饲料加工、生猪育种、生猪养殖、屠宰加工为一体的猪肉产业链。2022年生猪出栏6120万头，屠宰量736万头。

（2）金冠电气股份有限公司，主营业务为金属氧化物避雷器、开关柜、环网柜（箱）、柱上开关、变压器（台区）、箱式变电站等产品的研发及生产和销售。其中避雷器是公司的主导产品，每年销售避雷器取得的收入占其当年营业收入的50%以上。公司目前核心产品有金属氧化物避雷器、智能高压开关柜、一二次融合环网柜（箱）和一二次融合柱上开关等，主要服务于坚强智能电网建设。公司避雷器产品生产历史悠久，在国家电网、南方电网直流及1000 kV特高压交流市场累计中标台数位居行业第一，在国家电网集中规模招标中35 kV~750 kV电压等级市场的累计中标台数位居前列。客户涵盖国家电网、南方电网、中国国家铁路集团、中国中车、国家电投、国家能源等大型企业。

（3）河南仙鹤特种浆纸有限公司，2006年6月注册成立，注册资本1亿元，位于内乡县产业集聚区。公司于2018年4月20日在上海证券交易所A股主板挂牌上市，股票代码：603733。公司为仙鹤股份全资子公司。公司从制浆、造纸到涂布、分切、小纸加工，再到终端客户，具备全产业链。公司产品以特种纸、特种浆和高档文化用纸、热敏纸、收银纸、不干胶纸、无碳纸为主。已形成制浆能力5.1万吨/年、造纸生产能力18万吨/年、涂布加工纸10万吨/年、生产不干胶标签纸10万吨/年的规模。公司连年被评为"河南省造纸行业十强企业""南阳市30强企业",被南阳市委、市政府列为全市20家重点服务企业,被河南省工业和信息化厅评为"河南省轻工行业30强企业",被南阳市政府评为"十大纳税高增长工业企业",并荣获"扶贫攻坚先进集体"荣誉称号。连年被评为河南省制造企业100强、南阳市30强企业。

(4)河南华福包装科技有限公司,成立于2017年4月,是中国航天下属四级公司,注册资本4.52亿元,公司总部占地833亩。截至2021年年底,公司总资产11亿元,现有职工1800余人。公司专业从事各类酒盒、烟盒、精品盒等高档纸质印刷制品的设计及生产和销售,是一家集创意设计、酒类包装、食品类包装、烟草类包装、电子包装及纸板、纸箱等于一体的包装产业基地。公司已取得"河南省数字印刷包装工程技术研究中心"资质,连续5年入选"中国印刷包装百强企业",是"国家级高新技术企业""河南省数字印刷包装工程技术研究中心""河南省包协理事单位"。

(5)南阳飞龙汽车零部件有限公司,主导生产汽车水泵、排气歧管、涡轮增压器壳体、飞轮壳等,具备年产550万只汽车水泵、650万只排气歧管、500万只涡壳的生产能力,新上自动化铸造、清理、加工、装配生产线40余条。2021年实现产销20.67亿元,实现税利1亿元,有力地支持了区域经济发展。

四、财政收支分析

从财政收支总体情况来看,内乡县一般公共预算收支在省市的排名均有所上升,在河南省县域中处于中游位次。2021年内乡县一般公共预算收入达16.3亿元,占南阳市一般公共预算收入的7.3%,在南阳市11个县(市)中排第3位,在河南省102县(市)排第35位。其中税收收入2021年达到11.5亿元,占内乡县一般公共预算收入的70.7%,占南阳市税收收入的7.4%。2021年内乡县一般公共预算支出达到43.4亿元,占南阳市一般公共预算支出的5.8%,在南阳市11个县(市)中排第5位,在河南省102个县(市)中排第48位(见表7)。

表7 2008—2021年内乡县财政收支情况

年份	一般公共预算收入	占南阳市的比重	一般公共预算收入在南阳市的排名	一般公共预算收入在河南省的排名	税收收入	税收占一般公共预算收入的比重	占南阳市税收收入的比重	一般公共预算支出	一般公共预算支出占南阳市的比重	一般公共预算支出在南阳市的排名	一般公共预算支出在河南省的排名
2008	2.2	4.3	9	55	—	—	—	8.5	4.8	7	67
2009	2.4	4.3	9	57	1.5	61.9	3.6	10.7	4.7	8	72
2010	2.8	4.1	9	61	1.9	66.7	4.0	12.1	4.1	9	74
2011	3.5	4.0	9	64	2.2	64.0	3.3	15.6	5.0	7	71
2012	4.0	3.9	8	68	2.8	70.2	3.4	19.3	5.0	8	69
2013	5.0	4.0	8	70	3.6	72.8	3.7	22.0	5.1	6	63
2014	6.2	4.4	8	65	4.6	74.0	4.3	25.6	5.7	7	60
2015	7.3	4.6	8	58	5.2	71.4	4.9	30.9	6.0	6	48
2016	8.2	4.9	8	55	5.7	69.8	5.4	32.4	5.9	6	53
2017	10.0	5.7	3	44	6.7	67.2	6.1	33.4	5.7	6	57
2018	10.8	5.9	3	46	7.6	70.4	6.2	41.0	6.3	6	57
2019	11.8	6.0	3	50	8.3	70.7	6.2	40.8	5.8	6	62
2020	13.0	6.4	3	50	9.1	69.7	6.5	44.4	6.0	6	59
2021	16.3	7.3	3	35	11.5	70.7	7.4	43.4	5.8	5	48

数据来源：历年河南省统计年鉴、南阳市统计年鉴。

从人均财力看，近年来内乡县人均一般公共预算收支均超过南阳市的人均水平，但不及河南省的人均水平。2021年内乡县人均一般公共预算收入为3009元，占南阳市人均一般公共预算收入的128.9%，占河南省人均一般公共预算收入的68.4%；人均一般公共预算支出达到7995元，占南阳市人均一般公共预算支出的103.1%，占河南省人均一般公共预算支出的75.8%。从财政自给率看，内乡县财政自给率超过南阳市财政自给率，但一直低于河南省财政自给率。2021年内乡县财政自给率为37.6%，高于南阳市7.5个百分点，低于河南省4.1个百分点，在南阳市11个县（市）中排第3位，在河南省102个县（市）中排第48位（见表8）。

五、金融业发展分析

内乡县金融机构年末存、贷款余额逐年增加。2021年，金融机构存款年末余额为344.6亿元，占南阳市的6.0%，在南阳市11个县（市）中排第4位，在河南省102个县（市）中排第40位；金融机构贷款年末余额为252.6亿元，占南阳市的7.6%，在南阳市11个县（市）中排第2位，在河南省102个县（市）中排第22位（见表9）。

2019年之前，内乡县存贷比在逐年递增，2019年大幅下降，2021年又回升到正常水平。2021年存贷比为73.3%，比2008年提高了25.9个百分点，在南阳市11个县（市）中排第1位，在河南省102个县（市）中排第13位（见表9）。

从人均存贷款来看，内乡县人均存款余额在省市的排名均处于上游。2021年内乡县人均存款余额为63531元，占南阳市人均存款余额的105.7%，占河南省人均存款余额的76.2%，在南阳市11个县（市）中排第2位，在河南省102个县（市）中排第18位；人均贷款余额为46576元，占南阳市人均贷款余额的134.9%，占河南省人均贷款余额的66.3%，在南阳市11个县（市）中排第1位，在河南省102个县（市）中排第7位（见表10）。

表8 2008—2021年内乡县人均财力及财政自给率

年份	一般公共预算收入/常住人口	占南阳市的比重	占河南省的比重	人均一般公共预算收入在南阳市的排名	人均一般公共预算收入在河南省的排名	一般公共预算支出/常住人口	占南阳市的比重	占河南省的比重	人均一般公共预算支出在南阳市的排名	人均一般公共预算支出在河南省的排名	财政自给率	财政自给率在南阳市的排名	财政自给率在河南省的排名
2008	360	70.5	33.7	4	49	1397	78.7	57.7	4	51	25.8	5	50
2009	393	70.9	33.1	4	51	1750	77.8	57.1	5	61	22.4	5	51
2010	490	72.9	33.4	4	47	2101	74.0	57.8	5	63	23.3	5	51
2011	619	72.0	34.0	4	49	2763	90.4	61.5	5	54	22.4	7	55
2012	706	69.1	33.0	4	53	3408	89.5	64.9	5	58	20.7	6	57
2013	886	72.3	35.1	4	52	3895	91.8	66.8	5	56	22.8	4	57
2014	1108	78.5	39.0	3	51	4615	102.1	73.8	4	42	24.0	5	61
2015	1310	83.5	42.1	3	50	5573	108.3	79.5	4	28	23.5	6	61
2016	1475	88.4	45.7	3	47	5811	106.0	76.2	4	33	25.4	3	52
2017	1762	100.1	50.8	3	46	5887	100.1	70.4	4	48	29.9	3	46
2018	1900	102.8	49.8	3	47	7207	109.4	77.1	4	35	26.4	3	51
2019	2081	103.5	51.0	3	46	7200	100.1	70.1	4	59	28.9	3	47
2020	2364	113.6	56.4	3	46	8082	105.5	77.5	4	39	29.3	2	48
2021	3009	128.9	68.4	3	37	7995	103.1	75.8	4	26	37.6	3	48

数据来源：历年河南省统计年鉴。

表 9　2008—2021 年内乡县金融机构年末存贷款余额情况

年份	存款年末余额	占南阳市的比重	在南阳市的排名	在河南省的排名	贷款年末余额	占南阳市的比重	在南阳市的排名	在河南省的排名	内乡县存贷比	在南阳市的排名	在河南省排名	南阳市存贷比	河南省存贷比
2008	39.1	4.2	8	75	18.5	3.4	8	68	47.4	7	42	59.8	68.0
2009	50.0	4.4	8	71	24.2	3.5	8	65	48.4	7	47	61.0	70.1
2010	60.0	4.1	8	69	30.9	3.7	8	58	51.6	4	39	56.2	68.6
2011	73.6	4.1	8	68	38.3	3.9	8	48	52.0	3	32	54.8	65.7
2012	90.5	4.3	8	69	43.0	3.9	8	53	47.6	4	37	52.9	63.5
2013	105.7	4.3	8	69	73.4	5.5	3	30	69.4	2	10	53.5	62.5
2014	122.8	4.5	8	65	83.4	5.4	4	32	67.9	2	13	56.3	65.8
2015	134.8	4.4	8	66	93.7	5.4	3	31	69.5	2	13	56.1	66.0
2016	169.1	4.9	7	55	108.0	5.7	3	28	63.9	2	15	54.6	67.6
2017	194.7	5.2	8	56	136.0	6.4	2	24	69.9	1	9	56.6	70.7
2018	219.1	5.3	7	53	153.9	6.6	2	22	70.2	1	9	57.2	74.9
2019	270.3	5.8	4	43	159.6	6.0	2	26	59.0	3	32	56.9	80.1
2020	327.3	6.2	4	36	185.5	6.2	2	26	56.7	2	37	56.6	82.2
2021	344.6	6.0	4	40	252.6	7.6	2	22	73.3	1	13	57.5	84.2

数据来源：历年河南省统计年鉴。

表 10　2008—2021 年内乡县人均存贷款情况

年份	人均存款（元，%）					人均贷款（元，%）				
	人均存款	在南阳市的排名	在河南省的排名	占南阳市的比重	占河南省的比重	人均贷款	在南阳市的排名	在河南省的排名	占南阳市的比重	占河南省的比重
2008	6406	6	64	69.8	39.6	3037	7	57	55.3	27.6
2009	8162	6	59	72.2	40.4	3952	6	56	57.3	27.9
2010	10438	6	57	72.9	42.4	5380	5	52	66.8	31.9
2011	13034	6	55	74.4	46.3	6772	5	44	70.5	36.6
2012	15961	6	54	77.0	47.6	7594	5	45	69.2	35.7
2013	18723	6	55	76.3	47.7	13000	2	27	98.9	52.9
2014	22124	5	50	80.2	51.6	15023	2	30	96.7	53.2
2015	24274	6	53	79.2	49.4	16876	2	32	98.1	52.1
2016	30368	5	44	88.0	55.0	19393	2	24	103.0	52.0
2017	34267	4	46	90.6	57.0	23945	2	18	111.8	56.4
2018	38476	3	36	92.4	59.4	27021	2	20	113.5	55.7
2019	47665	2	25	100.1	67.9	28138	2	24	103.9	50.1
2020	59614	2	15	109.3	77.5	33775	1	21	109.3	53.4
2021	63531	2	18	105.7	76.2	46576	1	7	134.9	66.3

数据来源：历年河南省统计年鉴。

六、居民收入分析

从居民收入看，2017年以来，内乡县居民人均可支配收入在河南省的排名处于中上游。2021年内乡县居民人均可支配收入为23936元，比2017年的17633元增长了35.7%，占南阳市居民人均可支配收入的93.9%，占河南省居民人均可支配收入的89.3%，在南阳市11个（市）中排第4位，在河南省102个县（市）中排第39位。从居民收入增速看，内乡县居民人均可支配收入增速均高于南阳市，2021年增速为8.9%，高于南阳市居民人均可支配收入增速0.3个百分点（见表11）。

表11 2017—2021年内乡县居民人均可支配收入情况

年份	内乡县居民人均可支配收入（元）	在南阳市的排名	在河南省的排名	占南阳市的比重（%）	占河南省的比重（%）	内乡县居民人均可支配收入增速（%）	南阳市城乡居民人均可支配收入增速（%）	内乡县增速-南阳市增速（%）
2017	17633	6	42	92.2	87.4	11.0	9.7	1.3
2018	19201	6	42	92.2	87.4	8.9	8.9	0.0
2019	21127	6	42	93.3	88.4	10.0	8.7	1.3
2020	21974	5	41	93.6	88.6	4.0	3.7	0.3
2021	23936	4	39	93.9	89.3	8.9	8.6	0.3

数据来源：历年河南省统计年鉴。

分城乡来看，内乡县城乡居民人均可支配收入在南阳市和河南省处于中上游水平。2021年内乡县城镇居民人均可支配收入为34507元，占南阳市城镇居民人均可支配收入的95.4%，占河南省城镇居民人均可支配收入的93.0%，在南阳市11个县（市）中排第4位，在河南省102个县（市）中排第35位；2021年内乡县农村居民人均可支配收入为17574元，占南阳市农村居民人均可支配收入的99.8%，占河南省农村居民人均可支配收入的100.2%，在南阳市11个县（市）中排第5位，在河南省102个县（市）中排第46位。2021年内乡县城乡居民人均可支配收入比约为2.0，在河南省102个县（市）中排第56位，处在中游水平，2008年以来城乡收入差距整体逐步缩小（见表12）。

表 12 2008—2021 年内乡县分城乡人民生活情况

年份	城镇居民人均可支配收入	在南阳市的排名	在河南省的排名	占南阳市的比重	占河南省的比重	农村居民人均可支配收入	在南阳市的排名	在河南省的排名	占南阳市的比重	占河南省的比重	城乡收入比	在南阳市的排名	在河南省的排名
2008	11268	5	30	90.9	85.2	4542	6	48	99.4	102.0	2.5	6	59
2009	12272	5	33	90.9	85.4	4906	6	46	99.5	102.1	2.5	6	56
2010	13732	5	33	91.1	86.2	5196	7	57	91.7	94.1	2.6	7	73
2011	15751	6	34	91.1	86.6	6419	6	49	94.7	97.2	2.5	6	64
2012	17847	6	33	91.3	87.3	7461	6	48	96.2	99.1	2.4	6	60
2013	19845	5	31	91.7	88.6	8410	6	48	96.3	99.2	2.4	6	62
2014	21730	5	31	91.6	91.8	9385	6	48	96.3	94.2	2.3	6	62
2015	23186	4	30	92.2	90.7	10442	6	49	96.9	96.2	2.2	6	64
2016	25002	4	28	93.0	91.8	11355	6	49	97.0	97.1	2.2	6	64
2017	27123	4	29	93.1	91.8	12609	6	47	99.1	99.1	2.2	6	60
2018	29320	4	30	93.6	92.0	13782	6	47	99.6	99.6	2.1	6	57
2019	31783	4	34	95.0	92.9	15119	6	47	99.7	99.7	2.1	6	57
2020	32355	4	34	95.4	93.1	16071	5	45	99.9	99.8	2.0	6	56
2021	34507	4	35	95.4	93.0	17574	5	46	99.8	100.2	2.0	5	56

数据来源：历年河南省统计年鉴。

七、固定资产投资分析

内乡县固定资产投资总额及占南阳市的比重整体呈上升趋势，2021年为507.8亿元，占南阳市固定资产投资的9.4%。

从增速来看，2009年以来，内乡县固定资产投资增速整体超过省市平均水平，增速均保持在两位数以上。2021年为13.6%，高于南阳市0.5个百分点，高于河南省9.1个百分点（见表13）。

表13 2008—2021年内乡县固定资产投资情况

年份	固定资产投资（亿元）	占南阳市的比重（%）	内乡县固定资产投资增速（%）	南阳市固定资产投资增速（%）	河南省固定资产投资增速（%）
2008	42.6	6.0	21.0	27.8	30.7
2009	63.6	6.8	49.4	31.2	31.6
2010	85.9	9.0	35.0	21.6	22.2
2011	92.1	7.4	32.9	27.0	27.0
2012	115.3	7.4	25.6	24.2	21.4
2013	145.9	7.0	26.5	23.3	22.5
2014	168.2	6.8	19.4	19.1	19.2
2015	201.6	6.9	19.9	17.5	16.5
2016	250.4	7.4	24.2	16.7	13.7
2017	283.3	7.6	13.1	9.9	10.4
2018	327.5	8.0	15.6	9.6	8.1
2019	395.6	8.8	20.8	10.4	8.0
2020	447.0	9.4	13.0	5.5	4.3
2021	507.8	9.4	13.6	13.1	4.5

注：2018—2021年固定资产投资总额为根据相应年份增速计算所得。
数据来源：历年河南省统计年鉴、南阳市统计年鉴。

房地产投资增速在2008年、2014年和2017年出现了下降，2021年房地产投资增速为29.0%。房地产投资占固定资产投资的比重呈先上升后下降趋势，2013年达到最大值1.6%，近几年占比均在1%以下，2021年为1.0%（见表14）。

表14 2008—2021年内乡县房地产投资情况

年份	房地产投资总量（亿元）	房地产投资增速（%）	房地产投资总量占固定资产投资的比重（%）
2008	0.2	−27.5	0.5
2009	0.3	11.1	0.4
2010	0.3	21.4	0.3
2011	0.9	211.9	1.0
2012	1.2	37.4	1.0
2013	2.4	85.3	1.6
2014	2.1	−12.6	1.2
2015	2.2	3.3	1.1
2016	2.3	7.7	0.9
2017	2.3	−2.0	0.8
2018	2.4	7.2	0.7
2019	3.5	42.4	0.9
2020	4.1	17.8	0.9
2021	5.3	29.0	1.0

注：2018—2021年房地产投资总额为根据相应年份增速计算所得。
数据来源：历年河南省统计年鉴、南阳市统计年鉴。

八、社会消费分析

从社会消费情况来看，内乡县社消零总额在省市的排名均处于中游，人均社消零在河南省的位次稍有下降。2021年内乡县社消零总额为97.5亿元，在南阳市11个县（市）中排第8位，在河南省102个县（市）中排第58位；人均社消零2021年达到17974元，在南阳市11个县（市）中排第5位，在河南省102个县（市）中排第49位。分行业来看，2021年内乡县批发和零售业占比为84.7%，住宿和餐饮业占比为15.3%（见表15）。

表 15 2008—2021 年内乡县社消零总额情况

年份	社消零总额（亿元，%）				人均社消零（元）			分行业及占比（亿元，%）			
	社消零总额	在南阳市的排名	在河南省的排名	占GDP的比重	人均社消零	在南阳市的排名	在河南省的排名	批发和零售业	占社消零的比重	住宿和餐饮业	占社消零的比重
2008	30.4	7	35	33.7	4983	6	34	25.9	85.1	4.5	14.9
2009	36.2	7	35	37.8	5900	7	35	30.6	84.7	5.5	15.3
2010	42.8	7	34	39.2	7448	6	25	35.9	83.9	6.9	16.1
2011	50.0	7	35	42.2	8850	6	23	42.3	84.6	7.7	15.4
2012	58.0	7	35	44.0	10235	6	25	49.3	85.0	8.7	15.0
2013	65.7	7	36	45.1	11636	6	24	55.6	84.7	10.1	15.3
2014	75.7	7	36	47.5	13628	6	22	64.2	84.8	11.5	15.2
2015	86.0	7	36	49.0	15489	6	22	80.2	93.3	5.8	6.7
2016	96.8	7	33	50.5	17375	6	22	86.4	89.3	10.3	10.7
2017	106.1	7	37	48.9	18667	6	22	93.6	88.3	12.4	11.7
2018	109.0	7	39	47.1	19136	6	26	88.6	81.3	20.4	18.7
2019	94.7	7	59	37.5	16694	5	49	63.7	67.2	31.0	32.8
2020	89.3	8	58	33.7	16259	5	48	76.0	85.1	13.3	14.9
2021	97.5	8	58	33.3	17974	5	49	82.6	84.7	14.9	15.3

数据来源：历年南阳市统计年鉴。

九、人口规模分析

从人口情况看，内乡县常住人口在河南省县域中排名处在中下游，城镇化率水平在河南省县域中排名处在中上游，人口流失率超过20%。2021年内乡县常住人口为54.2万人，占南阳市常住人口的5.6%，在南阳市11个县（市）中排第7位，在河南省102个县（市）中排第66位。2020年人口外流17.0万人，人口流失率为23.6%。2021年城镇化率为49.3%，在河南省102个县（市）中排第36位，低于南阳市城镇化率2.3个百分点，低于河南省7.2个百分点（见表16）。

表16 2008—2021年内乡县人口情况

年份	户籍人口（万人）	常住人口（万人）	常住人口在南阳市的排名	常住人口在河南省的排名	外流人口（万人）	人口流失率（%）	常住人口占南阳市的比重（%）	内乡县城镇化率（%）	城镇化率在南阳市的排名	城镇化率在河南省的排名
2008	65.1	61.1	8	63	4.0	6.1	6.1	—	—	—
2009	65.3	61.3	8	62	4.0	6.2	6.1	—	—	—
2010	70.4	57.5	8	64	12.9	18.4	5.6	—	—	—
2011	70.7	56.5	8	67	14.2	20.1	5.6	—	—	—
2012	71.0	56.7	8	66	14.3	20.1	5.6	—	—	—
2013	71.2	56.4	8	66	14.8	20.8	5.6	33.8	7	49
2014	71.5	55.5	8	66	16.0	22.4	5.6	34.9	7	54
2015	71.8	55.5	8	68	16.3	22.7	5.5	36.7	7	55
2016	72.2	55.7	8	68	16.5	22.9	5.6	38.3	8	57
2017	72.4	56.8	8	66	15.6	21.5	5.7	40.0	8	57
2018	72.5	56.9	8	67	15.6	21.5	5.8	41.4	7	56
2019	72.8	56.7	8	67	16.1	22.1	5.8	42.7	7	57
2020	71.9	54.9	7	65	17.0	23.6	5.7	48.4	4	35
2021	—	54.2	7	66	—	—	5.6	49.3	4	36

数据来源：历年河南省统计年鉴。

2019年内乡县就业人数为33.24万人，从三次产业从业人员占比情况来看，第一产业就业人数占比43%，第二、第三产业就业人数占比57%（见表17）。

表17 2008—2019年内乡县就业情况

年份	从业人员数（万人）	从业人员数增速（%）	第一产业从业人员数占比（%）	第二产业从业人员数占比（%）	第三产业从业人员数占比（%）
2008	36.00	3.63	48	25	27
2009	35.66	−0.93	47	27	26
2010	35.25	−1.17	44	28	28
2011	35.51	0.75	45	55	
2012	35.80	0.80	43	57	
2013	35.36	−1.23	43	57	
2014	37.30	5.48	42	58	
2015	37.89	1.60	45	55	
2016	39.29	3.69	44	56	
2017	38.73	−1.42	46	54	
2018	36.60	−5.51	43	57	
2019	33.24	−9.18	43	57	

数据来源：历年河南省统计年鉴。

十、公共服务分析

从教育情况来看，2021年内乡县有小学117所，在校生59373人，专任教师3240人，生师比18.3∶1。初中24所，在校生39395人，专任教师3373人，生师比11.7∶1（见表18）。

从医疗卫生情况来看，平均每千名常住人口配备卫生机构床位数、卫生技术人员数逐年上升，医疗资源配备逐步增强，2021年每千人床位数为6.9张，每千人卫生技术人员数为5.5人（见表18）。

表18 2019—2021年内乡县教育和医疗情况

年份		2019	2020	2021
学校数	合计（所）	145	145	141
	小学学校数（所）	121	120	117
	初中学校数（所）	24	25	24
在校学生数	合计（人）	105819	103537	98768
	小学在校生数（人）	68407	64328	59373
	初中在校生数（人）	37412	39209	39395
专任教师数	合计（人）	5806	6445	6613
	小学（人）	3250	3305	3240
	初中（人）	2556	3140	3373
医疗卫生	卫生机构床位数/千人（张）	6.3	6.8	6.9
	卫生技术人员数/千人（人）	5.0	5.4	5.5

数据来源：历年河南省统计年鉴。

十一、县域发展战略分析

"十四五"时期，内乡县经济社会发展总体目标是"跨入全省20强、接近全国百强县门槛"，具体目标是努力实现"四强两优三争先"奋斗目标：经济实力更强、产业支撑更强、创新驱动力更强、开放引领力更强、社会发展更优、生态环境更优、文旅融合发展上奋勇争先、体制机制创新上奋勇争先、社会治理上奋勇争先。强力推进"四县一中心"（全国现代猪产业第一县、全省经济强县、全省乡村振兴先进县、全省县域治理"三起来"示范县、区域性综合智慧物流中心）建设，聚焦破解关键制约、弥补突出短板、强化发展优势，聚力高质量发展、高品质生活、高效能治理。

十二、综述

综上所述，内乡县近几年发展迅速，主要经济指标增速均位于全市前列。但大部分人均量仍低于全省平均水平；产业转型升级较慢，高质量发展不充分；城镇化发展相对滞后，低于全市平均水平，是内乡县服务业成为短板弱项的原因之一；文旅产业等现代服务业发展滞后，与内乡丰富的人文和自然资源禀赋不相匹配。

内乡县应充分发挥牧原等龙头企业的带动作用，招商引资，做长产业链条，打造"全国现代猪产业第一县"品牌。同时注重文旅融合发展，充分发挥内乡资源禀赋，推动服务业高质量发展。

河南省县域经济运行分析：西峡篇[①]

一、西峡县概述

西峡县地处河南省西南部、南阳市西部、伏牛山腹地、豫鄂陕三省交会地带，是一个"八山一水一分田"的山区县。县域面积3454平方千米，为河南省第二区域大县。辖1乡、15镇、3个街道、295个村（社区），2021年常住人口44.5万人，城镇化率为55%。

西峡是中国重阳文化的发源地。5000年前，西峡就有聚居的群落。西峡是屈原故里，屈原文化的主要遗存地和屈原"扣马谏王"故事的发生地。

西峡矿产资源丰富，已探明有开采价值的矿藏5类、38种，开发前景广阔。金属矿有磁铁、铬铁、铜、铅、金、银等；非金属及耐火材料有石墨、红柱石、海泡石等；建筑材料有大理石、花岗岩、石灰石、石英等；化工原料有萤石、重晶石等；还有特种非金属工艺材料水晶、冰洲石、玉石、云母等。最具代表性的是"四石"：航天工业必不可少的原材料金红石储量上亿吨，极具开发潜力；红柱石储量居全国之首；镁橄榄石储量10亿吨，居亚洲前列；有国内罕见的大型石墨露天富矿。

二、总体经济运行分析

从GDP总量来看，西峡县GDP总量由2008年的109.9亿元提高到2021年283.9亿元，增加了1.6倍，在南阳市11个县（市）中排第7位，在河南省102个县（市）中排第54位。从GDP占比来看，西峡县GDP占全市的比重呈先上升后下降趋势，2021年为6.5%（见表1）。

---

① 本篇完成于2022年9月，撰稿人：李甜；耿明斋、周立、王永苏、李燕燕、屈桂林、张国骁、徐涛、赵岩等参与讨论。

从GDP增速来看,除2021年外,西峡县GDP增速均高于南阳市GDP增速,在2008—2021年均高于河南省GDP增速。2021年西峡县GDP增速为8.4%,低于南阳市0.6个百分点,但高于河南省2.1个百分点,在南阳市11个县(市)中排第10位,在河南省102个县(市)中排第23位(见表1)。

表1　2008—2021年西峡县地区生产总值及增速

年份	西峡县GDP(亿元)	西峡县GDP在南阳市的排名	西峡县GDP在河南省的排名	西峡县GDP增速(%)	西峡县GDP增速在南阳市的排名	西峡县GDP增速在河南省的排名	西峡县GDP占南阳市的比重(%)	西峡县GDP增速-南阳市GDP增速(%)	西峡县GDP增速-河南省GDP增速(%)
2008	109.9	5	41	14.9	1	28	6.7	2.8	2.9
2009	129.0	5	36	16.0	1	5	8.1	6.0	5.0
2010	150.8	4	36	15.8	1	7	7.7	4.2	3.4
2011	171.5	4	38	12.6	3	48	7.8	1.4	0.6
2012	175.1	5	40	11.8	1	35	7.5	1.7	1.7
2013	190.4	4	40	11.2	1	17	7.6	2.5	2.2
2014	206.6	4	39	9.8	3	31	7.7	1.3	0.9
2015	219.5	4	39	10.1	8	31	7.7	1.1	1.7
2016	244.1	4	37	9.7	5	15	7.8	1.3	1.5
2017	252.0	5	42	8.8	2	25	7.5	2.0	1.0
2018	265.2	5	44	8.6	1	29	7.4	1.4	1.0
2019	251.2	6	59	7.0	8	74	6.6	0.0	0.2
2020	258.0	7	57	3.2	4	39	6.6	1.0	2.1
2021	283.9	7	54	8.4	10	23	6.5	-0.6	2.1

数据来源:历年河南省统计年鉴。

从人均GDP来看,西峡县人均GDP始终高于南阳市和河南省平均水平,但差距在逐渐缩小。2021年西峡县人均GDP为63384元,是南阳市的1.41倍,是河南省的1.06倍,在南阳市11个县(市)中的排第1位,在河南省102个县(市)中排第24位(见表2)。

表2 2008—2021年西峡县人均地区生产总值及增速

年份	西峡县人均GDP（元）	西峡县GDP在南阳市的排名	西峡县人均GDP在河南省的排名	西峡县人均GDP增速（%）	西峡县人均GDP增速在南阳市的排名	西峡县人均GDP增速在河南省的排名	西峡县人均GDP占南阳市的比重（%）	西峡县人均GDP占河南省的比重（%）
2008	26234	1	23	14.4	1	33	173.9	139.0
2009	30559	1	21	15.1	1	9	188.7	150.7
2010	34754	1	20	12.7	6	59	191.5	144.9
2011	38808	1	21	10.6	8	83	193.3	139.1
2012	39779	1	22	12.2	2	44	182.8	130.4
2013	43214	1	20	11.1	1	29	185.8	130.5
2014	47174	1	20	10.4	4	29	177.0	131.1
2015	50258	1	19	10.4	8	30	175.4	131.1
2016	55730	1	19	9.4	6	27	187.6	134.9
2017	58005	1	19	9.7	1	9	180.9	126.9
2018	61720	1	19	9.8	4	10	174.4	121.7
2019	58313	1	28	6.7	7	72	150.6	107.3
2020	57292	1	24	3.2	9	50	142.1	103.3
2021	63384	1	24	8.4	11	42	141.2	106.7

数据来源：历年河南省统计年鉴。

三、分产业经济运行分析

（一）产业格局与发展方向

在工业上，西峡县培育了以汽车配件和新型钢构为主的先进装备制造业、以新型冶金保护材料为主的新材料业、以"菌果药"加工为主的中药食品业三大主导产业，5家企业进入全省制造业百强。形成了新型特钢、冶金新材料、中药制药与绿色食品、汽车零部件4个百亿级产业园，其中，冶金保护材料国内市场占有率保持在95%以上，仲景牌六味地黄丸和汽车水泵、排气歧管国内市场占有率保持在30%以上。

在特色农业上，做大做强以香菇、猕猴桃、山茱萸为主的"菌果药"三大产业，年综合产值200亿元以上，农民人均纯收入的80%来自三大特色产业。西峡县先后被命名为"中国猕猴桃之乡""中国香菇之乡""中国山茱萸之乡"，获得"西峡香菇甲天下""国家级出口食品农产品质量安全示范区""全国道地优质中药材十佳规范化基地"等荣誉60余项。

（二）产业结构分析

2018年开始，西峡县第三产业占比超过第二产业，三次产业结构由"二、三、一"转变为"三、二、一"。2021年西峡县三产结构为14.4∶39.4∶46.2（见图1）。

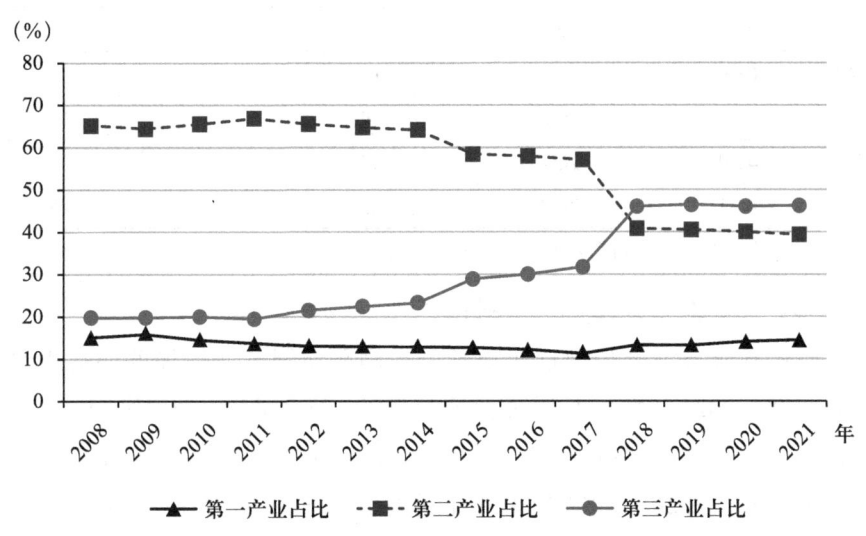

图1 2008—2021年西峡县三产结构变化情况

（三）工业发展情况分析

2008以来，西峡县规上工业增加值占南阳市的比重呈上升趋势，2021年占比为20.3%。从增速来看，在2011年和2021年低于南阳市，在2008—2021年间均高于河南省，2021年增速为10.0%，低于南阳市0.5个百分点，高于河南省3.7个百分点，在南阳市11个县（市）中排第9位，在河南省102个县（市）中排第45位（见表3）。

表3 2008—2021年西峡县规上工业发展总体情况

年份	西峡县规上工业增加值（亿元）	西峡县规上工业增加值占南阳市的比重（%）	规上工业增加值增速（%）	规上工业增加值增速在南阳市的排名	规上工业增加值增速在河南省的排名
2008	46.0	10.0	22.5	1	66
2009	58.7	12.1	27.5	1	2
2010	73.8	11.6	25.7	3	13
2011	88.6	11.4	20.1	9	85
2012	104.0	12.6	17.4	9	63
2013	120.7	13.9	16.1	4	39
2014	136.4	16.4	13.0	4	47
2015	153.9	17.4	12.8	7	29
2016	169.3	18.2	10.0	9	36
2017	187.9	19.0	11.0	4	9
2018	208.6	19.8	11.0	1	8
2019	228.2	20.0	9.4	2	18
2020	241.9	20.4	6.0	2	23
2021	266.1	20.3	10.0	9	45

数据来源：历年河南省统计年鉴及西峡县统计公报。

（四）服务业发展情况分析

西峡县服务业增加值逐年增长，占南阳市服务业增加值的比重呈现上升趋势。2021年西峡县服务业增加值达131.2亿元，在南阳市11个县（市）中排第6位，在河南省102个县（市）中排第46位。从服务业增加值增速来看，2021年西峡县服务业增加值增速为10.0%，在南阳市11个县（市）中排第10位，在河南省102县（市）中排第28位（见表4）。

表 4　2008—2021 年西峡县服务业发展总体情况

年份	西峡县服务业增加值（亿元）	西峡县服务业增加值占南阳市服务业增加值的比重（％）	西峡县服务业增加值在南阳市的排名	西峡县服务业增加值在河南省的排名	西峡县服务业增加值增速（％）	西峡县服务业增加值增速在南阳市的排名	西峡县服务业增加值增速在河南省的排名
2008	21.4	4.8	8	63	17.6	1	10
2009	26.2	5.3	5	46	14.8	2	32
2010	29.8	5.1	5	46	11.9	6	43
2011	34.0	4.8	6	50	7.9	9	81
2012	38.1	4.6	6	52	8.8	7	74
2013	42.7	4.6	6	54	8.3	10	59
2014	56.7	5.5	5	49	10.3	5	28
2015	64.3	5.5	5	48	11.6	10	59
2016	71.5	5.4	6	52	9.3	10	87
2017	79.9	5.4	5	53	8.6	8	82
2018	88.0	4.9	6	58	7.0	11	83
2019	116.5	6.0	6	48	6.1	11	84
2020	118.9	5.9	6	46	2.7	5	31
2021	131.2	5.9	6	46	10.0	10	28

数据来源：历年河南省统计年鉴。

服务业分行业看，交通运输、仓储和邮政业与批发和零售业一直处在前两位。除 2013 年和 2016 年以外，房地产业增加值均超过金融业增加值，处在第三位（见表 5）。

（五）重点企业分析

（1）河南龙成集团有限公司（简称龙成集团）是一家民营股份制高科技企业，自 1988 年创立以来，先后开发出预熔型结晶器保护渣、连铸结晶器铜板、特殊钢板、煤清洁高效利用等一系列具有自主知识产权的先进技术和产品，发展成为横跨特殊钢铁、煤清洁高效技术应用、机械制造、冶金材料、IT、旅游等多个行业的现代企业集团。龙成集团从 2010 年起跻身中国民营企业 500 强、河南省工业企业前 20 位、河南省民营企业前 10 位、南阳市工业企业第 1 位，2020 年起被评为南阳市仅有的一家"五星级企业"，先后获得"全国诚信守法企业""河南省优秀民营企业""河南省出口重点企业""河南省守合同重信用企业"等 200 余项荣誉称号，建设有"国家企业技术中心"。

（2）河南省西保冶材集团有限公司（简称西保集团）创立于 1969 年，主要从事冶金功能材料新技术、新工艺、新产品的研发及生产和销售。注册资金 6000 万元，现有员工 3600 余人，总资产 59 亿元。2021 年实现产值 113.63 亿元，销售收入 115.42 亿元，利税 10.47 亿元。

（3）仲景宛西制药股份有限公司，主要生产"仲景"牌六味地黄丸、逍遥丸、天智颗粒、太子金颗粒及"月月舒"牌痛经宝颗粒为代表的 100 多种中成药产品。拥有"仲景""月月舒"全国驰名商标，其中"仲景"商标入选"中国商标 500 强"，仲景牌六味地黄丸占据整个六味地黄丸约 1/3 的市场份额。

（4）飞龙汽车部件股份有限公司建于 1952 年，1964 年开始生产汽车配件，具有 50 余年生产汽车配件的历史，是国内生产汽车配件的主要基地，主导产品为汽车水泵，发动机进、排气歧管，增压器涡壳，电子泵等，汽车水泵国内市场占有率达 25%，居行业领先地位。公司现有职工 4200 余人，具备年产 1000 万只机械水泵、100 万只电子泵、600 万只排气歧管及 650 万只涡壳铸造的生产能力，拥有生产、试验、检测设备千余台（套），开发、生产能力居国内同行业领先地位。

河南省县域经济运行分析：西峡篇

表 5 2008—2020 年西峡县第三产业分行业发展总体情况

年份	批发和零售业（万元）	批发和零售业增速（%）	交通运输、仓储和邮政业（万元）	交通运输、仓储和邮政业增速（%）	住宿和餐饮业（万元）	住宿和餐饮业增速（%）	金融业（万元）	金融业增速（%）	房地产业（万元）	房地产业增速（%）
2008	37768	11.3	39616	15.1	—	—	—	—	—	—
2009	47915	18.4	42475	9.0	—	—	—	—	—	—
2010	54059	8.8	48770	14.8	—	—	—	—	—	—
2011	63628	11.5	54843	7.9	52385	9.1	17496	6.5	21888	6.1
2012	72721	11.7	61718	7.7	58161	5.6	21774	22.5	23589	5.9
2013	81071	9.4	70227	5.9	64862	5.9	24777	12.2	24110	1.9
2014	90295	10.3	103041	2.0	73534	5.7	35084	25.8	51108	8.8
2015	111151	6.6	96024	3.3	80866	7.3	46509	32.9	47864	-4.6
2016	103884	7.8	120035	6.8	88412	7.2	53452	14.3	50793	2.2
2017	112352	6.8	134597	9.2	96127	6.6	61919	11	64575	14.3
2018	—	—	—	—	—	—	—	—	—	—
2019	219177	5.5	219632	5.0	59881	9.0	76204	5.4	160551	6.5
2020	224836	2.0	226292	2.2	57964	-4.5	83969	8.6	166696	3.6

（5）河南劲派集团有限公司是集制造、旅游、能源开发、金融、物流等业务为一体的民营综合性企业。下辖西峡县内燃机进排气管有限责任公司、西峡县劲派制造有限公司、西峡县劲派汇晟排气管系统制造有限公司、西峡县源盛合铸造材料有限责任公司、西峡西排物流有限责任公司、西峡县老君洞生态养生旅游开发有限责任公司、西峡县老君洞假日酒店商务服务有限公司、西峡县风情旅行社有限公司、西峡县源盛公小额贷款有限公司、米坪明光水电站、河南劲派置业有限公司。

四、财政收支分析

从财政收支总体情况来看，西峡县一般公共预算收入在省市排名处于上游位次，一般公共预算支出在河南省县域中处于中下游位次。2021年西峡县一般公共预算收入达19.6亿元，占南阳市一般公共预算收入的8.7%，在南阳市11个县（市）中排第2位，在河南省102县（市）中排第27位。其中税收收入2020年达到13.1亿元，占西峡县一般公共预算收入的74.8%，占南阳市税收收入的9.4%。2021年西峡县一般公共预算支出达到42.7亿元，占南阳市一般公共预算支出的5.7%，在南阳市11个县（市）中排第6位，在河南省102个县（市）中排第50位（见表6）。

从人均财力看，西峡县人均一般公共预算收支均超过南阳市的人均水平，但近几年不及河南省的人均水平，在省市排名均处于上游位次。2021年西峡县人均一般预算公共收入为4396元，占南阳市人均一般公共预算收入的188.3%，占河南省人均一般公共预算收入的99.9%，在南阳市11个县（市）中排第1位，在河南省102个县（市）中排第17位；人均一般公共预算支出达到9582元，占南阳市人均一般公共预算支出的123.6%，占河南省人均一般公共预算支出的90.9%，在南阳市11个县（市）中排第2位，在河南省102个县（市）中排第12位。从财政自给率看，西峡县财政自给率超过南阳市财政自给率，且自2014年开始超过河南省财政自给率。2021年西峡县财政自给率为45.9%，高于南阳市15.8个百分点，高于河南省4.2个百分点，在南阳市11个县（市）中排第1位，在河南省102个县（市）中排第37位（见表7）。

表6 2008—2021年西峡县财政收支情况

年份	一般公共预算收入	占南阳市的比重	一般公共预算收入在南阳市的排名	一般公共预算收入在河南省的排名	税收收入	税收占一般公共预算收入的比重	占南阳市税收收入的比重	一般公共预算支出	一般公共预算支出占南阳市的比重	一般公共预算支出在南阳市的排名	一般公共预算支出在河南省的排名
2008	4.9	9.5	1	22	4.2	86.1	10.9	10.3	5.8	5	42
2009	5.4	9.6	1	22	3.8	70.7	9.1	12.2	5.4	5	58
2010	5.9	8.5	2	27	4.4	75.1	9.4	14.9	5.1	5	47
2011	6.8	7.8	2	27	5.0	73.5	7.4	15.8	5.1	6	69
2012	7.7	7.4	2	27	5.7	74.4	6.9	19.7	5.1	7	65
2013	8.5	6.9	3	31	6.3	74.3	6.3	21.6	5.1	7	65
2014	10.0	7.1	2	32	7.3	72.7	7.0	25.9	5.7	6	55
2015	11.2	7.1	2	27	8.0	71.3	7.5	28.3	5.5	7	64
2016	12.8	7.7	2	25	9.3	72.6	8.8	29.0	5.3	7	69
2017	14.1	8.1	2	24	10.2	72.4	9.3	30.5	5.2	8	69
2018	15.3	8.4	2	26	11.3	74.0	9.2	34.2	5.3	8	75
2019	16.5	8.4	2	26	12.4	75.1	9.2	35.5	5.1	10	79
2020	17.5	8.7	2	25	13.1	74.8	9.4	38.5	5.2	10	74
2021	19.6	8.7	2	27	—	—	—	42.7	5.7	6	50

数据来源：历年河南省统计年鉴。

表7 2008—2021年西峡县人均财力及财政自给率

年份	一般公共预算收入/常住人口	人均一般公共预算收入（元，%）				一般公共预算支出/常住人口	人均一般公共预算支出（元，%）				财政自给率（%）		
		占南阳市的比重	占河南省的比重	人均一般公共预算收入在南阳市的排名	人均一般公共预算收入在河南省的排名		占南阳市的比重	占河南省的比重	人均一般公共预算支出在南阳市的排名	人均一般公共预算支出在河南省的排名	财政自给率	财政自给率在南阳市的排名	财政自给率在河南省的排名
2008	1159	226.8	108.3	1	16	2435	137.2	100.6	1	8	47.6	1	26
2009	1270	229.0	107.0	1	17	2883	128.2	94.1	1	13	44.0	1	26
2010	1318	195.9	89.7	1	19	3358	118.4	92.4	1	11	39.2	1	29
2011	1549	180.2	85.1	1	20	3590	117.4	79.9	2	22	43.2	1	26
2012	1736	170.0	81.1	2	23	4455	117.0	84.8	3	18	39.0	2	30
2013	1928	157.4	76.4	2	23	4922	115.9	84.4	2	17	39.2	2	30
2014	2300	162.9	81.0	1	22	5946	131.5	95.1	1	6	38.7	1	33
2015	2553	162.9	82.1	1	20	6469	125.7	92.3	1	10	39.5	1	29
2016	2917	174.8	90.4	1	17	6598	120.4	86.5	1	12	44.2	1	24
2017	3278	186.3	94.6	1	15	7109	120.9	85.1	1	15	46.1	1	24
2018	3555	192.4	93.1	1	16	7956	120.8	85.1	1	22	44.7	1	23
2019	3823	190.2	93.6	1	18	8217	114.2	80.0	3	25	46.5	1	22
2020	3889	186.9	92.7	1	17	8552	111.6	82.0	3	30	45.5	1	22
2021	4396	188.3	99.9	1	17	9582	123.6	90.9	2	12	45.9	1	37

数据来源：历年河南省统计年鉴。

五、金融业发展分析

西峡县金融机构年末存、贷款余额逐年增加。2021年，金融机构存款年末余额为307.3亿元，占南阳市的5.3%，在南阳市11个县（市）中排第8位，在河南省102个县（市）中排第53位；金融机构贷款年末余额为173.0亿元，占南阳市的5.2%，在南阳市11个县（市）中排第8位，在河南省102个县（市）中排第43位（见表8）。

2008年以来，西峡县存贷比呈现先上升后下降趋势。2021年存贷比为56.3%，在南阳市11个县（市）中排第3位，在河南省102个县（市）中排第43位（见表8）。

从人均存贷款来看，西峡县人均存款余额在省市的排名均处于上游。2021年西峡县人均存款余额为68998元，占南阳市人均存款余额的114.8%，占河南省人均存款余额的82.7%，在南阳市11个县（市）中排第1位，在河南省102个县（市）中排第13位；人均贷款余额为38846元，占南阳市人均贷款余额的112.5%，占河南省人均贷款余额的55.3%，在南阳市11个县（市）中排第2位，在河南省102个县（市）中排第22位（见表9）。

六、居民收入分析

从居民收入看，2017年以来西峡县居民人均可支配收入在河南省的排名处于中上游。2021年西峡县居民人均可支配收入为28632元，占南阳市居民人均可支配收入的112.3%，占河南省居民人均可支配收入的106.8%，在南阳市11个县（市）中排第1位，在河南省102个县（市）中排第17位。从居民收入增速看，2021年西峡县居民人均可支配收入增速为8.5%，低于南阳市居民人均可支配收入增速0.1个百分点（见表10）。

分城乡来看，西峡县城镇居民人均可支配收入自2016年开始高于南阳市平均水平，自2018年开始高于河南省平均水平；农村居民人均可支配收入始终高于河南省和南阳市平均水平。2021年西峡县城镇居民人均可支配收入为38217元，占南阳市城镇居民人均可支配收入的105.6%，占河南省城镇居民人均可支配收入的103.0%，在南阳市11个县（市）中排

表 8　2008—2021 年西峡县金融业发展情况

年份	存款年末余额	存款（亿元，%）占南阳市的比重	在南阳市的排名	在河南省的排名	贷款年末余额	贷款（亿元，%）占南阳市的比重	在南阳市的排名	在河南省的排名	西峡县存贷比	存贷比（%）在南阳市的排名	在河南省排名	南阳市存贷比	河南省存贷比
2008	44.9	4.9	6	58	27.8	5.0	5	37	62.0	1	16	59.8	68.0
2009	56.2	4.9	6	53	37.2	5.3	4	35	66.2	1	14	61.0	70.1
2010	72.3	4.9	7	51	52.1	6.3	2	24	72.1	1	11	56.2	68.6
2011	84.7	4.8	7	53	61.6	6.3	2	23	72.7	1	7	54.8	65.7
2012	99.2	4.7	7	58	73.8	6.6	2	22	74.4	1	6	52.9	63.5
2013	114.4	4.6	7	59	83.8	6.3	2	24	73.2	1	9	53.5	62.5
2014	128.5	4.7	7	59	99.3	6.4	2	22	77.3	1	7	56.3	65.8
2015	151.9	4.9	6	50	108.9	6.3	2	21	71.7	1	10	56.1	66.0
2016	171.6	5.0	6	53	113.9	6.0	2	25	66.3	1	11	54.6	67.6
2017	196.0	5.2	7	55	117.2	5.5	3	30	59.8	2	21	56.6	70.7
2018	214.1	5.2	8	58	124.8	5.3	5	35	58.3	2	32	57.2	74.9
2019	234.7	5.0	8	56	140.4	5.3	5	36	59.8	2	31	56.9	80.1
2020	270.2	5.1	8	54	149.1	5.0	8	44	55.2	3	45	56.6	82.2
2021	307.3	5.3	8	53	173.0	5.2	8	43	56.3	3	43	57.5	84.2

数据来源：历年河南省统计年鉴。

表 9 2008—2021 年西峡县人均存贷款情况

年份	人均存款（元，%）					人均贷款（元，%）				
	人均存款	在南阳市的排名	在河南省的排名	占南阳市的比重	占河南省的比重	人均贷款	在南阳市的排名	在河南省的排名	占南阳市的比重	占河南省的比重
2008	10650	1	21	116.1	65.8	6605	1	14	120.4	60.1
2009	13287	1	22	117.5	65.7	8795	1	13	127.4	62.1
2010	16246	1	21	113.4	66.0	11715	1	9	145.4	69.4
2011	19289	1	18	110.1	68.5	14027	1	9	146.0	75.8
2012	22469	1	21	108.4	67.0	16709	1	8	152.3	78.5
2013	26012	1	19	106.0	66.2	19051	1	9	144.9	77.6
2014	29436	1	18	106.7	68.6	22743	1	7	146.3	80.6
2015	34769	1	17	113.4	70.8	24913	1	7	144.9	76.9
2016	39088	1	19	113.3	70.8	25930	1	9	137.7	69.5
2017	45608	1	16	120.6	75.9	27273	1	12	127.3	64.2
2018	49846	1	14	119.8	77.0	29057	1	13	122.1	59.9
2019	54352	1	11	114.1	77.4	32506	1	14	120.0	57.8

续表

年份	人均存款（元，%）				人均贷款（元，%）			
	人均存款	在南阳市的排名	在河南省的排名	占南阳市的比重	占河南省的比重	人均贷款	在南阳市的排名	在河南省的排名	占南阳市的比重	占河南省的比重
2020	59981	1	14	110.0	78.0	33108	2	23	107.1	52.4
2021	68998	1	13	114.8	82.7	38846	2	22	112.5	55.3

数据来源：历年河南省统计年鉴。

表 10　2017—2021 年西峡县居民人均可支配收入情况

年份	西峡县居民人均可支配收入（元）	在南阳市的排名	在河南省的排名	占南阳市的比重（%）	占河南省的比重（%）	西峡县居民人均可支配收入增速（%）	南阳市城乡居民人均可支配收入增速（%）	西峡县增速－南阳市增速（%）
2017	21219	1	17	111.0	105.2	9.4	9.7	−0.3
2018	23157	1	16	111.2	105.4	9.1	8.9	0.2
2019	25367	1	17	112.1	106.1	9.5	8.7	0.8
2020	26398	1	17	112.4	106.4	4.1	3.7	0.4
2021	28632	1	17	112.3	106.8	8.5	8.6	−0.1

第1位，在河南省102个县（市）中排第6位；农村居民人均可支配收入为20539元，占南阳市农村居民人均可支配收入的116.7%，占河南省农村居民人均可支配收入的117.1%，在南阳市11个县（市）中排第1位，在河南省102个县（市）中排第25位；城乡居民人均可支配收入比约为1.9，在南阳市11个县（市）中排第3位，在河南省102个县（市）中排第46位，处在中游水平，2008年以来城乡收入差距整体上逐步缩小（见表11）。

七、固定资产投资分析

西峡县固定资产投资逐年增加，占南阳市固定资产投资的比重在10%左右。固定资产投资增速整体呈下降趋势，2021年为10.1%，低于南阳市3个百分点，高于河南省5.6个百分点。房地产投资增速在2018年达到最大值265.5%，2020年为9.4%（见表12）。

八、社会消费分析

从社会消费情况来看，西峡县社消零总额在省市的排名均处于下游，2019年在全省的位次大幅下降。2021年西峡县社消零总额为69.6亿元，在南阳市11个县（市）中排第10位，在河南省102个县（市）中排第82位；人均社消零2021年达到15627元，在南阳市11个县（市）中排第10位，在河南省102个县（市）中排第70位。分行业来看，2020年西峡县批发和零售业占比为93.5%，住宿和餐饮业占比为6.5%（见表13）。

九、人口规模分析

从人口情况看，西峡县常住人口在河南省县域中排名处在下游，城镇化率水平在河南省县域中排名处在上游。2021年西峡县常住人口为44.5万人，占南阳市常住人口的4.6%，在南阳市11个县（市）中排第10位，在河南省102个县（市）中排第83位。2020年人口外流4.0万人，人口流失率为8.2%。2021年城镇化率为55.0%，在南阳市11个县（市）中排第1位，在河南省102个县（市）中排第21位，高于南阳市城镇化率3.4个百分点，低于河南省1.5个百分点（见表14）。

表 11 2008—2021 年西峡县人民生活情况

年份	城镇居民人均可支配收入	城镇居民收入（元，%） 在南阳市的排名	城镇居民收入（元，%） 在河南省的排名	城镇居民收入（元，%） 占南阳市的比重	城镇居民收入（元，%） 占河南省的比重	农村居民人均可支配收入	农村居民收入（元，%） 在南阳市的排名	农村居民收入（元，%） 在河南省的排名	农村居民收入（元，%） 占南阳市的比重	农村居民收入（元，%） 占河南省的比重	城乡收入比	城乡收入比 在南阳市的排名	城乡收入比 在河南省的排名
2008	11754	2	20	94.8	88.8	5002	4	35	109.5	112.3	2.3	5	50
2009	13007	1	20	96.4	90.5	5514	2	33	111.8	114.7	2.4	4	45
2010	14607	1	19	96.9	91.7	6512	1	30	114.9	117.9	2.2	3	42
2011	16857	1	19	97.5	92.6	7789	2	30	114.9	117.9	2.2	2	41
2012	19150	1	17	98.0	93.7	9133	2	29	117.8	121.4	2.1	2	39
2013	21351	1	12	98.6	95.3	10390	2	25	119.0	122.6	2.1	2	41
2014	23465	1	12	99.0	99.1	11695	1	24	120.1	117.3	2.0	2	40
2015	25015	1	12	99.5	97.8	12981	2	25	120.5	119.6	1.9	2	39
2016	27126	1	9	100.8	99.6	13944	2	25	119.2	119.2	1.9	3	41
2017	29363	1	11	100.8	99.3	15143	2	25	119.1	119.1	1.9	3	41
2018	32065	1	8	102.4	100.6	16536	1	24	119.5	119.6	1.9	3	42
2019	34919	1	6	104.4	102.1	17876	1	25	117.9	117.9	2.0	3	42
2020	35617	1	6	105.0	102.5	18930	1	23	117.6	117.5	1.9	3	44
2021	38217	1	6	105.6	103.0	20539	1	25	116.7	117.1	1.9	3	46

数据来源：历年河南省统计年鉴。

表 12 2008—2021 年西峡县固定资产投资情况

年份	固定资产投资（亿元）	占南阳市的比重（%）	西峡县固定资产投资增速（%）	房地产投资总量（亿元）	房地产投资增速（%）	房地产投资总量占固定资产投资的比重（%）
2008	54.4	7.7	35.8	1.1	5.5	2.0
2009	89.7	9.7	65.0	1.2	12.1	1.3
2010	119.6	12.5	33.3	1.3	9.3	1.1
2011	143.2	11.5	27.6	1.4	5.9	1.0
2012	175.2	11.3	24.5	4.5	141.8	2.6
2013	211.7	10.1	20.3	2.8	-36.8	1.3
2014	241.4	9.7	18.2	4.8	71.1	2.0
2015	281.6	9.7	16.7	2.3	-53.4	0.8
2016	308.0	9.1	9.4	1.5	-65.2	0.5
2017	321.6	8.6	4.4	1.3	-14.0	0.4
2018	357.6	8.7	11.2	4.8	265.5	1.3
2019	432.0	9.6	20.8	4.8	0.9	1.1
2020	482.1	10.1	11.6	5.9	9.4	1.2
2021	530.8	9.8	10.1	—	—	—

数据来源：历年河南省统计年鉴。

表 13　2008—2021 年西峡县社消零总额情况

年份	社消零总额	在南阳市的排名	在河南省的排名	占GDP的比重	人均社消零	在南阳市的排名	在河南省的排名	批发和零售业	占社消零的比重	住宿和餐饮业	占社消零的比重
2008	25.7	10	52	23.4	6111	2	17	20.4	79.1	5.4	20.9
2009	31.3	10	51	24.3	7396	2	18	25.0	79.7	6.3	20.3
2010	37.5	10	50	24.9	8433	3	18	29.2	77.9	8.3	22.1
2011	43.7	10	51	25.5	9954	3	17	32.8	75.1	10.9	24.9
2012	51.0	10	49	29.1	11542	3	17	35.5	69.7	15.5	30.3
2013	57.8	10	48	30.4	13146	3	17	40.8	70.6	17.0	29.4
2014	66.5	10	47	32.2	15229	3	15	38.0	57.2	28.5	42.8
2015	75.2	10	47	34.2	17199	3	15	47.5	63.2	27.7	36.8
2016	84.3	10	46	34.5	19189	3	15	73.3	87.0	10.9	13.0
2017	93.3	10	46	37.0	21706	3	15	82.2	88.1	11.1	11.9
2018	98.2	10	44	37.0	22868	2	13	82.0	83.4	16.3	16.6
2019	64.8	10	82	25.8	15016	8	63	55.0	84.8	9.9	15.2
2020	63.2	10	81	24.5	14036	10	72	59.1	93.5	4.1	6.5
2021	69.6	10	82	24.5	15627	10	70	—	—	—	—

表 14 2008—2021 年西峡县人口情况

年份	户籍人口（万人）	常住人口（万人）	常住人口在南阳市的排名	常住人口在河南省的排名	外流人口（万人）	人口流失率（%）	常住人口占南阳市的比重（%）	西峡县城镇化率（%）	城镇化率在南阳市的排名	城镇化率在河南省的排名
2008	44.3	42.1	10	85	2.1	4.8	4.2	—	—	—
2009	44.5	42.3	10	85	2.1	4.8	4.2	—	—	—
2010	45.9	44.5	10	83	1.4	3.0	4.3	—	—	—
2011	46.1	43.9	10	81	2.2	4.8	4.3	—	—	—
2012	46.3	44.2	10	82	2.2	4.7	4.3	—	—	—
2013	46.5	44.0	10	82	2.6	5.5	4.4	42.4	1	17
2014	46.8	43.6	10	82	3.1	6.7	4.4	43.5	1	17
2015	47.0	43.7	10	83	3.3	6.9	4.4	45.2	1	18
2016	47.2	43.9	10	82	3.3	7.0	4.4	46.9	1	18
2017	47.4	43.0	10	84	4.5	9.4	4.3	48.4	1	19
2018	47.6	43.0	10	85	4.6	9.7	4.4	50.0	1	20
2019	47.8	43.2	10	83	4.6	9.6	4.4	51.3	1	21
2020	49.1	45.0	10	80	4.0	8.2	4.6	54.1	1	21
2021	—	44.5	10	83	—	—	4.6	55.0	1	21

数据来源：历年河南省统计年鉴。

西峡县从业人员数在2010年、2012年和2017—2020年出现下降。2020年西峡县从业人员数为38.5万人，同比下降0.3%。从三次产业从业人员占比情况来看，第一产业从业人员数占比在2013年大幅下降，2019年第一产业从业人员数占比为13%，第二、第三产业从业人员数占比为87%（见表15）。

表15　2008—2020年西峡县就业情况

年份	从业人员数（万人）	从业人员数增速（%）	第一产业从业人员数占比（%）	第二产业从业人员数占比（%）	第三产业从业人员数占比（%）
2008	31.1	0.6	57	23	20
2009	36.9	18.6	48	19	33
2010	34.0	−7.8	53	21	26
2011	37.5	10.2	49	51	
2012	37.0	−1.4	49	51	
2013	39.1	5.7	12	88	
2014	42.1	7.7	11	89	
2015	42.1	0.0	11	89	
2016	43.8	4.0	11	89	
2017	43.4	−0.9	12	88	
2018	41.4	−4.6	13	87	
2019	38.6	−6.8	13	87	
2020	38.5	−0.3	—	—	

数据来源：历年河南省统计年鉴及南阳市统计年鉴。

十、公共服务分析

从教育情况来看，2021年西峡县有小学85所，在校生41595人，专任教师2869人，生师比14.5∶1。初中31所，在校生25827人，专任教师1957人，生师比13.2∶1。

从医疗卫生情况来看，平均每千名常住人口配备卫生机构床位数、卫生技术人员数逐年上升，医疗资源配备逐步增强，2021年每千人床位数为

7.8 张，每千人卫生技术人员数为 7.4 人（见表 16）。

表 16 2019—2021 年西峡县教育和医疗情况

年份		2019	2020	2021
学校数	合计（所）	116	116	116
	小学学校数（所）	85	85	85
	初中学校数（所）	31	31	31
在校学生数	合计（人）	68542	67905	67422
	小学在校生数（人）	44947	43363	41595
	初中在校生数（人）	23595	24542	25827
专任教师数	合计（人）	4409	4594	4826
	小学（人）	2661	2742	2869
	初中（人）	1748	1852	1957
医疗卫生	卫生机构床位数/千人（张）	6.9	7.6	7.8
	卫生技术人员数/千人（人）	5.2	6.9	7.4

十一、县域发展战略分析

西峡县"十四五"时期经济社会的发展定位是："一极一城一样板"。"一极"，即在南阳建设经济强市中当先锋、做模范，坐稳全市经济高质量发展的重要增长极；"一城"，即尽快实现撤县设市，打造豫鄂陕毗邻地区有重要影响力的中心城市；"一样板"，即争创国家"两山"实践创新基地，打造全国具有示范意义的生态文明建设样板。

战略重点是："1326"。"1"即"生态优先"夯牢高质量发展根基；"3"即"一主一新一特"引领工业转型升级；"2"即"新老共建"引领城市提质，"城乡一体"推进乡村振兴；"6"即以县域治理"三起来"为根本遵循实施的"生态环境提升、农业提质增效、交通路网优化、民计民生强基固本、改革发展纵深保障、社会治理创新提升"6个行动。通过努力，成功创建县域治理"三起来"示范县，努力在高质量发展上走在全省县

（市）前列。

十二、综述

综上所述，西峡县经济总体平稳向好。GDP 增速、人均 GDP、一般公共预算收入、财政自给率、城乡居民人均可支配收入、固定资产投资、规上工业增加值、城镇化率等主要指标在南阳市位居前列。同时西峡县也面临产业层次总体不高等问题，工业经济转型步伐不快，特色农业比较效益仍然较低，第三产业支撑能力有限，产业链不够完善，整体抗风险能力不强。

西峡县应突出产业为基，持续壮大县域经济。实施产业集群培育计划，建成全省重要的现代化装备制造产业基地，创成国家级开发区。持续提升农业特色产业，打造全国有影响力的特色农产品优势区。深化文旅融合发展，创成国家全域旅游示范区和老界岭国家级旅游度假区。

河南省县域经济运行分析：镇平篇[①]

一、镇平县概述

镇平古称"涅阳"，位于河南省西南部，由南阳市管辖，毗邻南阳中心城区，辖22个乡镇街道、410个行政村，总面积1580平方千米，山地、丘陵、平原各占1/3。2021年常住人口82.1万人，城镇化率为46.9%。镇平是"中国玉雕之乡""中国地毯之乡""中国金鱼之乡""中国玉兰之乡"。

镇平商业兴盛。镇平人重商精干，被称为"河南的温州人""中国的犹太人"。清末民初，丝绸、玉器已转销海外，丝绸商户达1000余家，石佛寺时称"新民市"，有"小上海"之美誉。改革开放以来，镇平人商品意识再度迸发，纷纷涉足玉雕、汽车维修与装饰、食品加工等众多行业，目前在外人员达20万之众，20世纪90年代催生了大发展的"镇平速度"，被誉为"豫西南一枝花""十八罗汉闹中原"。

镇平产业独特。创造了"无中生有"经济现象，即不产玉，却是"中国玉雕之乡"，玉雕从业人员30万人，省级以上玉雕大师282人（其中国家级大师24人），年产值超200亿元，建成了河南省唯一设在乡镇（石佛寺）的特色商业区，是全国最大的玉雕加工销售集散地；不产丝，却是"中国地毯之乡"，"华新"牌手工真丝毯作为世界地毯名牌，畅销美国、日本等50多个国家和地区；水域不广，却是"中国金鱼之乡"，年产金鱼2亿余尾，全国市场占有率达30%。镇平是花的海洋：莲藕种植面积2万余亩，是豫西南最大的莲藕种植基地；拥有30多个玉兰品种，是"中国玉兰之乡"。工业经济强势崛起，以产业集聚区为主阵地，聚焦"两主

[①] 本篇完成于2022年10月，撰稿人：李甜；耿明斋、周立、王永苏、李燕燕、屈桂林、张国骁、徐涛、赵岩等参与讨论。

导一新兴"产业，做好延链补链强链，培育壮大产业集群，规划面积19.8平方千米，建成面积9平方千米；静脉产业园，变废为宝，建成面积1800亩，入驻企业22家，是河南省静脉产业示范区之一。

二、总体经济运行分析

从GDP总量来看，2021年镇平县GDP总量为291.4亿元，在南阳市11个县（市）中的排名由2008年的第2位下降为2021年的第6位，在河南省102个县（市）中的排名由2008年的第19位下降为2021年的第52位。从GDP占比来看，GDP占南阳市的比重呈下降趋势，2021年为6.7%（见表1）。

从GDP增速来看，镇平县GDP增速在2008年、2010年、2011年、2013年、2014年和2021年低于南阳市GDP增速。2021年镇平县GDP增速为8.4%，低于南阳市0.6个百分点，但高于河南省2.1个百分点，在南阳市11个县（市）中排第8位，在河南省102个县（市）中排第21位（见表1）。

从人均GDP来看，镇平县人均GDP低于南阳市和河南省平均水平。2021年镇平县人均GDP为35307元，是南阳市的78.6%，是河南省的59.4%，在南阳市11个县（市）中的排名由2008年的第4位下降为2021年的第10位，在河南省102个县（市）中的排名由2008年的第38位下降为2021年的第90位（见表2）。

三、分产业经济运行分析

（一）产业格局与发展方向

镇平县工业发展总体布局为"一区一园"。"一区"即县产业集聚区，总规划面积19.8平方千米，建成区14.6平方千米，先后被河南省、南阳市命名为"河南省中小企业创业基地""河南省民营科技园区""河南省信息化和工业化两化融合试验区""河南省最具投资吸引力产业集聚区""南阳市工业示范园区"，是省定一星级产业集聚区，2018年成功纳入《中国开发区审核公告目录》。目前共入驻企业120家，已建成投产103家，在建17家。"一园"即南阳静脉产业园，位于镇平县遮山镇，南临312国

表 1　2008—2021 年镇平县地区生产总值及增速

年份	镇平县GDP（亿元）	镇平县GDP在南阳市的排名	镇平县GDP在河南省的排名	镇平县GDP占南阳市的比重（%）	镇平县GDP增速（%）	镇平县GDP增速在南阳市的排名	镇平县GDP增速在河南省的排名	镇平县GDP增速－南阳市GDP增速（%）	镇平县GDP增速－河南省GDP增速（%）
2008	161.2	2	19	9.9	7.3	11	101	-4.8	-4.7
2009	136.8	4	31	8.6	11.1	2	68	1.1	0.1
2010	150.7	5	37	7.7	10.1	11	96	-1.5	-2.3
2011	165.5	5	40	7.5	10.2	7	90	-1.0	-1.8
2012	178.7	4	38	7.6	10.5	5	73	0.4	0.4
2013	182.6	5	45	7.3	5.3	11	101	-3.4	-3.7
2014	197.3	5	48	7.4	8.2	10	85	-0.3	-0.7
2015	215.1	5	40	7.5	10.5	6	24	1.5	2.1
2016	235.5	5	41	7.6	10.1	3	10	1.7	1.9
2017	259.1	4	40	7.7	8.4	4	41	1.6	0.6
2018	277.0	4	40	7.8	8.3	2	35	1.1	0.7
2019	256.9	4	54	6.7	7.1	6	65	0.1	0.3
2020	267.4	4	52	6.8	3.0	7	51	0.8	1.9
2021	291.4	6	52	6.7	8.4	8	21	-0.6	2.1

数据来源：历年河南省统计年鉴。

表 2 2008—2021 年镇平县人均地区生产总值及增速

年份	镇平县人均GDP（元）	镇平县人均GDP在南阳市的排名	镇平县人均GDP在河南省的排名	镇平县人均GDP占南阳市的比重（%）	镇平县人均GDP占河南省的比重（%）	镇平县人均GDP增速（%）	镇平县人均GDP增速在南阳市的排名	镇平县人均GDP增速在河南省的排名
2008	17630	4	38	116.9	93.4	6.8	11	101
2009	14866	7	54	91.8	73.3	10.4	2	72
2010	16902	6	58	93.1	70.5	13.7	5	51
2011	19368	7	64	96.5	69.4	15.0	3	43
2012	21037	5	60	96.7	69.0	11.1	6	65
2013	21505	6	70	92.5	64.9	5.4	11	99
2014	23336	6	75	87.6	64.9	8.7	11	74
2015	25479	6	70	88.9	66.5	10.7	7	26
2016	27834	6	68	93.7	67.4	9.9	3	11
2017	30480	6	68	95.0	66.7	7.9	5	54
2018	32241	6	73	91.1	63.6	7.1	6	61
2019	29613	10	94	76.5	54.5	6.1	9	80
2020	32234	9	93	80.0	58.1	3.4	5	35
2021	35307	10	90	78.6	59.4	9.2	8	27

数据来源：历年河南省统计年鉴。

道，北接宁西铁路，以再生资源循环利用为核心，大力发展再生资源加工利用产业，形成废旧钢铁及有色金属回收加工利用、五金机电拆解加工、非金属拆解物深加工、报废汽车拆解加工及废弃电子电器产品回收仓储拆解五大主导产业。园区规划面积3.13平方千米，目前建成区1800亩，入驻企业22家。

主导产业：绿色新型建材产业。镇平绿色新型建材产业以中联水泥为龙头，配套金港建材、邦洁卫浴、中联商混、星港涂料等企业集群，产品以建筑装配装饰一体化为发展方向，以绿色建材、装配建筑、智能卫浴、功能涂料四类产品为支撑，打造绿色建筑和绿色建材整装材料一体化全产业链条，初步形成水泥、涂料、陶瓷产业协同发展，技术领先、绿色循环的新型建材产业集群。

特色产业：玉文化产业。镇平玉雕加工历史悠久，玉文化积淀深厚，自古以来，以质地优良、设计新颖、工艺精湛、做工细腻、造型逼真而驰名中外，成为中国乃至世界最美、最珍贵的瑰宝。镇平已基本形成了集玉料购销、作品设计加工、质量检测鉴定、市场营销、人才培训、玉文化研究及开发利用为一体的特色产业集群，被河南省确定为"玉文化产业改革发展试验区"。先后获得了"中国玉雕之乡""中华玉都""河南省玉文化产业示范园区"等荣誉称号，"镇平玉雕"被列入国家级非物质文化遗产名录。

食品加工产业。镇平食品加工产业以想念食品为龙头，已初步形成粮食收储—加工—挂面生产、熟鲜面、预制面的产业链条，上下游分别围绕农业基地、多元化服务不断延伸，构造集种植收储、绿色加工、场景营销、观光旅游为一体的面食全产业链条融合发展体系；同时大力发展生鲜、清真、熟食等肉品加工，以及优质白酒、黄酒、养生酒等饮品加工等特色食品产业，形成从农田到餐桌的多功能食品的全产业链。

新兴产业：新型电子元器件及设备制造。镇平现有上规模的新型电子元器件及设备制造企业32家，其中以新星光学、兆强光电为骨干，围绕军民两用类产品，大力发展光学装备、高精度光学元件、观瞄控制系统、光学镀膜技术等光学元器件产业；以微特防爆电机、领驭机械为龙头骨干企业，主要生产防爆电机及配件、汽车零部件、避雷设备、建筑机械四大类零配件，形成了以"专、精、特、新、优"为特色的特种电机制造业集群。

目前全县规模以上工业企业 188 家，入库税金 100 万元以上的 22 家，其中超千万元的有 5 家。

（二）产业结构分析

2018 年开始，镇平县第三产业占比超过第二产业，三次产业结构由"二、三、一"转变为"三、二、一"。2021 年镇平县三产结构为 16.2∶29.6∶54.2。

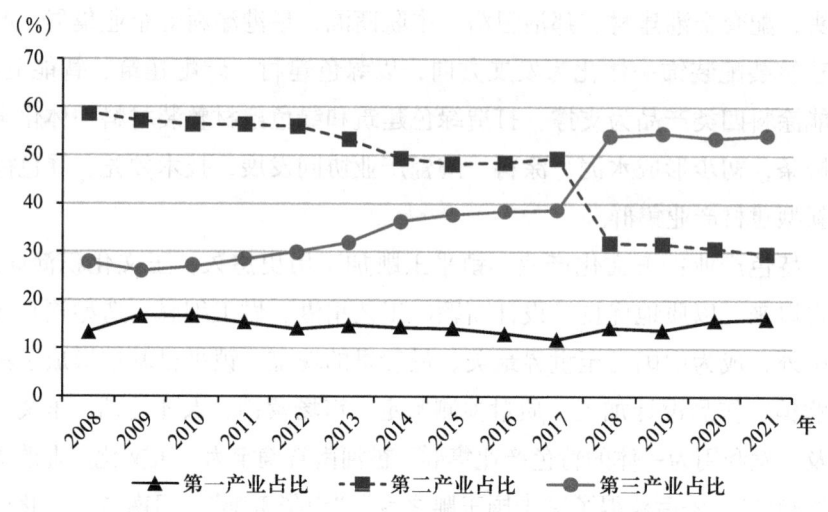

图 1　2008—2021 年镇平县三产结构变化情况

（三）工业发展情况分析

2008 年以来，镇平县规上工业增加值占南阳市的比重呈上升趋势，2021 年占比为 16.5%。从增速来看，在 2008 年、2013 年和 2021 年低于南阳市，在 2008 年和 2013 年低于河南省，2021 年增速为 10.0%，低于南阳市 0.5 个百分点，高于河南省 3.7 个百分点，在南阳市 11 个县（市）中排第 8 位，在河南省 102 个县（市）中排第 44 位（见表 3）。

表 3　2008—2021 年镇平县规上工业发展总体情况

年份	镇平县规上工业增加值（亿元）	镇平县规上工业增加值占南阳市的比重（%）	规上工业增加值增速（%）	规上工业增加值增速在南阳市的排名	规上工业增加值增速在河南省的排名
2008	42.2	9.2	19	9	94
2009	49.2	10.1	16.5	7	75

续表

年份	镇平县规上工业增加值（亿元）	镇平县规上工业增加值占南阳市的比重（%）	规上工业增加值增速（%）	规上工业增加值增速在南阳市的排名	规上工业增加值增速在河南省的排名
2010	60.6	9.6	23.2	7	43
2011	75.2	9.6	24.1	6	53
2012	91.2	11.0	21.3	4	23
2013	98.7	11.4	8.2	11	99
2014	110.2	13.2	11.6	7	72
2015	125.4	14.2	13.8	5	22
2016	141.5	15.2	12.9	4	10
2017	157.8	16.0	11.5	3	8
2018	170.6	16.2	8.1	5	60
2019	186.3	16.4	9.2	3	30
2020	196.5	16.5	5.5	3	28
2021	216.2	16.5	10.0	8	44

数据来源：历年河南省统计年鉴及镇平县统计公报。

（四）服务业发展情况分析

"十四五"时期镇平县服务业发展方向：以建设现代服务业数字化赋能示范区为抓手，实施玉文化产业"上云赋能"腾飞工程，打造电子商务升级版，培育现代物流新优势，开拓全域旅游新局面。支持"双创"示范基地、众创空间、星创天地等平台建设，鼓励搭建资源开放共享平台，发展分享经济。

自2009年以来，镇平县服务业增加值逐年增长。2021年镇平县服务业增加值达158.0亿元，在南阳市11个县（市）中排第3位，在河南省102个县（市）中排第34位。从服务业增加值增速来看，2021年镇平县服务业增加值增速为10.1%，在南阳市11个县（市）中排第9位，在河南省102县（市）中排第27位（见表4）。

表4 2008—2021年镇平县服务业发展总体情况

年份	镇平县服务业增加值（亿元）	镇平县服务业增加值占南阳市三产增加值的比重（%）	镇平县服务业增加值在南阳市的排名	镇平县服务业增加值在河南省的排名	镇平县服务业增加值增速（%）	镇平县服务业增加值增速在南阳市的排名	镇平县服务业增加值增速在河南省的排名
2008	44.9	10.2	2	16	12.8	10	63
2009	35.7	7.2	3	24	17.2	1	14
2010	40.6	7.0	3	26	11.2	10	50
2011	47.0	6.6	3	28	9.1	4	67
2012	52.8	6.4	3	29	9.1	4	69
2013	58.1	6.2	3	29	6.4	11	88
2014	71.5	6.9	3	31	8.8	10	65
2015	81.1	6.9	3	33	12.1	8	47
2016	90.4	6.8	3	35	9.7	8	83
2017	100.3	6.7	3	36	7.8	9	92
2018	114.2	6.4	3	36	10.3	6	37
2019	140.2	7.2	3	36	6.8	7	72
2020	143.4	7.1	3	36	2.8	4	29
2021	158.0	7.1	3	34	10.1	9	27

数据来源：历年河南省统计年鉴。

服务业分行业看，2016年之前，交通运输、仓储和邮政业与批发和零售业、住宿和餐饮业一直处在前三位，2017年房地产业超过住宿和餐饮业居第三位。住宿和餐饮业受新冠疫情影响，在2020年首次出现了负增长（见表5）。

（五）重点企业分析

（1）南阳中联水泥有限公司是世界500强企业中国建材集团所属中国联合水泥集团有限公司旗下的核心企业，于2006年在香港证券交易所上市。公司是河南省水泥行业首家通过ISO9001质量管理、ISO14001环境管理、GB/T28001职业健康安全管理体系认证及能源管理体系认证的企业，公司前身是1970年9月建厂的中国人民解放军武汉军区空军后勤部水泥

表 5 2008—2020 年镇平县第三产业分行业发展总体情况

年份	批发和零售业（万元）	交通运输、仓储和邮政业（万元）	住宿和餐饮业（万元）	金融业（万元）	房地产业（万元）	批发和零售业增速（%）	交通运输、仓储和邮政业增速（%）	住宿和餐饮业增速（%）	金融业增速（%）	房地产业增速（%）
2008	114340	116091	—	—	—	6.6	19.2	—	—	—
2009	81428	49927	—	—	—	28.9	17.2	—	—	—
2010	95068	59855	—	—	—	12.6	19.5	—	—	—
2011	109758	68649	58282	6910	52545	9.3	10.4	6.3	14.9	8.1
2012	125223	77927	64383	8599	56400	11.5	8.5	4.1	22.6	5.7
2013	137126	86535	71376	10321	58740	7.5	3.3	4.2	18.4	4.0
2014	151037	103402	77658	31139	78004	9.1	3.6	5.1	19.2	5.7
2015	160259	114089	85492	45251	79132	6.4	5.9	6.9	46.1	4.4
2016	172739	123478	91593	52176	85088	7.4	6.9	4.8	14.7	5.8
2017	187300	134315	99088	61911	106624	7.0	6.6	6.0	13.7	13.3
2019	299639	199948	99197	93223	174047	6.5	5.3	9.3	9.6	6.5
2020	308859	212273	93665	98914	180586	2.0	5.3	-7.6	4.7	3.4

数据来源：历年南阳市统计年鉴。

厂（又名空军南阳水泥厂），1999年6月划归中国建材集团，2002年8月从南阳市卧龙区蒲山镇迁建至镇平县工业园区。公司目前拥有日产3000吨和日产6000吨新型干法水泥熟料生产线各一条，Φ3.8×13米的水泥粉磨系统4台套，年产熟料300万吨，年产高品质水泥400万吨；配套安装有16兆瓦纯低温余热发电系统，年发电1.2亿千瓦·时；拥有两条180型商品混凝土生产线，年产优质商品混凝土90万立方米；拥有台时900吨和500吨骨料生产线各一条，年产骨料、机制砂400万吨。

（2）中环信环境有限公司（简称中环信），是中信产业基金控股，专注于危险废物处理全产业链业务投资与运营的专业化环保企业集团。拥有完整的危废处置产业链布局，多门类先进工艺技术和全过程"一站式"服务能力，业务范围覆盖危险废物无害化处置、资源化综合利用、包装与运输、检测与信息化服务等。旗下拥有12家子公司，10个危险废物综合处置中心，经营资质覆盖国家危险废物名录46大类中的43类，危险废物处理许可产能达105万吨/年，在国内处于行业前列。

（3）南阳防爆微特电机有限公司成立于1974年，总部位于河南省南阳市。公司目前主要生产低压全系列防爆电机、非防爆电机、励磁电机、特种电机、永磁电机、防爆电气等，共计17大类、40余个系列、160余个品种、6000多个规格，单机容量从0.09千瓦到355千瓦，产品主要应用于煤炭、石油、化工、军工、核电、电力、粮食机械、船舶、风力发电、新能源汽车等领域。2010年，公司在镇平县产业集聚区建立了新的产业制造基地，占地150亩，实现物流、资金流、信息流的高度集成，技术研发、生产能力和生产效率得到进一步的提升。2015年收购南阳宏达防爆电气有限公司，主要生产用于国内大型油田、钢厂、石油化工、军工等领域的特种防爆柜，进一步拓宽了产品链条。

（4）镇平想念食品产业园是集粮食收储、加工、挂面生产、熟鲜面、预制面、中央大厨房、面食文化体验馆、现代化智能仓储物流为一体的多功能食品产业园区。2018年投资6亿元的小麦收储智能化物流仓库、面粉和挂面车间已建成投产。2021年全年实现销售收入9亿元，利税2000万余元。

（5）河南利欣制药股份有限公司是一家在新三板挂牌上市的综合性现代化制药企业。公司注册资本金12458万元。企业占地113000平方米，建筑面积58000平方米，厂区绿化面积52000平方米。现有员工398人，技术人员125人，占全厂职工的31%。公司经过快速发展，2021年总资产达3.22亿元，实现销售收入4.07亿元，入库税金6000万元，利润6144万元。

（6）南阳兆强精密光电有限公司成立于2010年，是专注于光学行业的一家公司，多年来凭借雄厚的技术实力、优质成熟的产品、完善的服务体系，取得迅猛发展，到目前为止，国内外知名企业广泛应用到公司产品，包括光学金属结构件、光学镜片、红外镜片、安防镜头、工业镜头、投影机镜头、车载镜头等。其产品的技术指标和实际效果得到客户的肯定和一致好评。

四、财政收支分析

从财政收支总体情况来看，镇平县一般公共预算收入在省市排名略有下降，一般公共预算支出在河南省县域中处于中下游位次。2021年镇平县一般公共预算收入达11.3亿元，占南阳市一般公共预算收入的5.0%，在南阳市11个县（市）中排第7位，在河南省102县（市）中的排名由2008年的第45位下降为2021年的第67位。镇平县税收收入2020年达到6.9亿元，占镇平县一般公共预算收入的67.2%，占南阳市税收收入的4.9%。2021年镇平县一般公共预算支出达到41.7亿元，占南阳市一般公共预算支出的5.6%，在南阳市11个县（市）中排第7位，在河南省102个县（市）中排第53位（见表6）。

从人均财力看，镇平县人均一般公共预算收支均不及南阳市和河南省的人均水平。2021年镇平县人均一般公共预算收入为1382元，占南阳市人均一般公共预算收入的59.2%，占河南省人均一般公共预算收入的31.4%，在南阳市11个县（市）中排第9位，在河南省102个县（市）中排第88位；人均一般公共预算支出达到5077元，占南阳市人均一般公共预算支出的65.5%，占河南省人均一般公共预算支出的48.2%，在南阳市11个县（市）中排第11位，在河南省102个县（市）中排第89位。从财政自给率看，镇平县财政自给率不及南阳市和河南省财政自给率。2021年镇平县财政自给率为27.2%，低于南阳市2.9个百分点，低于河南省14.5个百分点，在南阳市11个县（市）中排第5位，在河南省102个县（市）中排第67位（见表7）。

表6 2008—2021年镇平县财政收支情况

年份	一般公共预算收入（亿元，%）					税收（亿元，%）				一般公共预算支出（亿元，%）			
	一般公共预算收入	占南阳市的比重	一般公共预算收入在南阳市的排名	一般公共预算收入在河南省的排名		税收收入	税收占一般公共预算收入的比重	占南阳市税收收入的比重	一般公共预算支出	一般公共预算支出占南阳市的比重	一般公共预算支出在南阳市的排名	一般公共预算支出在河南省的排名
2008	2.6	5.1	5	45		—	—	—	9.8	5.5	6	52
2009	2.9	5.1	5	48		2.0	69.1	4.7	11.9	5.2	6	60
2010	3.4	5.0	5	45		2.6	75.9	5.6	13.6	4.7	6	60
2011	4.6	5.2	6	44		3.7	81.7	5.5	17.2	5.5	5	58
2012	5.2	5.0	6	52		4.0	76.6	4.8	24.6	6.4	5	40
2013	6.1	4.9	5	54		4.5	74.2	4.6	27.5	6.4	5	41
2014	7.1	5.0	5	51		5.3	74.1	5.0	27.7	6.1	5	45
2015	8.0	5.1	5	49		5.5	69.0	5.2	33.2	6.4	5	40
2016	8.2	4.9	7	54		5.7	68.7	5.3	35.1	6.4	5	42
2017	8.6	4.9	6	53		5.7	65.7	5.2	39.2	6.7	5	47
2018	9.2	5.1	7	64		6.2	66.9	5.1	47.1	7.3	5	40
2019	10.0	5.1	7	66		6.8	67.5	5.0	48.0	6.8	5	46
2020	10.3	5.1	7	70		6.9	67.2	4.9	49.7	6.7	5	44
2021	11.3	5.0	7	67		—	—	—	41.7	5.6	7	53

数据来源：历年河南省统计年鉴。

表7 2008—2021年镇平县人均财力及财政自给率

年份	一般公共预算收入/常住人口	人均一般公共预算收入占南阳市的比重	人均一般公共预算收入占河南省的比重	人均一般公共预算收入在南阳市的排名	人均一般公共预算收入在河南省的排名	一般公共预算支出/常住人口	人均一般公共预算支出占南阳市的比重	人均一般公共预算支出占河南省的比重	人均一般公共预算支出在南阳市的排名	人均一般公共预算支出在河南省的排名	财政自给率	财政自给率在南阳市的排名	财政自给率在河南省的排名
2008	285	55.7	26.6	7	59	1071	60.4	44.3	11	98	26.6	4	48
2009	309	55.8	26.1	8	60	1294	57.5	42.3	11	102	23.9	4	46
2010	399	59.4	27.2	7	62	1585	55.9	43.6	10	100	25.2	4	47
2011	539	62.6	29.6	7	59	2024	66.2	45.1	11	101	26.6	4	46
2012	609	59.6	28.5	7	61	2895	76.0	55.1	9	89	21.0	4	55
2013	721	58.8	28.6	7	70	3249	76.5	55.7	9	91	22.2	5	59
2014	840	59.5	29.6	8	74	3278	72.5	52.4	10	98	25.6	3	56
2015	942	60.1	30.3	8	71	3929	76.3	56.1	10	92	24.0	3	57
2016	971	58.2	30.1	8	76	4147	75.7	54.4	10	96	23.4	5	58
2017	1012	57.5	29.2	9	81	4598	78.2	55.0	10	89	22.0	5	61
2018	1068	57.8	28.0	9	89	5437	82.5	58.2	8	87	19.6	7	68
2019	1154	57.4	28.3	9	90	5523	76.8	53.8	10	95	20.9	7	67
2020	1237	59.5	29.5	9	88	5992	78.2	57.4	11	94	20.7	6	70
2021	1382	59.2	31.4	9	88	5077	65.5	48.2	11	89	27.2	5	67

数据来源：历年河南省统计年鉴。

五、金融业发展分析

金融机构年末存、贷款余额逐年增加。2021年，镇平县金融机构存款年末余额为401.6亿元，占南阳市的6.9%，在南阳市11个县（市）中排第3位，在河南省102个县（市）中排第27位；金融机构贷款年末余额为178.3亿元，占南阳市的5.4%，在南阳市11个县（市）中排第4位，在河南省102个县（市）中排第38位（见表8）。

2008年以来，镇平县存贷比呈现波动上升趋势。2021年存贷比为44.4%，在南阳市11个县（市）中排第10位，在河南省102个县（市）中排第83位（见表8）。

从人均存、贷款来看，镇平县人均存款余额在省市的排名均处于中下游。2021年镇平县人均存款余额为48924元，占南阳市人均存款余额的81.4%，占河南省人均存款余额的58.7%，在南阳市11个县（市）中排第6位，在河南省102个县（市）中排第55位；人均贷款余额为21714元，占南阳市人均贷款余额的62.9%，占河南省人均贷款余额的30.9%，在南阳市11个县（市）中排第9位，在河南省102个县（市）排第76位（见表9）。

六、居民收入分析

从居民收入看，2017年以来镇平县居民人均可支配收入在河南省排名处于中上游。2021年镇平县居民人均可支配收入为23881元，占南阳市居民人均可支配收入的93.7%，占河南省居民人均可支配收入的89.1%，在南阳市11个（市）中排第5位，在河南省102个县（市）中排第41位。从居民收入增速看，2021年镇平县居民人均可支配收入增速为8.7%，高于南阳市居民人均可支配收入增速0.1个百分点（见表10）。

分城乡来看，镇平县城镇居民人均可支配收入低于南阳市和河南省平均水平；农村居民人均可支配收入始终高于河南省和南阳市平均水平。2021年镇平县城镇居民人均可支配收入为33817元，占南阳市城镇居民人均可支配收入的93.5%，占河南省城镇居民人均可支配收入的91.2%，在南阳市11个县（市）中排第7位，在河南省102个县（市）中排第41

表8 2008—2021年镇平县金融业发展情况

年份	存款年末余额	占南阳市的比重	在南阳市的排名	在河南省的排名	贷款年末余额	占南阳市的比重	在南阳市的排名	在河南省的排名	镇平县存贷比	在南阳市的排名	在河南省的排名	南阳市存贷比	河南省存贷比
	存款（亿元，%）				贷款（亿元，%）				存贷比（%）				
2008	63.3	6.9	3	27	29.6	5.4	4	30	46.7	8	46	59.8	68.0
2009	76.5	6.7	3	29	37.3	5.3	3	34	48.8	6	44	61.0	70.1
2010	94.2	6.4	3	27	43.9	5.3	4	33	46.6	7	51	56.2	68.6
2011	114.3	6.4	4	26	50.0	5.1	5	33	43.7	9	51	54.8	65.7
2012	137.3	6.5	3	26	54.8	4.9	5	37	39.9	9	61	52.9	63.5
2013	164.2	6.6	3	26	66.0	5.0	6	40	40.2	9	61	53.5	62.5
2014	185.5	6.7	3	27	80.5	5.2	5	35	43.4	10	62	56.3	65.8
2015	206.2	6.7	3	27	89.1	5.2	6	36	43.2	10	64	56.1	66.0
2016	232.5	6.7	3	28	94.8	5.0	7	39	40.8	10	67	54.6	67.6
2017	252.8	6.7	3	31	102.7	4.8	6	41	40.6	9	65	56.6	70.7
2018	292.7	7.1	3	27	120.6	5.1	6	38	41.2	9	68	57.2	74.9
2019	328.4	7.1	3	27	133.8	5.1	7	43	40.8	10	78	56.9	80.1
2020	372.1	7.0	3	25	151.5	5.0	7	43	40.7	10	86	56.6	82.2
2021	401.6	6.9	3	27	178.3	5.4	4	38	44.4	10	83	57.5	84.2

数据来源：历年河南省统计年鉴。

表 9　2008—2021 年镇平县人均存贷款情况

年份	人均存款（元，%）					人均贷款（元，%）				
	人均存款	在南阳市的排名	在河南省的排名	占南阳市的比重	占河南省的比重	人均贷款	在南阳市的排名	在河南省的排名	占南阳市的比重	占河南省的比重
2008	6899	5	56	75.2	42.6	3222	6	55	58.7	29.3
2009	8292	5	57	73.3	41.0	4049	5	53	58.7	28.6
2010	10946	5	54	76.4	44.5	5099	6	55	63.3	30.2
2011	13475	5	53	76.9	47.8	5895	6	51	61.4	31.9
2012	16134	5	51	77.8	48.1	6436	6	55	58.7	30.2
2013	19381	5	49	79.0	49.4	7786	6	55	59.2	31.7
2014	21986	6	52	79.7	51.3	9535	6	55	61.4	33.8
2015	24411	5	52	79.6	49.7	10553	6	58	61.4	32.6
2016	27439	6	57	79.5	49.7	11190	8	66	59.4	30.0
2017	29651	6	64	78.4	49.3	12039	8	70	56.2	28.3
2018	33815	6	62	81.2	52.2	13933	8	70	58.5	28.7
2019	37770	6	57	79.3	53.8	15392	8	76	56.8	27.4
2020	44848	6	52	82.2	58.3	18261	9	77	59.1	28.9
2021	48924	6	55	81.4	58.7	21714	9	76	62.9	30.9

数据来源：历年河南省统计年鉴。

表10 2017—2021年镇平县居民人均可支配收入情况

年份	镇平县居民人均可支配收入（元）	在南阳市的排名	在河南省的排名	占南阳市的比重（%）	占河南省的比重（%）	镇平县居民人均可支配收入增速（%）	南阳市城乡居民人均可支配收入增速（%）	镇平县增速－南阳市增速（%）
2017	17728	5	41	92.7	87.9	—	9.7	—
2018	19345	4	40	92.9	88.1	9.1	8.9	0.2
2019	21181	4	40	93.6	88.6	9.5	8.7	0.8
2020	21980	4	40	93.6	88.6	3.8	3.7	0.0
2021	23881	5	41	93.7	89.1	8.7	8.6	0.1

表11 2008—2021年镇平县人民生活情况

年份	城镇居民人均可支配收入	在南阳市的排名	在河南省的排名	占南阳市的比重	占河南省的比重	农村居民人均可支配收入	在南阳市的排名	在河南省的排名	占南阳市的比重	占河南省的比重	城乡收入比	在南阳市的排名	在河南省的排名
2008	10956	8	40	88.4	82.8	5039	3	34	110.3	113.1	2.2	1	37
2009	12085	7	37	89.5	84.1	5396	4	35	109.4	112.3	2.2	1	36
2010	13476	7	37	89.4	84.6	6254	3	34	110.4	113.2	2.2	1	34

续表

年份	城镇居民人均可支配收入	在南阳市的排名	在河南省的排名	占南阳市的比重	占河南省的比重	农村居民人均可支配收入	在南阳市的排名	在河南省的排名	占南阳市的比重	占河南省的比重	城乡收入比	在南阳市的排名	在河南省的排名
2011	15429	7	36	89.2	84.8	6992	5	42	103.2	105.9	2.2	3	42
2012	17454	7	36	89.3	85.4	8057	5	40	103.9	107.1	2.2	3	43
2013	19352	8	37	89.4	86.4	9060	4	40	103.8	106.9	2.1	3	43
2014	21133	8	37	89.1	89.3	9991	5	41	102.6	100.3	2.1	3	43
2015	22508	8	37	89.5	88.0	11080	5	43	102.8	102.1	2.0	4	45
2016	24043	9	40	89.4	88.3	12050	4	41	103.0	103.0	2.0	4	43
2017	26269	9	40	90.2	88.9	13195	4	42	103.8	103.7	2.0	4	43
2018	28607	8	40	91.4	89.8	14382	4	41	103.9	104.0	2.0	4	44
2019	31124	7	40	93.1	91.0	15778	4	41	104.0	104.0	2.0	4	45
2020	31684	7	41	93.4	91.2	16582	4	41	103.1	102.9	1.9	4	47
2021	33817	7	41	93.5	91.2	18133	4	41	103.0	103.4	1.9	4	47

数据来源：历年河南省统计年鉴。

位；农村居民人均可支配收入为18133元，占南阳市农村居民人均可支配收入的103.0%，占河南省农村居民人均可支配收入的103.4%，在南阳市11个县（市）中排第4位，在河南省102个县（市）中排第41位；城乡居民人均可支配收入比约为1.9，在南阳市11个县（市）中排第4位，在河南省102个县（市）中排第47位，处在中游水平，2008年以来城乡收入差距整体逐步缩小（见表11）。

七、固定资产投资分析

镇平县固定资产投资逐年增加，2021年达到513.9亿元，占南阳市的比重为9.5%。固定资产投资增速整体呈下降趋势，2021年为13.2%，高于南阳市0.1个百分点，高于河南省8.7个百分点。房地产投资增速在2012年达到最大值253.6%，2020年为-2.0%（见表12）。

表12　2008—2021年镇平县固定资产投资情况

年份	固定资产投资（亿元）	占南阳市的比重（%）	镇平县固定资产投资增速（%）	房地产投资总量（亿元）	房地产投资增速（%）	房地产投资总量占固定资产投资的比重（%）
2008	34.6	4.9	25.7	0.3	79.6	0.8
2009	50.6	5.4	46.3	0.4	33.8	0.7
2010	68.9	7.2	36.0	0.4	20.0	0.6
2011	120.5	9.7	74.9	0.7	51.5	0.5
2012	151.2	9.7	25.5	2.3	253.6	1.5
2013	160.5	7.7	6.1	4.9	112.8	3.1
2014	189.6	7.6	18.2	4.0	-18.8	2.1
2015	226.4	7.8	19.4	4.3	8.1	1.9
2016	277.3	8.2	22.5	7.3	68.7	2.6
2017	304.9	8.2	10.0	9.1	24.6	3.0
2018	352.5	8.6	15.6	11.3	24.9	3.2
2019	407.1	9.0	15.5	20.2	79.1	5.0
2020	453.9	9.5	11.5	19.8	-2.0	4.4
2021	513.9	9.5	13.2	—	—	—

注：2018—2021年固定资产投资总额为根据相应年份增速计算所得。
数据来源：历年南阳市统计年鉴。

八、社会消费分析

从社会消费情况来看，镇平县社消零总额在省市的排名均处于上游。2021年镇平县社消零总额为206.5亿元，在南阳市11个县（市）中排第2位，在河南省102个县（市）中排第14位；人均社消零2021年达到25156元，在南阳市11个县（市）中排第1位，在河南省102个县（市）中排第17位。分行业来看，2020年镇平县批发和零售业占比为90.6%，住宿和餐饮业占比为9.4%（见表13）。

九、人口规模分析

从人口情况看，镇平县常住人口在河南省县域中排名处在上游，城镇化率水平在河南省县域中排名处在中游。2021年镇平县常住人口为82.1万人，占南阳市常住人口的8.5%，在南阳市11个县（市）中排第4位，在河南省102个县（市）中排第26位。2020年人口外流25.6万人，人口流失率为23.6%。2021年城镇化率为46.9%，在南阳市11个县（市）中排第5位，在河南省102个县（市）中排第43位，低于南阳市城镇化率4.7个百分点，低于河南省城镇化率9.6个百分点（见表14）。

镇平县从业人员数在2010年、2012年、2013年、2018年和2019年出现下降。2019年镇平县从业人员数为49.5万人，同比下降11.8%。从三次产业从业人员占比情况来看，2019年第一产业从业人员数占比为43%，第二、第三产业从业人员数占比为57%（见表15）。

十、公共服务分析

从教育情况来看，2021年镇平县有小学153所，在校生89073人，专任教师5247人，生师比为17.0∶1。初中39所，在校生45862人，专任教师4085人，生师比为11.2∶1（见表16）。

从医疗卫生情况来看，平均每千名常住人口配备卫生机构床位数、卫生技术人员数逐年上升，医疗资源配备逐步增强，2021年每千人床位数为5.0张，每千人卫生技术人员数为5.0人（见表16）。

表 13 镇平县社会消费品零售总额情况

年份	社消零总额	在南阳市的排名	在河南省的排名	占GDP的比重	人均社消零	在南阳市的排名	在河南省的排名	批发和零售业	占社消零的比重	住宿和餐饮业	占社消零的比重
2008	51.7	1	11	32.1	5633	4	23	42.2	81.6	9.5	18.4
2009	61.5	1	12	44.9	6667	4	23	49.9	81.2	11.6	18.8
2010	72.5	1	12	48.1	8429	4	19	58.8	81.0	13.8	19.0
2011	84.0	2	13	50.8	9909	4	19	71.4	84.9	12.7	15.1
2012	97.3	1	12	54.5	11437	4	18	75.0	77.1	22.3	22.9
2013	109.3	2	13	59.9	12902	4	19	93.6	85.6	15.7	14.4
2014	125.1	1	11	63.4	14830	4	16	107.1	85.6	18.0	14.4
2015	141.8	1	10	65.9	16784	4	16	118.8	83.8	22.9	16.2
2016	158.8	1	10	67.4	18736	4	16	137.1	86.3	21.7	13.7
2017	177.0	1	11	68.3	20761	4	18	152.8	86.3	24.2	13.7
2018	177.8	3	14	64.2	20542	4	18	174.9	98.4	2.9	1.6
2019	194.9	2	14	75.8	22413	1	26	167.6	86.0	27.3	14.0
2020	187.9	2	15	70.3	22644	1	18	170.2	90.6	17.7	9.4
2021	206.5	2	14	70.9	25156	1	17	—	—	—	—

数据来源：历年南阳市统计年鉴。

表 14　2008—2021 年镇平县人口情况

年份	户籍人口（万人）	常住人口（万人）	常住人口在南阳市的排名	常住人口在河南省的排名	外流人口（万人）	人口流失率（%）	常住人口占南阳市的比重（%）	镇平县城镇化率（%）	城镇化率在南阳市的排名	城镇化率在河南省的排名
2008	97.2	91.8	4	22	5.4	5.5	9.1	—	—	—
2009	97.6	92.2	4	21	5.4	5.5	9.1	—	—	—
2010	101.0	86.1	4	21	15.0	14.8	8.4	—	—	—
2011	101.5	84.8	4	22	16.7	16.5	8.4	—	—	—
2012	101.9	85.1	4	23	16.8	16.5	8.4	—	—	—
2013	102.4	84.7	4	23	17.7	17.2	8.4	34.0	5	46
2014	102.9	84.4	4	24	18.5	18.0	8.4	35.2	5	50
2015	103.4	84.5	4	24	18.9	18.3	8.4	36.7	6	53
2016	103.9	84.7	4	23	19.2	18.4	8.5	38.3	7	56
2017	104.3	85.3	3	23	19.0	18.2	8.6	40.0	7	56
2018	104.8	86.6	3	19	18.2	17.4	8.8	41.5	6	55
2019	104.9	86.9	4	19	18.0	17.2	8.9	43.0	6	55
2020	108.6	83.0	4	25	25.6	23.6	8.5	45.9	5	43
2021	—	82.1	4	26	—	—	8.5	46.9	5	43

数据来源：历年河南省统计年鉴。

表15 2008—2019年镇平县就业情况

年份	从业人员数（万人）	从业人员数增速（%）	第一产业从业人员数占比（%）	第二产业从业人员数占比（%）	第三产业从业人员数占比（%）
2008	53.7	5.3	50	26	24
2009	55.2	2.8	47	27	26
2010	55.1	-0.3	46	28	26
2011	56.4	2.4	44		56
2012	55.6	-1.4	45		55
2013	55.3	-0.6	44		56
2014	58.5	5.8	42		58
2015	58.5	0.0	42		58
2016	60.3	3.1	40		60
2017	61.2	1.5	40		60
2018	56.1	-8.4	41		59
2019	49.5	-11.8	43		57

数据来源：历年河南省统计年鉴。

表16 2019—2021年镇平县教育和医疗情况

年份		2019	2020	2021
学校数	合计（所）	192	192	192
	小学学校数（所）	155	154	153
	初中学校数（所）	37	38	39
在校学生数	合计（人）	144103	140988	134935
	小学在校生数（人）	101093	95480	89073
	初中在校生数（人）	43010	45508	45862
专任教师数	合计（人）	9001	9397	9332
	小学（人）	5557	5602	5247
	初中（人）	3444	3795	4085
医疗卫生	卫生机构床位数/千人（张）	4.3	4.5	5.0
	卫生技术人员数/千人（人）	3.1	3.8	5.0

数据来源：历年河南省统计年鉴。

十一、县域发展战略分析

镇平县"十四五"时期经济社会的发展定位是：

——南阳中心城区一体化发展先行区。按照"交通互联互通、生态共保共建、服务共建共享、产业协力协作、空间协调协同"的原则，主动融入南阳中心城区发展，坚持新型工业化和新型城镇化双轮驱动，壮大优势产业集群，提升城镇公共服务和综合承载能力，推动县域经济向都市区经济全面转型，着力打造产业转移示范区、康养文旅目的地、中心城区功能疏解首选地。

——全省数字经济样板区。顺应时代潮流，主动融入数字化产业浪潮，推动数字经济和实体经济深度融合。以数字产业化、产业数字化为重点，加快农业、制造业、商贸物流、文化旅游、金融服务、商务服务数字化赋能，推动生产性服务业提速增效、生活性服务业智慧快捷。

——全国"三产融合"示范区。持续做大做强国家农村产业融合发展示范园、河南省农业科技园、杨营农业产业强镇、省级小麦现代农业产业园、市级观赏鱼现代农业产业园五大产业融合园区,发挥示范引领作用,推动制造业和服务业全面融合发展,围绕镇平特色产业,持续打造一批产业融合园区,将"三产融合"打造成镇平的又一张国家名片。

——国际智慧玉都。从产业、城市、人文三方面入手,以玉文化产业转型为抓手,以"玉上云"为牵引,深入实施"玉+"战略,坚持个性化和标准化齐头并进,推动玉文化产业全面腾飞,同步推进其他产业智慧化转型升级;深化智慧城市建设,将智慧元素融入城市建设、运行、管理各个过程,推动产城融合,擦亮城市名片;将镇平玉文化"无中生有"、创新创业、内外兼具、敢为人先的精神内核融入经济社会发展的各个领域,化为现代化建设的强大力量,打造美誉天下的中华智慧玉都。

十二、综述

综上所述,镇平县 GDP、人均 GDP、一般公共预算收入、财政自给率等指标在南阳市的排名均有所下降,同时,财政自给率、城乡居民人均可支配收入、城镇化率等指标均低于南阳市和河南省。从工业来看,工业经济发展较为迅速,规上工业增加值占南阳市的比重逐年上升。但是缺乏头部企业和先进制造业项目,产业基础能力和产业链现代化水平不高。镇平县应坚持产业链思维,聚焦"主新特"产业,推动工业集群化、智能化发展。要立足于全国最大的玉雕加工销售集散地的优势地位,推动玉文化产业发展。

河南省县域经济运行分析：辉县篇[①]

一、辉县市概述

辉县市是一座有3000多年历史、集壮美太行山水和厚重文化底蕴为一体的历史文化名城，1988年撤县建市，是国家级旅游业改革创新先行区、全国科技进步先进县、全国文化先进县、中国书法之乡、中华诗词之乡。

辉县历史文化底蕴厚重，夏属冀州之域，殷商系畿内地，周称凡国、共国，西汉置共县，隋设共城县，唐立共州，贞祐三年改称辉州，明洪武元年（公元1368年）始称辉县。

辉县资源丰富，主要农作物有小麦、玉米、水稻、棉花、油料等。山区水丰林茂，盛产山楂、核桃、板栗、苹果、柿子等各种果品。其中山楂、核桃产品居河南之首。还有杜仲、全虫、山茱萸、五灵脂等名贵药材1020种。地下矿产资源有煤、铁、铜、锌、耐火土及花岗岩、大理石、白云石、石灰岩等20余种。其中煤炭储量21亿吨，花岗岩储量30亿立方米，开发前景十分广阔。

全县辖22个乡（镇）街道、540个行政村，2021年常住人口80余万人，户籍人口93万人，全域总面积2007平方千米，其中耕地面积89万亩，人均耕地面积1.1亩。

二、总体经济运行分析

经济总量在全市领先，处全省第一方阵，2021年辉县市地区生产总值完成359.04亿元，同比增长4.1%，占新乡市GDP的比重为11.1%，2021年居全市第2位，居河南省第33位（见表1）。

[①] 本篇完成于2022年11月，撰稿人：徐涛；耿明斋、周立、王永苏、李燕燕、屈桂林、张国骁、李甜、赵岩、张兆源等参与讨论。

河南省县域经济运行分析：辉县篇

表1 2008—2021年辉县市地区生产总值及增速

年份	辉县市GDP（亿元）	辉县市GDP占新乡市的比重（%）	辉县市GDP在新乡市的排名	辉县市GDP在全省的排名	辉县市GDP增速（%）	辉县市GDP增速在新乡市的排名	辉县市GDP增速在河南省的排名	辉县市GDP增速-新乡市GDP增速（%）	辉县市GDP增速-河南省GDP增速（%）
2008	151.57	16.0	1	24	20.5	1	3	6.6	8.5
2009	166.86	18.5	1	20	16.1	2	4	3.7	5.1
2010	207.27	17.4	1	18	18.5	1	3	3.9	6.1
2011	256.13	17.2	1	18	16.6	2	9	1.9	4.6
2012	276.58	17.1	1	18	12.1	4	30	0.7	2.0
2013	289.59	16.4	1	17	8.4	3	82	-1.1	-0.6
2014	303.92	15.8	1	18	8.5	6	76	-0.8	-0.4
2015	306.78	15.5	1	19	5.0	6	96	-1.1	-3.4
2016	333.98	15.4	1	19	8.3	7	76	0.0	0.1
2017	367.07	15.6	1	19	6.4	7	90	-1.7	-1.4
2018	378.74	15.0	1	18	4.7	6	96	-2.4	-2.9
2019	338.81	11.6	2	32	0.4	8	101	-6.6	-6.4
2020	346.97	11.5	2	29	4.7	3	9	1.5	3.6
2021	359.04	11.1	2	33	4.1	7	85	-2.5	-2.2

数据来源：历年河南省统计年鉴。

从 GDP 总量来看，2008—2021 年间，辉县市 GDP 总量不断增长，由 2008 年的 151.57 亿元变为 2021 年的 359.04 亿元，增加了 1.4 倍，2018 年最高为 378.74 亿元（见表 1）。

从 GDP 占比来看，2008—2021 年，辉县市 GDP 占新乡市的比重呈下降趋势，2021 年最低为 11.1%（见表 1）。

从 GDP 增速来看，2013 年之前，辉县市经济发展速度高出河南省、新乡市增速，但逐渐靠近以至不及河南省、新乡市增速，2019 年最低，仅为 0.4%，2012 年后，除 2016 年和 2020 年外，其余年份辉县市 GDP 增速均不及河南省、新乡市水平（见表 1）。

从人均 GDP 绝对量看，2021 年辉县市人均 GDP 达 44151 元，较 2008 年增加了 24822 元，增加了 1.3 倍，2021 年居新乡市第 4 位、河南省第 59 位，分别较 2008 年下降了 2 个、22 个位次（见表 2）。

从省市人均 GDP 对比情况看，2018 年之前辉县市人均 GDP 超过河南省、新乡市水平，但 2019—2021 年辉县市人均 GDP 均不及省市水平，整体表现出与河南省、新乡市差距逐渐拉大的特征，2021 年仅为新乡市的 84.86%，为河南省的 74.32%（见表 2）。

三、分产业经济运行分析

（一）产业格局与发展方向

2021 年辉县市高新技术企业达到 27 家，市级以上工程技术研究中心达到 54 家，省级以上绿色工厂 8 家，国家知识产权标准认证企业 11 家，荣获全国食品工业强县、全省知识产权强市等称号。

辉县市的发展定位：转型强市、文旅名城、交通兴市、生态美市。"十四五"期间辉县市产业布局规划为：围绕高端装备制造、绿色食品、文旅康养三大主导产业，形成超 200 亿元的产业集群 1 个，超 100 亿元的产业集群 2~3 个，新培育 1 个 50 亿级企业、3 个 10 亿级企业，税收超亿元企业 16 家，高新技术产业增加值占规模以上工业增加值 40% 以上，全社会研发投入年增速不低于 20%。

（二）产业结构分析

2021 年辉县市三次产业结构为 10.65∶44.97∶44.39，第二产业主导经

表2 2008—2021年辉县市人均地区生产总值及增速

年份	辉县市人均GDP（元）	辉县市人均GDP在新乡市的排名	辉县市人均GDP在全省的排名	新乡市人均GDP（元）	河南省人均GDP（元）	辉县市人均GDP增速（%）	辉县市人均GDP增速在新乡市的排名	辉县市人均GDP增速在河南省的排名	辉县市人均GDP占新乡市的比重（%）	辉县市人均GDP占河南省的比重（%）
2008	19329	2	37	16188	18019	20.8	2	4	119.4	107.3
2009	21817	2	32	17992	19480	19.0	2	3	121.3	112.0
2010	27914	2	29	21196	23092	22.1	1	4	131.7	120.9
2011	34740	2	26	26198	28661	17.4	1	25	132.6	121.2
2012	37543	2	24	28598	31499	12.2	4	45	131.3	119.2
2013	39195	2	26	31138	34211	8.1	3	83	125.9	114.6
2014	41087	2	26	33696	37072	8.4	6	81	121.9	110.8
2015	41286	2	27	34562	39123	4.5	6	96	119.5	105.5
2016	44617	2	26	37805	42575	7.5	7	84	118.0	104.8
2017	48696	2	27	40962	46674	5.6	7	90	118.9	104.3
2018	49989	2	30	46209	50152	4.2	6	96	108.2	99.7
2019	44613	3	44	46570	56388	0.1	8	101	95.8	79.1
2020	41758	4	55	48229	55435	5.7	3	9	86.6	75.3
2021	44151	4	59	52028	59410	6.3	6	72	84.9	74.3

数据来源：历年河南省统计年鉴。

济发展，但占GDP的比重整体呈下降趋势，2019年之前第二产业占比保持在50%以上，2018—2019年，第二产业和第三产业出现了较大的变化，分别表现为第二产业占比大幅下降和第三产业占比迅速提高。总体产业结构表现为第二产业占比下降，第三产业占比提高，第一产业占比平稳降低（见图1）。

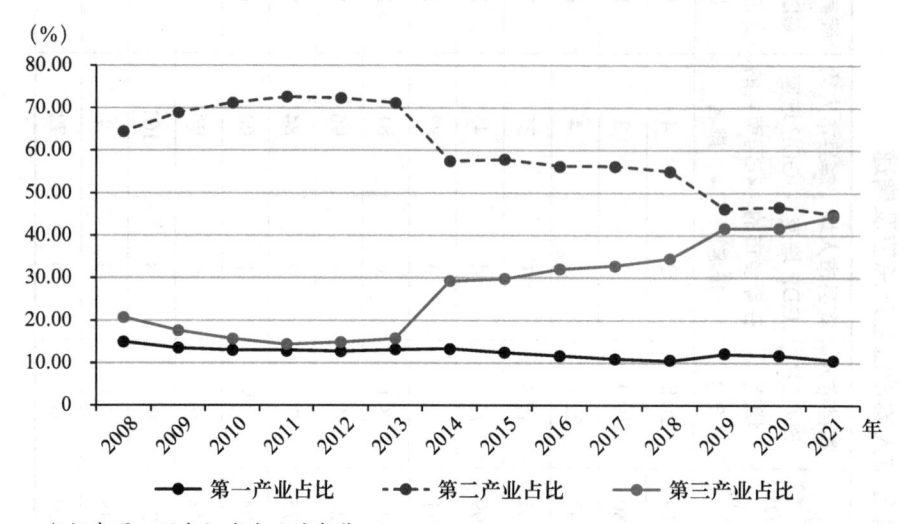

数据来源：历年河南省统计年鉴。

图1　2008—2021年辉县市三产结构变化情况

（三）工业发展情况分析

建材、化工、电力、煤炭、纺织服装等传统产业是辉县市的支柱产业，2021年辉县市现有各级各类企业3591家，其中工业企业1214家，涉及行业门类34个。规模以上工业企业171家。辉县市共有省级工程技术研究中心17个，高新技术企业27家，市重大科技专项2个，签订技术合同31份，签订技术合同成交额1.9亿元。

2021年辉县市规上工业增加值为234.28亿元，在新乡市8个县（市）中居首位，占新乡市规上工业增加值的比重为16.03%，并呈现逐年降低的趋势，近年增速不及省市增速水平（见表3）。

分门类看，2021年辉县市采矿业增长6.3%，制造业下降4.9%，热力、燃气及水生产和供应业下降7.2%。从增速看，2018—2021年，采矿业和制造业增速均为先降再升再降的波动变化特征，热力、燃气及水生产和供应业近 4 年增速逐年下降。

表3 2013—2021 年辉县市规上工业发展总体情况

年份	规上工业增加值（亿元）	规上工业增加值占新乡市的比重（%）	规上工业增加值在新乡市的排名	规上工业增加值增速（%）
2013	171.44	21.49	1	10.70
2014	191.50	22.02	1	11.70
2015	204.91	22.27	1	7.00
2016	218.43	21.88	1	6.60
2017	230.45	21.23	1	5.50
2018	239.43	20.39	1	3.90
2019	227.46	17.85	1	−5.00
2020	239.06	17.72	1	5.10
2021	234.28	16.03	1	−2.00

数据来源：历年新乡市统计年鉴、辉县市统计公报。

主要规上工业分行业看，2021 年辉县市规上工业行业中，工业战略性新兴产业下降 4.8%，占规上工业的 13.6%；高耗能工业下降 3.1%，占规上工业的 73.7%，高技术产业增长 10.6%，占规上工业的 2.4%，高新技术产业下降 1.9%，占规上工业的 22.9%。

（四）服务业发展情况分析

辉县市旅游资源得天独厚，是国家级旅游业改革创新先行区，国家南太行旅游开发重要组成部分，新乡南太行旅游度假区规划面积 1188 平方千米，辉县境内 1080 平方千米。辉县市有旅游景区 5A 级 1 家（八里沟）、4A 级 4 家（万仙山、宝泉、轿顶山、关山）、3A 级 2 家（百泉、秋沟），还有白云寺国家森林公园、关山国家地质公园和万仙山国家攀岩公园，有南太行、宝泉西沟 2 家省级旅游度假区。

辉县市服务业增加值总额不断提升，2016 年突破百亿元，在新乡市稳居第 2 位。2021 年居河南省第 33 位，2019—2021 年占新乡市服务业增加值的比重较为稳定，2021 年占比为 10.6%（见表 4）。

表4 2008—2021年辉县市服务业发展总体情况

年份	辉县市服务业增加值（亿元）	辉县市服务业增加值占新乡市服务业增加值的比重（%）	辉县市服务业增加值在新乡市的排名	辉县市服务业增加值在河南省的排名	辉县市服务业增加值增速（%）	辉县市服务业增加值增速在新乡市的排名	辉县市服务业增加值增速在河南省的排名
2008	31.35	11.6	2	29	14.6	1	45
2009	29.41	9.5	2	37	11.80	6	72
2010	32.48	8.9	2	41	6.70	3	90
2011	36.79	8.0	2	41	7.60	3	83
2012	41.17	7.4	2	44	8.80	3	75
2013	45.44	7.1	2	45	7.30	2	80
2014	88.83	12.7	2	21	8.10	1	75
2015	91.27	11.8	2	25	1.70	7	101
2016	106.89	12.3	2	23	14.3	1	2
2017	120.51	12.1	2	25	8.7	6	81
2018	130.54	12.0	2	28	4.5	6	96
2019	141.10	10.7	2	34	3.4	8	100
2020	144.58	10.6	2	35	2.1	3	48
2021	159.36	10.6	2	33	10.7	4	17

数据来源：历年河南省统计年鉴。

服务业分行业看，2017年后，交通运输、仓储和邮政业，住宿和餐饮业、金融业增加值开始下滑，其中交通运输业、仓储和邮政业2019年又反弹至正常水平。住宿和餐饮业及金融业则持续下滑，房地产业则是2019年开始下滑，批发和零售业则有序增长（见表5）。

服务业分行业增加值占服务业增加值总额的比重为：交通运输、仓储和邮政业增加值占服务业增加值总额的主要部分，但占比逐年下降，2015年占比39.01%，2019年降至25.13%。同样下降的有住宿和餐饮业、金融业，房地产业则占比稳定，一直稳定在12%~13%（见表6）。

表 5 2015—2019 年辉县市服务业分行业增加值与增速

年份	批发和零售业（亿元）	批发和零售业增速（%）	交通运输、仓储和邮政业（亿元）	交通运输、仓储和邮政业增速（%）	住宿和餐饮业（亿元）	住宿和餐饮业增速（%）	金融业（亿元）	金融业增速（%）	房地产业（亿元）	房地产业增速（%）
2015	12.47	8.25	35.6	4.22	4.08	11.48	12.58	6.88	11.81	-6.71
2016	13.2	5.85	38.41	7.89	4.30	5.39	13.4	6.52	14.33	21.34
2017	14.3	8.33	41.75	8.70	4.84	12.56	14.53	8.43	17.18	19.89
2018	16.09	6.10	33.47	6.00	4.50	9.40	11.45	12.10	18.08	-1.50
2019	16.14	7.40	35.46	6.50	4.33	9.00	10.76	12.30	17.85	-2.10

数据来源：历年新乡市统计年鉴。

表 6 2015—2019 年辉县市不同类型服务业增加值占服务业增加值总额的比重

年份	批发和零售业占服务业的比重（%）	交通运输、仓储和邮政业占服务业的比重（%）	住宿和餐饮业占服务业的比重（%）	金融业占服务业的比重（%）	房地产业占服务业的比重（%）
2015	13.66	39.01	4.47	13.78	12.94
2016	12.35	35.93	4.02	12.54	13.41
2017	11.87	34.64	4.02	12.06	14.26
2018	12.33	25.64	3.45	8.77	13.85
2019	11.44	25.13	3.07	7.63	12.65

数据来源：历年新乡市统计年鉴。

（五）重点企业分析

辉县市的重点龙头企业涉及的领域包括制造业、能源产业、生物科技产业等。

（1）河南宝钢制罐有限公司。公司隶属于世界500强企业宝钢集团旗下公司，制罐业务作为宝钢包装核心业务之一，目前有上海、河北、武汉、成都、佛山及越南6家制罐厂，居行业前三。已完成全国战略布局，并与可口可乐、百事可乐等世界知名企业建立了长期战略联盟。搭建起了覆盖全国的二片易拉罐制造、销售、服务网络。

（2）华电新乡发电有限公司。公司隶属于中国华电集团公司，由华电国际电力股份有限公司和新乡市建设投资有限公司按照9：1的出资比例共同投资建设，处于华中、华北和西北三大电网交汇处，是全国形成联网的重要电源支撑点。

（3）河南省天邦科技有限公司。公司集研发、生产、销售于一体，现有职工600余人，产能15万吨的高档胶版印刷纸生产线2条、污泥焚烧热电联产综合利用项目一套、110千伏变电站1座和日处理2万吨废水的污水处理设施1套。

（4）新乡市星河生物科技有限公司。属天水众兴菌业科技股份有限公司的全子公司，专业从事食用菌的研发、生产与销售，为国内领先的食用菌工厂化高科技生产企业，致力于为消费者提供绿色、安全的高品质食用菌产品，是农业农村部、国家发展和改革委员会、财政部等八大部委评选认定的"农业产业化国家重点龙头企业"。

（5）河南仙力面业有限公司。公司始建于1993年，现拥有建筑面积2万平方米，员工150余人，技术人员50余人。拥有国内先进的三条全自动挂面生产线，一条面叶（蝴蝶面）生产线，采用微机、PLC自动控制系统管理，拥有固定资产5000万元，资产总额6500万元。现拥有素食粗粮、素食蔬菜、河南烩面、豫北好面、丫头小子多维7+1宝贝面等八大系列百余种面食产品。

四、财政收支分析

辉县市一般公共预算收支绝对量不断增加，占新乡市的比重均出现下滑趋势，一般公共预算收入在全市领先，全省排名前20位。

2021年辉县市一般公共预算收入完成25.20亿元，是2008年的3.6倍，居新乡市第2位、河南省第18位，占新乡市一般公共预算收入的比重呈现先上升后下降的特征，其中2011年最高，为18.3%，之后开始下降，2021年最低，为12.1%，较2008年下降2.3个百分点（见表7）。

2021年辉县市一般公共预算支出完成44.26亿元，占新乡市一般公共预算支出的8.7%，居新乡市第2位、河南省第45位，在省市的排名均下滑，分别较2008年下滑1个、19个位次（见表7）。

辉县市税收总额不断提升，2021年完成18.2亿元，较2008年增加了2.9倍，占新乡市税收收入的比重表现为先提升后下降的特征，2021年税收占一般公共预算收入的比重为72.2%，整体呈波动变化，2011年最高，为78.1%，2015年最低，为57.4%（见表8）。

辉县市人均一般公共预算收支绝对量不断提高，但占河南省、新乡市人均一般公共预算收支的比重却不断下降，2021年人均一般公共预算收入为3138元，是2008年的3.5倍，占河南省、新乡市的比重分别为71.3%、93.0%；较2008年分别下降了12.3个、8.1个百分点。2021年人均一般公共预算支出为5510元，是2008年的3.5倍，占河南省、新乡市的比重分别为52.3%、67.1%，分别较2008年下降12.2个、19.6个百分点（见表8）。

辉县市财政自给率在全市领先，始终居新乡市前两位、河南省前21位，2021年为56.9%，分别高出新乡市15.8个、河南省15.2个百分点。

五、金融业发展分析

辉县市金融机构年末存、贷款余额总额逐渐提升，2021年金融机构存款余额突破500亿元，达到502.85亿元，是2008年的6.2倍，占新乡市金融机构存款余额的12.3%，较2008年提升了1.6个百分点，在新乡市排第2位，在河南省排第11位（见表9）。

贷款余额连年提升，2021年完成270.37亿元，是2008年的7.6倍，居新乡市第2位、河南省第17位，较2008年分别提升1个、4个位次，占新乡市存款余额的10.1%，较2008年提升3个百分点（见表9）。

表7 2008—2021年辉县市财政收支情况

年份	一般公共预算收入	占新乡市一般公共预算收入的比重	在新乡市的排名	在河南省的排名	一般公共预算支出	一般公共预算支出占新乡市的比重	一般公共预算支出在新乡市的排名	一般公共预算支出在河南省的排名	财政自给率	在新乡市的排名	在河南省的排名	财政收入占GDP的比重
2008	7.02	14.4	1	15	12.25	12.3	1	26	57.30	2	18	4.6
2009	9.01	16.1	1	12	17.32	13.2	1	13	52.03	1	16	5.4
2010	12.07	17.1	1	10	21.06	13.2	1	11	57.31	1	13	5.8
2011	16.60	18.3	1	8	25.87	12.9	1	12	64.17	1	10	6.5
2012	19.21	17.7	1	8	29.69	12.3	1	20	64.69	1	8	6.9
2013	21.91	16.9	1	8	33.49	12.5	1	21	65.44	1	10	7.6
2014	23.15	16.6	1	9	34.24	12.2	2	27	67.62	1	7	7.6
2015	24.00	16.6	1	9	37.60	12.1	2	29	63.85	1	7	7.8
2016	22.20	15.0	1	10	36.83	11.3	2	38	60.27	1	11	6.6
2017	24.28	15.3	1	10	37.84	10.3	3	48	64.16	1	7	6.6
2018	25.86	15.0	1	10	46.54	11.5	3	42	55.57	1	12	6.8
2019	23.46	12.5	2	18	45.83	9.9	2	53	51.20	1	14	6.9
2020	23.58	12.2	2	18	46.92	9.9	2	50	50.25	1	16	6.8
2021	25.20	12.1	2	18	44.26	8.7	2	45	56.94	2	21	7.0

数据来源：历年河南省统计年鉴及辉县市统计公报。

表 8 2008—2021 年辉县市税收及人均财力情况

年份	税收（亿元，%） 税收收入	税收占一般公共预算收入的比重	占新乡市税收收入的比重	人均财力（元，%） 人均一般公共预算收入	占新乡市的比重	占河南省的比重	人均一般公共预算支出	占新乡市的比重	占河南省的比重
2008	4.7	66.8	13.6	894.66	101.1	83.6	1561.37	86.7	64.5
2009	5.9	65.5	14.8	1209.43	119.5	101.9	2324.34	97.5	75.9
2010	8.7	72.1	16.8	1631.31	132.2	111.1	2846.53	101.9	78.4
2011	13.0	78.1	19.2	2259.36	140.9	124.2	3521.18	99.0	78.4
2012	13.5	70.3	17.2	2600.27	136.1	121.5	4019.44	94.4	76.5
2013	14.9	68.0	15.6	2964.90	130.0	117.5	4530.59	96.1	77.7
2014	13.9	60.2	14.4	3127.02	128.3	110.1	4624.57	94.5	74.0
2015	13.8	57.4	13.5	3218.46	127.3	103.5	5041.06	92.7	71.9
2016	13.0	58.6	12.8	2954.97	114.6	91.6	4902.81	86.4	64.3
2017	15.0	61.8	13.3	3210.00	116.4	92.6	5003.49	78.4	59.9
2018	17.4	67.4	13.9	3406.81	114.2	89.2	6131.17	87.9	65.6
2019	16.4	70.0	12.3	3087.50	95.8	75.6	6030.65	75.4	58.7
2020	16.4	69.7	11.9	2864.40	92.4	68.3	5699.99	75.4	54.6
2021	18.2	72.2	12.2	3137.97	93.0	71.3	5510.60	67.1	52.3

数据来源：历年河南省统计年鉴及辉县市统计公报。

表 9 2008—2021 年辉县市金融机构年末存贷款余额情况

年份	存款余额（亿元，%）			贷款余额（亿元，%）					存贷比（%）			
	金融机构存款年末余额	在新乡市的排名	在河南省的排名	占新乡市年末存款余额的比重	金融机构贷款年末余额	在新乡市的排名	在河南省的排名	占新乡市年末贷款余额的比重	辉县市存贷比	在新乡市的排名	在河南省的排名	新乡市存贷比	河南省存贷比
2008	81.58	2	13	10.7	35.76	3	21	7.1	43.83	7	52	66.6	68.0
2009	101.71	2	13	10.8	53.38	3	17	8.6	52.48	7	36	66.0	70.1
2010	133.55	2	11	11.7	80.09	3	10	11.2	59.97	5	22	62.3	68.6
2011	147.22	2	12	11.3	89.41	3	12	11.4	60.73	3	16	59.8	65.7
2012	163.85	2	16	11.1	101.23	3	11	11.7	61.78	2	12	58.8	63.3
2013	187.55	2	17	10.9	116.62	3	14	11.2	62.18	2	17	60.2	62.4
2014	200.05	2	19	10.5	130.65	2	16	11.1	65.31	2	16	61.9	65.8
2015	226.89	2	20	10.7	133.13	2	17	10.4	58.68	2	27	60.4	66.0
2016	260.06	2	20	11.2	134.38	2	18	10.0	51.67	5	42	57.6	67.6
2017	291.92	2	22	11.5	145.29	2	22	9.7	49.77	5	50	59.2	70.7
2018	325.40	2	21	11.6	166.84	2	20	9.7	51.27	4	49	61.5	74.9
2019	370.49	2	16	11.9	199.24	2	20	9.8	53.78	3	44	65.1	80.1
2020	433.73	2	13	11.9	234.40	2	19	10.0	54.04	3	48	64.1	82.2
2021	502.85	2	11	12.3	270.37	2	17	10.1	53.77	—	—	65.6	84.4

数据来源：历年河南省统计年鉴。

辉县市人均存、贷款总额不断提升，不及河南省、新乡市人均存贷款平均水平，但占比不断提高，2021年人均存款余额达到62605.8元，是2008年的6倍，稳居新乡市第3位，在河南省排第20位，占新乡市的比重为57.3%，占河南省的比重为75.1%，分别较2008年提升9.4个、10.8个百分点。2021年人均贷款余额达到33661.7元，是2008年的7.4倍，居新乡市第3位、河南省第32位，占新乡市的比重为77.5%，占河南省的比重为47.9%，分别较2008年提升27.9个、6.4个百分点（见表10）。

2014年之前辉县市存贷比不断提升，达到最高65.3%，之后不断下滑，近3年稳定在54%左右。与省市存贷比相比，不及省市存贷比水平且差距逐渐拉开。

六、居民收入分析

2016—2021年，辉县市居民人均可支配收入逐年提高，每年增长2000元左右，2021年居民人均可支配收入达到27148元（见表11）。

从与省市的对比来看，辉县市居民人均可支配收入不及新乡市水平，但略高于河南省水平。2021年居民人均可支配收入占新乡市的比重为98.87%，占河南省的比重为101.26%。除2017年、2021年外，2016—2021年其余年份辉县市居民人均可支配收入增速均稍快于新乡市（见表11）。

分常住地看，城乡居民人均可支配收入整体处于新乡市、河南省第1方阵，其中城镇居民人均可支配收入稳居新乡市第1位，2021年居河南省第15位，农村居民人均可支配收入稳居新乡市第3位，2021年居河南省第29位（见表12）。

城镇居民人均可支配收入总额逐年上升，从2008年的11293元增至2021年的36384元，2021年首次超过新乡市水平，但依然不及河南省水平；农村居民人均可支配收入由2008年的5090元增至2021年的20174元，增长了近4倍，整体水平超过省市平均水平（见表12）。

城乡收入差距逐年缩小，2021年城乡收入比为1.80，较2008年缩小0.42个百分点，但在全省的位次略有下滑，由38位变为41位，下滑3个位次（见表12）。

表 10 2008—2021 年辉县市金融机构年末人均存贷款余额情况

年份	辉县市人均存款余额	人均存款(元,%) 在新乡市的排名	在河南省的排名	人均存款占新乡市的比重	人均存款占河南省的比重	辉县市人均贷款余额	人均贷款(元,%) 在新乡市的排名	在河南省的排名	人均贷款占新乡市的比重	人均贷款占河南省的比重
2008	10401.7	3	26	47.9	64.3	4559.5	6	33	49.6	41.5
2009	13647.5	3	20	51.1	67.5	7162.2	4	21	63.7	50.6
2010	18054.8	2	14	56.8	73.4	10827.4	3	15	86.8	64.2
2011	20035.5	3	16	54.6	71.1	12167.9	3	15	88.1	65.8
2012	22183.4	3	22	54.1	66.1	13705.7	3	15	89.5	64.4
2013	25374.8	3	22	52.7	64.6	15778.6	3	18	86.4	64.2
2014	27022.7	3	30	51.2	63.0	17648.3	3	18	85.8	62.5
2015	30422.2	3	31	52.0	62.0	17850.6	3	25	80.0	55.1
2016	34614.6	3	30	54.0	62.7	17886.3	3	34	76.6	47.9
2017	38598.5	3	29	55.3	64.2	19210.6	3	34	73.7	45.2
2018	42871.9	3	27	55.1	66.2	21981.6	3	32	73.7	45.3
2019	48755.1	3	19	56.5	69.4	26219.2	3	29	75.1	46.6

续表

年份	辉县市人均存款余额	人均存款（元，%） 在新乡市的排名	在河南省的排名	人均存款占新乡市的比重	人均存款占河南省的比重	辉县市人均贷款余额	人均贷款（元，%） 在新乡市的排名	在河南省的排名	人均贷款占新乡市的比重	人均贷款占河南省的比重
2020	52688.1	3	27	54.3	68.5	28474.2	3	35	76.0	45.0
2021	62605.8	3	20	57.3	75.1	33661.7	3	32	77.5	47.9

数据来源：历年河南省统计年鉴。

表 11 2016—2021 年辉县市居民人均可支配收入情况

年份	居民人均可支配收入（元）	占新乡市的比重（%）	占河南省的比重（%）	居民人均可支配收入增速（%）	新乡市城乡居民人均可支配收入增速（%）	辉县市增速－新乡市增速
2016	18732	98.00	101.57	7.2	6.01	1.19
2017	20401	97.82	101.15	8.9	9.10	-0.20
2018	22236	98.41	101.24	8.99	8.35	0.65
2019	24209	98.56	101.28	8.9	8.70	0.20
2020	25220	98.91	101.65	4.2	3.81	0.39
2021	27148	98.87	101.26	7.6	7.69	-0.09

数据来源：辉县市统计公报。

表12 2008—2021年辉县市城乡居民人均可支配收入情况

年份	城镇居民人均可支配收入	在新乡市的排名	在河南省的排名	占新乡市的比重	占河南省的比重	农村居民人均可支配收入	在新乡市的排名	在全省的排名	占新乡市的比重	占河南省的比重	城乡收入比	城乡收入比在河南省的排名
2008	11293	2	28	86.9	85.4	5090	5	32	101.0	114.3	2.22	38
2009	12750	2	26	90.0	88.7	5635	5	29	103.8	117.2	2.26	38
2010	14403	2	23	91.4	90.4	6641	3	26	106.4	120.2	2.17	35
2011	16787	2	20	93.3	92.3	8192	3	23	108.8	124.0	2.05	35
2012	19062	1	18	94.6	93.2	9419	3	23	108.9	125.2	2.02	37
2013	21216	1	14	96.0	94.7	10625	3	23	109.2	125.4	2.00	36
2014	22999	1	17	95.9	97.2	11772	3	23	109.7	118.1	1.95	35
2015	24524	1	15	96.7	95.9	12930	3	26	109.8	119.1	1.90	37
2016	26143	1	16	97.2	96.0	13822	3	26	109.0	118.2	1.89	37
2017	28391	1	18	97.7	96.1	14927	3	27	108.4	117.4	1.90	37
2018	30748	1	17	98.2	96.5	16196	3	27	108.4	117.1	1.90	39
2019	33146	1	19	98.6	96.9	17605	3	28	107.7	116.1	1.88	39
2020	33908	1	17	99.4	97.6	18679	3	27	106.9	116.0	1.82	39
2021	36384	1	15	100.4	98.1	20174	3	29	106.6	115.1	1.80	41

从增速对比来看,除 2015 年、2018 年外,其余年份农村居民人均可支配收入增速均超过城镇居民人均可支配收入增速,除 2016 年外,城乡居民人均可支配收入增速均超过辉县市 GDP 增速。

七、固定资产投资分析

2021 年辉县市固定资产投资达 400.73 亿元,相较于 2008 年增长了 3.1 倍,占新乡市固定资产投资总额的比重为 12.4%,相较于 2008 年占比下降了 6 个百分点。2020 年,在新乡市 8 个县(市)中的排名由 2008 年的第 1 位下降至第 3 位,被原阳县、长垣县赶超,在河南省的位次由第 9 位下滑至第 30 位(见表 13)。

表 13　2008—2021 年辉县市固定资产投资情况

年份	固定资产投资（亿元）	占新乡市的比重（%）	固定资产投资在新乡市的排名	固定资产投资在河南省的排名	辉县市固定资产投资增速（%）	新乡市固定资产投资增速（%）	河南省固定资产投资增速（%）
2008	127.41	18.4	1	9	—	31.9	32.4
2009	158.00	17.5	1	8	24.0	31.8	31.6
2010	163.24	18.7	1	13	3.3	20.0	22.2
2011	200.57	17.8	1	13	22.9	29.3	27.0
2012	206.33	16.2	1	14	2.9	22.2	21.4
2013	222.41	14.3	1	16	7.8	22.8	22.5
2014	269.35	14.6	1	14	21.1	18.6	19.2
2015	280.36	14.5	2	25	4.1	4.6	16.5
2016	236.52	11.8	3	41	−15.6	4.1	13.7
2017	258.86	11.7	3	46	9.4	10.1	10.4
2018	288.89	11.9	3	43	11.6	10.1	8.1
2019	317.78	11.7	3	44	10.0	11.3	8.0
2020	381.65	13.2	3	30	20.1	6.4	4.3
2021	400.73	12.4	—	—	—	12.1	4.5

数据来源:历年新乡市统计年鉴、辉县市统计公报。

从投资增速来看，近五年辉县市固定资产投资增速超过河南省固定资产投资增速、超过其GDP增速，说明投资是带动经济发展的重要组成部分。

从不同类型投资情况来看，近几年辉县市工业投资、民间投资和房地产投资占固定资产投资的比重均呈下降趋势，整体上，民间投资占比超过工业投资和房地产投资。2021年，民间投资占固定资产的比重为56.63%，工业投资占比为36.81%，房地产投资占比为6.11%（见表14）。

表14 2013—2021年辉县市不同类型投资情况

年份	工业投资总额（亿元）	工业投资占固定资产投资的比重（%）	工业投资增速（%）	民间投资总额（亿元）	民间投资占固定资产投资的比重（%）	民间投资增速（%）	房地产投资总额（亿元）	房地产投资占固定资产投资的比重（%）	房地产投资增速（%）
2013	106.94	46.57	19.9	219.60	95.63	8.8	20.20	8.80	−0.7
2014	89.20	32.33	−7.2	201.90	73.18	5.2	20.30	7.36	0.04
2015	147.10	51.40	25.0	276.06	96.46	3.3	16.32	5.70	−17.5
2016	126.60	52.32	−13.8	182.11	75.27	−34.0	26.18	10.82	60.4
2017	155.00	58.82	22.4	216.37	82.11	18.8	25.01	9.49	−4.5
2018	162.29	55.19	4.7	228.49	77.70	5.6	23.21	7.89	−7.2
2019	139.89	43.25	−13.8	244.25	75.51	6.9	23.91	7.39	−4.4
2020	132.90	34.21	−5.0	244.99	63.06	0.3	26.42	6.80	10.5
2021	150.17	36.81	13.0	231.02	56.63	−5.7	24.94	6.11	−5.6

数据来源：历年新乡市统计年鉴、辉县市统计公报。

2013年以来，辉县市固定资产投资占GDP的比重呈先上升后下降再上升趋势。2020年，固定资产投资占GDP的比重超过100%，为111.97%，2021年为113.63%（见表15）。

表15　2013—2021年辉县市各项投资占GDP的比重

年份	民间投资总额（亿元）	民间投资占GDP的比重（%）	工业投资总额（亿元）	工业投资占GDP的比重（%）	房地产投资总额（亿元）	房地产投资占GDP的比重（%）	固定资产投资（亿元）	固定资产投资占GDP的比重（%）
2013	219.60	75.83	106.94	36.93	20.20	6.98	229.63	79.29
2014	201.90	66.43	89.20	29.35	20.30	6.68	275.88	90.78
2015	276.06	89.99	147.10	47.95	16.32	5.32	286.20	93.29
2016	182.11	54.53	126.60	37.91	26.18	7.84	241.95	72.44
2017	216.37	58.94	155.00	42.23	25.01	6.81	263.51	71.79
2018	228.49	60.33	162.29	42.85	23.21	6.13	294.07	77.64
2019	244.25	72.09	139.89	41.29	23.91	7.06	323.48	95.47
2020	244.99	70.61	132.90	38.30	26.42	7.61	388.50	111.97
2021	231.02	64.35	150.17	41.83	24.94	6.95	407.92	113.63

数据来源：历年新乡市统计年鉴、辉县市统计公报。

八、社会消费分析

可能是由于2018年经济普查，统计口径调整的原因，导致2019年辉县市社消零总额、人均社消零绝对量以及各自在省市的排名、占比均出现大幅度的下滑。

2021年辉县市社消零总额完成101.74亿元，是2008年的2.6倍，绝对量居新乡市第1位、河南省第54位，占GDP的比重为28.3%，分别较2008年下滑1个、32个位次。人均社消零达到12666.83元，居新乡市第5位、河南省第86位，分别下滑3个、51个位次，占新乡市和河南省的比重分别为74.0%、51.3%，各自较2008年下滑了24.4个、29.7个百分点。分行业来看，批发和零售业占社消零总额的比重为90.2%，其余是住宿和餐饮业（见表16）。

表16 2008—2021年辉县市社消零总额情况

年份	社消零总额	在新乡市的排名	在河南省的排名	占GDP的比重	人均社消零总额	在新乡市的排名	人均社消零总额在河南省的排名	人均社消零总额占新乡市的比重	人均社消零总额占河南省的比重	其中批发和零售业	占社消零总额的比重	其中住宿和餐饮业	占社消零总额的比重
2008	38.89	1	22	25.7	4958.56	2	35	98.4	81.0	—	—	—	—
2009	44.97	1	23	27.0	6033.81	1	31	116.5	85.6	—	—	—	—
2010	53.03	1	24	25.6	7169.12	1	31	104.0	85.1	—	—	—	—
2011	63.66	1	23	24.9	8663.58	1	26	104.7	87.8	57.26	89.9	6.4	10.1
2012	75.11	1	22	27.2	10169.24	1	26	105.2	90.0	67.8	90.3	7.3	9.7
2013	85.63	1	23	29.6	11585.71	1	26	105.5	90.6	77.4	90.4	8.2	9.6
2014	96.86	1	21	31.9	13083.88	1	24	106.1	91.6	67.8	70.0	7.3	7.5
2015	95.92	1	24	31.3	12861.36	1	41	94.6	80.6	87.12	90.8	9.3	9.7
2016	109.18	1	23	32.7	14532.14	1	40	96.7	82.3	98.87	90.6	10.31	9.4
2017	122.32	1	25	33.3	16173.48	1	41	96.6	82.4	111.2	90.9	11.19	9.1
2018	133.22	1	24	35.2	17552.04	1	38	99.7	81.4	120.9	90.8	12.3	9.2
2019	95.68	2	58	28.2	12591.13	4	84	73.4	53.1	134.4	140.5	14	14.6
2020	92.82	2	53	26.8	11275.51	5	88	73.0	49.8	83.9	90.4	8.9	9.6
2021	101.74	2	54	28.3	12666.83	5	86	74.0	51.3	91.8	90.2	10	9.8

数据来源：历年河南省统计年鉴及新乡市统计公报。

九、人口规模分析

辉县市属人口规模较大的县市，2021年户籍人口93.30万人，常住人口80.32万人，占新乡市常住人口的比重为13.0%，常住人口数居新乡市第2位、河南省第28位，9.98万人口流出务工（见表17）。

城镇化率不断提高，但不及新乡市和河南省城镇化率水平，且在河南省排名不断下滑，2021年城镇化率为51.30%，低于新乡市7.1个百分点，低于河南省5.2个百分点，居河南省第31位，较2013年下滑了9个位次（见表17）。

2017年辉县市就业人数达到最高，超过50万人，乡村就业人员数占主要部分，其中第一产业从业人员数占39.03%，其余60.97%从业人员从事第二、第三产业就业（见表18）。

十、公共服务分析

辉县市在基础教育领域的投入及发展成效显著，2008—2021年，辉县市的基础教育学校数目相对减少，但在校学生人数和专任教师人数却呈现出明显增长趋势。学校数从2008年的208所降至2021年的186所，在校学生人数则从2008年的7.5万人增加至2021年的约14.3万人，增长0.9倍。同时，专任教师人数增加了1122人。辉县市未来应该继续注重提高教育教学质量，改善教师待遇和工作环境，促进学校内涵式发展，为学生提供更优质的教育资源和服务，让更多的学生受益（见表19）。

十一、县域发展战略分析

辉县市大力构建"一核、一带、三区、五基地"的发展格局，即核心区带动周边区域发展，打造三个特色发展区域和五个基础设施建设基地，实现"核带引领、三区支撑、五基地联动"的发展格局。

"一核"指辉县市中心城区，要发挥核心作用，带动周边区域的发展；"一带"则是南太行山区，要打造成为辉县市文旅康养产业带；"三区"是产业、文旅和生态三个特色发展区域；"五基地"则是重点基础设施建设基地，包括工业园区、综合交通枢纽、通用机场、郑新市域线和货运铁路

表17 2008—2021年辉县市人口情况

年份	辉县市户籍人口（万人）	辉县市常住人口（万人）	辉县市常住人口在新乡市的排名	辉县市常住人口在河南省的排名	辉县市外流人口（万人）	辉县市人口流失率（%）	辉县市常住人口占新乡市的比重（%）	辉县市城镇化率（%）	辉县市城镇化率在河南省的排名	新乡市城镇化率（%）	河南省城镇化率（%）
2008	79.76	78.43	2	34	1.33	1.67	14.2	—	—	39.2	36.0
2009	80.14	74.53	2	39	5.61	7.00	13.5	—	—	41	37.7
2010	82.45	73.97	3	38	8.48	10.29	13.0	—	—	41.1	38.8
2011	82.91	73.48	2	35	9.43	11.37	13.0	—	—	42.9	40.5
2012	83.62	73.86	2	35	9.76	11.67	13.0	—	—	44.7	42.0
2013	84.08	73.91	2	35	10.17	12.10	13.0	40.34	23	46.1	43.6
2014	84.52	74.03	2	35	10.49	12.41	13.0	41.87	23	47.6	45.1
2015	84.95	74.58	2	35	10.37	12.21	13.0	43.25	25	49	47.0
2016	85.51	75.13	2	35	10.38	12.14	13.1	44.73	27	50.4	48.8
2017	86.02	75.63	2	34	10.39	12.08	13.1	46.43	27	52	50.6
2018	86.43	75.90	2	33	10.53	12.18	13.1	48.04	28	53.4	52.2
2019	86.77	75.99	2	33	10.78	12.42	13.1	49.75	29	54.91	54.0
2020	93.28	82.32	2	28	10.96	11.75	13.2	50.74	31	57.58	55.4
2021	93.30	80.32	2	28	9.98	10.69	13.0	51.30	32	58.39	56.5

数据来源：历年河南省统计年鉴。

表18 2011—2019年辉县市就业情况

年份	从业人员数（万人）	从业人员数增速（%）	城镇从业人员数（万人）	乡村从业人员数（万人）	城镇就业人数占比（%）	第一产业从业人员数占比（%）	第二、三产业从业人员数占比（%）
2011	42.43	3.21	5.49	36.94	12.94	42.78	57.22
2012	42.76	0.78	5.57	37.19	13.03	42.45	57.55
2013	44.59	4.28	7.02	37.57	15.75	41.44	58.56
2014	45.24	1.46	6.43	38.81	14.21	45.23	54.77
2015	46.91	3.69	7.22	39.69	15.38	41.89	58.11
2016	48.79	4.01	7.26	41.53	14.87	41.93	58.04
2017	50.86	4.24	6.75	44.11	13.27	39.03	60.97
2018	46.77	-8.04	4.45	42.32	9.51	71.91	28.09
2019	46.95	0.38	4.19	42.76	8.93	36.85	63.15

数据来源：历年河南省统计年鉴及新乡市统计年鉴。

表19 2008—2021年辉县市基础教育情况

年份	学校数（所）合计	小学学校数	初中学校数	在校学生数（人）合计	小学在校生数	初中在校生数	专任教师数（人）合计	小学	初中
2008	208	169	39	75438	51367	24071	4968	2631	2337
2009	206	169	37	77969	53178	24791	4872	2688	2184
2010	208	170	38	82179	56131	26048	4945	2727	2218
2011	203	165	38	101210	70211	30999	4637	2275	2362
2012	203	166	37	110823	81008	29815	5009	2378	2631
2013	203	165	38	109679	83711	25968	4943	2301	2642
2014	202	163	39	107669	81614	26055	5045	2321	2724
2015	202	163	39	117542	89630	27912	4952	2287	2665
2016	184	144	40	126320	96134	30186	5193	2462	2731
2017	183	143	40	134007	99870	34137	5334	2483	2851
2018	182	143	39	141979	99834	42145	5467	2516	2951
2019	183	144	39	146637	98039	48598	5423	2477	2946
2020	186	145	41	148012	101376	46636	5664	2574	3090
2021	186	145	41	143327	96147	47180	6090	2760	3330

专用线等。该战略的实现，需要在主体功能鲜明、区域发展协调、空间布局合理的原则下，加快专业园区建设，推进多旅融合，加强对外合作，进行绿色发展和生态环保等多方面的工作。

辉县市以四大战略定位为指导，注重转型升级、文旅发展、交通畅通和生态美化等方面的建设。

十二、综述

辉县市属人口规模较大的县市，建材、化工、电力、煤炭、纺织服装等传统产业是辉县市的支柱产业，辉县市同时是国家级旅游业改革创新先行区，国家南太行旅游开发重要组成部分，拥有 5A 级景区 1 家。未来发展中，辉县市要继续攻坚克难，保持动力，向上发展。一是探索新的产业方向，加大对新兴产业的投资，如信息技术、生物技术、新能源等领域，以期为辉县市的经济发展注入新的动力。二是加大对旅游业的投资，辉县市是国家级旅游业改革创新先行区，拥有多个旅游景点，具有很大的发展潜力。可以在旅游业方面加大投资，提高旅游业的发展水平，吸引更多的游客前来旅游，从而推动辉县市的经济发展。三是加强与周边城市的合作，共同推动区域经济的发展，实现互利共赢，通过建立产业联盟、共享资源等方式，促进区域经济的协同发展。

总之，辉县市需要在传统产业的基础上，积极探索新的发展方向，加大投资力度，提高产业发展水平，促进经济的持续健康发展。同时，注重人民的生活质量，提高人民的生活水平，实现经济和社会的双重发展。

河南省县域经济运行分析：卫辉篇[①]

一、卫辉市概况

卫辉市位于新乡市东北部，是牧野大战发生地、姜太公故里、中国财神文化之乡、中国包装名城。全县辖13个乡镇、341个行政村，总面积868平方千米，其中耕地面积64万亩左右，人均耕地面积1.4亩。2020年户籍人口54.28万人，2021年常住人口46.63万人，常住人口人数居新乡市第5位、河南省第76位，城镇化率为48.26%。

卫辉市历史厚重，名人辈出。自古以来就是豫北地区政治、经济、军事、文化中心，是比干茔葬地、天下林姓发祥地、明朝潞简王朱翊镠就藩地。

卫辉市区位优越，交通发达，是新乡市地缘最近的卫星城，到新乡市15分钟车程，距省会郑州市80千米，到新郑国际机场50分钟车程。石武高铁、京广铁路、京港澳高速、荷宝高速、濮卫高速、107国道、省道林桐线、新濮公路、卫柿公路穿境而过，现代物流服务业发展势头强劲。

二、总体经济运行分析

卫辉市GDP总量不断提升，但在河南省、新乡市的位次下降，2021年为186.25亿元，是2008年的2.8倍，年均增长12.89%，在新乡市8个县（市）中由2008年的第4位降至2021年的第7位，仅超过延津县。2021年经济总量居河南省第91位，较2008年下滑14个位次（见表1）。

GDP占新乡市、河南省的比重均有所下降，2008年卫辉市GDP占新乡市的比重最高，为7.4%，2021年占比降至5.8%（见表1）。

[①] 本篇完成于2022年12月，撰稿人：徐涛；耿明斋、周立、王永苏、李燕燕、屈桂林、张国骁、李甜、赵岩等参与讨论。

卫辉市GDP增速多数年份不及新乡市GDP增速，2015年卫辉市GDP下降幅度较大，增速为-21.3%，2021年增速为4.0%（见表1）。

人均GDP平稳增长，2008年卫辉市人均GDP为13662元，在新乡市8个县（市）中排第4位，2021年达39392元，居新乡市第5位、河南省第71位，人均GDP绝对量较2008年增加了25730元，在新乡市的位次下降了1位，在河南省下降了14个位次（见表2）。

卫辉市人均GDP不及新乡市和河南省水平，2021年占新乡市人均GDP的比重为75.7%，占河南省的比重为66.3%，分别较2008年下滑了8.7个、9.5个百分点（见表2）。

三、分产业经济运行分析

（一）产业格局与发展方向

依托优越的交通区位、丰富的农产品资源、优质水资源，以及成熟的包装配套优势，卫辉市全力推进产业集聚发展，初步形成了以百威啤酒、宝钢制罐、汉荣饮品、银金达包装、合兴包装、中富灌装等龙头企业带动的易拉罐、包装箱、包装膜、塑料瓶、灌装线等较为完整的食品饮料及包装产业集群，以广东坚朗、北新建材、北京嘉寓、品固门窗等企业为龙头的绿色建材产业集群。

与此同时，卫辉市政府高度重视桃产业的发展建设，大力发展桃产业，走产业化发展之路，以打造高端桃、优质桃为切入点，合理规划，重点发展。2020年，卫辉市桃树种植总面积达到5万余亩，覆盖人口约20万人，总产值15亿元，桃农人均可支配年收入在1.96万元以上。

（二）产业结构分析

2020年卫辉市三产结构为12.9∶37.16∶49.93，2013—2018年，第三产业占比增长迅速；第二产业占比整体下降，2015年后第一产业占比逐渐减少。2018年经济普查，统计口径调整，第二产业和第三产业占比有所调整，表现为第二产业占比提高，第三产业占比下降（见图1）。

表 1　2008—2021 年卫辉市地区生产总值及增速

年份	卫辉市 GDP（亿元）	卫辉市 GDP 占新乡市的比重（%）	卫辉市 GDP 在新乡市的排名	卫辉市 GDP 在河南省的排名	卫辉市 GDP 增速（%）	卫辉市 GDP 增速新乡市的排名	卫辉市 GDP 增速在河南省的排名	卫辉市 GDP 增速－新乡市 GDP 增速（%）	卫辉市 GDP 增速－河南省 GDP 增速（%）
2008	66.40	7.4	4	87	16.4	3	17	2.5	4.4
2009	67.19	7.4	4	93	11.5	5	58	-0.9	0.5
2010	80.22	6.7	4	92	12.9	4	37	-1.7	0.5
2011	93.56	6.3	4	91	12.1	5	60	-2.6	0.1
2012	103.64	6.4	4	88	11.6	6	37	0.2	1.5
2013	106.42	6.0	4	91	7.9	4	94	-1.6	-1.1
2014	114.04	5.9	5	92	7.1	8	95	-2.2	-1.8
2015	96.55	4.9	7	98	-21.3	8	102	-27.4	-29.7
2016	107.03	4.9	7	97	8.3	6	77	0.0	0.1
2017	120.04	5.1	7	98	10.7	2	3	2.6	2.9
2018	128.62	5.1	7	98	5.4	5	90	-1.7	-2.2
2019	170.63	5.8	6	88	7.8	3	33	0.8	1.0
2020	177.52	5.9	6	89	3.9	6	23	0.7	2.8
2021	186.25	5.8	7	91	4.0	8	87	-2.6	-2.3

数据来源：历年河南省统计年鉴。

表 2 2008—2021 年卫辉市人均地区生产总值及增速

年份	卫辉市人均GDP（元）	卫辉市人均GDP在新乡市的排名	卫辉市人均GDP在河南省的排名	新乡市人均GDP（元）	河南省人均GDP（元）	卫辉市人均GDP增速（%）	卫辉市人均GDP增速在新乡市的排名	卫辉市人均GDP增速在河南省的排名	卫辉市人均GDP占新乡市的比重（%）	卫辉市人均GDP占河南省的比重（%）
2008	13662	4	57	16188	18019	16.9	3	16	84.4	75.8
2009	13820	5	62	17992	19480	11.5	5	50	76.8	70.9
2010	16330	5	63	21196	23092	11.7	4	66	77.0	70.7
2011	18914	5	66	26198	28661	11.3	5	80	72.2	66.0
2012	20938	4	61	28598	31499	11.5	6	61	73.2	66.5
2013	21411	5	71	31138	34211	7.5	5	87	68.8	62.6
2014	22913	5	78	33696	37072	7.0	8	95	68.0	61.8
2015	19424	6	95	34562	39123	-21.2	8	102	56.2	49.6
2016	21630	6	93	37805	42575	8.8	6	43	57.2	50.8
2017	24363	6	94	40962	46674	11.2	2	2	59.5	52.2
2018	26184	6	95	46209	50152	5.7	4	83	56.7	52.2
2019	34748	6	79	46570	56388	7.9	2	34	74.6	61.6
2020	37686	5	71	48229	55435	0.4	7	89	78.1	68.0
2021	39392	5	71	52028	59410	3.6	8	87	75.7	66.3

数据来源：历年河南省统计年鉴。

数据来源：历年河南省统计年鉴。

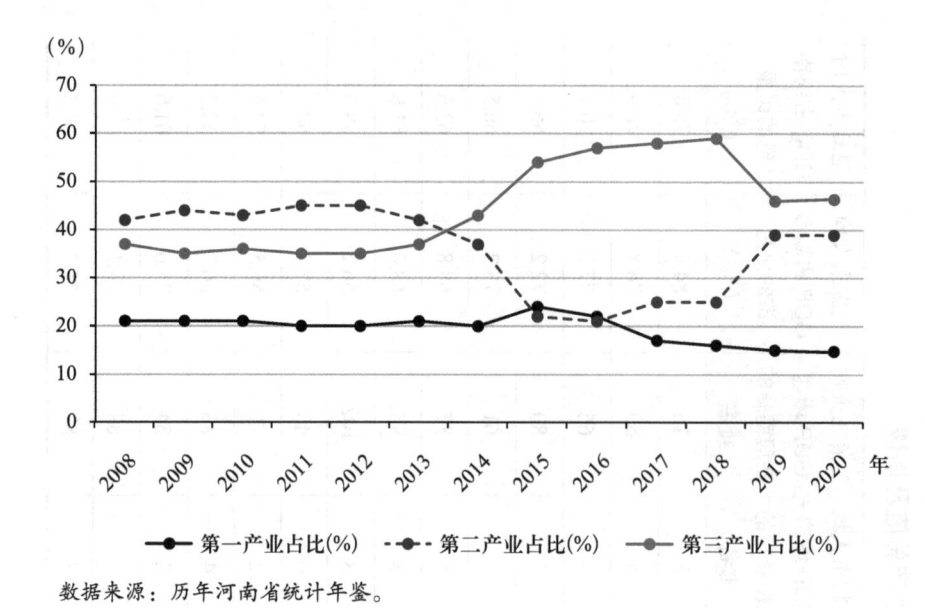

图1 2008—2020年卫辉市三产结构变化情况

（三）工业发展情况分析

卫辉市曾经是豫北重要的老工业强县，工业基础较好，近年来，卫辉市全力推进产业集聚发展，形成了以百威啤酒、宝钢制罐、上海雪菲力饮料、河北汉荣、广东立高、广东美顿、厦门合兴、银金达薄膜等企业为代表，涵盖从易拉罐、包装箱、包装膜、塑料瓶、灌装线到众多饮品，链条较为完整的食品饮料及包装产业集群，和以广东坚朗、北新建材、北京嘉寓、品固门窗等企业为龙头的绿色建材产业集群。

从规上工业增加值看，卫辉市规上工业增加值总额波动增长，在新乡市排名逐渐落后，呈先上升再下降再上升的波动变化过程，2014年最高达到40.46亿元，2020年为36.95亿元，是2008年的1.76倍。规上工业增加值总额在新乡市8个县（市）中的排名从2008年的第4位降至2020年的最后1位，占新乡市和河南省的比重也呈现下降趋势，其中2014—2015年呈断崖式下降，之后又迅速反弹至正常水平，超过新乡市和河南省规上工业增加值增速（见表3）。

表3 2008—2020年卫辉市规上工业发展总体情况

年份	规上工业增加值（亿元）	占新乡市的比重（%）	增加值在新乡市的排名	占河南省的比重（%）	规上工业增加值增速（%）
2008	20.94	5.54	4	0.29	28.10
2009	22.48	5.38	5	0.28	25.30
2010	27.06	5.07	6	0.27	16.92
2011	33.22	4.52	6	0.28	24.50
2012	36.52	4.83	6	0.27	23.30
2013	36.53	4.58	6	0.24	22.70
2014	40.46	4.73	6	0.24	12.70
2015	23.63	1.91	8	0.10	−58.40
2016	24.08	1.79	8	0.09	1.89
2017	27.42	1.88	8	0.09	13.90
2018	31.59	2.00	8	0.10	15.20
2019	35.22	2.05	8	0.11	11.50
2020	36.95	2.03	8	0.11	4.90

数据来源：历年新乡市统计年鉴。

（四）服务业发展情况分析

卫辉市的山水生态、红色经典、人文古迹等资源具有多样性。"绿色、红色、古色"是卫辉旅游的三原色。

2021年卫辉市第三产业增加值达到93.00亿元，是2008年的3.79倍，增加值总额逐年上升，但占新乡市的比重呈下降趋势，2021年占新乡市服务业增加值的比重为6.2%，较2008年下降2.9个百分点，在新乡市8个县（市）中居第5位，在河南省居第83位，分别较2008年下降了2个、36个位次（见表4）。

分行业看，2013—2014年，卫辉市房地产业增长较快，超过交通运输业（见表5），从占比看，交通运输、仓储和邮政业占比最大，其次是房地产业、批发和零售业及金融业，住宿和餐饮业占比最低。

表 4　2008—2021 年卫辉市第三产业发展总体情况

年份	卫辉市服务业增加值（亿元）	卫辉市服务业增加值占新乡市服务业增加值的比重（%）	卫辉市服务业增加值在新乡市的排名	卫辉市服务业增加值在河南省的排名	卫辉市服务业增加值增速（%）	卫辉市服务业增加值增速在新乡市的排名	卫辉市服务业增加值增速在河南省的排名
2008	24.56	9.1	3	47	13.8	2	51
2009	23.81	7.7	3	58	12.10	5	64
2010	29.08	7.9	3	50	17.70	1	2
2011	32.35	7.1	3	57	5.50	6	95
2012	36.38	6.6	3	57	9.20	2	67
2013	39.76	6.2	3	61	5.50	4	93
2014	48.75	6.9	3	65	4.30	6	99
2015	51.81	6.7	3	69	0.20	8	102
2016	60.50	7.0	3	67	12.8	2	3
2017	70.01	7.0	3	68	13.5	7	6
2018	75.52	6.9	3	73	3.8	4	98
2019	80.07	6.0	5	87	6.7	2	73
2020	82.42	6.0	5	86	2.3	2	42
2021	93.00	6.2	5	83	11.5	2	9

数据来源：历年河南省统计年鉴。

表5 2011—2019年卫辉市服务业分行业增加值与增速

年份	批发和零售业（亿元）	批发和零售业增速（%）	交通运输、仓储和邮政业（亿元）	交通运输、仓储和邮政业增速（%）	住宿和餐饮业（亿元）	住宿和餐饮业增速（%）	金融业（亿元）	金融业增速（%）	房地产业（亿元）	房地产业增速（%）
2011	3.24	10.7	4.62	4.8	3.51	11.00	0.53	1.7	1.93	6.4
2012	3.59	11	4.75	2.6	3.8	8.3	0.61	14.7	2.04	5.4
2013	4.34	9.7	5.84	2.4	4.77	6.9	0.81	18.4	2.40	4.4
2014	4.34	10.1	4.94	26.2	1.83	−35.2	1.61	15.9	7.16	61.8
2015	3.6	−17.1	4.71	−4.7	1.78	−2.7	1.91	18.6	6.15	−14
2016	4.47	4.5	5.87	3.8	2.71	−0.2	2.43	13.3	7.00	11.5
2017	4.77	6.9	6.556	11.7	2.91	7.2	2.63	8.20	7.36	5.1
2018	5.02	5.1	6.9	5.2	3.08	5.8	2.68	1.90	7.52	2.2
2019	8.76	7.9	17.95	6.6	1.95	7.3	5.16	12.2	9.96	−9.4

数据来源：历年新乡市统计年鉴。

2014年房地产业、交通运输业、批发和零售业出现迅猛增长之后又恢复正常增速水平，住宿和餐饮业降幅较大，金融业保持平稳发展（见表6）。

表6 2011—2019年不同类型服务业增加值占服务业增加值总额的比重

年份	交通运输、仓储和邮政业（%）	批发和零售业（%）	住宿和餐饮业（%）	房地产业（%）	金融业（%）
2011	14.28	10.02	10.85	5.97	1.64
2012	13.06	9.87	10.45	5.61	1.68
2013	14.69	10.92	12.00	6.04	2.04
2014	10.13	8.90	3.75	14.69	3.30
2015	9.09	6.95	3.44	11.87	3.69
2016	9.70	7.39	4.48	11.57	4.02
2017	9.37	6.81	4.16	10.51	3.76

续表

年份	交通运输、仓储和邮政业（%）	批发和零售业（%）	住宿和餐饮业（%）	房地产业（%）	金融业（%）
2018	9.14	6.65	4.08	9.96	3.55
2019	22.42	10.94	2.44	12.44	6.44

数据来源：历年新乡市统计年鉴。

（五）重点企业分析

（1）百威（河南）啤酒有限公司。公司总部位于比利时，是世界500强企业，全球领先的啤酒酿造商和世界五大消费品公司之一。集团旗下拥有200多个品牌，其中包括百威、科罗娜、时代、贝克等全球旗舰啤酒品牌以及哈尔滨、雪津等本土明星啤酒品牌。公司业务遍及全球100多个国家和地区，百威英博在中国拥有超过40家现代化酿酒厂。百威（河南）啤酒有限公司位于新乡市卫辉产业集聚区，目前产能可达70万吨/年。公司可生产百威英博旗下的全球旗舰品牌百威啤酒，全国啤酒品牌哈尔滨啤酒和河南当地的明星啤酒品牌维雪啤酒、航空啤酒、洛阳宫啤酒。

（2）河南熔金高温材料股份有限公司。主要从事耐火材料制品服务、冶金炉料服务、设计等业务，注册资本8667万元，资产总计3.5亿元。公司于2014年在全国中小企业股份转让系统挂牌（股票简称为熔金股份，股票代码为830813）。系国家高新技术企业，河南省创新型企业，国家级科学技术发明奖获奖企业，建有河南省炼钢连铸用滑动水口工程技术研究中心和省级企业技术中心。

（3）河南银金达彩印股份有限公司。公司创办于2002年，是专业从事塑料软包装的高新技术企业，是中国包装联合会副会长级单位，是银金达绿色环保包装产业链的终端版块。公司占地面积约6万平方米，建设有十万级GMP净化厂房及万级净化实验室，可以生产食品、医药、抽真空、耐蒸煮、宠物饲料、饮品标签、洗化、卫材、电子等产品包装。日产能达到100余吨，生产能力和产品品质位居国内同行前列。

（4）河南中誉鼎力智能装备有限公司。公司注册资本1.4亿元，主要从事工业机器人及矿山智能环保、破碎装备的研发、生产与销售；矿山设备、机电设备、环保设备、输送设备的研发、生产、销售、安装，以及砂石骨料生产线建设运营、矿山智能管理系统开发推广、绿色建材产业园建设等。

（5）河南宝钢制罐有限公司。公司隶属于世界500强企业中国宝武钢铁集团有限公司，主要产品有202型330ml和330sleekml铝制两片罐。荣获太古可口可乐饮料有限公司"突出贡献供应商""最佳供应商"、百事可乐"最佳供应商"、百威（河南）啤酒"优秀供应商"等荣誉称号。

卫辉市的重点行业包括啤酒酿造、高温材料、彩印包装、智能装备和制罐等。针对以上企业，未来发展一要加强啤酒酿造产业的发展，提高产能和生产效率，进一步扩大卫辉市的啤酒产业规模。二要加大对高新技术企业的扶持力度，鼓励更多的企业投入高新技术领域的研发和创新中，提高卫辉市的科技含量和竞争力。三要推动包装产业向绿色环保方向发展，提高产品质量和市场竞争力。四要加强对智能装备和矿山设备等领域的研发和创新，提高卫辉市的制造业水平和技术含量，推动产业升级和转型发展。同时继续加强与知名企业的合作，提高卫辉市的产业配套能力和服务水平，吸引更多的投资和人才进入卫辉市，推动经济发展和城市建设。

四、财政收支分析

卫辉市一般公共预算收入规模在新乡市居中，仍有较大提升空间，与长垣市和辉县市相比，仍有较大差距。

2021年卫辉市一般公共预算收入完成10.82亿元，较上年绝对量下滑明显，在新乡市8个县（市）中排第4位，居河南省第72位，占新乡市的比重为5.2%（见表7）。

一般公共预算支出不断增多，2021年达到38.87亿元，是2008年的5.2倍，占新乡市一般公共预算收入总额的7.7%，居新乡市第4位、河南省第60位，分别较2008年提升2个、23个位次（见表7）。

财政自给率波动上升，不及新乡市和河南省水平。2014年财政自给率最高，为42.20%，2021年仅为27.83%，较上年下滑近10个百分点，居新乡市第7位、河南省第65位。财政收入占GDP的比重表现出先上升后下降的特征，2018年最高，为8.6%，2021年为5.8%（见表7）。

表 7 2011—2021 年卫辉市财政收支情况

年份	一般公共预算收入	占全市一般公共预算收入的比重	一般公共预算收入在新乡市的排名	一般公共预算收入在河南省的排名	一般公共预算支出	一般公共预算支出占新乡市的比重	一般公共预算支出在新乡市的排名	一般公共预算支出在河南省的排名	财政自给率	在新乡市的排名	在河南省的排名	财政收入占GDP的比重（%）
2008	2.52	5.2	4	47	7.50	7.6	6	83	33.58	4	38	3.8
2009	3.02	5.4	4	44	9.88	7.5	6	86	30.56	4	35	4.5
2010	3.66	5.2	4	44	11.17	7.0	6	83	32.77	3	35	4.6
2011	4.52	5.0	4	45	14.96	7.4	4	77	30.22	4	38	4.8
2012	5.50	5.1	4	48	17.03	7.1	5	82	32.29	3	34	5.3
2013	6.50	5.0	4	48	19.61	7.3	5	80	33.15	4	36	6.1
2014	7.67	5.5	4	48	18.18	6.5	5	89	42.20	3	28	6.7
2015	8.08	5.6	3	47	21.85	7.0	5	88	36.98	4	33	8.4
2016	8.69	5.9	3	46	22.20	6.8	5	90	39.13	3	29	8.1
2017	10.01	6.3	3	45	29.36	8.0	5	79	34.09	5	39	8.3
2018	11.01	6.4	3	44	26.80	6.6	5	91	41.09	4	29	8.6
2019	11.91	6.4	3	49	35.33	7.6	5	80	33.70	4	40	7.0
2020	12.39	6.4	3	53	32.92	7.0	5	89	37.63	4	34	7.0
2021	10.82	5.2	4	72	38.87	7.7	4	60	27.83	7	65	5.8

数据来源：历年河南省统计年鉴。

卫辉市税收总额不断增长，2020年实现税收收入7.51亿元，是2011年的2.4倍，税收占一般公共预算收入的比重为60.6%，近几年呈下降趋势，占新乡市税收收入的比重为5.4%（见表8），2020年卫辉市税收占比在新乡市8个县（市）中排第6位。与河南省、新乡市税收占比相比，除2016—2017年稍高于河南省、新乡市税收占比水平外，其余年份均不及河南省、新乡市水平，且近几年差距逐渐变大。

卫辉市人均财力不及省市平均水平，人均一般公共预算收支绝对量不断提高，占河南省、新乡市的比重逐渐提升，2021年卫辉市人均一般公共预算收入为2320.24元，是2008年的4.5倍，占河南省、新乡市的比重分别为68.7%、52.7%，人均一般公共预算支出为8336.94元，是2008年的5.4倍，与新乡市人均一般公共预算支出基本持平，仅占河南省水平的79.1%（见表8）。

表8 2008—2021年卫辉市税收及人均财力情况

年份	税收（亿元，%）			人均财力（元，%）					
	税收收入	税收占一般公共预算收入的比重	占新乡市税收收入的比重	人均一般公共预算收入	占新乡市的比重	占河南省的比重	人均一般公共预算支出	占新乡市的比重	占河南省的比重
2008	—	—	—	518.23	58.5	48.4	1543.22	85.7	63.8
2009	—	—	—	621.08	61.3	52.3	2032.00	85.2	66.3
2010	—	—	—	737.53	59.8	50.2	2250.85	80.6	62.0
2011	3.09	68.3	4.6	916.67	57.2	50.4	3033.35	85.3	67.5
2012	3.88	70.5	4.9	1107.15	57.9	51.7	3428.50	80.5	65.3
2013	4.59	70.6	4.8	1307.18	57.3	51.8	3943.74	83.7	67.6
2014	5.27	68.7	5.5	1540.03	63.2	54.2	3649.73	74.6	58.4
2015	5.41	66.9	5.3	1629.21	64.5	52.4	4405.44	81.0	62.9
2016	6.12	70.5	6.0	1759.49	68.2	54.6	4496.07	79.2	59.0
2017	7.02	70.1	6.2	2035.71	73.8	58.7	5971.75	93.6	71.4
2018	6.94	63.0	5.5	2244.10	75.8	58.8	5461.14	78.3	58.4
2019	7.29	61.2	5.4	2423.14	75.2	59.4	7189.64	89.9	70.0

续表

年份	税收（亿元，%）			人均财力（元，%）			
	税收收入	税收占一般公共预算收入的比重	占新乡市税收收入的比重	人均一般公共预算收入	占新乡市的比重	占河南省的比重	人均一般公共预算支出	占新乡市的比重	占河南省的比重
2020	7.51	60.6	5.4	2584.77	83.4	61.6	6868.68	90.9	65.8
2021	—	—	—	2320.24	68.7	52.7	8335.94	101.5	79.1

数据来源：历年河南省统计年鉴。

五、金融业发展分析

卫辉市金融机构年末存款余额增长迅速，2015年突破100亿元，2020年突破200亿元，2021年达到243.33亿元，是2008年的6.5倍，占新乡市年末存款余额的5.9%，居新乡市第5位、河南省第72位（见表9）。

贷款余额占新乡市的比重呈过山车式增减变化，其中2012—2016年增长迅速，随后下跌。2021年金融机构贷款余额为119.50亿元，是2008年的5倍，占新乡市的比重为4.5%，居新乡市第5位、河南省第80位。2008年存贷比最高，为63.63%，2012年最低，为33.09%，2021年存贷比为49.31%，2019—2021年存贷比稳定在50%左右，与省市存贷比水平对比，差距逐渐拉大（见表9）。

六、居民收入分析

卫辉市人均存款余额不断提高，2021年在新乡市排第4位，相比2008年提升1个位次，在河南省的排名先降后升，2021年排第48位，人均存款余额占新乡市、河南省的比重整体提升，2021年占比分别为47.6%、62.3%。

卫辉市人均贷款余额稳中有升，2021年达到25627.9元，居新乡市第4位、河南省第58位，在河南省的位次下滑，人均贷款余额占新乡市的比重波动变化，2021年占比为59.0%，占河南省的比重则呈"U"形变化，2021年占比为36.5%（见表10）。

表 9 2008—2021 年卫辉市金融机构年末存贷款余额情况

年份	存款余额 金融机构存款年末余额（亿元）	存款余额 在新乡市的排名	存款余额 在河南省的排名	存款余额 占新乡市的比重（%）	贷款余额 金融机构贷款年末余额（亿元）	贷款余额 在新乡市的排名	贷款余额 在河南省的排名	贷款余额 占新乡市的比重（%）	存贷比 卫辉市存贷比（%）	存贷比 在新乡市的排名	存贷比 在河南省的排名	存贷比 新乡市存贷比（%）	存贷比 河南省存贷比（%）
2008	37.63	5	78	5.0	23.94	6	47	4.7	63.63	4	14	66.6	68.0
2009	46.34	5	77	4.9	26.50	6	58	4.3	57.19	5	27	66.0	70.1
2010	54.81	5	79	4.8	34.13	5	51	4.8	62.28	4	18	62.3	68.6
2011	68.55	5	73	5.2	28.15	4	77	3.6	41.06	6	60	59.8	65.7
2012	80.12	5	75	5.4	26.51	5	89	3.1	33.09	7	79	58.8	63.3
2013	91.68	5	76	5.3	33.06	5	87	3.2	36.06	7	77	60.2	62.4
2014	99.12	5	77	5.2	46.54	4	82	4.0	46.95	4	53	61.9	65.8
2015	111.36	5	80	5.3	56.91	5	77	4.5	51.10	5	45	60.4	66.0
2016	122.25	5	84	5.3	70.15	5	66	5.2	57.38	3	24	57.6	67.6
2017	137.02	6	84	5.4	75.51	5	68	5.0	55.11	3	33	59.2	70.7
2018	155.31	6	84	5.5	77.88	5	78	4.5	50.14	5	52	61.5	74.9
2019	179.66	6	80	5.8	93.66	5	69	4.6	52.13	4	51	65.1	80.1
2020	208.14	6	78	5.7	108.91	5	75	4.6	52.33	4	54	64.1	82.2
2021	242.33	5	72	5.9	119.50	5	80	4.5	49.31	—	—	65.6	84.4

数据来源：历年河南省统计年鉴。

表 10 2008—2021 年卫辉市金融机构年末人均存贷款余额情况

年份	卫辉市人均存款余额	人均存款（元，%） 在新乡市的排名	在河南省的排名	人均存款占新乡市的比重	人均存款占河南省的比重	卫辉市人均贷款余额	人均贷款（元，%） 在新乡市的排名	在河南省的排名	人均贷款占新乡市的比重	人均贷款占河南省的比重
2008	7740.4	5	47	35.7	47.8	4924.9	5	27	53.6	44.8
2009	9528.9	5	44	35.6	47.1	5449.3	6	38	48.4	38.5
2010	11045.3	5	51	34.8	44.9	6878.3	5	34	55.1	40.8
2011	13898.5	5	50	37.9	49.3	5707.6	6	53	41.3	30.8
2012	16126.9	5	52	39.3	48.1	5336.2	5	71	34.8	25.1
2013	18435.0	4	58	38.3	46.9	6647.9	4	70	36.4	27.1
2014	19899.0	4	62	37.7	46.4	9343.5	4	58	45.4	33.1
2015	22452.0	4	61	38.4	45.7	11473.8	4	51	51.4	35.4
2016	24761.7	4	68	38.7	44.9	14209.0	4	47	60.9	38.1
2017	27867.4	4	72	39.9	46.4	15356.9	5	51	58.9	36.2
2018	31651.0	4	69	40.7	48.9	15871.2	5	55	53.2	32.7
2019	36560.8	4	63	42.3	52.1	19059.8	4	55	54.6	33.9
2020	43426.7	4	56	44.8	56.5	22722.7	4	52	60.7	35.9
2021	51969.6	4	48	47.6	62.3	25627.9	4	58	59.0	36.5

数据来源：历年河南省统计年鉴。

卫辉市居民人均可支配收入有待提高，与发展较好的县（市）仍存在不小差距。2020年卫辉市居民人均可支配收入达21643元，不足新乡市的85%，占河南省的比重为87.2%（见表11）。

表11　2017—2021年卫辉市居民人均可支配收入情况

年份	卫辉市居民人均可支配收入（元）	在新乡市的排名	在河南省的排名	占新乡市的比重（%）	占河南省的比重（%）	卫辉市居民人均可支配收入增速（%）	新乡市居民人均可支配收入增速（%）	卫辉市增速－新乡市增速（%）
2017	17501	4	43	83.9	86.8			
2018	18927	4	44	83.8	86.2	8.15	−0.69	8.83
2019	20732	4	43	84.4	86.7	9.53	0.65	8.89
2020	21643	4	43	84.9	87.2	4.40	0.58	3.82
2021	23024	4	47	83.9	85.9	6.38	−1.56	7.94

数据来源：历年河南省统计年鉴。

卫辉市城镇居民人均可支配收入未达到河南省、新乡市平均水平，但差距在逐渐缩小。按常住地看，城镇居民人均可支配收入总额不断提升，从2008年的不足万元增长为2020年的27524元，在新乡市8个县（市）中居第5位（见表12）。

农村居民人均可支配收入超过省市水平，由2008年的不足5000元，增至2020年的17603元，在新乡市8个县（市）中第5位，2013年开始超过新乡市农村居民人均可支配收入水平。2008年以来，卫辉市农村居民人均可支配收入超过河南省水平，但二者差距逐渐缩小（见表12）。

七、固定资产投资分析

卫辉市固定资产投资总额增长较快，总量不大，在新乡市8个县（市）中排名靠后。2021年，卫辉市固定资产投资达接近200亿元，达193.61亿元，约是2008年的4倍，固定资产投资占新乡市的比重在2008年达到最高，为7.3%，2019—2021年占比约为6%。2020年，固定资产投

表12 2008—2021年卫辉市城乡居民人均可支配收入情况

年份	城镇居民人均可支配收入	在新乡市的排名	在河南省的排名	占新乡市的比重（元，%）	占河南省的比重	农村居民人均可支配收入	在新乡市的排名	在河南省的排名	占新乡市的比重（元，%）	占河南省的比重	城乡收入比	城乡收入比在河南省的排名（%）
2008	9385	4	87	72.2	70.9	4985	6	37	98.9	111.9	1.88	15
2009	10514	5	88	74.2	73.2	5375	6	36	99.0	111.8	1.96	16
2010	11773	5	83	74.7	73.9	6221	6	35	99.7	112.6	1.89	14
2011	13591	5	82	75.6	74.7	7530	6	35	100.0	114.0	1.80	16
2012	15389	5	84	76.3	75.3	8620	6	35	99.7	114.6	1.79	15
2013	17004	5	83	76.9	75.9	9844	6	34	101.2	116.1	1.73	12
2014	18790	4	81	78.3	79.4	10927	5	33	101.8	109.6	1.72	13
2015	19834	4	83	78.2	77.6	11957	5	34	101.6	110.2	1.66	13
2016	21163	5	85	78.7	77.7	12806	5	34	101.0	109.5	1.65	13
2017	23174	5	84	79.7	78.4	13933	5	34	101.2	109.5	1.66	14
2018	24796	5	89	79.2	77.8	15139	5	35	101.3	109.5	1.64	12
2019	26879	5	89	79.9	78.6	16607	5	35	101.6	109.5	1.62	12
2020	27524	5	87	80.7	79.2	17603	5	34	100.8	109.3	1.56	12
2021	29230	6	88	80.6	78.8	18748	6	36	99.1	106.9	1.56	16

数据来源：历年河南省统计年鉴。

资在全市8个县（市）中居第6位，仅超过延津县和封丘县（见表13）。

从投资增速来看，2012年、2015年卫辉市固定资产投资出现较大下降，增速分别为-7.8%、-15.0%。其余年份均保持正增长，2019—2021年，卫辉市固定资产投资增速呈下降趋势（见表13）。

表13　2008—2021年卫辉市固定资产投资情况

年份	固定资产投资（亿元）	占新乡市的比重（%）	固定资产投资在新乡市的排名	固定资产投资在河南省的排名	卫辉市固定资产投资增速（%）	新乡市固定资产投资增速（%）	河南省固定资产投资增速（%）
2008	50.22	7.3	6	65		31.9	32.4
2009	57.30	6.3	6	51	14.1	31.8	31.6
2010	60.15	6.9	6	64	5.0	20.0	22.2
2011	74.33	6.6	6	66	23.6	29.3	27.0
2012	68.51	5.4	6	91	-7.8	22.2	21.4
2013	84.66	5.4	6	91	23.6	22.8	22.5
2014	102.74	5.6	6	90	21.4	18.6	19.2
2015	87.37	4.5	8	101	-15.0	4.6	16.5
2016	99.11	4.9	8	101	13.4	4.1	13.7
2017	109.31	4.9	8	101	10.3	10.1	10.4
2018	121.99	5.0	7	101	11.6	10.1	8.1
2019	152.85	5.6	7	98	25.3	11.3	8.0
2020	184.04	6.4	6	92	20.4	6.4	4.3
2021	193.61	6.0	—	—	5.2	12.1	4.5

数据来源：历年河南省统计年鉴。

从不同类型投资情况来看，卫辉市工业投资占固定资产投资的比重较大，根据2011—2017年数据，除2016年外，其余年份工业投资占固定资产投资的比重均在50%以上，最高年份为2015年，达到67.37%。2016年，房地产投资占固定资产投资的比重最大，为6.82%，增速最快，为18.10%，同年份工业投资占比最低，为负增长，说明当年较多的资金流入房地产业（见表14）。

表 14 2011—2017 年卫辉市不同类型投资情况

年份	工业投资总额（亿元）	工业投资占固定资产投资的比重（%）	工业投资增速（%）	房地产投资总额（亿元）	房地产投资占固定资产投资的比重（%）	房地产投资增速（%）
2011	44.61	56.77	—	3.40	4.33	1.70
2012	45.01	61.52	0.90	3.75	5.13	10.20
2013	47.98	53.64	6.60	4.18	4.68	11.60
2014	61.06	57.10	27.26	4.80	4.49	14.00
2015	61.27	67.37	0.34	4.54	5.00	-5.30
2016	45.23	44.16	-26.18	6.99	6.82	18.10
2017	64.58	57.61	42.78	6.53	5.83	-1.20

数据来源：历年新乡市统计年鉴。

不同类型固定资产投资占 GDP 的比重：2016 年，工业投资占 GDP 的比重出现较大下降，占比为 42.26%，同年，房地产投资占 GDP 的比重最高，为 6.53%（见表 15）。

表 15 2011—2017 年卫辉市各项投资占 GDP 的比重

年份	工业投资总额（亿元）	工业投资占 GDP 的比重（%）	房地产投资总额（亿元）	房地产投资占 GDP 的比重（%）
2011	44.61	47.68	3.40	3.63
2012	45.01	43.43	3.75	3.62
2013	47.98	45.08	4.18	3.93
2014	61.06	53.54	4.80	4.21
2015	61.27	63.46	4.54	4.71
2016	45.23	42.26	6.99	6.53
2017	64.58	53.80	6.53	5.44

数据来源：历年新乡市统计年鉴。

八、社会消费分析

卫辉市社消零总额呈波动变化特征，2018 年最高，达 56.06 亿元，之后大幅下降，一直保持在 34 亿元以下（见表 16）。

表 16 2011—2021 年卫辉市社会消费品零售总额情况

年份	社消零总额 卫辉市社消零总额（亿元）	社消零总额 在新乡市的排名	社消零总额 在河南省的排名	社消零总额 占GDP的比重（%）	人均社消 卫辉市人均社消零（元）	人均社消 在新乡市的排名	人均社消 在河南省的排名	人均社消 人均社消零占新乡市的比重（%）	人均社消 人均社消零占河南省的比重（%）	分行业 其中批发和零售业（亿元）	分行业 占社消零的比重（%）	分行业 其中住宿和餐饮业（亿元）	分行业 占社消零的比重（%）
2008	24.28	3	56	36.6	4994.86	1	33	99.1	81.6	—	—	—	—
2009	24.95	3	79	37.1	5130.58	2	45	99.0	72.8	—	—	—	—
2010	29.30	3	78	36.5	5904.88	2	54	85.6	70.1	—	—	—	—
2011	35.02	3	74	37.4	7100.57	2	53	85.8	71.9	31.07	88.7	3.95	11.3
2012	40.99	3	71	39.5	8250.81	2	53	85.4	73.0	36.37	88.7	4.62	11.3
2013	46.80	3	70	44.0	9410.82	2	53	85.7	73.6	41.64	89.0	5.15	11.0
2014	52.90	3	67	46.4	10620.36	2	55	86.1	74.3	47.19	89.2	5.71	10.8
2015	42.29	3	88	43.8	8526.21	5	84	62.7	53.4	37.59	88.9	5.00	11.8
2016	46.58	4	90	43.5	9434.88	5	83	62.8	53.4	40.92	87.8	5.65	12.1
2017	52.26	4	89	43.5	10628.43	5	85	63.5	54.2	44.24	84.7	6.35	12.2
2018	56.06	4	87	43.6	11424.50	6	83	64.9	53.0	48.70	86.9	7.36	13.1
2019	32.93	8	102	19.3	6701.26	8	102	39.1	28.3	29.23	88.8	3.69	11.2
2020	31.95	8	102	18.0	6665.97	8	102	43.2	29.4	28.46	89.1	3.48	10.9
2021	34.00	8	102	18.3	7291.44	8	100	42.6	29.6	—	—	—	—

数据来源：历年河南省统计年鉴。

2019 年，批发和零售业增加值大幅下降，导致社消零总额大幅下滑，从占比上看，批发和零售业占比接近 90%，住宿和餐饮业占比在 10%~13%（见表 16）。

九、人口规模分析

2020 年，卫辉市户籍人口为 54.28 万人，常住人口 47.93 万人，人口规模在新乡市 8 个县（市）中居第 5 位，占新乡市常住人口的比重为 7.7%，属于人口外流城市，人口外流率逐年升高，2020 年之前人口外流率一直保持在 10% 以下，2020 年达到 11.70%（见表 17）。

近年来，卫辉市城镇化率呈现不断上升趋势。2021 年，卫辉市城镇化率为 48.26%，在河南省排第 39 位，低于新乡市城镇化率 10.1 个百分点，低于河南省城镇化率 8.2 个百分点（见表 17）。

近几年，卫辉市从业人员数呈负增长，城镇就业人员数减少，农村就业人员数增加（见表 18）。

十、公共服务分析

2008—2021 年，辉县市基础教育学校数量减少，在校学生人数基本稳定，但期间有增有减，专任教师人数呈现明显增长趋势。学校数从 2008 年的 194 所降至 2021 年的 134 所，在校学生人数则从 2008 年的 7 万人增加至 2021 年的约 7.5 万人，专任教师人数由 2008 年 3503 人增长至 4205 人，增加 702 人（见表 19）。。

十一、县域发展战略分析

1. 坚持产业强市，打造高质量经济体系

坚持把高质量发展作为主攻方向，创建质量强市示范市，做强食品、建材和新材料三大主导产业，培育物流、畜牧机械两大新兴产业，提升传统产业，推动大数据和实体经济深度融合，加快一、二、三产业融合，着力推动产业高质量发展。

河南省县域经济运行分析：卫辉篇

表17 2008—2021年卫辉市人口情况

年份	卫辉市户籍人口（万人）	卫辉市常住人口（万人）	卫辉市常住人口在新乡市的排名	卫辉市常住人口在河南省的排名	卫辉市外流人口（万人）	卫辉市人口流失率（%）	卫辉市常住人口占新乡市的比重（%）	卫辉市城镇化率（%）	卫辉市城镇化率在河南省的排名	新乡市城镇化率（%）	河南省城镇化率（%）
2008	49.57	48.61	5	76	0.96	1.94	8.8	—	—	39.20	36.0
2009	49.82	48.63	5	76	1.19	2.39	8.8	—	—	41.00	37.7
2010	50.57	49.62	5	74	0.95	1.88	8.7	—	—	41.10	38.8
2011	50.87	49.32	5	75	1.55	3.05	8.7	—	—	42.90	40.5
2012	51.16	49.68	5	75	1.48	2.89	8.8	—	—	44.70	42.0
2013	51.43	49.73	5	75	1.70	3.31	8.8	38.32	33	46.10	43.6
2014	51.70	49.81	5	75	1.89	3.66	8.7	39.80	33	47.60	45.1
2015	51.98	49.60	5	76	2.38	4.58	8.7	41.08	36	49.00	47.0
2016	52.32	49.37	5	76	2.95	5.64	8.6	42.28	36	50.40	48.8
2017	52.63	49.17	5	76	3.46	6.57	8.5	43.88	37	52.00	50.6
2018	52.87	49.07	5	76	3.80	7.19	8.5	45.40	37	53.40	52.2
2019	53.08	49.14	5	77	3.94	7.42	8.5	47.17	36	54.91	54.0
2020	54.28	47.93	5	75	6.35	11.70	7.7	47.63	38	57.58	55.4
2021	—	46.63	5	76	—	—	7.6	48.26	39	58.39	56.5

数据来源：历年河南省统计年鉴。

— 191 —

表18 2008—2019年卫辉市就业情况

年份	从业人员数（万人）	城镇从业人员数（万人）	乡村从业人员数（万人）	城镇就业人数占比（％）	第一产业从业人员数占比（％）	第二、第三产业从业人员数占比（％）
2008	25.77	—	—	—	60.65	39.35
2009	26.77	—	—	—	61.05	38.95
2010	27.39	—	—	—	60.33	39.67
2011	27.28	4.18	23.10	15.34	61.11	38.93
2012	26.62	3.62	23.00	13.58	62.28	37.72
2013	26.34	3.51	22.83	13.33	62.30	37.70
2014	26.60	3.46	23.14	13.02	43.98	56.02
2015	26.16	2.58	23.58	9.88	44.61	55.39
2016	28.07	2.45	25.62	8.72	47.99	52.01
2017	26.92	2.38	24.54	8.85	49.15	50.85
2018	26.30	2.25	24.05	8.54	77.72	22.28
2019	25.71	2.32	23.39	9.01	47.84	52.16

数据来源：历年河南省统计年鉴及新乡市统计年鉴。

表19 2008—2021年卫辉市基础教育情况

年份	学校数（所）合计	小学学校数	初中学校数	在校学生数（人）合计	小学在校生数	初中在校生数	专任教师数（人）合计	小学	初中
2008	194	165	29	70671	54486	16185	3503	2053	1450
2009	194	164	30	81329	62622	18707	3460	2056	1404
2010	189	159	30	92498	72456	20042	3640	2193	1447
2011	185	156	29	103178	83189	19989	3581	2155	1426
2012	175	146	29	114123	93359	20764	3697	2226	1471
2013	174	145	29	64037	49633	14404	3574	2173	1401
2014	174	145	29	70022	54819	15203	3497	2112	1385
2015	173	144	29	74819	59172	15647	3479	2109	1370
2016	173	144	29	78853	61837	17016	3400	2100	1300

续表

年份	学校数（所）			在校学生数（人）			专任教师数（人）		
	合计	小学学校数	初中学校数	合计	小学在校生数	初中在校生数	合计	小学	初中
2017	134	105	29	82023	61445	20578	4729	3084	1645
2018	133	105	28	84183	57767	26416	4632	2943	1689
2019	134	105	29	84034	54389	29645	4575	2824	1751
2020	134	105	29	81478	50825	30653	4503	2760	1743
2021	134	105	29	75372	46851	28521	4205	2639	1566

2. 优化国土空间，加快推进新型城镇化

紧抓大运河文化保护传承利用、黄河流域生态保护和高质量发展重大战略机遇，借助区位交通、运河古城、环境资源等优势，优化国土空间布局，推进城市扩容提质，集聚人口和产业，推进以人为核心的新型城镇化。

3. 实施乡村振兴，推进农业农村现代化

坚持优先发展农业农村总方针，接续推进巩固拓展脱贫攻坚成果同乡村振兴有效衔接，推动乡村产业、人才、文化、生态、组织等全面振兴，促进农业高质高效、乡村宜居宜业、农民富裕富足，加快农业农村现代化进程。

4. 坚持绿色发展，高水平建设生态文明

坚持"重在保护，要在治理"，尊重自然、顺应自然、保护自然，持续加强生态系统保护，改善生态环境质量，高质量建设全域秀美卫辉。

5. 完善基础设施，厚植高质量发展能力

继续完善交通、水利、能源等基础设施，促进新旧基础设施间互联互通和开放共享，构建全域覆盖、普惠共享的基础设施网络。

十二、综述

卫辉市经济发展处于新乡市8个县（市）中靠后方阵。近年来，卫辉市主要经济指标均呈现下降趋势，人均GDP、财政自给率、城乡居民人均可支配收入、城镇化率等指标均低于省市平均水平，且存在较大差距，从规上工业增加值来看,增速较快但总量较小,这与卫辉市缺乏高精尖企业及先进工业、制造业有关。

　　未来卫辉市应该进一步做大做强主导产业,加快培育大企业大集团,打造食品饮料及包装、绿色建材主导产业集群,补短板、强弱项,推动产业高质量、高水平发展。此外,加快提升城乡居民收入水平,提高财政自给率,加强基础设施建设、提高城镇化率等方面的工作。通过加强政策支持,鼓励研发投资,提高知识产权保护等方式来增强核心竞争力,加强基础设施建设,提高城市品质和服务水平,吸引更多的人才和企业。通过加强农业科技创新,推进农业产业化和规模化经营,提高农民收入等方式来实现农业农村现代化。加强环境治理,推进生态保护和修复,促进可持续发展等方式来实现绿色发展,继续坚持产业强市,优化国土空间,实施乡村振兴,坚持绿色发展,完善基础设施等方面的工作,实现高质量发展。

河南省县域经济运行分析：延津篇[①]

一、延津县概况

延津是"中国第一麦"的故乡，是全国粮食生产先进县、全国优质小麦产业化示范县、全国绿色食品原料标准化生产基地、全国食品工业强县，以及国家优质小麦现代农业产业园创建单位、国家农产品质量安全县等。

延津县归新乡市管辖，全县辖4镇、6乡、3个办事处、339个行政村（居委会）、1个省级先进制造业开发区，总面积886平方千米，2020年户籍人口51万人，常住人口46万人，城镇化率为39.07%。

二、总体经济运行分析

GDP总量稳步增长，但体量不大。2021年延津县地区生产总值达166.15亿元，在新乡8个县（市）中经济体量最小，相比2008年的56.32亿元，增长了近3倍（见表1）。

延津县GDP占新乡市GDP的比重呈下降趋势，从2008年的5.9%降至2021的5.1%，占比最高的年份为2009年，为6.9%，占比最低的年份为2019年，为5.1%。

多数年份延津县GDP增速快于新乡市，2010年、2011年、2013年、2018年、2020—2021年增速不及新乡市水平。2021年低于新乡市0.9个百分点（见表1）。

人均GDP总量逐年提升，距离省市平均水平仍存在较大差距。2021年延津县人均GDP约为36573元，低于新乡市约1.5万元，低于河南省约

[①] 本篇完成于2022年12月，撰稿人：徐涛；耿明斋、周立、王永苏、李燕燕、屈桂林、张国骁、李甜、赵岩、张兆源等参与讨论。

表1 2008—2021年延津县地区生产总值及增速

年份	延津县GDP（亿元）	延津县GDP占新乡市的比重（%）	延津县GDP在新乡市的排名	延津县GDP在河南省的排名	延津县GDP增速（%）	延津县GDP增速在新乡市的排名	延津县GDP增速在河南省的排名	延津县GDP增速－新乡市GDP增速（%）	延津县GDP增速－河南省GDP增速（%）
2008	56.32	5.9	7	97	15.4	5	23	1.5	3.4
2009	62.42	6.9	6	95	14.3	3	15	1.9	3.3
2010	74.78	6.3	6	95	11.9	5	54	-2.7	-0.5
2011	93.00	6.2	5	92	14.1	3	32	-0.6	2.1
2012	92.10	5.7	7	97	12.9	2	20	1.5	2.8
2013	101.72	5.8	5	94	7.9	5	91	-1.6	-1.1
2014	114.09	5.9	4	91	10.1	2	26	0.8	1.2
2015	117.30	5.9	5	94	8.5	3	76	2.4	0.1
2016	129.79	6.0	5	91	12.4	1	1	4.1	4.2
2017	140.10	5.9	6	92	9.7	5	9	1.6	1.9
2018	142.11	5.6	6	95	2.8	8	99	-4.3	-4.8
2019	147.51	5.1	8	97	7.1	7	69	0.1	0.3
2020	153.71	5.1	8	96	1.4	8	87	-1.8	0.3
2021	166.15	5.1	8	95	5.7	6	71	-0.9	-0.6

数据来源：历年河南省统计年鉴。

2.3万元。相比2008年提升了约2.4万元，在新乡市8个县（市）中居第7位（见表2），仅超过原阳县。

从人均GDP增速来看，延津县人均GDP增速波动变化，2020年为负增长，其余年份均保持正增长，2008年增速最快，后增速逐渐放缓（见表2）。

三、分产业经济运行分析

（一）产业格局与发展方向

延津是"中国第一麦"的故乡，以优质小麦为主导产业，2019年获批并成功创建国家现代农业产业园，逐渐走出一条粮食主产区依托小麦主导产业带动区域经济发展的道路。围绕小麦精深加工、速冻营养食品、健康休闲食品、白酒饮品四大品类，形成从原粮生产到精深加工的完整产业链条。总体上形成了以小麦为头，以"面粉—面条—面点—速冻食品"和"白酒—包装—印刷—物流"产业链为翼的"雁阵"发展布局，小麦年加工能力已达70万吨以上，年产挂面40万吨、速冻食品25万吨，白酒年生产灌装10万吨。

2021年，延津县优质小麦种植面积100万亩，小麦产业产值占全县种植业总产值的比重超过66%。2021年，现代农业产业园内农民人均可支配收入2.58万元，高出全县平均水平33.92%（2020年延津县农村居民人均可支配收入1.78万元）。

"三产融合"共同发展，延津县以小麦为主题策划小麦博览会、美食节、麦田诗会等活动，2021年中国农民丰收节新乡主会场设在了延津县，休闲农业和乡村旅游带动直接收入2.5亿元，旅游人数5万余人次，带动就业3500人。

延津县产业集聚区已入驻鲁花、克明面业、精益珍食品等各类企业152家，鲁花集团在延津县建成全国首个小麦产品加工基地，克明面业在延津建成全国最大的生产基地。

（二）产业结构分析

延津县第一产业占比较高，2016年之前第一产业占比均在20%以上，2021年第一产业仍占18.5%。第二产业和第三产业占比差别明显，2019年之前，第二产业占比一直保持在50%左右，第三产业占比保持在40以下，

表2 2008—2021年延津县人均地区生产总值及增速

年份	延津县人均GDP（元）	延津县人均GDP在新乡市的排名	延津县人均GDP在河南省的排名	新乡市人均GDP（元）	河南省人均GDP（元）	延津县人均GDP增速（%）	延津县人均GDP增速在新乡市的排名	延津县人均GDP增速在河南省的排名	延津县人均GDP占新乡市的比重（%）	延津县人均GDP占河南省的比重（%）
2008	13060	5	58	16188	18019	15.9	5	22	80.7	72.5
2009	14476	4	57	17992	19480	14.3	4	18	80.5	74.3
2010	16615	4	59	21196	23092	7.2	7	91	78.4	72.0
2011	19879	4	56	26198	28661	9.8	8	90	75.9	69.4
2012	19695	5	71	28598	31499	12.9	3	31	68.9	62.5
2013	21678	4	69	31138	34211	7.5	4	86	69.6	63.4
2014	24280	4	67	33696	37072	9.9	2	40	72.1	65.5
2015	25036	4	74	34562	39123	8.8	3	63	72.4	64.0
2016	27914	4	67	37805	42575	13.3	1	1	73.8	65.6
2017	30360	4	70	40962	46674	10.6	3	5	74.1	65.0
2018	31007	4	79	46209	50152	3.5	8	99	67.1	61.8
2019	32251	8	87	46570	56388	7.3	6	59	69.3	57.2
2020	34093	6	83	48229	55435	-1.3	8	94	70.7	61.5
2021	36573	7	84	52028	59410	4.9	7	83	70.3	61.6

数据来源：历年河南省统计年鉴。

2019年后第三产业超过第二产业，成为推动经济发展的主导产业，2021年三产结构表现为18.51∶33.49∶48.00（见图1）。

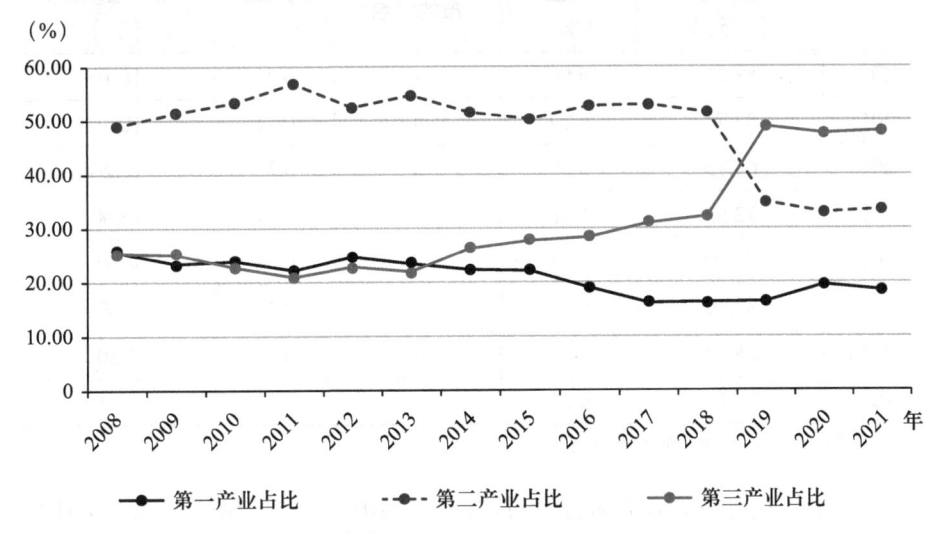

图1 2008—2021年延津县三产结构变化情况

数据来源：历年新乡市统计年鉴。

（三）工业发展情况分析

延津县规上工业增加值总额不断提升，占新乡市及河南省的比重也稳定向前发展，2021年规上工业增加值达到历史新高94.73亿元，同比增长10.5%，年均增长18.1%，是2008年的5.2倍（见表3）。

表3 2008—2021年延津县规上工业发展总体情况

年份	延津县规上工业增加值（亿元）	占新乡市的比重（%）	增加值在新乡市的排名	占河南省的比重（%）	延津县规上工业增加值增速（%）
2008	18.37	4.86	6	0.25	34.89
2009	24.38	5.67	4	0.29	32.71
2010	30.55	5.73	4	0.31	25.34
2011	42.14	5.73	4	0.35	37.92
2012	37.25	4.93	4	0.28	23.80
2013	44.22	5.54	4	0.29	18.73

续表

年份	延津县规上工业增加值（亿元）	占新乡市的比重（%）	增加值在新乡市的排名	占河南省的比重（%）	延津县规上工业增加值增速（%）
2014	51.34	5.90	4	0.30	16.10
2015	57.71	6.27	4	0.31	12.40
2016	64.75	6.49	4	0.33	12.20
2017	72.52	6.68	4	0.34	12.00
2018	75.50	6.43	4	0.33	4.10
2019	82.59	6.48	4	0.33	9.40
2020	85.73	6.35	4	0.34	3.80
2021	94.73	6.35	—	0.35	10.5

数据来源：历年新乡市统计年鉴。

从规上工业增加值增速省市对比来看，2017年之前延津县规上工业增加值增速高于省市平均水平，但差距在逐渐缩小，直到2018年增速放缓，不及省市水平，后又波动变化，但整体增速呈下降趋势。

（四）服务业发展情况分析

延津县服务业增加值逐年增长，2019年增长最快，增加值总额接近GDP的50%，2021年服务业增加值达79.75亿元，是2008年的5.6倍，在新乡市8个县（市）中排第7位，排河南省第91位，占新乡市的比重为5.3%，与2008年持平（见表4）。

表4 2008—2021年延津县服务业发展总体情况

年份	延津县服务业增加值（亿元）	延津县服务业增加值占新乡市服务业增加值的比重（%）	延津县服务业增加值在新乡市的排名	延津县服务业增加值在河南省的排名	延津县服务业增加值增速（%）	延津县服务业增加值增速在新乡市的排名	延津县服务业增加值增速在河南省的排名
2008	14.30	5.3	7	89	9.0	7	89
2009	15.71	5.1	6	94	17.50	1	12
2010	17.01	4.6	6	94	4.90	6	96
2011	19.49	4.3	6	96	8.40	2	76

续表

年份	延津县服务业增加值（亿元）	延津县服务业增加值占新乡市服务业增加值的比重（%）	延津县服务业增加值在新乡市的排名	延津县服务业增加值在河南省的排名	延津县服务业增加值增速（%）	延津县服务业增加值增速在新乡市的排名	延津县服务业增加值增速在河南省的排名
2012	21.07	3.8	7	97	5.00	8	102
2013	22.33	3.5	7	97	2.40	7	100
2014	29.95	4.3	5	94	5.10	4	94
2015	32.50	4.2	6	95	7.30	4	95
2016	36.82	4.2	6	96	11.0	4	48
2017	43.40	4.4	6	95	13.5	1	7
2018	45.79	4.2	6	97	2.1	8	99
2019	71.98	5.4	7	92	7.7	2	53
2020	73.12	5.3	7	91	1.7	6	64
2021	79.75	5.3	7	91	7.5	8	67

数据来源：历年河南省统计年鉴。

分行业看，各类型服务业增加值总额均不断提高，其中房地产业增加值增长迅速，由2011年的不足2亿元增长为2019年的10亿元，增加了5倍。2018—2019年，交通运输业及金融业发展迅速，分别增加了1.3倍、1.6倍（见表5）。

表5 2011—2019年延津县服务业分行业增加值与增速

年份	批发和零售业增加值（亿元）	批发和零售业增速（%）	交通运输、仓储和邮政业增加值（亿元）	交通运输、仓储和邮政业增速（%）	住宿和餐饮业增加值（亿元）	住宿和餐饮业增速（%）	金融业增加值（亿元）	金融业增速（%）	房地产业增加值（亿元）	房地产业增速（%）
2011	4.52	8.6	3.78	10.6	1.20	8.4	0.39	1.5	1.68	8.3
2012	4.94	9.4	4.00	5.9	1.29	7.8	0.39	−0.4	1.62	−4.8
2013	5.86	7.7	4.76	2.2	1.65	5.9	0.49	16.7	1.90	5.7
2014	5.75	8.2	3.83	1.7	1.83	5.8	0.95	4.9	4.40	−8.3

续表

年份	批发和零售业增加值（亿元）	批发和零售业增速（%）	交通运输、仓储和邮政业增加值（亿元）	交通运输、仓储和邮政业增速（%）	住宿和餐饮业增加值（亿元）	住宿和餐饮业增速（%）	金融业增加值（亿元）	金融业增速（%）	房地产业增加值（亿元）	房地产业增速（%）
2015	6.14	6.7	3.83	−0.2	1.9	3.9	1.03	8.1	4.61	4.7
2016	7.36	8	4.89	3.2	2.57	4.8	1.22	9.1	5.64	12.2
2017	7.87	6.9	5.44	11.3	2.73	6	1.37	12.2	6.17	9.4
2018	8.27	5.1	5.75	5.8	2.89	5.9	1.5	9.9	6.31	2.3
2019	9.86	8.4	13.27	6.8	1.93	8.1	3.89	13.1	10.00	3.6

数据来源：历年新乡市统计年鉴。

从占比看，2018年批发和零售业占比较高，其次是房地产业、交通运输业、住宿和餐饮业，最后是金融业。其中，2019年批发和零售业及住宿餐饮业出现大幅下降，而交通运输业和金融业出现较大增长（见表6）。

表6　2011—2019年不同类型服务业增加值占服务业增加值总额的比重

年份	批发和零售业增加值占服务业的比重（%）	住宿和餐饮业增加值占服务业的比重（%）	交通运输、仓储和邮政业增加值占服务业的比重（%）	房地产业增加值占服务业的比重（%）	金融业增加值占服务业的比重（%）
2011	23.19	6.16	19.39	8.62	2.00
2012	23.45	6.12	18.99	7.69	1.85
2013	26.25	7.39	21.32	8.51	2.19
2014	19.20	6.11	12.79	14.69	3.17
2015	18.89	5.85	11.78	14.18	3.17
2016	19.99	6.98	13.28	15.32	3.31
2017	18.13	6.29	12.54	14.22	3.16
2018	18.06	6.31	12.56	13.78	3.28
2019	13.70	2.68	18.44	13.89	5.40

数据来源：历年新乡市统计年鉴。

（五）重点企业分析

延津县的重点企业包括新乡制药股份有限公司、克明面业有限公司、中鑫新材料有限公司和汇淼科技有限公司。这些企业在各自的领域内都有着较高的市场占有率和产能。未来建议这些企业加强技术研发和创新，提高产品质量和市场竞争力。同时，应该支持高科技企业的发展，推广绿色技术，加强品牌建设和市场拓展，为延津县的经济发展做出更大的贡献。

（1）新乡制药股份有限公司，是一家从事食品添加剂、原料药服务、医药中间体的生产等业务的公司，成立于1996年12月25日，是新乡拓新药业股份有限公司旗下全资子公司，现已成长为集化学合成、生物发酵核苷（酸）类原料药、医药中间体生产销售为一体的公司。

（2）延津县克明面业有限公司，公司创始人陈克明从1984年开始从事挂面生产研究，经过30多年的奋力拼搏，公司现已发展成为国内挂面行业领先的民营食品高科技企业。公司总部设在湖南长沙，在河南遂平和延津、湖北武汉、新疆乌鲁木齐、湖南岳阳和南县、四川成都等地拥有多家子公司。公司以研发生产挂面为主，其产能、销售额、市场占有率均名列全国挂面行业前茅。2012年3月16日，公司在深圳证券交易所挂牌上市。

（3）河南中鑫新材料有限公司，致力于新能源材料循环利用技术的开发研究，以及废旧锂电池及锂电池正负极片回收加工业务。成立于2020年，位于河南省新乡市延津产业集聚区北区，注册资本1.06亿元，占地200亩地，拥有电池自动拆解，物料快速智能分选，高效提锂、高效回收镍钴、石墨再生等多项生产工艺和技术储备，具备年处理10万吨废旧锂电池材料加工能力、1万吨电池级碳酸锂的提取能力，是国内从废旧锂电池材料中回收提取碳酸锂的规模、产能较大的企业。

（4）新乡汇淼科技有限公司，始创于2018年6月，注册资本金4000万元，总建筑面积30000平方米，其中办公楼及生活设施1000平方米，生产车间6000平方米，仓储区21000平方米，公共设施2000平方米，总投资1.5亿元。公司拥有多项专利技术，是国内农药乳化剂行业支烷基苯磺酸的主要供应商，拥有9万吨/年表面活性剂、3万吨/年粉（针）剂、3万吨/年泡花碱生产能力，产能达到17.6万吨/年的规模，是中原及华北地区较大的磺化生产基地，主要的表面活性剂供应商。

四、财政收支分析

延津县财政收入体量小,税收占比及财政自给率低于省市水平。

一般公共预算收入、税收收入 2017 年达到最高,分别为 8.26 亿元、5.44 亿元,2018 年降幅较大,后又反弹至正常水平。延津县一般公共预算收入总量较小,2008 年不足 2 亿元,2021 年为 6.57 亿元,增加了 2.4 倍。2020 年在新乡市排第 9 位(见表 7、表 8)。

一般公共预算支出逐年递增,2020 年达 27.56 亿元,是 2008 年的 4.21 倍,在新乡市排第 6 位(见表 7)。

2014—2017 年财政自给率超过 30%,2018—2020 年财政自给率低于 25%,2021 年为 28.00%,在全省排第 64 位,低于省市财政自给率约 12~13 个百分点(见表 7)。

2017 年之前,财政收入占 GDP 的比重逐年递增,2017 年达到最高,为 5.9%,2018 年大幅下降,后又逐渐增长。2020 年财政收入占 GDP 的比重为 4.0%(见表 7)。

2020 年延津县税收收入为 3.56 亿元,是 2011 年的 1.66 倍,占一般公共预算收入的比重为 57.91%,占新乡市税收收入的比重为 2.58%(见表 8)。

五、金融业发展分析

延津县金融机构年末存款余额逐年增加,2017 年突破 100 亿元,2020 年达 157.90 亿元,是 2008 年的 6.3 倍(见表 9)。

贷款余额先下降后上升,2009—2016 年贷款呈下降趋势,2016 年最低,为 27.59 亿元,后又快速增长,2020 年贷款余额为 66.19 亿元,是 2008 年的 2.7 倍(见表 9)。

2008—2010 年存贷比超过 90%,2009 年最高达 118.90%,2011 年断崖式下降,直至 2017 年都处于下降状态,2018 年又恢复正增长。2021 年存贷比为 49.25%,低于新乡市 16.4 个百分,低于河南省 35.2 个百分点(见表 9)。

河南省县域经济运行分析：延津篇

表7　2008—2021年延津县财政收支情况

年份	一般公共预算收入	一般公共预算收入占新乡市一般公共预算收入的比重（%）	一般公共预算收入在新乡市的排名	一般公共预算收入在河南省的排名	一般公共预算支出	一般公共预算支出占新乡市的比重（%）	一般公共预算支出在新乡市的排名	一般公共预算支出在河南省的排名	财政自给率	在新乡市的排名	在河南省的排名	财政收入占GDP的比重（%）
2008	1.92	3.9	5	62	6.54	6.6	7	91	29.38	5	42	3.4
2009	2.21	4.0	5	62	8.03	6.1	7	96	27.56	5	41	3.5
2010	2.70	3.8	5	63	11.05	6.9	7	84	24.46	5	48	3.6
2011	3.51	3.9	5	60	14.31	7.1	6	82	24.53	5	51	3.8
2012	4.07	3.8	5	67	15.79	6.5	6	88	25.75	5	48	4.4
2013	5.01	3.9	5	69	17.05	6.4	6	90	29.38	5	44	4.9
2014	6.50	4.7	5	60	17.49	6.3	6	92	37.16	4	35	5.7
2015	6.57	4.5	5	67	18.38	5.9	6	94	35.78	5	35	5.6
2016	7.25	4.9	4	64	20.91	6.4	6	92	34.68	5	36	5.6
2017	8.26	5.2	4	60	21.93	6.0	6	94	37.67	4	32	5.9
2018	5.14	3.0	8	101	21.75	5.4	6	95	23.63	7	57	3.6
2019	5.69	3.0	8	101	27.62	5.9	6	93	20.59	7	68	3.9
2020	6.15	3.2	8	100	27.56	5.8	6	94	22.32	7	62	4.0
2021	6.57	3.2	8	99	23.47	4.6	6	95	28.00	6	64	4.0

数据来源：历年河南省统计年鉴。

表 8 2008—2021 年延津县税收及人均财力情况

年份	税收（亿元，%）税收收入	税收占一般公共预算收入的比重	占新乡市税收收入的比重	人均收入（元，%）人均一般公共预算收入	占新乡市的比重	占河南省的比重	人均支出（元，%）人均一般公共预算支出	占新乡市的比重	占河南省的比重
2008	—	—	—	445.23	50.3	41.6	1515.25	84.1	62.6
2009	—	—	—	513.37	50.7	43.3	1862.95	78.2	60.8
2010	—	—	—	575.97	46.7	39.2	2354.92	84.3	64.8
2011	2.14	60.97	3.17	752.71	47.0	41.4	3068.17	86.3	68.3
2012	2.59	63.70	3.3	866.93	45.4	40.5	3366.12	79.0	64.1
2013	3.23	64.47	3.39	1067.09	46.8	42.3	3631.76	77.0	62.3
2014	3.53	54.30	3.65	1382.22	56.7	48.7	3719.22	76.0	59.5
2015	3.61	54.91	3.55	1408.81	55.7	45.3	3937.56	72.4	56.2
2016	4.09	56.39	4.02	1565.98	60.7	48.6	4515.16	79.6	59.2
2017	5.44	65.85	4.84	1796.98	65.2	51.8	4770.72	74.7	57.1
2018	2.85	55.44	2.27	1125.15	37.7	29.5	4760.58	68.3	50.9
2019	3.35	58.89	2.5	1242.21	38.6	30.4	6031.82	75.4	58.8
2020	3.56	57.91	2.58	1334.83	43.1	31.8	5981.14	79.1	57.3
2021	—	—	—	1467.49	43.5	33.4	5241.76	63.8	49.7

数据来源：历年河南省统计年鉴。

河南省县域经济运行分析：延津篇

表 9 2008—2021 年延津县金融机构年末存贷款余额情况

年份	存款余额（亿元，%）			贷款余额（亿元，%）				存贷比（%）			
	金融机构存款年末余额	在新乡市的排名	占新乡市的比重	在河南省的排名	金融机构贷款年末余额	在新乡市的排名	在河南省的排名	占新乡市的比重	延津县存贷比	在新乡市的排名	在河南省的排名	新乡市存贷比	河南省存贷比
2008	25.05	8	3.3	100	24.70	5	45	4.9	98.58	1	3	66.6	68.0
2009	32.35	8	3.4	100	38.37	4	33	6.2	118.59	1	4	66.0	70.1
2010	40.03	8	3.5	100	36.75	4	46	5.2	91.79	1	5	62.3	68.6
2011	51.40	8	3.9	97	28.08	5	79	3.6	54.64	4	29	59.8	65.7
2012	55.73	8	3.8	100	26.50	6	90	3.1	47.55	4	38	58.8	63.3
2013	64.42	8	3.7	100	29.95	6	89	2.9	46.50	4	47	60.2	62.4
2014	69.56	8	3.7	102	29.74	8	100	2.5	42.76	6	63	61.9	65.8
2015	76.23	8	3.6	102	28.84	7	102	2.3	37.84	6	78	60.4	66.0
2016	88.90	8	3.8	101	27.59	8	102	2.1	31.04	6	92	57.6	67.6
2017	106.54	8	4.2	100	30.93	8	102	2.1	29.03	7	94	59.2	70.7
2018	119.23	8	4.2	99	40.38	6	100	2.3	33.87	6	88	61.5	74.9
2019	135.13	8	4.3	98	51.61	7	100	2.5	38.19	6	85	65.1	80.1
2020	157.90	8	4.3	97	66.19	8	102	2.8	41.92	6	81	64.1	82.2
2021	179.45	8	4.4	96	88.38	7	96	3.3	49.25	—	64	65.6	84.4

数据来源：历年河南省统计年鉴。

六、居民收入分析

延津县人均存款余额不断增加，2021年达到40073.8元，在新乡市排第7位，在河南省排第89位，分别较2008年下滑1个、12个位次，人均存款占新乡市和河南省的比重均有所提升，2021年人均存款占新乡市的比重为36.7%，占河南省的比重为48.0%，分别较2008年提升了10个、12.1个百分点。

延津县人均贷款余额波动变化整体呈增长趋势，2021年达到19736.6元，在新乡市排第7位，在河南省排第85位，人均贷款余额占新乡市的比重为45.4%，占河南省的比重下滑幅度较大，由2008年的52.0%下降至2021年的28.1%（见表10）。

延津县居民人均可支配收入逐年提高，2021年为22659元，排新乡市第5位、河南省第54位，占新乡市的比重为82.5%，占河南省的比重为84.5%（见表11）。

城乡居民人均可支配收入稳步提升，按常住地来看，城乡居民人均可支配收入总额逐年提高。其中，城镇居民人均可支配收入2008年不足万元，2020年为2.76万元，不及新乡市和河南省平均水平，但差距逐年缩小（见表12），在新乡市排第4位（前三位分别是辉县市、新乡县、长垣市）。

农村居民人均可支配收入2013年突破万元，2020年为1.78万元，是2008年的3.4倍，超过省市平均水平，但2019—2021年差距在逐渐缩小。2020年在新乡市排第4位（见表12）。

七、固定资产投资分析

近两年固定资产投资增长迅速，主要是工业投资增长快，2008—2021年，延津县固定资产投资总额及占新乡市的比重呈先上升又跌落再上升的发展特征，2017年之前固定资产投资总额稳步上升，2018年断崖式下跌，后又逐渐恢复，2021年为133.08亿元，是2008年的2.75倍（见表13）。

表 10　延津县金融机构年末人均存贷款余额情况

年份	人均存款（元，%）					人均贷款（元，%）				
	延津县人均存款余额	在新乡市的排名	在河南省的排名	人均存款占新乡市的比重	人均存款占河南省的比重	延津县人均贷款余额	在新乡市的排名	在河南省的排名	人均贷款占新乡市的比重	人均贷款占河南省的比重
2008	5804.3	6	77	26.7	35.9	5722.9	3	17	62.3	52.0
2009	7509.6	6	68	28.1	37.2	8906.7	2	11	79.2	62.9
2010	8528.1	6	78	26.8	34.6	7829.1	4	27	62.8	46.4
2011	11022.0	6	75	30.0	39.1	6021.9	4	50	43.6	32.5
2012	11882.0	7	91	29.0	35.4	5650.3	5	63	36.9	26.5
2013	13721.1	7	94	28.5	34.9	6379.1	6	75	34.9	26.0
2014	14790.4	7	98	28.0	34.5	6323.6	7	90	30.7	22.4
2015	16334.6	8	101	27.9	33.3	6179.6	7	96	27.7	19.1
2016	19191.6	7	99	30.0	34.8	5956.4	7	99	25.5	16.0
2017	23175.9	6	94	33.2	38.6	6728.3	7	99	25.8	15.8
2018	26094.7	7	95	33.6	40.3	8837.8	7	98	29.6	18.2
2019	29510.8	7	94	34.2	42.0	11271.0	7	96	32.3	20.0
2020	34267.2	7	96	35.3	44.6	14364.1	7	95	38.4	22.7
2021	40073.8	7	89	36.7	48.0	19736.6	7	85	45.4	28.1

数据来源：历年河南省统计年鉴。

表 11　2017—2021 年延津县居民人均可支配收入情况

年份	居民人均可支配收入（元）	在新乡市的排名	在河南省的排名	占新乡市的比重（%）	占河南省的比重（%）	延津县居民人均可支配收入增速（%）	新乡市居民人均可支配收入增速（%）	延津县增速－新乡市增速（%）
2017	17268	5	45	82.8	85.6	—	—	—
2018	18395	5	49	81.4	83.8	6.53	−2.17	8.70
2019	20137	5	49	82.0	84.2	9.47	0.59	8.88
2020	21166	5	49	83.0	85.3	5.11	1.27	3.84
2021	22659	5	54	82.5	84.5	7.06	−0.93	7.99

数据来源：历年河南省统计年鉴。

表 12　2008—2021 年延津县城乡居民人均可支配收入情况（元，%）

年份	城镇居民人均可支配收入	在新乡市的排名	在河南省的排名	占新乡市的比重	占河南省的比重	农村居民人均可支配收入	在新乡市的排名	在河南省的排名	占新乡市的比重	占河南省的比重	城乡收入比	城乡收入比在河南省的排名
2008	9378	5	88	72.1	70.9	5281	4	27	104.8	118.6	1.78	9
2009	10558	4	86	74.5	73.5	5701	4	27	105.0	118.6	1.85	10

续表

年份	城镇居民人均可支配收入（元，%）			农村居民人均可支配收入（元，%）					城乡收入比	
	城镇居民人均可支配收入	在新乡市的排名	在河南省的排名	占新乡市的比重	占河南省的比重	农村居民人均可支配收入	在新乡市的排名	在河南省的排名	占新乡市的比重	占河南省的比重	城乡收入比	城乡收入比在河南省的排名
2010	11881	4	81	75.4	74.6	6601	4	27	105.8	119.5	1.80	9
2011	13711	4	78	76.2	75.4	7980	4	28	105.9	120.8	1.72	10
2012	15537	4	79	77.1	76.0	9141	4	28	105.7	121.5	1.70	9
2013	17028	4	82	77.0	76.0	10256	4	30	105.4	121.0	1.66	7
2014	18561	5	84	77.4	78.4	11333	4	30	105.6	113.7	1.64	6
2015	19828	5	84	78.2	77.5	12413	4	32	105.4	114.4	1.60	8
2016	21216	4	84	78.9	77.9	13332	4	32	105.2	114.0	1.59	7
2017	23295	4	82	80.1	78.8	14532	4	32	105.5	114.3	1.60	8
2018	24973	4	86	79.8	78.3	15319	4	33	102.5	110.8	1.63	11
2019	26970	4	87	80.2	78.9	16743	4	33	102.4	110.4	1.61	11
2020	27591	4	83	80.9	79.4	17832	4	32	102.1	110.7	1.55	10
2021	29577	5	85	81.6	79.7	19240	4	32	101.7	109.7	1.54	12

数据来源：历年河南省统计年鉴。

2018年之前,延津县固定资产投资增速整体不及河南省、新乡市平均水平,但2019—2021年投资增长较快,2021年增速居新乡市第1位,超过新乡市6.3个百分点,超过河南省13.9个百分点(见表13)。

表13　2008—2021年延津县固定资产投资情况

年份	固定资产投资（亿元）	占新乡市的比重（%）	固定资产投资在新乡市的排名	固定资产投资增速（%）	固定资产投资增速在新乡市的排名
2008	48.32	6.25	7	12.61	8
2009	65.73	6.45	6	36.02	2
2010	73.37	6.06	7	11.63	6
2011	62.16	7.11	7	−15.29	7
2012	64.49	5.07	7	3.76	3
2013	78.98	5.08	7	22.47	4
2014	93.74	4.97	7	18.68	7
2015	92.96	4.82	6	−0.83	7
2016	104.33	5.20	7	12.23	4
2017	113.11	5.12	7	8.42	7
2018	70.70	2.90	8	−37.50	8
2019	92.97	3.43	8	31.50	1
2020	112.40	3.90	7	20.90	1
2021	133.08	4.12	—	18.40	1

数据来源:历年河南省统计年鉴。

分不同投资类型看,延津县工业投资和房地产投资总额及增速呈波动变化特征,但总体上投资总额有所增长。2020年工业投资总额为99.26亿元,占固定资产投资总额的88.31%,分别较2011年提高了67.37亿元、37.0%;房地产投资总额为6.99亿元,占固定资产投资总额的6.22%,分别较2011年提高了3.54亿元、0.52%(见表14)。房地产投资总额及占比变化不大,主要是工业投资增长较快。

从投资增速来看，2013年房地产投资大幅增长后又迅速跌落。2017—2020年，工业投资增速均高于房地产投资增速。从工业投资和房地产投资占固定资产比重来看，工业投资占主导地位，且近两年工业投资占比提高而房地产投资占比下降（见表14）。

表14　2011—2020年延津县不同类型投资情况

年份	工业投资总额（亿元）	占固定资产投资的比重（%）	工业投资增速（%）	房地产投资总额（亿元）	占固定资产投资的比重（%）	房地产投资增速（%）
2011	31.89	51.31	—	3.54	5.70	−48.60
2012	46.00	71.32	44.25	1.84	2.85	−48.00
2013	49.95	63.24	8.59	6.90	8.74	274.00
2014	71.81	76.61	43.76	4.02	4.29	−41.70
2015	55.58	59.79	−22.60	5.72	6.15	42.20
2016	52.51	50.33	−5.52	9.50	9.11	66.00
2017	66.80	59.06	27.21	10.57	9.34	6.50
2018	54.78	77.48	−18.00	7.27	10.29	−31.20
2019	72.09	77.54	31.60	8.73	9.39	20.10
2020	99.26	88.31	37.70	6.99	6.22	−20.20

数据来源：历年新乡市统计年鉴。

八、社会消费分析

延津县社消零总额不断增长，由2008年的15.56亿元增至2021年的58.02亿元，增长2.5倍，受新冠疫情影响2020年增速为负，其余年份均保持正增长。2021年，社消零总额占GDP的比重为34.9%，占比较2008年提高了7.3个百分点。在社消零总额中，2011—2020年，批发和零售业占比在85%以上，比重呈上升趋势，2020年占比为87.9%，住宿和餐饮业占比保持在14%之下，占比在下降，2020年占比为12.1%（见表15）。

表 15 2008—2021 年延津县社会消费品零售总额情况

年份	社消零总额（亿元，%）				人均社消零（元，%）				分行业（亿元，%）			
	延津县社消零总额	在新乡市的排名	在河南省的排名	占GDP的比重	延津县人均社消零	在新乡市的排名	在河南省的排名	占新乡市的比重	占河南省的比重	其中批发和零售业	占社消零的比重	其中住宿和餐饮业	占社消零的比重
2008	15.56	5	94	27.6	3605.19	5	69	71.5	58.9	—	—	—	—
2009	16.25	5	95	26.0	3772.05	5	78	72.8	53.5	—	—	—	—
2010	19.11	5	95	25.6	4071.15	5	90	59.0	48.3	—	—	—	—
2011	22.69	4	94	24.4	4865.97	6	91	58.8	49.3	19.68	86.7	3.01	13.3
2012	26.54	4	94	28.8	5658.85	6	89	58.5	50.1	22.99	86.6	3.56	13.4
2013	30.26	4	94	29.7	6445.15	6	89	58.7	50.4	26.19	86.5	4.07	13.5
2014	34.03	5	95	29.8	7235.81	6	88	58.7	50.7	29.46	86.6	4.57	13.4
2015	38.19	4	94	32.6	8182.99	6	88	60.2	51.3	33.07	86.6	5.03	13.2
2016	43.37	5	95	33.4	9363.13	6	85	62.3	53.0	37.82	87.2	5.59	12.9
2017	48.81	5	95	34.8	10617.79	6	86	63.4	54.1	41.76	85.6	6.07	12.4
2018	53.17	5	94	37.4	11637.12	5	81	66.1	54.0	46.44	87.3	6.72	12.6
2019	55.04	6	93	37.3	12020.09	5	86	70.1	50.7	48.4	87.9	6.64	12.1
2020	52.98	6	93	34.5	11497.40	4	86	74.5	50.8	46.56	87.9	6.41	12.1
2021	58.02	6	93	34.9	12956.33	4	85	75.7	52.5	—	—	—	—

数据来源：历年河南省统计年鉴、新乡市统计年鉴。

九、人口规模分析

延津县城镇化率较低，第一产业就业占比大，2020年，延津县户籍人口约为51.06万人，常住人口46.08万人，属人口外流地区，人口流失率接近10%，常住人口在新乡市排第7位，占新乡市常住人口的7.36%，2020年城镇化率不足40%，远低于河南省、新乡市平均水平，低于新乡市18.51个百分点，低于河南省16.36个百分点（见表16）。

表16 2008—2020年延津县人口情况

年份	户籍人口（万人）	常住人口（万人）	常住人口在新乡市排名	户籍人口-常住人口（万人）	人口流失率（%）	常住人口占新乡市比重（%）	延津县城镇化率（%）	新乡市城镇化率（%）	河南省城镇化率（%）
2008	43.93	43.16	6	0.77	1.75	7.83	—	39.2	36.03
2009	44.15	43.08	6	1.07	2.42	7.80	—	41	37.7
2010	48.55	46.94	6	1.61	3.32	8.22	—	41.1	38.82
2011	48.80	46.63	6	2.17	4.45	8.24	—	42.9	40.47
2012	49.25	46.90	6	2.35	4.77	8.27	—	44.7	41.99
2013	49.51	46.95	6	2.56	5.17	8.27	30.53	46.1	43.6
2014	49.79	47.03	6	2.76	5.54	8.24	32.01	47.6	45.05
2015	50.06	46.67	6	3.39	6.77	8.16	33.21	49	47.02
2016	50.38	46.32	6	4.06	8.06	8.07	34.71	50.4	48.78
2017	50.67	45.97	6	4.70	9.28	7.97	36.26	52	50.56
2018	50.91	45.69	6	5.22	10.25	7.89	37.78	53.4	52.24
2019	51.12	45.79	6	5.33	10.43	7.88	39.57	54.91	54.01
2020	51.06	46.08	7	4.98	9.76	7.36	39.07	57.58	55.43

数据来源：历年河南省统计年鉴。

2019年延津县就业人数为28.18万人，其中绝大多数属农村就业人口，城镇就业人口仅占比8.83%。第一产业就业人数占比47.91%，第二、第三产业就业人数占比52.09%（见表17）。

表17 2008—2019年延津县就业情况

年份	从业人员数（万人）	从业人员数增速（%）	城镇从业人员数（万人）	乡村从业人员数（万人）	城镇就业人数占比（%）	第一产业从业人员数占比（%）	第二、三产业从业人员数占比（%）
2008	25.42	1.88	—	—		57.36	42.64
2009	25.44	0.07	—	—		54.63	45.37
2010	28.04	10.23	—	—		50.87	49.13
2011	28.41	1.32	2.56	25.85	9.01	49.31	50.72
2012	28.09	−1.13	2.59	25.50	9.21	46.67	53.33
2013	29.10	3.60	4.16	24.94	14.28	43.71	56.29
2014	29.52	1.44	3.99	25.53	13.50	43.60	56.40
2015	30.04	1.76	3.72	26.32	12.39	44.17	55.83
2016	30.85	2.70	4.10	26.75	13.29	49.27	50.76
2017	31.56	2.30	3.94	27.62	12.50	48.42	51.58
2018	28.87	−8.52	2.67	26.20	9.25	75.89	24.11
2019	28.18	−2.39	2.49	25.69	8.83	47.91	52.09

数据来源：历年河南省统计年鉴。

十、公共服务分析

2008—2021年，延津县九年义务教育阶段学校数有所下降，主要体现在小学学校数由2008年的154所降至2021年的118所，初中学校数数量变化不大，基本保持稳定。在校学生数和专任教师数稍有提升，分别由2008年的6.68万人、3491人增至2021年的6.89万人、3957人（见表18）。

表18 2008—2021年延津县基础教育情况

年份	学校数（所） 合计	小学学校数	初中学校数	在校学生数（人） 合计	小学在校生数	初中在校生数	专任教师数（人） 合计	小学	初中
2008	192	154	38	66783	47566	19217	3491	2060	1431
2009	187	150	37	69135	49039	20096	3645	2164	1481

续表

年份	学校数（所）			在校学生数（人）			专任教师数（人）		
	合计	小学学校数	初中学校数	合计	小学在校生数	初中在校生数	合计	小学	初中
2010	183	144	39	71782	52344	19438	3588	2182	1406
2011	184	147	37	78201	57358	20843	3481	2091	1390
2012	174	138	36	80299	58386	21913	3695	2114	1581
2013	178	139	39	74224	53621	20603	3831	2163	1668
2014	182	141	41	73193	51228	21965	3756	2036	1720
2015	181	141	40	74061	51620	22441	3861	2084	1777
2016	179	138	41	75161	51585	23576	3984	2020	1964
2017	157	118	39	76033	50634	25399	4496	2279	2217
2018	154	117	37	76143	48436	27707	4593	2271	2322
2019	155	118	37	74643	47475	27168	4719	2272	2447
2020	153	118	35	72519	47086	25433	4282	2269	2013
2021	153	118	35	68891	44954	23937	3957	2225	1732

数据来源：历年河南省统计年鉴。

十一、县域发展战略分析

延津县未来发展的思路主要有三个方面。

第一，打造中部地区先进制造业基地，发挥延津县位于中原城市群核心区的优势，积极承接产业转移，优化产业布局，推进产业集聚区提质增效，推动制造业高质量发展。

第二，建设现代化农业农村示范基地，依托国家现代农业产业园创建、乡村建设行动、乡（镇、街道）农民创业园建设，完善农村基础设施，提高基本公共服务水平，大力推动乡村产业发展，全面夯实乡村振兴基础，打造现代化农业农村示范基地。

第三，走城乡融合发展之路，强化以工补农、以城带乡，加快县城和中心镇建设，提升功能品质，增强综合承载能力和治理能力，推进形成工农互促、城乡互补、协调发展、共同繁荣的新型工农城乡关系。

未来，延津县应该继续推进制造业高质量发展，加强农村基础设施建设和乡村产业发展，同时注重城乡融合发展，提升县城和中心镇的功能品质和治理能力，实现工农城乡协调发展，推动县域经济的快速发展。

十二、综述

在新乡市8个县（市）中，延津县各方面经济体量都较小，与其他县（市）相比均不占优势，没有长垣市强大的工业制造业支撑，也没有新乡县和辉县市那么大的经济体量，其最具特色的产业属小麦种植及加工业，延津县应依托国家现代农业产业园"国字号"招牌，招商引资，引龙头企业入驻，像漯河一样依托自身原材料优势，强化小麦食品加工业，培育自身品牌，打造小麦产业集群。同时紧抓机遇深挖三产潜能，充分挖掘小麦的增值潜力，将农业发展与三产有效融合，推进小麦种植、小麦文化旅游及小麦制品加工全产业链升级发展，在传统农业区走出一条乡村振兴之路，这是延津县未来发展值得思考和探讨的问题。

作为一个传统农业区，延津县最具特色的产业是小麦种植及加工业，其未来发展可以从以下四个方面入手。

第一，招商引资，引龙头企业入驻，依托国家现代农业产业园"国字号"招牌，积极招商引资，引进龙头企业入驻，加强小麦食品加工业的技术创新和产品研发，提高小麦加工业的附加值和市场竞争力。

第二，打造小麦产业集群，通过整合资源，打造小麦产业集群，形成小麦种植、小麦加工、小麦文化旅游等产业的协同发展，提高小麦产业的整体效益和竞争力。

第三，深挖三产潜能，充分挖掘小麦的增值潜力，将农业发展与三产有效融合，推进小麦种植、小麦文化旅游及小麦制品加工全产业链升级发展，提高小麦产业的附加值和市场竞争力。

第四，推进农业现代化，加强农业现代化建设，提高小麦种植的科技含量和生产效率，推广高效节水灌溉技术和绿色农业生产方式，提高小麦产业的可持续发展能力。

河南省县域经济运行分析：长垣篇[①]

一、长垣市概况

长垣地处河南东部、豫鲁交界地带，是中原地区民营经济极为发达的地区，拥有"中国防腐蚀之都""中国起重机械名城""中国医疗耗材之都""中国厨师之乡"等多个称号，是国内县域工业发展的示范样板。

长垣市归新乡市代管，国土面积1051平方千米，辖11镇、2乡，耕地105.6万亩，占全域面积的67%，人均耕地面积1.2亩。2020年户籍人口102.97万人，2021年常住人口90.50万人，城镇人口52.90万人，城镇化率达到58.32%。

曾经的长垣，因远离中心城市的带动，没有矿藏资源的支撑，一度是新乡市8县（市）中的三类县，近年来，长垣坚持做强主导产业，抓好改革创新，做优城乡环境建设，实现了县域发展的弯道超车，后来居上。在2017年度县（市）经济社会发展目标考核评价中排河南省第1位；在2018年度非重点生态功能区县（市）经济社会高质量发展目标考核评价中综合排名河南省第2位；2019年综合实力跃居新乡市各县（市、区）第1位，成功实现撤县设市。2021年长垣市被评为全国综合实力百强县[②]、全国营商环境百强县[③]、全国科技创新百强县、全国绿色发展百强县、乡村振兴百强县[④]。

[①] 本篇完成于2022年12月，撰稿人：徐涛；耿明斋、周立、王永苏、李燕燕、屈桂林、张国骁、李甜、赵岩等参与讨论。

[②] 2021年中国中小城市科学发展指数研究成果报告发布，河南省新郑市、巩义市、荥阳市、禹州市、永城市、长葛市、长垣市7地登上全国综合实力百强县市榜单，长垣市排第93名。

[③] 2021年，在河南省营商环境评价中排第5位。

[④] 在北京发布赛迪顾问乡村振兴百强县（2021）中，河南4个县上榜，分别为：长垣市第57位、内黄县第58位、邓州市第87位、西平县第94位。

二、总体经济运行分析

长垣市 GDP 总量增长迅速,2013 年突破 200 亿元,往后每两年增加 100 亿元,2021 年 GDP 总量为 529.6 亿元,是 2008 年的 4.8 倍。GDP 总量在新乡市和河南省的位次提升明显,在新乡市由 2008 年的第 3 位提升至第 1 位,提升了 2 个位次。在河南省由 2008 年的第 43 位变为 2021 年的第 12 位,提升了 31 个位次(见表 1)。

长垣市 GDP 占新乡市 GDP 的比重呈增加趋势,2008 年占比为 12.1%,2021 年为 16.4%,提高了 4.3 个百分点(见表 1)。

从 GDP 增速省市对比来看,长垣市 GDP 增速始终快于新乡市 GDP 增速(除 2010 年外),除 2018 年略低于河南省 GDP 增速外,其余年份经济增长速度均快于河南省水平。2021 年长垣市 GDP 增速为 8.0%,高出新乡市 1.4 个百分点,高出河南省 1.7 个百分点(见表 1)。

长垣市人均 GDP 不断提高,与新乡市和河南省对比,从不及到超越。2021 年长垣市人均 GDP 为 5.8 万元,是 2008 年的 4.2 倍,在新乡市 8 个县(市)中排第 2 位,低于新乡县 7 万元(见表 2)。

2015 年起,长垣市人均 GDP 超过新乡市人均 GDP,2019 年超 28.5 个百分点,2021 年超 12.2 个百分点;2008 年,长垣市人均 GDP 与河南省平均水平还有较大差距,仅为河南省人均 GDP 的 76.7%,14 年来不断追赶,2021 年超过河南省人均 GDP 2.5 个百分点(见表 2)。

三、分产业经济运行分析

(一)产业格局与发展方向

长垣市坚持把经济发展着力点放在实体经济上,以产业集群打造产业地标,以产业生态打造产业之城,强化先进制造业和现代服务业协同驱动、数字经济和实体经济深度融合,加快打造智能起重装备、高值医疗器械、建筑防腐等产业发展高地,提升特色优势产业,通过四张名片打造全国先进制造业高质量发展示范市(县)。

防腐业是长垣的第一特色产业,长垣有"中国防腐之乡"美誉。1979 年,中国第一个防腐公司——河南省长垣县苗寨防腐工程公司成立,1980 年 12 月

表1 2008—2021年长垣市地区生产总值及增速

年份	长垣市GDP（亿元）	长垣市GDP增速（%）	长垣市GDP增速在新乡市的排名	长垣市GDP增速在河南省的排名	长垣市GDP占新乡市的比重（%）	长垣市GDP在新乡市的排名	长垣市GDP在河南省的排名	长垣市GDP增速－新乡市GDP增速（%）	长垣市GDP增速－河南省GDP增速（%）
2008	109.3	16.3	4	18	12.1	3	43	2.4	4.3
2009	119.1	14.2	4	16	12.0	3	41	1.2	3.2
2010	142.1	13.7	3	26	11.9	3	41	-0.5	1.3
2011	174.2	15.0	4	42	11.7	3	37	0.4	3.0
2012	193.8	12.5	3	24	12.0	3	33	1.1	2.4
2013	226.6	12.6	1	7	12.8	2	30	3.1	3.6
2014	250.3	10.7	1	20	13.1	2	26	1.4	1.8
2015	271.8	10.1	1	22	13.8	2	25	4.1	1.7
2016	302.4	9.5	3	20	14.0	2	24	1.2	1.3
2017	338.0	9.7	5	8	14.3	2	24	1.6	1.9
2018	368.6	7.4	3	73	13.8	2	22	0.3	-0.2
2019	469.3	8.1	2	17	16.2	2	12	1.1	1.1
2020	490.2	4.9	2	6	16.3	1	11	1.7	3.6
2021	529.6	8.0	2	31	16.4	1	12	1.4	1.7

数据来源：历年河南省统计年鉴、新乡市统计公报和长垣市统计公报。

表2 2008—2021年长垣市人均地区生产总值及增速

年份	长垣市人均GDP（元）	长垣市人均GDP在新乡市的排名	长垣市人均GDP在河南省的排名	新乡市人均GDP（元）	河南省人均GDP（元）	长垣市人均GDP增速（%）	长垣市人均GDP增速在新乡市的排名	长垣市人均GDP增速在河南省的排名	长垣市人均GDP占新乡市的比重（%）	长垣市人均GDP占河南省的比重（%）
2008	13823	3	58	16188	18019	25.9	4	19	85.4	76.7
2009	15129	3	52	17992	19480	9.5	3	12	84.1	77.7
2010	17819	3	51	21196	23092	17.8	3	63	84.1	77.2
2011	21663	3	51	26198	28661	21.6	3	76	82.7	75.6
2012	24986	3	49	28598	31499	15.3	1	8	87.4	79.3
2013	30292	3	45	31138	34211	21.2	1	3	97.3	88.5
2014	33346	3	43	33696	37072	10.1	1	31	99.0	89.9
2015	36020	3	44	34562	39123	8.0	1	39	104.2	92.1
2016	40111	3	40	37805	42575	11.4	3	18	106.1	94.2
2017	44325	3	38	40962	46674	10.5	6	36	108.2	95.0
2018	47647	3	38	46209	50152	7.5	3	84	103.1	95.0
2019	59847	2	27	46570	56388	25.6	7	76	128.5	106.1
2020	54239	2	30	48229	55435	-9.4	5	19	112.5	97.8
2021	58389	2	29	52028	59410	7.7	—	—	112.2	102.5

数据来源：历年河南省统计年鉴及长垣市统计公报。

10日，该公司在《人民日报》上登出了中国防腐界的第一个业务广告。据长垣市人民政府最新数据：全市注册建筑及防腐蚀施工企业共685家，在防腐蚀工程承揽、产值、队伍数量等方面在全国占有的份额均在65%以上。

医疗器械产业是长垣市的第二张名片，长垣与江苏扬州、江西进贤、浙江桐庐并称中国四大医疗耗材基地。据长垣市人民政府最新数据：全市有医疗器械生产企业117家，销售企业3842家，产品涵盖20大类300多个品种，国内市场覆盖率达65%以上。

起重产业是长垣市的第三张名片，长垣起重机的市场占有率、产品竞争力、品牌影响力均居全国第一。据长垣市人民政府最新数据：全市有起重机整机生产企业196家，配套生产企业1042家。其中，国内行业三强企业2家，荣获省长质量奖企业2家。年产起重整机30万台、零部件170万台（套），国内市场占有率达70%以上，长垣市已成为全国产业规模最大、集聚度最高、产业链最完善的起重机械制造基地。

第四张名片即"中国厨师之乡"，长垣市厨师从业者3万多人，其中中国烹饪大师104名，遍布全球46个国家和地区。

（二）产业结构分析

2021年长垣市三次产业结构为9.07∶53.77∶37.16，2008—2021年，第一产业占比逐年下降，由17%下降至9%，第二产业占比除2008年和2018年略低于50%，其余年份占GDP总量的比重均在50%以上（见图1）。

（三）工业发展情况分析

近年来，长垣市围绕先进装备制造、医疗器械、建筑防腐等主导产业助力经济发展，2020年长垣市规模以上工业企业271个，2021年长垣市规上工业增加值突破200亿元，占新乡市规上工业增加值的比重为14.83%，增加值总额、占河南省和新乡市的比重均逐年提升。2011—2020年，长垣市规上工业增加值在新乡市8个县（市）中稳居第3位，低于辉县市和新乡县（见表3）。

2021年，长垣市新兴技术产业和高新技术产业增加值占规上工业增加值的比重分别达到22.2%和91.6%。

从规上工业增加值增速省市对比来看，2012年以后，长垣市规上工业增加值增速快于新乡市和河南省增速水平。2021年长垣市规上工业增加值

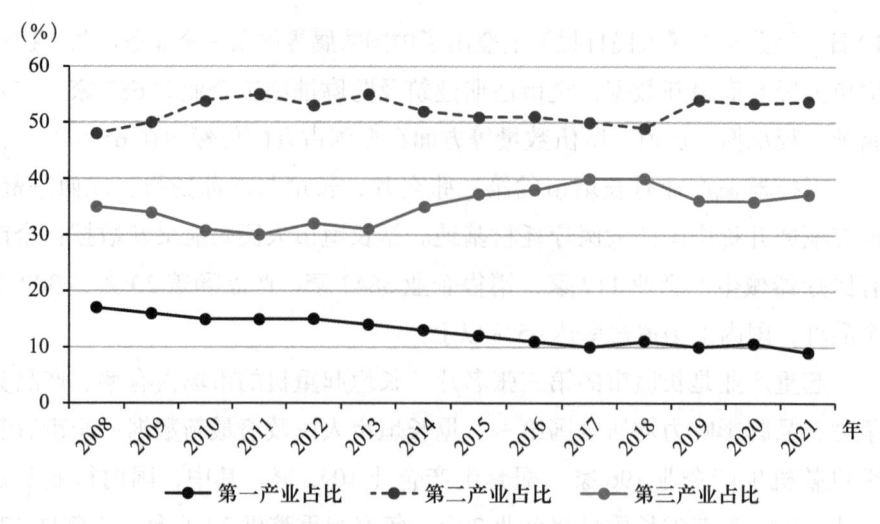

数据来源：历年长垣市统计公报。

图1 2008—2021年长垣市三产结构变化情况

表3 2011—2021年长垣市规上工业发展总体情况

年份	长垣市规上工业增加值（亿元）	占新乡市的比重（%）	增加值在新乡市的排名	占河南省的比重（%）	长垣市规上工业增加值增速（%）
2011	72.61	9.87	3	0.61	23.3
2012	80.6	10.67	3	0.61	23.4
2013	96.74	12.13	3	0.63	23.8
2014	109.8	12.62	3	0.65	22.6
2015	122.65	13.33	3	0.67	11.70
2016	134.91	13.51	3	0.68	10.00
2017	147.59	13.60	3	0.69	9.40
2018	161.02	13.71	3	0.70	9.10
2019	176.97	13.89	3	0.71	9.90
2020	191.65	14.20	3	0.77	8.30
2021	216.76	14.83	—	0.82	13.1

数据来源：历年新乡市统计年鉴、长垣市统计公报。

增速为13.1%，新乡市为8.3%，河南省为6.3%。

分门类看，制造业与电力、燃气及水的生产和供应业增加值总额逐年提升，其中建筑业增加值在2019年增幅较大，可能撒县设市的政策推动了当年房地产的增长（见表4）。

表4　2011—2020年长垣市分门类工业增加值及增速

年份	制造业增加值（亿元）	制造业增加值增速（%）	电力、燃气及水的生产和供应业增加值（亿元）	电力、燃气及水的生产和供应业增速（%）	建筑业增加值（亿元）	建筑业增加值增速（%）
2011	74.36	20.70	2.15	109.80	13.69	5.60
2012	86.59	16.40	2.32	7.90	15.19	11.00
2013	—	—	—	—	19.72	16.60
2014	100.34	12.90	2.27	132.70	20.76	17.30
2015	106.35	6.00	8.78	386.50	21.94	5.60
2016	119.93	9.40	9.81	10.60	25.73	9.00
2017	130.80	9.10	10.16	3.50	28.76	11.80
2018	—	—	—	—	32.62	13.40
2019	—	—	—	—	81.46	11.80
2020	—	—	—	—	79.29	12.60

数据来源：历年新乡市统计年鉴、长垣市统计公报。

（四）服务业发展情况分析

长垣市服务业增加值于2015年突破100亿元，增加值总量呈逐年上升趋势，2021年服务业增加值总量为196.8亿元，是2008年的5.1倍，占新乡市服务业增加值的比重最高为2014年的16.1%，最低为2020年的13.3%，服务业增加值在新乡市稳居第1位（见表5）。

表5　2008—2021年长垣市服务业发展总体情况

年份	长垣市服务业增加值（亿元）	长垣市服务业增加值占新乡市服务业增加值的比重（%）	长垣市服务业增加值在新乡市的排名	长垣市服务业增加值在河南省的排名	长垣市服务业增加值增速（%）	长垣市服务业增加值增速在新乡市的排名	长垣市服务业增加值增速在河南省的排名
2008	38.5	15.7	1	21	8.8	8	9
2009	40.4	15.1	1	18	7.7	8	10
2010	43.9	14.6	1	18	5.6	5	33
2011	51.4	14.9	1	18	10.6	1	97
2012	61.4	14.6	1	18	11.0	1	87

续表

年份	长垣市服务业增加值（亿元）	长垣市服务业增加值占新乡市服务业增加值的比重（%）	长垣市服务业增加值在新乡市的排名	长垣市服务业增加值在河南省的排名	长垣市服务业增加值增速（%）	长垣市服务业增加值增速在新乡市的排名	长垣市服务业增加值增速在河南省的排名
2013	70.0	14.2	1	17	9.2	1	14
2014	89.1	16.1	1	21	7.5	2	46
2015	101.0	14.4	1	21	12.3	2	60
2016	115.9	15.1	1	22	11.3	3	56
2017	134.0	15.4	1	20	12.0	4	60
2018	145.5	14.6	1	21	5.1	4	47
2019	167.6	13.9	1	22	5.8	6	84
2020	176.5	13.3	1	21	3.5	1	15
2021	196.8	14.4	—	—	—	—	—

数据来源：历年河南省统计年鉴及长垣市统计公报。

服务业分行业看，2011—2019年，除房地产业增加值总额波动变化外，其余类型服务业增加值总额不断提升，其中批发和零售业及住宿和餐饮业占比较大，其次是交通运输业、房地产业和金融业（见表6）。

表6 2011—2019年长垣市服务业分行业增加值与增速

年份	批发和零售业增加值（亿元）	批发和零售业增速（%）	交通运输、仓储和邮政业增加值（亿元）	交通运输、仓储和邮政业增速（%）	住宿和餐饮业增加值（亿元）	住宿和餐饮业增速（%）	金融业增加值（亿元）	金融业增速（%）	房地产业增加值（亿元）	房地产业增速（%）
2011	11.57	7.7	11.19	9.1	5.83	8.1	1.56	3.3	6.65	14.8
2012	13.06	12.8	11.20	0.1	6.40	9.7	1.93	23.9	7.76	16.8
2013	16.15	9.7	14.68	5.1	8.38	6.7	2.81	12.3	11.48	21.8
2014	14.17	8.9	8.73	8.2	12.00	14.0	3.10	39.2	8.37	-17.9
2015	15.31	8	9.06	3.7	12.57	4.7	3.53	13.6	10.6	26.7
2016	20.71	9	15.39	4.8	19.13	8.1	5.40	20.1	11.66	-3.7

续表

年份	批发和零售业增加值（亿元）	批发和零售业增速（%）	交通运输、仓储和邮政业增加值（亿元）	交通运输、仓储和邮政业增速（%）	住宿和餐饮业增加值（亿元）	住宿和餐饮业增速（%）	金融业增加值（亿元）	金融业增速（%）	房地产业增加值（亿元）	房地产业增速（%）
2017	22.49	8.6	16.90	9.8	21.11	10.4	6.00	11	11.41	-2.2
2018	23.72	5.5	18.00	6.4	22.63	7.2	6.33	5.5	8.95	-21.6
2019	25.19	6.2	18.85	4.7	24.51	8.3	6.91	9.1	8.11	-9.4

数据来源：历年新乡市统计年鉴。

2016—2019年，除住宿和餐饮业外，其他不同类型服务业增加值占服务业增加值总额的比重均呈现下降趋势（见表7）。

表7 2011—2019年不同类型服务业增加值占服务业增加值总额的比重

年份	批发和零售业增加值占服务业的比重（%）	住宿和餐饮业增加值占服务业的比重（%）	交通运输、仓储和邮政业增加值占服务业的比重（%）	房地产业增加值占服务业的比重（%）	金融业增加值占服务业的比重（%）
2011	22.49	11.33	21.75	12.93	3.03
2012	21.26	10.42	18.23	12.63	3.14
2013	23.06	11.97	20.96	16.39	4.01
2014	15.91	13.48	9.80	9.40	3.48
2015	15.16	12.45	8.97	10.50	3.50
2016	17.87	16.51	13.28	10.06	4.66
2017	16.79	15.76	12.61	8.52	4.48
2018	16.30	15.55	12.37	6.15	4.35
2019	15.03	14.62	11.24	4.84	4.12

数据来源：历年新乡市统计年鉴。

（五）重点企业分析

长垣市的重点龙头企业主要涉及桥、门式起重机械、港口机械、电动葫芦、减速机、散料输送设备、停车设备、特种机器人、医疗器械、建筑施工、房地产开发、防水防腐保温、机电安装、市政公用工程、钢结构工程、高效农业、物业管理、商业、教育等多个领域。其中，卫华集团有限公司、河南省矿山起重机有限公司、河南省长城建设集团、驼人控股集团有限公司、河南亚都实业有限公司都是大型企业集团，具有较强的研发、生产、销售及服务能力（见表8）。卫华集团和河南省矿山起重机有限公司主要从事起重机械的研发和生产，河南省长城建设集团则是一家综合性集团公司，涉及建筑施工、房地产开发、防水防腐保温、机电安装、市政公用工程、钢结构工程、高效农业、物业管理、商业、教育等多个领域。驼人控股集团和河南亚都实业有限公司则是医疗器械生产企业，主要生产麻醉、疼痛、护理、检测、血液净化、微创介入、外科、电子智能、医用防护等一次性医疗器械。总体来看，长垣市的重点龙头企业涉及的领域广泛，具有较强的产业链整合能力和市场竞争力。未来，长垣市应持续推动产业、企业转型升级，提高企业的核心竞争力和市场占有率，实现高质量发展。

表8 长垣市龙头公司企业简介

序号	公司名称	公司简介
1	卫华集团有限公司	创建于1988年，是以研制桥式、门式起重机械、港口机械、电动葫芦、减速机、散料输送设备、停车设备、特种机器人等产品为主的大型企业集团
2	河南省矿山起重机有限公司	成立于2002年，现有员工4500余人，专业从事桥式起重机、门式起重机及电动葫芦三大系列110余种各类起重机及配套件产品的研发、生产、销售及服务
3	河南省长城建设集团	始创于1994年，是以建筑施工为龙头，房地产开发为骨干，集防水防腐保温、机电安装、市政公用工程、钢结构工程、高效农业、物业管理、商业、教育为一体的大型综合性集团公司
4	驼人控股集团有限公司	始建于1993年，是专业从事麻醉、疼痛、护理、检测、血液净化、微创介入、外科、电子智能、医用防护等一次性医疗器械生产经营的现代化企业集团。主导产品麻醉包国内市场占有率达48%，输注泵国内市场占有率达36%
5	河南亚都实业有限公司	成立于1992年，是国内医疗健康产业服务商。主要生产临床医疗、健康个护等医疗产品百余种

四、财政收支分析

长垣市一般公共预算收支总量增长，位次提升。2008—2021年，长垣市一般公共预算收入由4亿元增加至40亿元，14年间提高了10倍；占新乡市一般公共预算收入的比重由8.2%变为19.6%，2020年在新乡市的位次提升至第1位，在河南省的位次由2008年的第30位提升至第8位，提高了22个位次（见表9）。

2020年一般公共预算支出达到70.7亿元，是2008年的7.4倍，与辉县市交替排名前2，在河南省的位次由第55位提升至第17位（见表9）。

2020年，长垣市财政自给率为48.2%，居新乡市第2位，较2008年提升1个位次，居河南省第18位，较2008年提升11个位次（见表9）。

财政收入占GDP的比重不断提高，由2008年的3.7%提升至2021年的7.7%（见表9）。

税收收入总额不断提高，占新乡市税收收入的比重不断提升，长垣市2008年税收收入为2.9亿元，2021年为32.9亿元，是2008年的11.34倍；占新乡市税收收入的比重由2008年的8.4%变为2021年的22.1%（见表10）。

以长垣市企业2021年度纳税额为依据对纳税企业进行排序：第一名是卫华集团有限公司，纳税额4.16亿元；第二名是河南省矿山起重机有限公司，纳税额2.17亿元；长城集团以2.09亿元纳税额排在第三。从纳税规模来看，长垣市纳税100强企业中有7家企业纳税额超过1亿元，0.5亿~1亿元之间的有12家，0.1亿~0.5亿元之间的有70家，其余11家企业纳税额在0.1亿元以下。

税收占一般公共预算收入的比重较高，2019年占比最高达85.6%，2021年税收占比为80.8%（见表10）。与河南省、新乡市税收占比相比，2008年后长垣市税收占比逐渐超过河南省和新乡市的税收占比水平，且差距呈现出先拉大再缩小、再拉大再缩小的周期性变化特征。

人均一般公共预算收入和支出绝对量不断提高，相对于新乡市，人均一般公共预算收入由2008年仅占比新乡市的57.2%增长为2021年超过新乡市人均一般公共预算收入33个百分点。长垣市人均一般公共预算支出也由2008年的仅占比67.5%变为2021年超过新乡市3.2个百分点。相对

表 9　2008—2021 年长垣市财政收支情况

年份	一般公共预算收入	一般公共预算收入占新乡市一般公共预算收入的比重	一般公共预算收入在新乡市的排名	一般公共预算收入在河南省的排名（%）	一般公共预算支出	一般公共预算支出占新乡市的比重	一般公共预算支出在新乡市的排名	一般公共预算支出在河南省的排名	长垣市财政自给率	财政自给率在新乡市的排名	财政自给率在河南省的排名（%）	财政收入占GDP的比重（%）
2008	4.0	8.2	3	30	9.6	9.7	2	55	41.7	3	29	3.7
2009	4.3	7.8	3	31	13.3	10.1	2	42	32.6	3	32	3.6
2010	5.0	7.1	3	31	15.4	9.7	2	39	32.5	4	36	3.5
2011	6.3	7.0	3	31	20.2	10.1	2	35	31.2	3	33	3.6
2012	8.0	7.4	2	28	26.2	10.8	2	32	30.6	4	36	4.1
2013	10.4	8.0	2	24	29.4	11.0	2	31	35.4	3	34	4.6
2014	13.2	9.5	2	19	38.6	13.8	1	15	34.1	5	39	5.3
2015	15.3	10.6	2	19	39.6	12.7	1	26	38.8	3	31	5.6
2016	16.8	11.3	2	18	45.8	14.0	1	22	36.6	4	34	5.5
2017	21.0	13.2	2	14	49.0	13.3	2	25	42.9	3	29	6.2
2018	24.7	14.3	2	13	56.0	13.9	1	26	44.1	3	24	6.7
2019	30.3	16.2	1	9	61.9	13.3	1	24	48.9	2	18	6.5
2020	34.1	17.6	1	8	70.7	14.9	1	17	48.2	2	18	7.0
2021	40.7	19.6	—	—	—	—	—	—	51.7	—	28	7.7

数据来源：历年河南省统计年鉴及长垣市统计公报。

表 10 2008—2021 年长垣市税收及人均财力情况

年份	税收收入	税收占一般公共预算收入的比重	占新乡市税收收入的比重	人均一般公共预算收入	占新乡市的比重	占河南省的比重	人均一般公共预算支出	占新乡市的比重	占河南省的比重
2008	2.9	72.5	8.4	506.7	57.2	47.4	1216.3	67.5	50.3
2009	3.2	73.2	7.9	552.0	54.5	46.5	1693.7	71.1	55.3
2010	3.8	75.2	7.3	618.8	50.2	42.1	1903.5	68.1	52.4
2011	5.2	81.8	7.7	791.2	49.4	43.5	2536.1	71.3	56.5
2012	6.5	81.0	8.3	1063.1	55.6	49.7	3477.3	81.6	66.2
2013	8.2	78.4	8.6	1398.5	61.3	55.4	3949.2	83.8	67.7
2014	10.1	76.7	10.5	1736.4	71.3	61.1	5085.8	103.9	81.4
2015	12.1	78.6	11.9	2043.9	80.9	65.7	5267.5	96.9	75.2
2016	13.5	80.5	13.3	2214.4	85.8	68.7	6044.6	106.5	79.3
2017	16.6	79.1	14.8	2735.3	99.2	78.9	6374.1	99.9	76.3
2018	20.8	84.1	16.5	3169.2	106.3	83.0	7183.4	103.0	76.9
2019	25.9	85.6	19.4	3838.4	119.1	94.0	7845.5	98.1	76.4
2020	29.0	85.1	21.0	3761.9	121.4	89.7	7804.3	103.2	74.8
2021	32.9	80.8	22.1	4489.5	133.0	102.1	—	—	—

数据来源：历年河南省统计年鉴及长垣市统计公报。

于河南省，长垣市人均一般公共预算收入由 2008 年占比不足 50% 提升至 2021 年超过河南省人均一般公共收入水平 2.1 个百分点。2020 年，人均一般公共预算支出占比也相对由 2008 年的 50.3% 提升至 74.8%（见表 10）。

2011 年以后，长垣市一般公共预算收入增速开始超过省市增速水平，2017—2021 年增速呈波动变化特征。

2017 年以前，长垣市财政自给率不及河南省和新乡市水平，但 2017 年之后，逐渐超过河南省、新乡市水平并拉大与省市的差距。2021 年，长垣市财政自给率为 51.7%，高于河南省、新乡市水平约 10 个百分点。

五、金融业发展分析

长垣市金融机构年末存、贷款余额逐年提高，绝对量在新乡市稳居第一，其中存款余额在河南省位次提升明显，由 2008 年的第 10 位提升至 2020 年的第 5 位，贷款余额在河南省的位次则稍有下降，由第 5 位降至第 8 位，但存贷款余额绝对量整体处于河南省第一方阵（见表 11）。

具体来看，2019 年撤县设市后，存款余额出现大幅度增长，2021 年金融机构年末存款余额达到 708.4 亿元，是 2008 年的 7.3 倍，占新乡市的比重由 2008 年的 12.78% 增至 2021 年的 17.3%，占比提高了 4.5 个百分点（见表 11）。

2021 年贷款余额为 345.6 亿元，是 2008 年的 6.1 倍，占新乡市年末贷款余额的比重也提升了 1.8 个百分点，2021 年占比为 12.9%（见表 11）。

2013 年之后，长垣市存贷比不及新乡市和河南省水平，且差距逐年拉大，存贷比最高年份为 2010 年，达到 62.5%，2019—2021 年存贷比稍有下降，均降至 50% 以下。在全省的位次由 2008 年的第 23 位降至 2020 年的第 69 位，下降了 46 个位次（见表 11）。

人均存贷款余额绝对量稳步增长，人均存款余额在全省的位次提升明显，但人均贷款余额位次下降。人均存款余额由不及新乡市水平变为超过新乡市水平 17.9 个百分点（2021 年）；与河南省对比，人均存款水平与河南省平均水平差距逐渐缩小，占比由 76.1%（2008 年）提升至 93.6%（2021 年）。人均贷款方面，占新乡市的比重先提升又下滑，2021 年占比为 87.7%，长垣市年末人均贷款余额与河南省差距越拉越大，2008 年占比为 64.7%，2021 年变为 54.2%，下降了 10.5 个百分点（见表 12）。

表 11　2008—2021 年长垣市金融机构年末存贷款余额情况

年份	金融机构存款年末余额	在新乡市的排名	在河南省的排名	占新乡市年末存款余额的比重	金融机构贷款年末余额	在新乡市的排名	在河南省的排名	占新乡市年末贷款余额的比重	长垣市存贷比	在新乡市排名	在河南省排名	新乡市存贷比	河南省存贷比
	存款余额（亿元,%）				贷款余额（亿元,%）				存贷比（%）				
2008	97.2	1	10	12.8	56.2	1	5	11.1	57.8	5	23	66.6	68.0
2009	121.7	1	9	12.9	67.6	1	8	10.9	55.6	6	29	66.0	70.1
2010	146.0	1	8	12.8	91.2	1	5	12.8	62.5	3	18	62.3	68.6
2011	165.8	1	8	12.7	103.1	1	4	13.2	62.2	2	13	59.8	65.7
2012	198.8	1	8	13.5	120.7	1	5	13.9	60.7	3	15	58.8	63.3
2013	225.0	1	9	13.1	139.0	1	7	13.4	61.8	3	18	60.2	62.4
2014	257.5	1	8	13.6	148.0	1	10	12.6	57.5	3	30	61.9	65.8
2015	291.1	1	9	13.8	160.5	1	11	12.6	55.1	3	35	60.4	66.0
2016	338.1	1	11	14.5	182.6	1	10	13.6	54.0	4	34	57.6	67.6
2017	382.8	1	9	15.1	194.3	1	12	12.9	50.8	4	48	59.2	70.7
2018	427.3	1	9	15.2	219.1	1	11	12.7	51.3	3	48	61.5	74.9
2019	491.0	1	6	15.8	241.5	1	13	11.9	49.2	5	60	65.1	80.1
2020	634.5	1	5	17.3	292.6	1	8	12.5	46.1	5	69	64.1	82.2
2021	708.4	—	—	17.3	345.6	—	—	12.9	48.8	—	—	65.6	84.4

数据来源：历年新乡市统计年鉴、长垣市统计公报。

表 12 2008—2021 年长垣市人均存贷款余额情况

年份	长垣市人均存款余额	在新乡市的排名	在河南省的排名	人均存款占新乡市的比重	人均存款占河南省的比重	长垣市人均贷款余额（元）	在新乡市的排名	在河南省的排名	人均贷款占新乡市的比重	人均贷款占河南省的比重
2008	12307.8	2	15	89.3	76.1	7119.7	2	11	77.5	64.7
2009	15511.8	2	14	91.0	76.7	8618.6	3	15	76.6	60.8
2010	18021.6	3	17	89.9	73.2	11255.4	2	10	90.2	66.7
2011	20762.2	2	16	90.0	73.7	12909.6	2	13	93.5	69.8
2012	26397.8	2	13	101.4	78.7	16027.9	2	11	104.6	75.3
2013	30261.5	2	12	99.8	77.1	18697.9	2	10	102.3	76.1
2014	33976.2	2	13	102.2	79.2	19521.1	2	13	94.9	69.2
2015	38762.2	1	12	105.0	78.9	21367.5	2	15	95.8	65.9
2016	44669.7	1	10	110.3	80.9	24116.2	2	12	103.3	64.6
2017	49840.7	1	11	113.2	82.9	25299.5	2	17	97.1	59.6
2018	54841.7	1	9	113.1	84.7	28127.3	2	16	94.3	58.0
2019	62209.6	1	5	116.0	88.6	30599.3	2	19	87.7	54.4
2020	70035.2	1	3	119.8	91.1	32298.0	2	25	86.3	51.1
2021	78104.7	—	—	117.9	93.6	38106.9	—	—	87.7	54.2

数据来源：历年新乡市统计公报、长垣市统计公报。

六、居民收入分析

长垣市居民人均可支配收入逐年提高，2021年达到2.88万元，超过河南省、新乡市居民人均可支配收入水平，2020年在新乡市排第2位，在河南省排第17位（见表13）。

表13　2017—2021年长垣市居民人均可支配收入情况

年份	长垣市居民人均可支配收入（元）	在新乡市的排名	在河南省的排名	占新乡市的比重（%）	占河南省的比重（%）	长垣市居民人均可支配收入增速（%）	新乡市居民人均可支配收入增速（%）	长垣市增速－新乡市增速（%）
2017	20739	2	23	99.4	102.8	—	9.10	9.4
2018	22828	2	21	101.0	103.9	10.07	8.35	8.9
2019	25124	2	20	102.3	105.1	10.10	8.70	8.8
2020	26467	2	17	103.8	106.7	5.30	3.81	3.8
2021	28812	—	—	104.9	107.5	8.90	7.69	8.1

数据来源：历年河南省统计年鉴及长垣市统计公报。

按常住地来看，城乡居民人均可支配收入总额逐年提高，在全省的位次均明显提升，2021年长垣市城镇居民人均可支配收入达3.3万元，同比增长21.1%，是2008年的3.3倍，2020年在新乡市排第3位、河南省排第51位；2021年长垣市农村居民人均可支配收入达2.5万元，同比增长8.9%，是2008年的4.3倍，2020年在新乡市排第1名，在河南省的排名由2008年的第19位提升至2020年第5位（见表14）。

与省市的对比来看，长垣市城镇居民人均可支配收入不及河南省和新乡市水平，但与省市的差距在逐渐缩小；农村人均可支配收入远高于河南省和新乡市水平，且逐渐拉大与省市的差距，2021年超新乡市33.5个百分点，超河南省44.0个百分点。2021年城乡收入比为1.3，处河南省领先地位（见表14）。

从增速对比来看，除2008年、2009年、2021年农村居民人均可支配收入增速不及城镇增速外，其余年份农村增速快于城镇增速。整体来看，一般公共预算收入增速高于城乡居民人均可支配收入增速。

表 14 2008—2021 年长垣市城乡居民人均可支配收入及城乡收入比

年份	城镇居民人均可支配收入	在新乡市的排名	在河南省的排名	占新乡市的比重	占河南省的比重	农村居民人均可支配收入	在新乡市的排名	在河南省的排名	占新乡市的比重	占河南省的比重	城乡收入比	城乡收入比在河南省的排名
2008	9985	3	71	76.8	75.5	5820	2	19	115.5	130.7	1.7	4
2009	11197	3	69	79.0	77.9	6281	2	20	115.6	130.7	1.8	5
2010	12697	3	64	80.6	79.7	7263	2	17	116.4	131.5	1.7	6
2011	14550	3	63	80.9	80.0	8789	2	16	116.7	133.1	1.7	6
2012	16355	3	64	81.1	80.0	10072	2	15	116.5	133.8	1.6	6
2013	18289	3	59	82.7	81.7	11381	2	14	117.0	134.3	1.6	3
2014	20338	3	53	84.8	83.4	12730	2	12	118.6	135.2	1.6	3
2015	21633	3	57	85.3	84.6	14950	1	8	127.0	137.8	1.4	1
2016	23109	3	60	85.9	84.9	16236	1	8	128.1	138.8	1.4	1
2017	25258	3	56	86.9	85.5	17779	1	8	129.1	139.8	1.4	1
2018	27582	3	52	88.1	86.5	19557	1	7	130.9	141.4	1.4	1
2019	29981	3	52	89.2	87.7	21610	1	6	132.2	142.5	1.4	1
2020	30611	3	51	89.8	88.1	23188	1	5	132.7	144.0	1.3	2
2021	33090	—	—	91.3	89.2	25252	—	—	133.5	144.0	1.3	—

数据来源：历年河南省统计年鉴、新乡市统计年鉴和长垣市统计公报。

七、固定资产投资分析

长垣市固定资产投资总额不断提升，占新乡市固定资产投资总额的比重先下降再回升，2020年居新乡市第2位，在河南省的位次稍有下降。固定资产投资绝对量由2008年的113.4亿元提升至2021年的506.0亿元，2017—2021年占新乡市的比重保持在15%左右，在河南省的位次由2008年的第11位跌至2020年的第23位，下降了12个位次（见表15）。

从投资增速来看，2010年和2016年长垣市固定资产投资增速不及GDP增速，其余年份超过GDP增速。与河南省、新乡市的固定资产投资增速对比，2009—2011年、2013年、2016年、2019年、2020年不及新乡市增速；2009—2011年、2013年、2016年不及河南省增速（见表15）。

表15 2008—2021年长垣市固定资产投资情况

年份	固定资产投资（亿元）	固定资产投资占新乡市的比重（%）	固定资产投资在新乡市的排名	固定资产投资在河南省的排名	长垣市固定资产投资增速（%）	新乡市固定资产投资增速（%）	河南省固定资产投资增速（%）
2008	113.4	16.4	2	11	39.4	31.9	31.6
2009	146.5	16.2	2	14	29.2	31.8	31.3
2010	151.5	14.0	2	30	3.4	20.0	21.6
2011	136.5	12.1	2	29	23.2	29.3	26.9
2012	169.2	13.3	2	26	24.0	22.2	23.2
2013	205.4	13.2	2	27	21.4	22.8	23.2
2014	246.7	13.4	2	23	20.1	18.6	19.2
2015	288.1	14.9	1	21	17.5	4.6	16.5
2016	295.9	14.7	1	29	2.8	4.1	13.7
2017	335.7	15.2	2	26	13.4	10.1	10.4
2018	380.0	15.6	1	23	13.2	10.1	8.1
2019	418.0	15.4	2	24	10.0	11.3	8.0
2020	443.9	15.4	2	23	6.2	6.4	4.3
2021	506.0	15.7	—	—	14.0	12.1	4.5

数据来源：历年新乡市统计年鉴、长垣市统计公报。

从不同类型投资情况来看,2013年长垣市工业投资总额超过100亿元,2018年超过200亿元,2021年突破300亿元,工业投资总额不断上升,占固定资产投资的比重最低年份为2012年(45.86%),最高年份为2015年(65.82%),2019—2021年比重逐年上升,2021年为60.47%。从工业投资增速来看,2015—2016年、2018—2019年为负增长,其余年份均保持正增长。房地产投资总额波动变化,其中2016年涨幅最大,同比增长115.10%,2017年投资额最多,占固定资产投资比重为10.11%(见表16)。

表16 2011—2021年长垣市不同类型投资情况

年份	工业投资总额（亿元）	工业投资占固定资产投资的比重（%）	工业投资增速（%）	房地产投资总额（亿元）	房地产投资占固定资产投资的比重（%）	房地产投资增速（%）
2011	73.27	53.68	—	8.33	6.10	53.50
2012	77.61	45.86	5.92	11.97	7.07	43.70
2013	108.59	52.87	39.92	16.42	7.99	37.20
2014	137.00	55.54	26.16	9.02	3.66	−45.10
2015	189.60	65.82	40.50	11.96	4.15	32.70
2016	137.00	46.30	−27.70	25.73	8.69	115.10
2017	170.76	50.87	24.64	33.93	10.11	31.90
2018	234.97	61.84	37.60	30.20	7.95	−11.00
2019	207.47	49.64	−11.70	26.93	6.44	−10.70
2020	249.38	56.18	20.20	19.58	4.41	−27.30
2021	305.99	60.47	22.70	28.07	5.55	43.40

数据来源：历年新乡市统计年鉴、长垣市统计公报。

从工业投资和房地产投资的增速对比来看,工业投资和房地产投资的增速呈反向变化特征,2015年后这一变化特征最为明显。

从各类投资占GDP的比重看,2015年和2018年,长垣市固定资产投资占GDP比重超过100%,2021年比值为95.55%；2015年工业投资占GDP的比重最高,为69.76%,2017年房地产投资占GDP比重最高,达10.04%(见表17)。

表17 2011—2021年长垣市各项投资占GDP的比重

年份	固定资产投资（亿元）	固定资产投资占GDP的比重（%）	工业投资总额（亿元）	工业投资占GDP的比重（%）	房地产投资总额（亿元）	房地产投资占GDP的比重（%）
2011	136.50	78.34	73.27	42.05	8.33	4.78
2012	169.23	87.31	77.61	40.04	11.97	6.18
2013	205.38	90.62	108.59	47.91	16.42	7.24
2014	246.66	98.53	137.00	54.73	9.02	3.60
2015	288.05	105.99	189.60	69.76	11.96	4.40
2016	295.92	97.85	137.00	45.30	25.73	8.51
2017	335.67	99.32	170.76	50.52	33.93	10.04
2018	379.98	103.10	234.97	63.75	30.20	8.19
2019	417.98	89.06	207.47	44.21	26.93	5.74
2020	443.89	90.56	249.38	50.88	19.58	3.99
2021	506.04	95.55	305.99	57.78	28.07	5.30

数据来源：历年新乡市统计年检、长垣市统计公报。

八、社会消费分析

2019年，长垣市社消零总额突破100亿元，2021年突破200亿元，达到202.6亿元，同比增长12%，占GDP的比重达38.3%，其中批发和零售业达到175.3亿元，占社消零的比重为86.5%，住宿和餐饮业达27.3亿元，占社消零的比重为13.5%（见表18）。

人均社消零绝对量总体增长，在新乡市和河南省的位次提升明显，2021年人均社消零为2.2万元，是2008年的6.8倍。在新乡市的位次由2008年的第6位变为2020年的第1位，提升5个位次，在河南省的位次由2008年的第76位变为2020年的第32位，提升44个位次（见表18）。

九、人口规模分析

长垣市2021年末常住人口90.7万人，常住人口数稳居新乡市第1位，

表 18 2008—2021 年长垣市社会消费品零售总额情况

年份	社消零总额（亿元，%） 长垣市社消零总额	在新乡市的排名	在河南省的排名	占GDP的比重	人均社消零（元，%） 长垣市人均社消零	在新乡市的排名	在河南省的排名	人均社消零占新乡市的比重	人均社消零占河南省的比重	分行业（亿元，%） 其中批发和零售业	占社消零的比重	其中住宿和餐饮业	占社消零的比重
2008	25.8	2	52	23.6	3267.9	6	76	64.8	53.4	—	—	—	—
2009	27.5	2	63	23.1	3509.6	6	86	67.7	49.8	—	—	—	—
2010	32.4	2	65	22.8	4004.4	6	95	58.1	47.5	—	—	—	—
2011	39.1	2	63	22.4	4893.5	5	92	59.2	49.6	—	—	—	—
2012	45.7	2	62	23.6	6069.1	5	85	62.8	53.7	—	—	—	—
2013	52.8	2	61	23.3	7095.8	5	85	64.6	55.5	—	—	—	—
2014	60.4	2	56	24.1	7964.4	4	83	64.6	55.8	—	—	—	—
2015	68.0	2	57	25.0	9054.6	3	81	66.6	56.8	59.1	86.6	9.2	13.5
2016	77.2	2	54	25.5	10202.1	3	79	67.9	57.7	66.8	86.6	10.4	13.5
2017	87.1	2	55	25.8	11337.2	3	82	67.7	57.8	75.3	86.4	11.8	13.5
2018	91.5	2	56	24.8	11745.6	4	82	66.7	54.5	78.3	85.6	13.2	14.4
2019	180.7	1	16	38.5	22887.4	1	25	133.5	96.5	87.4	85.6	14.7	14.4
2020	180.9	1	16	36.9	19961.4	1	32	129.3	88.2	157.6	87.1	23.3	12.9
2021	202.6	—	—	38.3	22333.0	—	—	130.4	90.5	175.3	86.5	27.3	13.5

数据来源：历年河南省统计年鉴及新乡市统计公报。

常住人口数量在河南省排名也由2008年的第34位提升至2020年第21位，提升13个位次。长垣市常住人口数占新乡市常住人口数的比重基本稳定，2021年达到最高14.7%。2020年户籍人口103.0万人，人口流失率为12.0%。2021年，长垣市城镇化率达到58.3%，高于河南省水平1.8个百分点，略低于新乡市城镇化率水平（见表19）。

2019年长垣市就业人数达53.25万人，2019年撤县设市后，城镇就业人数出现大幅下降，就业人员在不同产业间的占比也发生较大变化，其中第一产业就业人数占比为51.98%，第二、第三产业就业人数占比为48.02%（见表20）。

长垣市人口年龄结构与省市及全国差异之处主要表现在0~14岁区间段，其余年龄段人口数占比基本与省市及全国水平相当。具体表现是，2021年，长垣市0~14岁人口数占比高出新乡市2.7个百分点，分别高出全省和全国2.8个、7.9个百分点（见表21）。

十、公共服务分析

基础教育阶段，学校数有所减少，在校学生数以及专任教师人数逐年增多，师生比不断提高，教育资源更充沛。其中，基础教育学校数由2008年的317所降至2021年的265所，在校学生数由2008年的12.53万人提高至2021年的15.23万人，专任教师数增加了2516人（见表22）。

千人卫生机构床位数和千人卫生技术人员数均不断提升，分别由2008年的1.8张、2.6人提升至2020年的4.9张和5.8人（见表22）。

十一、县域发展战略分析

"十四五"时期，长垣市立足新发展阶段、贯彻新发展理念、积极融入新发展格局。

在发展定位上，抢抓"后疫情"时代全球医疗器械产业链重构、市场扩容机遇，打造国家医疗器械基地；围绕起重机械系统研发、集成制造和应用推广，高标准建设起重智能制造和医疗器械等先进制造产业园，打造特种装备制造基地；发挥"中国防腐蚀之都"品牌优势，培育具有国际竞争力的"长垣建造""长垣防腐"品牌；挖掘"中国烹饪之乡"文化底蕴，

表 19 2008—2021 年长垣市人口情况

年份	长垣市户籍人口（万人）	长垣市常住人口（万人）	长垣市常住人口在新乡市的排名	长垣市常住人口在河南省的排名	长垣市外流人口（%）	长垣市人口流失率（%）	长垣市常住人口占新乡市的比重（%）	长垣市城镇化率（%）	长垣市城镇化率在河南省的排名	新乡市城镇化率（%）	河南省城镇化率（%）
2008	80.2	79.0	1	34	1.3	1.6	14.3	—	—	39.2	36.0
2009	80.6	78.5	1	34	2.2	2.7	14.2	—	—	41.0	37.7
2010	84.1	81.0	1	24	3.1	3.7	14.2	—	—	41.1	38.8
2011	84.6	79.8	1	27	4.7	5.6	14.1	—	—	42.9	40.5
2012	85.0	75.3	1	34	9.7	11.4	13.3	—	—	44.7	42.0
2013	85.4	74.3	1	34	11.1	13.0	13.1	38.0	36	46.1	43.6
2014	85.9	75.8	1	33	10.1	11.7	13.3	39.8	34	47.6	45.1
2015	86.3	75.1	1	34	11.2	13.0	13.1	41.9	34	49.0	47.0
2016	86.9	75.7	1	33	11.2	12.9	13.2	43.8	33	50.4	48.8
2017	87.4	76.8	1	33	10.6	12.1	13.3	45.9	33	52.0	50.6
2018	87.8	77.9	1	32	9.9	11.3	13.5	47.9	31	53.4	52.2
2019	88.2	78.9	1	29	9.3	10.5	13.6	49.8	29	54.9	54.0
2020	103.0	90.6	1	21	12.4	12.0	14.5	57.6	15	57.6	55.4
2021	—	90.7	1	—	—	—	14.7	58.3	—	58.4	56.5

数据来源：历年河南省统计年鉴及长垣市统计公报。

— 242 —

河南省县域经济运行分析：长垣篇

表20　2011—2019年长垣市就业情况

年份	从业人员数（万人）	从业人员数增速（%）	城镇从业人员数（万人）	乡村从业人员数（万人）	城镇就业人数占比（%）	第一产业从业人员数占比（%）	第二、第三产业从业人员数占比（%）
2011	46.99	1.98	3.15	43.84	6.71	47.17	52.83
2012	47.79	1.70	3.34	44.45	6.99	46.39	53.61
2013	50.39	5.44	14.12	36.27	28.02	44.93	55.07
2014	53.50	6.17	15.27	38.23	28.53	15.00	85.00
2015	54.74	2.32	14.25	40.49	26.03	13.91	86.09
2016	58.04	6.03	14.51	43.53	25.00	13.86	86.13
2017	60.65	4.50	14.47	46.18	23.86	16.01	83.99
2018	57.98	−4.40	13.09	44.89	22.58	17.33	82.67
2019	53.25	−8.16	8.45	44.80	15.86	51.98	48.02

数据来源：历年河南省统计年鉴及新乡市统计年鉴。

表21　第七次全国人口普查主要指标

地区	常住人口（万人）	按年龄划分占常住人口的比重（%）			
		0~14岁	15~59岁	60岁及以上	65岁及以上
全国	141177.9	18.0	63.4	18.7	13.5
河南省	9936.6	23.1	58.8	18.1	13.5
新乡市	625.2	23.2	59.2	17.7	13.1
长垣市	90.5	25.9	56.8	17.3	13.4

数据来源：第七次全国人口普查公报。

— 243 —

表 22 2008—2021 年长垣市基础教育和医疗保障情况

年份	学校数（所） 合计	学校数（所） 小学学校数	学校数（所） 初中学校数	在校学生数（人） 合计	在校学生数（人） 小学在校生数	在校学生数（人） 初中在校生数	专任教师数（人） 合计	专任教师数（人） 小学	专任教师数（人） 初中	医疗卫生（张，人） 卫生机构床位数/千人	医疗卫生（张，人） 卫生技术人员数/千人
2008	317	265	52	125351	90395	34956	5751	3534	2217	1.8	2.6
2009	315	263	52	127137	92247	34890	5955	3726	2229	2.7	3.8
2010	314	264	50	125852	91845	34007	5963	3734	2229	2.8	3.9
2011	293	245	48	128457	92918	35539	5763	3584	2179	3.1	4.2
2012	296	248	48	131219	94697	36522	5900	3623	2277	3.8	6.0
2013	295	248	47	132279	94660	37619	6127	3845	2282	4.4	6.3
2014	290	245	45	132112	91125	40987	6015	3777	2238	4.6	6.3
2015	290	245	45	133886	92728	41158	6301	3966	2335	4.5	6.5
2016	289	246	43	136496	94199	42297	6661	4200	2461	5.1	6.4
2017	286	245	41	139978	95882	44096	7038	4341	2697	5.1	6.6
2018	266	227	39	144107	97201	46906	7434	4486	2948	5.4	6.5
2019	264	227	37	149103	99986	49117	7526	4609	2917	5.6	5.8
2020	265	226	39	151164	104478	46686	7853	4635	3218	4.9	—
2021	265	223	42	152302	105479	46823	8267	4798	3469	—	—

数据来源：历年新乡市统计年鉴。

打造全国烹饪产业总部基地。依托区位优势独特、产业基础良好、文化底蕴深厚等优势,强化与周边区县协调联动、与郑州都市圈融合互通、与黄河流域合作互动,建设豫鲁交界地区区域性经济中心、文化交流中心和教育医疗高地,增强新乡市副中心城市和桥头堡的带动作用。

在发展战略上要做好四点。

一是参与国内国际双循环。顺应我国高水平对外开放大趋势,围绕全面提升"中国医疗耗材之都""中国起重机械名城"的竞争力和影响力,引导医疗器械、起重装备等优势产业内外贸一体化发展、国内外市场同步开拓、产供销全链条经营,积极融入和服务。把参与国内国际双循环作为推动高质量发展和现代化建设的必由之路。

二是融入郑州都市圈。围绕提高经济融合度、区域链接度和政策协同度,按照接"郑"融"新"辐射豫东北的思路,以通道连接、产业承接、开放对接和创新衔接为重点,加强与周边城市的联动发展。推动跨区域合作体制和高标准市场体系建设,实现更加紧密的区域联动和更加高效的融合协同,在融入都市圈中拓展发展空间。把融入郑州都市圈作为推动高质量发展和现代化建设的主要途径。

三是共建豫鲁省界区域合作示范区。在黄河流域生态保护和高质量发展战略框架下,与沿黄区域积极推动生态保护、水资源科学配置、保障安澜、高质量发展和黄河文化保护弘扬,探索共建共治共享新模式,积极参与豫鲁交界区域合作示范区建设。

四是建设创新型城市。实施创新驱动发展战略,围绕建设郑洛新国家自主创新示范区的转移转化中心,以起重装备、医疗器械为重点,通过搭建创新平台载体、吸聚创新资源、转移转化科技成果,实现产业链、创新链、价值链、资金链、人才链在大范围、高层次上耦合匹配。

十二、综述

在新乡市 8 个县(市)中,长垣市经济发展各项指标排名均靠前,经济发展呈现 5 个突出特点:①民营经济有活力。长垣市民营企业达 22665家,对全市经济增长贡献率达 90%。②主导产业有行业的"话语权"。起重产业中小吨位起重机的全国市场占有率达到 70% 以上,行业前十强中长垣市占据六席；卫材产业一次性耗材的全国市场占有率超过60%；防腐产业一级资质防腐施工企业市场占有率65%以上。③企业培育有成效。长垣市有主营业务收入超百亿元企业1家、超30亿元企业3家、超亿元企业有25家，卫华集团是全国制造业单项冠军示范企业，河南矿山等2家企业荣获省长质量奖。④以优势企业为载体营造良好招商引资环境。国际起重装备博览交易会、中国防腐蚀之都（长垣）国际博览会等高端的招商平台助力长垣市开放发展。⑤城市建设有亮点。长垣是全国文明县城、国家卫生县城、国家园林县城，是全国"城市双修"试点县。2021年长垣市被评为全国综合实力百强县、全国营商环境百强县、全国科技创新百强县、全国绿色发展百强县、乡村振兴百强县。

长垣市总体经济发展态势良好，但发展过程中仍存在如下问题。

（一）国际国内竞争格局深刻变化加剧长垣转型升级的难度

"十四五"时期全球产业链本地化、区域化、分散化趋势加速演进，产业加速向东南亚、南亚和非洲等地区的新兴发展中国家转移，给国内市场带来一定冲击，并给长垣市同类产业参与国际合作带来越来越大的成本竞争压力。从国内看，长垣市主导产业，特别是医疗耗材产能在新冠疫情高峰期爆发式增长，在疫情平稳结束后可能出现较严重的产能过剩，行业面临大洗牌、大调整，对长垣产业转型升级带来比较严峻的考验。

（二）资源环境和要素供给约束增强给长垣转变发展方式带来挑战

未来一个时期，土地供给减速、环境容量趋紧、人才争夺激烈、债务约束提升等将会对传统发展方式带来巨大挑战。大型城市对中小城市的"虹吸效应"依然存在，城市发展的"马太效应"更加明显。长垣市作为县域经济的典型代表，面对高质量发展新要求，可支配的资源和政策工具有限，人才、金融等高端要素集聚能力不强，主要工业产品生产、能源消费等导致污染物排放仍处于"高位平台期"，转变发展方式、优化经济结构、转换增长动力面临比较严峻挑战。

针对以上问题，本书提出三项政策建议。

第一，强化创新驱动，构筑创新发展高地。强化企业创新主体地位，激励企业创新发展。支持创新平台建设，强化校企合作，营造良好人才环境。大力实施高精尖人才招引工程，做实教育、住房、医疗、社保等服务保障，完善职称评聘、绩效分配等激励机制，完善企业创新、人才引进等各类助企政策措施，争取上级创新发展政策性资金。

第二，聚力产业升级，提高发展质量效益。做大做强支柱产业，培育新的产业增长点。抢滩布局新兴产业，紧盯信息产业、高端装备、生物技术、新材料等新兴产业发展方向，引导支持企业与5G深度融合，谋划建设起重机物联网生产基地等项目，加快培育新的发展增长极。

第三，深化改革开放，大力优化营商环境。持续推进重点改革，深化"放管服"改革，打造更优发展环境。

河南省县域经济运行分析：范县篇[①]

一、范县概况

范县隶属濮阳市管辖，位于河南省东北部，豫鲁两省交界处，辖8镇、4乡，县域面积617平方千米，耕地面积51万亩（340平方千米），耕地面积占全域面积的比重为55%，人均耕地面积1.13亩。2021年常住人口44.8万人，居全省第84位，户籍人口60.4万人（2020年）。

范县历史悠久，文化底蕴深厚，属黄河冲积平原，县域范围内河流、沟渠较多，水资源丰富。黄河、金堤河横贯县境，沿黄线长达47千米，范县曾是抗战时期冀鲁豫边区政府所在地，被誉为"小延安"。

范县石油及化工产业在产量、产值等方面均占据全省石化产业县区前列。全省以石油及化工为支柱产业的地区主要有濮阳市、洛阳市、南阳市，主要企业有中石化洛阳石化总厂、中石化中原油田、中石化河南油田、丰利石化、盛源石化等。其中，丰利石化、盛源石化均位于范县濮王产业园。

二、总体经济运行分析

范县GDP总量及占濮阳市的比重逐年增长，在濮阳市和河南省的位次有明显提升，GDP增速逐渐放缓，之前远超省市增速，现在不及省市平均水平。

具体地，2021年范县GDP总量为232.6亿元，是2008年的3.98倍，占濮阳市的比重由8.9%（2008年）提升至13.1%（2021年），提高了4.2个百分点。2008—2021年，在濮阳市的位次由第4位变为第2位（濮阳县居第1位，为303亿元）；在河南省的位次由第97位提升至第77位，提升了20个位次（见表1）。

[①] 本篇完成于2022年7月，撰稿人：徐涛；耿明斋、周立、王永苏、李燕燕、屈桂林、张国骁、李甜、张兆源等参与讨论。

河南省县域经济运行分析：范县篇

表1　2008—2021年范县地区生产总值及增速

年份	范县GDP（亿元）	范县GDP增速（%）	范县GDP增速濮阳市的排名	范县GDP增速在河南省的排名	范县GDP占濮阳市的比重（%）	范县GDP在濮阳市的排名	范县GDP在河南省的排名	范县GDP增速-濮阳市GDP增速（%）	范县GDP增速-河南省GDP增速（%）
2008	58.5	19.1	2	8	8.9	4	97	6.1	7.1
2009	68.3	15.2	2	9	10.2	4	92	4.7	4.2
2010	81.0	16.8	1	4	10.5	4	91	5.4	4.4
2011	94.8	17.8	1	6	10.2	4	92	5.7	5.8
2012	103.5	16.1	2	2	10.4	4	91	3.9	6.0
2013	130.3	16.8	1	1	11.5	3	82	4.8	7.8
2014	153.2	14.8	1	1	12.2	3	72	4.8	5.9
2015	168.9	13.9	1	3	12.7	3	67	4.4	5.5
2016	186.7	10.4	2	5	12.9	3	65	1.7	2.2
2017	203.2	10.2	1	4	12.5	3	66	2.1	2.4
2018	213.2	4.8	3	97	12.9	3	69	-1.0	-2.8
2019	213.6	7.0	4	74	13.5	2	78	0.2	0.0
2020	216.0	0.1	5	95	13.1	2	79	-2.9	-1.2
2021	232.6	7.4	5	47	13.1	2	77	-1.0	1.1

数据来源：历年河南省统计年鉴。

— 249 —

从增速对比来看，2018年之前，范县GDP增速一直快于濮阳市和河南省GDP增速，但差距在逐渐缩小，2018年后范县GDP增速多数年份不及河南省、濮阳市水平。2021年范县GDP增速为7.4%，分别低于濮阳市、河南省1.0个、1.1个百分点（见表1）。

人均GDP绝对量增长迅速，在河南省位次进步明显，2016年赶超濮阳市水平，领跑其余县市，虽不及河南省人均GDP水平，但整体差距在缩小。

具体来看，人均GDP绝对量由1.2万元（2008年）变为5.2万元（2021年），人均提升4万元，总量提高4倍多。在濮阳市5个县（市）中由最后一位跃升至首位，在河南省的位次由第67位提升至第44位，提高了23个位次。

从与省市人均GDP绝对量水平对比来看，2008年范县人均GDP仅为濮阳市的67.3%，至2021年，范县人均GDP超过濮阳市人均GDP水平10.7个百分点；对比河南省，比重也由67.6%提升至87.5%（见表2）。人均GDP增速与GDP增速保持相同发展态势，2018年之前超过省市平均水平，2018年之后增速与省市增速交替运行。

三、分产业经济运行分析

（一）产业格局与发展方向

范县坚持走新型工业化道路，坚持工业强县、服务业活县，积极对接中国制造2020河南实施方案，深入实施"工业强县"战略，打造新型工业化产业基地，着力构建现代产业新体系。

重点打造主导产业链集群。加快实施新型化工主导产业优化升级计划，强化产业链薄弱环节建设，引进培育优势企业，增强全产业链韧性和核心竞争力，推动主导产业高端化、智能化、绿色化发展，形成400亿元级新型化工产业链集群。

加快打造新兴产业链集群。重点围绕化工新材料、生物医药和医疗器械、智能制造3个新兴产业，打造形成200亿元级产业集群。

大力培育特色产业链集群。推动羽绒及服饰、现代家具"两特"产业实力提升，培育形成60亿元产业集群。

表2 2008—2021年范县人均地区生产总值及增速

年份	范县人均GDP（元）	范县人均GDP在濮阳市的排名	范县人均GDP在河南省的排名	濮阳市人均GDP（元）	河南省人均GDP	范县人均GDP增速（%）	范县人均GDP增速在濮阳市的排名	范县人均GDP增速在河南省的排名	范县人均GDP占濮阳市的比重（%）	范县人均GDP占河南省的比重（%）
2008	12173	5	67	18077	18019	18.8	4	11	67.3	67.6
2009	14135	5	62	18855	19480	14.6	2	13	75.0	72.6
2010	16998	4	58	21787	23092	18.4	1	21	78.0	73.6
2011	20207	2	54	25066	28661	19.6	1	17	80.6	70.5
2012	21939	4	57	27654	31499	15.5	3	10	79.3	69.6
2013	27559	1	50	31483	34211	16.5	2	4	87.5	80.6
2014	32850	1	46	34895	37072	16.4	1	1	94.1	88.6
2015	36606	1	42	36842	39123	15.1	1	2	99.4	93.6
2016	40191	1	39	40059	42575	9.7	2	13	100.3	94.4
2017	43577	1	41	43638	46674	10.5	1	6	99.9	93.4
2018	46642	1	40	45644	50152	7.0	3	68	102.2	93.0
2019	47815	1	40	42146	56388	9.1	2	4	113.5	84.8
2020	48293	1	44	43908	55435	0.5	5	89	110.0	87.1
2021	51982	1	44	46964	59410	7.2	—	—	110.7	87.5

数据来源：历年河南省统计年鉴。

（二）产业结构分析

范县产业结构表现为"二、三、一"结构，经济普查之前，第二产业占GDP的比重均保持在60%以上，2019年之后，由于统计口径变化的原因，第二产业占比表现出大幅下降的特征，由64%（2018年）降至46%（2019年），相反，第三产业则由28%（2018年）提升至44%（2019年），第一产业占比整体表现出下降趋势，2021年三产结构为10.9∶44.9∶44.2（见图1）。

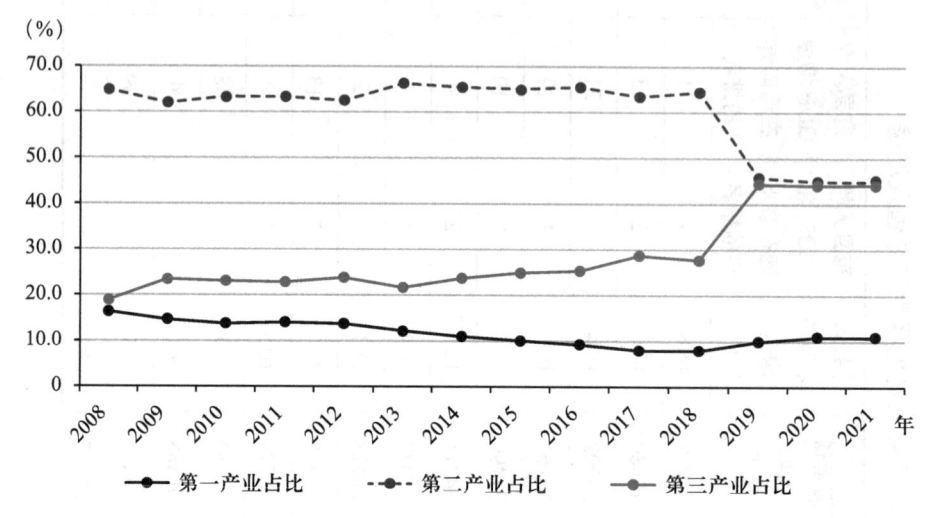

图1　2008—2021年范县三产结构变化情况

（三）工业发展情况分析

范县规上工业增加值呈现阶段式变化特征，2017年之前，规上工业增加值绝对量及占濮阳市的比重不断增加，2017年达到最大值124.1亿元，之后出现断崖式下跌，跌至50亿元以下（见表3）。规上工业增加值增速由远超河南省、濮阳市水平（2017年之前），变为逐渐向河南省、濮阳市水平靠近（2017—2019年），最后不及河南省、濮阳市水平（2020—2021年）。

表3　2008—2021年范县规上工业发展总体情况

年份	规上工业增加值（亿元）	占濮阳市的比重（%）	占河南省的比重（%）	范县规模以上工业增加值增速（%）
2008	—	—	—	39.5
2009	30.8	8.9	0.4	23.0

续表

年份	规上工业增加值（亿元）	占濮阳市的比重（%）	占河南省的比重（%）	范县规模以上工业增加值增速（%）
2010	41.4	9.7	0.4	25.5
2011	47.1	8.9	0.4	28.2
2012	53.8	9.8	0.4	22.7
2013	74.3	11.5	0.5	25.3
2014	92.0	12.6	0.5	21.4
2015	104.8	13.1	0.6	17.9
2016	115.6	13.3	0.6	12.5
2017	124.1	13.2	0.6	9.2
2018	48.2	4.8	0.2	8.9
2019	48.2	4.5	0.2	9.1
2020	45.6	4.1	0.2	−5.3
2021	49.5	4.0	0.2	8.4

数据来源：历年濮阳市统计年鉴。

（四）服务业发展情况分析

服务业增加值总额不断增长，占濮阳市服务业增加值的比重波动变化，在河南省、濮阳市的位次都有提升。

具体地，范县服务业增加值与范县规上工业增加值反向变化，2019年增长迅速，2021年突破百亿元达到102.8亿元，占濮阳市服务业增加值的比重为11.4%。2020年在濮阳市排第2位，在河南省排第72位（见表4）。

从服务业增速看，与省市服务业增速交替运行，2018年服务业出现负增长（−4.0%），随后反弹至5.0%（见表4），随后两年波动变化，2021年范县服务业增加值增速超过省市平均水平，高出濮阳市1.3个百分点，高出河南省2.3个百分点。

观察细分行业可以发现范县2019年服务业增加值大幅提升的原因，2019年范县批发和零售业、交通运输业、金融业和房地产业增加值均呈现大幅提升的特征，相反因新冠疫情影响，住宿和餐饮业增加值在2019—2020年出现轻微下降（见表5）。

表4 2008—2021年范县服务业发展情况

年份	范县服务业增加值（亿元）	范县服务业增加值占濮阳市服务业增加值的比重（％）	范县服务业增加值在濮阳市的排名	范县服务业增加值在河南省的排名	范县服务业增加值增速（％）	范县服务业增加值增速在濮阳市的排名	范县服务业增加值增速在河南省的排名
2008	11.1	8.5	4	101	8.0	5	12
2009	16.0	11.2	3	94	14.8	3	51
2010	18.6	12.3	3	91	13.3	1	65
2011	21.6	12.4	3	91	9.5	1	6
2012	24.6	11.9	3	90	9.4	3	10
2013	28.2	12.1	3	89	11.0	2	91
2014	36.2	14.2	3	92	9.7	4	10
2015	42.1	10.0	3	90	14.6	1	25
2016	47.3	10.0	3	91	9.6	4	6
2017	58.2	9.9	3	87	16.4	1	40
2018	59.0	9.0	4	94	-4.0	5	103
2019	94.7	11.6	2	69	5.0	5	91
2020	95.2	11.5	2	72	0.7	5	88
2021	102.8	11.4	—	—	10.4	—	—

数据来源：历年河南省统计年鉴及濮阳市统计年鉴。

表5 2008—2020年范县服务业分行业增加值与增速

年份	批发和零售业（亿元）	批发和零售业增速（%）	交通运输、仓储和邮政业（亿元）	交通运输、仓储和邮政业增速（%）	住宿和餐饮业（亿元）	住宿和餐饮业增速（%）	金融业（亿元）	金融业增速（%）	房地产业（亿元）	房地产业增速（%）
2008	—	—	—	—	—	—	—	—	—	—
2009	3.3	11.6	0.9	3.7	2.6	25.8	0.4	16.8	1.7	4.0
2010	3.8	13.0	1.0	7.2	3.0	17.0	0.5	9.0	1.9	5.0
2011	4.5	12.6	1.2	10.1	3.6	11.2	0.6	7.9	2.3	6.2
2012	5.1	11.0	1.4	12.8	4.1	7.7	0.7	12.4	3.3	36.1
2013	5.9	12.9	1.6	5.0	4.5	1.1	0.8	19.8	3.9	14.2
2014	6.4	7.4	3.1	-0.8	3.8	3.2	1.3	10.6	4.4	6.8
2015	6.8	6.9	3.3	4.2	5.2	16.7	1.5	13.0	4.9	10.7
2016	7.3	7.0	3.5	2.9	5.7	6.7	1.8	20.0	5.3	1.9
2017	7.9	6.0	3.6	4.6	6.2	7.0	2.1	12.2	8.7	42.7
2018	8.5	4.4	4.0	7.1	6.7	5.9	2.4	8.3	8.8	-4.4
2019	19.56	6.2	16.40	6.9	5.55	7.9	5.03	7.2	10.84	26.1
2020	19.65	-0.9	17.24	5.2	4.95	-12.1	5.25	11.7	12.34	11.6

数据来源：历年濮阳市统计年鉴。

从不同类型服务业占服务业增加值总额的比重看，批发和零售业、交通运输业、住宿和餐饮业、金融业占服务业增加值的比重保持与增加值绝对量一致的变化特征，均在2019年出现大幅提升。而房地产业则相反，增加值绝对量大幅提升，占服务业的比重则下滑。从服务业占比结构来看，批发和零售业占主要部分，2020年占比20.6%，其次是交通运输业占比18.1%，余下是房地产业占比13.0%，金融业占比5.5%，住宿和餐饮业占比最少，为5.2%（见表6）。

表6　2008—2020年范县不同类型服务业增加值占服务业增加值总额的比重

年份	批发和零售业占服务业的比重（%）	交通运输、仓储和邮政占服务业的比重（%）	住宿餐饮业占服务业的比重（%）	金融业占服务业的比重（%）	房地产业占服务业的比重（%）
2008	—	—	—	—	—
2009	20.6	5.6	16.3	2.5	10.6
2010	20.4	5.4	16.1	2.7	10.2
2011	20.8	5.5	16.6	2.8	10.6
2012	20.7	5.7	16.6	2.8	13.4
2013	20.9	5.7	16.0	2.8	13.8
2014	17.7	8.6	10.5	3.6	12.1
2015	16.2	7.8	12.4	3.6	11.6
2016	15.4	7.4	12.1	3.8	11.2
2017	13.6	6.2	10.6	3.6	14.9
2018	14.4	6.8	11.3	4.1	14.9
2019	20.7	17.3	5.9	5.3	11.5
2020	20.6	18.1	5.2	5.5	13.0

数据来源：历年濮阳市统计年鉴。

（五）重点企业分析

范县的重点龙头企业主要涉及石化、化工、新材料、能源等多个领域。其中，河南丰利石化有限公司是河南省唯一一家地方炼油企业，连续四年进入中国石油和化工企业500强行列，是河南省重点工业企业、濮阳市骨干企业、地方经济的支柱企业。其余重点企业包括濮阳市中炜精细化工有限公司、濮阳市中博石油化工有限公司、濮阳市欧亚化工科技有限公司、濮阳市盛通聚源新材料有限公司、濮阳市盛源能源科技股份有限公司（见表7）。总体来看，范县的重点龙头企业涉及的领域广泛，具有较强的产业链整合能力和市场竞争力。

表7 范县主要龙头企业情况

序号	公司名称	公司简介
1	河南丰利石化有限公司	成立于2011年6月，位于河南省濮阳市新型化工基地内，是一家由民营资本和国有资本共同投资成立的混合所有制企业，公司总资产112亿元，从业人员735名，也是河南省唯一一家地方炼油企业。公司连续四年进入中国石油和化工企业500强行列。2020年、2021年在中国石油和化工企业500强综合类企业中分别排第150位、第170位；是河南省重点工业企业、濮阳市骨干企业、地方经济的支柱企业
2	濮阳市中炜精细化工有限公司	成立于2006年12月22日，是专业生产新型环保制冷剂的企业，设计年生产环保制冷剂5万吨及系列石油副产品
3	濮阳市中博石油化工有限公司	成立于2007年10月12日，是一家致力于石油化工产品纯苯、甲苯、二甲苯的研发和生产的高科技化工企业
4	濮阳市欧亚化工科技有限公司	成立于2013年8月14日。总投资5.2亿元，是一家从事合成香料、盐酸、氯乙酰氯等业务的公司，主要产品为二甲苯麝香、酮麝香、葵子麝香等合成麝香
5	濮阳市盛通聚源新材料有限公司	是一家专业从事聚碳酸酯材料研发、生产、销售及服务的新材料公司。公司由濮阳市盛源集团发起，联合中原证券、中原资产、濮阳市投资集团、范县投资集团共同出资成立，成立于2016年9月30日，注册资金13.7亿元，占地600亩

续表

序号	公司名称	公司简介
6	濮阳市盛源能源科技股份有限公司	成立于2012年12月21日，为濮阳市盛源集团旗下控股子公司，于2015年11月30日在全国中小企业股份转让系统挂牌（股票简称盛源科技，股票代码834408）

数据来源：历年濮阳市统计年鉴。

四、财政收支分析

范县一般公共预算收入总额、占濮阳市的比重，以及占GDP的比重均不断提升，在濮阳市保持第3位，在河南省排第82位（2020年）。2021年一般公共预算收入达9.6亿元，是2008年的8.7倍，占濮阳市的比重由4.2%（2008年）提升至8.5%（2021年），提升了4.3个百分点。在河南省的位次由2008年的第96位提升至2020年的第82位，提升了14个位次。财政收入占GDP的比重由1.8%（2008年）提升至4.1%（2021年），提升2.3个百分点（见表8）。

一般公共预算支出总额逐年提升，占濮阳市的比重及在濮阳市位次波动变化，2020年在河南省居第73位。2020年，范县一般公共预算支出为38.9亿元，是2008年的6.3倍，在濮阳市的位次较2008年前进1位，至第3位，在河南省由第99位（2008年）提升至第73位，提升26个位次（见表8）。

财政自给率不断提高，逐渐靠近河南省、濮阳市水平，但差距依然较大，2020年在濮阳市居第2位，在河南省排第61位，2020年范县财政自给率为22.9%（见表8），同年份濮阳市为29%，河南省为40%。

税收总额逐年提高，占一般公共预算收入的比重呈现阶段性变化过程，近5年税收占比高于省市水平；占濮阳市税收的比重整体提升。2021年，范县税收收入达6.7亿元，是2009年的6.7倍，税收占一般公共预算收入的比重表现出先下降再提升又下降的特征，近3年税收占比不断下降，2021年税收占比为70.0%。2021年范县税收占濮阳市税收的比重为8.7%，较2009年（5.2%）提升了3.5个百分点（见表9）。

人均一般公共预算收支绝对量不断增长，不及省市平均水平，但差距

表8 2008—2021年范县财政收支情况

年份	范县一般公共预算收入	一般公共预算收入占濮阳市的比重	在濮阳市的排名	在河南省的排名	范县一般公共预算支出	一般公共预算支出占濮阳市的比重	一般公共预算支出在濮阳市的排名	一般公共预算支出在河南省的排名	财政自给率	在濮阳市的排名	在河南省的排名	财政收入占GDP的比重(%)
2008	1.1	4.2	3	96	6.2	9.7	4	99	17.1	2	79	1.8
2009	1.2	4.7	3	99	9.2	11.3	3	93	13.0	3	85	1.8
2010	1.5	4.8	3	98	10.0	11.1	3	92	14.6	3	82	1.8
2011	2.0	5.2	3	98	12.9	10.9	3	91	15.6	2	79	2.1
2012	2.5	5.2	3	99	16.0	10.6	3	89	15.5	2	77	2.4
2013	3.9	6.4	3	91	19.9	11.4	3	79	19.5	2	70	3.0
2014	4.9	6.9	3	90	21.0	11.5	3	84	23.2	2	66	3.2
2015	5.8	7.3	2	83	26.7	12.2	2	69	21.6	3	73	3.4
2016	5.4	7.5	3	92	24.0	10.8	3	86	22.6	1	63	2.9
2017	6.2	7.7	3	88	33.3	12.8	3	58	18.7	3	79	3.1
2018	7.4	8.1	3	86	36.3	11.7	3	69	20.4	2	69	3.5
2019	8.2	8.1	3	84	37.5	10.7	4	73	21.8	1	65	3.8
2020	8.9	8.6	3	82	38.9	10.9	3	73	22.9	2	61	4.1
2021	9.6	8.5	—	—	—	—	—	—	—	—	—	4.1

数据来源：历年河南省统计年鉴。

在逐渐缩小。具体来看，2021年范县人均一般公共预算收入为2137.1元，是2008年（218.4元）的9.8倍，占濮阳市人均一般公共预算收入的比重由2008的年30.2%变为2021年的70.9%，提升了40.7个百分点。占河南省的比重提升了28.2个百分点。人均一般公共预算支出提升了6.7倍，占濮阳市及河南省的比重分别由2008年的70.1%、52.9%提升至2020年的91.9%、83.3%（见表9）。

表9　2008—2021年范县税收及人均财力情况

年份	范县税收收入	税收占一般公共预算收入比重	占濮阳市税收收入的比重	范县人均一般公共预算收入	占濮阳市的比重	占河南省的比重	人均一般公共预算支出	占濮阳市的比重	占河南省的比重
2008	—	—	—	218.4	30.2	20.4	1279.0	70.1	52.9
2009	1.0	83.4	5.2	248.1	34.5	20.9	1909.6	82.4	62.3
2010	1.2	82.4	4.9	310.0	37.0	21.1	2124.1	84.9	58.5
2011	1.5	74.5	4.8	429.6	39.2	23.6	2757.3	82.9	61.4
2012	1.9	76.6	4.8	522.6	39.1	24.4	3368.5	80.5	64.1
2013	2.5	64.6	5.2	820.9	48.6	32.5	4217.8	86.8	72.3
2014	3.2	65.7	5.8	1055.3	54.0	37.2	4545.7	89.9	72.7
2015	3.9	67.6	6.6	1251.0	57.2	40.2	5796.0	95.6	82.7
2016	3.8	69.9	7.0	1163.3	58.5	36.1	5140.3	84.2	67.4
2017	4.8	76.9	8.0	1338.0	60.0	38.6	7147.2	100.0	85.5
2018	5.5	74.5	8.1	1648.4	64.9	43.2	8099.5	94.3	86.7
2019	6.2	75.9	8.5	1792.2	64.4	43.9	8232.6	84.9	80.2
2020	6.5	72.9	9.0	1992.9	72.6	47.5	8695.0	91.9	83.3
2021	6.7	70.0	8.7	2137.1	70.9	48.6	—	—	—

数据来源：历年河南省统计年鉴、濮阳市统计年鉴。

五、金融业发展分析

范县金融机构年末存、贷款余额总额不断增加，占濮阳市存、贷款的比重同步增长，存、贷款绝对量分别居濮阳市第3位、第4位，在河南省的位次分别为第 79 位、第 93 位。2020 年，范县金融机构年末存款余额突破 200 亿元，2021 年存款余额实现 231.8 亿元，是 2008 年的 7 倍，占濮阳市存款余额的比重由 7.5%（2008 年）提升至 10.3%（2021 年），提高了 2.8 个百分点；2021 年贷款余额突破 100 亿元，完成 107.6 亿元，是 2008 年的 12.4 倍。占濮阳市贷款余额的比重为 7.4%（见表 10）。

范县存贷比波动变化，整体较低，不及濮阳市和河南省水平。2021 年范县存贷比为 47.5%，在濮阳市居最后一位，在河南省居第 56 位，低于濮阳市 17.0 个百分点，低于河南省 36.9 个百分点（见表 10）。

范县人均存、贷款余额及占河南省、濮阳市的比重均稳定增长，在河南省的位次明显提升。2021 年，范县人均存款余额为 5.2 万元，是 2008 年的 7.6 倍，占濮阳市人均存款余额的 86.5%，占河南省的 62.3%，在濮阳市稳居第 2 位（台前县稳居第 1 位），在河南省排第 47 位。2021 年，人均贷款余额达 2.4 万元，是 2008 年的 13.3 倍，占濮阳市人均贷款余额的 62.2%，占河南省的 34.4%，居濮阳市第 4 位，居河南省第 62 位（见表 11）。

六、居民收入分析

范县居民人均可支配收入总额逐年提高，但整体处河南省较低水平，2021 年仅为濮阳市、河南省居民人均可支配收入的 69.8%、64.4%，在濮阳市排第 4 位（见表 12），河南省排倒数第 2 位（全省末位为台前县）。

分常住地来看，城乡居民人均可支配收入绝对量和占河南省、濮阳市的比重均提升明显，在濮阳市和河南省的位次基本稳定，处濮阳市第 4 位、河南省第 101 位。2021 年城镇居民人均可支配收入达 2.6 万元，居濮阳市第 4 位（台前县居第 5 位，为 2.4 万元）、河南省倒数第 2 位（台前县为末位）。城镇居民人均可支配收入占濮阳市的比重由 67.8%（2008 年）提升至 72.7%（2021 年），占河南省的比重由 65.2%（2008 年）提升至 70.5%（2021 年）。2021 年农村居民人均可支配收入为 1.4 万元，变化趋势与城镇保持一致，居濮阳市第 4 位（台前县居第 5 位，为 1.1 万元），处河南省倒数方阵，2021 年居河南省第 98 位（见表 13）。

城乡收入比逐年向好，相比 2008 年提升了 0.6 个百分点，在河南省位次由第 72 位提升至第 55 位，提升 17 个位次（见表 13）。

表 10 2008—2021 年范县金融机构年末存贷款余额情况

年份	金融机构存款年末余额	存款余额（亿元，%） 在濮阳市的排名	在河南省的排名	占濮阳市年末存款的余额的比重	金融机构贷款年末余额	贷款余额（亿元，%） 在濮阳市的排名	在河南省的排名	占濮阳市年末贷款余额的比重	范县存贷比	存贷比（%） 在濮阳市的排名	在河南省的排名	濮阳市存贷比	河南省存贷比
2008	33.2	3	93	7.5	8.7	4	100	5.6	26.2	4	99	34.9	68.0
2009	40.2	2	91	7.6	10.6	4	101	5.3	26.4	5	100	37.8	70.1
2010	47.3	3	94	8.0	13.5	4	101	5.8	28.5	5	100	39.3	68.6
2011	56.4	3	96	8.3	16.2	3	100	6.3	28.7	5	97	37.8	65.7
2012	72.7	2	83	8.7	19.2	2	98	6.3	26.4	5	98	36.3	63.3
2013	82.5	2	87	8.5	28.1	2	96	7.4	34.1	3	87	39.0	62.4
2014	89.9	3	93	8.5	34.3	2	94	7.4	38.1	3	80	43.6	65.8
2015	99.5	3	93	8.5	35.2	3	97	6.5	35.4	4	88	46.6	66.0
2016	123.1	2	83	9.2	38.2	4	100	6.0	31.1	5	93	47.5	67.6
2017	146.3	2	79	9.7	45.9	3	98	6.2	31.4	5	92	49.2	70.7
2018	164.3	3	79	9.7	57.0	3	98	6.6	34.7	5	88	51.2	74.9
2019	186.3	2	75	9.9	70.9	4	96	6.9	38.1	5	88	54.5	80.1
2020	209.0	3	79	10.2	90.9	4	93	7.3	43.5	5	80	60.8	82.2
2021	231.8	3	78	10.3	107.6	4	89	7.4	47.5	5	56	64.5	84.4

数据来源：历年河南省统计年鉴。

表 11　2008—2021 年范县人均存贷款余额情况

年份	人均存款（元，%）				人均贷款（元，%）			
	范县人均存款余额	在濮阳市的排名	在河南省的排名	人均存款占濮阳市的比重	人均存款占河南省的比重	范县人均贷款余额	在濮阳市的排名	在河南省的排名	人均贷款占濮阳市的比重	人均贷款占河南省的比重
2008	6878.7	2	59	54.3	42.5	1800.3	5	100	40.7	16.4
2009	8315.3	2	58	55.7	41.1	2193.7	5	98	38.9	15.5
2010	10075.3	2	63	61.6	40.9	2872.7	4	96	44.7	17.0
2011	12027.8	2	65	62.9	42.7	3456.3	4	93	47.8	18.7
2012	15332.0	2	63	66.0	45.7	4049.3	3	93	47.9	19.0
2013	17492.4	2	65	64.5	44.5	5969.5	2	82	56.4	24.3
2014	19487.0	2	68	66.2	45.4	7423.6	2	81	57.9	26.3
2015	21560.1	2	70	66.8	43.9	7631.6	3	86	50.7	23.6
2016	26340.2	2	61	71.5	47.7	8179.3	3	91	46.7	21.9
2017	31369.7	2	57	75.5	52.2	9841.3	3	85	48.1	23.2
2018	36675.3	2	48	78.5	56.6	12732.8	3	82	53.3	26.3
2019	40877.8	2	46	78.6	58.2	15567.3	3	74	55.0	27.7

续表

年份	范县人均存款余额	人均存款（元，%） 在濮阳市的排名	在河南省的排名	人均存款占濮阳市的比重	人均存款占河南省的比重	范县人均贷款余额	人均贷款（元，%） 在濮阳市的排名	在河南省的排名	人均贷款占濮阳市的比重	人均贷款占河南省的比重
2020	46702.9	2	51	85.5	60.7	20308.4	4	68	61.1	32.1
2021	51992.0	2	47	86.5	62.3	24137.6	4	62	62.2	34.4

数据来源：历年河南省统计年鉴。

表12 2017—2021年范县居民人均可支配收入情况

年份	范县居民人均可支配收入（元）	在濮阳市的排名	在河南省的排名	占濮阳市的比重（%）	占河南省的比重（%）	范县居民人均可支配收入增速（%）	濮阳市居民人均可支配收入增速（%）	范县增速－濮阳市增速（%）
2017	12658	4	101	69.6	62.8	—	10.73	—
2018	13696	4	101	69.2	62.4	8.2	8.82	-0.63
2019	14966	4	101	69.3	62.6	9.3	9.04	0.24
2020	15676	4	101	69.4	63.2	4.7	4.59	0.14
2021	17267	4	101	69.8	64.4	10.2	9.6	0.55

数据来源：历年河南省统计年鉴。

表 13　2008—2021 年范县城乡居民人均可支配收入及城乡收入比

年份	城镇居民人均可支配收入				农村居民人均可支配收入				城乡收入比	
	城镇居民人均可支配收入	在濮阳市的排名	在河南省的排名	占濮阳市的比重	占河南省的比重	农村居民人均可支配收入	在濮阳市的排名	在河南省的排名	占濮阳市的比重	占河南省的比重	城乡收入比	城乡收入比在河南省的排名
2008	8631	4	97	67.8	65.2	3273	4	97	80.5	73.5	2.6	72
2009	9417	4	101	68.6	65.5	3545	4	96	80.4	73.7	2.7	68
2010	10434	4	101	68.9	65.5	3896	4	98	76.7	70.5	2.7	76
2011	11905	4	101	69.1	65.4	4675	4	99	76.9	70.8	2.5	73
2012	13459	4	101	69.0	65.8	5339	4	49	76.9	71.0	2.5	17
2013	14891	4	101	69.0	66.5	6081	4	98	76.9	71.7	2.4	71
2014	16395	4	101	69.0	69.3	6805	4	98	77.1	68.3	2.4	69
2015	17633	4	101	70.7	68.9	7805	4	99	79.7	71.9	2.3	69
2016	19238	4	101	72.6	70.6	8469	4	99	79.7	72.4	2.3	74
2017	21113	4	101	73.3	71.4	9299	4	99	79.8	73.1	2.3	74
2018	22717	4	101	73.2	71.3	10150	4	99	80.2	73.4	2.2	74
2019	24399	4	101	73.3	71.3	11277	4	99	81.2	74.4	2.2	68
2020	24565	4	101	73.0	70.7	12160	4	98	81.7	75.5	2.0	57
2021	26164	4	101	72.7	70.5	13516	4	98	82.0	77.1	1.9	55

数据来源：历年河南省统计年鉴。

七、固定资产投资分析

范县固定资产投资总额2018年达到最高值，2019年出现大幅度下降，增速为-21.1%，随后恢复正增长水平。2021年范县固定资产投资总额为222.9亿元，是2008年的6.2倍，占濮阳市固定资产投资的比重为10.3%，较2008年下降2.9个百分点，排濮阳市第4位、河南省第87位（2020年），与河南省、濮阳市固定资产增速对比，除2009年、2019年为负增长外，其余年份基本与河南省、濮阳市发展水平保持一致（见表14）。

表14 2008—2021年范县固定资产投资情况

年份	固定资产投资（亿元）	占濮阳市的比重（%）	固定资产投资在濮阳市的排名	固定资产投资在河南省的排名	范县固定资产投资增速（%）	濮阳市固定资产投资增速（%）	河南省固定资产投资增速（%）
2008	36.0	13.2	4	93	—	30.1	32.4
2009	35.8	10.0	3	86	-0.6	30.6	31.6
2010	51.5	11.3	4	82	44.1	27.4	22.2
2011	71.0	12.0	4	73	37.7	30.0	27.0
2012	92.7	12.5	4	67	25.8	25.1	21.4
2013	116.7	12.4	4	66	16.4	27.5	22.5
2014	135.8	12.2	4	66	15.9	18.5	19.2
2015	157.4	12.1	4	70	15.9	17.0	16.5
2016	175.0	11.5	4	74	11.2	16.7	13.7
2017	198.4	11.6	4	74	13.3	11.8	10.4
2018	237.9	13.5	3	59	19.9	3.3	8.1
2019	187.7	10.1	4	89	-21.1	5.5	8.0
2020	202.1	10.3	4	87	7.7	5.4	4.3
2021	222.9	10.3	4	—	10.3	10.5	4.5

数据来源：历年河南省统计年鉴、濮阳市统计年鉴。

八、社会消费分析

范县 2021 年社消零总额为 76.6 亿元，较 2008 年提高 3.7 倍，在濮阳市排第 2 位（濮阳县居第 1 位，124 亿元），在河南省排第 77 位。社消零占 GDP 的比重相较 2008 年出现小幅下降，由 35.7% 降至 32.9%，下降 2.8 个百分点（见表 15）。

人均社消零绝对量提升明显，提高了近 4 倍，2021 年达到 1.7 万元，在濮阳市的排名由第 2 位升至第 1 位，在河南省的排名下降 9 个位次，变为第 58 位（2021 年）。人均社消零整体不及河南省、濮阳市平均水平，且差距不断拉大，2008 年范县人均社消零占濮阳市、河南省人均社消零的比重分别为 91.2%、70.7%，至 2021 年，这一数值变为 88.5%、69.3%，分别下降了 2.7 个、1.4 个百分点（见表 15）。

社消零分行业来看，批发和零售业与住宿和餐饮业占社消零的比重基本稳定，2020 年批发和零售业占比 77.3%，住宿和餐饮业占比 22.8%（见表 15）。

九、人口规模分析

范县常住人口数量处全省靠后，2021 年常住人口 44.8 万人，占濮阳市常住人口的比重为 12.0%，常住人口数量居全省第 84 位，户籍人口 60.4 万人（2020 年），数人口流失较为严重。

常住人口城镇化率不断提高，但水平较低，与省市平均水平存在较大差距。2021 年城镇化率仅为 37.2%，处全省第 95 位，同年濮阳市城镇化率为 51.0%，河南省城镇化率为 56.5%（见表 16）。

2017—2019 年，从业人员数出现负增长，2019 年从业人员数不足 30 万人，较 2008 年少 3.7 万人。按不同产业就业人数占比看，第一产业就业人数占比不断降低，仍保持在 40% 以上，2019 年第一产业就业人数占比为 42.0%，第二、三产业就业人员占比为 58.0%（见表 17）。

范县 0~14 岁阶段常住人口数占常住人口的比重为 26.6%，15~59 岁阶段常住人口数占比为 55.3%，60 岁及 65 岁以上常住人口分别占比 18.1%、13.7%。与河南省、濮阳市及全国对比，0~14 岁常住人口数要高出河南省、

表15 2008—2021年范县社会消费品零售总额情况

年份	社消零总额（亿元，%） 范县社会消费品零售总额	在濮阳市的排名	在河南的排名	占GDP的比重	范县人均社消零	人均社消零在濮阳市的排名	人均社消零在河南省的排名	人均社消零占濮阳市的比重	人均社消零占河南省的比重	分行业（亿元，%）其中批发和零售业	占社消零的比重	其中住宿和餐饮业	占社消零的比重
2008	20.9	3	77	35.7	4329.8	2	47	91.2	70.7	—	—	—	—
2009	25.0	3	78	36.6	5173.8	2	44	106.5	73.4	19.6	78.4	5.2	20.8
2010	29.5	3	75	36.5	6286.2	2	47	97.2	74.6	23.0	77.9	7.5	25.4
2011	34.2	3	79	36.0	7285.7	2	46	93.6	73.8	28.9	84.6	8.4	24.6
2012	39.6	3	78	38.2	8339.0	2	52	93.5	73.8	31.6	79.9	7.9	20.0
2013	45.5	3	77	34.9	9641.5	2	50	93.6	75.4	41.2	90.6	4.3	9.5
2014	51.2	3	74	33.4	11094.3	2	45	96.0	77.7	41.0	80.1	10.2	19.9
2015	58.0	3	73	34.3	12559.0	2	46	96.3	78.7	46.7	80.6	11.3	19.5
2016	65.3	3	72	35.0	13962.3	2	47	95.6	79.0	52.2	80.0	13.0	19.9
2017	73.2	3	72	36.0	15694.7	2	47	96.1	80.0	58.7	80.2	14.5	19.8
2018	78.3	3	66	36.7	17483.8	2	40	102.4	81.1	63.4	81.0	14.9	19.0
2019	75.6	2	74	35.4	16596.4	1	50	86.9	70.0	61.2	80.9	14.4	19.0
2020	68.8	2	79	31.9	15383.2	1	57	88.3	68.0	53.2	77.3	15.7	22.8
2021	76.6	2	77	32.9	17105.9	1	58	88.5	69.3	—	—	—	—

数据来源：历年河南省统计年鉴、濮阳市统计年鉴。

表16 2008—2021年范县人口情况

年份	范县户籍人口（万人）	范县常住人口（万人）	范县常住人口在濮阳市排名	范县常住人口在河南省排名	范县外流人口（万人）	范县人口流失率（%）	范县常住人口占濮阳市的比重（%）	范县城镇化率（%）	范县城镇化率在河南省的排名	濮阳市城镇化率（%）	河南省城镇化率（%）
2008	50.0	48.3	3	77	1.7	3.4	13.8	—	—	33.8	36.0
2009	50.2	48.3	3	78	1.9	3.8	13.7	—	—	35.4	37.7
2010	53.9	47.0	3	79	6.9	12.8	13.0	—	—	31.5	38.8
2011	54.2	46.9	3	78	7.3	13.5	13.2	—	—	33.4	40.5
2012	54.5	47.4	3	77	7.1	13.0	13.2	—	—	35.2	42.0
2013	54.8	47.1	3	78	7.6	13.9	13.2	26.6	82	36.7	43.6
2014	55.1	46.2	4	80	8.9	16.2	12.8	28.3	30	38.5	45.1
2015	55.3	46.2	4	80	9.2	16.6	12.8	30.1	77	40.4	47.0
2016	55.7	46.7	4	79	8.9	16.1	12.9	31.8	24	42.0	48.8
2017	56.0	46.6	4	79	9.4	16.8	12.8	33.3	51	43.7	50.6
2018	56.4	44.8	4	80	11.6	20.5	12.4	35.1	97	45.3	52.2
2019	56.6	45.6	4	80	11.0	19.5	12.6	36.6	95	46.8	54.0
2020	60.4	44.8	4	83	15.6	25.8	11.9	35.9	95	50.0	55.4
2021	—	44.8	4	82	—	—	12.0	36.7	95	51.0	56.5

数据来源：历年河南省统计年鉴。

濮阳市及全国水平，15~59岁常住人口数占比则低于河南省、濮阳市及全国水平（见表18）。

表17 2008—2019年范县就业情况

年份	从业人员数（万人）	从业人员数增速（%）	第一产业从业人员数占比（%）	第二产业从业人员数占比（%）	第三产业从业人员数占比（%）
2008	32.9	—	58.1	18.5	23.4
2009	35.4	7.6	55.0	19.9	25.1
2010	35.9	1.4	55.1	19.9	25.0
2011	30.7	−14.5	56.1	43.9	
2012	33.5	9.1	48.3	51.7	
2013	34.1	1.8	47.4	52.6	
2014	39.1	14.8	48.0	52.0	
2015	40.2	2.9	46.8	53.2	
2016	40.6	0.8	45.6	54.4	
2017	37.7	−7.1	44.4	55.6	
2018	34.0	−9.9	49.7	50.3	
2019	29.2	−14.1	42.0	58.0	

数据来源：历年河南省统计年鉴。

表18 第七次全国人口普查主要指标

| 地区 | 常住人口（万人） | 按年龄分占常住人口的比重（%） ||| 每十万人中拥有的各类受教育程度人数（人） |||| 15岁及以上人口平均受教育年限（年） |
		0~14岁	15~59岁	60岁及以上	65岁及以上	大学（大专及以上）	高中（含中专）	初中	小学	
全国	141177.9	18.0	63.4	18.7	13.5	15467	15088	34507	24767	9.9
河南省	9936.6	23.1	58.8	18.1	13.5	11744	15239	37518	24557	9.8
濮阳市	377.2	25.7	56.6	17.7	13.2	—	—	—	—	—

续表

地区	常住人口（万人）	按年龄分占常住人口的比重（%）			每十万人中拥有的各类受教育程度人数（人）				15岁及以上人口平均受教育年限（年）
		0~14岁	15~59岁	60岁及以上	65岁及以上	大学（大专及以上）	高中（含中专）	初中	小学	
范县	44.78	26.6	55.3	18.1	13.7	—	—	—	—	

数据来源：第七次全国人口普查公报。

十、公共服务分析

基础教育阶段，学校数和在校学生人数整体减少，专任教师数量增多，2020年范县学校数共计135所，其中小学学校数115所，初中学校数20所，基础教育阶段在校学生7.26万人，小学在校学生数和初中在校学生数比例为5∶2，生师比为7∶4。

千人卫生机构床位数和千人卫生技术人员数均不断提升，2020年范县千人卫生机构床位数为3.9张，千人卫生技术人员数为4.6人，与河南省平均水平（千人卫生机构床位数6.7张、千人卫生技术人员数7.1人）仍存在较大差距（见表19）。

十一、县域发展战略分析

突出黄河流域生态保护和高质量发展，建设"飞地"合作试验区、产业创新示范区、黄河生态示范带，争创全省黄河流域县域经济高质量发展先进县。

确立"一基地两区一家园"战略定位。

全省新型化工基地（濮王产业园片区）。依托产业集聚区濮王产业园，加快石化产业转型升级，着力发展精细化工和化工新材料产业。

黄河流域生态和美示范区。聚力实施黄河流域生态保护和高质量发展战略，推进水林田湖综合治理，打造黄河流域生态经济示范带、乡村振兴综合示范区。大力实施乡村振兴战略，建设现代农业示范园、农业科技示

表 19　2009—2020 年范县基础教育和医疗保障情况

年份	学校数（所）合计	小学学校数	初中学校数	在校学生数（人）合计	小学在校生数	初中在校生数	专任教师数（人）合计	小学	初中	医疗卫生（张，人）卫生机构床位数/千人	卫生技术人员数/千人
2008	—	—	—	—	—	—	—	—	—	2.1	2.5
2009	203	181	22	98783	66863	31920	4086	2649	1437	2.2	2.7
2010	183	161	22	103591	67993	35598	4160	2693	1467	2.4	3.2
2011	183	161	22	99254	67859	31395	4149	2711	1438	2.9	3.3
2012	180	157	23	97447	67009	30438	4282	2743	1539	3.3	3.4
2013	164	142	22	76355	55301	21054	3818	2483	1335	3.5	3.5
2014	161	140	21	78003	54179	23824	3932	2558	1374	3.7	3.7
2015	158	138	20	70650	48171	22479	3853	2515	1338	3.9	3.9
2016	148	128	20	71351	48791	22560	4055	2655	1400	3.9	3.9
2017	138	118	20	70601	48795	21806	3889	2523	1366	4.0	4.0
2018	134	114	20	71302	49231	22071	3941	2576	1365	4.1	4.0
2019	133	113	20	72377	49852	22525	3977	2607	1370	4.2	4.2
2020	135	115	20	72650	51333	21317	4123	2701	1422	3.9	4.6

数据来源：历年濮阳市统计年鉴。

范园、幸福美好家园。加快新型城镇化建设，推进以城带乡、产城融合、城乡融合发展。

十二、综述

通过数据梳理，范县经济总量、人均GDP在濮阳市处于第2位，地区生产总值、规上工业增加值、第三产业增加值、金融机构年末存贷款余额、固定资产投资总额等各项指标在全省的位次处于后1/3方阵，但2008—2021年各指标位次均有明显提升，整体经济稳中向好发展。

依托自身资源禀赋和比较优势，围绕石油及化工产业，范县政府紧抓工业强县思路，优化营商环境，壮大本地企业，招引行业龙头，范县石化产业走过了从无到有、从小到大、从弱到强、产业体系日趋完善的历程，建立了具有竞争优势的现代化石化支柱产业体系，成为河南省乃至中部地区重要的炼化生产基地，也扛起了全市新型化工发展的半壁江山，扛起全省石化产业第一县的大旗。

作为资源枯竭型城市，范县该如何实现高质量转型发展？

第一，在资源开发"由盛转衰"临界点，着力推进资源型相关新产品的研发和升级，培育接续型产业和新发展要素，采取新产业战略或产业链延伸战略。持续实施新型化工主导产业优化升级。建立新产业优势和推动产业多元化来促进县域经济发展的全面转型。

第二，和区域内的中心城市结成"发展联盟"，通过构建区域性的产业链或区域产业的整体升级促进县域经济的转型发展。

第三，加速新型城镇化推进进程，主动融入濮阳建设省际中心城市大局，推动产镇融合，优化新型城镇化体系，追赶全市城镇化进程。

第四，聚焦生态保护，推动更可持续的绿色发展。以黄河流域生态保护为引领，统筹推进生态保护系统化、环境治理精细化、资源利用高效化，以生态"含绿量"体现发展"含金量"。

河南省县域经济运行分析：南乐篇[①]

一、南乐县概况

南乐县地处华北平原中部，河南省东北边陲，冀鲁豫三省交界处，归濮阳市管辖。南乐县辖7镇、5乡，县域面积624平方千米，耕地面积58.3万亩（388.7平方千米），耕地面积占全域面积的比重为62.3%，人均耕地面积1.3亩。2021年常住人口47.4万人，居河南省第75位、濮阳市第3位，2020年户籍人口58.4万人。

南乐县属黄河洪、积冲积平原，地势平坦，土层深厚，便于开发利用；垦殖率较高，但人均占有量少，除生产建设和生活用地外，宜农而尚未开垦的荒地所剩无几。南乐县属河南省比较干旱的地区之一，地下水呈漏斗区，水资源不多。

生物基材料产业是南乐县的主导重点产业，目前，国内比较完整的生物基产业链在南乐县已初步形成。南乐县生物基材料产业园内16个生物基材料产业项目，已形成了从以玉米秸秆或淀粉为原料，到以聚乳酸改性材料及制品、纤维、被服、可降解薄膜、水稻育秧盘等终端产品为主的完整聚乳酸材料产业链。

南乐县生物基材料产业集群，以聚乳酸产业为主，于2014年10月被国家发展改革委、财政部批复为全国两家之一、全省唯一重点扶持的示范性产业集群，列入国家战略性新兴产业发展专项资金计划。2012年7月，国务院公布"十二五"国家战略性新兴产业发展规划，把生物基材料产业作为七大战略性新兴产业之一。同年12月，国务院出台《关于印发生物

[①] 本篇完成于2022年7月，撰稿人：徐涛；耿明斋、周立、王永苏、李燕燕、屈桂林、张国骁、李甜、张兆源等参与讨论。

产业发展规划的通知》，要求大力推动生物基产品的规模化发展应用。2014年10月，国家发展改革委、财政部将濮阳市纳入国家生物基材料产业项目示范专项支持范围，其中南乐县生物基集群共有9个项目，获得国家专项补助的就有8个，连续3年内获得国家补助资金1.5亿元。国家政策的重大利好，给了南乐县发展壮大生物基材料产业强大的动力，2013年以来，南乐县将新能源、新材料作为主攻方向，紧盯国家及河南省产业发展方向和布局机遇，充分发挥国家级生物基产业基地优势，通过技术引进和集聚发展，在全国抢先主导发展生物基材料产业集群，生物基材料产业得到了突破性发展，并被列为全市"三大三专"主导产业，确定为"十四五"期间全市支持发展的重点产业。

二、总体经济运行分析

2008—2021年来，南乐县GDP总量稳步增长，占濮阳市的比重保持稳定，2021年排濮阳市第4位、河南省第92位，属经济体量较小的县，GDP增速较为迅猛，除2011年、2019年外，其余年份南乐县GDP增速居河南省前30位，GDP增速水平整体快于省市平均水平。

具体地，2018年经济普查前，南乐县经济总量及占濮阳市的比重稳定增长，由于统计口径调整，2018—2019年，经济总量及占濮阳市的比重发生下降。2021年南乐县GDP总量为185.33亿元，是2008年的2.7倍，占濮阳市GDP的比重为10.5%，在濮阳市的排名下滑1个位次，由2008年的第3位变为2021年的第4位，在河南省由2008年的第83位下滑至2021年的第92位，下降9个位次（见表1）。

南乐县GDP增速快于濮阳市和河南省GDP增速，多数年份高于河南省、濮阳市GDP增速，经济发展走势与濮阳市和河南省保持一致。

人均GDP绝对量与GDP总量保持同步变化，整体表现为人均GDP增速快于河南省、濮阳市水平，但绝对量与省市水平仍存在差距，在省市的位次以及占省市的比重"双下滑"。具体看，2020年南乐县人均GDP为3.7万元，是2008年的2.6倍，居濮阳市第2位、河南省第72位，分别较2008年下滑了1个、22个位次（见表2）。

从与河南省、濮阳市人均GDP绝对量水平对比来看，南乐县人均

表 1　2008—2021 年南乐县地区生产总值及增速

年份	南乐县 GDP（亿元）	南乐县 GDP 占濮阳市的比重（%）	南乐县 GDP 在濮阳市的排名	南乐县 GDP 在河南省的排名	南乐县 GDP 增速（%）	南乐县 GDP 增速在濮阳市的排名	南乐县 GDP 增速在河南省的排名	南乐县 GDP 增速－濮阳市 GDP 增速（%）	南乐县 GDP 增速－河南省 GDP 增速（%）
2008	68.85	10.5	3	83	18.2	4	11	5.2	6.2
2009	73.90	11.0	3	84	13.4	5	26	2.4	2.4
2010	88.07	11.4	3	83	14.2	4	20	2.8	1.8
2011	100.54	10.8	3	85	13.3	4	42	0.9	1.3
2012	107.96	10.9	3	86	14.3	5	8	2.2	4.2
2013	124.17	11.0	4	84	13.8	5	6	1.8	4.8
2014	143.99	11.5	4	77	13.3	4	6	3.3	4.4
2015	156.57	11.7	4	75	11.8	3	9	2.4	3.4
2016	171.58	11.9	4	73	9.7	4	14	1.0	1.5
2017	181.84	11.2	4	77	9.0	2	18	1.0	1.2
2018	198.03	12.0	4	76	9.2	1	4	3.4	1.6
2019	168.96	10.7	4	90	7.2	2	63	0.4	0.2
2020	176.63	10.7	4	90	4.0	2	20	1.0	2.7
2021	185.33	10.5	4	92	8.9	4	20	0.5	2.6

数据来源：历年河南省统计年鉴。

表2 2008—2020年南乐县人均地区生产总值及增速

年份	南乐县人均GDP（元）	南乐县人均GDP在濮阳市的排名	南乐县人均GDP在河南省的排名	濮阳市人均GDP（元）	河南省人均GDP（元）	南乐县人均GDP增速（%）	南乐县人均GDP增速在濮阳市的排名	南乐县人均GDP增速在河南省的排名	南乐县人均GDP占濮阳市的比重（%）	南乐县人均GDP占河南省的比重（%）
2008	14401	1	50	18077	18019	18.3	5	12	79.7	79.9
2009	15412	2	48	18855	19480	13.1	4	26	81.7	79.1
2010	18769	1	46	21787	23092	16.7	2	27	86.1	81.3
2011	22589	1	46	25066	28661	19.4	2	19	90.1	78.8
2012	23910	1	49	27654	31499	12.7	5	37	86.5	75.9
2013	26698	3	51	31483	34211	10.5	5	44	84.8	78.0
2014	30809	3	48	34895	37072	12.7	5	8	88.3	83.1
2015	32914	3	48	36842	39123	9.8	5	41	89.3	84.1
2016	35989	3	46	40059	42575	9.5	3	20	89.8	84.5
2017	38526	3	47	43638	46674	10.3	2	7	88.3	82.5
2018	42418	3	46	45644	50152	11.4	1	3	92.9	84.6
2019	36926	2	70	42146	56388	9.1	2	5	87.6	65.5
2020	37243	2	72	43908	55435	4.0	4	29	84.8	67.2

数据来源：历年河南省统计年鉴。

GDP 绝对量占濮阳市的比重有所缩小，但与河南省水平差距进一步扩大。2008 年，南乐县人均 GDP 绝对量占濮阳市、河南省的比重均不足 80%，2020 年占濮阳市的比重为 84.8%，占河南省的比重为 67.2%，分别提升了 5.1 个百分点，下滑了 12.7 个百分点（见表 2）。

人均 GDP 增速除 2013 年不及濮阳市，其余年份增速均快于河南省、濮阳市的平均水平。

三、分产业经济运行分析

（一）产业格局与发展方向

南乐县大力实施"一三六"战略，围绕"建设生态南乐"1 个定位，走好"壮大环保产业、发展绿色农业、打造宜居城乡"3 个路径，强化"调整一产、转型二产、繁荣三产、城建提质、乡村振兴、民生优先"6 条举措。培育了生物基材料、食品加工、装备制造三大主导产业，同时南乐县选准主导产业，超前谋划，以发展生物基材料产业集群为主阵地，抓招商、引龙头、建平台、育产业。截至目前，已累计引进生物基材料产业项目 18 个，生物基材料产业蒸蒸日上、欣欣向荣。拥有国家级生物基材料产业集群，打造了全国首条完整的生物基材料产业链。

（二）产业结构分析

南乐县产业结构表现为"三、二、一"结构，且第一产业占比多数年份保持在 20% 以上，经济普查之前，第二产业占 GDP 的比重均保持在 50% 以上，2019 年之后，由于统计口径变化的原因，第二产业占比大幅下降，由 51.29%（2018 年）降至 28.65%（2019 年），相反，第三产业则由 32.37%（2018 年）提升至 48.59%（2019 年），2021 年三产结构为 21.5 : 28.86 : 49.64（见图 1）。

（三）工业发展情况分析

南乐县工业实力不断增强，生物基材料产业势头强劲，依托国家级生物基材料产业集群，形成了完整聚乳酸材料产业链，初步实现生物基产业规模化发展。食品加工、冷饮产业全链发展，推进落地集饲养、屠宰、熟食为一体的肉制品全产业链项目建设；提档升级装备制造产业，推动传统装备制造企业实现智能化改造，加快精密装备制造项目落地建设，极大提

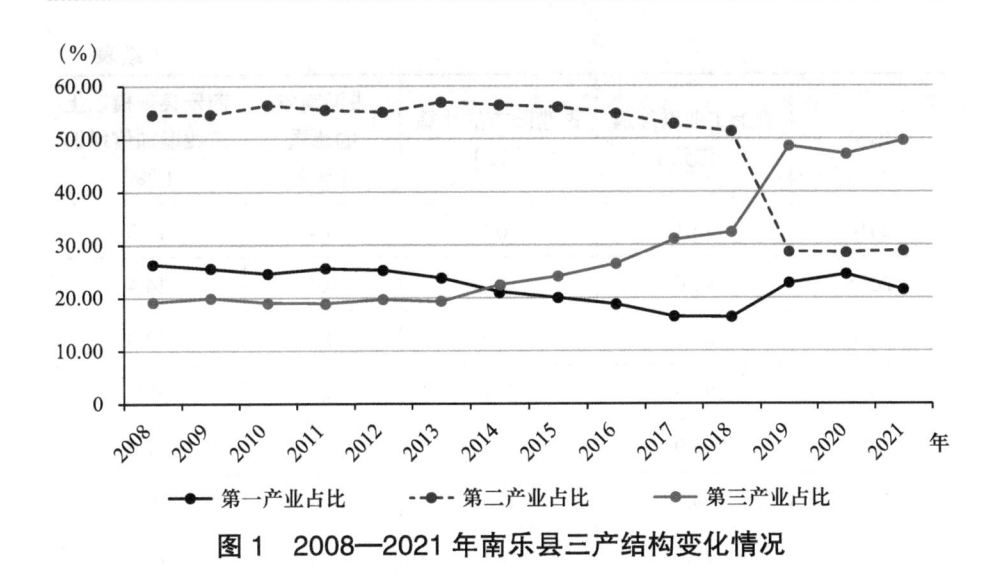

图 1　2008—2021 年南乐县三产结构变化情况

升装备制造关键基础件供应能力。

具体到工业指标上看，南乐县规上工业增加值呈现阶段式变化特征，2017 年之前，规上工业增加值绝对量及占濮阳市的比重不断增加，2017 年达到最大值 89.9 亿元，随后开始下降，2019 年降至 70 亿元以下，随后反弹增长。规上工业增加值增速除 2019 年略低于河南省、濮阳市平均水平外，其余大多数年份增速快于河南省、濮阳市水平，2017 年前增速差距逐渐缩小并向河南省、濮阳市水平靠近（见表 3）。

表 3　2008—2021 年南乐县规上工业发展总体情况

年份	规上工业增加值（亿元）	占濮阳市的比重（%）	占河南省的比重（%）	南乐县规模以上工业增加值增速（%）
2008	20.4	5.9	0.3	40.5
2009	28.7	8.3	0.3	22.3
2010	38.2	9.0	0.4	26.2
2011	39.8	7.5	0.3	23.2
2012	47.9	8.7	0.4	23.8
2013	59.5	9.2	0.4	21.7

续表

年份	规上工业增加值（亿元）	占濮阳市的比重（%）	占河南省的比重（%）	南乐县规模以上工业增加值增速（%）
2014	74.1	10.2	0.4	19.8
2015	81.6	10.2	0.4	14.4
2016	87.7	10.1	0.4	12.3
2017	89.9	9.6	0.4	9.1
2018	85.9	8.6	0.4	11.6
2019	69.3	6.4	0.3	7.3
2020	77.0	6.9	0.3	11.2
2021	86.6	7.0	0.3	12.4

数据来源：历年濮阳市统计年鉴。

（四）服务业发展情况分析

服务业增加值总额不断增长，占濮阳市服务业增加值的比重基本稳定，2021年居濮阳市第4位、河南省第84位。

具体地，南乐县服务业增加值与规上工业增加值反向变化，2019年增长迅速，2021年达到91.99亿元，占濮阳市服务业增加值的比重为10.2%，与2008年持平，在濮阳市下滑1个位次，排第4位，在河南省提升10个位次，排第84位（见表4）。

从服务业增速看，2014年之前南乐县服务业增加值增速与省市服务业增加值增速交替运行，2014年后，除2020年受新冠疫情影响，省、市、县三级服务业增加值保持较低增速外，其余大多数年份南乐县服务业增加值增速快于河南省、濮阳市水平。2021年南乐县服务业增加值增速分别高出濮阳市、河南省1.3个、2.3个百分点。

观察细分行业可发现南乐县2019年服务业增加值大幅提升的原因，2019年南乐县批发和零售业、交通运输业、住宿和餐饮增加值相较2018年均出现大幅提升，相反金融业和房地产业出现不同程度的下降（见表5）。

河南省县域经济运行分析：南乐篇

表 4 2008—2021 年南乐县第三产业发展情况

年份	南乐县服务业增加值（亿元）	南乐县服务业增加值占濮阳市服务业增加值的比重（%）	南乐县服务业增加值在濮阳市的排名	南乐县服务业增加值增速在河南省的排名	南乐县服务业增加值增速（%）	南乐县服务业增加值增速在濮阳市的排名	南乐县服务业增加值增速在河南省的排名
2008	13.20	10.2	3	94	13.3	1	56
2009	14.76	10.3	4	97	17.10	1	15
2010	16.81	11.1	4	95	9.00	4	75
2011	19.08	10.9	4	97	7.30	2	87
2012	21.29	10.3	4	96	8.70	5	77
2013	23.96	10.3	4	94	9.30	4	34
2014	32.31	12.7	4	92	9.80	3	41
2015	37.63	8.9	4	92	13.70	5	19
2016	45.29	9.5	4	92	10.5	3	63
2017	56.35	9.6	4	86	12.7	2	12
2018	64.11	9.8	3	84	10.7	2	33
2019	82.10	10.0	4	84	7.8	3	49
2020	83.17	10.1	4	84	2.1	2	49
2021	91.99	10.2	4	84	10.4	3	22

数据来源：历年河南省统计年鉴及濮阳市统计年鉴。

表5 2009—2020年南乐县服务业分行业增加值与增速

年份	批发和零售业增加值（亿元）	批发和零售业增加值增速（%）	交通运输、仓储和邮政业增加值（亿元）	交通运输、仓储和邮政业增加值增速（%）	住宿和餐饮业增加值（亿元）	住宿和餐饮业增加值增速（%）	金融业增加值（亿元）	金融业增加值增速（%）	房地产业增加值（亿元）	房地产业增加值增速（%）
2009	3.0	19.5	1.5	16.3	1.0	9.7	0.5	26.6	1.5	4.0
2010	3.6	14.1	1.7	10.2	1.1	7.8	0.6	7.6	2.0	3.7
2011	4.3	13.4	1.9	13.0	1.4	13.0	0.6	-0.9	2.3	5.0
2012	4.8	10.7	2.2	8.8	1.5	6.5	0.7	15.8	2.4	6.0
2013	5.5	10.8	2.6	10.7	1.8	10.5	0.8	7.3	2.6	4.2
2014	6.0	8.9	4.2	4.9	2.0	6.2	3.0	21.6	3.5	-1.2
2015	6.4	6.9	4.6	4.7	2.2	6.7	3.5	17.2	3.8	11.2
2016	6.9	7.0	4.8	3.3	2.4	6.6	4.6	13.5	4.9	10.1
2017	7.4	6.1	5.0	4.2	2.6	7.1	5.2	7.9	7.7	34.6
2018	7.9	4.2	5.5	7.5	2.8	5.7	5.7	5.7	8.3	0.4
2019	12.16	6.2	18.84	7.2	5.39	7.9	4.39	10.3	7.37	7.0
2020	12.24	-0.8	19.96	6.0	4.81	-12.0	4.68	13.6	9.57	21.2

数据来源：历年濮阳市统计年鉴。

从不同类型服务业占服务业增加值总额的比重看,服务业细分行业中,批发和零售业增加值占比下降明显(2018年之前),交通运输业及住宿和餐饮在2018年之后提升明显,金融业则反向变化,2018年之后占比出现较大幅度下降,房地产业占比表现稳定(见表6)。

从服务业占比结构来看,交通运输业占服务业增加值的主要部分,2020年占比24.0%,其次是批发和零售业占14.7%,余下是房地产业占11.5%,住宿和餐饮业占5.8%,金融业占比最少,为5.6%(见表6)。

表6 2008—2020年南乐县不同类型服务业增加值占服务业增加值总额的比重

年份	批发和零售业占服务业的比重(%)	交通运输、仓储和邮政占服务业的比重(%)	住宿餐饮业占服务业的比重(%)	金融业占服务业的比重(%)	房地产业占服务业的比重(%)
2009	20.3	10.2	6.8	3.4	10.1
2010	21.4	10.1	6.5	3.6	11.9
2011	22.5	10.0	7.3	3.1	12.1
2012	22.6	10.3	7.0	3.3	11.3
2013	23.0	10.9	7.5	3.3	10.9
2014	18.6	13.0	6.2	9.3	10.8
2015	17.0	12.1	5.8	9.3	10.2
2016	15.1	10.5	5.3	10.2	10.9
2017	13.1	8.9	4.6	9.2	13.7
2018	12.3	8.5	4.4	8.9	12.9
2019	14.8	23.0	6.6	5.3	9.0
2020	14.7	24.0	5.8	5.6	11.5

数据来源:历年濮阳市统计年鉴。

(五)重点企业分析

围绕生物基可降解材料产业发展技术路线,南乐县工业规模不断壮大,外引内联、招大引强,星汉生物、华乐科技、天仁生物等龙头项目（见表7）先后落地，成立河南省可降解材料产业技术创新战略联盟，与北京工商大学、郑州大学等院校实现合作，生物质能产业园区纳入省级化工园区，成功举办两届全国可降解材料产业发展大会，产业规模和影响越来越大。

表7　南乐县主要龙头企业情况

序号	公司名称	公司简介
1	河南龙都天仁生物材料有限公司（简称天仁生物）	省定重点上市后备企业，2013年成立，注册资本1250万元，是一家专门致力于生物基可降解材料的研发、生产和销售的高科技企业，拥有国内技术及自动化程度一流的全生物降解材料产业化示范线 经营范围涉及可降解生物质高分子材料及制品的研发、生产、销售；主要产品涉及PLA树脂、全降解改性树脂、超市购物袋、可降解地膜、可降解水稻育秧盘、PLA无纺布制品等各种环保产品
2	河南星汉生物科技有限公司（简称星汉生物）	公司成立于2015年10月，注册资金1亿元，位于南乐县国家级生物基材料产业园内，是一家集农产品深加工、生物发酵、生物制造于一体的高新技术企业 主要从事高纯聚合级乳酸、耐热级乳酸、食品添加剂乳酸、饲料酸化剂乳酸、有机肥料、石膏粉和石膏制品、聚乳酸（PLA）等的研发、生产及销售
3	濮阳市华乐科技有限公司（简称华乐科技）	该公司成立于2018年，注册资金2500万元，是一家专业生产可降解包装材料、食品级PP材质一次性食品包装容器、锁鲜盒、托盒、餐盒等塑料制品的生产型企业 该公司拥有全球最先进的智能全自动生产线和专业配套的成套设备，可年生产1.5万吨可降解塑料及制品、日产800万套各类食品级环保一次性餐盒、锁鲜盒等塑料包装容器、食品托盒
4	盛久糖醇科技有限公司（简称盛久科技）	公司成立于2020年9月，位于濮阳市南乐县开发区，集木糖研发、生产、销售为一体，系全球第三大木糖醇生产企业河南豫鑫糖醇有限公司全资子公司和原料木糖生产基地。公司占地约200亩，现有员工280人，其中专业技术人员50余人 为全国唯一同时拥有玉米芯、半纤维素和色谱母液三种原料提取木糖能力的生产厂家。年营收能力3.5亿元，利税总额5000万元，位列全国最大的木糖生产基地之一

续表

序号	公司名称	公司简介
5	河南臣涛精密机械科技有限公司	河南臣涛精密机械科技有限公司高端机械装备及新能源装备关键零部件项目，总投资5亿元，占地面积117亩，建成投产后，预计年产新能源汽车、风电、核电、光伏设备、航天航空领域零部件1500万件 项目建成投产后，销售产值可达6亿元，利税1.5亿元，并能够提供800~1000人的就业岗位
6	唐人神集团生猪全产业链项目	项目总投资8.5亿元，包括2个养殖基地、1个屠宰加工厂、1个饲料加工厂 年出栏育肥猪20万头、屠宰生猪150头，年产4万吨分割肉、9.5万吨白条肉、150万份猪副产品等，年产值26亿元、利税3000万元，提供就业岗位450余个
7	仰韶集团黄河白酒产业园项目	该项目由仰韶集团投资建设，是集白酒酿造、储存、勾调、科研、销售为一体的大型粮食绿色深加工项目。总投资10.5亿元，占地约350亩，建成投产后年可生产优质基酒1.6万吨，利用当地高粱、小麦、玉米等粮食作物6万余吨，实现产值13亿元，年可创造税收约2.6亿元，提供就业岗位约2500余个

四、财政收支分析

南乐县一般公共预算收入总额、占濮阳市的比重及占GDP的比重均不断提升，但绝对量不高，居河南省、濮阳市最后方阵，在濮阳市保持第4位，在河南省居第92位（2021年）。2021年一般公共预算收入为7.88亿元，是2008年的9.7倍，占濮阳市的比重由3.2%（2008年）提升至7.0%（2021年），提升了3.8个百分点，在河南省的位次由第101位提升至第92位，提升了9个位次。财政收入占GDP的比重由1.2%（2008年）提升至4.3%（2021年），提升3.1个百分点（见表8）。

一般公共预算支出总额逐年提升，占濮阳市的比重波动变化，绝对量与一般公共预算收入相类似，在省市均居最后方阵。从位次来看，2021年南乐县一般公共预算支出居濮阳市第4位、河南省第91位，与2008年对比，在濮阳市下滑1个位次，在河南省提升4个位次。从绝对量上看，2021年南乐县一般公共预算支出为25.16亿元，是2008年的4倍，但占濮阳市一般公共预算支出的比重却稍有下降，较2008年（9.8%）下降了2.8个百分点（见表8）。

财政自给率不断提高，与省市水平的差距逐渐缩小，2021年南乐县财政自给率为31.31%，居濮阳市第3位、河南省第58位，分别较2008年提升了1个、31个位次（见表8）。

南乐县税收总额逐年提高，占一般公共预算收入的比重波动变化，税收占比趋势线与省市税收占比趋势线交叉运行；占濮阳市税收的比重不断提升。2021年，南乐县税收收入达5.1亿元，是2009年的8.5倍，税收占比接近70%，占濮阳市税收收入的比重为6.6%，较2009年（3.1%）提升了3.5个百分点（见表9）。

人均一般公共预算收支绝对量增长迅速，不及省市平均水平，但差距在逐渐缩小，其中人均一般公共预算收入占省市的比重整体呈增长态势，人均一般公共预算支出占省市的比重则波动变化。

具体看，2021年南乐县人均一般公共预算收入为1663.08元，是2008年（168.34元）的9.9倍，占濮阳市人均一般公共预算收入的比重由23.3%（2008年）变为55.2%（2021年），提升了31.9个百分点；占河南省的比重由15.7%（2008年）提升至37.8%（2021年），提升了22.1个百分点。人均一般公共预算支出则由1301.73元提升至5311.29元，提升了4.1倍，占濮阳市及河南省的比重分别由2008年的71.3%、53.8%下滑至2021年的55.4%、50.4%（见表9）。

受新冠疫情影响，2020—2021年南乐县人均一般公共预算收支绝对量，以及占河南省、濮阳市的比重均出现下滑，一般公共预算支出受影响程度明显高于一般公共预算收入（见表9）。

五、金融业发展分析

南乐县金融机构年末存、贷款余额总额不断增加，占濮阳市存、贷款的比重同步增长，2021年存、贷款绝对量分别居濮阳市第4位、第3位，在河南省分别排第94位、第83位，存、贷款绝对量处河南省最后方阵（见表10）。

2021年南乐县金融机构年末存款余额为182.47亿元，是2008年的

河南省县域经济运行分析：南乐篇

表8 2008—2021年南乐县财政收支情况

年份	一般公共预算收入（亿元）	占濮阳市一般公共预算收入的比重（%）	一般公共预算收入在濮阳市的排名	一般公共预算收入在河南省的排名	一般公共预算支出（亿元）	一般公共预算支出占濮阳市的比重（%）	一般公共预算支出在濮阳市的排名	一般公共预算支出在河南省的排名	财政自给率（%）	在濮阳市的排名	在河南省的排名	财政收入占GDP的比重（%）
2008	0.81	3.2	4	101	6.23	9.8	3	95	12.93	4	89	1.2
2009	0.92	3.6	4	101	9.10	11.2	4	93	10.07	4	96	1.2
2010	1.16	3.9	4	101	9.03	10.0	4	99	12.90	4	88	1.3
2011	1.60	4.1	4	101	11.68	9.9	4	94	13.65	4	87	1.6
2012	1.96	4.1	4	100	14.70	9.8	4	94	13.36	4	87	1.8
2013	2.62	4.3	4	100	16.96	9.8	4	91	15.43	4	84	2.1
2014	3.37	4.8	4	98	17.70	9.7	4	91	19.05	4	81	2.3
2015	4.06	5.1	4	98	22.11	10.1	4	85	18.34	4	84	2.6
2016	4.74	6.6	4	95	23.21	10.5	4	88	20.42	3	71	2.8
2017	5.38	6.6	4	94	27.26	10.5	4	85	19.75	2	71	3.0
2018	6.64	7.2	4	91	30.90	10.0	5	83	21.47	1	64	3.4
2019	7.38	7.3	4	92	34.05	9.7	5	85	21.69	2	64	4.4
2020	7.92	7.7	4	89	34.08	9.6	5	86	23.25	1	57	4.5
2021	7.88	7.0	4	92	25.16	7.0	4	91	31.31	3	58	4.3

数据来源：历年河南省统计年鉴。

表 9　2008—2021 年南乐县税收及人均财力情况

年份	税收			人均收入（元，%）				人均支出（元，%）		
	税收收入（亿元，%）	税收占一般公共预算收入的比重	占濮阳市税收收入的比重	人均一般公共预算收入	占濮阳市的比重	占河南省的比重		人均一般公共预算支出（元）	占濮阳市的比重	占河南省的比重
2008	—	—	—	168.34	23.3	15.7		1301.73	71.3	53.8
2009	0.6	65.5	3.1	190.75	26.5	16.1		1894.44	81.8	61.9
2010	0.8	68.7	3.3	254.17	30.3	17.3		1969.73	78.7	54.2
2011	1.1	68.9	3.5	369.33	33.7	20.3		2704.81	81.3	60.2
2012	1.5	76.3	3.8	417.07	31.2	19.5		3121.08	74.6	59.4
2013	1.8	68.8	3.7	569.85	33.7	22.6		3693.57	76.1	63.3
2014	2.3	68.2	4.2	708.96	36.3	25.0		3720.90	73.6	59.5
2015	2.9	71.5	4.9	852.60	39.0	27.4		4648.79	76.7	66.3
2016	3.4	71.7	6.3	991.98	49.9	30.8		4857.85	79.6	63.7
2017	3.6	66.9	6.0	1134.01	50.9	32.7		5741.76	80.3	68.7
2018	4.3	64.8	6.3	1445.96	56.9	37.9		6734.10	78.4	72.1
2019	4.8	65.0	6.6	1611.63	57.9	39.5		7431.30	76.7	72.4
2020	5.4	68.1	7.5	1663.74	60.6	39.7		7155.32	75.7	68.6
2021	5.1	64.7	6.6	1663.08	55.2	37.8		5311.29	55.4	50.4

数据来源：历年河南省统计年鉴、濮阳市统计年鉴。

表10　2008—2021年南乐县金融机构年末存、贷款余额情况

年份	金融机构存款年末余额	在濮阳市的排名	在河南省的排名	占濮阳市年末存款余额的比重	金融机构贷款年末余额	在濮阳市的排名	在河南省的排名	占濮阳市年末贷款余额的比重	南乐县存贷比	在濮阳市的排名	在河南省的排名	濮阳市存贷比	河南省存贷比
2008	23.69	5	102	5.3	9.71	3	96	6.3	41.0	1	59	34.9	68.0
2009	28.91	5	102	5.5	12.18	3	97	6.1	42.1	2	64	37.8	70.1
2010	34.69	5	102	5.9	15.40	3	97	6.6	44.4	2	59	39.3	68.6
2011	41.73	5	102	6.1	15.81	4	99	6.1	37.9	2	70	37.8	65.7
2012	51.99	4	101	6.2	16.24	5	101	5.3	31.2	3	88	36.3	63.3
2013	63.15	4	101	6.5	20.80	5	101	5.5	32.9	4	90	39.0	62.4
2014	76.01	4	99	7.2	24.48	5	102	5.3	32.2	5	95	43.6	65.8
2015	86.48	4	98	7.4	29.83	5	99	5.5	34.5	5	90	46.6	66.0
2016	103.41	4	97	7.7	37.59	5	99	5.9	36.4	3	78	47.5	67.6
2017	120.34	4	95	8.0	43.10	4	97	5.8	35.8	4	77	49.2	70.7
2018	129.20	4	95	7.7	53.83	4	97	6.2	41.7	3	67	51.2	74.9
2019	145.50	4	93	7.7	70.97	3	93	6.9	48.8	3	60	54.5	80.1
2020	165.99	4	94	8.1	94.42	3	87	7.5	56.9	3	36	60.8	82.2
2021	182.47	4	94	8.1	112.87	3	83	7.8	61.9	3	32	64.5	84.4

数据来源：历年河南省统计年鉴。

7.7倍，占濮阳市存款余额的比重由5.3%（2008年）提升至8.1%（2021年），提高2.8个百分点。2021年贷款余额突破100亿元，达到112.87亿元，是2008年的11.6倍，占濮阳市贷款余额的比重由6.3%（2008年）提升至7.8%（2021年），提升1.5个百分点（见表10）。

南乐县存贷比波动升降，不及河南省存贷比水平，2011年之前高于濮阳市，2011年后开始下降，逐渐拉开与省市的距离，2015年逐渐回升，开始缩小与濮阳市的差距。2021年南乐县存贷比为61.9%，排河南省第32位、濮阳市第3位，同年低于濮阳市2.6个百分点，低于河南省22.5个百分点（见表10）。

南乐县人均存贷款余额、占河南省和濮阳市的比重均稳定增长，与河南省和濮阳市人均存贷款余额平均水平存在较大差距，多数年份居河南省最后方阵。2021年，南乐县人均存款余额为3.85万元，是2008年的7.8倍，占濮阳市的64.1%，占河南省的46.2%，居濮阳市第4位、河南省第96位。人均贷款余额达2.38万元，是2008年的12倍，占濮阳市的61.4%，占河南省的33.9%，居濮阳市最后一位、河南省第65位，较2008年提升26位（见表11）。

表11 2008—2021年南乐县人均存贷款余额情况

年份	人均存款（元，%）					人均贷款（元，%）				
	南乐县人均存款余额	在濮阳市的排名	在河南省的排名	人均存款占濮阳市的比重	人均存款占河南省的比重	南乐县人均贷款余额	在濮阳市的排名	在河南省的排名	人均贷款占濮阳市的比重	人均贷款占河南省的比重
2008	4947.5	5	94	39.1	30.6	2028.0	2	91	45.8	18.4
2009	6019.9	5	92	40.3	29.8	2536.4	3	87	45.0	17.9
2010	7571.5	3	96	46.3	30.8	3361.0	3	85	52.2	19.9
2011	9659.8	3	95	50.5	34.3	3659.7	2	88	50.6	19.8
2012	11036.5	4	98	47.5	32.9	3447.3	4	98	40.8	16.2
2013	13754.6	3	93	50.7	35.0	4530.6	4	98	42.8	18.4
2014	15978.7	3	93	54.3	37.2	5146.1	5	99	40.2	18.2
2015	18180.3	3	93	56.3	37.0	6270.8	4	95	41.7	19.4

续表

年份	人均存款（元，%）					人均贷款（元，%）				
	南乐县人均存款余额	在濮阳市的排名	在河南省的排名	人均存款占濮阳市的比重	人均存款占河南省的比重	南乐县人均贷款余额	在濮阳市的排名	在河南省的排名	人均贷款占濮阳市的比重	人均贷款占河南省的比重
2016	21643.4	3	89	58.7	39.2	7867.3	4	90	44.9	21.1
2017	25346.2	3	85	61.0	42.2	9077.5	4	85	44.4	21.4
2018	28154.2	3	86	60.3	43.5	11730.2	5	85	49.1	24.2
2019	31754.7	3	85	61.1	45.2	15488.9	4	74	54.7	27.6
2020	34850.1	4	93	63.8	45.3	19823.6	5	68	59.7	31.3
2021	38520.0	4	96	64.1	46.2	23826.3	5	65	61.4	33.9

数据来源：历年河南省统计年鉴。

六、居民收入分析

南乐县居民人均可支配收入总额逐年提高，居濮阳市第3位，属河南省中等偏下收入水平，2021年仅为濮阳市居民人均可支配收入的84.6%、河南省的78.1%。居民人均可支配收入增速与濮阳市基本持平，但不及濮阳市增速水平（见表12）。

表12 2017—2021年南乐县居民人均可支配收入情况

年份	南乐县居民人均可支配收入（元）	在濮阳市的排名	在河南省的排名	占濮阳市的比重（%）	占河南省的比重（%）	南乐县居民人均可支配收入增速（%）	濮阳市居民人均可支配收入增速（%）	南乐县增速－濮阳市增速（%）
2017	15478	3	71	85.1	76.7		10.73	
2018	16839	3	76	85.0	76.7	8.79	8.82	−0.03
2019	18329	3	75	84.9	76.7	8.85	9.04	−0.19
2020	19128	3	76	84.7	77.1	4.36	4.59	−0.23
2021	20927	3	75	84.6	78.1	9.40	9.60	−0.20

数据来源：历年河南省统计年鉴。

分常住地来看，城乡居民人均可支配收入绝对量和占河南省、濮阳市的比重均提升明显，其中城镇居民人均可支配收入不及河南省、濮阳市水平，2021年农村居民人均可支配收入超出濮阳市6.3个百分点，恰与河南省持平，在濮阳市的位次均处前2位（见表13）。

2021年南乐县城镇居民人均可支配收入达2.9万元，居濮阳市第2位（濮阳县居第1位，为3.26万元），居河南省第87位，较2008年下滑10个位次。城镇居民人均可支配收入占濮阳市的比重由77.3%（2008年）提升至81.8%（2021年），占河南省的比重由2008年的74.3%提升至2021年的79.4%（见表13）。

2021年南乐县农村居民人均可支配收入为1.75万元，变化趋势与城镇保持一致，居濮阳市第2位（清丰县居第1位，为1.87万元），居河南省第47位，较2008年提升11个位次（见表13）。

城乡收入比逐年向好，2021年相比2008年提升了0.55个百分点，在河南省的位次由第46位提升至第30位，提升16个位次（见表13）。

七、固定资产投资分析

南乐县固定资产投资总额增长迅速，2020年绝对量居濮阳市第2位、河南省第43位，占濮阳市固定资产投资的比重稳步提升。2021年南乐县固定资产投资总额为378.42亿元，是2008年的10.5倍，占濮阳市固定资产投资的比重为17.5%，较2008年提升4.3个百分点，2020年居濮阳市第2位、河南省第43位，分别较2008年提升1个、46个位次（见表14）。

八、社会消费分析

可能由于2018年经济普查统计口径调整，南乐县社消零总额2019年出现负增长，但绝对量以及占GDP的比重呈增长态势，连续多年居濮阳市第4位、河南省第80位以后。

2021年南乐县社消零总额为65.15亿元，是2008年的3.6倍，在河南省、濮阳市排名较为稳定。社消零占GDP的比重由2008年的26.1%提升至2021年的35.2%，提升了9.1个百分点（见表15）。

河南省县域经济运行分析：南乐篇

表 13　2008—2021 年南乐县城乡居民人均可支配收入及城乡收入比

年份	城镇居民人均可支配收入	在濮阳市的排名	在河南省的排名	占濮阳市的比重	占河南省的比重	农村居民人均可支配收入	在濮阳市的排名	在河南省的排名	占濮阳市的比重	占河南省的比重	城乡收入比	城乡收入比在河南省的排名
2008	9836	3	77	77.3	74.3	4244	2	58	104.4	95.3	2.32	46
2009	10751	3	79	78.3	74.8	4614	2	55	104.6	96.0	2.33	44
2010	11932	3	79	78.8	74.9	5398	2	49	106.3	97.7	2.21	39
2011	13625	3	80	79.1	74.9	6467	2	48	106.3	97.9	2.11	38
2012	15405	3	82	79.0	75.4	8035	1	41	115.7	106.8	1.92	29
2013	17029	3	81	78.9	76.0	8390	2	49	106.1	99.0	2.03	38
2014	18800	3	80	79.1	79.4	9380	2	49	106.3	94.1	2.00	39
2015	20233	2	77	81.2	79.1	10399	2	50	106.2	95.8	1.95	40
2016	21496	2	78	81.2	78.9	11285	2	50	106.2	96.5	1.90	38
2017	23570	2	78	81.8	79.7	12379	2	50	106.2	97.3	1.90	38
2018	25423	2	80	81.9	79.8	13454	2	50	106.3	97.3	1.89	38
2019	27228	2	82	81.8	79.6	14772	2	50	106.3	97.4	1.84	36
2020	27530	2	86	81.8	79.2	15829	2	49	106.4	98.3	1.74	33
2021	29447	2	87	81.8	79.4	17530	2	47	106.3	100.0	1.68	30

数据来源：历年河南省统计年鉴。

表14 2008—2021年南乐县固定资产投资情况

年份	固定资产投资（亿元）	占濮阳市比重（%）	固定资产投资在濮阳市排名	固定资产投资在河南省排名	南乐县固定资产投资增速（%）	濮阳市固定资产投资增速（%）	河南省固定资产投资增速（%）
2008	36.13	13.2	3	89	—	30.1	32.4
2009	30.78	8.6	4	93	-14.8	30.6	31.6
2010	52.96	11.6	3	77	72.1	27.4	22.2
2011	72.92	12.3	3	69	37.7	30.0	27.0
2012	94.18	12.7	3	64	25.3	25.1	21.4
2013	118.02	12.5	3	62	17.9	27.5	22.5
2014	139.20	12.5	3	61	16.5	18.5	19.2
2015	162.12	12.4	3	60	16.5	17.0	16.5
2016	199.05	13.1	3	59	22.8	16.7	13.7
2017	226.83	13.3	3	56	14.0	11.8	10.4
2018	298.98	17.0	2	38	31.8	3.3	8.1
2019	311.81	16.8	2	46	4.3	5.5	8.0
2020	334.88	17.1	2	43	7.4	5.4	4.3
2021	378.42	17.5	—	—	10.3	10.5	4.5

数据来源：历年河南省统计年鉴、濮阳市统计年鉴。

人均社消零绝对量提升明显,但在河南省、濮阳市的排名均下滑,2021年南乐县人均社消零为1.38万元,是2008年的3.7倍,居濮阳市第4位、河南省第81位,分别较2008年下滑1个、20个位次。与河南省、濮阳市人均社消零水平相比,南乐县人均社消零不及省市平均水平,且差距不断拉大,2008年南乐县人均社消零占濮阳市、河南省人均社消零的比重分别为79.2%、61.45%,至2021年变为71.2%、55.7%,分别下降了8个、5.7个百分点(见表15)。

社消零分行业来看,2018年后批发和零售业及住宿和餐饮业各自占社消零总额的比重相反变化,其中批发和零售业占比自2018年后明显下降,住宿和餐饮业则明显提升。2020年批发和零售业占比65.1%,较2009年下降20.4个百分点,住宿和餐饮业占比34.8%,较2008年提升23个百分点(见表15)。

九、人口规模分析

南乐县常住人口数量处河南省中等靠后水平,2021年常住人口47.37万人,占濮阳市常住人口的比重为12.7%,常住人口数量居河南省第75位,户籍人口58.40万人(2020年),人口流失率逐年扩大,2020年为18.44%(见表16)。

尽管南乐县常住人口城镇化率不断提高,但水平较低,处河南省倒数方阵,与河南省、濮阳市平均水平存在较大差距。2021年城镇化率仅为35.97%,处省第96位,同年低于濮阳市15.03个百分点,低于河南省20.53个百分点(见表16)。

2016—2019年,南乐县从业人员数持续负增长,2019年从业人员数不足30万人,但基本与2008年从业人员数持平。按不同产业就业人数占比看,第一产业就业人数占比不断降低,但仍保持在40%以上,2019年第一产业就业人数占比为40.33%,第二、第三产业就业人员占比为59.67%(见表17)。

表 15 2008—2021 年南乐县社会消费品零售总额情况

年份	社消零总额（亿元，%）社消零总额	在濮阳市的排名	在河南省的排名	占GDP的比重	人均社消零（元，%）人均社消零	在濮阳市的排名	人均社消零在河南省的排名	人均社消零占濮阳市的比重	人均社消零占河南省的比重	分行业（亿元，%）其中批发和零售业	占社消零的比重	其中住宿和餐饮业	占社消零的比重
2008	18.00	4	83	26.1	3759.40	3	61	79.2	61.4	—	—	—	—
2009	22.00	4	82	29.8	4581.42	3	59	94.3	65.0	18.8	85.5	2.6	11.8
2010	25.83	4	82	29.3	5637.28	3	60	87.2	66.9	22.1	85.6	3.5	13.6
2011	30.62	4	82	30.5	7087.96	3	54	91.1	71.8	25.6	83.6	5.0	16.3
2012	35.26	4	82	32.7	7484.61	3	61	83.9	66.3	29.7	84.2	5.6	15.9
2013	40.45	4	82	32.6	8810.72	3	60	85.6	68.9	34.3	84.8	6.1	15.1
2014	45.73	4	82	31.8	9613.20	3	60	83.2	67.3	35.3	77.2	10.5	23.0
2015	51.69	4	81	33.0	10866.09	3	59	83.3	68.1	40.3	78.0	11.4	22.1
2016	58.23	4	81	33.9	12187.11	3	58	83.5	69.0	48.6	83.5	9.6	16.5
2017	65.37	4	80	35.9	13767.90	3	60	84.3	70.2	53.6	82.0	11.8	18.1
2018	71.45	4	77	36.1	15569.84	3	55	91.2	72.2	63.1	88.3	8.3	11.6
2019	61.24	4	88	36.2	13365.34	4	78	70.0	56.4	47.0	76.7	14.2	23.2
2020	58.35	4	88	33.0	12250.68	4	83	70.3	54.1	38.0	65.1	20.3	34.8
2021	65.15	4	85	35.2	13753.64	4	81	71.2	55.7	—	—	—	—

数据来源：历年河南省统计年鉴、濮阳市统计年鉴。

表 16 2008—2021 年南乐县人口情况

年份	南乐县户籍人口（万人）	南乐县常住人口（万人）	南乐县常住人口在濮阳市的排名	南乐县常住人口在河南省的排名	南乐县外流人口（万人）	南乐县人口流失率（%）	南乐县常住人口占濮阳市的比重（%）	南乐县城镇化率（%）	南乐县城镇化率在河南省的排名	濮阳市城镇化率（%）	河南省城镇化率（%）
2008	49.70	47.88	4	79	1.8	3.66	13.7	—	—	33.8	36.0
2009	49.94	48.02	4	79	1.9	3.84	13.6	—	—	35.4	37.7
2010	52.29	45.82	4	81	6.5	12.37	12.7	—	—	31.5	38.8
2011	52.58	43.20	4	84	9.4	17.84	12.1	—	—	33.4	40.5
2012	52.86	47.11	4	79	5.8	10.88	13.1	—	—	35.2	42.0
2013	53.12	45.91	4	80	7.2	13.57	12.8	25.75	99	36.7	43.6
2014	53.40	47.57	3	78	5.8	10.92	13.2	27.55	98	38.5	45.1
2015	53.67	47.57	3	78	6.1	11.37	13.2	29.32	98	40.4	47.0
2016	53.95	47.78	3	78	6.2	11.44	13.2	30.98	98	42.0	48.8
2017	54.28	47.48	3	78	6.8	12.53	13.0	32.47	99	43.7	50.6
2018	54.61	45.89	3	78	8.7	15.97	12.7	34.27	98	45.3	52.2
2019	54.84	45.82	3	78	9.0	16.45	12.7	35.80	98	46.8	54.0
2020	58.40	47.63	3	76	10.8	18.44	12.6	35.14	97	50.0	55.4
2021	—	47.37	3	75	—	—	12.7	35.97	96	51.0	56.5

数据来源：历年河南省统计年鉴。

表 17 2008—2019 年南乐县就业情况

年份	从业人员数（万人）	从业人员数增速（%）	第一产业从业人员数占比（%）	第二产业从业人员数占比（%）	第三产业从业人员数占比（%）
2008	28.20	−0.5	47.34	30.99	21.67
2009	28.10	−0.4	45.77	31.57	22.67
2010	28.90	2.8	45.67	31.83	22.49
2011	35.11	21.5	39.92	60.08	
2012	30.33	−13.6	45.04	54.96	
2013	33.44	10.3	39.68	60.32	
2014	36.44	9.0	43.41	56.59	
2015	37.38	2.6	41.49	58.51	
2016	35.26	−5.7	42.12	57.88	
2017	32.43	−8.0	40.18	59.82	
2018	30.88	−4.8	47.77	52.23	
2019	29.98	−2.9	40.33	59.67	

数据来源：历年河南省统计年鉴。

十、公共服务分析

基础教育阶段，学校数和在校学生人数整体减少，专任教师数量增多。2020 年南乐县有学校共计 152 所，其中小学学校 130 所，初中学校 22 所，基础教育阶段在校学生 8.5 万人，小学在校学生数和初中在校学生数的比例为 6∶2（见表 18）。

表 18 2009—2020 年南乐县基础教育情况

年份	学校数（所） 合计	小学学校数	初中学校数	在校学生数（人） 合计	小学在校生数	初中在校生数	专任教师数（人） 合计	小学	初中
2009	193	178	15	82206	59825	22381	4334	2942	1392
2010	182	167	15	83585	62930	20655	4498	3049	1449
2011	177	162	15	84716	64040	20676	4559	2981	1578

续表

年份	学校数（所）			在校学生数（人）			专任教师数（人）		
	合计	小学学校数	初中学校数	合计	小学在校生数	初中在校生数	合计	小学	初中
2012	177	161	16	85771	65086	20685	4597	3070	1527
2013	178	160	18	71506	52087	19419	4839	3063	1776
2014	180	161	19	71663	49604	22059	5046	3528	1518
2015	185	166	19	73016	50015	23001	4781	3241	1540
2016	151	131	20	75052	52083	22969	5102	3508	1594
2017	146	125	21	77126	54265	22861	5080	3374	1706
2018	147	126	21	79731	55927	23804	5291	3494	1797
2019	150	129	21	82694	60503	22191	5490	3620	1870
2020	152	130	22	85031	61459	23572	5658	3643	2015

数据来源：历年濮阳市统计年鉴。

十一、县域发展战略分析

南乐县抓实"一个目标，两个大局，三大产业，八个更快"发展路径。

"一个目标"：以生态建设统领工业、农业和城乡建设，走环保优先、绿色发展之路。

"两个大局"：以黄河流域生态保护和高质量发展、县域经济高质量发展为引领。

"三大产业"：强力推进生物制造、食品加工和装备制造的发展。

"八个更快"：综合实力、创新能力、城乡融合、改革开放、社会文明、生态文明、民生福祉、治理效能更快发展。

依托国家生物基材料产业集群，抢抓全国全面"禁塑"的机遇，重点抓"扩区规划、引进龙头企业、建设科研平台、壮大现有企业、持续开展产业论坛、健全工作机制"六个方面，促进可降解材料产业膨胀发展，建设百亿级产业集群，打造全国重要的生物降解新材料产业基地。

依托国家级绿色农产品标准化供应基地，坚持发展集养殖、屠宰、加工、销售为一体的畜禽肉制品加工产业链；发展绿色农产品种植加工一体化产业链；发展集原料、包装、终端产品、冷链物流为一体的冷饮食品产业链。依托肉禽加工、绿色农产品种植业精细化加工和木伦河集团冷饮食品，打造全国知名的农副产品生产供应基地。

依托完善的南林高速、大广高速、106国道、341国道、郑济高铁等交通优势，立足"背靠中原大地、俯瞰京津鲁冀"的区位优势，以农产品和冷饮食品冷链物流为突破口，加快构建现代化商贸流通与物流体系，争取引进规模大、辐射广、影响力强的综合物流企业进驻南乐，将南乐打造成三省交汇处的综合物流中心。

十二、综述

通过数据梳理发现，南乐县发展不平衡不充分的问题仍比较突出，县域经济综合实力不强、经济总量不够大、人均GDP低于河南省和濮阳市平均水平、经济结构比例不优、城镇化水平偏低、财政收支及人均财力低、综合交通网络有待完善、社会事业发展不够充分、资源环境约束趋紧等短板弱项仍需下功夫弥补提升。

基于南乐县目前经济发展的现状及经济发展中存在的弱项，南乐县可以在以下方面进行努力。

第一，加强产业结构调整，加大高新技术产业发展（生物基材料）力度，利用优势资源（国家政策导向以及财政补贴），继续完善生产体系，推动产业转型升级。

第二，提高经济总量，增加投资，扩大内需市场，增加消费和投资，加大经济发展力度，促进经济发展。

第三，加强城市规划和建设，完善城市基础设施，提升城镇化水平，提高城市品质。

第四，加强教育、科技和人才引进，提升人才的质量和能力，增强县域经济发展的创新能力。

第五，加强环境保护和资源利用，推进生态文明建设。南乐县需要加强环境保护和资源利用，推进生态文明建设，促进经济发展和环境保护协调发展。

在产业发展方面，南乐县 10 余年来建设国家生物基材料产业园的创新实践，打开了经济转型升级的一道大门，开辟了经济高质量发展的广阔空间。据科学研究，75% 以上的石油基塑料制品可以被生物基可降解塑料制品替代，是解决白色污染的理想替代品，应用市场前景广阔，未来生物基材料终端产品市场应用逐渐扩大。

在南乐县生物基材料产业的进一步发展过程中，还要注意以下五点。

第一，建立完善的市场拓展机制。加强与其他生物基材料生产企业的合作，开发新的市场，促进生物基材料的应用，提高其知名度和市场占有率。同时，南乐县还应加强与国内外相关产业的沟通和交流，积极参与国内外相关展览和技术交流会，了解最新市场动态，以更好地拓展市场。

第二，优化产业布局。注重产业集聚，优化生物基材料产业的布局，加强生产企业之间的合作，提高生产效率和产品质量，降低生产成本。同时，南乐县还应注重人才培养，加强科研力量建设，不断提高生物基材料的技术含量和附加值。

第三，建立健全产销体系与产业链上下游的协作关系。促进生物基材料产业的可持续发展。同时，积极推广先进的生产技术和设备，提高生物基材料的产量和质量，为市场提供更多高品质的产品。

第四，积极引进外来投资，吸引更多优秀的企业和人才来到南乐县发展生物基材料产业，加快南乐县生物基材料产业的发展速度。

第五，制定更加优惠的政策支持生物基材料产业的发展，如减免税收、优惠贷款等，为生产企业提供更好的政策环境和发展机遇，创造更加有利的发展条件。

河南省县域经济运行分析：濮阳篇[①]

一、濮阳县概况

濮阳县位于河南省东北部，豫鲁两省交界处，与濮阳市同城同名。全县辖12镇、8乡，县域面积1382平方千米，耕地面积920平方千米（人均耕地面积1.12亩），2020年户籍人口123.26万人，2021年常住人口95.14万人。

濮阳县是中原油田主产区，18个乡镇涉油，油气产量分别占中原油田总产量的70%和90%以上；文96、文23战略储气库总库容110亿立方米，是我国中部地区最大的储气库；岩盐储量1400亿吨，有巨大的盐化工发展潜力。

濮阳县是人口大县，远离中心城市，曾是省级贫困县，也是农业、油气资源大县，曾经辉煌的中原油田及现在的中部地区最大的储气设施都在该县。受惠于中原油田现代化产业的洗礼、国家脱贫攻坚战略的实施及持续加力以工业化为引领的县域经济发展，目前的濮阳县，在河南省县域位次逐步提升，在濮阳市域也领跑其他县（市）。

二、总体经济运行分析

从总量看，2008—2018年，濮阳县GDP总额逐年提升至最大418.3亿元，2019年经济普查GDP实际数变为263.9亿元，出现大幅下降，之后恢复正增长，2021年GDP为302.8亿元，是2008年的2.1倍。

从GDP总量在河南省的位次看，2013年之前，一直处于河南省前1/3方阵，2014—2018年，进入河南省前18位，2019—2021年降至河南省40位以后，近两年在河南省的位次稳步前进。

[①] 本篇完成于2022年7月，撰稿人：徐涛；耿明斋、周立、王永苏、李燕燕、屈桂林、张国骁、李甜、张兆源等参与讨论。

从占比上看，濮阳县 GDP 占濮阳市的比重起伏变化，2016 年之前整体占比是增加的，2019—2021 连续三年下滑，2019 年之后占比降至 16.7%，2021 年占比 17.1%，较 2008 年下降了近 5 个百分点（见表 1）。

从增速对比来看，除 2019 年低于濮阳市 1.7 个百分点，2018—2019 年两年不及河南省增速之外，其余年份濮阳县 GDP 增速均快于省市水平，但增速的差距在逐年缩小（见表 1）。

从人均 GDP 绝对量来看，2019 年经济普查前，人均 GDP 总额不断提高，2018 年达到最高 4.25 万元，在濮阳市中一直排前 3 位，在河南省的位次保持在 50 位左右波动。经济普查后，同 GDP 保持一致，人均 GDP 出现大幅下滑，2019 年仅为 2.75 万元，退至 2013 年的水平，2021 年为 3.13 万元，是 2008 年的 2.25 倍，降至濮阳市最后一位，降至河南省第 99 位。

人均 GDP 不及省市平均水平，2018 年之前，占濮阳市、河南省的比重稳定上升，最高为 2017 年，占濮阳市的比重为 95.62%，占河南省的比重为 89.4%，经济普查之后，占河南省、濮阳市的比重大幅下降，2021 年，占濮阳市的比重为 66.6%，占河南省的比重为 52.7%（见表 2）。

人均 GDP 增速与 GDP 增速保持一致发展态势，除 2019 年不及省市水平，其余年份均高于省市平均水平，2021 年，濮阳市人均 GDP 增速为 8.9%，高于濮阳市 1.9 个百分点，高出河南省 2.5 个百分点（见表 2）。

三、分产业经济运行分析

（一）产业格局与发展方向

濮阳县的产业格局为：以招商引资为主抓手，培育形成了装备制造、新材料、绿色食品三大主导产业，打造 5 大集群 13 条产业链，其中 4 个集群 11 条链为战略性新兴产业。

以濮阳县先进制造业开发区为载体，成功引进华能风电、天顺风能、远景智能风机等企业，形成风电装备制造产业集群。围绕国内 500 强企业——德力西集团，成功招引恒源电工等配套企业十余家，拉长电子电气装备制造产业链。围绕全球 500 强企业——中国建材集团，相继落地光热光电玻璃、碲化镉薄膜太阳能电池等企业，新材料产业集群规模进一步增强。引进巴德富、浩森生物等企业，化工产业集群做大做强。同时依

表1　2008—2021年濮阳县地区生产总值及增速

年份	濮阳县GDP（亿元）	濮阳县GDP在濮阳市的排名	濮阳县GDP在河南省的排名	濮阳县GDP增速（%）	濮阳县GDP增速在濮阳市的排名	濮阳县GDP增速在河南省的排名	濮阳县GDP占濮阳市的比重（%）	濮阳县GDP增速-濮阳市GDP增速（%）	濮阳县GDP增速-河南省GDP增速（%）
2008	144.3	1	27	19.5	1	6	22.0	6.5	7.5
2009	165.0	1	23	15.9	1	6	24.6	5.4	4.9
2010	192.4	1	22	15.6	2	10	24.8	4.2	3.2
2011	210.1	1	23	13.2	5	45	22.6	1.1	1.2
2012	235.7	1	22	16.6	1	1	23.7	4.4	6.5
2013	279.9	1	20	15.8	3	2	24.8	3.8	6.8
2014	316.1	1	18	13.2	5	7	25.2	3.2	4.3
2015	342.2	1	17	11.7	5	10	25.7	2.2	3.3
2016	377.8	1	16	10.4	1	7	26.2	1.7	2.2
2017	412.3	1	16	8.6	4	36	25.4	0.5	0.8
2018	418.3	1	17	7.5	2	70	25.3	1.7	-0.1
2019	263.9	1	53	5.1	5	97	16.7	-1.7	-1.9
2020	279.3	1	46	5.5	1	3	16.9	2.5	4.2
2021	302.8	1	44	9.5	2	5	17.1	1.1	3.2

注：由于2019年全国经济普查调整，2019年濮阳市GDP实际核算结果为263.9亿元。
数据来源：历年河南省统计年鉴。

河南省县域经济运行分析：濮阳篇

表2 2008—2021年濮阳县人均地区生产总值及增速

年份	濮阳县人均GDP（元）	人均GDP在濮阳市的排名	人均GDP在河南省的排名	濮阳市人均GDP（元）	河南省人均GDP（元）	濮阳县人均GDP增速（%）	濮阳县人均GDP增速在濮阳市的排名	濮阳县人均GDP增速在河南省的排名	濮阳县人均GDP占濮阳市的比重（%）	濮阳县人均GDP占河南省的比重（%）
2008	13850	2	57	18077	18019	19.9	2	6	76.62	76.9
2009	15824	1	48	18855	19480	15.8	1	7	83.92	81.2
2010	18417	2	50	21787	23092	15.4	3	37	84.53	79.8
2011	20101	3	56	25066	28661	13.1	5	67	80.19	70.1
2012	22866	2	53	27654	31499	18.2	1	5	82.69	72.6
2013	27549	2	51	31483	34211	17.5	1	2	87.5	80.5
2014	31193	2	49	34895	37072	13.5	4	5	89.39	84.1
2015	33835	2	48	36842	39123	11.9	4	13	91.84	86.5
2016	37823	2	46	40059	42575	11.8	1	4	94.42	88.8
2017	41726	2	46	43638	46674	9.7	3	9	95.62	89.4
2018	42480	2	47	45644	50152	7.8	2	46	93.07	84.7
2019	27516	5	98	42146	56388	4.5	5	97	65.29	48.8
2020	28727	5	100	43908	55435	6.5	1	5	65.43	51.8
2021	31280	5	99	46964	59410	8.9	—	—	66.6	52.7

数据来源：历年河南省统计年鉴。

托传统农业优势,绿色食品产业发展步入快车道。

濮阳县的产业方向为:致力于打造全省重要的新能源、新材料基地,扩大风能、太阳能、生物质能等新能源供给能力,谋划发展氢能,推动新能源产业集群化、规模化和园区化发展,打造黄河流域绿色能源基地核心区。做大做强玻璃新材料、耐火新材料、化工新材料、建筑新材料、医用新材料等重点领域,打造"材料之都"。

发展壮大优势产业集群,做大装备制造、绿色食品优势产业。发展新能源装备、特种节能环保装备、智能电子电气装备;做大做优主食制品、肉制品、油脂制品、休闲食品,打造全国具有一定影响力的绿色食品基地。

积极培育战略性新兴产业,一是打造具有竞争力的数字产业集群,推动数字产业化、产业数字化,促进数字经济与实体经济深度融合。二是聚焦生命健康领域,构建"医药中间体—生物医药—基因工程"产业链。三是推动与大院大所联合等模式,创新发展新兴业态。

(二)产业结构分析

濮阳县是工业强县,2019年之前,第二产业高位引领全县经济发展,占GDP的比重均保持在50%以上,但呈现下降趋势,第三产业则逐年递增反向变化。2019年以后,第三产业超过第二产业,成为引领经济发展的主动力。2021年,濮阳县三次产业结构为17.4∶27.3∶55.3(见图1)。

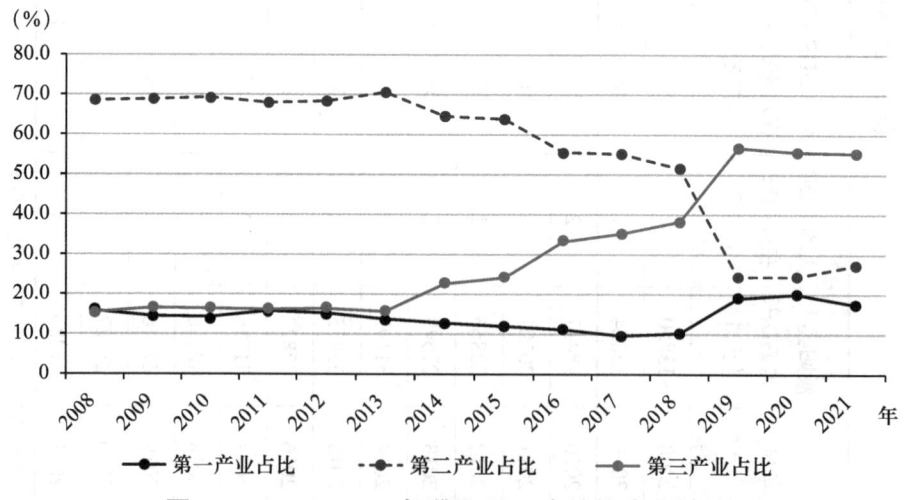

图1 2008—2021年濮阳县三产结构变化情况

（三）工业发展情况分析

作为资源枯竭型城市，濮阳县立足石油化工"老饭碗"，换道领跑发展。一方面，依托良好的化工产业和农业基础，推动化工、装备制造、食品加工等传统产业与前沿技术开展"高位嫁接"，推动传统产业提质发展、向中高端延伸。围绕专用化学品、电子化学品、电子电器、耐火材料、农副食品加工等重点领域，加快传统产业技术更新和设备更新，推动传统产业向智能化、绿色化、高端化转型。另一方面，大力培育新兴产业，聚焦新能源装备制造、智能家居制造、电子及精密器械制造、化工新材料、非金属新材料、氢能与储能等新兴产业，打造产业集群。

近些年，濮阳县经济规模持续扩张、产业发展质量不断提升。主要表现在：工业经济主体力量壮大，濮耐股份、蔚林股份、明海光电、天顺风能（濮阳）、中建材（濮阳）光电等一批主业突出、自主核心竞争力强、行业区域带动作用明显的领头羊企业做大做强；产业升级的势头良好，具有区域特色的新材料产业集群、新能源装备制造产业集群发展强劲。

2021年濮阳县规上战略性新兴产业、高新技术产业增加值分别增长36.3%、78.4%，战略性新兴产业增加值占规上工业增加值的比重由2019年的16.7%提升到2021年的71.2%，濮阳县逐渐形成从拳头产业培育到链式产业扩张产业发展格局。

2018年之前，濮阳县规上工业增加值总体增长（2016年绝对量下降但增速保持为正），2017年达到最大值为246.6亿元，2015年占濮阳市的比重最高（28.9%），占河南省规上工业增加值比重约为1%左右；2018年之后，数据调整幅度较大，增速依然强劲，2021年增速为20.3%（见表3）。

表3　2008—2021年濮阳县规上工业发展总体情况

年份	规上工业增加值（亿元）	占濮阳市的比重（%）	占河南省的比重（%）	濮阳县规上工业增加值增速（%）
2008	—	—	—	36.1
2009	96.4	27.9	1.2	22.0
2010	116.2	27.3	1.2	21.4
2011	125.6	23.7	1.1	21.5

续表

年份	规上工业增加值（亿元）	占濮阳市的比重（%）	占河南省的比重（%）	濮阳县规上工业增加值增速（%）
2012	143.3	26.2	1.1	22.3
2013	179.7	27.9	1.2	20.6
2014	209.8	28.7	1.2	16.9
2015	230.6	28.9	1.3	13.9
2016	189.8	21.8	1.0	12.0
2017	246.6	26.2	1.1	8.8
2018	22.4	2.2	0.1	9.2
2019	17.9	1.7	0.1	3.3
2020	20.4	1.8	0.1	14.0
2021	32.6	2.6	0.1	20.3

注：经与濮阳市统计局对接沟通，由于统计口径发生调整，造成2018年濮阳县规上工业增加值绝对量及占河南省、濮阳市的比重大幅度下降。

数据来源：历年濮阳县统计公报。

从与省市规上工业增加值增速对比来看，除2019年不及省市增速水平外，其余年份增速超过河南省、濮阳市水平，特别是近两年，增速逐渐拉开差距。2021年超过濮阳市10.3个百分点，超过河南省14个百分点。

（四）服务业发展情况分析

濮阳县服务业增加值总额总体不断增长，占濮阳市服务业增加值的比重先升后降再降，在濮阳市保持首位，在河南省位次提升显著，由2008年的第58位提升至2020年的第29位，提升29个位次（见表4）。

从服务业增速看，与省市服务业增速交替运行，近十年保持一致发展趋势，2021年濮阳县服务业增速为9.7%（见表4），高出濮阳市0.6个百分点，高出河南省1.6个百分点。

服务业分行业看，2019年批发和零售业及住宿和餐饮业出现较大幅度下滑，交通运输业、金融业和房地产业增加值14年来则稳定增长（见表5）。

从不同类型服务业占服务业增加值总额的比重看，批发和零售业及住

表 4　2008—2021 年濮阳县服务业情况

年份	濮阳县服务业增加值（亿元）	濮阳县服务业增加值占濮阳市服务业增加值的比重（%）	濮阳县服务业增加值在濮阳市的排名	濮阳县服务业增加值在河南省的排名	濮阳县服务业增加值增速（%）	濮阳县服务业增加值增速在濮阳市的排名	濮阳县服务业增加值增速在河南省的排名
2008	22.4	17.3	1	58	10.2	3	63
2009	27.4	19.2	1	46	12.9	4	73
2010	31.4	20.7	1	43	10.4	3	35
2011	34.0	19.4	1	53	2.1	5	45
2012	38.6	18.6	1	53	10.1	1	63
2013	43.7	18.7	1	52	9.5	3	6
2014	71.5	28.1	1	34	10.7	1	35
2015	82.5	19.6	1	34	14.4	3	28
2016	125.5	26.4	1	18	10.6	2	24
2017	145.3	24.7	1	17	10.7	4	25
2018	159.9	24.5	1	17	6.7	3	43
2019	149.5	18.3	1	31	8.1	2	34
2020	155.2	18.8	1	29	4.4	1	4
2021	167.3	18.6	—	—	9.7	—	—

数据来源：历年河南省统计年鉴及濮阳市统计年鉴。

表 5　2008—2021 年濮阳县服务业分行业增加值与增速

年份	批发和零售业（亿元）	批发和零售业增速（%）	交通运输、仓储和邮政业（亿元）	交通运输、仓储和邮政业增速（%）	住宿和餐饮业（亿元）	住宿和餐饮业增速（%）	金融业（亿元）	金融业增速（%）	房地产业（亿元）	房地产业增速（%）
2008	—	—	—	—	—	—	—	—	—	—
2009	5.4	12.5	2.0	11.9	4.4	14.4	1.0	29.4	3.5	9.1
2010	6.4	11.4	2.2	7.9	4.9	6.7	1.1	3.3	4.1	12.3
2011	7.4	10.4	2.5	9.9	6.0	12.0	1.1	-0.8	4.7	3.4
2012	8.5	11.3	2.9	11.9	6.9	7.2	1.4	25.5	4.9	2.9
2013	9.7	12.5	3.4	6.2	8.0	9.5	1.7	15.3	5.5	10.5
2014	13.6	8.9	6.5	2.7	8.8	7.2	3.2	15.0	5.7	-4.8
2015	14.5	6.8	7.1	4.5	12.8	6.5	3.8	19.5	6.5	15.0
2016	27.7	7.1	10.0	3.4	22.0	6.7	5.3	-3.2	10.1	9.8
2017	29.9	6.4	10.6	4.1	24.1	7.2	6.3	14.2	12.6	12.2
2018	32.2	4.7	11.4	6.6	26.0	6.0	7.2	8.6	13.6	1.8
2019	27.2	6.4	28.4	6.4	7.5	8.0	9.4	8.9	18.5	3.7
2020	27.5	-0.7	30.4	6.9	6.7	-12.1	9.3	7.1	22.3	15.0
2021	29.4	6.7	37.2	22.1	7.3	8.6	9.6	2.4	—	—

数据来源：历年濮阳市统计年鉴。

宿和餐饮业占比与其绝对量变化趋势保持一致，分别在2019年出现较大幅度下滑，相反交通运输业则在2019年后占比大幅提高，金融业占比稳步提升，2021年占比为5.7%。房地产业占比呈现先下降再上升的"U"形变化趋势，2020年占比为14.4%，相较于2009年提高了1.6个百分点（见表6）。

表6 2009—2021年濮阳县不同类型服务业增加值占服务业增加值总额的比重

年份	批发和零售业占服务业的比重（%）	交通运输、仓储和邮政占服务业的比重（%）	住宿和餐饮业占服务业的比重（%）	金融业占服务业的比重（%）	房地产业占服务业的比重（%）
2009	19.7	7.3	16.1	3.7	12.8
2010	20.2	7.0	15.6	3.5	13.1
2011	21.8	7.3	17.6	3.2	13.8
2012	22.0	7.5	17.9	3.6	12.7
2013	22.2	7.8	18.3	3.9	12.6
2014	19.1	9.1	12.3	4.5	8.0
2015	17.6	8.5	15.5	4.6	7.9
2016	22.1	8.0	17.5	4.2	8.1
2017	20.6	7.3	16.6	4.4	8.7
2018	20.2	7.1	16.2	4.5	8.5
2019	18.2	19.0	5.0	6.3	12.4
2020	17.7	19.6	4.3	6.0	14.4
2021	17.5	22.2	4.4	5.7	—

数据来源：历年濮阳市统计年鉴。

（五）重点企业分析

濮阳县主要龙头企业（见表7）围绕新材料、新能源、绿色食品三大主导产业，致力于将濮阳县打造成为中东部地区重要的化工新材料产业基地、装备制造产业基地、绿色食品产业基地。其中新材料产业集群聚焦丙烯、糠醛、硫化工、无机非金属材料等重点产业链；新能源产业集群聚焦光伏装备、风电装备、氢能与储能产业、新能源发电产业链等；绿色食品产业集群则重点关注农副产品加工、焙烤食品产业链；除此之外还有部分企业深耕于智能家居、新一代信息技术应用、电子及精密器件制造等领域。

表7 濮阳县主要龙头企业情况

序号	公司名称	公司简介
1	濮阳濮耐高温材料（集团）股份有限公司	公司于2008年4月25日在深圳证券交易所成功上市，是濮阳市首家上市企业。国内主要的功能耐火材料、不定形耐火材料生产企业，钢铁炉外精炼透气砖国内市场份额第一，是国内最大的钢铁行业用耐火材料制品供应商
2	巴德富化学（濮阳）有限公司	2021年10月成立，注册资金1亿元，主要经营化工产品生产、销售；基础化学原料制造等
3	河南浩森生物材料有限公司	成立于2017年11月3日，主要从事化学品生产、经营，货物进出口等业务
4	濮阳蔚林化工股份有限公司	成立于1998年，注册资金3亿元，拥有员工760人，2015年2月在新三板挂牌，致力于橡胶化学品，尤其是橡胶促进剂的研究开发、生产与销售。可以生产40多个品种，年总产能达到2万吨，已经成为中国规模较大、品种最全的橡胶化学品制造商
5	中建材（濮阳）光电材料有限公司	成立于2013年12月11日，主要从事光热发电玻璃、电子玻璃、电子信息显示玻璃的生产、加工、销售；玻璃及相关原材料加工等
6	凯盛光电材料（濮阳）有限公司	成立于2018年，主要经营薄膜太阳能电池、太阳能设备研发、生产、销售、安装；太阳能光伏发电及照明工程；金属半导体材料研发、生产和销售；电力工程施工、输变电工程施工；建筑幕墙工程设计与施工；从事货物进出口和技术进出口的对外贸易经营业务
7	濮阳天顺风电叶片有限公司	成立于2019年12月16日，注册资金1亿元，主要经营研发、生产、安装风力发电设备配套的风能叶片、机械件、电气件和液压件及其配套零部件等。2019年，天顺风能通过招商引资入驻濮阳，2021年，总投资5亿元的天顺风能濮阳叶片厂投产，目前已实现5条叶片产线全部满产运行，可年产叶片500套，年营业收入达10亿元

续表

序号	公司名称	公司简介
8	濮阳训达粮油股份有限公司	成立于1995年6月2日，主要从事油料购销、加工，食用植物油生产销售等
9	河南省家家宜米业有限公司	成立于2003年3月13日，粮食加工食品生产，农产品的生产、销售、加工、运输、贮藏及其他相关服务
10	河南豫粮集团凯利来食品有限公司	成立于2017年，主要从事食品生产、食品销售、食品添加剂生产、粮食加工食品生产等

四、财政收支分析

濮阳县一般公共预算收入总额及占濮阳市的比重不断提高，收入总额稳居濮阳市第1位，在河南省保持在第40位左右，2021年一般公共预算收入突破17亿元，是2008年的5倍，2020年居河南省第35位，较2008年下降2位。2019年，财政收入占GDP的比重最高，为5.7%，2021年占比为5.6%（见表8）。

一般公共预算支出总额逐年增多，直到2019年达最高75.9亿元，2020年稍有下降，为72.5亿元，居濮阳市第1位，占濮阳市一般公共预算支出的比重为20.3%。在河南省的排名，2019—2020年均在濮阳市十几位，2018年进入河南省前十位（见表8）。

财政自给率下滑，与省市平均水平存在较大差距。2020年为21.6%，低于濮阳市7.4个百分点，低于河南省18.6个百分点；与自己相比，低于2008年最高点4.9个百分点，2018—2019连续两年低于20%。在濮阳市的位次由首位下降至倒数第二位，在河南省的位次由2008年的第49位降至2020年的第68位，下降了19个位次（见表8）。

税收总额逐年提高，占一般公共预算收入的比重有所下降，但高于河南省、濮阳市平均水平，占濮阳市税收的比重先降后升。2020年，税收收入12.1亿元，是2009年的3.9倍，税收占一般公共预算收入的比重为77.0%，较2009年下降3.6个百分点。税收占濮阳市税收的比重整体提高1个百分点，但表现为先降后升的变化趋势（见表9）。

表 8　2008—2021 年濮阳县财政收支情况

年份	一般公共预算收入	占濮阳市一般公共预算收入的比重	在濮阳市的排名	在河南省的排名（%）	一般公共预算支出	一般公共预算支出占濮阳市的比重	一般公共预算支出在濮阳市的排名	一般公共预算支出在河南省的排名	财政自给率	在濮阳市的排名	在河南省的排名（%）	财政收入占GDP的比重（%）
2008	3.4	13.6	1	33	13.0	20.3	1	19	26.5	1	49	2.4
2009	3.8	14.9	1	34	16.0	19.7	1	24	23.6	1	47	2.3
2010	4.2	13.8	1	38	17.7	19.7	1	28	23.5	1	50	2.2
2011	4.8	12.4	1	40	23.2	19.6	1	22	20.8	1	59	2.3
2012	5.9	12.2	1	39	29.3	19.5	1	22	20.0	1	59	2.5
2013	7.7	12.7	1	37	34.0	19.6	1	19	22.6	1	58	2.8
2014	9.0	12.8	1	35	35.2	19.4	1	22	25.5	1	57	2.8
2015	10.1	12.8	1	34	41.1	18.8	1	20	24.6	1	55	2.9
2016	9.6	13.3	1	41	45.3	20.4	1	23	21.2	2	67	2.5
2017	10.7	13.2	1	40	53.2	20.5	1	18	20.1	1	68	2.6
2018	13.0	14.2	1	35	67.6	21.8	1	9	19.3	3	70	3.1
2019	15.0	14.9	1	35	75.9	21.7	1	11	19.8	4	72	5.7
2020	15.7	15.1	1	35	72.5	20.3	1	16	21.6	4	68	5.6
2021	17.0	15.1	1	32	45.18	12.6	1	40	23.4	1	49	5.6

数据来源：历年河南省统计年鉴。

表9 2008—2021年濮阳县税收及人均财力情况

年份	税收（亿元，%）			人均收入（元，%）			人均支出（元，%）		
	税收收入	税收占一般公共预算收入比重	占濮阳市税收收入的比重	人均一般公共预算收入	占濮阳市的比重	占河南省的比重	人均一般公共预算支出	占濮阳市的比重	占河南省的比重
2008	—	—	—	330.0	45.6	30.8	1245.1	68.2	51.5
2009	3.1	80.6	15.8	362.6	50.4	30.5	1536.5	66.3	50.2
2010	3.4	81.7	14.0	398.0	47.5	27.1	1695.1	67.7	46.7
2011	4.0	82.2	12.6	462.3	42.2	25.4	2217.7	66.7	49.4
2012	4.9	82.7	12.3	577.6	43.2	27.0	2883.4	68.9	54.9
2013	6.2	81.0	12.9	758.7	44.9	30.1	3351.4	69.0	57.5
2014	7.1	79.0	13.0	889.6	45.5	31.3	3482.9	68.9	55.7
2015	8.1	80.6	13.8	997.7	45.6	32.1	4063.2	67.0	58.0
2016	7.8	81.1	14.4	972.5	48.9	30.2	4592.3	75.2	60.2
2017	8.5	80.0	14.2	1079.6	48.4	31.1	5381.3	75.3	64.4
2018	10.5	80.2	15.4	1330.0	52.4	34.8	6893.2	80.3	73.8
2019	11.6	77.2	15.8	1517.7	54.5	37.2	7681.0	79.2	74.8
2020	12.1	77.0	16.8	1618.5	59.0	38.6	7491.7	79.2	71.8
2021	—	—	—	1872.2	62.1	42.6	4748.8	49.5	45.0

数据来源：历年河南省统计年鉴、濮阳市统计年鉴。

人均一般公共预算收入不断增长，绝对量不及省市平均水平，但差距在逐渐缩小。2021年，濮阳县人均一般公共预算收入为1872.2元，是2008年的5.7倍，占濮阳市的比重为62.1%，占河南省的比重为42.6%；2021年，人均一般公共预算支出相较2020年大幅下降，为4748.8元，占濮阳市的比重为49.5%，占河南省的比重为45.0%（见表9）。

五、金融业发展分析

濮阳县金融机构年末存、贷款余额总额不断增加，占濮阳市存、贷款余额的比重同步增长，存贷款绝对量位居濮阳市第一，存款余额在河南省的位次基本稳定，贷款余额在河南省的位次明显提升。2021年濮阳县金融机构存款余额为349.4亿元，是2008年的6.1倍，占濮阳市的比重为15.4%，较2008年提升2.5个百分点；贷款年末余额为257.7亿元，是2008年的13.3倍，占濮阳市的比重为18.8%，较2008年提高6.3个百分点，居河南省第21位，较2008年提升43位（见表10）。

濮阳县存贷比高于濮阳市，不及河南省。2021年为73.8%，居濮阳市首位、河南省第12位，2008—2021年，存贷比显著提升，由33.8%提升至73.8%，提升40个百分点。在河南省由第82位提升至第12位（见表10）。

人均存、贷款余额均稳定增长，占河南省、濮阳市的比重同步变化，但人均存款省市排名均下降，人均贷款省市排名反向变化，显著提高。2021年，濮阳县人均存款余额为3.67万元，是2008年的6.7倍，占濮阳市人均存款余额的比重为64.7%，占河南省的比重为44.2%，分别较2008年提升了21.3、10.2个百分点，在濮阳市的位次由第3位降至最后1位，在河南省的位次由第82位降至第100位，下降了18个位次；2021年人均贷款余额为2.71万元，是2008年的14.6倍，占濮阳市人均贷款余额的比重为77.9%，占河南省的比重为42.4%，分别较2008年提升35.9个、25.5个百分点，在濮阳市的位次由第4位提升至第2位，在河南省的位次由第97位提升至第50位，提高了47个位次（见表11）。

六、居民收入分析

2017—2021年，濮阳县居民人均可支配收入总额不断提高，但不及省

表10 2008—2021年濮阳县金融机构年末存、贷款余额情况

年份	存款余额（亿元，%）			贷款余额（亿元，%）					存贷比（%）				
	金融机构存款年末余额	在濮阳市的排名	在河南省的排名	占濮阳市年末存款余额的比重	金融机构贷款年末余额	在濮阳市的排名	在河南省的排名	占濮阳市年末贷款余额的比重	濮阳县存贷比	在濮阳市的排名	在河南省的排名	濮阳市存贷比	河南省存贷比
2008	57.3	1	36	12.9	19.4	1	64	12.5	33.8	3	82	34.9	68.0
2009	67.2	1	39	12.8	32.5	1	40	16.4	48.3	1	50	37.8	70.1
2010	77.5	1	44	13.2	38.5	1	43	16.6	49.7	1	42	39.3	68.6
2011	93.7	1	43	13.8	36.9	1	51	14.3	39.4	1	68	37.8	65.7
2012	117.2	1	40	14.0	50.3	1	41	16.5	42.9	1	50	36.3	63.3
2013	138.0	1	40	14.2	56.5	1	50	14.9	41.0	1	60	39.0	62.4
2014	151.1	1	41	14.3	71.4	1	45	15.5	47.3	1	53	43.6	65.8
2015	173.7	1	39	14.9	90.0	1	34	16.6	51.8	1	41	46.6	66.0
2016	201.1	1	41	15.0	108.6	1	27	17.1	54.0	1	33	47.5	67.6
2017	240.6	1	37	15.9	132.3	1	25	17.8	55.0	1	34	49.2	70.7
2018	275.2	1	35	16.3	152.1	1	23	17.6	55.3	1	37	51.2	74.9
2019	297.1	1	36	15.8	193.0	1	21	18.9	65.0	1	19	54.5	80.1
2020	323.8	1	37	15.7	236.0	1	18	18.8	72.9	1	12	60.8	82.2
2021	349.4	1	37	15.4	257.7	1	21	18.8	73.8	1	12	64.5	84.4

数据来源：历年河南省统计年鉴。

表11　2008—2021年濮阳县人均存、贷款余额情况

年份	人均存款（元，%）濮阳县人均存款余额	在濮阳市的排名	在河南省的排名	人均存款占濮阳市的比重	人均存款占河南省的比重	人均贷款（元，%）濮阳县人均贷款余额	在濮阳市的排名	在河南省的排名	人均贷款占濮阳市的比重	人均贷款占河南省的比重
2008	5496.3	3	82	43.4	34.0	1858.7	4	97	42.0	16.9
2009	6443.4	3	85	43.1	31.9	3112.6	1	68	55.2	22.0
2010	7408.8	5	99	45.3	30.1	3684.3	2	79	57.3	21.8
2011	8972.7	5	99	46.9	31.9	3533.7	3	90	48.8	19.1
2012	11524.2	3	94	49.6	34.4	4942.0	2	78	58.5	23.2
2013	13594.1	4	96	50.1	34.6	5568.5	3	86	52.6	22.7
2014	14935.7	4	95	50.8	34.8	7059.7	3	81	55.1	25.0
2015	17182.3	4	95	53.2	35.0	8899.1	2	76	59.1	27.5
2016	20374.4	4	94	55.3	36.9	11003.2	2	67	62.8	29.5
2017	24324.5	4	91	58.6	40.5	13373.1	1	63	65.4	31.5
2018	28076.1	4	87	60.1	43.4	15512.1	1	59	64.9	32.0
2019	30045.5	4	91	57.8	42.8	19516.5	1	49	68.9	34.7
2020	33448.9	5	98	61.3	43.5	24377.1	1	46	73.4	38.5
2021	36717.2	5	100	64.7	44.2	27084.9	2	50	77.9	42.4

数据来源：历年河南省统计年鉴。

市平均水平，绝对量稳居濮阳市第1位，河南省第44位（2021年），占濮阳市、河南省的比重逐步提升，2021年占濮阳市的比重为94.4%，占河南省的比重为86.6%。居民人均可支配收入增速基本与濮阳市保持一致，2021年高于濮阳市居民人均可支配收入增速0.5个百分点（见表12）。

表12 2017—2021年濮阳县居民人均可支配收入情况

年份	濮阳县居民人均可支配收入（元）	在濮阳市的排名	在河南省的排名	占濮阳市的比重（%）	占河南省的比重（%）	濮阳县居民人均可支配收入增速（%）	濮阳市居民人均可支配收入增速（%）	濮阳县增速－濮阳市增速（%）
2017	17112	1	47	94.0	84.8	—	10.7	—
2018	18633	1	47	94.1	84.8	8.9	8.8	0.1
2019	20296	1	47	94.0	84.9	8.9	9.0	−0.1
2020	21273	1	47	94.2	85.7	4.8	4.6	0.2
2021	23417	1	44	94.4	86.6	10.1	9.6	0.5

数据来源：历年河南省统计年鉴。

分常住地来看，城乡居民人均可支配收入总额不断提升，占河南省、濮阳市的比重同步变化，分别稳居濮阳市第1位和第3位。其中城镇居民人均可支配收入由2008年的1.1万元增至2021年的3.3万元，2021年占濮阳市、河南省的比重分别为90.6%、87.5%，分别较2008年提高了3.9个、4.1个百分点，在河南省的位次由第34位下降至第52位，下降了18个位次；农村居民人均可支配收入由2008年的0.4万元增至2021年的1.7万元，增加了3.3倍，高于濮阳市水平，不及河南省水平。2021年占濮阳市、河南省的比重分别为106.0%、98.7%，分别较2008年提高了2.3个、4.0个百分点。在河南省的位次由2008年的第59位提升至2021年的第49位，提高了10个位次（见表13）。

2021年，濮阳县城乡收入比为1.9，较2008年提升了0.5，居河南省第48位（见表13）。

七、固定资产投资分析

濮阳县固定资产投资总额平稳增长，增速及占濮阳市的比重起伏变

表 13 2008—2021 年濮阳县城乡居民人均可支配收入及城乡收入比

年份	城镇居民人均可支配收入	在濮阳市的排名	在河南省的排名	占濮阳市的比重	占河南省的比重	农村居民人均可支配收入	在濮阳市的排名	在河南省的排名	占濮阳市的比重	占河南省的比重	城乡收入比	城乡收入比在河南省的排名
2008	11034	1	34	86.7	83.4	4216	3	59	103.7	94.7	2.6	70
2009	12060	1	38	87.8	83.9	4566	3	58	103.5	95.0	2.6	66
2010	13343	1	41	88.1	83.8	5324	3	52	104.9	96.4	2.5	63
2011	15171	1	42	88.1	83.4	6341	3	51	104.3	96.0	2.4	59
2012	17220	1	41	88.3	84.2	7311	3	52	103.7	95.7	2.3	58
2013	19088	1	40	88.5	85.2	8248	3	50	104.4	97.3	2.3	58
2014	20977	1	38	88.3	88.6	9205	3	50	104.3	92.4	2.3	57
2015	22266	1	42	89.3	87.1	10205	3	51	104.2	94.0	2.2	57
2016	24039	1	41	90.8	88.3	11074	3	51	104.3	94.7	2.2	60
2017	26239	1	41	91.0	88.8	12148	3	51	104.3	95.5	2.2	61
2018	28228	1	44	90.9	88.6	13226	3	51	104.5	95.6	2.1	58
2019	30289	1	48	91.0	88.6	14576	3	51	104.9	96.1	2.1	55
2020	30495	1	50	90.6	87.8	15693	3	50	105.5	97.4	1.9	50
2021	32645	1	52	90.6	87.5	17488	3	49	106.0	98.7	1.9	48

数据来源：历年河南省统计年鉴。

化，投资绝对量居濮阳市第一，在河南省的位次提升明显。据初步核算，2021年濮阳县固定资产投资总额为580.1亿元，是2008年的7.2倍，占濮阳市固定资产投资的比重为28.9%，与2008年持平。2020年居河南省第11位，相较2008年提升了17个位次。2021年，濮阳县固定资产投资增速为10.8%，高出濮阳市0.3个百分点，高出河南省6.3个百分点。2015—2021年，除2019年濮阳县固定资产投资为负增长不及河南省、濮阳市水平外，其余年份增速均超过河南省、濮阳市平均水平（见表14）。

表14 2008—2021年濮阳县固定资产投资情况

年份	固定资产投资（亿元）	占濮阳市的比重（%）	固定资产投资在濮阳市的排名	固定资产投资在河南省的排名	濮阳县固定资产投资增速（%）	濮阳市固定资产投资增速（%）	河南省固定资产投资增速（%）
2008	80.2	29.3	1	28	—	30.1	32.4
2009	93.9	26.3	1	28	17.1	30.6	31.6
2010	106.9	23.5	1	24	13.9	27.4	22.2
2011	137.8	23.3	1	23	29.0	30.0	27.0
2012	180.6	24.4	1	17	31.0	25.1	21.4
2013	226.8	24.1	1	15	25.6	27.5	22.5
2014	263.0	23.6	1	15	15.9	18.5	19.2
2015	307.6	23.6	1	14	17.0	17.0	16.5
2016	377.5	24.8	1	14	22.8	16.7	13.7
2017	430.4	25.3	1	13	13.8	11.8	10.4
2018	516.0	31.0	1	8	19.9	3.3	8.1
2019	486.1	27.7	1	11	−5.8	5.5	8.0
2020	523.5	28.3	1	11	7.7	5.4	4.3
2021	580.1	28.9	—	—	10.8	10.5	4.5

注：2018年不再公布固定资产投资绝对量，只公布增速，2018年之后固定资产投资绝对量数据依据增速计算而得。

数据来源：历年河南省统计年鉴、濮阳市统计年鉴。

八、社会消费分析

经济普查前，濮阳县社消零总额及占GDP的比重稳步增长，2019年之后社消零绝对量及占 GDP 的比重出现较大下降,在河南省排名同步下滑。2021年濮阳县社消零总额为 138.4 亿元,是 2008 年的 2.8 倍,占 GDP 的比重为 45.7%,较 2008 年提升 11.3 个百分点,居河南省第 30 位,较 2008 年下滑 16 个位次(见表 15)。

人均社消零变化趋势与社消零总额保持一致,2019 年之前逐年增长,2018 年达到最高,约为 1.8 万元,居濮阳市首位,除 2019—2021 年居全省前 83 位外,其余年份均保持在全省前 40 位,人均社消零水平占濮阳市的比重超过 100%,占河南省的比重保持在 77% 以上,最高为 2017 年接近 90%。2019 年之后,人均社消零绝对量及在河南省和濮阳市的排名、占河南省和濮阳市的比重出现大幅下滑,2021 年,在濮阳市居中位,居河南省第 76 位,较 2008 年下滑第 38 个位次,占濮阳市人均社消零的比重仅为 50.5%,下降一半,占河南省人均社消零的比重仅为 45.6%,较 2008 年下降 32.3 个百分点(见表 15)。

社消零分行业来看,2019 年之前批发和零售业及住宿和餐饮业总额稳步提升,之后大幅下降,批发和零售业占社消零的比重稳步提升,住宿和餐饮业反向变化,逐年下降。2020 年批发和零售业绝对量为 105.9 亿元,是 2009 年的 2.3 倍,占社消零总额的比重为 85.4%,较 2009 年提升了 7.9 个百分点,住宿和餐饮业绝对量为 18.1 亿元,是 2009 年的 1.5 倍,占社消零总额的比重为 14.6%,较 2009 年下降 5.9 个百分点(见表 15)。

九、人口规模分析

濮阳县是人口大县,2020 年户籍人口达 123.3 万人,2021 年常住人口 95.1 万人,在濮阳市属常住人口最多的县,在河南省 102 县(市)中常住人口数一直处于前 15 位,2021 年居河南省第 13 位,2008—2021 年,外流人口数持续增多,人口流失率不断扩大,常住人口数占濮阳市的比重逐渐减少,2021 年占比为 24.0%,较 2008 年下降 5.8 个百分点(见表 16)。

常住人口城镇化率处于河南省中间水平,不及河南省和濮阳市平均水平,2021 年城镇化率为 44%,低于濮阳市 7 个百分点,低于河南省 12.5 个百分点。2021 年城镇化率居河南省第 54 位(见表 16)。

从就业人员数看,濮阳县就业人员数变动幅度不大,2017 年就业人数

表 15 2008—2021 年濮阳县社消零总额情况

年份	社消零总额（亿元，%）				人均社消零（元，%）							分行业（亿元，%）			
	社消零总额	在濮阳市的排名	在河南省的排名	占GDP的比重	人均社消零额	在濮阳市的排名	在河南省的排名	人均社消零占濮阳市的比重	人均社消零占河南省的比重	其中批发和零售业	占社消零的比重	其中住宿和餐饮业	占社消零的比重
2008	49.7	1	14	34.4	4769.2	1	38	100.5	77.9	—	—	—	—
2009	59.0	1	15	35.8	5654.0	1	38	116.3	80.2	45.7	77.5	12.1	20.5
2010	70.4	1	14	36.6	6730.7	1	36	104.1	79.9	54.2	77.0	15.1	21.5
2011	82.2	1	14	39.1	7866.0	1	40	101.1	79.7	65.3	79.5	16.9	20.5
2012	95.3	1	14	40.4	9370.7	1	36	105.0	83.0	76.3	80.1	19.0	19.9
2013	109.3	1	12	39.1	10769.5	1	36	104.6	84.2	89.4	81.8	19.9	18.2
2014	123.5	1	14	39.1	12207.9	1	33	105.6	85.5	101.6	82.2	21.9	17.8
2015	137.6	1	14	40.2	13607.3	1	31	104.4	85.3	112.2	81.6	25.3	18.4
2016	155.2	1	13	41.1	15731.7	1	28	107.8	89.0	126.6	81.5	28.7	18.5
2017	174.3	1	14	42.3	17614.5	1	28	107.9	89.8	140.4	80.6	33.9	19.4
2018	175.8	1	15	42.0	17930.0	1	35	105.0	83.2	145.5	82.8	30.3	17.2
2019	127.5	1	31	48.3	12895.7	4	83	67.6	54.4	105.8	83.0	21.7	17.0
2020	124.0	1	30	44.4	12809.9	3	78	73.5	56.6	105.9	85.4	18.1	14.6
2021	138.4	1	30	45.7	11252.0	3	76	50.5	45.6	—	—	—	—

数据来源：历年河南省统计年鉴、濮阳市统计年鉴。

表 16　2008—2021 年濮阳县人口情况

年份	濮阳县户籍人口（万人）	濮阳县常住人口（万人）	濮阳县常住人口在濮阳市的排名	濮阳县常住人口在河南省的排名	濮阳县外流人口（万人）	濮阳县人口流失率（%）	濮阳县常住人口占濮阳市的比重（%）	濮阳县城镇化率（%）	濮阳县城镇化率在河南省的排名	濮阳市城镇化率（%）	河南省城镇化率（%）
2008	107.9	104.2	1	15	3.7	3.4	29.8	—	—	33.8	36.0
2009	108.4	104.4	1	14	4.1	3.7	29.6	—	—	35.4	37.7
2010	112.1	104.6	1	8	7.6	6.7	29.1	—	—	31.5	38.8
2011	112.8	104.5	1	8	8.3	7.4	29.3	—	—	33.4	40.5
2012	113.4	101.7	1	9	11.7	10.3	28.3	—	—	35.2	42.0
2013	113.9	101.5	1	8	12.4	10.9	28.4	33.7	51	36.7	43.6
2014	114.5	101.2	1	8	13.4	11.7	28.1	35.5	47	38.5	45.1
2015	115.1	101.1	1	9	14.0	12.2	28.0	37.3	49	40.4	47.0
2016	115.6	98.7	1	10	16.9	14.6	27.2	39.0	49	42.0	48.8
2017	113.7	98.9	1	10	14.8	13.0	27.2	40.5	50	43.7	50.6
2018	114.3	98.0	1	10	16.3	14.3	27.2	41.2	58	45.3	52.2
2019	114.8	98.9	1	10	15.9	13.9	27.4	42.8	56	46.8	54.0
2020	123.3	96.8	1	13	26.5	21.5	25.7	43.2	53	50.0	55.4
2021	—	95.1	1	13	—	—	24.0	44.0	54	51.0	56.5

数据来源：历年河南省统计年鉴。

最多，达 71.60 万人，2008—2013 年第一产业就业人员占比在 50% 以上，之后逐渐下降，2019 年第一产业就业人员占比依然接近 40%（见表 17）。

表 17 2008—2019 年濮阳县就业情况

年份	从业人员数（万人）	从业人员数增速（%）	第一产业从业人员数占比（%）	第二产业从业人员数占比（%）	第三产业从业人员数占比（%）
2008	65.35	0.23	51.0	33.8	15.1
2009	65.75	0.61	50.3	34.1	15.5
2010	65.96	0.32	50.3	34.2	15.5
2011	65.19	−1.17	61.4	38.6	
2012	68.94	5.75	58.1	41.9	
2013	68.41	−0.77	57.3	42.7	
2014	69.10	1.01	43.2	56.8	
2015	69.80	1.01	42.3	57.7	
2016	70.90	1.58	35.3	64.7	
2017	71.60	0.99	33.5	66.5	
2018	65.63	−8.34	47.0	53.0	
2019	63.57	−3.14	39.4	60.6	

数据来源：历年河南省统计年鉴。

濮阳县人口年龄结构与省市及全国的差异主要表现在 0~14 岁及 15~59 岁区间段，60 岁以上人口数占比基本与省市及全国水平相当。具体表现是，2021 年，濮阳县 0~14 岁人口占比高出濮阳市 1.4 个百分点，分别高出河南省和全国 4.0 个、9.1 个百分点（见表 18）。

表 18 第七次全国人口普查主要指标

地区	常住人口（万人）	按年龄分占常住人口比重（%）			每十万人中拥有的各类受教育程度人数（人）				15 岁及以上人口平均受教育年限（年）
		0~14 岁	15~59 岁	60 岁及以上	65 岁及以上	大学（大专及以上）	高中（含中专）	初中	小学	
全国	141177.9	18.0	63.4	18.7	13.5	15467	15088	34507	24767	9.9

续表

地区	常住人口（万人）	按年龄分占常住人口比重（%）				每十万人中拥有的各类受教育程度人数（人）				15岁及以上人口平均受教育年限（年）
		0~14岁	15~59岁	60岁及以上	65岁及以上	大学（大专）及以上	高中（含中专）	初中	小学	
河南省	9936.6	23.1	58.8	18.1	13.5	11744	15239	37518	24557	9.8
濮阳市	377.2	25.7	56.6	17.7	13.2	—	—	—	—	
濮阳县	96.9	27.1	54.5	18.4	13.9	—	—	—	—	

注：濮阳市及濮阳县受教育程度人数数据暂未获取。
数据来源：第七次全国人口普查公报。

十、公共服务分析

基础教育阶段，学校数和在校学生人数有所减少，但专任教师人数逐年增多，师生比不断提高，教育资源更充沛。其中，基础教育学校数由2009年495所降至2020年248所，在校学生数由2009年的18万人降至2020年约15万人，专任教师数增加了1907人。

千人卫生机构床位数和千人卫生技术人员数均不断提升，分别由2008年的1.5张、1.6人提升至2020年的6.6张和5.2人（见表19）。

十一、县域发展战略分析

"十四五"时期发展要求：以推动高质量发展为主题，以深化供给侧结构性改革为主线，以创新驱动发展为动力，稳增长、促转型、强基础、惠民生，勇当濮阳市县域经济发展排头兵。

（一）创新发展，构建现代产业体系

积极融入黄河流域科技创新带建设，整合科技资源，建设绿色化工公共研发中心、光电实验室等科技创新平台；支持企业开展产学研合作，加大研发投入，实现规上企业研发机构全覆盖；优化创新生态，完善人才政策，加快创新人才集聚，打造创新高地。

以制造业高质量发展为主攻方向，培育300亿级新材料产业集群；

表 19 2008—2020 年濮阳县基础教育和医疗保障情况

年份	学校数（所）合计	小学学校数	初中学校数	在校学生数（人）合计	小学在校生数	初中在校生数	专任教师数（人）合计	小学	初中	医疗卫生（张、人）卫生机构床位数/千人	卫生技术人员数/千人
2008	—	—	—	—	—	—	—	—	—	1.5	1.6
2009	495	446	49	182163	135320	46843	7986	4728	3258	2.1	2.4
2010	499	450	49	180145	137295	42850	7995	4859	3136	2.2	2.3
2011	496	447	49	185349	139806	45543	7848	4838	3010	2.3	2.4
2012	486	438	48	184167	140993	43174	7863	4860	3003	2.7	2.9
2013	486	437	49	136410	104735	31675	7934	5107	2827	2.9	2.9
2014	481	432	49	130969	96925	34044	7852	4984	2868	3.0	2.9
2015	477	428	49	128843	94134	34709	8219	5338	2881	3.1	2.9
2016	465	415	50	133487	98642	34845	8587	5672	2915	3.6	3.2
2017	383	346	37	137862	101753	36109	9227	6106	3121	3.8	3.4
2018	383	344	39	139472	103514	35958	9372	6231	3141	5.8	4.4
2019	240	211	29	142888	108511	34377	9748	6789	2959	6.0	4.7
2020	248	216	32	144821	110063	34758	9893	6920	2973	6.6	5.2

数据来源：历年濮阳市统计年鉴。

200亿级新能源装备制造产业集群；百亿级绿色食品产业集群，努力打造中东部地区重要的化工新材料产业基地、装备制造产业基地、绿色食品产业基地。

（二）协调发展，建设城乡融合发展示范区

优化县域空间布局，对标"濮濮一体化"，主动承载区域中心城市核心功能，统筹布局交通、教育、医疗等公共服务设施，加快与市主城区空间一体、交通同城、产业协同、生态共享和设施对接，推动实现同城同质发展，建设"有颜值、有内涵、有品位"的市域副中心城市

（三）开放发展，激发县域经济活力

深化"放管服效"改革，推动行政管理效能持续提升；加快推进投融资平台、开发区体制机制等各项改革；聚焦主导产业，精准招商引资；深化区域协同发展，推动建设豫鲁毗邻地区黄河流域生态保护和高质量发展示范区。

（四）共享发展，增进民生福祉

推进大众创业，稳定和扩大就业；优化教育、医疗资源配置；完善公共卫生防控体系，深化医药卫生体制改革，不断提高医疗服务水平；大力发展文体事业，加快历史文化资源保护开发等，构建更加完善的社会保障体系。

十二、综述

近两年，濮阳县立足资源禀赋和比较优势，高度重视行业龙头企业招引，围绕三大主导产业、五大产业集群，聚焦新能源装备制造、化工新材料、非金属新材料、氢能与储能等13条新兴产业链，走出工业强县、产业强县路子，创新驱动全面转型高质量发展，加快建设重大产业集群，大力发展新兴产业，各项指标均处濮阳市首位，多数经济发展指标居河南省前1/3方阵，总体经济发展态势良好，但发展过程中仍存在些许问题：①产业发展层次和水平不够高（新一代信息技术、高端科技产业布局少）、龙头企业少、产业链不完整。②城乡之间发展不平衡不充分问题仍然突出（城乡收入比大，处于河南省中间位置），特别是农村公共服务设施还不完善，教育、医疗、养老等还存在短板。③要素瓶颈制约凸显（环保、能耗"双控"政策日趋严格，环境容量、能耗指标与发展需求不匹配）等。

针对以上问题，濮阳县要着力做好三个方面。

第一，聚焦转型升级，实现更高质量的产业发展。坚持创新驱动、龙头带动，着力延链补链强链，推动新能源装备制造、新材料、绿色食品等主导产业更高层次集聚集群发展。

第二，聚焦新型城镇化，促进更高水平的城乡融合。聚焦乡村振兴，筑牢更为坚实的发展基础。按照"濮濮一体化"思路，加快副中心城镇建设，争创省级城乡融合示范区，构建城乡协调发展新格局，促进农业高质高效、乡村宜居宜业、农民富裕富足。

第三，聚焦生态保护，推动更可持续的绿色发展。以黄河流域生态保护为引领，统筹推进生态保护系统化、环境治理精细化、资源利用高效化，以生态"含绿量"体现发展"含金量"。

河南省县域经济运行分析：清丰篇[①]

一、清丰县概况

清丰县归濮阳市管辖，位于河南省东北部，地势平坦，水源充足，四季分明，气候宜人。距濮阳市区北 5 千米，离郑州、石家庄、济南均 200 千米左右，辖 8 镇、9 乡、503 个行政村，县域面积 828 平方千米，耕地面积 85 万亩（567 平方千米），耕地面积占全域面积的比重为 68.5%，人均耕地面积 1.45 亩。2021 年常住人口 58.44 万人，居河南省第 59 位、濮阳市第 2 位，2020 年户籍人口 75.2 万人。

清丰素有"木工之乡"之称，20 世纪 80 年代木器作坊兴起，能工巧匠在清丰陆续办起木器加工作坊，一度呈现"家家打家具、户户办工厂"的繁荣景象，当时，"买家具，到清丰"是濮阳本地人的共识。2010 年前后，以全友等为代表的家居企业进驻清丰县产业集聚区家居产业园，经过近 10 年的发展，清丰家居产业从无到有，从小到大，现共有家居生产企业 210 家，配套服务企业 52 家，年产家居 230 万套（件），销售收入达 300 亿元，直接安排就业 3.2 万人，间接带动就业近 20 万人，人均增收 3500 元/年。清丰家居产业集群被确定为全国 50 个接续替代产业集群之一，被中国家具协会命名为"中国中部（清丰）家具产业基地"。

二、总体经济运行分析

2008—2022 年，清丰县 GDP 总量及占濮阳市的比重平稳发展，2022 年 GDP 达 237.70 亿元，绝对量占濮阳市的比重为 12.6%，居濮阳市第 3 位；GDP 增速为 5.9%，分别超过濮阳市和河南省 1.0 个、2.9 个百分点。

[①] 本篇完成于 2022 年 8 月，撰稿人：徐涛；耿明斋、周立、王永苏、李燕燕、屈桂林、张国骁、李甜、赵岩、张兆源等参与讨论。

2021年达219.6亿元，居濮阳市第3位、河南省第80位，除2018年外，其余年份GDP增速普遍超过河南省和濮阳市平均水平，但差距在逐年缩小（见表1）。

整体看，2008—2022年，清丰县GDP绝对量由79.26亿元增至237.7亿元，增加近2倍，绝对量占濮阳市的比重由12.1%提升至12.6%，提升0.5个百分点。在濮阳市排名下滑1个位次至第3位，在河南省由第68位变为2021年的第80位，下滑12个位次。与濮阳市其他各县相同，受经济普查、统计口径调整影响，2018年前清丰县经济总量及占濮阳市的比重稳定增长，2018—2019年，经济总量及占濮阳市的比重则发生下降，2019—2022年GDP占濮阳市的比重仍低于2018年以前（见表1）。

清丰县人均GDP绝对量、占河南省和濮阳市的比重与GDP变化趋势一致，表现为2018年前绝对量及占河南省和濮阳市的比重稳定增长，2019年绝对量及占比断崖式下降，随后反弹。

人均GDP增速除2018年不及河南省和濮阳市增速，其余年份均快于河南省和濮阳市水平，但绝对量存在差距。2021年清丰县人均GDP为3.7万元，是2008年的近3倍，占濮阳市的比重不足80%，与河南省对比，仅为河南省平均水平的62.8%，人均GDP居濮阳市第4位，在河南省的位次由2008年的第64位变为第81位，下滑17个位次（见表2）。

三、分产业经济运行分析

（一）产业格局与发展方向

清丰县打造特色产业集群，做大做强三大主导产业，推动家居、食品、环保装备产业集聚集群发展，着力打造"绿色家居强县""现代农业强县""商贸物流强县""新兴产业强县"。

一是家居产业。盯紧京津冀家居产业，持续开展驻地招商，拓展珠三角、长三角家居招商新渠道，打造在全国有重要影响力的家居之都。

二是食品产业。大力实施食用菌带动，着力打造食用菌强县。依托康健食品红薯种苗培育基地，实施现代化种植技术，大力发展红薯产业。

三是环保装备产业。坚持"四个重点"，即环保类企业重点和宜兴、杭州等环保产业集群对接；节能类企业重点抓好农村废弃物综合利用项目

表1 2008—2022年清丰县地区生产总值及增速

年份	清丰县GDP（亿元）	清丰县GDP占濮阳市的比重（%）	清丰县GDP在濮阳市的排名	清丰县GDP在河南省的排名	清丰县GDP增速（%）	清丰县GDP增速在濮阳市的排名	清丰县GDP增速在河南省的排名	清丰县GDP增速-濮阳市GDP增速（%）	清丰县GDP增速-河南省GDP增速（%）
2008	79.26	12.1	2	68	18.2	3	10	5.2	6.2
2009	91.25	13.6	2	63	14.1	3	17	3.1	3.1
2010	108.26	14.0	2	61	14.4	3	19	3.0	2.0
2011	125.40	13.5	2	57	15.7	3	14	3.3	3.7
2012	140.02	14.1	2	57	14.6	4	7	2.5	4.5
2013	164.00	14.5	2	54	14.0	4	5	2.0	5.0
2014	188.93	15.1	2	52	13.4	3	5	3.4	4.5
2015	204.52	15.3	2	48	11.7	4	12	2.3	3.3
2016	225.07	15.6	2	46	10.0	3	11	1.3	1.8
2017	238.21	14.7	2	50	8.6	4	36	0.6	0.8
2018	239.96	14.5	2	56	0.8	5	102	-5.0	-6.8
2019	195.79	12.4	3	82	7.2	3	57	0.4	0.2
2020	201.01	12.2	3	81	3.9	3	22	0.9	2.6
2021	219.61	12.4	3	80	10.2	1	2	1.8	3.9
2022	237.70	12.6	3	—	5.9	3	—	—	2.9

数据来源：历年河南省统计年鉴。

表2 2008—2021年清丰县人均地区生产总值及增速

年份	清丰县人均GDP（元）	清丰县人均GDP在濮阳市的排名	清丰县人均GDP在河南省的排名	濮阳市人均GDP（元）	河南省人均GDP（元）	清丰县人均GDP增速（％）	清丰县人均GDP增速在濮阳市的排名	清丰县人均GDP增速在河南省的排名	清丰县人均GDP占濮阳市的比重（％）	清丰县人均GDP占河南省的比重（％）
2008	12548	4	64	18077	18019	19.5	3	8	69.4	69.6
2009	14468	3	58	18855	19480	14.3	3	20	76.7	74.3
2010	17082	3	54	21787	23092	13.9	4	47	78.4	74.0
2011	19764	4	57	25066	28661	15.6	4	41	78.8	69.0
2012	22044	3	54	27654	31499	14.5	4	13	79.7	70.0
2013	25814	4	52	31483	34211	14.0	4	8	82.0	75.5
2014	29903	4	50	34895	37072	14.0	3	4	85.7	80.7
2015	32446	4	49	36842	39123	12.0	3	12	88.1	82.9
2016	35346	4	48	40059	42575	8.9	4	39	88.2	83.0
2017	37279	4	49	43638	46674	8.3	4	41	85.4	79.9
2018	37881	4	52	45644	50152	1.7	5	100	83.0	75.5
2019	31075	4	90	42146	56388	7.5	4	49	73.7	55.1
2020	34044	4	84	43908	55435	4.5	2	18	77.5	61.4
2021	37339	4	81	46964	59410	10.6	2	11	79.5	62.8

数据来源：历年河南省统计年鉴。

及节能电器的生产制造项目；新能源类企业重点抓好预装新能源节能变电站项目，同时抓好其他新能源项目的开发利用。

在家居产业发展方向上，清丰县充分发挥实木家具产业优势，谋划建设实木家居产业园、智能定制家居产业园、家纺产业园3个"园中园"，推动家具向"家居+家电+家装"延伸，大力引进原木进口、玻璃、海绵等上游企业，发展纺织、服装、家纺等配套企业，培育家具实体店、卖场、电商平台等下游企业，做强产业链，做深价值链，努力建设"绿色家居强县"和绿色家居全国集散地。同时，积极接洽华为、小米等企业，以数字化赋能家居产业发展。引导家居企业实现生产智能化和产品智能化双升级。

（二）产业结构分析

2021年清丰县三产结构为22.62∶33.14∶44.24，2019年后产业结构调整为"三、二、一"结构，第三产业占比提升明显，第一产业占比波动变化，第二产业占比大幅度下降，2018年之前第一产业占比平稳降低，第二产业占比保持50%以上，第三产业占比则稳步提升，2018年之后，第一产业占比提升、第二产业占比断崖下降、第三产业占比提升明显（见图1）。

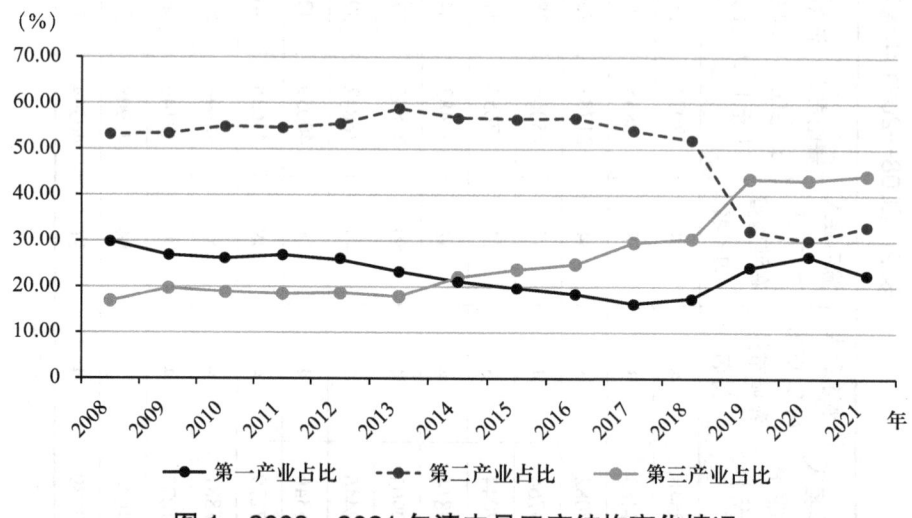

图1 2008—2021年清丰县三产结构变化情况

（三）工业发展情况分析

清丰县始终把家居产业作为全县第一主导产业，是国内规模较大的家具产业集聚区之一,产业聚集区占地面积达1800亩,拥有200多家家具生产、销售企业,主要产品以实木家具、板式家具为主。抢抓京津冀、长三角、珠三角产业转移重要机遇,坚持开放招商发展理念,快速推动了家居产业集群集聚发展,实现从"跟风仿制"向"原创设计"、从"传统生产"向"智能制造"、从"贴牌生产"向"自主品牌"发展的历史性跨越。

具体到工业指标上看,清丰县规上工业增加值呈现阶段式变化特征,2017年之前,规上工业增加值绝对量及占濮阳市的比重不断增加,2017年为最大值131.76亿元,随后大幅度下降。但规上工业增加值增速除2018年低于省市平均水平,其余大多数年份增速快于省市水平,2017年前增速差距逐渐缩小向省市水平靠近(见表3)。

表3 2008—2022年清丰县规上工业发展总体情况

年份	规上工业增加值（亿元）	占濮阳市的比重（%）	清丰县规上工业增加值增速（%）
2008			41.1
2009	36.17	10.5	22.3
2010	47.71	11.2	25.5
2011	56.26	10.6	28.8
2012	74.57	13.6	22.7
2013	83.28	12.9	20.6
2014	101.39	13.9	18.9
2015	113.72	14.3	14.4
2016	124.62	14.3	12.2
2017	131.76	14.0	9.1
2018	25.05	2.5	-4.6
2019	6.82	0.6	7.7
2020	—	—	6.9
2021	—	—	15.8
2022	—	—	9.2

数据来源:历年濮阳市统计年鉴。

（四）服务业发展情况分析

近两年来，清丰县服务业蓬勃发展。其中万邦豫鲁冀农产品交易中心2021年建成投用，马庄桥柳格现代商贸物流园加快推进，培育电商龙头企业15家，2021年全县网销农产品6.5亿元，成功创建"河南省特色优势农产品供应链示范县"。部分乡镇入选"第三批全国乡村旅游重点村镇"，冀鲁豫边区革命根据地旧址纪念馆被评为国家4A级旅游景区，全县旅游业累计接待旅客946.3万人次，旅游收入3.2亿元。

服务业增加值总额不断增长，占全市服务业增加值的比重基本稳定，在省市排名"一降一升"。

2021年清丰县服务业增加值达97.15亿元，是2008年的7.3倍，占濮阳市的比重为10.8%，增加值绝对量居濮阳市第3位、河南省第78位，分别较2008年下滑1个位次、提升15个位次（见表4）。

表4 2008—2021年清丰县三产情况

年份	清丰县服务业增加值（亿元）	清丰县服务业增加值占濮阳市服务业增加值的比重（%）	清丰县服务业增加值在濮阳市的排名	清丰县服务业增加值在河南省的排名	清丰县服务业增加值增速（%）	清丰县服务业增加值增速在濮阳市的排名	清丰县服务业增加值增速在河南省的排名
2008	13.36	10.3	2	93	12.6	2	65
2009	17.95	12.6	2	81	16.7	2	17
2010	20.41	13.4	2	82	11.0	2	52
2011	23.10	13.2	2	85	6.8	3	91
2012	26.10	12.6	2	85	10.0	2	51
2013	29.28	12.5	2	84	9.0	5	42
2014	41.67	16.4	2	80	9.9	2	39
2015	48.60	11.5	2	77	14.3	4	13
2016	56.07	11.8	2	76	11.0	1	49
2017	70.67	12.0	2	66	11.8	3	25
2018	73.15	11.2	2	75	0.8	4	100

续表

年份	清丰县服务业增加值（亿元）	清丰县服务业增加值占濮阳市服务业增加值的比重（%）	清丰县服务业增加值在濮阳市的排名	清丰县服务业增加值在河南省的排名	清丰县服务业增加值增速（%）	清丰县服务业增加值增速在濮阳市的排名	清丰县服务业增加值增速在河南省的排名
2019	85.19	10.4	3	81	5.6	4	91
2020	86.89	10.5	3	80	1.5	3	68
2021	97.15	10.8	3	78	10.5	2	20

数据来源：历年河南省统计年鉴及濮阳市统计年鉴。

服务业增速与河南省、濮阳市服务业增速趋势线交叉运行，2021年清丰县服务业增加值增速分别高出濮阳市、河南省1.4个、2.4个百分点。

服务业细分行业中，交通运输业、金融业占服务业的比重提升显著，2018—2019年大幅提升；2018年之前批发零售业增速持续下降，2019年反弹增长（见表5）；住宿和餐饮业、房地产业占服务业的比重则整体呈下降趋势。

从服务业占比结构来看，批发和零售业、交通运输业占服务业增加值的主要部分，2020年均占比为15.3%，其次是房地产业占比10.8%，金融业占比6.6%，住宿和餐饮业占比最少，为5.3%（见表6）。

（五）重点企业分析

清丰县的重点龙头企业涉及酒业、家具制造、医药、食用菌和粮食加工等多个领域，主要包括濮阳市顿丘酒业有限公司、濮阳市美松爱家家具有限公司、濮阳市华中医药有限公司、濮阳市申氏菇业有限公司、濮阳市伍钰泉面业集团有限公司（见表7）。未来，清丰县应进一步加强推动产业升级和转型升级，提高企业的核心竞争力和市场占有率。其次，加大政策支持力度，为企业提供更多的资金、税收、用地等方面的优惠政策，吸引更多的投资和人才。加强对企业的服务和管理，提高企业的生产效率和产品质量，增强企业的市场竞争力。加强环保意识，推动企业实现绿色生产，减少对环境的污染，提高企业的社会责任感和形象。加强与其他地区的合作，拓展市场和资源，促进清丰县经济的快速发展。

表5 2009年—2020年清丰县服务业分行业增加值与增速

年份	批发和零售业增加值（亿元）	批发和零售业增加值增速（%）	交通运输、仓储和邮政业增加值（亿元）	交通运输、仓储和邮政业增加值增速（%）	住宿和餐饮业增加值（亿元）	住宿和餐饮业增加值增速（%）	金融业增加值（亿元）	金融业增加值增速（%）	房地产业增加值（亿元）	房地产业增加值增速（%）
2009	2.96	12.70	1.32	13.70	2.08	23.90	0.67	22.60	2.64	6.20
2010	3.40	10.9	1.46	10.4	2.31	6.4	0.73	5.5	2.90	4.8
2011	2.98	10.7	1.67	8.4	2.83	13.0	0.76	-11.9	3.34	4.7
2012	4.55	11.8	1.97	12.8	3.29	9.3	0.83	6.6	3.56	5.0
2013	5.07	9.2	2.34	10.2	3.72	5.9	1.06	26.4	3.85	8.0
2014	5.52	7.9	4.05	3.7	3.21	6.2	2.04	15.9	4.52	5.1
2015	5.87	6.6	4.38	4.2	4.49	6.2	2.31	14.1	4.91	0.1
2016	6.30	7.0	4.56	2.9	4.91	6.8	2.54	9.2	5.68	10.0
2017	7.69	6.4	4.79	9.2	5.88	7.2	2.98	12.1	7.33	15.5
2018	8.28	4.6	5.16	6.4	6.34	5.8	3.29	6.3	8.43	9.4
2019	13.15	6.4	12.45	6.3	5.17	8.0	5.45	7.9	7.35	5.2
2020	13.27	-0.6	13.32	7.0	4.62	-11.8	5.78	12.8	9.36	6.8

数据来源：历年濮阳市统计年鉴。

表6 2009—2020年不同类型服务业增加值占服务业增加值总额的比重

年份	批发和零售业占服务业的比重（%）	交通运输、仓储和邮政占服务业的比重（%）	住宿餐饮业占服务业的比重（%）	金融业占服务业的比重（%）	房地产业占服务业的比重（%）
2009	16.5	7.4	11.6	3.7	14.7
2010	16.7	7.2	11.3	3.6	14.2
2011	12.9	7.2	12.2	3.3	14.5
2012	17.4	7.5	12.6	3.2	13.6
2013	17.3	8.0	12.7	3.6	13.2
2014	13.2	9.7	7.7	4.9	10.8
2015	12.1	9.0	9.2	4.8	10.1
2016	11.2	8.1	8.8	4.5	10.1
2017	10.9	6.8	8.3	4.2	10.4
2018	11.3	7.1	8.7	4.5	11.5
2019	15.4	14.6	6.1	6.4	8.6
2020	15.3	15.3	5.3	6.6	10.8

数据来源：历年濮阳市统计年鉴。

表7 清丰县主要龙头企业情况

序号	公司名称	公司简介
1	濮阳市顿丘酒业有限公司	公司前身为1958年成立的清丰县国有制酒厂，位于濮阳市清丰县产业集聚区，项目总投资1.6亿，员工60多人，总建筑面积26154平方米，酿造酒池120条，包装生产线2条。主要生产顿丘牌"中华龙""中国顿丘""顿丘一杯""黄河一杯""高粱老窖""顿丘老酒""1839"等品牌各档次白酒，年产量达1500吨
2	濮阳市美松爱家家具有限公司	公司成立于2014年2月，家具制造；家具销售；家具零配件销售；五金产品零售；电子专用设备销售；纸制品销售
3	濮阳市华中医药有限公司	主要经营中成药、中药饮片、化学药制剂、抗生素、生化药品、生物制品；医疗器械；保健食品、预包装食品、乳制品批发

续表

序号	公司名称	公司简介
4	濮阳市申氏菇业有限公司	公司以生产加工的模式经营食用菌；白灵菇；香菇；菌种；菌棒；技术合作；联办基地；鸡腿菇；杏鲍菇；平菇；羊肚菌；金针菇；黑木耳；灵芝，员工人数201~300人，注册资本100万元
5	濮阳市伍钰泉面业集团有限公司	该公司属民营股份制大型粮食加工企业，下属有伍钰泉面粉厂和九天泰面粉厂，总占地3.6万平方米，企业总资产4430万元，现有职工246人，有日加工小麦600吨，年18万吨的生产能力，是黄河之滨面粉生产的龙头企业

四、财政收支分析

清丰县一般公共预算收入总额、占濮阳市的比重、占GDP的比重以及在河南省的位次均不断提升。2021年清丰县一般公共预算收入为10.33亿元，是2008年的8.3倍，占濮阳市的比重由4.9%（2008年）提升至9.2%，提升了4.3个百分点。在河南省的位次由第90位（2008年）提升至第77位，提升了13个位次。财政收入占GDP的比重由1.6%（2008年）提升至4.7%，提升了3.1个百分点（见表8）。

2019年前，一般公共预算支出总额、占濮阳市的比重均不断提升，2020—2021年绝对量逐年降低，占濮阳市的比重也逐年降低。2021年清丰县一般公共预算支出为38.76亿元，是2008年的5.2倍，占濮阳市的比重为10.8%，较2008年略有下降，在濮阳市稳居第2位，2021年居河南省第61位，较2008年提升了23个位次（见表8）。

财政自给率不断提高，与省市的差距逐渐缩小，但整体偏低，2021年清丰县财政自给率为26.66%，居濮阳市第4位、河南省第70位，较2008年提升了11个位次（见表8）。

清丰县税收总额逐年提高，占一般公共预算收入的比重波动变化，但整体提升，税收占比趋势线与河南省、濮阳市税收占比趋势线交叉运行；占濮阳市税收的比重不断提升。2021年清丰县税收收入达6.80亿元，是2009年的8倍，税收占一般公共预算收入的比重为65.8%，占濮阳市税收

河南省县域经济运行分析：清丰篇

表8 2008—2021年清丰县财政收支情况

年份	一般公共预算收入	一般公共预算收入占濮阳市的比重	一般公共预算收入在濮阳市的排名	一般公共预算收入在河南省的排名	一般公共预算支出	一般公共预算支出占濮阳市的比重	一般公共预算支出在濮阳市的排名	一般公共预算支出在河南省的排名	财政自给率	财政自给率在濮阳市的排名	财政自给率在河南省的排名	财政收入占GDP的比重（%）
2008	1.25	4.9	2	90	7.50	11.7	2	84	16.66	3	81	1.6
2009	1.42	5.6	2	87	9.97	12.2	2	85	14.24	2	79	1.6
2010	1.80	6.0	2	86	11.58	12.9	2	81	15.58	2	77	1.7
2011	2.20	5.6	2	93	14.61	12.3	2	78	15.05	3	79	1.8
2012	2.83	5.9	2	90	18.80	12.5	2	74	15.05	3	77	2.0
2013	4.03	6.7	2	84	20.87	12.0	2	71	19.33	3	69	2.5
2014	5.01	7.1	2	84	22.19	12.2	2	73	22.58	3	66	2.7
2015	5.75	7.3	3	82	25.47	11.6	3	72	22.58	2	66	2.8
2016	6.03	8.4	2	84	32.00	14.4	2	54	18.85	4	83	2.7
2017	6.67	8.2	2	81	39.61	15.2	2	45	16.84	4	85	2.8
2018	8.17	8.9	2	75	44.76	14.4	2	49	18.26	4	82	3.4
2019	9.40	9.4	2	74	46.36	13.2	2	50	20.28	3	71	4.8
2020	10.00	9.7	2	75	45.91	12.9	2	54	21.78	3	65	5.0
2021	10.33	9.2	2	77	38.76	10.8	2	61	26.66	4	70	4.7

数据来源：历年河南省统计年鉴。

— 341 —

的比重为8.8%，较2009年（4.4%）提升了4.4个百分点（见表9）。

人均一般公共预算收支绝对量增长迅速，不及省市平均水平，但差距在逐渐缩小。2021年清丰县人均一般公共预算收入为1768.21元，是2008年（198.40元）的8.9倍，占濮阳市人均一般公共预算收入的比重由27.4%（2008年）变为58.7%，比2008年提升了31.3个百分点，占河南省的比重由18.5%提升至40.2%，提升了21.7个百分点（见表8）。

人均一般公共预算支出则由2008年的1191.18元提升至2021年的6631.98元，提升5.6倍，占濮阳市及河南省的比重分别由65.3%、49.2%（2008年）提升至69.2%、62.9%（2021年），分别提升3.9个、13.7个百分点（见表9）。

表9 2008—2021年清丰县税收及人均财力情况

年份	税收（亿元，%）			人均收入（元，%）			人均支出（元，%）		
	税收收入	税收占一般公共预算收入比重	占濮阳市税收收入的比重	人均一般公共预算收入	占濮阳市的比重	占河南省的比重	人均一般公共预算支出	占濮阳市的比重	占河南省的比重
2008	—	—	—	198.40	27.4	18.5	1191.18	65.3	49.2
2009	0.85	59.9	4.4	224.57	31.2	18.9	1577.46	68.1	51.5
2010	1.26	69.8	5.2	284.00	33.9	19.3	1822.45	72.8	50.2
2011	1.50	68.2	4.8	347.06	31.7	19.1	2305.79	69.3	51.3
2012	1.98	70.0	5.0	444.20	33.2	20.8	2951.92	70.5	56.2
2013	3.08	76.3	6.4	636.67	37.7	25.2	3293.23	67.8	56.5
2014	3.63	72.4	6.6	795.55	40.7	28.0	3523.35	69.7	56.4
2015	4.13	71.8	7.0	911.54	41.7	29.3	4036.95	66.6	57.6
2016	3.88	64.3	7.2	938.57	47.2	29.1	4978.89	81.5	65.3
2017	4.09	61.3	6.8	1050.08	47.1	30.3	6235.09	87.2	74.6
2018	5.35	65.5	7.9	1293.57	50.9	33.9	7085.15	82.5	75.8
2019	6.00	63.8	8.2	1470.35	52.8	36.0	7251.24	74.8	70.6
2020	6.42	64.2	8.9	1689.66	61.6	40.3	7757.00	82.0	74.3
2021	6.80	65.8	8.8	1768.21	58.7	40.2	6631.98	69.2	62.9

数据来源：历年河南省统计年鉴、濮阳市统计年鉴。

五、金融业发展分析

金融机构年末存、贷款余额逐年增加，存款占全市存款的比重同步增长，贷款占比则波动变化，存贷款余额在全省位次提升明显。2021年清丰县金融机构年末存款余额为233.40亿元，是2008年的6.9倍，占濮阳市存款余额的比重由7.6%（2008年）提升至10.4%（2021年），提高2.8个百分点。在濮阳市居第2位次，与2008年持平，在河南省居第76位，较2008年提升11个位次。2021年贷款余额达到157.71亿元，是2008年的12.6倍，占濮阳市贷款余额的比重由8.1%（2008年）提升至10.9%，提升2.8个百分点（见表10）。

2008—2021年，存贷比波动变化，整体呈增长趋势，不及河南省存贷比水平，但在河南省的位次提升明显，由第73位变为第23位。2021年南乐县存贷比为67.6%，超过濮阳市3.1个百分点，居河南省第23位、濮阳市第2位（见表10）。

人均存贷款余额、占河南省和濮阳市的比重均稳定增长，与省市人均存贷款余额平均水平存在较大差距，人均存款余额处河南省最后方阵，人均贷款余额在河南省的位次提升显著。

2021年清丰县人均存款余额接近4万元，是2008年的7.4倍，占濮阳市人均存款余额的66.4%，占河南省的47.9%，居濮阳市第3位、河南省第91位，在河南省的位次较2008年下滑6位。2021年清丰县人均贷款余额达2.7万元，是2008年的13.6倍，占濮阳市人均贷款余额的69.5%，占河南省的38.4%，居濮阳市第3位、河南省第52位，在河南省的位次较2008年提升41位（见表11）。

六、居民收入分析

清丰县居民人均可支配收入连续多年居濮阳市第2位，总额逐年提高，居全省第70位左右，不及省市平均水平。2021年居民人均可支配收入仅为濮阳市的86.1%、河南省的79.5%（见表12）。

表10 2008—2021年清丰县金融机构年末存贷余额情况

年份	金融机构存款年末余额	存款余额(亿元,%)在濮阳市的排名	在河南省的排名	占濮阳市年末存款余额的比重	金融机构贷款年末余额	贷款余额(亿元,%)在濮阳市的排名	在河南省的排名	占濮阳市年末贷款余额的比重	清丰县存贷比	存贷比(%)在濮阳市的排名	在河南省的排名	濮阳市存贷比	河南省存贷比
2008	33.76	2	87	7.6	12.53	2	91	8.1	37.1	2	73	34.9	68.0
2009	40.05	3	90	7.6	15.18	2	91	7.6	37.9	3	74	37.8	70.1
2010	48.03	2	88	8.2	17.76	2	93	7.7	37.0	3	79	39.3	68.6
2011	57.55	2	92	8.5	19.35	2	94	7.5	33.6	3	84	37.8	65.7
2012	68.37	3	92	8.2	18.70	3	98	6.1	27.4	4	95	36.3	63.3
2013	80.09	3	90	8.2	26.34	3	97	6.9	32.9	5	91	39.0	62.4
2014	93.52	2	86	8.8	34.21	3	93	7.4	36.6	4	83	43.6	65.8
2015	103.34	3	88	8.9	36.71	2	93	6.8	35.5	3	83	46.6	66.0
2016	122.44	3	83	9.1	42.82	2	93	6.7	35.0	4	82	47.5	67.6
2017	143.51	3	81	9.5	57.62	2	89	7.7	40.2	2	66	49.2	70.7
2018	164.30	2	76	9.7	78.22	2	76	9.1	47.6	2	57	51.2	74.9
2019	184.40	3	76	9.8	94.41	2	68	9.2	51.2	2	53	54.5	80.1
2020	214.59	2	74	10.4	123.05	2	65	9.8	57.3	2	33	60.8	82.2
2021	233.40	2	76	10.4	157.71	2	54	10.9	67.6	2	23	64.5	84.4

数据来源:历年河南省统计年鉴。

表11　2008—2021年清丰县人均存贷款余额情况

年份	人均存款（元，%）					人均贷款（元，%）				
	清丰县人均存款余额	在濮阳市的排名	在河南省的排名	人均存款占濮阳市的比重	人均存款占河南省的比重	清丰县人均贷款余额	在濮阳市的排名	在河南省的排名	人均贷款占濮阳市的比重	人均贷款占河南省的比重
2008	5363.4	4	85	42.3	33.2	1990.8	3	93	45.0	18.1
2009	6336.3	4	87	42.4	31.3	2401.5	4	93	42.6	17.0
2010	7557.3	4	97	46.2	30.7	2794.6	5	99	43.4	16.6
2011	9084.6	4	98	47.5	32.3	3054.5	5	98	42.2	16.5
2012	10734.9	5	100	46.2	32.0	2936.1	5	101	34.8	13.8
2013	12638.1	5	101	46.6	32.2	4156.5	5	101	39.3	16.9
2014	14846.5	5	96	50.5	34.6	5431.0	4	96	42.4	19.2
2015	16381.6	5	100	50.7	33.4	5819.6	5	99	38.7	18.0
2016	19051.3	5	100	51.7	34.5	6662.5	5	97	38.0	17.8
2017	22593.4	5	97	54.4	37.6	9071.2	5	86	44.4	21.4
2018	26009.5	5	96	55.7	40.2	12382.5	4	82	51.8	25.5
2019	28839.5	5	97	55.4	41.1	14765.4	5	80	52.1	26.3
2020	36254.9	3	86	66.4	47.1	20789.0	3	64	62.6	32.9
2021	39938.3	3	91	66.4	47.9	26985.9	3	52	69.5	38.4

数据来源：历年河南省统计年鉴。

表12 2017—2021年清丰县居民人均可支配收入情况

年份	清丰县居民人均可支配收入（元）	在濮阳市的排名	在河南省的排名	占濮阳市的比重（%）	占河南省的比重（%）	清丰县居民人均可支配收入增速（%）	濮阳市居民人均可支配收入增速（%）	清丰县增速－濮阳市增速（%）
2017	15775	2	64	86.7	78.2	—	10.73	—
2018	17069	2	66	86.2	77.7	8.20	8.82	-0.62
2019	18551	2	69	85.9	77.6	8.68	9.04	-0.36
2020	19372	2	72	85.8	78.1	4.43	4.59	-0.16
2021	21309	2	69	86.1	79.5	10.00	9.60	0.40

数据来源：历年河南省统计年鉴。

分常住地来看，清丰县城乡居民人均可支配收入绝对量和占河南省、濮阳市的比重均提升明显，其中城镇居民人均可支配收入水平较低，不及省市水平，农村居民人均可支配收入水平在河南省位次靠前。

2021年清丰县城镇居民人均可支配收入达2.9万元，居濮阳市第3位、河南省第92位，较2008年分别下滑了1个、18个位次。2021年城镇居民人均可支配收入占河南省、濮阳市的比重较2008年分别提升了3.5个、3个百分点，占河南省、濮阳市的比重分别为78.3%、80.7%（见表13）。

2021年农村居民人均可支配收入为1.87万元，居濮阳市第1位、河南省第35位，2021年数值分别超出河南省、濮阳市水平7.2个、14个百分点（见表13）。

城乡收入逐年向好，差距缩小，2021年城乡收入比为1.55，相比2008年提升了0.59个百分点，在河南省的位次由第33位提升至第15位，提升18个位次（见表13）。

七、固定资产投资分析

2008—2017年清丰县固定资产投资总额迅速增长，2018年大幅下降，

表 13　2008—2021 年清丰县城乡居民人均可支配收入及城乡收入比

年份	城镇居民人均可支配收入	在濮阳市的排名	在河南省的排名	占濮阳市的比重	占河南省的比重	农村居民人均可支配收入	在濮阳市的排名	在河南省的排名	占濮阳市的比重	占河南省的比重	城乡收入比	城乡收入比在河南省的排名
2008	9896	2	74	77.7	74.8	4626	1	43	113.8	103.9	2.14	33
2009	10826	2	76	78.8	75.3	5033	1	42	114.1	104.7	2.15	30
2010	12016	2	77	79.4	75.4	5868	1	41	115.6	106.2	2.05	28
2011	13693	2	79	79.5	75.3	7030	1	40	115.6	106.5	1.95	28
2012	15548	2	78	79.7	76.1	7241	3	50	104.3	96.2	2.15	42
2013	17172	2	78	79.6	76.7	9120	1	39	115.4	107.6	1.88	28
2014	18906	2	78	79.5	79.9	10169	1	39	115.2	102.0	1.86	28
2015	20183	3	78	81.0	78.9	11201	1	39	114.4	103.2	1.80	29
2016	21424	3	80	80.9	78.7	12052	1	39	113.5	103.0	1.78	29
2017	23491	3	80	81.5	79.5	13197	1	40	113.3	103.8	1.78	29
2018	25184	3	82	81.1	79.0	14357	1	42	113.5	103.8	1.75	27
2019	26972	3	86	81.1	78.9	15764	1	42	113.5	104.0	1.71	22
2020	27254	3	89	81.0	78.4	16915	1	39	113.7	105.0	1.61	19
2021	29059	3	92	80.7	78.3	18789	1	35	114.0	107.2	1.55	15

数据来源：历年河南省统计年鉴。

之后逐年提升。2021年清丰县固定资产投资额近280亿元，占濮阳市的比重为13.0%。居濮阳市第3位、河南省第69位（2020年）（见表14）。

表14　2008—2021年清丰县固定资产投资情况

年份	固定资产投资（亿元）	占濮阳市的比重（%）	固定资产投资在濮阳市的排名	固定资产投资在河南省的排名	清丰县固定资产投资增速（%）	濮阳市固定资产投资增速（%）	河南省固定资产投资增速（%）
2008	55.24	20.2	2	55	—	30.1	32.4
2009	50.31	14.1	2	63	-8.9	30.6	31.6
2010	75.04	16.5	2	48	49.1	27.4	22.2
2011	102.86	17.4	2	39	37.1	30.0	27.0
2012	134.37	18.2	2	35	25.8	25.1	21.4
2013	169.10	18.0	2	33	16.9	27.5	22.5
2014	197.67	17.7	2	34	15.4	18.5	19.2
2015	228.03	17.5	2	34	15.4	17.0	16.5
2016	275.47	18.1	2	32	20.8	16.7	13.7
2017	312.03	18.3	2	29	13.3	11.8	10.4
2018	188.31	10.7	4	81	-39.7	3.3	8.1
2019	230.68	12.4	3	71	22.5	5.5	8.0
2020	247.75	12.7	3	69	7.4	5.4	4.3
2021	279.96	13.0	—	—	10.3	10.5	4.5

数据来源：历年河南省统计年鉴、濮阳市统计年鉴。

八、社会消费分析

由于2018年经济普查统计口径调整，清丰县社消零总额2019年出现负增长，占濮阳市的比重、在河南省和濮阳市的排名均出现下滑。

2021年清丰县社消零总额为70.06亿元，是2008年的3倍，居濮阳市第3位、河南省第81位，相较2008年分别下滑了1个、20个位次。社消零占GDP的比重由2008年的29.6%提升至2021年的31.9%，提升了2.3个百分点（见表15）。

人均社消零绝对量提升明显，但与社消零总额变化趋势一致，在河南省、濮阳市的排名均下滑，处于河南省倒数方阵，2021年清丰县人均社消零为1.2万元，是2008年的3.2倍，居濮阳市最后一位、河南省第90位，分别较2008年下滑1个、28个位次，清丰县人均社消零水平与河南省、濮阳市平均水平的差距不断拉大，2008年清丰县人均社消零占濮阳市、河南省人均社消零的比重分别为78.6%、61.0%，至2021年变为62.0%、48.6%，分别下降了16.6个、12.4个百分点（见表15）。

社消零分行业来看，2018年后批发和零售业及住宿和餐饮业各自占社消零总额的比重均出现大幅下滑，2020年批发和零售业占比87.2%，较2008年提升4.6个百分点，住宿和餐饮业占比12.8%，较2008年下降4.4个百分点（见表15）。

九、人口规模分析

清丰县常住人口数量处全省中等水平，2021年常住人口58.44万人，占全市常住人口的比重为15.6%，常住人口数量居全省第59位。2020年户籍人口75.20万人，人口流失率逐年扩大，2020年为21.29%（见表16）。

清丰县常住人口城镇化率处于较低水平，在河南省倒数，与河南省、濮阳市平均水平存在较大差距。2021年城镇化率仅为34.62%，处河南省第99位，同年低于濮阳市16.4个百分点，低于河南省21.9个百分点（见表16）。

2018—2019年，清丰县从就业人员数连续两年负增长，2019年从业人员数42.11万人。按不同产业就业人数占比看，第一产业就业人数占比不断降低，2019年第一产业就业人数占比降低至38.21%，第二、第三产业就业人员持续提升，2019年第二、第三产业就业人员数占比61.79%（见表17）。

表 15　2008—2021 年清丰县社消零总额情况

年份	社消零总额（亿元，%）			人均社消零（元，%）					分行业（亿元，%）			
	社消零总额	在濮阳市的排名	在河南省的排名	占GDP的比重	人均社消零	在濮阳市的排名	人均社消零在河南省的排名	人均社消零占濮阳市的比重	人均社消零占河南省的比重	其中批发和零售业	占社消零的比重	其中住宿和餐饮业	占社消零的比重
2008	23.50	2	61	29.6	3733.71	4	62	78.6	61.0	—	—	—	—
2009	28.00	2	60	30.7	4429.68	4	63	91.2	62.8	23.13	82.6	4.81	17.2
2010	33.72	2	58	31.1	5306.06	4	64	82.1	63.0	27.22	80.7	6.26	18.6
2011	40.00	2	58	31.9	6314.13	4	63	81.1	64.0	31.59	79.0	8.41	21.0
2012	46.33	2	59	33.1	7274.30	4	63	81.5	64.4	36.03	77.8	10.29	22.2
2013	53.09	2	58	32.4	8377.78	4	63	81.4	65.5	41.44	78.1	11.66	22.0
2014	59.93	2	57	31.7	9514.21	4	62	82.3	66.6	50.30	83.9	9.63	16.1
2015	67.70	2	57	33.1	10732.40	4	60	82.3	67.3	58.61	86.6	9.09	13.4
2016	76.15	2	55	33.8	11848.45	4	59	81.2	67.1	65.75	86.3	10.39	13.6
2017	85.40	2	57	35.9	13444.58	4	61	82.4	68.5	73.65	86.2	11.75	13.8
2018	86.73	2	57	36.1	13729.62	4	66	80.4	63.7	75.42	87.0	11.31	13.0
2019	64.17	3	84	32.8	10035.97	5	94	52.6	42.3	55.70	86.8	8.47	13.2
2020	62.47	3	83	31.1	10554.15	5	91	60.6	46.6	54.48	87.2	8.00	12.8
2021	70.06	3	81	31.9	11987.67	5	90	62.0	48.6	—	—	—	—

数据来源：历年河南省统计年鉴、濮阳市统计年鉴。

河南省县域经济运行分析：清丰篇

表16 2008—2021年清丰县人口情况

年份	清丰县户籍人口（万人）	清丰县常住人口（万人）	清丰县常住人口在濮阳市的排名	清丰县常住人口在河南省的排名	清丰县外流人口（万人）	清丰县人口流失率（%）	清丰县常住人口占濮阳市的比重（%）	清丰县城镇化率（%）	清丰县城镇化率在河南省的排名	濮阳市城镇化率（%）	河南省城镇化率（%）
2008	66.65	62.94	2	58	3.7	5.57	18.0	—	—	33.8	36.0
2009	66.99	63.21	2	57	3.8	5.64	18.0	—	—	35.4	37.7
2010	69.35	63.55	2	57	5.8	8.36	17.7	—	—	31.5	38.8
2011	69.76	63.35	2	56	6.4	9.19	17.8	—	—	33.4	40.5
2012	70.18	63.69	2	56	6.5	9.25	17.7	23.00	102	35.2	42.0
2013	70.53	63.37	2	56	7.2	10.15	17.7	24.66	101	36.7	43.6
2014	70.88	62.99	2	55	7.9	11.13	17.5	26.51	101	38.5	45.1
2015	71.24	63.08	2	56	8.2	11.45	17.5	28.18	102	40.4	47.0
2016	71.67	64.27	2	55	7.4	10.33	17.7	29.72	102	42.0	48.8
2017	72.11	63.52	2	56	8.6	11.91	17.5	31.45	102	43.7	50.6
2018	72.55	63.17	2	58	9.4	12.93	17.5	33.00	102	45.3	52.2
2019	72.85	63.94	2	56	8.9	12.23	17.7	33.22	102	46.8	54.0
2020	75.20	59.19	2	59	16.0	21.29	15.7	34.62	100	50.0	55.4
2021	—	58.44	2	59	—	—	15.6	—	99	51.0	56.5

数据来源：历年河南省统计年鉴。

表 17 2008—2019 年清丰县就业情况

年份	从业人员数（万人）	从业人员数增速（%）	第一产业从业人员数占比（%）	第二产业从业人员数占比（%）	第三产业从业人员数占比（%）
2008	48.30	18.4	77.82	10.09	12.09
2009	48.59	0.6	77.73	10.08	12.18
2010	51.51	6.0	77.73	10.10	12.17
2011	42.21	−18.1	55.98	44.03	
2012	43.73	3.6	50.83	49.17	
2013	45.37	3.8	50.83	49.17	
2014	46.31	2.1	55.24	44.74	
2015	47.50	2.6	53.54	46.46	
2016	48.73	2.6	50.30	49.70	
2017	51.08	4.8	41.82	58.18	
2018	44.69	−12.5	46.45	53.55	
2019	42.11	−5.8	38.21	61.79	

数据来源：历年河南省统计年鉴。

十、公共服务分析

基础教育阶段，学校数整体减少，在校学生人数和专任教师数量增多，2020 年清丰县学校数共计 152 所，其中小学 130 所，初中 22 所，基础教育阶段在校学生数 8.5 万人，小学在校学生数和初中在校学生数比例为 6∶2（见表 18）。

十一、县域发展战略分析

（一）聚力"濮清融合"，做优高质量发展集聚空间

立足濮阳市副中心城市功能定位，向市主城区靠拢，通过聚焦基础设施、公共服务、产业发展等方面，强化与市主城区全方位、各领域对接融入，全面加快濮清"一体化"发展进程。

积极承接市主城区高端居住、居家康养、购物休闲、商贸物流、产业

表 18　2009—2020 年清丰县基础教育情况

年份	学校数（所）合计	小学学校数	初中学校数	在校学生数（人）合计	小学在校生数	初中在校生数	专任教师数（人）合计	小学	初中
2009	193	178	15	82206	59825	22381	4334	2942	1392
2010	182	167	15	83585	62930	20655	4498	3049	1449
2011	177	162	15	84716	64040	20676	4559	2981	1578
2012	177	161	16	85771	65086	20685	4597	3070	1527
2013	178	160	18	71506	52087	19419	4839	3063	1776
2014	180	161	19	71663	49604	22059	5046	3528	1518
2015	185	166	19	73016	50015	23001	4781	3241	1540
2016	151	131	20	75052	52083	22969	5102	3508	1594
2017	146	125	21	77126	54265	22861	5080	3374	1706
2018	147	126	21	79731	55927	23804	5291	3494	1797
2019	150	129	21	82694	60503	22191	5490	3620	1870
2020	152	130	22	85031	61459	23572	5658	3643	2015

数据来源：历年濮阳市统计年鉴。

转移等功能，不断提升市域副中心节点能级，全力服务濮阳豫鲁冀省际区域中心建设。

（二）致力绿色家居、新兴产业、商贸物流、现代农业"四强县"建设

重点围绕现代家居产业，快速推动实木家具园、智能家居园、家纺产业园三个"园中园"建设，实现从家具、智能家居家电、家纺到床上用品全产业链发展。

围绕轻工、生物发酵、新能源、节能环保等上下游链条企业，推动新兴产业领域形成规模效应，培育壮大新的经济增长极，培育壮大新兴产业。

促进生产性服务业与制造业高效融合，建设豫鲁冀三省交汇处的省际物流中心，大力发展现代服务业。

创新"党建+食用菌+乡村振兴"模式，争创食用菌国家级现代农业产业园和省级红薯产业园，全面推进乡村振兴。

（三）打造创新、生态、文化、富裕"四个清丰"

加快创新平台建设，重点打造河南省家居研发院、龙丰菌菇研发中心、华薯薯苗研发中心、食品加工研究中心以及植物纤维三素分离、无人机中试基地。打造创新清丰。

以黄河流域生态保护和高质量发展为统领，加强生态绿化建设，统筹做好能源保供和降耗减碳工作，大力推动产业结构调整。打造生态清丰。

依托极限运动基地、冀鲁豫边区革命根据地旧址纪念馆、中华孝道文化园，建设中原首席红色文旅综合体，争创冀鲁豫边区革命根据地旧址纪念馆5A级景区。大力传承发扬清丰孝道文化，打造文化清丰。

坚持教育优质均衡发展，完善医疗保障体系，提升社会保障水平，稳步提高城乡困难群体补助标准。打造富裕清丰。

十二、综述

通过数据梳理发现，清丰县县域经济综合实力处于河南省中间靠后、经济总量较小、人均GDP低于河南省、濮阳市平均水平，产业结构上，农业占比较大，工业不够突出，特色产业集中在家居产销上。财政收支体量不大（河南省中等靠后），人均财力与河南省平均水平差距明显，城镇化

水平全省倒数。

1. 针对数据梳理，提出如下相应综合性意见

（1）加快推进产业升级，优化产业结构。在家居产业的基础上，逐步推进电子商务、物流等新兴产业，提高工业的比重，拓宽产业链条，促进产业升级。

（2）提高人均收入水平，推进城镇化。加强人才引进，培育优势产业，吸引更多高技能人才，提高人均收入水平。同时，加快城市建设，提高城市化水平，推进城镇化。

（3）发挥财政资金的杠杆作用，扩大财政投资规模。加强财政支持，通过财政资金撬动更多的社会资本，推动基础设施和公共服务设施建设，提升清丰县的经济发展水平。

（4）促进文化旅游产业发展。清丰县具有悠久的历史文化和优美的自然景观，可发掘潜力，加大投资力度，推动文化旅游产业发展。

（5）建立健全市场监管机制，保障市场公平竞争，提升市场信心，同时加强市场宣传，打造具有清丰特色的品牌，推动清丰县的经济发展。

（6）积极探索与周边地区的合作。加强与周边城市的合作，发掘共同优势，开展互利共赢的合作，推进区域一体化发展。

2. 清丰县家居产业发展也存在其自身的不足

（1）产业规模相对不够大：相比国内一些家居产业基地，如浙江乐清、广东顺德等，清丰县的家居产业规模较小，产业链较为简单。

（2）品牌影响力不够：国内一些家居产业基地已经形成了自己的品牌，如浙江乐清的"中国陶瓷之都"、广东顺德的"全球家居制造中心"，而清丰县的家居产业品牌影响力较低。

（3）产品定位有待进一步明确：与一些家居产业基地相比，清丰县的家居产品在定位上相对不够明确，产品类型较为单一，主要为实木家具，缺乏差异化竞争优势。

（4）人才储备不足：清丰县的家居产业缺乏高端人才支撑，人才储备不足，制约了产业发展水平和质量。

3. 清丰县家居产业存在巨大的发展潜力

（1）清丰县地处河南省中部，交通便捷，与周边地区形成了一定的区域产业集聚效应，已经初步形成了完整的产业链，涵盖了从原材料采购、产品设计、生产制造、销售配送到售后服务的全过程。特别是在家具制造方面，清丰县具有一定的技术和市场优势，其生产的家具产品质量好、价格适中，深受消费者的青睐。

（2）清丰县的家居产业集群发展比较成熟，形成了以清丰县城家具产业园为中心的集群体系，各家具企业之间具有良好的互补性和协同效应，形成了规模效应和品牌效应，提升了整个产业集群的竞争力和影响力。与其他地区相比，清丰县的家居产业集群具有较低的生产成本、丰富的资源禀赋、完备的产业配套和优越的区位优势等。

作为"典型"的传统产业代表，清丰家居产业如何通过创新驱动、设计引领，推动产业全面转型高质量发展？如何将家居产业方向定位梳理更加清晰准确，产业配套更加深化，如何通过跨越式发展，尽快实现"千亿未来"？

第一，围绕全产业链招商，招大引强，推动家居产业集群集聚发展。

第二，扶优扶强，通过设立产业发展引导基金，扶持壮大龙头骨干企业。

第三，靠大联强，与行业协会、商会联手共建，通过产业研究院来搭建公共发展平台等，为家居产业高质量发展提供坚实支撑。

河南省县域经济运行分析：台前篇[①]

一、台前县概况

台前县地理位置独特，位于河南省濮阳市东北、黄河下游北岸，豫东北平原与鲁西平原交界地带，与山东省的 4 个市、6 个县接壤或隔河相望，如一只犀牛角从河南省的东北部伸入山东省境内。县境属黄河冲积平原，临黄堤、金堤和金堤河把县境分割为黄河滩区、背河洼地和黄泛平原三大部分。属黄河流域、金堤河水系，水资源较丰富，水质较好，栽培植被以农作物为主，普遍种植小麦、大豆、玉米等。

1964 年之前，台前境内隶属于山东省寿张县，为解决金堤河流域 5 市 12 县的水患纠纷，才划归河南省，1978 年 12 月建台前县，属安阳行署，1983 年改属濮阳市，全县县域面积 454 平方千米，现辖 6 镇、3 乡、372 个行政村。2021 年常住人口 32 万人，户籍人口 42.4 万人，耕地面积 27 万亩，人均耕地面积不足 1 亩，2021 年常住人口城镇化率为 37.15%。

台前最显著的特点是"穷"。建县时基本没有工业、没有财政收入，道路通车里程仅有 5 千米。因县城狭小，当地人戏说台前县城是"一条马路一盏灯，一个喇叭全城听，打开电视看山东"。后来有了手机，又有了新的戏说：刮北风时手机是山东信号，刮南风时是河南信号。如今的台前县仍属河南省经济总量偏小，发展较为落后的县（市）之一。

台前的羽绒制品产业出名，从 20 世纪 70 年代中后期兴起，经过 40 多年的发展，逐步从购销羽毛发展到分拣粗加工，最后形成以羽绒制品加工为主导的产业布局，实现了从无到有、从弱到强的产业集群式蝶变。全县羽绒产业从业人员 3 万余人，年购销羽绒 4 万多吨，占全国的 1/4，年

[①] 本篇完成于 2023 年 3 月，撰稿人：徐涛；耿明斋、周立、王永苏、李燕燕、屈桂林、张国骁、李甜、赵岩、张兆源等参与讨论。

深加工能力 10 万吨，羽绒被服及工艺品加工能力 3000 多万件（套），70% 以上出口到德、法、英、中东等国家和地区，年创汇上亿美元，占全省同类出口产品的 80% 以上。目前，台前县已成为全国最大的羽绒生产加工基地，被授予"中国羽绒之乡""中国优质羽绒基地"称号。

二、总体经济运行分析

台前县经济总量濮阳市第一小、河南省第二小。2008—2022 年，台前县经济总量及占濮阳市的比重平稳发展，2016 年破百亿元，2022 年为 135.00 亿元，绝对量占濮阳市的比重为 7.1%，除了 2019 年经济总量才破百亿元的卢氏县（2021 年 GDP 为 130 亿元）和由于行政区划调整导致经济总量锐减的安阳县（2021 年 GDP 为 107 亿元）之外，台前县基本属于河南省经济体量最小的县。

从增速走势看，2011—2018 年，台前县连续 8 年经济增速都下行，但均超过省市 GDP 平均增速，除 2017—2018 年外，其余年份台前县 GDP 增速均超过省市平均水平，差距在逐年缩小。2018—2022 年增速较快，增速走势波动变化，2022 年增速分别超过濮阳市、河南省 1.1 个、2.9 个百分点（见表 1）。

人均 GDP 绝对量稳步增长，在全市排名提升，在全省排名下滑。2021 年台前县人均 GDP 为 3.9 万元，是 2008 年的 3 倍，居濮阳市第 2 位、河南省第 73 位，在省市的位次分别较 2008 年下滑了 12 个位次、提升了 1 个位次（见表 2）。

人均 GDP 绝对量与省市水平对比来看，占濮阳市的比重稳中有升，占河南省的比重相对下滑，2021 年台前县人均 GDP 占濮阳市的比重为 83.2%，较 2008 年提升了 13.2 个百分点；占河南省的比重为 65.8%，较 2008 年下滑了 4.4 个百分点（见表 2）。

人均 GDP 增速基本与 GDP 增速走势一致，表现为 2011—2018 年增速不断下行。相比省市，多数年份超过省市平均水平，2021 年台前县人均 GDP 增速为 9.3%，高出濮阳市（7.0%）2.3 个百分点，高出河南省（6.4%）2.9 个百分点（见表 2）。

河南省县域经济运行分析：台前篇

表1 2008—2022年台前县地区生产总值及增速

年份	台前县GDP（亿元）	台前县GDP占濮阳市的比重（%）	台前县GDP在濮阳市的排名	台前县GDP在河南省的排名	台前县GDP增速（%）	台前县GDP增速濮阳市的排名	台前县GDP增速在河南省的排名	台前县GDP增速－濮阳市GDP增速（%）	台前县GDP增速－河南省GDP增速（%）
2008	39.95	6.1	5	101	18.0	5	12	5.0	6.0
2009	45.84	6.8	5	101	14.0	4	18	3.0	3.0
2010	53.56	6.9	5	100	14.1	5	22	2.7	1.7
2011	63.00	6.8	5	101	17.4	2	7	5.0	5.4
2012	67.92	6.8	5	101	16.0	3	3	3.9	5.9
2013	72.44	6.4	5	101	15.8	2	2	3.8	6.8
2014	83.72	6.7	5	101	14.1	2	2	4.1	5.2
2015	91.81	6.9	5	101	12.7	2	6	3.3	4.3
2016	101.17	7.0	5	100	9.6	5	18	0.9	1.4
2017	111.13	6.9	5	100	7.3	5	81	-0.7	-0.5
2018	115.19	7.0	5	100	3.7	4	98	-2.1	-3.9
2019	115.69	7.3	5	100	7.7	1	38	0.9	0.7
2020	118.61	7.2	5	101	3.3	4	37	0.3	2.0
2021	125.58	7.1	5	101	9.1	3	15	0.7	2.8
2022	135.00	7.1	5	101	6.0	—	—	1.1	2.9

数据来源：历年河南省统计年鉴。

表 2　2008—2021 年台前县人均地区生产总值及增速

年份	台前县人均GDP（元）	台前县人均GDP在濮阳市的排名	台前县人均GDP在河南省的排名	濮阳市人均GDP（元）	河南省人均GDP（元）	台前县人均GDP增速（%）	台前县人均GDP增速在濮阳市的排名	台前县人均GDP增速在河南省的排名	台前县人均GDP占濮阳市的比重（%）	台前县人均GDP占河南省的比重（%）
2008	12656	3	61	18077	18019	20.9	1	3	70.0	70.2
2009	14372	4	59	18855	19480	12.8	5	29	76.2	73.8
2010	16397	5	61	21787	23092	11.4	5	70	75.3	71.0
2011	19276	5	65	25066	28661	17.3	3	27	76.9	67.3
2012	20912	5	63	27654	31499	16.7	2	6	75.6	66.4
2013	22371	5	64	31483	34211	16.2	3	5	71.1	65.4
2014	26146	5	58	34895	37072	15.4	2	2	74.9	70.5
2015	28542	5	58	36842	39123	12.2	2	9	77.5	73.0
2016	30792	5	57	40059	42575	7.3	5	92	76.9	72.3
2017	33274	5	58	43638	46674	5.6	5	91	76.3	71.3
2018	34619	5	65	45644	50152	4.3	4	94	75.8	69.0
2019	35498	3	77	42146	56388	9.6	1	3	84.2	63.0
2020	36806	3	75	43908	55435	4.3	3	22	83.8	66.4
2021	39062	2	73	46964	59410	9.3	3	26	83.2	65.8

数据来源：历年河南省统计年鉴。

三、分产业经济运行分析

（一）产业格局与发展方向

近年来，台前县主攻实体经济，在助推产业发展中持续发力。坚持以制造业高质量发展为主攻方向，转型升级传统产业，培育发展新兴产业，全面提升现代服务业。

做大做强传统优势产业。石化煤化产业：充分发挥综合区位优势，依托危险化学品运输专用铁路线，进一步拉长石化、煤化产业链条。加强与华北化销的合作，建成辐射豫东北、鲁西南地区的中原（河南）石化产品现货交易中心。羽绒及制品产业：依托羽绒及服装加工产业园，积极招引知名羽绒服装加工企业，积极创建国家级羽绒制品质量检验检测中心，提升行业地位和话语权。同时，重点实施新型装备制造产业园，培育产业发展新的增长点。

引进培育战略性新兴产业。新能源产业：加快实施风光一体化综合利用项目，利用风光电资源换取产业基金10亿元，用于扶持主导产业发展，推动县域产业提质增效。新材料产业：加快中硼新材料产业园建设，着力打造全国乃至全亚洲最大的硼化物生产基地；积极推进山东海韵年产80万吨非金属导电材料等项目，打造行业龙头，加快迈向中高端、成为关键环。

积极发展现代服务业。大力优化商业布局，丰富商贸业态，开展"游娱购"活动，发展夜间经济，着力打造新型商圈。提升打造电商培训孵化基地，构建城乡互动双向流通体系，推动电子商务产业发展壮大。探索沉浸式体验游发展新方向，推动农业旅游深度融合，提高文旅综合实力与核心竞争力。

（二）产业结构分析

2021年台前县三产结构为12.3∶33.5∶54.2，2018年之前，第一、第二产业不断下降，第三产业逐渐提升，第二产业主导引领经济发展。由于统计口径调整，2019年后产业结构调整为"三、二、一"结构，第三产业占比超过第一、第二产业占比总和（见图1）。

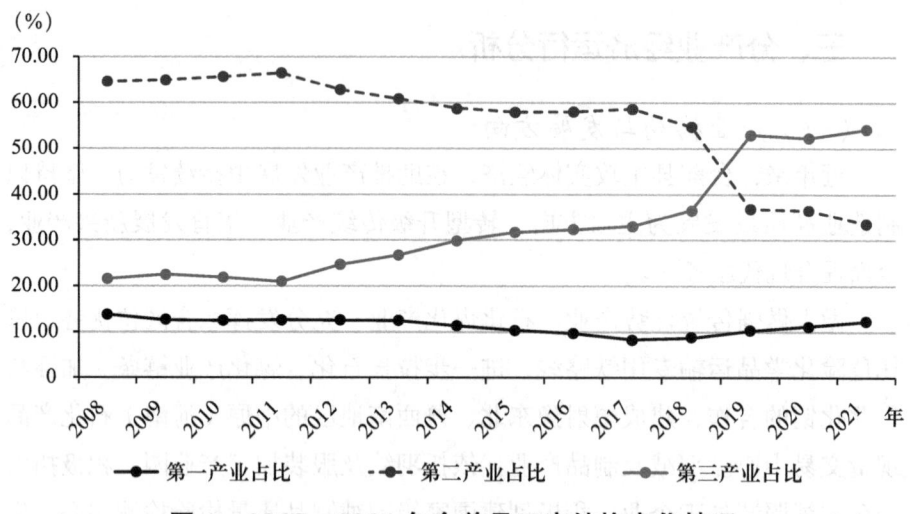

图 1　2008—2021 年台前县三产结构变化情况

（三）工业发展情况分析

台前县规上工业增加值呈现阶段式变化特征，2017 年之前，规上工业增加值绝对量及占濮阳市的比重不断增加，2016 年最大，接近 60 亿元，随后大幅度下降（见表 3）。

表 3　2009—2022 年台前县规上工业发展总体情况

年份	规上工业增加值（亿元）	占濮阳市的比重（%）	台前县规上工业增加值增速（%）
2008	14.8	4.3	33.2
2009	22.1	6.4	21.7
2010	27.7	6.5	22.0
2011	29.1	5.5	28.2
2012	34.6	6.3	22.7
2013	38.4	6.0	20.4
2014	46.2	6.3	19.0
2015	54.8	6.9	13.9
2016	59.9	6.9	11.9
2017	58.8	6.3	8.8

续表

年份	规上工业增加值（亿元）	占濮阳市的比重（%）	台前县规上工业增加值增速（%）
2018	13.4	1.3	0.0
2019	12.0	1.1	7.9
2020	12.9	1.1	7.1
2021	14.4	1.2	11.9
2022	14.8	4.3	33.2

数据来源：历年濮阳市统计年鉴。

规上工业增加值增速除2018年低于河南省、濮阳市平均水平，其余大多数年份增速快于省市水平，2017年前增速差距逐渐缩小，向省市水平靠近。

（四）服务业发展情况分析

台前县服务业增加值总额逐年提升，占濮阳市服务业增加值的比重波动变化。2021年台前县服务业增加值为68.00亿元，是2008年的7.9倍，占濮阳市的比重2014年最高，为9.8，2021年占比为7.6%，基本与2008年持平（见表4）。

服务业增速与河南省、濮阳市服务业增速趋势线交叉运行，2021年台前县服务业增加值增速分别高出濮阳市、河南省2.6个、3.6个百分点。

与规上工业增加值大幅缩减形成鲜明对比的是，2018—2019年，服务业各细分行业增加值都有明显提升，其中提升较为显著的是批发和零售业、交通运输业及住宿和餐饮业。金融业和房地产业则平稳提升（见表5）。

从服务业占比结构来看，批发和零售业、交通运输业占服务业增加值的主要部分，2020年各自占比分别为15.7%、29.6%。从占比变化趋势来看，2018年之前，批发和零售业、交通运输业、住宿和餐饮业及房地产业增加值占服务业增加值总额的比重均呈下降趋势，金融业变化相反，占比逐渐提高。2018年之后，各指标占比均反向变化，表现为批发和零售业、交通运输业及住宿和餐饮业占比不断提升，金融业和房地产业占比不断下滑（见表6）。

表 4 2008—2021 年台前县服务业发展情况

年份	台前县服务业增加值（亿元）	台前县服务业增加值占濮阳市的比重（%）	台前县服务业增加值在濮阳市的排名	台前县服务业增加值在河南省的排名	台前县服务业增加值增速（%）	台前县服务业增加值增速在濮阳市的排名	台前县服务业增加值增速在河南省的排名
2008	8.62	6.7	5	102	9.8	4	84
2009	10.31	7.2	5	100	10.3	5	83
2010	11.72	7.7	5	100	8.6	5	79
2011	13.18	7.5	5	102	6.6	4	92
2012	16.76	8.1	5	99	9.0	4	70
2013	19.36	8.3	5	99	11.7	1	6
2014	25.00	9.8	5	101	9.0	5	63
2015	29.09	6.9	5	100	14.4	3	11
2016	32.66	6.9	5	101	9.1	5	89
2017	36.70	6.2	5	101	7.1	5	97
2018	42.13	6.5	5	100	10.8	1	32
2019	61.25	7.5	5	98	10.3	1	5
2020	62.02	7.5	5	98	1.4	4	74
2021	68.00	7.6	5	98	11.7	1	7

数据来源：历年河南省统计年鉴及濮阳市统计年鉴。

表5 2009—2020年台前县服务业分行业增加值与增速

年份	批发和零售业增加值（亿元）	批发和零售业增加值增速（%）	交通运输、仓储和邮政业增加值（亿元）	交通运输、仓储和邮政业增加值增速（%）	住宿和餐饮业增加值（亿元）	住宿和餐饮业增加值增速（%）	金融业增加值（亿元）	金融业增加值增速（%）	房地产业增加值（亿元）	房地产业增加值增速（%）
2009	1.98	23.80	1.89	3.40	0.52	12.80	0.41	19.50	1.24	4.10
2010	2.29	11.7	2.00	6.8	0.62	6.4	0.49	8.8	1.35	5.6
2011	2.72	12.4	2.24	7.1	0.76	14.5	0.54	2.3	1.35	-9.3
2012	2.99	7.3	2.38	1.5	0.87	8.2	0.69	27.0	1.60	17.0
2013	3.30	8.4	2.67	4.2	1.00	5.3	0.87	24.2	1.98	21.9
2014	3.81	8.2	4.29	5.0	1.31	6.1	1.96	20.0	2.73	-15.1
2015	4.05	6.7	4.69	4.7	1.39	6.6	2.24	14.9	3.20	15.0
2016	4.35	6.9	4.88	2.7	1.52	6.6	2.59	14.8	3.47	1.9
2017	4.68	6.2	5.32	7.9	1.65	6.9	3.03	12.4	3.30	-14.6
2018	5.00	4.6	5.70	6.0	1.80	5.7	3.30	5.0	4.00	14.5
2019	9.65	5.9	17.62	5.2	4.59	7.7	4.12	11.3	4.44	5.9
2020	9.74	-0.2	18.36	4.2	4.10	-11.8	4.05	4.9	5.43	6.7

数据来源：历年濮阳市统计年鉴。

表6 2009—2020年不同类型服务业增加值占服务业增加值总额的比重

年份	批发和零售业占服务业的比重（%）	交通运输、仓储和邮政占服务业的比重（%）	住宿餐饮业占服务业的比重（%）	金融业占服务业的比重（%）	房地产业占服务业的比重（%）
2009	19.2	18.3	5.0	4.0	12.0
2010	19.5	17.1	5.3	4.2	11.5
2011	20.6	17.0	5.8	4.1	10.2
2012	17.8	14.2	5.2	4.1	9.5
2013	17.0	13.8	5.2	4.5	10.2
2014	15.2	17.2	7.8	7.8	10.9
2015	13.9	16.1	4.8	7.7	11.0
2016	13.3	14.9	4.7	7.9	10.6
2017	12.8	14.5	4.5	8.3	9.0
2018	11.9	13.5	4.3	7.8	9.5
2019	15.8	28.8	7.5	6.7	7.3
2020	15.7	29.6	6.6	6.5	8.8

数据来源：历年濮阳市统计年鉴。

（五）重点企业分析

台前县立足京九铁路过境设站、临近中原油田、地处华北平原优质小麦主产区等优势，培植壮大了羽绒、化工、食品加工、造纸、橡胶、林木加工、制药等相关企业。以个体私营经济发展为重点，培育了鹏达羽绒、恒润化工、雪牛乳业、向荣面业、民通纸业、银河橡胶等骨干企业（见表7）。全县拥有羽绒羽毛加工企业30余家，形成了长江以北最大的羽绒、羽毛集散地。拥有各类化工企业21家，规划建设了以羽绒、化工、物流为主导产业的台前县产业集聚区，规划面积6平方千米。

表7 台前县重点企业情况

序号	公司名称	公司简介
1	河南省鹏达羽绒制品有限公司	专业从事鸭毛、鹅毛收购、水洗、制成品加工的一条龙企业。始建于2004年5月，注册资金5180万元，是河南省台前县产业集聚区羽绒工业园内具有代表性的高新技术及环保理念的龙头企业之一。公司拥有外贸进出口权，现有员工89名，其中高级管理人员9名，检验检测技术人员12名，已形成一流的专业团队，服务于公司的生产和经营 现已成为河南省规模最大、优质资源最多、技术最先进的高新技术、环保绿色的龙头企业之一。公司2020年销售额达到2.76亿元，2018—2020年连续三年在濮阳市羽绒行业纳税排名第一，为地方经济做出了应有的贡献
2	河南中硼新材料有限公司	公司成立于2017年12月，注册资金3000万元，位于河南省台前县产业集聚区内，是一家以硝酸钾、氯化镁、硼酸、硝酸钠、硼酐硼合金、碳化硼、氮化硼等产品的研发及生产和销售为主的企业。总投资6.7亿元，占地300亩，建设硼酸、硼酐、硼合金、碳化硼、氮化硼等硼系化合物产业集群，预计于2025年9月全部建成投产 项目全部达产将实现销售收入12亿元，利税3.7亿元，公司员工200余人，硼酸项目国内市场占有率将达到80%，硼化物产品市场占有率60%
3	濮阳飞翔房车实业有限公司	集房车研发、改装、生产、销售及配套服务为一体的综合性企业，2020年被评为国家高新技术企业。公司总投资2亿元，年改造房车600~800辆，在同行业中名列前茅 公司目前有专业房车设计及研发团队，其中高级工程师6名，专业打样制版及新品组装技师20多名，房车装备人员100余名，公司拥有房车改装、房车结构，以及内饰方面核心的知识产权和多项国家专利技术，房车远销全国各地
4	台前可祺时装有限公司	公司是由可祺（苏州）时装有限公司于2017年12月在台前县所设立的分公司，目前拥有9条生产线，员工350人。为扩大生产规模，台前可祺时装有限公司运动服饰生产扩建项目于2020年1月投资兴建。项目总投资1.2亿元，占地面积40亩，建筑面积26208平方米，设计生产线30条，可年产高端运动服饰500万套，解决劳动力就业1000人左右

续表

序号	公司名称	公司简介
5	河南海源精细化工有限公司	公司始建于2015年6月，2016年10月投产运行，位于台前县产业集聚区化工园区，占地面积6万平方米，设计产能为年产1200吨丙炔醇并联产2400吨丁炔二醇，是目前国内规模较大的丙炔醇生产企业 公司产品丙炔醇和丁炔二醇在医药、化工、电镀、农药、钢铁、石油开采等领域有着广泛的应用，可用于生产医药原料药、电镀行业的光亮剂、工业用除锈剂、石油缓蚀剂；产品主要销往湖南、湖北、安徽、山东等区域，下游客户主要从事医药、特种化学材料生产，同时产品还出口至印度、日本、韩国、伊朗等国家
6	濮阳市众鑫羽绒制品有限公司	成立于2012年3月，位于台前县产业聚集区；占地面积2.9万平方米，建筑面积1.5万平方米，现有员工126人，资产总额10179万元，固定资产4558万元；具有自营进出口权
7	濮阳恒润（筑邦）石油化工有限公司	主要从事石油化工产品综合利用生产加工、技术研发，以及危化产品的仓储物流、公铁海多式联运等 公司是广西投资集团桂东电力股份有限公司（股票代码：600310）国有资本控股的混合所有制企业 拥有齐备的行业资质，危险化学品专用铁路承东启西、连南贯北、通江达海，构建了完善的石化产品物流体系，为区域行业发展提供了强力支撑
8	台前县华泰羽毛制品有限公司	始建于2000年8月，2012年3月迁新址于台前县工业集聚区，注册资本2000万元。现有工艺职工1020人，拥有11个规模集中加工点（加工点辐射至全县9个乡镇及山东阳谷县部分乡镇），拥有羽毛制品年加工能力500万件。具有原料收购、整理、染色、工艺制作、出口销售一条龙的销售模式 公司拥有羽毛制品研发、生产和检测的全套生产设备和设施，主要产品有羽毛面具、天使翅膀、羽毛围巾、亮片面具、毛绒玩具、派对服饰。公司90%以上的产品用于出口，主要出口到美国、英国、加拿大、荷兰等国家

四、财政收支分析

台前县一般公共预算收入总额不断提升，河南省最小体量，占濮阳市的比重不足5%，2021年完成5.16亿元，是2008年的9.6倍（见表8）。

2008—2019年，台前县一般公共预算支出不断提升，2019达到最高43.27亿元，占濮阳市的比重为12.4%，居河南省第58位。2020—2021年，一般公共预算支出逐年缩减，2021年为24.85亿元，与2017年的水平相当，占濮阳市的6.9%，居河南省第94位（见表8）。

台前县财政自给率不断提高，与省市差距较大，近3年差距有缩小的趋势，但排名依然居河南省最后方阵。2021年台前县财政自给率为20.75%，较2008年提升10.7个百分点，分别低于河南省、濮阳市21个、11个百分点，居河南省第86位，是2008年以来最好的位次（见表8）。

台前县税收收入不断提高，2020年税收收入最高，为3.70亿元，2021年稍有下降，完成3.49亿元，占一般公共预算收入的比重为67.7%，基本与2009年持平（65.3%），与河南省、濮阳市水平相比，超过河南省税收占比，但多数年份不及濮阳市税收占比；税收收入占濮阳市的比重不断提高，2021年占比为4.5%，较2009年提升2.4个百分点（见表8）。

台前县人均一般公共预算收支绝对量增长迅速，不及省市平均水平，但整体差距在逐渐缩小。2021年台前县人均一般公共预算收入为1613元，是2008年（170元）的9.5倍，占濮阳市人均一般公共预算收入的比重由23.5%（2008年）变为53.5%（2021年），提升了30个百分点；占河南省的比重由15.9%提升至36.7%，提升了20.8个百分点。人均一般公共预算支出则由1691元提升至7772元，增加了3.6倍，占濮阳市的81.0%、河南省的73.7%。2019年人均一般公共预算支出达到最高，约为1.3万元，近3年由于一般公共预算支出总额减少，人均支出也相应缩减（见表9）。

五、金融业发展分析

台前县金融机构年末存、贷款余额绝对量逐年增加，各自占濮阳市的比重同步变化，在河南省的位次均排在最后方阵。

2021年金融机构年末存款余额完成172.35亿元，是2008年的6.4倍，居河南省第98位，仅超过汝阳县（168亿元）、义马市（153亿元）、淇县（143亿元）、修武县（141亿元）。占濮阳市的比重为7.7%，较2008年提升1.6个百分点（见表10）。

表8 2008—2021年台前县财政收支情况

年份	一般公共预算收入	占濮阳市的比重	在濮阳市的排名	在河南省的排名	一般公共预算支出（亿元）	占濮阳市的比重	在濮阳市的排名	在河南省的排名	财政自给率	在濮阳市的排名	在河南省的排名	财政收入占GDP的比重（%）
2008	0.54	2.1	5	102	5.36	8.4	5	100	10.05	5	100	1.3
2009	0.61	2.4	5	102	7.29	8.9	5	100	8.40	5	101	1.3
2010	0.78	2.6	5	102	7.64	8.5	5	101	10.16	5	100	1.5
2011	1.10	2.8	5	102	9.89	8.3	5	102	11.13	5	99	1.7
2012	1.38	2.9	5	102	13.69	9.1	5	95	10.11	5	102	2.0
2013	2.38	3.9	5	101	16.24	9.3	5	92	14.63	5	92	3.3
2014	2.89	4.1	5	101	16.69	9.2	5	95	17.33	5	90	3.5
2015	3.32	4.2	5	102	18.32	8.4	5	95	18.10	5	86	3.6
2016	3.01	4.2	5	102	20.01	9.0	5	95	15.03	5	93	3.0
2017	3.29	4.1	5	102	23.51	9.0	5	90	14.02	5	94	3.0
2018	4.03	4.4	5	102	36.20	11.7	4	69	11.12	5	102	3.5
2019	4.66	4.6	5	102	43.27	12.4	3	58	10.77	5	101	4.0
2020	5.03	4.9	5	102	36.13	10.1	4	81	13.93	5	99	4.2
2021	5.16	4.6	5	102	24.85	6.9	5	94	20.75	5	86	4.1

数据来源：历年河南省统计年鉴。

河南省县域经济运行分析：台前篇

表 9　2008—2021 年台前县税收及人均财力情况

年份	税收收入	税收（亿元，%） 税收占一般 公共预算收 入的比重	占濮阳市 税收收入 的比重	人均收入（元，%） 人均一般 公共预算 收入	占濮阳市 的比重	占河南省 的比重	人均支出（元，%） 人均一般 公共预算 支出	占濮阳市 的比重	占河南省 的比重
2008	—	—	—	169.98	23.5	15.9	1690.53	92.6	69.9
2009	0.40	65.3	2.1	190.66	26.5	16.1	2270.07	98.0	74.1
2010	0.60	77.3	2.5	233.77	27.9	15.9	2300.39	91.9	63.3
2011	0.90	81.8	2.9	342.33	31.2	18.8	3075.61	92.4	68.5
2012	1.10	79.5	2.8	421.58	31.6	19.7	4171.50	99.7	79.4
2013	1.80	75.8	3.7	743.66	44.0	29.5	5083.76	104.7	87.2
2014	2.20	76.1	4.0	901.09	46.1	31.7	5200.72	102.9	83.2
2015	2.40	72.4	4.1	1028.85	47.0	33.1	5683.25	93.8	81.1
2016	2.20	73.1	4.1	898.78	45.2	27.9	5978.46	97.9	78.4
2017	2.30	69.8	3.8	983.20	44.1	28.4	7014.98	98.1	83.9
2018	3.00	74.5	4.4	1218.49	48.0	31.9	10957.87	127.6	117.3
2019	3.30	70.8	4.5	1427.70	51.3	35.0	13257.51	136.8	129.1
2020	3.70	73.5	5.2	1557.74	56.8	37.1	11179.39	118.2	107.1
2021	3.49	67.7	4.5	1612.91	53.5	36.7	7771.61	81.0	73.7

数据来源：历年河南省统计年鉴、濮阳市统计年鉴。

表10 2008—2021年台前县金融机构年末存贷款余额情况

年份	金融机构存款年末余额	存款余额（亿元，%）在濮阳市的排名	在河南省的排名	占濮阳市的比重	金融机构贷款年末余额	贷款余额（亿元，%）在濮阳市的排名	在河南省的排名	占濮阳市的比重	台前县存贷比	存贷比（%）在濮阳市的排名	在河南省的排名	濮阳市存贷比	河南省存贷比
2008	27.05	4	99	6.1	6.81	5	101	4.4	25.19	5	100	34.9	68.0
2009	32.70	4	99	6.2	9.48	5	101	4.8	29.00	4	95	37.8	70.1
2010	38.87	4	101	6.6	12.76	5	100	5.5	32.82	4	94	39.3	68.6
2011	46.02	4	101	6.8	15.28	5	100	5.9	33.21	4	86	37.8	65.7
2012	51.98	5	102	6.2	18.67	4	99	6.1	35.91	2	71	36.3	63.3
2013	60.71	5	102	6.2	24.49	4	99	6.5	40.35	2	59	39.0	62.4
2014	69.59	5	101	6.6	32.61	4	94	7.1	46.87	2	54	43.6	65.8
2015	80.46	5	101	6.9	35.18	3	96	6.5	43.72	2	62	46.6	66.0
2016	93.75	5	100	7.0	40.95	5	95	6.4	43.68	2	60	47.5	67.6
2017	107.94	5	99	7.1	40.51	5	98	5.4	37.53	3	74	49.2	70.7
2018	124.11	5	96	7.4	50.85	5	98	5.9	40.97	4	69	51.2	74.9
2019	135.92	5	97	7.2	62.70	5	97	6.1	46.13	4	64	54.5	80.1
2020	154.55	5	99	7.5	70.25	5	100	5.6	45.45	4	69	60.8	82.2
2021	172.35	5	98	7.7	87.08	5	99	6.0	50.53	4	61	64.5	84.4

数据来源：历年河南省统计年鉴。

2021年贷款余额完成87.08亿元，是2008年的12.8倍，居全省第99位，仅超过获嘉县（84.4亿元）、桐柏县（83亿元）、舞阳县（82亿元）。占濮阳市的比重为6.0%，较2008年提高1.6个百分点（见表10）。

存贷比不断提高，不及河南省存贷比水平，但在河南省位次提升明显，由2008年的第100位变为2021年的第61位。2021年台前县存贷比为50.53%，低于濮阳市14个百分点、河南省34个百分点（见表10）。

台前县人均存、贷款余额绝对量不断提高，在濮阳市排名靠前，占河南省、濮阳市的比重均稳步提升，与河南省、濮阳市的人均存贷款余额平均水平仍存在较大差距。

2021年台前县人均存款余额约为5.4万元，是2008年的6.4倍，占濮阳市人均存款余额的89.6%，占河南省的64.6%，分别较2008年提升12个、22个百分点。居濮阳市第1位、河南省第41位（见表11）。

2021年人均贷款余额完成2.7万元，是2008年的12.9倍，占濮阳市人均贷款余额的70.2%，占河南省的38.8%，分别较2008年提升22个、19个百分点。居濮阳市第1位、河南省第49位，在河南省的位次较2008年提升了32个位次（见表11）。

六、居民收入分析

居民人均可支配收入偏低，居全省末位，与省市平均水平存在较大差距。2021年台前县居民人均可支配收入为16370元，仅占濮阳市的66.1%，河南省的61.1%（见表12）。

尽管城乡居民人均可支配收入绝对量不断提升，但从相对量上看，仍排在河南省最后位次，占河南省、濮阳市的比重提升幅度不大。

2021年台前县城镇居民人均可支配收入为2.5万元，是2008年的2.9倍，占濮阳市的比重为69.9%，占河南省的比重为67.8%。农村居民人均可支配收入约为1.3万元，是2008年的4.2倍，占濮阳市的比重为77.4%，占河南省的比重为72.8%。城乡居民人均可支配收入占河南省、濮阳市的比重基本与2008年持平，居民生活水平相对提升幅度不明显（见表13）。

城乡收入比逐年向好，差距缩小，2021年城乡收入比为1.97，居河南省第58位，较2008年提升了21个位次（见表13）。

表11 2008—2021年台前县人均存贷款余额情况

年份	人均存款（元，%）					人均贷款（元，%）				
	台前县人均存款余额	在濮阳市的排名	在河南省的排名	人均存款占濮阳市的比重	人均存款占河南省的比重	台前县人均贷款余额	在濮阳市的排名	在河南省的排名	占濮阳市的比重	占河南省的比重
2008	8537.8	1	37	67.4	52.8	2149.6	1	81	48.6	19.5
2009	10185.2	1	40	68.2	50.4	2952.4	2	73	52.4	20.8
2010	11700.6	1	44	71.5	47.5	3841.1	1	74	59.7	22.8
2011	14314.6	1	46	74.8	50.8	4752.7	1	64	65.7	25.7
2012	15842.7	1	57	68.1	47.2	5690.3	1	61	67.4	26.7
2013	19000.5	1	53	70.0	48.4	7665.1	1	58	72.4	31.2
2014	21684.6	1	53	73.7	50.5	10162.0	1	49	79.3	36.0
2015	24955.2	1	49	77.3	50.8	10911.9	1	53	72.5	33.7
2016	28009.5	1	56	76.0	50.7	12234.8	1	55	69.9	32.8
2017	322212.1	1	52	77.5	53.6	12088.9	2	69	59.1	28.5
2018	375637.7	1	40	80.4	58.0	15390.4	2	61	64.4	31.7
2019	41642.2	1	39	80.1	59.3	19209.6	2	52	67.8	34.2
2020	47818.2	1	43	87.6	62.2	21735.8	2	58	65.4	34.4
2021	53892.7	1	41	89.6	64.6	27230.7	1	49	70.2	38.8

数据来源：历年河南省统计年鉴。

表 12 2017—2021 年台前县居民人均可支配收入情况

年份	台前县居民人均可支配收入（元）	在濮阳市的排名	占濮阳市的比重（%）	在河南省的排名	占河南省的比重（%）	台前县居民人均可支配收入增速（%）	濮阳市居民人均可支配收入增速（%）	台前县增速－濮阳市增速（%）
2017	12016	5	66.0	102	59.6		10.73	
2018	13021	5	65.8	102	59.3	8.37	8.82	-0.45
2019	14213	5	65.8	102	59.5	9.15	9.04	0.11
2020	14879	5	65.9	102	60.0	4.69	4.59	0.09
2021	16370	5	66.1	102	61.1	10.02	9.60	0.42

数据来源：历年河南省统计年鉴。

表 13 2008—2021 年台前县城乡居民人均可支配收入及城乡收入比（元，%）

年份	城镇居民人均可支配收入	在濮阳市的排名	占濮阳市的比重	在河南省的排名	占河南省的比重	农村居民人均可支配收入	在濮阳市的排名	占濮阳市的比重	在河南省的排名	占河南省的比重	城乡收入比	城乡收入比在河南省的排名
2008	8486	5	66.7	100	64.1	3124	5	76.9	100	70.1	2.72	79
2009	9234	5	67.2	102	64.3	3373	5	76.5	100	70.2	2.74	76

续表

年份	城镇居民人均可支配收入（元，%）					农村居民人均可支配收入（元，%）					城乡收入比	
	城镇居民人均可支配收入	在濮阳市的排名	在河南省的排名	占濮阳市的比重	占河南省的比重	农村居民人均可支配收入	在濮阳市的排名	在河南省的排名	占濮阳市的比重	占河南省的比重	城乡收入比	城乡收入比在河南省的排名
2010	10198	5	102	67.4	64.0	3669	5	102	72.3	66.4	2.78	85
2011	11575	5	102	67.2	63.6	4399	5	101	72.3	66.6	2.63	80
2012	13085	5	102	67.1	64.0	5339	4	99	76.9	71.0	2.45	67
2013	14491	5	102	67.2	64.7	5722	5	101	72.4	67.5	2.53	78
2014	16013	5	102	67.4	67.6	6408	5	101	72.6	64.3	2.50	77
2015	17142	5	102	68.8	67.0	7434	5	100	75.9	68.5	2.31	75
2016	18676	5	102	70.5	68.6	8068	5	100	76.0	69.0	2.31	77
2017	20310	5	102	70.5	68.7	8842	5	100	75.9	69.5	2.30	77
2018	21786	5	102	70.2	68.3	9617	5	101	76.0	69.5	2.27	76
2019	23420	5	102	70.4	68.5	10677	5	101	76.8	70.4	2.19	74
2020	23614	5	102	70.2	68.0	11494	5	99	77.2	71.4	2.05	65
2021	25157	5	102	69.9	67.8	12763	5	99	77.4	72.8	1.97	58

数据来源：历年河南省统计年鉴。

七、固定资产投资分析

近几年台前县坚持发挥投资带动作用，经济发展趋稳向好，投资总额逐年提升，投资质量不断加强。2018年固定资产投资突破百亿元，2021年投资额完成185.56亿元，是2008年的14.8倍，占濮阳市固定资产投资的比重为8.6%，较2008年提升3.7个百分点，2020年固定资产投资在河南省居第94位（见表14）。

表14 2008—2021年台前县固定资产投资情况

年份	固定资产投资（亿元）	占濮阳市的比重（%）	固定资产投资在濮阳市的排名	固定资产投资在河南省的排名	台前县固定资产投资增速（%）	濮阳市固定资产投资增速（%）	河南省固定资产投资增速（%）
2008	13.50	4.9	5	102	—	30.1	32.4
2009	14.32	4.0	5	102	6.1	30.6	31.6
2010	21.10	4.6	5	102	47.3	27.4	22.2
2011	32.63	5.5	5	102	54.6	30.0	27.0
2012	42.73	5.8	5	102	25.3	25.1	21.4
2013	53.55	5.7	5	102	15.5	27.5	22.5
2014	61.86	5.5	5	102	15.4	18.5	19.2
2015	71.37	5.5	5	102	15.4	17.0	16.5
2016	87.06	5.7	5	102	22.0	16.7	13.7
2017	98.66	5.8	5	102	13.3	11.8	10.4
2018	128.92	7.3	5	99	30.7	3.3	8.1
2019	155.63	8.4	5	97	20.7	5.5	8.0
2020	167.93	8.6	5	94	7.9	5.4	4.3
2021	185.56	8.6	—	—	10.3	10.5	4.5

数据来源：历年河南省统计年鉴、濮阳市统计年鉴。

八、社会消费分析

台前县社消零总额不断增长，2021年绝对量突破50亿元，占GDP的比重超过 40.3%，较 2008 年提升 16.3 个百分点，居河南省第 97 位，在河南省相对位次提升了 5 位（见表 15）。

2008 年台前县人均社消零仅为 3000 元，2016 年突破 1 万元，2021 年约为 1.6 万元，14 年间增加了 4.3 倍，2021 年居濮阳市第 2 位、河南省第 69 位，相对位次分别提升了 3 位、12 位（见表 15）。

相比河南省、濮阳市，台前县人均社消零水平偏低，差距仍然较大，2021 年台前县人均社消零占濮阳市的 81.8%、河南省的 64.1%，较 2008 年占比分别提升了 18 个、14.6 个百分点（见表 15）。

社消零分行业来看，批发和零售业与住宿和餐饮业绝对量不断提升，各自占社消零总额的比重相对稳定，住宿和餐饮业占比相对提升。2020 年批发和零售业占比 80.4%，较 2008 年提升 2.4 个百分点；2020 年住宿和餐饮业占比 19.6%，较 2008 年提升 10.1 个百分点（见表 15）。

九、人口规模分析

台前县属人口规模较小的县（市）之一，2021 年常住人口为 31.98 万人，居河南省第 94 位，占濮阳市常住人口的 8.6%，2020 年户籍人口 42.44 万人，流失人口近 10 万人，人口流失率逐年提高，2020 年接近 1/4（见表 16）。

台前县城镇基础设施建设虽不断推进，但城镇化率水平依然较低，处河南省最后方阵，与河南省、濮阳市平均水平存在较大差距。2021 年城镇化率为 37.15%，处河南省第 92 位，同年低于濮阳市 13.85 个百分点，低于河南省 19.35 个百分点（见表 16）。

台前县就业人数基本保持稳定，除 2018 年负增长之外，其余年份平稳增加，其中第一产业就业人数于 2017 年之前不断减少，2018—2019 年就业占比有所回升，相反，第二、第三产业就业人员占比则表现出先增多后减少的特征（见表 17）。

2019 年，台前县第一产业就业人员占比为 41.94%，第二、第三产业就业人员占比为 58.06%（见表 17）。

表 15 2008—2021 年台前县社消零总额情况

年份	社消零总额（亿元，%）					人均社消零（元，%）					社消零分行业（亿元，%）				
	社消零总额	在濮阳市的排名	在河南省的排名	占GDP的比重	人均社消零	在濮阳市的排名	人均社消零在河南省的排名	人均社消零占濮阳市的比重	人均社消零占河南省的比重	其中批发和零售业	占社消零的比重	其中住宿和餐饮业	占社消零的比重
2008	9.60	5	102	24.0	3030.30	5	81	63.8	49.5	—	—	—	—
2009	13.00	5	102	28.4	4048.58	5	73	83.3	57.4	10.14	78.0	1.23	9.5
2010	15.80	5	102	29.5	4756.17	5	74	73.6	56.5	13.77	87.2	2.03	12.8
2011	19.98	5	101	31.7	6214.62	5	65	79.9	63.0	16.26	81.4	2.72	13.6
2012	21.92	5	102	32.3	6680.89	5	75	74.9	59.1	18.72	85.4	3.20	14.6
2013	25.26	5	102	34.9	7906.10	5	69	76.8	61.8	21.61	85.6	3.65	14.4
2014	28.52	5	102	34.1	8887.50	5	71	76.9	62.2	24.20	84.9	4.30	15.1
2015	32.22	5	102	35.1	9993.80	5	68	76.6	62.6	27.25	84.6	4.98	15.5
2016	36.33	5	102	35.9	10854.50	5	72	74.3	61.4	30.67	84.4	5.67	15.6
2017	41.09	5	102	37.0	12262.01	5	75	75.1	62.5	34.36	83.6	6.73	16.4
2018	40.25	5	102	34.9	12182.20	5	78	71.3	56.5	32.00	79.5	8.15	20.2
2019	46.80	5	97	40.5	14338.24	2	72	75.1	60.5	37.31	79.7	9.49	20.3
2020	45.05	5	97	38.0	13938.74	2	74	80.0	61.6	36.22	80.4	8.83	19.6
2021	50.56	5	97	40.3	15809.55	2	69	81.8	64.1	—	—	—	—

数据来源：历年河南省统计年鉴、濮阳市统计年鉴。

表 16　2008—2021 年台前县人口及城镇建设情况

年份	台前县户籍人口（万人）	台前县常住人口（万人）	台前县常住人口在濮阳市的排名	台前县常住人口在河南省的排名	台前县外流人口（万人）	台前县人口流失率（%）	台前县常住人口占濮阳市的比重（%）	台前县城镇化率（%）	台前县城镇化率在河南省的排名	濮阳市城镇化率（%）	河南省城镇化率（%）
2008	35.21	31.68	5	97	3.5	10.03	9.1	—	—	33.8	36.0
2009	35.39	32.11	5	96	3.3	9.27	9.1	—	—	35.4	37.7
2010	36.83	33.22	5	97	3.6	9.80	9.2	—	—	31.5	38.8
2011	37.02	32.15	5	97	4.9	13.16	9.0	—	—	33.4	40.5
2012	37.26	32.81	5	97	4.5	11.94	9.1	—	—	35.2	42.0
2013	37.45	31.95	5	97	5.5	14.69	8.9	26.08	98	36.7	43.6
2014	37.64	32.09	5	97	5.6	14.74	8.9	27.44	99	38.5	45.1
2015	37.84	32.24	5	97	5.6	14.80	8.9	29.30	99	40.4	47.0
2016	38.19	33.47	5	97	4.7	12.36	9.2	30.97	99	42.0	48.8
2017	38.43	33.51	5	97	4.9	12.80	9.2	32.50	98	43.7	50.6
2018	38.65	33.04	5	97	5.6	14.51	9.2	34.26	99	45.3	52.2
2019	38.88	32.64	5	97	6.2	16.05	9.0	35.78	99	46.8	54.0
2020	42.44	32.32	5	95	10.1	23.85	8.6	36.31	93	50.0	55.4
2021	—	31.98	5	94	—	—	8.6	37.15	92	51.0	56.5

数据来源：历年河南省统计年鉴。

表17 2008—2019年台前县就业情况

年份	从业人员数（万人）	从业人员数增速（%）	第一产业从业人员数占比（%）	第二产业从业人员数占比（%）	第三产业从业人员数占比（%）
2008	20.87	0.5	51.41	31.29	17.30
2009	20.87	0.0	51.41	31.29	17.30
2010	20.89	0.1	51.27	31.35	17.38
2011	23.24	11.2	45.40	54.59	
2012	23.51	1.2	44.62	55.38	
2013	23.62	0.5	41.32	58.68	
2014	23.78	0.7	39.40	60.60	
2015	23.89	0.5	36.50	63.50	
2016	24.02	0.5	35.43	64.57	
2017	24.16	0.6	35.14	64.86	
2018	21.91	-9.3	49.06	50.94	
2019	22.27	1.6	41.94	58.06	

数据来源：历年河南省统计年鉴。

十、县域发展战略分析

"十四五"期间台前县的战略重点概括为"3143"，即"三个定位""一个基础""四项重点""三个目标"。

三个定位"：①建成省际重要的综合交通枢纽。力破内外交通瓶颈，深度激发区位优势，充分发挥京雄商高铁、京九铁路、晋豫鲁铁路过境设站优势，推进高铁、高速、干线公路等基础设施建设，打通国省干线断头路，推进跨行政区道路互联互通，实现公铁海联运。②当好融合发展的开放前沿。利用产业协作和经济合作基础，构建豫鲁连通大通道，提升羽绒及服饰加工产业"养殖—加工—商贸"邻县协作，提升石化能源产业"仓储—运输—加工"区域协作，提升汽车零部件产业"商贸—制造—科创"地区统筹。③争当践行县域治理"三起来"示范县。探索新路径，实现新突破，全面提升县域综合实力，积极发展富民产业，让群众收入和生活水平与全县经济发展统一起来；全面深化改革，着力创新体制机制，增强发展活力，让改革与发展结合起来；全面推进城乡融合发展，坚持一体化建设城乡基础设施，坚持共建共享公共服务设施，让城乡发展贯通起来，争当践行县域治理"三起来"示范县。

"一个基础"：强化基础设施建设。提升内外道路通达能力、加速信息网络基础设施建设、强化水资源调蓄能力、加强能源保障能力。

"四项重点"：①乡村振兴。以"一体化"为目标统筹县域城镇和村庄规划建设，加快推进农业农村现代化。②新型工业化。推进羽绒及服饰加工上下游延伸，能源化工拓展升级，汽车零部件改造转型，引入战略性新兴产业，积极推进数字经济。③新型城镇化。优化国土空间布局，完善城镇体系，推进区域协调发展和新型城镇化。④和谐社会建设。实施高质量教育体系建设、10分钟养老服务圈建设、婴幼儿托育服务体系建设、健康台前和健身普及，全面补齐民生服务短板。

"三个目标"：实现提高县域经济综合实力、提高人民群众生活水平、建设生态文明的黄河明珠的奋斗目标。

十一、公共服务分析

基础教育阶段，学校数和在校学生人数整体减少，专任教师2012年人数最多，后逐渐减少又增多。2020年台前县有学校共计103所，其中小学89所，初中14所，基础教育阶段在校学生数5.8万人，小学在校学生数和初中在校学生数的比为4∶1（见表18）。

表18 2009—2020年台前县基础教育情况

年份	学校数（所）			在校学生数（人）			专任教师数（人）		
	合计	小学学校数	初中学校数	合计	小学在校生数	初中在校生数	合计	小学	初中
2009	151	136	15	76829	52339	24490	3583	2122	1461
2010	163	148	15	79742	53846	25896	3800	2309	1491
2011	163	148	15	82019	55224	26795	4005	2371	1634

续表

年份	学校数（所）			在校学生数（人）			专任教师数（人）		
	合计	小学学校数	初中学校数	合计	小学在校生数	初中在校生数	合计	小学	初中
2012	164	149	15	83005	56117	26888	4269	2569	1700
2013	163	147	16	50313	37546	12767	4259	2520	1739
2014	160	144	16	49754	35135	14619	4142	2486	1656
2015	160	144	16	51391	36700	14691	3049	1863	1186
2016	162	146	16	53627	38182	15445	3003	1792	1211
2017	106	92	14	55235	39721	15514	3306	1905	1401
2018	106	92	14	56655	40566	16089	3417	1987	1430
2019	105	91	14	58128	42569	15559	3458	2012	1446
2020	103	89	14	57763	41219	16544	3541	2048	1493

十二、综述

当前台前县经济社会发展仍存在一些困难和问题。一是发展不充分，经济总量和人均水平较低，各项指标体量偏小，功能配套和公共服务不完善。二是产业结构不优，传统产业占比较大，新兴产业刚刚起步，产品科技含量低，企业竞争力较弱，高质量发展任重道远。三是税源增收乏力，保民生、保运转刚性支出不断加大，财政收支矛盾依然突出。四是创新意识不强，创新能力不足，发展质量和效益还不够高。

贫困、落后、偏远……曾是台前县发展的痛点和标签，变痛点为优点、变标签为名片是 32 万台前县人民的迫切愿望。针对台前县经济社会发展现状，本书拟提出两个问题，并列出相应建议。

问题一：区域经济发展落后，连片发展质量不高如何破解？

台前县东与山东省东平县，南与山东省梁山县、郓城县隔黄河相望，西与范县毗邻，北依金堤，与山东省阳谷县接壤，2021 年东平县 GDP 为 238.6 亿元，居山东省第 64 位，梁山县 GDP 为 268.1 亿元，居山东省第 56 位，阳谷县 GDP 为 318.1 亿元，居山东省第 42 位，郓城县 GDP 为 498.6 亿元，居山东省第 22 位，范县 GDP 为 232.6 亿元，居河南省 102 县市第 77

位，与台前县毗邻或者接壤的山东省县市，在山东省78个县（市）中除郓城县外，其余各县都是经济总量基本排在山东省最后方阵，范县在河南省的位次也曾排到第97位（2008年），区域经济发展落后，连片发展质量不高如何破解？

重点还是要在"产业强经济"上下功夫。一是推动传统产业提质升级，向高端化、智能化转型。二是加大对新兴产业的扶持和引导，政府增加财政科技投入，同时鼓励企业投入更多的研发资金，提高企业产品的技术含量和附加值，增强企业竞争力。三是推动企业间的合作和协同发展，促进产业集群的形成和发展。四是加强人才引进和培养，吸引高素质人才落户台前县，培育和壮大本地产业。

问题二：如何借助区位优势化变边缘为前沿？

台前县三面与山东省毗邻，随着国家中部崛起战略的实施和山东省自东向西开发战略的推进，迎来良好的发展机遇。同时，作为省级边缘县和国家扶贫开发工作重点县，台前享有目前中西部开发所给予的各种优惠政策。

台前应抓住豫鲁两省交界地理区位优势机遇，充分发挥豫鲁两省区域融合发展的桥梁作用，争当"由区域边缘走向中原城市群改革开放前沿的桥头堡"，当好融合发展的开放前沿，依托高铁高速，建成连通港口物流的大通道，畅通"公铁海"枢纽，推进豫鲁跨省邻县紧密合作，构建两省"交通互联、产业互补、生态同构、环境同治"的发展新格局。

一是借助区位优势，与周边县（市）共同打造区域性经济发展联盟，实现互利共赢，在交通、物流、产业等方面展开合作，形成优势互补、互通有无的发展模式。

二是加快建设物流基础设施，实现物流与产业、交通的高效衔接，提升物流配送服务能力，促进产业发展，积极发展多式联运，加快建设物流园区，建设集装箱运输体系等。

三是积极争取国家投资，加快高铁高速建设进度，缩短与周边城市的距离，加强交流合作，同时加大对外开放力度，积极引进外部资源，拓展市场空间，提升经济发展水平。

后　记

县域经济是以县城为中心、乡镇为纽带、农村为腹地，城乡连接、功能完备的区域经济形态，作为国民经济的基本单元，是支撑经济社会发展的重要基石。河南省县域数量大、地域广、人口多，县域经济发展的规模和水平，直接关系到河南现代化强省的实现程度。因此，我们自2022年上半年起，依据河南统计年鉴、相关地市统计年鉴及统计公报等公开数据，开始有计划地分批、分期对河南省辖102个县域单元（县及县级市）的经济运行情况进行梳理分析，现已梳理完成首批共30个县（县级市），编撰成册，交由企业管理出版社出版，并与刚刚付印的《河南省市域经济运行分析报告》共同组成"市县域研究系列丛书"的首批书目。

本书结构上循例由总序、前言、导论、正文和后记等组成，总序、前言和后记由耿明斋撰写，导论由周立和赵岩撰写，正文部分篇章前后顺序基本按照豫中、东、西、南、北大致区域划分排列，具体分工如下：赵岩（巩义、新密、襄城、临颍、舞阳、永城、上蔡、固始、民权诸篇）；徐涛（睢县、辉县、卫辉、延津、长垣、范县、南乐、濮阳、清丰、台前诸篇）；李甜（灵宝、栾川、汝阳、嵩县、新安、伊川、邓州、方城、内乡、西峡、镇平诸篇）。全书实际上是中原经济发展研究院团队集体智慧的结晶，先是由我提出计划和指导思想，然后由时任运营总监张国骁负责组织任务安排和推进落实，每篇初稿完成后由导师领衔深入讨论，最后由主撰者修改定稿。尤其是从数据选取到成文结构，都经过多轮讨论，反复推敲才最终形成固定程式与模板。在此过程中，王永苏、周立、李燕燕、王保海等诸位导师扮演了关键角色。赵岩负责书稿整理及出版沟通工作，张兆源等也参与了多篇文稿的讨论。中共河南省委党校经济管理教研部教师刘琼博士、中国经济出版社刘一玲编审和企业管理出版社赵喜勤编辑为本书出版做了大量工作，在此一并表示感谢！

耿明斋

2023年11月